W0193563

COM

Don Box

COM

Microsofts Technologie für komponentenbasierte
Softwareentwicklung

 ADDISON-WESLEY

An imprint of Addison Wesley Longman, Inc.

Bonn • Reading, Massachusetts • Menlo Park, California • New York • Harlow, England
Don Mills, Ontario • Sydney • Mexico City • Madrid • Amsterdam

Die Deutsche Bibliothek – CIP-Einheitsaufnahme

Box, Don:
COM : Microsofts Technologie für komponentenbasierte Softwareentwicklung /
Don Box. – Bonn : Addison-Wesley-Longman
   ISBN 3-8273-1385-6

© Addison Wesley Longman, Inc., 1998
Die amerikanische Originalausgabe trägt den Titel
»Essential COM«
und ist erschienen in der Object Technologie Series bei
Addison Wesley Longman, Inc., ISBN 0-201-63446-5

© 1998 Addison Wesley Longman Verlag GmbH
1. Auflage 1998

Übersetzung und Redaktion: Dagmar Schulz, Dieter Strehle, Ingrid Tokar für trans-it, München
Lektorat: Susanne Spitzer und Annette Baumhof, München
Belichtung, Druck und Bindung: Kösel, Kempten
Produktion: TYPisch Müller, München
Umschlaggestaltung: Hommer Grafik-Design, Haar bei München

Das verwendete Papier ist aus chlorfrei gebleichten Rohstoffen hergestellt und alterungsbeständig. Die Produktion erfolgt mit Hilfe umweltschonender Technologien und unter strengsten Auflagen in einem geschlossenen Wasserkreislauf unter Wiederverwertung unbedruckter, zurückgeführter Papiere.

Text, Abbildungen und Programme wurden mit größter Sorgfalt erarbeitet. Verlag, Übersetzer und Autoren können jedoch für eventuell verbliebene fehlerhafte Angaben und deren Folgen weder eine juristische Verantwortung noch irgendeine Haftung übernehmen.
Die vorliegende Publikation ist urheberrechtlich geschützt. Alle Rechte vorbehalten. Kein Teil dieses Buches darf ohne schriftliche Genehmigung des Verlages in irgendeiner Form durch Fotokopie, Mikrofilm oder andere Verfahren reproduziert oder in eine für Maschinen, insbesondere Datenverarbeitungsanlagen, verwendbare Sprache übertragen werden. Auch die Rechte der Wiedergabe durch Vortrag, Funk und Fernsehen sind vorbehalten.
Die in diesem Buch erwähnten Software- und Hardwarebezeichnungen sind in den meisten Fällen auch eingetragene Marken und unterliegen als solche den gesetzlichen Bestimmungen.

Dieses Buch ist auf 100% chlorfrei gebleichtem Papier gedruckt

Inhaltsverzeichnis

*Für Judith S., die mir geholfen hat,
die eine Sache zu meistern, die noch
schwieriger ist als COM, die also
dieses Buch ermöglicht hat, und für
Barbara, die lange genug dabei
geblieben ist, um zu sehen, was
dabei herausgekommen ist.*

Vorwort

Als ich mich an den Schreibtisch setzte, um dieses Vorwort zu schreiben, gingen mir verschiedene Gedanken durch den Kopf:

- Wird Dons Bild auf der hinteren Umschlagseite des Buches abgedruckt und, wenn ja, wie lang werden seine Haare sein?[1]

- Werden die Leser dieses Buches ahnen, daß sich Don Nummernschilder mit dem Kennzeichen »IUNKNWN« hat anfertigen lassen?

- Was in aller Welt schreibt man eigentlich in einem Vorwort zu einem Buch?

Ich hatte zwei Ideen, über was ich hier schreiben könnte. Die erste Idee war, einige Dinge über das Design von COM zu sagen, die ich schon seit langen niederschreiben wollte. Die zweite Idee war, Don Box ebenso zu schmeicheln, wie er mir schmeichelte, als er mich fragte, ob ich das Vorwort zu diesem Buch schreiben will. Schließlich beschloß ich, beides zu tun.

Was *ist* COM? Warum wurde COM erfunden? Don beantwortet diese Fragen prägnant in Kapitel 1. Der einführende Abschnitt endet mit »... wird in diesem Kapitel eine Architektur für die Wiederverwendung von Komponenten entwickelt, die eine dynamische und effiziente Erstellung von Systemen erlaubt, die sich aus unabhängig voneinander entwickelten, binären Komponenten zusammensetzen«. Im weiteren Verlauf des Kapitels werden Sie durch die Gedankengänge geführt, die die Entwickler von COM zwischen 1988 und 1993 leiteten, als COM auf den Markt kam.

Ich glaube, daß mehrere Elemente im Design von COM zu seinem lang anhaltenden Erfolg beigetragen haben. An erster und wichtigster Stelle zu nennen ist Pragmatismus, gefolgt von Einfachheit, woraus Flexibilität oder Formbarkeit resultieren.

Pragmatismus

COM geht das Software-Design auf sehr pragmatische Weise an. Statt eine Lösung zu bieten, die auf einem fast religiösen, akademischen Dogma der objektorientierten Programmierung basiert, trägt das Design von COM sowohl der menschlichen Natur als auch dem Kapitalismus Rechnung. Das Design-Team hat sich die *kommerziell* am besten bewährten Aspekte der klassischen Objektorientierung herausgesucht und mit den Erfahrungen gekoppelt, die man beim Versuch, wiederverwendbare Komponenten zu entwickeln, in vorhergehenden Software-Projekten innerhalb und außerhalb von Microsoft gesammelt hat.

---

1. Anmerkung des Verlags: Das Foto des amerikanischen Originals zeigt Don Box mit Kurzhaarfrisur.

Die meisten klassischen Texte zur Objektorientierung beschreiben ein System oder eine Sprache als objektorientiert, wenn Kapselung, Polymorphie und Vererbung unterstützt werden. Vererbung wird häufig als primäres Vehikel für die Wiederverwendung hervorgehoben. Die COM-Designer teilten diese Meinung nicht. Sie waren der Meinung, daß es sich hier um eine stark vereinfachte Betrachtungsweise handelt und daß es eigentlich zwei Arten der Vererbung gibt. Die Quellcodevererbung impliziert, daß die tatsächliche Implementierung (das Verhalten) vererbt wird. Die Schnittstellenvererbung bedeutet, daß nur die Spezifikation des Verhaltens vererbt wird. Die zweite Form der Vererbung ermöglicht eigentlich Polymorphie. Dieser Typ der Vererbung wird von COM uneingeschränkt unterstützt. Die Quellcodevererbung ist dagegen einfach ein Mechanismus zur Wiederverwendung vorhandener Implementierungen. Wenn die Wiederverwendung das eigentliche Ziel ist, dann ist die Quellcodevererbung ein Mittel, dieses Ziel zu erreichen, jedoch nicht das Ziel an sich.

In den Kreisen wissenschaftlicher und kommerzieller Software-Entwickler wird weithin anerkannt, daß die Quellcodevererbung ein nützliches und leistungsfähiges Werkzeug ist, das aber auch unangemessene Abhängigkeiten zwischen der Basisklasse und abgeleiteten Klassen mit sich bringen kann. Da die Quellcodevererbung oft dazu führt, daß Details einer Basisklassenimplementierung »offenbart« werden, womit gegen das Prinzip der Kapselung verstoßen wird, vertraten die COM-Designer den Standpunkt, daß die Verwendung der Quellcodevererbung auf die Erstellung von Elementen *innerhalb* von Komponenten beschränkt werden müßte. COM unterstützt zwar keine Quellcodevererbung *zwischen* Komponenten, jedoch innerhalb von Komponenten. COM unterstützt darüber hinaus die Schnittstellenvererbung uneingeschränkt (eigentlich basiert COM darauf).

Die COM-Designer haben das in den Mittelpunkt gerückt, was mit der Vererbung häufig erreicht werden soll, nämlich die Wiederverwendung, statt der Vererbung an sich. In COM wird als grundlegendes Konzept zur Modellierung von Wiederverwendung die Kapselung verwendet und nicht die Vererbung. Statt dessen verwendet COM die Vererbung, um Typbeziehungen zwischen Objekten darzustellen, die über eine ähnliche Funktionalität verfügen. Indem sie das Wiederverwendungsmodell von COM auf der Kapselung aufbauten, haben die COM-Designer eine Art von *Black-Box*-Wiederverwendung gefördert, die sich für die erwartete Vermarktung von Komponenten eignet. Dahinter steht der Gedanke, daß Clients Objekte als Objekte behandeln sollen, die in Bezug auf ihren Inhalt und die Art und Weise ihrer Implementierung nicht transparent sind. Die COM-Designer glaubten, daß sich dieser Gedanke im Design der Architektur niederschlagen und durch diese durchgesetzt werden müßte. Warum sollte jemand ein System mit einem anderen Wiederverwendungsmodell entwerfen? Gute Frage. Es ist allerdings eine Tatsache, daß die Welt voll von »objektorientierten« Systemen ist, die keine Black-Box-Kapselung erzwingen und ihre Implementierung sogar erschweren. C++ ist ein klassisches Beispiel hierfür. Im ersten Kapitel dieses Buches zeigt Don sehr klar, was ich damit meine.

Die folgenden Gleichungen veranschaulichen die Unterschiede zwischen objektorientierter und komponentenorientierter Programmierung.

Objektorientierte Programmierung = Polymorphie + (etwas) Laufzeitbindung +
(etwas) Kapselung + Vererbung

Komponentenorientierte Programmierung = Polymorphie + (wirkliche) Laufzeitbindung + (wirkliche, verstärkte) Kapselung + Schnittstellenvererbung + binäre Wiederverwendung

Wie dem auch sei, ich finde die ganze Debatte eher amüsant. Die OO-Puristen, die
auf comp.object und comp.object.corba leben, geraten völlig außer Fassung, während sie auf COM mit Fingern zeigen und vorwurfsvoll ausrufen: »Aber es ist eigentlich nicht *wirklich* objektorientiert!«. Sie können darauf zweierlei entgegnen:

- Doch, das ist es! *Eure* Definition von OO ist einfach falsch.«

- *Na und!?!* COM ist ein phänomenaler kommerzieller Erfolg und hat es Tausenden von unabhängigen Software-Herstellern ermöglicht, großartige Software
  zu entwickeln, die sich erweitern und einbinden läßt. Und sie verdienen Geld
  damit – eine Menge Geld.[2] Die Software-Komponenten, die diese Leute entwik-
  keln, werden gekauft, verwendet und wiederverwendet. Ist *das* nicht eigentlich
  der Sinn und Zweck jeder Technologie? Nebenbei bemerkt, ich kann jederzeit
  beweisen, daß nur COM wirklich komponentenorientiert ist.[3] Also, was soll's?«

Einfachheit führt zu Formbarkeit

Die erste wirkliche Anwendung von COM war ein Substrat von Microsofts zweitem Versuch einer Architektur für Verbunddokumente, Object Linking & Embed-
ding 2.0. Wenn Sie die Vielzahl der Art und Weisen, in der COM heute angewendet wird, betrachten, wissen Sie, was ich mit formbar meine. Programmierer
verwenden COM, um ihre Anwendungen mit Plug-in-Architekturen auszustatten, um große, transaktionsorientierte, mehrschichtige Client-/Server-Anwen-
dungen für Unternehmen zu erstellen, um Web-Seiten mit visuell ansprechenden
Elementen zu versehen, um Produktionsprozesse zu steuern und zu verwalten
und sogar um Spionagesatelliten zu verfolgen, indem sie Teleskope von entfernten Rechnern aus steuern.

Diese Formbarkeit ist in der Tatsache begründet, daß für die COM-Designer im
Mittelpunkt stand, den Kern des Models so einfach wie möglich zu halten, ohne

---

2. Eine (von Microsoft in Auftrag gegebene Studie) von Giga zeigt, daß 1997 das Marktvolumen
   für kommerzielle COM-Komponenten 410 Millionen Dollar betrug. Es wird geschätzt, daß
   dieser Markt bis zum Jahr 2001 auf 2,8 Milliarden Dollar wächst. Die genannten Zahlen enthalten keine Microsoft-Produkte.
3. Übung für den Leser: Nennen Sie ein einziges kommerziell verfügbares Objektsystem, mit
   Ausnahme von COM, das ein Modell für die binäre Wiederverwendung bietet und eine robu-
   ste Versionskontrolle, Ortsunabhängigkeit und Unabhängigkeit von Programmiersprachen
   unterstützt. Wenn Sie jetzt CORBA sagen, wurden Sie übertölpelt und kennen es nicht.

dafür das Modell zu vereinfachen. Ein beispielhafter Aspekt hierfür ist, welch relativ »anrüchiges« Image der COM-Programmierung heute anhaftet. Entwickler, die mit C oder C++ arbeiten, haben mit allen möglichen Absonderlichkeiten zu tun, unter anderem mit GUIDs und der Referenzzählung. Man hätte COM mit allen möglichen Kompliziertheiten ausstatten können, um die Programmierung zu erleichtern. Die Architekten haben sich dagegen darauf konzentriert, ein funktionstüchtiges Modell zu entwickeln, weil sie wußten, daß Tools später folgen würden, wenn sie Erfolg hätten. Diese Annahme hat sich mit dem kürzlichen Erscheinen von einfach handzuhabenden COM-Tools, wie beispielsweise Visual Basic, der COM-Unterstützung in Visual C++ 5.0 und der Active Template Library bewahrheitet. Wenn Sie dies lesen, wird Microsoft seine Pläne bekannt gegeben haben, die COM-Programmierung durch ein gemeinsames Laufzeitmodul zu vereinfachen, das für alle Werkzeuge verfügbar sein wird: COM+.

Folklore

Bei jeder Technologie, die so weit verbreitet ist wie COM, entwickelt sich mit der Zeit eine eigene Folklore. Einfach nur zum Spaß folgen nun einige Dinge, die Sie möglicherweise noch nicht gewußt haben. Einige sind sogar wahr.

- Es gab in allen möglichen Gruppen bei Microsoft sehr viele Leute, die entscheidend zum Design von COM beigetragen haben, aber die Hauptarchitekten von COM sind Bot Atkinson, Tony Williams und Craig Whittenburg. Alle drei sind nach wie vor bei Microsoft und arbeiten an wirklich tollen Sachen.

- Bob, Tony und Craig waren Mitglieder eines gruppenübergreifenden Teams, dessen Aufgabe die Entwicklung einer Kerntechnologie war, die die Umsetzung von Bill Gates Vision des IAYF (Information at Your Fingertips) ermöglichen sollte. Während die drei eine klare Vorstellung von der künftigen Stärke von COM hatten, wurde ihnen auferlegt, etwas auszuliefern, das sie verwendete: OLE 2.0. Dies erklärt etwas, warum es so lange gedauert hat, die COM-Dokumentation fertigzustellen. Entschuldigung.

- Die erste Implementierung von COM kam im Rahmen von OLE 2.0 im Mai 1993 auf den Markt.

- Die Basisschnittstelle (die damals noch nicht `IUnknown` hieß) hatte eine Methode namens `GetClassID`. Die Tatsache, daß diese Methode in `IPersist` verlagert wurde, ist ein Beispiel für die Verfolgung des Prinzips, das COM-Modell so einfach wie möglich zu halten.

- Es war einmal, da hatte `IUnknown` keine `AddRef`-Methode. Aber es wurde bald klar, daß es eine zu große Einschränkung bedeutete, wenn man die Duplizierung von Schnittstellenzeigern nicht zuläßt.

- Das »Unknown« von IUnknown resultierte aus einem im Dezember 1988 veröffentlichten internen Microsoft-Papier Tony Williams mit dem Titel *Object Architecture: Dealing with the Unknown – or – Type Safety in a Dynamically Extensible Class Library.*

- Die Entscheidung, RPC als Kommunikationsmechanismus zur Fernaktivierung von Prozessen zu verwenden, fiel in den ersten beiden Monaten des Jahres 1991. Ein Memo von Bob Atkinson mit dem Titel *IAYF Requirements for RPC* dokumentiert die Anforderungen, die an das RPC-Team – das damals »IAYF-Team« genannt wurde – gestellt worden waren. Dieses Team war für die Entwicklung eines Substrats verantwortlich, mit dem sich Bill Gates' Vision der »Information at Your Fingertips« realisieren ließe. Dieses Substrat war COM (obwohl es damals noch nicht so genannt wurde).

- Moniker sind stärker als Sie glauben.

- Es ist Mark Rylands Schuld, daß manche glauben, COM stünde für »Common Object Model«. Er bedauert dies tief und entschuldigt sich überschwenglich.

- »MEOW« ist eigentlich nicht die Abkürzung für Microsoft Extensible Object Wire. Rick hat das einfach erfunden.

- Windows NT 3.5 enthielt die erste Version von 32-Bit-COM und -OLE. Jemand hat versehentlich in einer der zentralen Header-Dateien die Anweisung »#pragma optimization off« stehen lassen.

Ich habe die Bücher, die (in Englisch) zum Thema COM, DCOM, OLE und ActiveX erschienen sind, mit Sicherheit gelesen, und Sie werden meinen Namen wahrscheinlich in den Danksagungen als technischer Gutachter finden. Ich selbst habe auch zahlreiche Artikel über diese Technologien geschrieben und war einer der Hauptherausgeber der COM-Spezifikation. Ich habe ungezählt viele Präsentationen zum Thema COM vor technisch bewandertem Publikum und technischen Laien gegeben. Daraus sollte hervorgehen, daß ich eine Menge Zeit und Energie darauf verwendet habe, herauszufinden, wie man COM am besten erklärt.

Es hat den Anschein, als wären alle meine Mühen umsonst gewesen, da mir nach der Lektüre des Manuskripts dieses Buches klar wurde, daß niemand besser COM erklären kann als Don Box.

Charlie Kindel
Microsoft Corparation
September 1997

Vorwort

Manchmal gibt es so viel Gutes über ein Buch zu sagen, daß es sich lohnt, dies zweimal zu tun. Das ist einer der Gründe, warum dieses Buch zwei Vorwörter hat: Es ist einfach so gut.

Wenn Sie Systeme für Windows 95 oder NT entwickeln, kommen Sie um COM nicht herum. Visual Studio – und insbesondere Visual Basic – verbergen einen Teil der Komplexität von COM, aber wenn Sie a) wirklich verstehen wollen, was intern passiert und/oder b) die Leistungsstärke von COM nutzen wollen, dann ist dieses Buch für Sie genau richtig.

Was ich besonders an diesem Buch schätze, ist die Art und Weise, in der Don Box seine Ausführungen zu COM aufbaut. Sie werden zuerst mit den Problemen bei der Erstellung verteilter und gleichzeitig ausführbarer Systeme konfrontiert, und dann wird sorgfältig und umfassend dargestellt, wie COM auf diese Probleme eingeht. Auch wenn Sie dieses Buch in die Hand nehmen und nichts über COM wissen, werden Sie durch ein klares und einfaches konzeptionelles Modell von COM geführt, das Ihnen ein Verständnis der Probleme und der Kräfte vermittelt, die die Struktur und das Verhalten von COM geprägt haben. Falls Sie ein erfahrener COM-Entwickler sind, werden Sie insbesondere Dons Erläuterungen verschiedener Verfahren zur Lösung allgemeiner Problemstellungen schätzen.

COM ist das Objektmodell zur Entwicklung verteilter und gleichzeitig ausführbarer Systeme, das am häufigsten eingesetzt wird. Dieses Buch wird Ihnen dabei helfen, solche Systeme mit COM erfolgreich zu entwickeln.

Grady Booch

Einleitung

Meine Arbeit ist getan. Ich kann mich endlich in dem Bewußtsein ausruhen, daß ich schließlich das niedergeschrieben habe, was viele die *reiche mündliche Überlieferung von COM* nannten. Dieses Buch spiegelt die Evolution meines eigenen Verständnisses dieser vertrackten Technologie wider, die Microsoft 1993 freundlicherweise der Programmiererwelt offenbart hat. Obwohl ich nicht die ursprüngliche OLE Professional Developer's Conference besucht habe, kommt es mir doch so vor, als würde ich schon ewig mit COM arbeiten. Nach fast vier Jahren Arbeit mit COM kann ich mich kaum noch an die Ära vor COM erinnern. Ich habe allerdings sehr lebendige Erinnerungen an meine eigene schmerzhafte Expedition durch die COM-Landschaft im Frühjahr 1994.

Es hat etwa sechs Monate gedauert, bis ich den Eindruck hatte, etwas von COM zu verstehen. Während dieser ersten sechs Monate der Arbeit mit COM konnte ich funktionierende Programme schreiben und gelegentlich auch erklären, warum sie funktionierten. Ich hatte jedoch kein organisches Verständnis davon, warum das COM-Programmiermodell so war, wie es ist. Glücklicherweise kam mir eines Tages (am 8. August 1994, etwa sechs Monate nachdem ich das Buch *Inside OLE2* gekauft hatte) die Erleuchtung und auf einmal war mir COM klar. Das bedeutete aber keinesfalls, daß ich jede COM-Schnittstelle und jede API-Funktion verstand, sondern daß mir die primären, COM zugrundeliegenden Beweggründe einleuchteten. Daraus wurde klar, wie sich das Programmiermodell auf alltägliche Programmierprobleme anwenden läßt. Viele anderen Entwickler haben mir erzählt, daß sie ähnliche Erfahrungen gemacht haben. Während ich dieses Vorwort im nunmehr dritten August nach der Erleuchtung schreibe, müssen Entwickler immer noch diese sechsmonatige Wartezeit absolvieren, bevor sie zu produktiven Mitgliedern der COM-Gesellschaft werden. Ich würde annehmen, daß dieses Buch den Zeitraum etwas verkürzt, aber ich mache keine Versprechungen.

Wie dieses Buch hervorhebt, ist COM eher eine Programmierdisziplin als eine Technologie. Aus diesem Grund habe ich versucht, den Leser nicht mit detaillierten Beschreibungen aller Parameter sämtlicher Methoden der einzelnen Schnittstellen zu erschlagen. Ich habe statt dessen versucht, konzentriert zu fassen, um was es bei COM eigentlich geht, und überlasse es der SDK-Dokumentation, die Lücken zu schließen, die in jedem Kapitel bleiben. Wann immer möglich, habe ich versucht, auf die zugrundeliegenden Spannungen einzugehen, die einen bestimmten Aspekt von COM motivieren, statt detaillierte Beispiele dafür zu geben, wie die einzelnen Schnittstellen und API-Funktionen in künstlichen Beispielprogrammen verwendet werden. Meine eigene Erfahrung hat gezeigt, daß das Verständnis des *Wie* fast naturgegeben folgt, sobald man das *Warum* verstanden hat. Umgekehrt vermitteln Kenntnisse des *Wie* selten ein ausreichendes Verständnis für Vorgänge, die nicht in der Dokumentation behandelt werden. Dieses Verständnis ist unabdingbar, wenn man hofft, mit der fortwährenden Evolution des Programmiermodells Schritt zu halten.

COM ist ein extrem flexibles Substrat zur Entwicklung verteilter objektorientierter Systeme. Um die Vorteile der Flexibilität von COM nutzen zu können, muß man häufig Dinge berücksichtigen, die in SDK-Dokumentationen, Artikeln oder Büchern nicht behandelt werden. Meine persönliche Empfehlung ist, davon auszugehen, daß alles, was man liest (einschließlich dieses Buches), inkorrekt oder beklagenswert veraltet ist, und statt dessen sein eigenes Verständnis des Programmiermodells zu entwickeln. Die sicherste Methode, das Programmiermodell zu verstehen, besteht darin, sich auf die Beherrschung des Grundvokabulars von COM zu konzentrieren. Dies läßt sich erreichen, indem man COM-Programme schreibt und analysiert, warum sie so arbeiten, wie sie arbeiten. Die Lektüre von Büchern, Artikeln und Dokumentationen kann hilfreich sein, schlußendlich kann aber das Nachdenken über die vier Kernkonzepte von COM (Schnittstellen, Klassen, Apartments und Sicherheit) ihrer Effizienz als COM-Programmierer nur dienlich sein.

Um es Lesern zu erleichtern, sich auf diese Kernkonzepte zu konzentrieren, war ich bemüht, so viel Quelltext wie möglich aufzunehmen, ohne ausgefeilte Implementierungen bereitzustellen, die Leser einfach in ihre eigenen Programme kopieren können. Damit sichergestellt ist, daß COM-Programmiertechniken auch im Kontext dargestellt werden, enthält Anhang B eine komplette COM-Anwendung, die beispielhaft viele der Konzepte veranschaulicht, die in diesem Buch besprochen werden. Zudem enthalten die auf meiner Website unter http://www.develop.com/dbox/combook/sources zum Herunterladen verfügbaren Quelltextbeispiele zu diesem Buch eine Bibliothek mit COM-Hilfsroutinen, die ich bei meiner eigenen Entwicklungsarbeit nützlich fand. Einige Teile dieser Bibliothek werden in diesem Buch eingehend besprochen. Die komplette Bibliothek wurde als Beispiel dafür zur Verfügung gestellt, wie man de facto C++-Anwendungen aufbaut. Zudem ist zu beachten, daß viele Programmbeispiele der einzelnen Kapitel das Makro `assert` der C-Runtime-Bibliothek verwenden, da hervorgehoben werden soll, daß bestimmte Erwartungen und Voraussetzungen erfüllt sein müssen. In der Praxis sollten diese `assert`-Anweisungen durch etwas nachsichtigere Fehlerbehandlungsroutinen ersetzt werden.

Ein Nachteil gedruckter Bücher ist, daß sie häufig schon veraltet sind, wenn sie zum Buchhändler gelangen. Dieses Buch stellt keine Ausnahme dar. Insbesondere aufgrund der anstehenden Veröffentlichungen von COM+ und Windows NT 5.0 werden sicher verschiedene Aspekte dieses Buches bald inkorrekt oder zumindest veraltet sein. Ich habe versucht, die durch Windows NT 5.0 bedingte Entwicklung des Modells zu berücksichtigen. Allerdings befand sich zum Zeitpunkt der Niederschrift Windows NT 5.0 noch nicht in der offiziellen Beta-Phase. Daher sind bei sämtlichen Angaben Änderungen nicht ausgeschlossen. COM+ verspricht eine noch stärkere Weiterentwicklung des Modells. Es war allerdings nicht möglich, hier auf COM+ einzugehen und das Manuskript noch in diesem Jahr fertigzustellen. Sie sollten sich sowohl Windows NT 5.0 als auch COM+ ansehen, sobald diese verfügbar sind.

Eine eher schmerzliche Entscheidung, die ich treffen mußte, betraf die Behandlung der kommerziell verfügbaren Bibliotheken, die zur Implementierung von COM-Komponenten in C++ verwendet werden. Nachdem ich beobachtet habe, welche Fragen in Newsgroups am häufigsten gestellt werden, habe ich mich dafür entschieden, die Bibliotheken ATL (und MFC) zu ignorieren und mich statt dessen auf die Kernthemen zu beschränken, die jeder Programmierer meistern muß, ungeachtet dessen, mit welcher Bibliothek er arbeitet. Immer mehr Programmierer erzeugen ATL-Salat und wundern sich, warum nichts funktioniert. Ich bin davon überzeugt, daß man COM nicht lernen kann, indem man mit der ATL oder MFC programmiert. Das soll nicht heißen, daß ATL und MFC keine nützlichen Werkzeuge für die Entwicklung von COM-Komponenten seien. Es heißt einfach, daß sie sich nicht dafür eignen, die COM-Programmierkonzepte und -techniken zu demonstrieren oder zu erlernen. Aus diesem Grund ist die ATL für ein Buch, das sich auf das COM-Programmiermodell konzentriert, nicht geeignet. Glücklicherweise finden die meisten Entwickler, daß man sich die Grundlagen der ATL kurzfristig aneignen kann, sobald man COM einmal verstanden hat.

Die Zitate, mit denen jedes Kapitel beginnt, boten mir die Möglichkeit, in einem kleinen Teil dieses Buches das zu schreiben, was mir in den Sinn kam. Im Bemühen, meine Ausführungen so direkt wie möglich zu halten, habe ich meine freien, themenfremden Geschichten auf maximal 15 Zeilen C++-Quelltext pro Kapitel beschränkt. In der Regel stellt das Quelltext-Zitat einen Ansatz vor der Zeit von COM für ein im Kapitel behandeltes Problem oder Konzept dar. Ich überlasse es dem Leser, anhand dieser Hinweise auf meinen Gemütszustand beim Verfassen des Kapitels zu schließen.

Danksagung

Ein Buch zu schreiben ist unglaublich schwer – zumindest für mich. Zwei Personen, von denen ich mit Sicherheit weiß, daß sie während dieser Zeit mehr als ich gelitten haben, sind meine geduldige Ehefrau Barbara und mein toleranter Sohn Max (der trotz seines jugendlichen Alters COM anderen Objektmodellen vorzieht). Ich möchte Euch beiden dafür danken, daß Ihr meine Abwesenheit und allgemein verschrobene Verhaltensweise während meiner Versuche zu schreiben toleriert habt. Zum Glück wurde meine neu instantiierte Tochter Evan geboren, nachdem ein Großteil dieses Buches geschrieben war und hatte daher einen recht präsenten und angenehmen Vater. Mein verbindlicher Dank an alle Mitarbeiter bei DevelopMentor, die für mich einsprangen, wenn ich »abtauchte«, um weitere Kapitel zu produzieren.

Ein Großteil meiner frühen Anschauungen über verteilte Systeme wurden durch meine Tätigkeit für Tatsuya Suda an der UC Irvine in den frühen 90ern geprägt. Tatsuya hat mich gelehrt, wie man schreibt, wie man liest und wie man mit unhöflichen Zugpassagieren in Tokio umgeht. Vielen Dank und Entschuldigung.

Vielen Dank an meinen Kollegen Doug Schmidt, mit dem ich früher ein Büro geteilt habe, dafür, daß er mich Stan Lippman von C++ Report vorgestellt hat. Trotz Stans stürmischer Ablehnung meines ersten Artikels, wurde mein Name dank Euch beiden bekannt.

Vielen Dank an Mike Hendrickson und Alan Feuer von Addison Wesley für die Initiierung dieses Projekts. Vielen Dank an Ben Ryan und John Wait für ihre Geduld. Vielen Dank an Carter Shanklin dafür, daß er das Projekt bis zum Ende begleitet hat.

Vielen Dank an David Chappel dafür, daß er das beste derzeit verfügbare COM-Buch geschrieben hat. Ich rate jedem von Herzen, dieses Buch zu kaufen und mindestens zweimal zu lesen.

Vielen Dank den CORBA- und Java-Partisanen und -Eiferern, die mir im Laufe der Jahre in verschiedenen Usenet Newsgroups flammende Gefechte geliefert haben. Ihre konstante Wachsamkeit hat mein eigenes Verständnis von COM unendlich verbessert. Trotz der Tatsache, daß ich viele Eurer Argumente immer noch für Scheinargumente und Argumente aus einer anderen Welt halte, respektiere ich Euren Wunsch zu überleben.

Verschiedene Mitarbeiter von Microsoft waren mir über die Jahre sehr behilflich und haben mir direkt oder indirekt beim Schreiben dieses Buches geholfen. Sara Williams war die erste COM-Person von Microsoft, die ich getroffen habe. Gleich nachdem sie mir erklärt hatte, daß sie Bill doch nicht so gut kennt, hat sie mich zum Trost Gretchen Bilson und Eric Maffei vom Microsoft System Journal vorgestellt. Sara ist immer ein großartiger »Box-Evangelist« gewesen und dafür bin ich ihr für immer dankbar. Charlie Kindel hat dieses hübsche Vorwort zu meinem Buch geschrieben, obwohl er zeitlich sehr eingespannt ist und so häufig seinen Friseur besucht. Nat Brown war die erste Person, die mir Apartments gezeigt hat, und hat meinen Wortschatz unwiderruflich mit dem Wort »schwing« verunreinigt. Kraig Brochschmidt hat mir erklärt, daß ein bestimmter Aspekt von COM, der unglaublich elegant wirkt, eigentlich ein grotesker, in letzter Minute eingebauter Hack ist. Dave Reed hat mich Viper vorgestellt und hört sich bei jedem meiner Besuche in Redmont geduldig mein Gequatsche an. Pat Helland hat die ganze Woche der TechEd97 damit verbracht, mich durcheinanderzubringen und mich zu zwingen, die meisten meiner Grundannahmen über COM zu überdenken. Scott Robinson, Andreas Luther, Markus Horstmann, Mary Kirtland, Rebecca Norlander und Greg Hope waren großartig darin, mich vor dem Dunkel der Unwissenheit zu bewahren, so daß mir viele Dinge klar wurden und ich mich nicht verrannt habe. Ted Hase half mir dabei, die Sache bekannt zu machen. Rick Hill und Alex Armanasu haben mir den Rücken vor Angreifern von der technischen Front freigehalten. Andere Microsoft-Mitarbeiter, die meine Arbeit durch ihre eigene beeinflußt haben, sind unter anderem Tony Williams, Bob Atkinson, Craig Whittenberg, Crispin Beaumont, Mario Goertzel und Michael Montague.

Der DCOM-Mail-Reflektor war eine großartige Quelle der Inspiration und von Ideen für dieses Buch. Besonderen Dank gebührt folgenden Teilnehmern: Mark Ryland, COM-*Wunderkind* Mike Nelson, Keith Brown, Tim Ewald, Chris Sells, Saji Abraham, Kenk De Koning, Steve Robinson, Anton von Stratten und Randy Puttick.

Die Geschichte dieses Buches wurde stark durch meinen Unterricht in COM bei DevelopMentor in den letzten Jahren beeinflußt. Die Geschichte wurde ebenso von meinen Studenten wie von meinen unterrichtenden Kollegen geformt. Obwohl ich wünschte, ich könnte jedem Studenten persönlich danken (Addison Wesley hat mein Vorwort auf maximal 20 Seiten begrenzt), kann ich mich hier nur pauschal bei allen DevelopMentor-iten bedanken, die mir geholfen haben, durch den Unterricht in COM und durch ihre unschätzbar wertvollen Rückmeldungen mein eigenes Verständnis zu schärfen: Ron Sumida, Fritz Onion, Scott Buttler, Owen Tallman, George Shepherd, Ted Pattison, Keith Brown, Tim Ewald und Chris Sells. Vielen Dank! Vielen Dank auch Mike Abercrombie von Develop-Mentor dafür, daß er eine Umgebung geschaffen hat, in der persönliche Weiterentwicklung nicht durch Kommerz erstickt wird.

Dieses Buch wäre beträchtlich früher erschienen, wären da Terry Kennedy und meine Freunde bei der Software AG gewesen. Terry war so nett, mich während des Arbeitsurlaubs, den ich genommen hatte, um dieses Buch zu schreiben, nach Deutschland einzuladen, um dort am DCOM/UNIX-Projekt mitzuarbeiten. Obwohl dieses Buch eine Verspätung von einem Jahr hat, weil ich Terry gegenüber nicht Nein sagen konnte (das ist meine Schuld, nicht die von Terry), denke ich, daß es aufgrund meiner Mitarbeit an diesem Projekt unendlich besser geworden ist. Insbesondere habe ich in der Zusammenarbeit mit Harald Stiehl, Winnie Fröhlich, Volker Denkhaus, Ditmar Gärtner, Jeff Dee, Deiter Kesler, Martin Koch, Uli Kaes, Steve Wild, Blauer Aff und dem berüchtigten Thomas Vogler viele Einsichten gewonnen.

Schließlich bedanke ich mich bei Shah Jehan und der Coca-Cola Corporation: Das köstliche indische Essen der einen und die köstlichen Limonaden der anderen haben auf ihre Art zum Entstehen dieses Buches wesentlich beigetragen.

Don Box
Redando Beach, CA
August 1997
http://www.develop.com/dbox

1 COM, ein besseres C++

```
template <class T, class Ex>
class list_t : virtual protected CPrivateAlloc {
  list<T**> m_list;
  mutable TWnd m_wnd;
  virtual ~list_t(void);
protected:
  explicit list_t(int nElems, ...);
  inline operator unsigned int *(void) const
  { return reinterpret_cast<int*>(this); }
  template <class X> void clear(X& rx) const throw(Ex);
};
```

Unbekannter Autor, 1996

C++ ist nun schon eine ganze Weile auf dem Markt. Die Gemeinde der C++-Programmierer ist groß, und es ist eine Menge über die Tücken und Fallstricke dieser Sprache bekannt. Von Beginn an hat C++ von einem äußerst gebildeten Entwicklerteam profitiert, die während ihrer Tätigkeit in den Bell Laboratories nicht nur das erste C++-Entwicklungsprodukt (CFRONT) entwickelt, sondern auch viele fruchtbare Arbeiten über C++ veröffentlicht haben. Ein Großteil der Grundlagen von C++ wurden in den späten 80er und frühen 90er Jahren veröffentlicht. In dieser Ära haben die meisten C++-Entwickler (einschließlich der Autoren buchstäblich jedes wichtigen C++-Buches) an UNIX-Workstations gearbeitet und mit Hilfe der damaligen Compiler- und Linker-Technolgie recht monolithische Anwendungen erstellt. Die Umgebung, in der diese Entwicklergeneration arbeitete, hatte verständlicherweise großen Einfluß auf die allgemeine Denkweise der C++-Gemeinde.

Eines der prinzipiellen Ziele in der Entwicklung von C++ war es, Programmierern die Definition eigener Datentypen (User-Defined Types – UDTs) zu ermöglichen, die sich auch außerhalb des ursprünglichen Implementierungskontexts verwenden ließen. Dieses Prinzip untermauert das Konzept der Klassenbibliotheken und Entwicklungsgerüste, wie wir sie heute kennen. Seit der Einführung von C++ hat sich, wenn auch recht langsam, ein Markt für C++-Klassenbibliotheken gebildet. Ein Grund dafür, warum dieser Markt nicht so schnell gewachsen ist, wie man erwarten würde, hat mit dem unter C++-Entwicklern verbreiteten NAMMG-Faktor (NAMMG = *N*icht *A*uf *M*einem *M*ist *G*ewachsen) zu tun. Den Quelltext anderer Entwickler zu verwenden erscheint C++-Programmierern oft aufwendiger, als von Grund auf neu zu implementieren. In einigen Fällen ist diese Einschätzung schlicht in der Überheblichkeit der Entwickler begründet. In anderen Fällen rührt der Widerstand gegen die Wiederverwendung von Quelltexten von der zusätzlichen geistigen Anstrengung her, die erforderlich ist, wenn man den Design- und Programmierstil eines anderen verstehen will. Dies gilt insbesondere für Bibliotheken, die bestimmte Problemstellungen kapseln, da man hier nicht nur die zugrundeliegende Technologie, die gekapselt wird, verstehen muß, sondern auch die zusätzlichen Abstraktionen, die durch die Bibliothek selbst hinzukommen.

Das Problem wird dadurch verschlimmert, daß viele Bibliotheken in einer Art und Weise dokumentiert sind, die unterstellt, daß die Benutzer den Quelltext der Bibliothek letztlich als Referenz betrachten. Diese Art der White-Box-Wiederverwendung resultiert häufig in einer äußerst starken Bindung zwischen Client-Anwendung und Klassenbibliothek, wodurch der Quelltext im Laufe der Zeit immer weniger robust wird. Diese Art der Verknüpfung schränkt die Modularität einer Klassenbibliothek ein und erschwert es, Änderungen an der zugrundeliegenden Bibliotheksimplementierung nachzuvollziehen. Clients werden dadurch dazu verführt, die Bibliothek einfach als weiteren Teil der Quelltextbasis eines Projekts zu behandeln, statt als modulare, wiederverwendbare Komponenten. In der Tat ist es eine übliche Praxis von Entwicklern, den Quelltext kommerzieller Klassenbibliotheken an ihre besonderen Anforderungen anzupassen und ihre eigene »private Version« zu erstellen, die sich besser für ihre Anwendung eignet, aber eigentlich nicht mehr der ursprünglichen Bibliothek entspricht.

Wiederverwendung war schon immer einer der klassischen Beweggründe für Objektorientierung. Trotzdem ist es ziemlich schwierig, wirklich wiederverwendbare C++-Klassen zu schreiben. Abgesehen von den Hindernissen, die während der Entwurfs- und Entwicklungsphase der Wiederverwendung im Wege stehen und Teil der C++-Kultur sind, gibt es auch eine ganze Reihe von Hindernissen zur Laufzeit, aufgrund derer sich das C++-Objektmodell nicht optimal zur Erstellung wiederverwendbarer Software-Komponenten eignet. Viele dieser Hindernisse resultieren aus dem von C++ verwendeten Compiler- und Linker-Konzept. Dieses Kapitel beschäftigt sich mit den technischen Schwierigkeiten, die mit der Behandlung von C++-Klassen als wiederverwendbare Komponenten verbunden sind. Zu jeder dieser Schwierigkeiten werden Programmiertechniken vorgestellt, die auf gegenwärtig im Handel verfügbaren Standardtechnologien basieren. Durch die disziplinierte Anwendung dieser Techniken wird in diesem Kapitel eine Architektur für die Wiederverwendung von Komponenten entwickelt, die eine dynamische und effiziente Erstellung von Systemen erlaubt, die sich aus unabhängig voneinander entwickelten, binären Komponenten zusammensetzen.

1.1   Software-Distribution und C++

Die Probleme, die mit der Verwendung von C++ als Komponentensubstrat verbunden sind, werden verständlicher, wenn man sich ansieht, wie C++-Bibliotheken in den späten 80er Jahren verteilt wurden. Angenommen, ein Hersteller von Bibliotheken hat einen Algorithmus entwickelt, mit dem die Suche nach Teilzeichenfolgen innerhalb des Zeitraums $O(1)$ erfolgt (d.h., die Suchdauer ist konstant und nicht proportional zur Länge der Zielzeichenfolge). Dies ist zugegebenermaßen keine triviale Aufgabenstellung. Um die Verwendung dieses Algorithmus möglichst einfach zu gestalten, definiert der Hersteller eine Klasse vom Typ *string*, die auf diesem Algorithmus basiert und in jedem Client-Programm zur Darstellung schnell aufzufindender Textzeichenfolgen (engl. *fast strings*) verwendet werden kann. Der Hersteller erstellt zu diesem Zweck eine Header-Datei, die die Klassendefinition enthält:

```
// faststring.h ////////////////////////////////
class FastString {
  char *m_psz;
public:
  FastString(const char *psz);
  ~FastString(void);
  int Length(void) const; // liefert Zeichenanzahl
  int Find(const char *psz) const; // liefert Offset
};
```

Der Hersteller würde dann die Methoden in einer getrennten Quelltextdatei implementieren:

```
// faststring.cpp ////////////////////////////////////
#include "faststring.h"
#include <string.h>
FastString::FastString(const char *psz)
: m_psz(new char[strlen(psz) + 1]) {
  strcpy(m_psz, psz);
}


FastString::~FastString(void) {
  delete[] m_psz;
}



int FastString::Length(void) const {
  return strlen(m_psz);
}


int FastString::Find(const char *psz) const {
  // O(1)-Nachschlagefunktionen wurden der
  // Übersichtlichkeit halber gelöscht[1]
}
```

---

1. Zum Zeitpunkt dieser Niederschrift hatte der Autor noch keine funktionierende Implementierung dieses Algorithmus, die er hätte publizieren können. Die Details einer solchen Implementierung bleiben dem Leser als Übung überlassen.

Traditionell werden C++-Bibliotheken im Quelltextformat vertrieben. Man erwartet, daß die Benutzer einer Bibliothek die Quelltextdateien mit der Implementierung in ihr Make-System aufnehmen und die Bibliotheksquelltexte mit ihrem C++-Compiler kompilieren. Unter der Voraussetzung, daß die Bibliothek mit einer allgemein unterstützten Teilmenge der Programmiersprache C++ konform ist, war dies ein vollkommen arbeitsfähiger Ansatz. Diese Vorgehensweise hatte in der Praxis die Folge, daß der ausführbare Code der Bibliothek zusammen mit der fertigen Client-Anwendung ausgeliefert wurde.

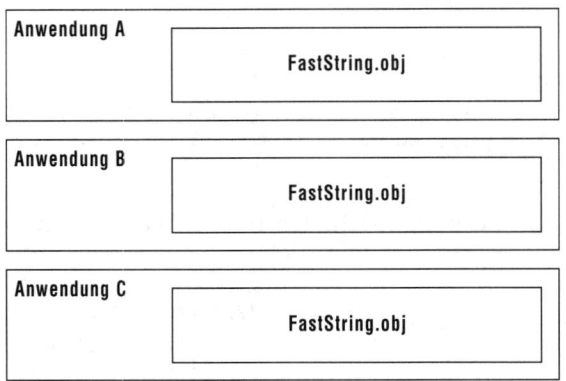

Abbildung 1-1 Drei Anwendungen verwenden `FastString.obj`

Nehmen wir an, daß im Fall der oben gezeigten Klasse `FastString` für die vier Methoden 16 MB Maschinencode in der ausführbaren Zieldatei generiert wird (bedenken Sie, daß zur Ausführung einer O(1)-Suche wahrscheinlich eine Menge Code erforderlich ist, wenn man die Standardproblematik der Abwägung zwischen Zeit- oder Platzersparnis unterstellt, die mit den meisten Algorithmen verbunden ist). Wenn, wie in Abbildung 1-1 gezeigt, drei Anwendungen die `FastString`-Bibliothek verwenden, dann enthält jeder der drei ausführbaren Dateien 16 MB Code. Falls ein Anwender also alle drei Client-Anwendungen installiert, belegt die `FastString`-Implementierung allein 48 MB Festplattenspeicher. Schlimmer noch ist, daß der `FastString`-Code 48 MB Arbeitsspeicher belegt, wenn der Anwender die drei Client-Anwendungen gleichzeitig ausführt, da das Betriebssystem nicht erkennen kann, daß jede dieser drei ausführbaren Dateien den gleichen Code enthält.

Ein weiteres Problem dieses Szenarios besteht darin, daß der Bibliothekshersteller keine Möglichkeit hat, die bei seinen Kunden in Verwendung befindliche Implementierung zu ersetzen, wenn er einen Defekt an der Klasse `FastString` feststellt. Sobald der `FastString`-Code in die Client-Anwendung eingebunden wurde, kann man den `FastString`-Code nicht mehr direkt auf dem Rechner des Anwenders austauschen. Statt dessen muß der Bibliothekshersteller Quelltextaktualisierungen an alle Entwickler von Client-Anwendungen senden und hoffen, daß diese ihre Anwendungen neu erstellen, damit diese von den vorgenommenen Korrekturen profitieren. Die Modularität der Komponente `FastString` geht eindeutig verloren, sobald der Kunde den Linker anwirft, um eine ausführbare Datei zu erstellen.

1.2   Dynamische Bindung und C++

Eine Technik zur Lösung des oben beschriebenen Problems besteht darin, die Klasse `FastString` als Dynamic Link Library (DLL) zu konzipieren. Dies kann auf verschiedene Art und Weise geschehen. Am einfachsten ist es, wenn man mit Hilfe einer Compiler-Direktive auf Klassenebene erzwingt, daß alle Methoden der Klasse `FastString` aus der DLL exportiert werden. Der Microsoft C++-Compiler stellt genau zu diesem Zweck das Schlüsselwort `__declspec(dllexport)` zur Verfügung:

```
class __declspec(dllexport) FastString {
  char *m_psz;
public:
  FastString(const char *psz);
  ~FastString(void);
  int Length(void) const; // liefert Anzahl der Zeichen
  int Find(const char *psz) const; // liefert Offset
};
```

Beim Einsatz dieser Technik werden alle Methoden von `FastString` in die Exportliste der DLL `FastString` aufgenommen, so daß diese Methodennamen zur Laufzeit der entsprechenden Speicheradresse zugeordnet werden können. Zudem erzeugt der Linker eine Importbibliothek, die die Symbole für die Methoden von `FastString` enthält. Die Importbibliothek enthält Referenzen auf den Dateinamen der DLL und die Namen der exportierten Symbole, aber nicht den eigentlichen Code. Wenn der Client die Importbibliothek über den Linker einbindet, werden der ausführbaren Datei Stub-Objekte hinzugefügt, die den Lader zur Laufzeit darüber informieren, daß die FASTSTRING.DLL dynamisch geladen werden muß und daß alle importierten Symbole den zugehörigen Speicherpositionen zugeordnet werden müssen. Diese Zuordnung geschieht völlig transparent, sobald das Client-Programm vom Betriebssystem gestartet wird.

Abbildung 1-2 illustriert das Laufzeitmodell von `FastString` beim Einsatz einer DLL. Beachten Sie, daß die Import-Bibliothek recht klein ist (sie belegt ungefähr zweimal soviel Platz wie die Textmenge aller exportierten Symbole). Wenn die Klasse von einer DLL exportiert wird, muß der `FastString`-Maschinencode nur einmal auf der Festplatte des Anwenders vorhanden sein. Greifen mehrere Clients auf den Bibliothekscode zu, ist das Lademodul des Betriebssystems intelligent genug, allen Client-Anwendungen den Zugriff auf die physischen Speicherseiten, die den schreibgeschützten ausführbaren Code der FASTSTRING.DLL enthalten, zu ermöglichen. Falls der Bibliothekshersteller einen Defekt im Quelltext findet, ist es hier darüber hinaus theoretisch möglich, eine neue DLL an alle Anwender auszuliefern, die die mangelhafte Implementierung auf einen Schlag für alle Client-Anwendungen korrigiert. Die Verlagerung der FastString-Bibliothek in eine DLL ist eindeutig ein wichtiger Schritt dahin, aus der ursprünglichen C++-Klasse eine in der Praxis austauschbare und effizient wiederverwendbare Komponente zu machen.

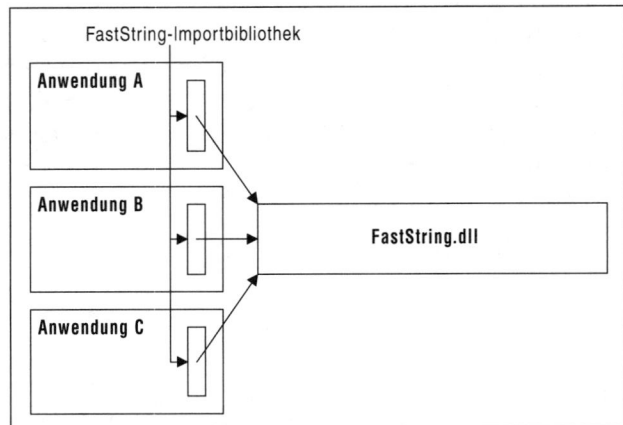

Abbildung 1-2 Das Laufzeitmodell beim Einsatz von FastString.dll

1.3   C++ und Portabilität

Ist die Entscheidung einmal gefallen, eine C++-Klasse als DLL auszuliefern, wird man mit einer der grundlegenden Schwächen von C++ konfrontiert, nämlich der mangelnden Standardisierung auf Binärebene. Obwohl im ISO/ANSI C++ Draft Working Paper versucht wird, zu kodifizieren, welche Programme kompiliert werden können und welche semantischen Auswirkungen die Ausführung dieser Programme hat, wird kein Versuch unternommen, das binäre Laufzeitmodell von C++ zu standardisieren. Dieses Problem wird zum ersten Mal augenscheinlich, wenn der Client versucht, in einer anderen C++-Entwicklungsumgebung als der, mit der die FASTSTRING.DLL erstellt worden ist, die Import-Bibliothek der FASTSTRING.DLL einzubinden.

Um das Überladen von Operatoren und Funktionen zu ermöglichen, »verfremden« C++-Compiler in der Regel den symbolischen Namen jedes Eintrittspunkts, damit ein Name mehrfach verwendet werden kann (entweder mit unterschiedlichen Argumenttypen oder in verschiedenen Gültigkeitsbereichen), ohne vorhandene C-Linker aus dem Tritt zu bringen. Man nennt diese Technik häufig Bezeichner-Mangeling. Obwohl im C++ Annotated Reference Manual (ARM) das von CFRONT dafür verwendete Verfahren dokumentiert ist, haben sich viele Compiler-Hersteller dafür entschieden, ihr eigenes proprietäres Mangeling-Verfahren zu erfinden. Da die `FastString`-Importbibliothek und die Exportsymbole der DLL das Mangeling-Verfahren des Compilers verwenden, mit dem die DLL erstellt worden ist (z.B. GNU C++), können Clients, die mit einem anderen Compiler (z.B. Borland C++) kompiliert worden sind, die Importbibliothek nicht erfolgreich einbinden. Die klassische Technik, durch die Verwendung des Schlüsselwortes `extern` das Bezeichner-Mangeling zu unterbinden, hilft in diesem Fall nicht weiter, da die DLL Methoden und nicht globale Funktionen exportiert.

Eine Technik, mit der sich dieses Problem lösen ließe, besteht darin, durch die Verwendung einer DEF-Datei (oder Moduldefinitionsdatei, Module Definition File) den Linker des Client zu täuschen. Ein Merkmal von DEF-Dateien ist, daß exportierte Symbole hier unterschiedlichen importierten Symbolen zugeordnet werden können. Sofern genügend Zeit und Informationen über die Mangeling-Verfahren der einzelnen Compiler verfügbar sind, kann der Hersteller der Bibliothek für jeden Compiler eine eigene Bibliothek erstellen. Obwohl es mühsam sein kann, verschafft dieses Vorgehen jedem Compiler auf Linker-Ebene Kompatibilität mit der DLL, vorausgesetzt, der Bibliothekshersteller hat die Art der Verwendung vorausgesehen und eine korrekte DEF-Datei zur Verfügung gestellt.

Sobald die mit dem Link-Vorgang verbundenen Probleme überwunden sind, muß man sich mit dem weit problematischeren Bereich der Inkompatibilitäten beschäftigen, die sich aus dem generierten Code ergeben. Abgesehen von den einfachsten Sprachkonstrukten, implementieren Compiler-Hersteller Sprachmerkmale häufig auf ihre eigene Weise, so daß die Objekte »unberührbar« für Code werden, der von einem anderen Compiler generiert worden ist. Exceptions sind ein klassisches Beispiel für ein solches Sprachmerkmal. Eine C++-Exception, die von einer Funktion ausgelöst wird, die mit dem Microsoft-Compiler kompiliert wurde, kann von einem Client-Programm, das mit dem Watcom-Compiler kompiliert wurde, nicht zuverlässig abgefangen werden. Der Grund hier liegt darin, daß die Definition im DWP (ISO/ANSI C++ Draft Working Paper) nicht vorschreibt, wie ein Sprachmerkmal zur Laufzeit auszusehen hat. Daher ist es völlig zulässig, daß jeder Compiler-Hersteller ein Sprachmerkmal auf einmalige und innovative Weise implementiert. Bei der Erstellung eines unabhängig ausführbaren Programms, das aus einer Binärdatei besteht, stellt dies kein Problem dar, da der gesamte Quelltext in einer Entwicklungsumgebung kompiliert und eingebunden wird. Bei der Entwicklung von Anwendungen, die auf Komponenten basieren und sich aus mehreren Binärdateien zusammensetzen, ist dies ein enormes Problem, da es vorstellbar ist, daß jede Komponente mit einem anderen Compiler und Linker erstellt wird. Das Fehlen eines C++-Binärstandards schränkt die Anzahl der Sprachmerkmale ein, die über DLL-Grenzen hinweg einsetzbar sind. Dies bedeutet, daß es zur Gewinnung eines herstellerunabhängigen Komponentensubstrats nicht genügt, einfach C++-Methoden aus DLLs zu exportieren.

1.4 Kapselung und C++

Angenommen, man könnte die Compiler- und Linker-Probleme bewältigen, die im vorigen Abschnitt skizziert wurden, dann muß die nächste Hürde bei der Erstellung von binären Komponenten in C++ überwunden werden, und die hat mit der Kapselung zu tun. Überlegen Sie, was passieren würde, wenn einer Organisation, die die Klasse FastString in einer Anwendung verwendet hat, das Unmögliche gelingen würde: die Entwicklungsphase und Tests zwei Monate vor dem Liefertermin des Produkts zu beenden. Angenommen, innerhalb dieser zwei Monate beschlössen einige der etwas skeptischeren Programmierer, den O(1)-Suchalgorithmus von FastString zu testen und ihre Anwendung zu diesem Zweck mit einem Profiler zu analysieren. Sie würden überrascht feststellen, daß Fast-String::Find in der Tat extrem schnell ausgeführt wird, ungeachtet der Länge der übergebenen Zeichenfolge. Die Length-Operation würde jedoch nicht ganz so gut abschneiden. FastString::Length verwendet die Routine strlen aus der C-Laufzeitbibliothek, die eine Zeichenfolge linear nach dem abschließenden Null-Zeichen durchsucht. Hier handelt es sich um einen O(n)-Algorithmus, der um so langsamer ausgeführt wird, je länger die Zeichenfolge ist. Da die Client-Anwendung die Length-Operation sehr häufig ausführen muß, wird sich wahrscheinlich einer dieser skeptischen Programmierer an den Bibliothekshersteller wenden und bitten, auch die Ausführungsgeschwindigkeit von Length zu erhöhen, so daß auch diese Operation innerhalb einer konstanten Zeitspanne ausgeführt wird. Die Sache hat allerdings einen Haken. Der Programmierer hat die Entwicklung abgeschlossen und ist möglicherweise nicht bereit, auch nur eine Zeile seines Quelltextes zu ändern, um die Vorteile der neuen, verbesserten Methode Length zu nutzen. Zudem mag es verschiedene andere Hersteller geben, die bereits Produkte ausgeliefert haben, die mit der aktuellen Version von FastString arbeiten, so daß der Bibliothekshersteller möglicherweise die moralische Verpflichtung verspürt, diese Anwendungen nicht durch eine Neuentwicklung funktionsuntüchtig zu machen.

In dieser Situation muß man sich einfach die Klassendefinition von FastString ansehen und entscheiden, was geändert werden kann und was konstant bleiben muß, damit man die Anwender nicht verärgert. Glücklicherweise hatte man bei der Konzeption von FastString die Kapselung im Sinn und alle Datenelemente als private Elemente definiert. Damit wollte man ein hohes Maß an Flexibilität erreichen, da kein Client-Programm Code enthalten kann, der direkt auf die Datenelemente von FastString zugreift. Vorausgesetzt, die vier öffentlichen Datenelemente der Klasse werden nicht verändert, dann sind auch keine Änderungen an irgendeiner Client-Anwendung erforderlich. In diesem Glauben macht sich der Bibliothekshersteller daran, Version 2.0 von FastString zu implementieren.

Eine offensichtliche Verbesserung bestünde darin, die Länge der Zeichenfolge im Konstruktor zwischenzuspeichern und diesen Wert dann in einer neuen Version der Methode Length zurückzugeben. Da die Zeichenfolge nach ihrer Initialisierung nicht verändert werden kann, muß man ihre Länge nicht mehrmals berechnen. In der Tat wurde die Länge bereits im Konstruktor berechnet, damit Pufferspeicher reserviert werden kann, so daß nur eine Handvoll zusätzlicher Anweisungen nötig sind. Die geänderte Klassendefinition sieht so aus:

```
// faststring.h Version 2.0
class __declspec(dllexport) FastString {
  const int m_cch; // Anzahl der Zeichen
  char *m_psz;
public:
  FastString(const char *psz);
  ~FastString(void);
  int Length(void) const; // liefert Zeichenanzahl
  int Find(const char *psz) const; // liefert Offset
};
```

Beachten Sie, daß die einzige Änderung in der Hinzufügung eines privaten Datenelements besteht. Damit dieses Datenelement korrekt initialisiert wird, muß der Konstruktor wie folgt verändert werden:

```
FastString::FastString(const char *psz)
: m_cch(strlen(psz)), m_psz(new char[m_cch + 1]) {
  strcpy(m_psz, psz);
}
```

Nachdem die Länge nun zwischengespeichert wird, ist die Definition der Methode Length trivial:

```
int FastString::Length(void) const {
  return m_cch; // zwischengespeicherte Länge zurückgeben
}
```

Nach der Durchführung dieser drei Modifikationen könnte der Bibliothekshersteller die FASTSTRING.DLL und die zugehörigen Tests zur Prüfung aller Aspekte der Klasse FastString neu erstellen. Der Hersteller wäre angenehm überrascht, daß sich das Prinzip der Kapselung bezahlt gemacht hat und an den Tests keine Änderungen auf Quelltextebene erforderlich sind. Sobald man sich vom einwandfreien Funktionieren der neuen DLL überzeugt hat, liefert der Hersteller die Version 2.0 von FastString an den Kunden aus und glaubt, daß seine Arbeit damit getan ist.

Die Kunden, die die Änderungen in Auftrag gegeben haben, nehmen die neue Klassendefinition und die neue DLL in ihr Versionskontrollsystem auf und starten einen Kompilierlauf, um die neue verbesserte FASTSTRING.DLL zu testen. Wie der Bibliothekshersteller sind auch sie angenehm überrascht, daß keine Quelltextänderungen erforderlich sind, um die Vorteile dieser neuen Version von Length nutzen zu können. Ermutigt durch diese Erfahrung, überzeugt das Entwicklerteam die Geschäftsleitung davon, die neue DLL auf die endgültige »goldene Master-CD« aufzunehmen, die in Kürze in Produktion gehen soll. Es kommt zwar selten vor, aber diesmal gibt die Geschäftsleitung den Wünschen der begeisterten Entwickler nach und nimmt die neue DLL in den Lieferumfang des Produkts auf. Wie die meisten Installationsprogramme, ist das Setup-Skript für dieses Produkt so konzipiert, daß es stillschweigend ältere Versionen der FASTSTRING.DLL überschreibt, die sich möglicherweise auf dem Rechner des Anwenders befinden. Da die öffentliche Schnittstelle der Klasse von den Änderungen nicht berührt wurde, sollte die stillschweigende Aktualisierung auf `FastString` Version 2.0 eigentlich nur zur Verbesserung bestehender Client-Anwendungen führen, die zuvor installiert worden waren.

Stellen Sie sich folgendes Szenario vor: Die Anwender erhalten endlich das ersehnte Produkt. Jeder Anwender läßt auf der Stelle alles liegen und installiert die neue Anwendung auf seinem Rechner, damit er sie ausprobieren kann. Nachdem sich die Aufregung über die Möglichkeit, extrem schnelle Textsuchen durchzuführen, etwas gelegt hat, kehrt wieder der Alltag ein und der Anwender startet eine Anwendung, die er vor einiger Zeit auf dem Rechner installiert hat und die zufällig auch die FASTSTRING.DLL verwendet. Einige Minuten lang funktioniert alles bestens. Dann erscheint plötzlich ein Dialogfeld, das besagt, daß eine Ausnahmebedingung aufgetreten ist und sämtliche Daten verlorengegangen sind. Der Anwender versucht, die Anwendung erneut zu starten, aber diesmal wird die Fehlermeldung gleich nach dem Start angezeigt. Der Anwender, der sich an den Umgang mit moderner, kommerzieller Software gewöhnt hat, installiert das Betriebssystem und alle Anwendungen neu, aber auch das hindert die Fehlermeldung nicht daran, immer wieder aufzutreten. Woran liegt das?

Der Grund hierfür ist, daß der Bibliothekshersteller zu dem Irrglauben verführt worden ist, daß C++ die Kapselung unterstützt. C++ unterstützt zwar syntaktisch die Kapselung durch die Schlüsselwörter `private` und `protected`, aber der Entwurf des C++-Standards enthält keinerlei Hinweise zur binären Kapselung. Das ist deswegen so, weil das Kompilierungsmodell von C++ die Anforderung stellt, daß der Compiler des Kunden Zugriff auf alle Informationen bezüglich des Objektlayouts haben muß, um eine Klasseninstanz instantiieren oder nichtvirtuelle Methoden aufrufen zu können. Dazu gehören Informationen über die Größe und Reihenfolge der privaten und geschützten Datenelemente des Objekts. Betrachten Sie das in Abbildung 1-3 dargestellte Szenario. Version 1.0 von `FastString` erforderte vier Byte pro Instanz (aufgrund der Angabe `sizeof(char *) == 4`). Für Version 1.0 der Klassendefinition geschriebene Client-Programme reservieren vier Byte im Speicher, deren Adresse dem Konstruktor der Klasse übergeben wird. In Version 2.0 unterstellen Konstruktor, Destruktor und Methoden (die nun in der DLL auf dem Rechner des Anwenders enthalten sind) jetzt aber, daß das Client-Programm acht Byte pro Instanz reserviert (aufgrund der Annahme `sizeof(int) == 4`) und haben keine Hemmungen, in alle acht Bytes zu schreiben. Leider gehören bei Client-Programmen, die mit Version 1.0 erstellt wurden, die zweiten vier Bytes des Objekts jemandem anders, und, wie man an der Fehlermeldung erkennen kann, gilt es als äußerst unhöflich, wenn man versucht, einen Zeiger auf eine Zeichenfolge an dieser Position zu speichern.

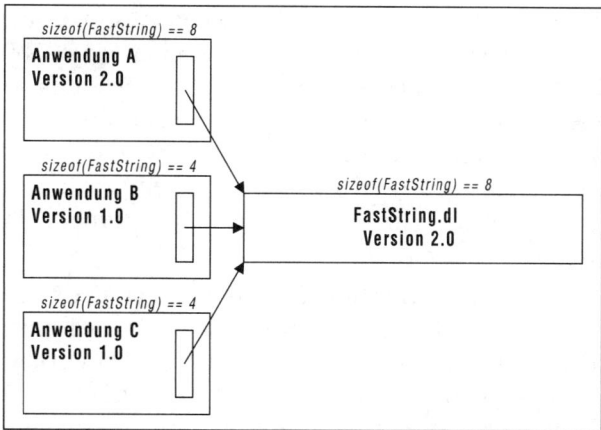

Abbildung 1-3 C++ und Kapselung

Eine gebräuchliche Lösung für dieses Versionsproblem ist, neue Versionen von DLLs umzubenennen. Diese Strategie wird bei den Microsoft Foundation Classes (MFC) angewendet. Wenn die Versionsnummer in den Dateinamen der DLL aufgenommen wird (z.B. FASTSTRING10.DLL, FASTSTRING20.DLL), können Client-Programme stets die Version der DLL laden, für die sie erstellt wurden, ungeachtet dessen, welche anderen Versionen auf dem Rechner installiert sind. Leider ist es vorstellbar, daß sich aufgrund mangelhafter Pflege der Software-Konfiguration auf dem Rechner des Anwenders mit der Zeit mehr unterschiedliche DLL-Versionen ansammeln als eigentliche Client-Anwendungen vorhanden sind. Diese Behauptung läßt sich einfach bestätigen, indem man sich das Systemverzeichnis von Rechnern ansieht, die über sechs Monate in Verwendung sind.

Dieses Versionsproblem ist schlußendlich im Kompilierungsmodell von C++ begründet, das nicht darauf ausgelegt ist, unabhängige binäre Komponenten zu unterstützen. Da in C++ erwartet wird, daß der Client das Objektlayout kennt, besteht zwischen den ausführbaren Dateien von Client und Objekt eine binäre Bindung. Normalerweise ist diese binäre Bindung für C++ vorteilhaft, da sie Compilern die Erzeugung extrem effizienten Codes ermöglicht. Leider verhindert diese enge binäre Bindung den Austausch von Klassenimplementierungen ohne Neukompilierung des Client-Programms. Aufgrund dieser Bindung und der Compiler- und Linker-Inkompatibilitäten, die im vorigen Abschnitt erwähnt wurden, liefert der einfache Export von C++-Klassendefinitionen aus DLLs keine vernünftige Architektur für binäre Komponenten.

1.5 Trennung von Schnittstelle und Implementierung

Das Konzept der Kapselung basiert auf der Intention, das Aussehen eines Objekts (seine Schnittstelle) von seiner Funktionsweise (seine Implementierung) zu trennen. In C++ stellt sich das Problem, daß dieses Prinzip auf der Binärebene nicht gilt, da eine C++-Klasse sowohl Schnittstelle als auch Implementierung ist. Diese Schwäche läßt sich ausgleichen, indem die beiden Abstraktionen als getrennte Größen und C++-Klassen formuliert werden. Wenn man eine C++-Klasse zur Darstellung der Schnittstelle eines Datentyps und eine andere C++-Klasse zur Implementierung dieses Datentyps definiert, kann der Objektimplementator theoretisch die Implementierungsdetails der Klasse modifizieren, ohne die Schnittstelle der Klasse zu verändern. Man muß eigentlich nur eine Möglichkeit finden, die Schnittstelle der zugehörigen Implementierung zuzuordnen, ohne dem Client Implementierungsdetails zu verraten.

Die Schnittstellenklasse sollte nur beschreiben, wie sich der Client den beschriebenen Datentyp vorzustellen hat. Da die Schnittstelle keine Implementierungsdetails offenlegen soll, darf die C++-Schnittstellenklasse keine Datenelemente enthalten, die in der Implementierung des Objekts verwendet werden. Statt dessen sollte die Schnittstellenklasse lediglich Methodendeklarationen für alle öffentlichen Operationen des Objekts enthalten. Die C++-Implementierungsklasse enthält die Datenelemente, die zur Implementierung der Objektfunktionalität erforderlich sind. Ein einfacher Ansatz wäre, die Schnittstelle als Handle-Klasse zu definieren. Die Handle-Klasse würde einfach einen nicht näher spezifizierten Zeiger enthalten, der im Gültigkeitsbereich des Client nie vollständig definiert wäre. Die folgende Klassendefinition ist ein Beispiel für diese Technik:

```
// faststringitf.h
class __declspec(dllexport) FastStringItf {
  class FastString; // Name der implementierten Klasse
  FastString *m_pThis; // nicht spezifizierter Zeiger
   // (Größe bleibt konstant)
public:
  FastStringItf(const char *psz);
  ~FastStringItf(void);
  int Length(void) const; // liefert Anzahl der Zeichen
  int Find(const char *psz) const; // liefert Offset
};
```

Beachten Sie, daß sich das binäre Layout dieser Schnittstellenklasse nicht ändert, wenn Datenelemente der Implementierungsklasse FastString hinzugefügt oder daraus entfernt werden. Die Vorabdeklaration bewirkt zudem, daß die Klassendefinition von FastString nicht zur Kompilierung dieser Header-Datei benötigt wird. Damit werden alle Details der Implementierung von FastString vor dem Compiler des

Client-Programms verborgen. Wird diese Technik eingesetzt, dann stellt der Maschinencode für die Schnittstellenmethoden den einzigen Eintrittspunkt in die DLL des Objekts dar, und die binären Signaturen werden sich nie ändern. Die Implementierungen der Methoden der Schnittstellenklasse leiten die Methodenaufrufe einfach an die eigentliche Implementierungsklasse weiter:

```
// faststringitf.cpp/// (Teil der DLL, nicht des Client) //
#include "faststring.h"
#include "faststringitf.h"
FastStringItf::FastStringItf(const char *psz)
: m_pThis(new FastString(psz)) {
  assert(m_pThis != 0);
}

FastStringItf::~FastStringItf(void) {
  delete m_pThis;
}

int FastStringItf::LengthItf(void) const {
  return m_pThis->Length();
}

int FastStringItf::Find(const char *psz) const {
  return m_pThis->Find(psz);
}
```

Diese weiterleitenden Methoden würden als Bestandteil der FASTSTRING.DLL kompiliert, so daß bei Änderungen des Layouts der C++-Implementierungsklasse FastString der Aufruf des Operators new im Konstruktor von FastStringItf auch neu kompiliert wird, was sicherstellt, daß stets genügend Speicher reserviert wird. Auch hier beinhaltet der Client nie die Klassendefinition der C++-Implementierungsklasse FastString. Der Implementator von FastString gewinnt dadurch die Flexibilität, die Implementierung im Laufe der Zeit weiterzuentwickeln, ohne bestehende Client-Programme zu beeinträchgigen.

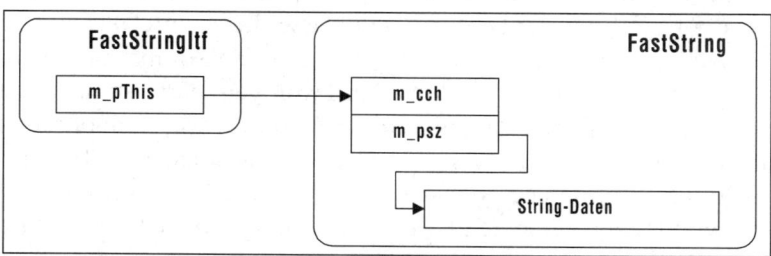

Abbildung 1-4 Handle-Klassen als Schnittstellen

Abbildung 1-4 zeigt das Laufzeitmodell, wenn Handle-Klassen zur Trennung von Schnittstelle und Implementierung verwendet werden. Beachten Sie, daß die Umleitungsebene, die durch die Schnittstellenklasse eingeführt wird, eine Art binäres Firewall-System zwischen der Client- und der Objektimplementierung darstellt. Dieses binäre Firewall-System ist ein Vertrag, der präzise beschreibt, in welcher Weise der Client mit der Implementierung kommunizieren kann. Die gesamte Kommunikation zwischen Client und Objekt erfolgt über die Schnittstellenklasse, die ein sehr einfaches binäres Protokoll für den Zugang zur Domäne der Objektimplementierung definiert. Dieses Protokoll ist völlig unabhängig von den Details der C++-Implementierungsklasse.

Obwohl die Verwendung von Handle-Klassen ihre Vorteile hat und uns sicher darin einen Schritt weiter bringt, eine Klasse aus einer DLL auf sichere Weise offenzulegen, hat sie auch ihre Schwächen. Beachten Sie, daß die Schnittstellenklasse jeden Methodenaufruf explizit an die Implementierungsklasse weiterleiten muß. Bei einer einfachen Klasse wie `FastString`, die nur zwei öffentliche Methoden enthält, nämlich einen Konstruktor und einen Destruktor, ist dies nicht weiter belastend. Bei einer großen Klassenbibliothek mit Hunderten oder Tausenden von Methoden wäre das Schreiben dieser Weiterleitungsroutinen jedoch recht mühsam und eine potentielle Fehlerquelle. Zudem ist in Umgebungen, in denen die Ausführungsgeschwindigkeit entscheidend ist, die Tatsache, daß jede Methode zwei Aufrufe erfordert (ein Aufruf der Schnittstelle und einen verschachtelten Aufruf der Implementierung), nicht ganz ideal. Überdies löst die Handle-Klassentechnik nicht alle Probleme hinsichtlich der Compiler-/Linker-Kompatibilität, die aber schlußendlich gelöst werden müssen, wenn wir ein wirklich verwendbares Substrat für wiederverwendbare Komponenten gewinnen wollen.

1.6   Abstrakte Basisklassen als binäre Schnittstellen

Die Technik zur Trennung von Schnittstelle und Implementierung kann tatsächlich auch die Compiler-/Linker-Kompatibilitätsprobleme von C++ lösen, allerdings muß die Definition der Schnittstellenklasse hierzu in etwas anderer Form erfolgen. Wie oben bereits ausgeführt, ergeben sich die Kompatibilitätsprobleme daraus, daß Compiler unterschiedliche Auffassungen darüber haben, (1) wie Sprachmerkmale zur Laufzeit darzustellen sind und (2) wie symbolische Namen beim Linken darzustellen sind. Wenn es jemandem gelänge, eine Technik auszuarbeiten, wie man Compiler-/Linker-Implementierungdetails hinter irgendeiner Art binärer Schnittstelle verbergen könnte, ließen sich C++-DLLs von einem sehr viel größeren Kundenkreis verwenden.

Indem man sicherstellt, daß das durch die C++-Schnittstellenklasse gebildete binäre Firewall-System keine compiler-abhängigen Sprachmerkmale verwendet, kann man das Problem der Compiler-/Linker-Abhängigkeit lösen. Um diese Unabhängigkeit zu erlangen, muß man zuerst die Sprachelemente identifizieren, die von allen Compilern einheitlich implementiert werden. Sicher läßt sich die Laufzeitdarstellung zusammengesetzter Typen, wie die in C mit struct definierten Typen, compiler-unabhängig halten. Das ist eine Grundannahme, von der jede auf C basierende Schnittstelle für Systemaufrufe ausgehen muß, und gelegentlich wird dies durch mit bedingten Compileranweisungen versehene Typdefinitionen, Pragmas und andere Compiler-Direktiven erreicht. Die zweite Annahme, die unterstellt werden kann, ist, daß man alle Compiler zwingen kann, Funktionsparameter in der gleichen Reihenfolge (von rechts nach links, von links nach rechts) zu übergeben und daß die Bereinigung des Stack in einheitlicher Weise erfolgen kann. Wie die Kompatibilität von zusammengesetzten Typen, handelt es sich auch hier um ein gelöstes Problem, das häufig bedingt zu kompilierende Anweisungen erfordert, um eine einheitliche Stack-Bereinigung zu erreichen. Die WINAPI/WINBASEAPI-Makros aus der Win32-API sind Beispiele für diese Technik. Jede Funktion, die von den System-DLLs offengelegt wird, wird mit diesen Makros definiert:

```
WINBASEAPI void WINAPI Sleep(DWORD dwMsecs);
```

Jeder Compiler-Hersteller definiert diese Präprozessor-Symbole, damit konforme Stack-Frames generiert werden. Obwohl es in der Praxis ratsam ist, eine ähnliche Technik für alle Methodendefinitionen zu verwenden, wird diese Technik aus didaktischen Gründen in den Quelltextfragmenten dieses Kapitels nicht verwendet.

Die dritte Annahme der Compiler-Unabhängigkeit ist am kritischsten von allen, da sie die Definition einer binären Schnittstelle ermöglicht: Alle C++-Compiler einer bestimmten Plattform implementieren den Mechanismus virtueller Funktionsaufrufe in äquivalenter Weise. In der Tat muß diese Annahme der Uniformität nur für Klassen zutreffen, die keine Datenelemente enthalten, und für höchstens eine Basisklasse, die auch keine Datenelemente aufweist. Diese Annahme impliziert, daß bei Verwendung der folgenden einfachen Klassendefinition:

```
class calculator {
public:
  virtual void add1(short x);
  virtual void add2(short x, short y);
};
```

alle Compiler einer gegebenen Plattform äquivalente Maschinencodesequenzen
für das folgende Client-Quelltextfragment erzeugen müssen:

```
extern calculator *pcalc;
pcalc->add1(1);
pcalc->add2(1, 2);
```

Der von den verschiedenen Compilern generierte Maschinencode muß zwar
nicht *identisch* sein, aber er muß *äquivalent* sein. Das bedeutet, daß jeder Compiler
die gleichen Annahmen darüber machen muß, wie ein Objekt dieser Klasse im
Speicher dargestellt wird und wie dessen virtuellen Funktion während der Laufzeit dynamisch aufgerufen werden.

Es stellt sich heraus, daß diese Annahme nicht so ungeheuerlich ist, wie es den
Anschein hat. Die Laufzeitimplementierung der virtuellen C++-Funktionen wird
praktisch von allen handelsüblichen Compilern in Form von VTables (Tabelle der
virtuellen Funktionen, *vtbl*) und Zeigern auf diese VTables (vptr) realisiert. Diese
Technik basiert darauf, daß der Compiler stillschweigend für jede Klasse, die virtuelle Funktionen enthält, ein statisches Array mit Funktionszeigern generiert.
Dieses Array wird als Tabelle virtueller Funktionen (oder vtbl) bezeichnet, und es
enthält einen Funktionszeiger für jede virtuelle Funktion, die in der Klasse oder
deren Basisklasse definiert ist. Jede Instanz der Klasse enthält ein einzelnes unsichtbares Datenelement, den Zeiger auf die Tabelle virtueller Funktionen (oder
vptr) nennt und das vom Konstruktor so initialisiert wird, daß es auf die vtbl der
Klasse zeigt. Wenn das Client-Programm eine virtuelle Funktion aufruft, generiert
der Compiler den Code, um den Funktionszeiger vptr zu dereferenzieren, auf die
vtbl zuzugreifen und über den Funktionszeiger, der sich an der bezeichneten Position befindet, die Funktion aufzurufen. Auf diese Weise sind Polymorphie und die
dynamische Zuordnung von Aufrufen in C++ implementiert. Abbildung 1-5 zeigt
die Laufzeitdarstellung des vptr/vtbl-Layouts der oben beschriebenen Klasse
`calculator`.

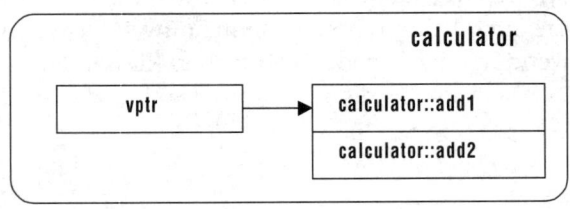

Abbildung 1-5 vptr/vtbl-Layout

Praktisch jeder gegenwärtig gebräuchliche Standard-C++-Compiler verwendet die Grundkonzepte von vptrs und vtbls. Es gibt zwei grundlegende Techniken für das Layout von vtbls: die CFRONT-Technik und die Technik der Adreßjustierung. Jede dieser Techniken geht auf eigene Weise mit den Feinheiten der Mehrfachvererbung um. Glücklicherweise scheint bei den verschiedenen Plattformen jeweils eine dieser Techniken zu dominieren (Win32-Compiler verwenden Adreßjustierung, Solaris-Compiler verwenden vtbls im Stil von CFRONT). Zum Glück hat auch keines dieser vtbl-Formate darauf Einfluß, welchen C++-Quelltext man schreiben muß, sondern ist eher eine Besonderheit des generierten Codes. Sie finden in Stan Lippmans wirklich exzellentem Buch *Inside the C++ Object Model* eine großartige Erläuterung beider Techniken.

Aufgrund der bisher beschriebenen Annahmen ist es nun möglich, das Problem der Compilerabhängigkeit zu lösen. Wenn wir annehmen, daß alle Compiler einer bestimmten Plattform den Aufrufmechanismus für virtuelle Funktionen in der gleichen Weise implementieren, dann kann die C++-Schnittstellenklasse so definiert werden, daß sie die öffentlichen Methoden des Datentyps als virtuelle Funktionen offenlegt, und man kann darauf vertrauen, daß alle Compiler äquivalenten Maschinencode für clientseitige Methodenaufrufe generieren. Diese Annahme der Uniformität erfordert, daß keine Schnittstellenklasse Datenelemente enthalten kann und daß keine Schnittstellenklasse direkt von mehr als einer anderen Schnittstellenklasse ableitet. Da die Schnittstellenklasse keine Datenelemente enthält, lassen sich die Methoden nicht in irgendeiner vernünftigen Weise implementieren.

Um dies zu untermauern, ist es hilfreich, die Schnittstellenelemente als rein virtuelle Funktionen zu definieren und somit anzuzeigen, daß die Schnittstellenklasse nur die Möglichkeit zum Aufruf dieser Methoden definiert, nicht aber deren tatsächliche Implementierungen:

```
// ifaststring.h ///////////
class IFastString {
public:
  virtual int Length(void) const = 0;
  virtual int Find(const char *psz) const = 0;
};
```

Durch die Definition der Methoden als rein virtuelle Funktionen wird dem Compiler mitgeteilt, daß von der Schnittstellenklasse keine Implementierung dieser Methoden erwartet wird. In der vtbl, die der Compiler für diese Schnittstellenklasse generiert, enthält jeder Eintrag für diese rein virtuellen Funktionen entweder einen Nullwert oder einen Zeiger auf eine C-Laufzeitroutine (_purecall bei Microsoft C++), die nichts anderes ist als eine Assertionsroutine. Wäre die Methodendefinition nicht als rein virtuell deklariert worden, hätte der Compiler versucht, den entsprechenden vtbl-Eintrag mit einem Zeiger auf die Methodenimplementierung der Schnittstellenklasse zu füllen, die natürlich nicht existiert. Dies würde zu einem Linker-Fehler führen.

Bei der oben definierten Schnittstellenklasse handelt es sich um eine abstrakte Basisklasse. Die zugehörige C++-Implementierungsklasse muß von der Schnittstellenklasse ableiten und jede rein virtuelle Funktion mit sinnvollen Implementierungen überschreiben. Diese Vererbungsbeziehung schlägt sich in Objekten nieder, deren Objektlayout eine binäre Obermenge des Layouts der Schnittstellenklasse ist (das schlußendlich nur aus vptr-Zeigern und vtbls besteht). Dies liegt darin begründet, daß eine »Ist-ein«-Beziehung zwischen abgeleiteter Klasse und Basisklasse in C++ auf Binärebene genauso umgesetzt wird wie auf der Modellierungsebene im objektorientierten Design:

```
class FastString : public IFastString {
  const int m_cch; // Anzahl der Zeichen
  char *m_psz;
public:
  FastString(const char *psz);
  ~FastString(void);
  int Length(void) const; // liefert Anzahl der Zeichen
  int Find(const char *psz) const; // liefert Offset
};
```

Da `FastString` von `IFastString` ableitet, muß das binäre Layout der `FastString`-Objekte eine Obermenge des binären Layouts von `IFastString` sein. Das bedeutet, daß `FastString`-Objekte einen vptr-Zeiger enthalten, der auf eine mit `IFastString` kompatible vtbl zeigt. Da es sich bei der Klasse `FastString` um einen konkreten, instantiierbaren Datentyp handelt, enthält ihre vtbl Zeiger auf die tatsächlichen Implementierungen der Methoden `Length` und `Find`. Diese Beziehung wird in Abbildung 1-6 veranschaulicht.

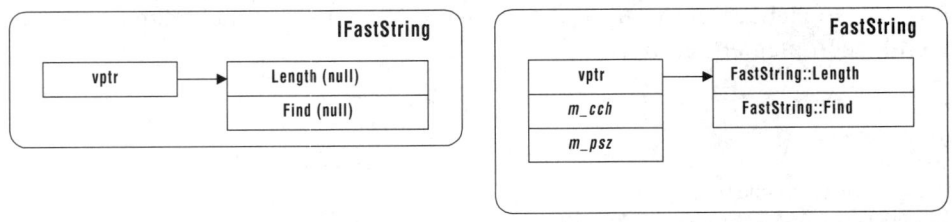

Abbildung 1-6 Layout der Binärdarstellung von Schnittstellen- und Implementierungsklasse

Obwohl die öffentlichen Methoden des Datentyps als rein virtuelle Funktionen einer Schnittstellenklasse deklariert wurden, kann der Client `FastString`-Objekte nicht ohne die Klassendefinition der Implementierungsklasse instantiieren. Würde die Implementierungsklassendefinition dem Client gegenüber offengelegt, würde der Client die binäre Kapselung der Schnittstelle umgehen, was den Zweck der Verwendung einer Schnittstellenklasse zunichte machen würde. Eine vernünftige Technik, die es Clients erlaubt, `FastString`-Objekte zu instantiieren, bietet der Export einer globalen Funktion aus der DLL, die anstelle des Client den Operator `new` aufruft. Vorausgesetzt, diese Routine wird mit der Anweisung `extern "C"` deklariert, dann kann sie von jedem C++-Compiler aufgerufen werden.

```
// ifaststring.h ///////////
class IFastString {
public:
  virtual int Length(void) const = 0;
  virtual int Find(const char *psz) const = 0;
};

extern "C"
IFastString *CreateFastString(const char *psz);

// faststring.cpp (part of DLL) ///////////
IFastString *CreateFastString (const char *psz) {
  return new FastString(psz);
}
```

Wie beim Handle-Klassen-Ansatz wird der Operator new ausschließlich aus der FASTSTRING.DLL heraus aufgerufen, was bedeutet, daß Größe und Layout des Objekts durch den gleichen Compiler festgelegt werden, der sämtliche Methoden der Implementierungsklasse kompiliert.

Das letzte Hindernis, das es zu überwinden gilt, hat mit der Freigabe des Objekts zu tun. Der folgende Client-Quelltext wird zwar kompiliert, führt jedoch zu unerwarteten Ergebnissen:

```
int f(void) {
  IFastString *pfs = CreateFastString("Deface me");
  int n = pfs->Find("ace me");
  delete pfs;
  return n;
}
```

Das unerwartete Verhalten ergibt sich aus der Tatsache, daß der Destruktor der Schnittstellenklasse nicht virtuell ist. Daher wird beim Aufruf des Operators delete zur Laufzeit nicht der letzte abgeleitete Destruktor gefunden und nicht rekursiv das Objekt gelöscht, das den vom Basisklassentyp abgeleiteten Typ hat. Da der FastString-Destruktor nie aufgerufen wird, wird im vorstehenden Beispiel der Pufferspeicher, der die Zeichenfolge "Deface me" enthält, nie freigegeben.

Eine offensichtliche Lösung dieses Problems besteht darin, den Destruktor in der Schnittstellenklasse als virtuell zu deklarieren. Leider wird damit die Compiler-Unabhängigkeit der Schnittstellenklasse aufgehoben, da die vtbl-Position des virtuellen Destruktors von verschiedenen Compilern unterschiedlich festgelegt wird. Dieses Problem läßt sich dadurch lösen, daß man der Schnittstellenklasse eine explizite Delete-Methode als rein virtuelle Funktion hinzufügt und in der Implementierung dieser Methode die abgeleitete Klasse sich selbst löschen läßt. Dies bewirkt, daß der korrekte Destruktor ausgeführt wird. Die aktualisierte Version der Schnittstellen-Header-Datei sieht dann wie folgt aus:

```
// ifaststring.h ////////////
class IFastString {
public:
  virtual void Delete(void) = 0;
  virtual int Length(void) const = 0;
  virtual int Find(const char *psz) const = 0;
};
extern "C"
IFastString *CreateFastString (const char *psz);
```

Daraus ergibt sich die folgende Implementierungsklassendefinition:

```
// faststring.h ////////////////////////////////////
#include "ifaststring.h"
class FastString : public IFastString {
  const int m_cch; // Anzahl der Zeichen
  char *m_psz;
public:
  FastString(const char *psz);
  ~FastString(void);
  void Delete(void); // diese Instanz löschen
  int Length(void) const; // liefert Zeichenanzahl
  int Find(const char *psz) const; // liefert Offset
};

// faststring.cpp ////////////////////////////////////
#include <string.h>
#include "faststring.h"
IFastString* CreateFastString (const char *psz) {
  return new FastString(psz);
}

FastString::FastString(const char *psz)
: m_cch(strlen(psz)), m_psz(new char[m_cch + 1]) {
  strcpy(m_psz, psz);
}
void FastString::Delete(void) {
  delete this;
}
FastString::~FastString(void) {
  delete[] m_psz;
}

int FastString::Length(void) const {
  return m_cch;
}

int FastString::Find(const char *psz) const {
  // O(1)-Nachschlagefunktionen wurden der
  // Übersichtlichkeit halber gelöscht
}
```

Abbildung 1-7 zeigt das Laufzeitlayout von FastString.

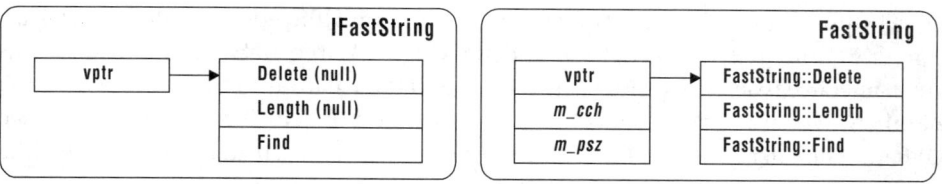

Abbildung 1-7 Laufzeitlayout der Klasse FastString

Clients, die den Datentyp FastString verwenden wollen, müssen einfach die Schnittstellendefinitionsdatei über eine include-Anweisung einbinden und die Funktion CreateFastString aufrufen:

```
#include "ifaststring.h"

int f(void) {
  int n = -1;
  IFastString *pfs = CreateFastString("Hallo Bob!");
  if (pfs) {
    n = pfs->Find("ob");
    pfs->Delete();
  }
  return n;
}
```

Beachten Sie, daß bis auf einen alle Eintrittspunkte der FASTSTRING.DLL virtuelle Funktionen sind. Die virtuellen Funktionen der Schnittstellenklasse werden stets indirekt über einen in einer vtbl enthaltenen Funktionszeiger aufgerufen, so daß der Client beim Kompilieren und Linken die symbolischen Namen dieser Funktionen nicht einbinden muß. Daher sind die Schnittstellenmethoden immun gegenüber den Unterschieden, die Compiler in der Behandlung symbolischer Namen aufweisen. Als einziger Eintrittspunkt wird CreateFastString explizit über den Namen eingebunden, die globale Funktion, die den Client in die Welt von FastString einführt. Beachten Sie jedoch, daß diese Funktion mit der Anweisung extern "C" exportiert wurde, mit der das Bezeichner-Mangeling unterdrückt wird. Dies impliziert, daß alle C++-Compiler erwarten, daß Importbibliothek und DLL das gleiche Symbol exportieren. Die Verwendung dieser Technik läuft praktisch darauf hinaus, daß man in einer C++-Umgebung eine Klasse aus einer DLL offenlegen kann und von jeder anderen C++-Entwicklungsumgebung aus auf diese Klasse zugreifen kann. Diese Fähigkeit ist für die Erstellung eines herstellerunabhängigen Substrats für wiederverwendbare Komponenten unabdingbar.

1.7 Polymorphie zur Laufzeit

Die Einführung von Klassenimplementierungen mit Hilfe von abstrakten Basisklassen als Schnittstellen eröffnet völlig neue Möglichkeiten hinsichtlich dessen, was zur Laufzeit passieren kann. Beachten Sie, daß die FASTSTRING.DLL nur ein Symbol, nämlich `CreateFastString` exportiert. Damit wird es für den Client recht einfach, die DLL mit Hilfe der Funktion `LoadLibrary` bei Bedarf dynamisch zu laden und mit Hilfe von `GetProcAddress` auf diesen Eintrittspunkt zuzugreifen:

```
IFastString *CallCreateFastString(const char *psz) {
  static IFastString * (*pfn)(const char *) = 0;
  if (!pfn) { // init ptr 1st time through
    const TCHAR szDll[] = __TEXT("FastString.DLL");
    const char  szFn[] = "CreateFastString";
    HINSTANCE h = LoadLibrary(szDll);
    if (h)
      *(FARPROC*)&pfn = GetProcAddress(h, szFn);
  }
  return pfn ? pfn(psz) : 0;
}
```

Diese Technik läßt sich in verschiedenen Situationen anwenden. Ein Beweggrund zur Verwendung dieser Technik ist, daß man vom Betriebssystem generierte Fehler vermeiden möchte, wenn das Client-Programm auf einem Rechner ausgeführt wird, auf dem die Objektimplementierung nicht installiert ist. Anwendungen, die optionale Systemkomponenten, wie beispielsweise WinSock oder MAPI, verwenden, setzen eine ähnliche Technik ein, um die Ausführung auf Rechnern mit Minimalkonfiguration zu ermöglichen. Da das Client-Programm die Importbibliothek der DLL nie einbinden muß, bestehen zwischen dem Client-Programm und der DLL keine Ladeabhängigkeiten, und das Client-Programm kann auf Rechnern ausgeführt werden, auf denen die DLL nicht installiert ist. Ein anderer Beweggrund zur Verwendung dieser Technik kann die langsame Initialisierung des Adreßraums des Prozesses sein. Da die DLL nicht automatisch während der Initialisierung des Prozesses geladen wird, gilt auch hier, daß die DLL nie geladen wird, wenn die Objektimplementierung nie verwendet wird. Zu weiteren Vorteilen dieser Technik zählen die schnellere Initialisierung des Client-Programms und die Einsparung von Adreßraum bei langlebigen Prozessen, die diese DLL nie verwenden.

Eine der interessantesten Anwendungen dieser Techniken besteht darin, dem Client die dynamische Auswahl verschiedener Implementierungen derselben Schnittstelle zu ermöglichen. Nachdem die Definition der Schnittstelle `IFastString` öffentlich verfügbar ist, kann nichts den ursprünglichen Entwickler von `FastString` oder andere Entwickler davon abhalten, zusätzliche Implementierungsklassen von dieser Schnittstelle abzuleiten. Wie die ursprüngliche Implementierungsklasse `FastString` verfügen diese neuen Implementierungen über Layouts, die mit der ursprünglichen Schnittstellenklasse auf Binärebene kompatibel sind. Um auf diese »plug-kompatiblen« Implementierungen zuzugreifen, muß das Client-Programm lediglich den korrekten Dateinamen der gewünschten Implementierungs-DLL angeben.

Um die Anwendungsmöglichkeiten dieser Technik zu erläutern, wollen wir annehmen, daß die ursprüngliche Implementierung von IFastString Suchoperationen von links nach rechts ausführt. Dieses Verhalten eignet sich für Sprachen, die von links nach rechts geschrieben und analysiert werden (z. B. Englisch, Französisch, Deutsch). Für Sprachen, die von rechts nach links geschrieben werden, wäre ein zweite Implementierung von IFastString angebracht, die die Suche von rechts nach links durchführt. Diese alternative Implementierung könnte in Form einer zweiten DLL vorliegen, die einen anderen Namen (z. B. FASTSTRINGRL.DLL) hat. Angenommen, beide DLLs sind auf dem Rechner des Anwenders installiert, kann das Client-Programm die gewünschte Implementierung von IFastString dynamisch auswählen, indem es einfach zur Laufzeit die betreffende DLL lädt:

```
IFastString *
CallCreateFastString(const char *psz,
                     bool bLeftToRight = true) {
  static IFastString * (*pfnlr)(const char *) = 0;
  static IFastString * (*pfnrl)(const char *) = 0;

  IFastString *(**ppfn)(const char *) = &pfnlr;
  const TCHAR *pszDll = __TEXT("FastString.DLL");

  if (!bLeftToRight) {
    pszDll = __TEXT("FastStringRL.DLL");
    ppfn = &pfnrl;
  }

  if (!(*ppfn)) { // Zeiger initialisieren
    const char  szFn[] = "CreateFastString";
    HINSTANCE h = LoadLibrary(pszDll);
    if (h)
      *(FARPROC*)ppfn = GetProcAddress(h, szFn);
  }
  return (*ppfn) ? (*ppfn)(psz) : 0;
}
```

Wenn das Client-Programm die Funktion ohne zweiten Parameter aufruft

```
pfs = CallCreateFastString("Hallo Bob!");
n = pfs->Find("ob");
```

wird die ursprüngliche FASTSTRING.DLL geladen und die Suche von links nach rechts durchgeführt. Wenn das Client-Programm angibt, daß ein Sprache verwendet wird, die von rechts nach links zu analysieren ist

```
pfs = CallCreateFastString("Hallo Bob!", false);
n = pfs->Find("ob");
```

wird die alternative Version der DLL (FASTSTRINGRL.DLL) geladen und die Suche
von rechts nach links durchgeführt. Die wichtigste Beobachtung ist hier, daß es
den Aufrufern von `CallCreateFastString` gleichgültig ist, welche DLL zur Implementierung der Methoden des Objekts verwendet wird. Es kommt nur darauf an,
daß ein Zeiger auf einen `IFastString`-kompatiblen vptr-Zeiger von der Funktion
zurückgegeben wird und daß der vptr-Zeiger eine sinnvolle und semantisch korrekte Funktionalität bietet. Diese Form der Laufzeitpolymorphie ist für die Erstellung eines Systems, das dynamisch aus binären Komponenten zusammengesetzt
wird, extrem nützlich.

1.8   Erweiterbarkeit von Objekten

Die bislang vorgestellten Techniken ermöglichen es Client-Programmen, zur
Laufzeit dynamisch binäre Komponenten auszuwählen und zu laden, deren Im-
plementierungslayout sich verändern kann, ohne die Neukompilierung der
Client-Programme erforderlich zu machen. Dies allein ist zur Erstellung dynamisch zusammensetzbarer Systeme schon äußerst hilfreich. Allerdings ist ein
Aspekt des Objekts, der sich nicht verändern darf, seine Schnittstelle. Der Grund
hierfür ist, daß bei der Kompilierung des Client-Programms die genaue Signatur
der Schnittstellenklasse verwendet wird, so daß das Client-Programm neu kompiliert werden muß, wenn die Schnittstellendefinition verändert wird und diese Änderungen berücksichtigt werden sollen. Noch schlimmer ist, daß Änderungen der
Schnittstellendefinition völlig gegen die Kapselung des Objekts verstoßen (seine
öffentliche Schnittstelle hat sich verändert) und alle vorhandenen Client-Programme funktionsuntüchtig machen würden. Auch die harmloseste Änderung,
beispielsweise wenn man die Semantik einer Methode ändert, deren Signatur jedoch konstant hält, führt dazu, daß die installierten Client-Programme unbrauchbar werden. Dies impliziert, daß Schnittstellen unveränderliche binäre
und semantische Vereinbarungen sind, die keinesfalls geändert werden dürfen.
Diese Unveränderlichkeit wird für eine stabile Laufzeitumgebung benötigt, deren
Verhalten vorhersehbar ist.

Trotz der Unveränderlichkeit von Schnittstellen ist es häufig erforderlich, zusätzliche Funktionalitäten offenzulegen, die beim ursprünglichen Entwurf der
Schnittstelle nicht berücksichtigt worden waren. Es ist verlockend, die Kenntnis
des vtbl-Layouts zu nutzen und neue Methoden einfach an das Ende der vorhandenen Schnittstellendefinition anzuhängen. Sehen Sie sich die ursprüngliche Version von `IFastString` an:

```
class IFastString {
public:
  virtual void Delete(void) = 0;
  virtual int Length(void) = 0;
  virtual int Find(const char *psz) = 0;
};
```

Würde die Schnittstellenklasse so geändert, daß einfach zusätzliche virtuelle Funktionsdeklarationen nach den vorhandenen Methodendefinitionen hinzugefügt würden, ergäbe sich ein binäres vtbl-Format, das eine Obermenge der Originalversion ist, da alle neuen vtbl-Einträge nach den Einträgen für die Methoden der ursprünglichen Version eingefügt würden. In Objektimplementierungen, die mit der neuen Schnittstellendefinition kompiliert werden, würden vtbls aufweisen, bei denen die zusätzlichen Methodeneinträge an das ursprüngliche vtbl-Layout angehängt worden wären:

```
class IFastString {
public:
// falsche Version 1.0
  virtual void Delete(void) = 0;
  virtual int Length(void) = 0;
  virtual int Find(const char *psz) = 0;
// faux version 2.0
  virtual int FindN(const char *psz, int n) = 0;
};
```

Diese Lösung funktioniert beinahe. Clients, die mit der Originalversion der Schnittstelle kompiliert wurden, weisen eine selige Unwissenheit auf, was die vtbl-Einträge nach den ersten drei betrifft. Wenn älteren Clients neuere Objekte, die einen vtbl-Eintrag für FindN aufweisen, übergeben werden, arbeiten sie einwandfrei. Problematisch wird es, wenn neue Clients, die erwarten, daß IFastString vier Methoden enthält, mit älteren Objekten konfrontiert werden, die diese vierte Methode nicht implementieren. Wenn das Client-Programm die Methode FindN bei einem Objekt aufruft, das nur die ursprüngliche Schnittstellendefinition aufweist, sind die Ergebnisse wohldefiniert. Das Programm stürzt ab.

Das Problematische an dieser Technik ist, daß die Kapselung des Objekts durch die Änderung der öffentlichen Schnittstelle gebrochen wird. Ebenso wie Änderungen der öffentlichen Schnittstelle einer C++-Klasse während der Neukompilierung des Client-Programms Fehler verusachen können, können Änderungen der binären Schnittstellendefinition während der erneuten Ausführung des Client-Codes zu Laufzeitfehlern führen. Daraus folgt, daß Schnittstellen unveränderlich sind und nach ihrer Veröffentlichung nicht modifiziert werden dürfen. Dieses Problem läßt sich dadurch lösen, daß man der Implementierungsklasse erlaubt, mehrere Schnittstellen offenzulegen. Hierzu kann man entweder eine Schnittstelle entwerfen, die von einer anderen, verwandten Schnittstelle ableitet, oder man erlaubt der Implementierungsklasse, von mehreren nicht miteinander verwandten Schnittstellenklassen zu erben. In beiden Fällen kann das Client-Programm das C++-Merkmal Runtime Type Identification (RTTI) verwenden, um das Objekt zur Laufzeit zu befragen und sicherzustellen, daß die geforderte Funktionalität von dem gegenwärtig verwendeten Objekt tatsächlich unterstützt wird.

Betrachten Sie den einfachen Fall einer Schnittstelle, die eine andere Schnittstelle erweitert. Wenn man die Methode `FindN` der Schnittstelle `IFastString` hinzufügen möchte, die die Suche nach dem nten Vorkommen einer Teilzeichenfolge ermöglicht, würde man eine zweite Schnittstelle von `IFastString` ableiten und die neue Methodendefinition dort einfügen:

```
class IFastString2 : public IFastString {
public:
// Wirkliche Version 2.0
  virtual int FindN(const char *psz, int n) = 0;
};
```

Client-Programme können das Objekt mit Hilfe des C++-Operators `dynamic_cast` zuverlässig abfragen, um herauszufinden, ob es mit `IFastString2` kompatibel ist:

```
int Find10thBob(IFastString *pfs) {
  IFastString2 *pfs2=dynamic_cast<IFastString2*>(pfs);
  if (pfs2) // Objekt ist von IFastString2 abgeleitet
    return pfs2->FindN("Bob", 10);
  else { // Objekt ist nicht von IFastString2 abgeleitet
    error("Cannot find 10th occurrence of Bob");
    return -1;
  }
}
```

Falls das Objekt von der erweiterten Schnittstelle abgeleitet ist, liefert der Operator `dynamic_cast` einen Zeiger auf den `IFastString2`-konformen Aspekt des Objekts, und das Client-Programm kann die erweiterte Methode des Objekts aufrufen. Ist das Objekt nicht von der erweiterten Schnittstelle abgeleitet, liefert der Operator `dynamic_cast` einen Nullzeiger, und das Client-Programm kann eine andere Implementierungstechnik wählen, eine Fehlermeldung aufzeichnen oder einfach ohne die erweiterte Operation stillschweigend mit der Ausführung fortfahren. Die sich daraus für das Client-Programm ergebende Möglichkeit, seine Arbeit in einem wohldefinierten Zustand fortzusetzen, ist für die Erstellung robuster dynamischer Systeme wichtig, deren Funktionalität im Laufe der Zeit erweiterbar ist.

Ein interessanteres Szenario ergibt sich, wenn neue orthogonale Funktionen vom Objekt offengelegt werden sollen. Überlegen Sie, wie man die Implementierungsklasse `FastString` mit Persistenz ausstatten könnte. Obwohl es denkbar ist, daß man Load- und Save-Methoden zu einer erweiterten Version von `IFastString` hinzufügt, ist es wahrscheinlich, daß andere Typen von Objekten, die nicht mit `IFastString` kompatibel sind, auch persistent sein können. Wenn man einfach eine Schnittstelle definiert, die `IFastString` erweitert:

```
class IPersistentObject : public IFastString {
public:
  virtual bool Load(const char *pszFileName) = 0;
  virtual bool Save(const char *pszFileName) = 0;
};
```

müssen auch alle anderen persistenten Objekte die Methoden Length und Find unterstützen. Bei einer sehr kleinen Teilmenge von Objekten kann dies durchaus sinnvoll sein. Wenn man die Schnittstelle IPersistentObject allerdings so allgemein wie möglich formulieren will, sollte sie nicht von IFastString abgeleitet, sondern als eigene Schnittstelle definiert werden:

```
class IPersistentObject {
public:
  virtual void Delete(void) = 0;
  virtual bool Load(const char *pszFileName) = 0;
  virtual bool Save(const char *pszFileName) = 0;
};
```

Damit wird nicht verhindert, daß die Implementierungsklasse FastString persistent wird. Es bedeutet einfach, daß die persistente Version von FastString sowohl die Schnittstelle IFastString als auch die Schnittstelle IPersistentObject implementieren muß:

```
class FastString : public IFastString,
  public IPersistentObject {
  int   m_cch; // Anzahl der Zeichen
  char *m_psz;
public:
  FastString(const char *psz);
  ~FastString(void);
// allgemeine Methoden
  void Delete(void); // diese Instanz löschen
// Methoden von IFastString
  int Length(void) const; // liefert Zeichenanzahl
  int Find(const char *psz) const; // liefert Offset
// Methoden von IPersistentObject
  bool Load(const char *pszFileName);
  bool Save(const char *pszFileName);
};
```

Um ein FastString-Objekt auf der Festplatte zu speichern, können Clients einfach mit Hilfe der RTTI einen Zeiger mit der Schnittstelle IPersistentObject des Objekts verknüpfen:

```
bool SaveString(IFastString *pfs, const char *pszFN){
  bool bResult = false;
  IPersistentObject *ppo =
          dynamic_cast<IPersistentObject*>(pfs);
  if (ppo)
    bResult = ppo->Save(pszFN);
  return bResult;
}
```

Diese Technik funktioniert, weil der Compiler genug über das Layout und die Typhierarchie der Implementierungsklasse weiß, um das Objekt während der Laufzeit überprüfen und feststellen zu können, ob es von IPersistentObject abgeleitet ist. Dies aber ist problematisch.

RTTI sind sehr compiler-abhängig. Auch hier schreibt die Definition im DWP die Syntax und Semantik der RTTI vor, aber jeder Compiler-Hersteller implementiert RTTI auf eigene und unterschiedliche Weise. Damit wird die Compiler-Unabhängigkeit, die durch die Verwendung von abstrakten Basisklassen als Schnittstellen gewonnen wurde, praktisch aufgehoben. Dies ist für eine herstellerneutrale Komponentenarchitektur inakzeptabel. Eine sehr leicht formbare Lösung dieses Problems besteht darin, die Semantik von dynamic_cast zu nutzen, ohne das tatsächlich compiler-abhängige Sprachmerkmal zu verwenden. Indem eine wohlbekannte Methode explizit durch jede Schnittstelle offengelegt wird, die eine mit dynamic_cast äquivalente Operation durchführt, läßt sich der gewünschte Effekt erzielen, ohne zu erfordern, daß alle Einheiten mit dem gleichen C++-Compiler kompiliert werden:

```
class IPersistentObject {
public:
    virtual void *Dynamic_Cast(const char *pszType) =0;
    virtual void Delete(void) = 0;
    virtual bool Load(const char *pszFileName) = 0;
    virtual bool Save(const char *pszFileName) = 0;
};

class IFastString {
public:
    virtual void *Dynamic_Cast(const char *pszType) =0;
    virtual void Delete(void) = 0;
    virtual int Length(void) = 0;
    virtual int Find(const char *psz) = 0;
};
```

Da alle Schnittstellen diese Methode neben der bereits vorhandenen Methode Delete offenlegen müssen, ist es sinnvoll, die gemeinsame Teilmenge der Methoden als Basisschnittstelle zu deklarieren, von der dann alle nachfolgenden Schnittstellen abgeleitet werden könnten:

```
class IExtensibleObject {
public:
    virtual void *Dynamic_Cast(const char* pszType) =0;
    virtual void Delete(void) = 0;
};
```

```
class IPersistentObject : public IExtensibleObject {
public:
  virtual bool Load(const char *pszFileName) = 0;
  virtual bool Save(const char *pszFileName) = 0;
};

class IFastString : public IExtensibleObject {
public:
  virtual int Length(void) = 0;
  virtual int Find(const char *psz) = 0;
};
```

Nachdem diese Typhierarchie etabliert wurde, ist das Client-Programm in der
Lage, mit Hilfe eines compiler-unabhängigen Konstrukts zur Laufzeit zu ermitteln, ob ein Objekt eine Schnittstelle unterstützt:

```
bool SaveString(IFastString *pfs, const char *pszFN){
  bool bResult = false;
  IPersistentObject *ppo = (IPersistentObject*)
   pfs->Dynamic_Cast("IPersistentObject");
  if (ppo)
    bResult = ppo->Save(pszFN);
  return bResult;
}
```

Wenn das Client-Programm das oben dargestellte Verfahren verwendet, verfügen
wir über die für die Typerkennung erforderliche Semantik und einen geeigneten
Mechanismus, aber in jeder Implementierungsklasse muß diese Funktionalität
von Hand implementiert werden:

```
class FastString : public IFastString,
   public IPersistentObject {
  int    m_cch; // Anzahl der Zeichen
  char *m_psz;
public:
  FastString(const char *psz);
  ~FastString(void);
// Methoden von IExtensibleObject
  void *Dynamic_Cast(const char *pszType);
  void Delete(void); // diese Instanz löschen
// Methoden von IFastString
  int Length(void) const; // liefert Zeichenanzahl
  int Find(const char *psz) const; // liefert Offset
// Methoden von IPersistentObject
  bool Load(const char *pszFileName);
  bool Save(const char *pszFileName);
};
```

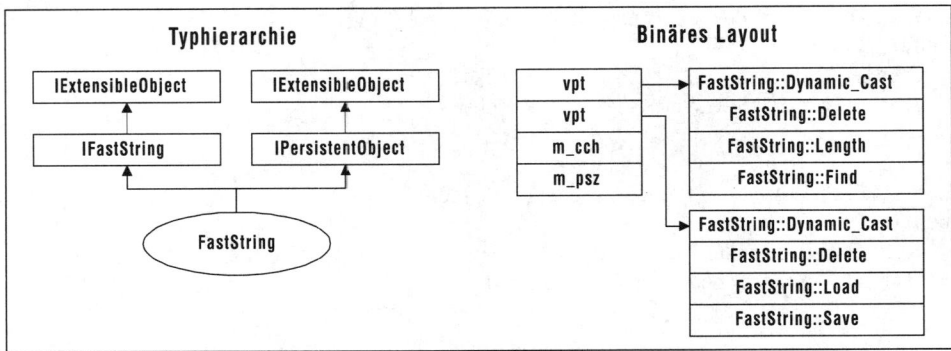

Abbildung 1-8 Typhierarchie und binäres Layout der Klasse FastString

Die Implementierung von Dynamic_Cast muß die Wirkung von RTTI simulieren und die Typhierarchie des Objekts durchwandern. Abbildung 1-8 zeigt die Typhierarchie der oben dargestellten Klasse FastString. Da die Implementierungsklasse von jeder von ihr offengelegten Schnittstelle abgeleitet ist, kann die von FastString verwendete Implementierung von Dynamic_Cast einfach explizite static_cast-Operationen durchführen, um den Gültigkeitsbereich des this-Zeigers auf den vom Client-Programm angeforderten Subtyp einzuschränken:

```
void *FastString::Dynamic_Cast(const char *pszType) {
  if (strcmp(pszType, "IFastString") == 0)
    return static_cast<IFastString*>(this);
  else if (strcmp(pszType, "IPersistentObject") == 0)
    return static_cast<IPersistentObject*>(this);
  else if (strcmp(pszType, "IExtensibleObject") == 0)
    return static_cast<IFastString*>(this);
  else
    return 0; // Anforderung nicht unterstützter Schnittstelle
}
```

Da das Objekt von dem in der static_cast-Operation verwendeten Typ abgeleitet ist, wird in den kompilierten Versionen der cast-Anweisungen einfach ein fester Offset-Wert zu dem this-Zeiger des Objekts addiert, um den Anfang des Basisklassenlayouts zu ermitteln.

Beachten Sie, daß die Implementierung auf die Anforderung der gemeinsamen Basisschnittstelle IExtensibleObject über static_cast einen Zeiger auf die Schnittstelle IFastString zurückgibt. Der Grund hierfür ist, daß die intuitive Version der Anweisung

```
return static_cast<IExtensibleObject*>(this);
```

mehrdeutig ist, da sowohl IFastString als auch IPersistentObject von IExtensibleObject abgeleitet sind. Wenn IExtensibleObject eine virtuelle Basisklasse von IFastString und IPersistentObject wäre, dann wäre diese Typumwandlung nicht mehrdeutig und die Anweisung würde kompiliert. Die Einführung virtueller Basisklassen würde allerdings bedeuten, daß die Verarbeitung des resultierenden Objekts zur Laufzeit unnötig verkompliziert wird und daß Compiler-Abhängigkeiten auftreten, da es sich bei virtuellen Basisklassen um ein weiteres C++-Sprachmerkmal handelt, das auf unterschiedliche Weise implementiert wird.

1.9 Ressourcenverwaltung

Das letzte Problem in der Unterstützung mehrerer Schnittstellen durch ein einziges Objekt wird deutlich, wenn man untersucht, wie Client-Programme die Methode Dynamic_Cast verwenden. Betrachten Sie den folgenden Client-Quelltext:

```
void f(void) {
  IFastString *pfs = 0;
  IPersistentObject *ppo = 0;
  pfs = CreateFastString("Feed BOB");
  if (pfs) {
    ppo = (IPersistentObject *)
   pfs->Dynamic_Cast("IPersistentObject");
    if (!ppo)
      pfs->Delete();
    else {
      ppo->Save("C:\\autoexec.bat");
      ppo->Delete();
    }
  }
}
```

Obwohl das Objekt ursprünglich über seine Schnittstelle IFastString eingebunden wurde, ruft das Client-Programm die Methode Delete über die Schnittstelle IPersistentObject auf. Aufgrund der Eigenschaften der Mehrfachvererbung in C++, ist dies nicht problematisch, da alle von IExtensibleObject abgeleiteten vtbls der Klasse auf die einzige Implementierung der Methode Delete zeigen. Allerdings muß der Client nun darüber Buch führen, welche Zeiger welchem Objekt zugeordnet sind, und darf die Methode Delete nur einmal pro Objekt aufrufen. Bei dem oben dargestellten einfachen Quelltext ist dies nicht weiter problematisch. Bei komplexeren Client-Programmen wird die Verwaltung dieser Beziehungen jedoch recht aufwendig und fehleranfällig. Eine Möglichkeit, dem Client diese Aufgabe zu vereinfachen, ist, die Verantwortung für die Verwaltung der Lebensdauer von Objekten der Implementierung zu übertragen. Dem Client zu erlauben, ein Objekt explizit zu löschen, verrät schließlich ein weiteres Implementierungsdetail: die Tatsache, daß das Objekt auf dem Heap angesiedelt ist.

Eine einfache Lösung für dieses Problem besteht darin, jedes Objekt einen Referenzzähler führen zu lassen, der inkrementiert wird, sobald ein Schnittstellenzeiger dupliziert wird, und der dekrementiert wird, sobald ein Schnittstellenzeiger gelöscht wird. Dazu muß die Definition von IExtensibleObject geändert werden von:

```
class IExtensibleObject {
public:
  virtual void *Dynamic_Cast(const char* pszType) =0;
  virtual void Delete(void) = 0;
};
```

in

```
class IExtensibleObject {
public:
  virtual void *Dynamic_Cast(const char* pszType) =0;
  virtual void DuplicatePointer(void) = 0;
  virtual void DestroyPointer(void) = 0;
};
```

Bei Verwendung dieser Methodendefinitionen müssen alle Benutzer von IExtensibleObject nun die folgenden beiden Forderungen erfüllen: (1) Wenn ein Schnittstellenzeiger dupliziert wird, muß DuplicatePointer aufgerufen werden. (2) Wenn ein Schnittstellenzeiger nicht mehr verwendet wird, ist ein Aufruf von DestroyPointer erforderlich.

Diese Methoden können in jedem Objekt einfach dadurch implementiert werden, daß die Anzahl der in Verwendung befindlichen Zeiger aufgezeichnet und das Objekt gelöscht wird, sobald keine ausstehenden Zeiger mehr vorhanden sind:

```
class FastString : public IFastString,
                   public IPersistentObject {
  int   m_cPtrs; // Zahl der ausstehenden Zeiger
  :
  :
public:
// Zeigerzähler mit Null initialisieren
  FastString(const char *psz) : m_cPtrs(0) {}
  void DuplicatePointer(void) {
// Zeigerduplizierung vermerken
    ++m_cPtrs;
  }
  void DestroyPointer(void) {
// Objekt löschen, sobald letzter Zeiger gelöscht wurde
    if (--m_cPtrs == 0)
      delete this;
  }
  :
  :
};
```

Dieser hier sehr rudimentär dargestellte Quelltext ließe sich einfach als Basisklasse oder C-Präprozessormakro formulieren, die bzw. das von jeder Implementierung verwendet werden könnte.

Zur Unterstützung dieser Methoden müssen alle Programme, die Schnittstellenzeiger verändern oder verwalten, sich an die beiden einfachen DuplicatePointer/ DestroyPointer-Regeln halten. Im Fall der Implementierung von FastString müssen hierzu zwei Funktionen verändert werden. Die Funktion CreateFastString nimmt den ersten Zeiger, der von dem C++-Operator new zurückgegeben wird, dupliziert ihn auf dem Stack und gibt ihn an das Client-Programm zurück. Daraus folgt, daß ein Aufruf von DuplicatePointer erforderlich ist:

```
IFastString* CreateFastString(const char *psz) {
  IFastString *pfsResult = new FastString(psz);
  if (pfsResult)
    pfsResult->DuplicatePointer();
  return pfsResult;
}
```

Die zweite Stelle, an der die Implementierung einen Zeiger dupliziert, ist die Methode Dynamic_Cast:

```
void *FastString::Dynamic_Cast(const char *pszType) {
  void *pvResult = 0;
  if (strcmp(pszType, "IFastString") == 0)
    pvResult = static_cast<IFastString*>(this);
  else if (strcmp(pszType, "IPersistentObject") == 0)
    pvResult = static_cast<IPersistentObject*>(this);
  else if (strcmp(pszType, "IExtensibleObject") == 0)
    pvResult = static_cast<IFastString*>(this);
  else
    return 0; // Anforderung nicht unterstützter Schnittstelle
// pvResult enthält nun einen duplizierten Zeiger, daher
// muß DuplicatePointer vor dessen Rückgabe aufgerufen werden.
  ((IExtensibleObject*)pvResult)->DuplicatePointer();
  return pvResult;
}
```

Nachdem diese beiden Änderungen vorgenommen wurden, wird der Quelltext des Client-Programms viel einheitlicher und eindeutiger:

```
void f(void) {
  IFastString *pfs = 0;
  IPersistentObject *ppo = 0;
  pfs = CreateFastString("Feed BOB");
  if (pfs) {
    ppo = (IPersistentObject *)
             pfs->Dynamic_Cast("IPersistentObject");
```

```
    if (ppo) {
      ppo->Save("C:\\autoexec.bat");
      ppo->DestroyPointer();
    }
    pfs->DestroyPointer();
  }
}
```

Da jetzt jeder Zeiger in Bezug auf die Lebensdauer als autonome Einheit behandelt wird, muß sich Client-Programm nicht darum kümmern, welcher Zeiger zu welchem Objekt gehört. Statt dessen hält sich der Client einfach an die beiden einfachen Regeln und läßt das Objekt seine Lebensdauer selbst verwalten. Falls gewünscht, ließen sich die Aufrufe von DuplicatePointer und DestroyPointer einfach hinter einem *Smart Pointer* verbergen.

Die Verwendung dieses Referenzzählungsschemas ermöglicht es Objekten, mehrere Schnittstellen in höchst einheitlicher Weise offenzulegen. Die Fähigkeit, über eine einzige Implementierungsklasse auf mehrere Schnittstellen zuzugreifen, ermöglicht es, Datentypen in verschiedenen Kontexten zu verwenden. Beispielsweise könnte ein neues Persistenzsubsystem seine eigene angepaßte Schnittstelle definieren, um Objekte anzuweisen, sich selbst in einem benutzerdefinierten Speichermedium zu speichern bzw. daraus zu laden. Damit diese Funktionalität von der Klasse FastString unterstützt wird, braucht man einfach nur von der Persistenzschnittstelle des Subsystems abzuleiten. Die Unterstützung dieser Funktionalität wirkt sich in keiner Weise auf die installierten Client-Programme aus, die die vorherige Persistenzschnittstelle verwenden, um Zeichenfolgen auf der Festplatte zu speichern bzw. davon zu laden. Über einen Mechanismus zu verfügen, mit dem sich Schnittstellen zur Laufzeit ermitteln lassen, kann einen Eckpfeiler in der Erstellung eines dynamischen Systems aus Komponenten darstellen, die sich im Laufe der Zeit weiterentwickeln können.

1.10 Zwischenbilanz

Dieses Kapitel begann mit einer einfachen C++-Klasse und untersuchte die Probleme, die mit der Offenlegung dieser Klasse als binäre Komponente verbunden sind. Der erste Schritt bestand darin, die Klasse als Dynamic Link Library (DLL) herauszugeben, um die physische Darstellung der Klasse von der Darstellung ihrer Clients zu trennen. Wir haben dann das Konzept von Schnittstellen und Implementierungen verwendet, um die Implementierungsdetails des Datentyps hinter einem binären Firewall zu kapseln, so daß das Layout des Objekts verändert werden kann, ohne eine Neukompilierung der Clients zu erfordern. Durch die Verwendung abstrakter Basisklassen zur Definition von Schnittstellen nahm diese Schutzmauer die Gestalt von vptr und vtbl an. Wir haben dann Techniken untersucht, die zur Laufzeit mit Hilfe von LoadLibrary und GetProcAddress eine dynamische Auswahl verschiedener polymorpher Implementierungen einer bestimmten Schnittstelle ermöglichten. Schließlich haben wird ein RTTI-ähnliches Konstrukt verwendet, um ein Objekt dynamisch abfragen und feststellen zu können, ob es die gewünschte Schnittstelle tatsächlich implementiert. Durch dieses Konstrukt erhielten wir eine Technik zur Erweiterung bestehender Versionen einer Schnittstelle wie auch zur Offenlegung mehrerer nicht miteinander verwandter Schnittstellen durch ein Objekt.

Kurz gesagt, wir haben gerade das Komponentenobjektmodell (engl. Component Object Model oder COM) entwickelt.

2 Schnittstellen

```
void *pv = malloc(sizeof(int));
int *pi = (int*)pv;
(*pi)++;
free(pv);
```

Unbekannter Autor, 1982

Im vorigen Kapitel wurden einige C++-Programmiertechniken vorgestellt, die die Entwicklung wiederverwendbarer binärer Komponenten ermöglichen, die sich im Laufe der Zeit weiterentwickeln lassen. Diese Techniken entsprechen in der Intention denen von COM. Die geringen Unterschiede zwischen den im vorigen Kapitel dargestellten Techniken und den in COM verwendeten Techniken bestehen meist in Details und wurden stets aus einem bestimmten Grund eingeführt. Konzeptionell wurde im vorigen Kapitel allerdings das Wesen von COM behandelt, das vor allem durch die Trennung von Schnittstelle und Implementierung gekennzeichnet ist.

2.1 Schnittstellen und Implementierungen

Mit der Trennung von Schnittstelle und Implementierung wurde beabsichtigt, vor dem Client sämtliche Details der internen Funktionsweise von Objekten zu verbergen. Dieses grundlegende Prinzip bietet eine Abstraktionsebene, die es erlaubt, daß sich die Menge (oder der Rang) von Datenelementen in einer Implementierung ändert, ohne eine Neukompilierung seitens des Client zu erfordern. Dieses Prinzip ermöglicht es Clients auch, Objekte zur Laufzeit zu untersuchen und auf diese Weise deren erweiterte Funktionalitäten zu entdecken. Schließlich erlaubt dieses Prinzip, daß DLLs von dem C++-Compiler, der auf dem Client-Rechner ausgeführt wird, unabhängig sind.

Obwohl der letztgenannte Aspekt nützlich ist, bietet dieses Prinzip kein universelles Substrat für binäre Komponenten. Die wichtige Einschränkung besteht darin, daß Clients zwar die Wahl eines beliebigen C++-Compilers freigestellt ist, aber schlußendlich doch ein C++-Compiler verwendet werden muß. Die im vorigen Kapitel beschriebenen Techniken ermöglichen die Compiler-Unabhängigkeit. Für die Gewinnung eines universellen Substrats für binäre Komponenten ist aber eigentlich Sprachunabhängigkeit erforderlich. Um Sprachunabhängigkeit zu erreichen, muß das Prinzip der Trennung von Schnittstelle und Implementierung nochmals erweitert werden.

Betrachten Sie die Schnittstellendefinitionen, die wir im vorigen Kapitel verwendet haben. Jede Schnittstellendefinition lag in Form einer abstrakten C++-Ba-
sisklassendefinition in einer C++-Header-Datei vor. Die Tatsache, daß sich die
Schnittstellendefinition in einer Datei befindet, die nur in einer Sprache interpre-
tierbar ist, verrät ein letztes Implementierungsdetail des Objekts: die Sprache, in
der es erstellt wurde. Eigentlich sollte aber mit jeder Sprache auf ein Objekt zugegriffen werden können, statt nur mit der Sprache, die der Ersteller des Objekts gewählt hat. Durch die ausschließliche Bereitstellung einer C++-kompatiblen
Schnittstellendefinition zwingt der Ersteller des Objekts die Zielgruppe dieser
Komponente, ebenfalls mit C++ zu arbeiten.

Obwohl C++ eine äußerst nützliche Programmiersprache ist, gibt es viele Entwick-
lungsbereiche, in denen sich andere Sprachen besser zur Lösung von Aufgaben-
stellungen eignen. Ebenso wie Probleme hinsichtlich der Linker-Kompatibilität
durch die Bereitstellung von Moduldefinitionsdateien für jeden nur erdenklichen
Compiler gelöst werden könnten, wäre es denkbar, die C++-Version einer Schnittstellendefinition in jede beliebige Programmiersprache zu übersetzen. Da die binäre Signatur einer Schnittstelle aus einer einfachen Kombination von Zeigern
auf virtuelle Methoden (vptr) und einer Tabelle virtueller Funktionen (vtbl) besteht, ließe sich dies für eine ganze Menge Sprachen durchführen.

Alternative Sprachversionen für alle bekannten Schnittstellen zu produzieren
würde einen enormen Arbeitsaufwand erfordern, und es wäre wahrscheinlich
doch unmöglich, mit der Unmenge von Programmiersprachen Schritt zu halten,
die die Software-Industrie in einem Jahrzehnt hervorbringt. Im Idealfall würde
man einfach ein Dienstprogramm schreiben, das die C++-Klassendefinitionen in
irgendeine temporäre, abstrakte Einheit übersetzt. Ausgehend von dieser temporären abstrakten Einheit würde dieses Dienstprogramm dann Sprachversionen für
jede beliebige Programmiersprache erstellen, für die ein entsprechender Codege-
nerator auf der Client-Seite vorhanden ist. Wenn neue Sprachen an Bedeutung
gewinnen, könnten neue Client-Codegeneratoren hinzugefügt werden und alle
früher definierten Schnittstellen wären sofort in einem völlig neuen Kontext ver-
wendbar.

Leider ist die Programmiersprache C++ mit Ambiguitäten beladen, die einer Übersetzung von C++ in andere Sprachen im Wege stehen. Viele dieser Ambiguitäten
haben mit den lockeren Beziehungen zwischen Zeigern, Speicherverwaltung und
Arrays zu tun und sind nicht relevant, wenn aufrufendes und aufgerufenes Modul
in C oder C++ kompiliert werden. Die Übertragung in eine andere Sprache erfordert eine Lösung dieser Ambiguitäten, die in vielen Sprachen nur durch die Einführung zusätzlicher Qualifikationen möglich ist. Um die Schnittstellendefinition von der Sprache abzukoppeln, die in einer bestimmten Implementierung
verwendet wurde, muß man die zur Definition der *Schnittstelle* verwendeten Sprache von der zur Definition der *Implementierung* verwendeten Sprache trennen.
Falls sich alle Beteiligten auf eine Sprache zur Definition von Schnittstellen einigen, kann man eine Schnittstelle einmal definieren und bei Bedarf neue imple-

mentierungspezifische Versionen ableiten. COM stellt eine Sprache zur Verfügung, die die wohlbekannte Syntax von C verwendet und die Möglichkeit bietet, die durch die Eigenheiten der Sprache C begründete Ambiguitäten eindeutig aufzulösen. Diese Sprache heißt *Interface Definition Language* oder *IDL*.

2.2 IDL

COM IDL basiert auf der IDL der OSF DCE RPC (Open Software Foundation Distributed Computing Environment Remote Procedure Call) IDL. DCE IDL erlaubt es, entfernte Prozeduraufrufe (engl.: remote procedure calls) in einer sprachunabhängigen Weise zu formulieren, die es IDL-Compilern ermöglicht, Netzwerkcode zu generieren, mit dem die beschriebenen Operationen transparent über verschiedene Netzwerktransportprotokolle hinweg von entfernten Rechnern ausgeführt werden können. COM IDL erweitert DCE IDL einfach durch einige COM-Spezifika zur Unterstützung der Objektorientierung von COM (z.B. Vererbung, Polymorphie). Nicht zufällig wird in der Kommunikation zwischen Client und Objekt MS-RPC (eine Implementierung von DCE RPC, die Teil von Windows NT und Windows 95 ist) als Transportprotokoll verwendet, wenn von einem anderen Rechner oder aus einem anderen Ausführungskontext[1] aus auf COM-Objekte zugegriffen wird.

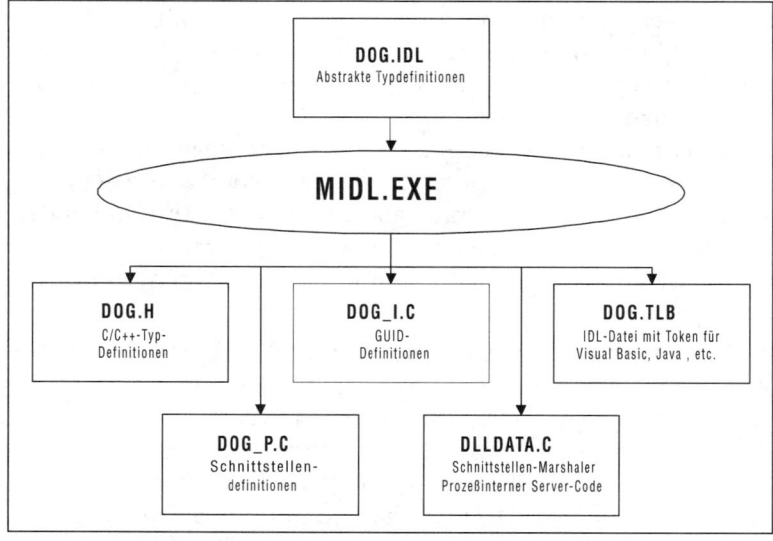

Abbildung 2-1 MIDL verwenden

---

1. Mit dem Begriff *Ausführungskontext* wird in der COM-Spezifikation das beschrieben, was seither als *Apartment* bezeichnet wird. Ein Apartment ist weder ein Thread noch ein Prozeß, hat allerdings einige Merkmale mit diesen gemeinsam. Apartments werden in Kapitel 5 ausführlich beschrieben.

Das Win32 SDK enthält einen IDL-Compiler namens MIDL.EXE, der COM IDL-Dateien übersetzt und verschiedene Ausgabeformate generiert. Wie in Abbildung 2-1 dargestellt, generiert MIDL C/C++-kompatible Header-Dateien, die die Definitionen der abstrakten Basisklassen enthalten, die den in der IDL-Datei definierten Schnittstellen entsprechen. Diese Header-Dateien enthalten auch C-kompatible Strukturdefinitionen, die es C-Programmen ermöglichen, die in IDL beschriebenen Schnittstellen zu implementieren oder darauf zuzugreifen. Die Tatsache, daß MIDL automatisch die C/C++-Header-Dateien generiert, impliziert, daß man COM-Schnittstellen nicht von Hand in C++ definieren sollte. Durch eine gemeinsame Definitionsinstanz wird vermieden, daß mehrere inkompatible Schnittstellendefinitionen vorhanden sind, die im Laufe der Zeit voneinander abweichen können. MIDL generiert zudem Quelltext, der eine Threads, Prozesse und Hosts übergreifende Verwendung der Schnittstelle ermöglicht. Dieser Quelltext wird in Kapitel 5 beschrieben. Schließlich kann MIDL auch eine Binärdatei generieren, die es anderen, COM unterstützenden Umgebungen ermöglicht, andere Sprachversionen der in der IDL-Datei definierten Schnittstellen zu generieren. Diese Binärdatei wird Typbibliothek genannt. Sie enthält in Token übersetzten IDL-Code, der ein effizientes Format aufweist. Typbibliotheken werden normalerweise als Teil der ausführbaren Implementierungsdatei ausgeliefert und ermöglichen Sprachen, wie etwa Visual Basic, Java oder Object Pascal, die Verwendung der durch die Implementierung offengelegten Schnittstellen.

Man muß Schnittstellen unter zwei verschiedenen Gesichtspunkten betrachten, wenn man IDL verstehen möchte: unter dem logischen und dem physischen. Erläuterungen der Methoden einer Schnittstelle und der Operationen, die von diesen ausgeführt werden, konzentrieren sich auf den logischen Aspekt der Schnittstelle. Diskussionen der Themen Speicher, Stack-Frames, Netzwerkpakete und anderer Laufzeitphänomene beziehen sich in der Regel auf den physischen Aspekt der Schnittstelle. Einige physische Aspekte von Schnittstellen lassen sich direkt aus der logischen Beschreibung ableiten (z.B. die Anordnung der vtbl, die Reihenfolge der Parameter auf dem Stack). Andere physische Aspekte (z.B. Array-Grenzen, Netzwerkrepräsentationen komplexer Datentypen) erfordern zusätzliche Erläuterungen.

IDL ermöglicht es Schnittstellendesignern, mit Hilfe einer C-ähnlichen Syntax vorwiegend in einem logischen Kontext zu arbeiten. IDL erlaubt es Schnittstellendesignern allerdings auch, die Aspekte einer Schnittstelle präzise festzulegen, die sich nicht direkt von der logischen Beschreibung ableiten lassen, und zwar mit Hilfe von Annotationen, die formal als Attribute bezeichnet werden. IDL-Attribute werden vom primären IDL-Text dadurch unterschieden, daß sie in eckigen Klammern als eine durch Kommata getrennte Attributliste angegeben werden. Attribute werden stets dem Definitionsgegenstand des Attributs vorangestellt. Beispielsweise bezieht sich im folgenden IDL-Fragment:

```
[
    v1_enum, helpstring("Das ist eine Farbe!")
]
enum COLOR { RED, GREEN, BLUE };
```

das Attribut v1_enum auf die Definition des enum-Objekts COLOR. Dieses Attribut informiert den IDL-Compiler darüber, daß die Netzwerkrepräsentation für COLOR 32 Bits umfassen soll, statt gemäß der Standardvorgabe 16 Bits. Das Attribut helpstring bezieht sich ebenso auf COLOR und bewirkt, daß die Zeichenfolge »Das ist eine Farbe!« als Beschreibung der Elemente des enum-Typ COLOR in die generierte Typbibliothek eingefügt wird. Läßt man die in einer IDL-Datei enthaltenen Attribute außer acht, entspricht die Syntax einfach der von C. IDL unterstützt die Datentypen structure, union, array, enum und Typdefinitionen, deren Syntax mit den entsprechenden Typdefinitionen in C identisch ist.

Bei der Definition von COM-Methoden in IDL muß explizit angegeben werden, ob Aufrufer oder Aufgerufene die einzelnen Methodenparameter lesen oder schreiben werden. Dies wird mit Hilfe der Parameterattribute [in] und [out] erreicht:

```
void Method1([in] long arg1,
             [out] long *parg2,
             [in, out] long *parg3);
```

Aufgrund dieser Definition wird vom Aufrufer die Übergabe von Werten an das durch arg1 bezeichnete Objekt und an die durch parg3 bezeichnete Speicherposition erwartet. Bei Beendigung der Ausführung wird erwartet, daß das Objekt Werte an den Aufrufer und an die durch parg2 und parg3 bezeichneten Positionen zurückgibt. Dies bedeutet, daß bei der folgenden Aufrufsequenz:

```
long arg2 = 20, arg3 = 30;
p->Method1(10, &arg2, &arg3);
```

nicht gewährleistet ist, daß dem Objekt mittels parg2 tatsächlich der Wert 20 übergeben wird. Falls das Objekt im gleichen Ausführungskontext wie der Aufrufer ausgeführt wird und beide Parteien in C++ implementiert sind, dann enthält *parg2 beim Eintritt in die Methodenausführung wirklich den Wert 20. Wird jedoch aus einem anderen Ausführungskontext auf das Objekt zugegriffen oder falls eine Partei in einer Sprache implementiert ist, die die Initialisierung reiner Ausgabeparameter wegoptimiert, dann geht die Initialisierung durch den Aufrufer verloren.

2.3 Methodenergebnisse

Methodenergebnisse sind ein Aspekt von COM, bei dem logische und physische Welt divergieren. Praktisch alle COM-Methoden liefern physisch eine Fehlernummer vom Typ HRESULT zurück. Die Verwendung eines einheitlichen Rückgabetyps ermöglicht es der Fernverarbeitungsarchitektur von COM, das Ergebnis einer Methode zu überladen und überdies Kommunikationsfehler anzugeben, indem einfach ein Wertebereich für RPC-Fehler reserviert wird. HRESULT-Werte sind 32 Bit

lange Ganzzahlen, die der Laufzeitumgebung des Aufrufers Informationen darüber geben, welcher Fehlertyp aufgetreten ist (z.B. Netzwerkfehler, Server-Aus-
fälle). Bei vielen COM-kompatiblen Implementierungssprachen (z.B. Visual Basic,
Java) werden diese HRESULT-Werte zur Laufzeit von einem Interpreter oder einer
Virtual Machine interpretiert und auf Exceptions abgebildet.

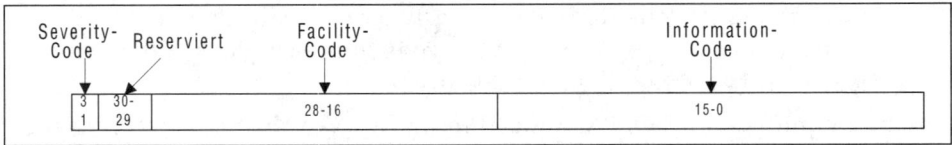

Abbildung 2-2 Das Format von HRESULT-Werten

Wie in Abbildung 2-2 dargestellt, sind HRESULT-Werte in drei Bitfelder gegliedert:
den Severity-Code, den Facility-Code und den Information-Code. Der Severity-
Code beschreibt die Priorität des HRESULT-Werts. Er setzt sich aus dem Severity-Bit
und weiteren, nur unter Windows NT relevanten Bits zusammen. Unter
Windows 95 gibt das Severity-Bit an, ob die Operation erfolgreich ausgeführt
wurde oder nicht. Der Facility-Code bezeichnet die Technologie, auf die sich der
HRESULT-Wert bezieht, und der Information-Code beschreibt das Ergebnis präzise
im Rahmen der angegebenen Technologie und Priorität. Die Header-Dateien des
SDK definieren zwei Makros, die die Verwendung von HRESULT-Werten in Programmen vereinfachen:

```
#define SUCCEEDED(hr) (long(hr) >= 0)
#define FAILED(hr) (long(hr) < 0)
```

Diese beiden Makros nutzen die Tatsache, daß das Severity-Bit gleichzeitig als
Vorzeichenbit dient, wenn HRESULT-Werte als vorzeichenbehaftete Ganzzahlen behandelt werden.

Die Header-Dateien des SDK enthalten die Definitionen sämtlicher HRESULT-
Werte. Diese HRESULT-Werte haben symbolische Namen, wobei die drei Komponenten eines HRESULT-Werts in folgendem Format dargestellt werden:

```
<facility>_<severity>_<information>
```

Beispielsweise gibt der HRESULT-Wert STG_S_CONVERTED an, daß der Facility-Code
FACILITY_STORAGE vorliegt (was bedeutet, daß das Ergebnis das strukturierte Spei-
chermodell oder die Persistenz betrifft) und daß in diesem Fall die zugrundeliegende Datei konvertiert wurde, um eine strukturierte Ablage zu ermöglichen. Für
allgemeine HRESULT-Werte, die sich nicht auf eine bestimmte Technologie beziehen, wird der Code FACILITY_NULL verwendet und im symbolischen Namen kein
Facility-Code-Präfix angegeben. Einige gebräuchliche HRESULT-Werte mit dem Facility-Code FACILITY_NULL sind:

```
S_OK - erfolgreiche normale Ausführung
S_FALSE - wird zur Rückgabe des logischen Werts false bei erfolgreicher
Ausführung verwendet
E_FAIL - allgemeine Fehlerbedingung
E_NOTIMPL - Methode nicht implementiert
E_UNEXPECTED - Methode wurde zum falschen Zeitpunkt aufgerufen
```

FACILITY_ITF wird für schnittstellenspezifische HRESULT-Werte verwendet und ist der einzig zulässige Facility-Code für benutzerdefinierte HRESULT-Werte. HRESULT-Werte mit dem Facility-Code FACILITY_ITF müssen nur im Kontext einer bestimmten Schnittstelle eindeutig sein. Die Standard-Header-Dateien definieren das Makro MAKE_HRESULT zur Definition von HRESULT-Werten mit den drei erforderlichen Feldern:

```
const HRESULT CALC_E_IAMHOSED =
            MAKE_HRESULT(SEVERITY_ERROR,
                  FACILITY_ITF, 0x200 + 15);
```

Gemäß Konvention werden für benutzerdefinierte HRESULT-Werte für den Information-Code Werte größer 0x200 gewählt, damit die für Systemmeldungen definierten Werte nicht nochmals verwendet werden. Obwohl dies nicht kritisch ist, wird damit vermieden, daß Werte, die bereits für Standardschnittstellen definiert sind, überladen werden. Die meisten HRESULT-Werte verfügen beispielsweise über für menschliche Leser verständliche Textbeschreibungen, die mit Hilfe der API-Funktion FormatMessage zur Laufzeit ausgegeben werden können. Durch die Wahl von HRESULT-Werten, die nicht mit systemdefinierten Werten kollidieren, können keine falschen Fehlermeldungen auftreten.

Damit Methoden ein logisches Ergebnis unabhängig vom physischen HRESULT-Wert der Methode zurückgeben können, unterstützt COM-IDL das Parameterattribut retval. Das Attribut retval gibt an, daß der zugehörige physische Methodenparameter eigentlich das logische Ergebnis der Operation ist und in Umgebungen, die dies unterstützen, als Ergebnis der Operation dargestellt werden sollte. Die folgende IDL-Methodendefinition

```
HRESULT Method2([in] short arg1,
            [out, retval] short *parg2);
```

wird in Java wie folgt dargestellt,

```
public short Method2(short arg1);
```

in Visual Basic würde die Darstellung dagegen folgendermaßen aussehen:

```
Function Method2(arg1 as Integer) As Integer
```

Da C++ kein unterstützendes Laufzeitmodul für den Zugriff auf COM-Schnittstellen verwendet, würde diese Methode in Microsoft C++ wie folgt definiert:

```
virtual HRESULT __stdcall Method2(short arg1,
                                   short *p) = 0;
```

Das bedeutet, daß der folgende C++-Client-Quelltext:

```
short sum = 10;
short s;
HRESULT hr = pItf->Method2(20, &s);
if (FAILED(hr))
  throw hr;
sum += s;
```

im großen und ganzen etwa dem folgenden Java-Quelltext entspricht:

```
short sum = 10;
short s = itf.Method2(20);
sum += s;
```

Falls der von der Methode zurückgelieferte HRESULT-Wert auf ein regelwidriges Ergebnis hinweist, bildet die Java Virtual Machine diesen HRESULT-Wert auf eine Java-Exception ab. In einem C++-Programm muß der von der Methode zurückgegebene HRESULT-Wert explizit überprüft und im Fall eines regelwidrigen Ergebnisses entsprechend behandelt werden.

2.4   Schnittstellen und IDL

In IDL formulierte Methodendefinitionen sind einfach C-Funktionsprototypen, die mit Anmerkungen versehen sind. IDL-Schnittstellendefinitionen erfordern eine Erweiterung von C, da C keine Sprachelemente zur Unterstützung dieses Konzepts aufweist. Das IDL-Schlüsselwort interface leitet die Definition einer Schnittstelle ein. Die Schnittstellendefinition besteht aus vier Komponenten: dem Schnittstellennamen, dem Namen der Basisschnittstelle, dem Schnittstellenrumpf und den Schnittstellenattributen. Der Schnittstellenrumpf besteht einfach aus einer Reihe von Methodendefinitionen und den zugehörigen Typdefinitionen:

```
[ attribute1, attribute2, ...]
interface IThisInterface : IBaseInterface {
    typedef1;
    typedef2;
      :
    method1;
    method2;
      :
}
```

Jede COM-Schnittstelle muß zwei IDL-Attribute aufweisen. Das Attribut `[object]` ist erforderlich, da hiermit angezeigt wird, daß die Schnittstellendefinition eine COM-Schnittstelle und nicht etwa eine DCE-Schnittstelle beschreibt. Das zweite obligatorische Attribut legt den physischen Namen der Schnittstelle fest (im obigen IDL-Fragment ist `IThisInterface` der logische Name der Schnittstelle).

Warum für COM-Schnittstellen ein physischer Name erforderlich ist, der sich vom logischen Schnittstellennamen unterscheidet, läßt sich am folgenden Szenario verdeutlichen. Zwei Entwickler beschließen unabhängig voneinander, eine Schnittstelle zu schreiben, die die Funktionalität eines Taschenrechners bietet. Angesichts der gemeinsamen Problemstellung werden die beiden Schnittstellendefinitionen wahrscheinlich ähnlich ausfallen. Aller Wahrscheinlichkeit nach werden jedoch die Reihenfolgen der Methodendefinitionen und unter Umständen auch die Methodensignaturen dieser Schnittstellendefinitionen voneinander abweichen. Es ist allerdings wahrscheinlich, daß beide Entwickler den gleichen logischen Namen verwenden, z.B. `ICalculator` (*Anmerkung der Übersetzer:* oder `IRechner` im Fall deutscher Entwickler – im folgenden wird gemäß dem englischen Manuskript `ICalculator` verwendet).

Es ist nun durchaus möglich, daß auf einem bestimmten Rechner eines Anwenders, ein Client-Programm, das mit der Schnittstellendefinition des ersten Entwicklers implementiert wurde, mit einem Objekt ausgeführt wird, das der zweite Entwickler erstellt hat. Da die beiden Schnittstellen den gleichen logischen Namen aufweisen, würde das Objekt auf die Schnittstellenanforderung des Client einen Schnittstellenzeiger ungleich Null liefern und die Anforderung somit erfüllen, falls der Client einfach die Zeichenfolge `ICalculator` verwendet, um herauszufinden, ob die Schnittstelle `ICalculator` unterstützt wird. Allerdings hat der Client eine andere Vorstellung davon, wie `ICalculator` auszusehen hat, als das Objekt, und der resultierende Zeiger ist daher nicht mit den Erwartungen des Client kompatibel. Abgesehen vom gemeinsamen logischen Namen handelt es sich um völlig unterschiedliche Schnittstellen.

Zur Vermeidung solcher Namenskonflikte wird allen COM-Schnittstellen in der Entwicklungsphase ein eindeutiger binärer Name zugewiesen, der den physischen Schnittstellennamen bildet. Dieser physische Name wird als *Globally Unique Identifier* oder *GUID* (reimt sich mit squid[2]) bezeichnet. GUIDs werden in COM zur Benennung statischer Einheiten verwendet, wie beispielsweise Schnittstellen oder Implementierungen. GUIDs sind extrem große, 128 Bit lange Zahlen, deren Eindeutigkeit in Zeit und Raum gewährleistet ist. Die in COM verwendeten GUIDs basieren auf den *Universally Unique Identifiers* (UUIDs) von DCE RPC. GUIDs, die zur Benennung von COM-Schnittstellen dienen, werden häufig Schnittstellen-ID oder *IID* (Interface ID) genannt. Implementierungen in COM werden auch mit

---

2. Wie man GUID korrekt ausspricht, ist unter COM-Entwicklern ein heiß diskutiertes Thema. Obwohl die COM-Spezifikation besagt, GUID reime sich mit *fluid*, nicht mit *squid*, glaubt der Autor, daß die COM-Spezifikation hier schlicht inkorrekt ist und gibt das Wort *languid* als Präzedenzfall an.

Hilfe von GUIDs benannt, und in diesem Kontext werden GUIDs als Klassen-ID oder *CLSID* bezeichnet. In der Textdarstellung werden GUIDs stets in dem folgenden kanonischen Format angezeigt:

```
BDA4A270-A1BA-11d0-8C2C-0080C73925BA
```

Diese 32 hexadezimalen Ziffern repräsentieren den 128-Bit-Wert der GUID. Die Benennung von Schnittstellen und Implementierungen mit Hilfe von GUIDs ist zur Vermeidung von Namenskonflikten zwischen verschiedenen Komponenten wichtig.

Zur Erstellung neuer GUIDs stellt COM eine API-Funktion zur Verfügung, die unter Verwendung eines dezentralen Eindeutigkeitsalgorithmus einen neuen 128-Bit-Wert generiert, der naturgemäß nicht nochmals auftritt:

```
HRESULT CoCreateGuid(GUID *pguid);
```

Der von `CoCreateGuid` verwendete Algorithmus arbeitet mit der Netzwerkkartenadresse des lokalen Rechners, der Uhrzeit und zwei persistenten Zählern, die Zeitzonen und anormale Änderungen der Systemuhrzeit kompensieren (z.B. Sommerzeit, manuelle Änderung der Zeiteinstellung der Systemuhr). Falls der lokale Rechner keine Netzwerkkarte aufweist, wird ein statistisch eindeutiger Wert generiert und `CoCreateGuid` liefert einen besonderen `HRESULT`-Wert, der besagt, daß es sich um einen statistisch global eindeutigen Wert handelt, der nur dann tatsächlich eindeutig ist, wenn er lediglich auf diesem lokalen Rechner verwendet wird. Obwohl es gelegentlich sinnvoll ist, `CoCreateGuid` direkt aufzurufen, rufen die meisten Entwickler diese Methode über das SDK-Dienstprogramm GUIDGEN.EXE indirekt auf. Abbildung 2-3 zeigt GUIDGEN während der Ausführung. GUIDGEN ruft `CoCreateGuid` auf und formatiert den resultierenden GUID-Wert in einem von vier Formaten, die sich in IDL- oder C++-Quelltext einbinden lassen. Für IDL-Quelltext wird das vierte Format (das kanonische Textformat) benötigt.

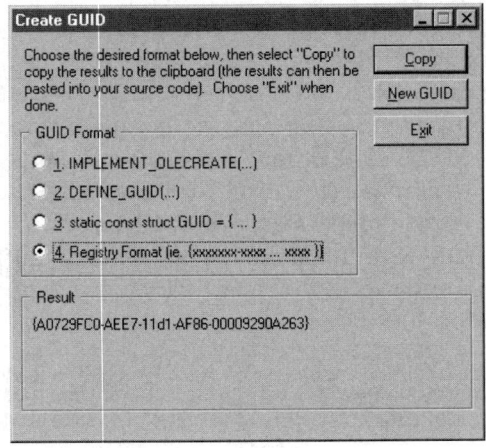

Abbildung 2-3 GUIDGEN

Das zweite obligatorische Schnittstellenattribut [uuid] dient dazu, den physischen Schnittstellennamen der in IDL formulierten Definition zuzuordnen. Das Attribut [uuid] wird mit einem Parameter angegeben, nämlich der kanonischen Textdarstellung der GUID:

```
[object, uuid(BDA4A270-A1BA-11d0-8C2C-0080C73925BA)]
interface ICalculator : IBaseInterface {
  HRESULT Clear(void);
  HRESULT Add([in] long n);
  HRESULT Sum([out, retval] long *pn);
}
```

Wenn der physische Name einer Schnittstelle in einem C- oder C++-Programm verwendet wird, wird als IID der Schnittstelle einfach der logische Schnittstellenname mit dem Präfix IID_ verwendet. Beispielsweise würde die Schnittstelle ICalculator eine IID haben, die sich in Quelltexten durch die IDL-generierte Konstante IID_ICalculator darstellen läßt. C++-Namensbereiche können zur Lösung von Konflikten zwischen symbolischen Schnittstellennamen eingesetzt werden.

Da wenige C++-Compiler 128 Bit umfassende Ganzzahlen unterstützen, definiert COM eine C-Struktur zur Darstellung des 128-Bit-Werts einer GUID und stellt mit Hilfe entsprechender Typdefinitionen Aliasnamen für die Typen IID und CLSID zur Verfügung:

```
typedef struct _GUID {
  DWORD Data1;
  WORD Data2;
  WORD Data3;
  BYTE Data4[ 8 ];
} GUID;
typedef GUID IID; typedef GUID CLSID;
```

Die interne Struktur einer GUID ist für die meisten Programmierer irrelevant, da Äquivalenztests die einzige sinnvolle Operation sind, die sich mit GUIDs ausführen lassen. Um eine effiziente Übergabe von GUID-Werten als Funktionsargumente zu ermöglichen, definiert COM für jeden GUID-Typ einen Aliasnamen in Form einer konstanten Referenz:

```
#define REFGUID const GUID&
#define REFIID const IID&
#define REFCLSID const CLSID&
```

Um den Vergleich von GUID-Werten zu ermöglichen, stellt COM Funktionen zur Prüfung auf Äquivalenz und die überladenen Operatoren operator == und operator != für GUID-Referenzkonstanten zur Verfügung:

```
inline BOOL IsEqualGUID(REFGUID r1, REFGUID r2)
{ return !memcmp(&r1, &r2, sizeof(GUID)); }
#define IsEqualIID(r1, r2) IsEqualGUID((r1), (r2))
```

```
#define IsEqualCLSID(r1, r2) IsEqualGUID((r1), (r2))
inline BOOL operator == (REFGUID r1, REFGUID r2)
{ return !memcmp(&r1, &r2, sizeof(GUID)); }
inline BOOL operator != (REFGUID r1, REFGUID r2)
{ return !(r1 == r2); }
```

Die SDK-Header-Dateien enthalten C-kompatible Versionen der oben dargestellten Typdefinitionen, Makros und inline-Funktionen, die in bedingte Compiler-Anweisungen eingeschlossen sind.

Da der Schnittstellenname zur Laufzeit durch die GUID statt einer Zeichenfolge dargestellt wird, muß die im vorigen Kapitel beschriebene Methode Dynamic_Cast überarbeitet werden. Eigentlich muß die gesamte Schnittstelle IExtensibleObject überprüft und in eine analoge, COM-kompible Schnittstelle umgewandelt werden: in IUnknown.

2.5   IUnknown

Die COM-Schnittstelle IUnknown erfüllt denselben Zweck wie die Schnittstelle IExtensibleObject, die im vorigen Kapitel definiert wurde. Es folgt die Endfassung der Schnittstelle IExtensibleObject vom Ende des vorigen Kapitels:

```
class IExtensibleObject {
public:
  virtual void *Dynamic_Cast(const char* pszType) = 0;
  virtual void DuplicatePointer(void) = 0;
  virtual void DestroyPointer(void) = 0;
}
```

Mit Hilfe der Methode Dynamic_Cast wurde der Datentyp zur Laufzeit ermittelt. Diese Methode entsprach dem C++-Operator dynamic_cast. Die Methode DuplicatePointer diente dazu, das Objekt darüber zu benachrichtigen, daß ein Schnittstellenzeiger dupliziert worden war. Mit Hilfe der Methode DestroyPointer wurde das Objekt darüber informiert, daß ein Schnittstellenzeiger gelöscht worden war und daß die von ihm belegten Ressourcen freigegeben sein könnten. Nachfolgend ist die C++-Definition der Schnittstelle IUnknown abgedruckt:

```
extern "C" const IID IID_IUnknown;

interface IUnknown {
  virtual HRESULT STDMETHODCALLTYPE
       QueryInterface(REFIID riid, void **ppv) = 0;
  virtual ULONG STDMETHODCALLTYPE AddRef(void) = 0;
  virtual ULONG STDMETHODCALLTYPE Release(void) = 0;
};
```

In den SDK-Header-Dateien wird mit Hilfe von C-Präprozessordirektiven und dem C++-Schlüsselwort `struct` ein Aliasname für das Symbol `interface` definiert. Da COM-Schnittstellen als Objekte vom Typ `struct` und nicht als Klassen definiert sind, ist das Schlüsselwort `public` nicht erforderlich, um die Schnittstellenmethoden als öffentlich zu deklarieren und damit außerhalb der Schnittstelle definierten Objekten verfügbar zu machen. Das Makro `STDMETHODCALLTYPE` wird zur Generierung der COM-konformen Stack-Frames für die Zielplattform benötigt. Der Microsoft C++-Compiler expandiert dieses Makro zu `__stdcall`, wenn der Quelltext für Win32-Plattformen kompiliert wird.

`IUnknown` ist funktional äquivalent mit `IExtensibleObject`. Mit Hilfe der Methode `QueryInterface` wird der Datentyp zur Laufzeit ermittelt. Diese Methode entspricht dem C++-Operator `dynamic_cast`. Die Methode `AddRef` dient dazu, ein Objekt darüber zu benachrichtigen, daß ein Schnittstellenzeiger dupliziert worden ist. Mit Hilfe der Methode `Release` wird ein Objekt darüber informiert, daß ein Schnittstellenzeiger gelöscht worden ist und daß das Objekt alle Ressourcen, die es für den Client reserviert hat, freigeben kann. Der Hauptunterschied zwischen `IUnknown` und der im vorigen Kapitel definierten Schnittstelle besteht darin, daß `IUnknown` zur Laufzeit die Schnittstellentypen mit Hilfe von GUIDs statt Zeichenfolgen bezeichnet.

Die IDL-Definition von `IUnknown` ist in der Datei UNKNWN.IDL im Include-Verzeichnis des SDK enthalten:

```
// unknwn.idl - System-IDL-Datei

[
  local,
  object,
  uuid(00000000-0000-0000-C000-000000000046)
]
interface IUnknown {
  HRESULT QueryInterface([in] REFIID riid,
                         [out] void **ppv);

  ULONG AddRef(void);
  ULONG Release(void);
}
```

Das Attribut `[local]` verhindert, daß für diese Schnittstelle Code zur Unterstützung von Netzwerkfunktionen generiert wird. Dieses Attribut ist erforderlich, damit die COM-Anforderung erfüllt wird, derzufolge alle für die Fernverarbeitung geeigneten Methoden HRESULT-Werte zurückgeben müssen. Wie in späteren Kapiteln erläutert werden wird, erfährt `IUnknown` bei der Arbeit mit entfernten Objekten eine Sonderbehandlung. Beachten Sie, daß die in den SDK-Header-Dateien enthaltenen IDL-Schnittstellendefinitionen von den in diesem Text angegebenen

Definitionen leicht abweichen. Die tatsächlichen Definitionen enthalten häufig
zusätzliche Attribute zur Optimierung des generierten Netzwerkcodes, die für die
Diskussion hier nicht relevant sind. Im Zweifelsfall sollten Sie die vollständige Definition in der neuesten Version der SDK-Header-Dateien nachschlagen.

`IUnknown` ist die Wurzel aller COM-Schnittstellen. `IUnknown` ist die einzige COM-
Schnittstelle, die nicht von einer anderen COM-Schnittstelle abgeleitet ist. Jede
andere gültige COM-Schnittstelle muß direkt von `IUnknown` oder von einer anderen gültigen COM-Schnittstelle abgeleitet sein, die wiederum direkt von
`IUnknown` oder einer anderen gültigen COM-Schnittstelle abgeleitet ist. Daraus
folgt, daß auf der Binärebene sämtliche COM-Schnittstellen Zeiger auf vtbls
sind, die mit den drei Einträgen `QueryInterface`, `AddRef` und `Release` beginnen.
Auf alle schnittstellenspezifischen Methoden wird durch vtbl-Einträge verwiesen,
die diesen drei allgemeinen Einträgen folgen.

Zur Ableitung einer Schnittstelle in IDL wird die Basisschnittstelle in derselben
IDL-Datei angegeben oder mit Hilfe der `import`-Direktive die externe IDL-Definition der Basisschnittstelle im aktuellen Gültigkeitsbereich sichtbar gemacht:

```
// calculator.idl

[object, uuid(BDA4A270-A1BA-11d0-8C2C-0080C73925BA)]
interface ICalculator : IUnknown {
  import "unknwn.idl"; // Definition von IUnknown importieren
  HRESULT Clear(void);
  HRESULT Add([in] long n);
  HRESULT Sum([out, retval] long *pn);
}
```

Die Anweisung `import` kann wie im obigen Beispiel innerhalb der Schnittstellendefinition stehen oder der Schnittstellendefinition auf globaler Ebene vorangestellt werden. In beiden Fällen ist die `import`-Anweisung wiedereintrittsfähig, und
eine IDL-Datei kann daher bedenkenlos mehrmals importiert werden. Da die generierte C/C++-Header-Datei zur Erstellung der abgeleiteten Schnittstelle die C/
C++-Version der importierten IDL-Datei benötigt, wird die in der IDL-Datei enthaltene `import`-Anweisung in der generierten C/C++-Header-Datei in eine
`#include`-Anweisung übersetzt:

```
// calculator.h - von MIDL generiert
// Definition von IUnknown importieren
#include "unknwn.h"
extern "C" const IID IID_ICalculator;
interface ICalculator : public IUnknown {
  virtual HRESULT STDMETHODCALLTYPE Clear(void) = 0;
  virtual HRESULT STDMETHODCALLTYPE Add(long n) = 0;
  virtual HRESULT STDMETHODCALLTYPE Sum(long *pn) =0;
}
```

Der MIDL-Compiler generiert zudem eine C-Quelltextdatei, die die tatsächlichen Definitionen aller in der IDL-Quelltextdatei enthaltenen GUIDs enthält:

```
// calculator_i.c - von MIDL generiert
const IID IID_ICalculator =
  { 0xBDA4A270, 0xA1BA, 0x11d0, { 0x8C, 0x2C,
           0x00, 0x80, 0xC7, 0x39, 0x25, 0xBA } };
```

Bei jedem Projekt, in dem diese Schnittstelle verwendet wird, muß die Datei CALCULATOR_I.C entweder in die Make-Datei oder mit Hilfe der C-Präprozessordirektive include in eine C- oder C++-Quelldatei aufgenommen werden. Wird dies unterlassen, wird für den 128-Bit-Wert des Bezeichners IID_ICalculator kein Speicher reserviert und das Projekt kann aufgrund ungelöster externer Bezeichner vom Linker nicht gebunden werden.

COM legt keine Beschränkungen hinsichtlich der Ableitungstiefe einer Schnittstellenhierarchie fest, vorausgesetzt, die Basisschnittstelle ist letztlich IUnknown. Der folgende IDL-Quelltext definiert eine völlig zulässige und sinnvolle COM-Schnittstelle:

```
import "unknwn.idl";
[object, uuid(DF12E151-A29A-11d0-8C2D-0080C73925BA)]
interface IAnimal : IUnknown {
  HRESULT Eat(void);
}


[object, uuid(DF12E152-A29A-11d0-8C2D-0080C73925BA)]
interface ICat : IAnimal {
  HRESULT IgnoreMaster(void);
}


[object, uuid(DF12E153-A29A-11d0-8C2D-0080C73925BA)]
interface IDog : IAnimal {
  HRESULT Bark(void);
}


[object, uuid(DF12E154-A29A-11d0-8C2D-0080C73925BA)]
interface IPug : IDog {
  HRESULT Snore(void);
}


[object, uuid(DF12E155-A29A-11d0-8C2D-0080C73925BA)]
interface IOldPug : IPug {
  HRESULT SnoreLoudly(void);
}
```

COM definiert jedoch eine Beschränkung für die Vererbung von Schnittstellen: COM-Schnittstellen können nicht von mehreren Schnittstellen direkt abgeleitet werden. Der folgende Quelltext ist in COM nicht zulässig:

```
[object, uuid(DF12E156-A29A-11d0-8C2D-0080C73925BA)]
interface ICatDog : ICat, IDog {
  // unzulässig, mehrere Basisschnittstellen
  HRESULT Meowbark(void);
}
```

COM verbietet aus mehreren Gründen die Mehrfachvererbung für Schnittstellen. Ein Grund ist, daß die binäre Darstellung der resultierenden abstrakten C++-Basisklasse nicht compiler-unabhängig sein würde. Damit würde COM als herstellerneutraler binärer Standard unbrauchbar. Ein weiterer Grund rührt von der engen Verwandtschaft zwischen COM und DCE RPC her. Durch die Begrenzung der Schnittstellenvererbung auf eine Basisschnittstelle lassen sich COM-Schnittstellen recht einfach auf DCE RPC-Schnittstellenvektoren abbilden. Letztendlich stellt die mangelnde Unterstützung mehrerer Basisschnittstellen keine Beschränkung dar, da es jeder Implementierung unbenommen bleibt, beliebig viele Schnittstellen offenzulegen. Das bedeutet, daß die Definition eines COM-basierten CatDog-Objekts auf der Implementierungsebene durchaus möglich ist:

```
class CatDog : public ICat, public IDog {
  // ...
};
```

Ein Client, der ein Objekt als CatDog behandeln will, bindet einfach mit Hilfe der Methode QueryInterface beide Schnittstellenzeigertypen an das Objekt. Falls einer der QueryInterface-Aufrufe fehlschlägt, ist das Objekt nicht vom Typ CatDog, und der Client kann mit diesem Ergebnis umgehen, wie es ihm beliebt. Da Implementierungen mehrere Schnittstellen offenlegen können, schränkt das Verbot, daß Schnittstellen nicht mehrere Basisschnittstellen haben können, die Semantik oder den Umfang der Typinformationen kaum ein.

COM unterstützt eine Notation, mit der sich ausdrücken läßt, welche Schnittstellen bei einem Objekt verfügbar sind. Diese Notation ist mit der COM-Philosophie der Trennung von Schnittstelle und Implementierung konform und verrät mit Ausnahme einer Liste der von einem Objekt offengelegten Schnittstellen keine Implementierungsdetails des Objekts. Abbildung 2-4 zeigt die Standardnotation am Beispiel der Klasse CatDog. Beachten Sie, daß man aus diesem Diagramm lediglich schließen kann, daß CatDog-Objekte die vier Schnittstellen ICat, IDog, IAnimal und IUnknown offenlegen (wie immer unter der Voraussetzung, daß keine höhere Gewalt eingreift).

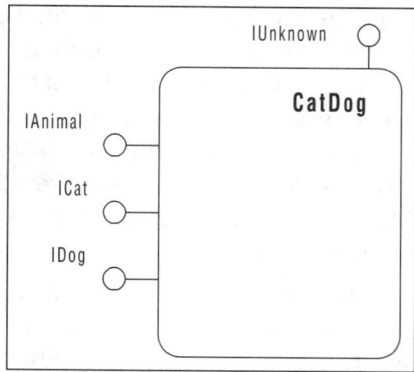

Abbildung 2-4 Die COM-Standardnotation

2.6 Ressourcenverwaltung und IUnknown

Wie bei den Methoden DuplicatePointer und DestroyPointer aus dem vorigen Kapitel, gelten auch für den Umgang mit den Methoden AddRef und Release von IUnknown sehr einfache Regeln, an die sich alle Benutzer von Schnittstellenzeigern halten müssen. Diese Regeln nehmen dem Client die Verwaltung der Lebensdauer von Objekten ab, wenn mehrere Schnittstellenzeiger möglicherweise auf das gleiche Objekt zeigen. Clients müssen nur die einfachen AddRef/Release-Regeln befolgen, die gleichermaßen für jeden Schnittstellenzeiger gelten, auf den sie stoßen, und das betreffende Objekt verwaltet seine eigene Lebensdauer selbst.

Die COM-Spezifikation enthält sehr präzise Definitionen der COM-Regeln für die Referenzzählung. Wer die COM-Programmierung in C++ beherrschen will, für den ist ein Verständnis der Beweggründe, die diesen Definitionen zugrunde liegen, unabdingbar. Die COM-Regeln für die Referenzzählung lassen sich auf die folgenden drei einfachen Axiome zurückführen:

1. Wenn ein nichtleerer Schnittstellenzeiger von einer Speicherposition an eine andere kopiert wird, sollte AddRef aufgerufen werden, um das Objekt über die zusätzliche Referenz zu benachrichtigen.

2. Release muß aufgerufen werden, bevor eine Speicherposition, die einen nichtleeren Schnittstellenzeiger enthält, überschrieben wird, um das Objekt darüber zu benachrichtigen, daß eine Referenz gelöscht wird.

3. Redundante Aufrufe von AddRef und Release können wegoptimiert werden, falls besonderes Wissen über die Beziehungen zwischen zwei oder mehr Speicherpositionen vorhanden ist.

Das dritte Axiom existiert primär, damit sich andernfalls verwirrende Situationen in vernünftige Programmieridiome übersetzen lassen (z.B. müssen temporäre Aufruf-Stacks und vom Compiler generierte Variablenregistrierungen nicht in die Referenzzählung eingehen). Man könnte Monate damit verbringen, besondere

Beziehungen zwischen expliziten Schnittstellenzeigervariablen eines Programms aufzuspüren und redundante Aufrufe von AddRef und Release wegzuoptimieren, allerdings wäre es töricht, dies zu tun. Die Vorteile, die sich aus dem Entfernen redundanter Aufrufe ergeben, sind recht unbedeutend, da sogar im schlimmsten Fall, in welchem mit einer Geschwindigkeit von 14,4 kbit/s von einem 8.500 Meilen entfernten Rechner auf ein Objekt zugegriffen wird, diese redundanten Aufrufe nie den Thread des Aufrufers verlassen und zu ihrer Ausführung kaum mehr als eine Handvoll Instruktionen erforderlich sind.

Auf der Grundlage dieser drei einfachen Axiome für die Referenzzählung und Schnittstellenzeiger lassen sich Programmierrichtlinien formulieren, die die Entscheidung erleichtern, wann ein Aufruf von AddRef und Release erfolgen sollte und wann nicht. Im folgenden sind einige geläufige Situationen beschrieben, in denen die Methode AddRef aufgerufen werden muß:

A1. wenn ein nichtleerer Schnittstellenzeiger in einer lokalen Variablen gespeichert wird;

A2. wenn das aufgerufene Objekt einen nichtleeren Schnittstellenzeiger in einen [out]- oder [in, out]-Parameter einer Methode oder Funktion schreibt;

A3. wenn das aufgerufene Objekt einen nichtleeren Schnittstellenzeiger als physisches Ergebnis eines Funktionsaufrufs zurückgibt;

A4. wenn ein nichtleerer Schnittstellenzeiger in einem Datenelement des Objekts gespeichert wird.

Zu Situationen, die allgemein Aufrufe der Methode Release erfordern, gehören die folgenden:

R1. bevor eine nichtleere lokale Variable oder ein nichtleeres Datenelement überschrieben wird;

R2. bevor der Gültigkeitsbereich einer nichtleeren lokalen Variablen verlassen wird;

R3. wenn das aufgerufene Objekt einen [in, out]-Parameter einer Methode oder Funktionen überschreibt, dessen ursprünglicher Wert ungleich Null ist. Beachten Sie, daß vorausgesetzt wird, daß [out]-Parameter bei der Eingabe einen Wert ungleich Null haben, und daß der für sie reservierte Speicher vom aufgerufenen Objekt nie freigegeben werden darf.

R4. bevor ein nichtleeres Datenelement eines Objekts überschrieben wird;

R5. bevor der Destruktor eines Objekts verlassen wird, das als Datenelement einen nichtleeren Schnittstellenzeiger enthält.

Das dritte Axiom ist allgemein in Situationen anzuwenden, in denen Schnittstellenzeiger als [in]-Parameter an Funktionen übergeben werden:

S1. Wenn der Aufrufer einen nichtleeren Schnittstellenzeiger einer Funktion oder Methode als [in]-Parameter übergibt, ist kein Aufruf von AddRef oder Release erforderlich, da die Lebensdauer der temporären Variablen auf dem Aufruf-Stack vollständig als Untermenge in der Lebensdauer des zur Initialisierung des formalen Arguments verwendeten Ausdrucks enthalten ist.

Diese zehn Richtlinien decken Situationen ab, die in der COM-Programmierung sehr häufig vorkommen, und sind es daher wert, im Gedächtnis zu bleiben.

Als konkretes Anwendungsbeispiel für die Regeln der COM-Referenzzählung wollen wir annehmen, es gäbe eine globale Funktion, die einem Objekt einen Schnittstellenzeiger übergibt:

```
void GetObject([out] IUnknown **ppUnk);
```

und es gäbe eine weitere globale Funktion, die mit diesem Objekt irgendeine sinnvolle Operation ausführt:

```
void UseObject([in] IUnknown *pUnk);
```

Im folgenden Quelltext werden diese Funktionen verwendet und ein Schnittstellenzeiger an den Aufrufer zurückgegeben. Die jeweils anzuwendenden Richtlinien sind in Kommentaren neben den betreffenden Anweisungen angegeben:

```
void GetAndUse(/* [out] */ IUnknown ** ppUnkOut) {
  IUnknown *pUnk1 = 0, *pUnk2 = 0;
  *ppUnkOut = 0;                                // R3

// Zeiger auf eines (oder zwei) Objekt(e) abrufen
  GetObject(&pUnk1);                            // A2
  GetObject(&pUnk2);// A2

// pUnk2 als Zeiger auf erstes Objekt definieren
  if (pUnk2)  pUnk2->Release();// R1
  if (pUnk2 = pUnk1) pUnk2->AddRef();// A1

// pUnk2 an irgendeine andere Funktion übergeben
  UseObject(pUnk2);// S1

// über ppUnkOut-Parameter pUnk2 an Aufrufer zurückgeben
  if (*ppUnkOut = pUnk2)  (*ppUnkOut)->AddRef();// A2

// da nicht mehr im Gültigkeitsbereich, Zeiger löschen
  if (pUnk1) pUnk1->Release();// R2
  if (pUnk2) pUnk2->Release();// R2
}
```

Im vorstehenden Quelltextbeispiel sollte Ihnen vor allem auffallen, daß die Richtlinie A2 zweimal angewendet wird und daß dies aus zwei unterschiedlichen Blick-
winkeln geschieht. Beim Aufruf von GetObject ist der Quelltext der Aufrufer und
die Implementierung von GetObject das aufgerufene Objekt. Infolgedessen ist die
Implementierung von GetObject für den Aufruf von AddRef über den [out]-Parame-
ter verantwortlich. Wenn der von ppUnkOut bezeichnete Speicherbereich überschrieben wird, fungiert der Quelltext als aufgerufenes Objekt und ruft infolgedessen korrekterweise über den Schnittstellenzeiger die Methode AddRef auf, bevor
die Steuerung an den Aufrufer übergeben wird.

Einige Feinheiten von AddRef und Release verdienen eine genauere Erläuterung.
Sowohl AddRef als auch Release sind als Prototypen definiert, die eine vorzeichen-
lose, 32 Bit lange Ganzzahl zurückgeben. Diese Ganzzahl gibt die Gesamtzahl der
ausstehenden Referenzen an, *nachdem* der AddRef- bzw. Release-Aufruf ausgeführt
worden ist. Aus verschiedenen Gründen, die mit Multithreading, Fernzugriff und
Multiprozessorarchitekturen zu tun haben, ist allerdings nicht sichergestellt, daß
dieser Wert die Gesamtzahl der ausstehenden Schnittstellenzeiger genau wieder-
gibt, und der Client sollte diesen Wert daher ignorieren und nur zu Diagnosezwecken während der Fehlersuche verwenden.

Das Ergebnis ist nur dann von Bedeutung, wenn Release Null zurückgibt. Die
Rückgabe von Null durch Release zeigt zuverlässig an, daß das Objekt in keiner
Weise länger Gültigkeit besitzt. Allerdings impliziert dies nicht, daß der Umkehr-
schluß wahr ist. Das heißt, wenn Release ein Ergebnis ungleich Null zurückgibt,
darf daraus nicht geschlossen werden, daß das Objekt noch gültig ist. In der Tat
ist es so, daß der Schnittstellenzeiger ungültig wird und nicht mehr gewährleistet
ist, daß er auf irgendein gültiges Objekt zeigt, sobald Release für einen Schnittstellenzeiger genausooft wie AddRef aufgerufen worden ist. Obwohl es möglich ist,
daß das Objekt noch gültig ist, da noch durch Zeiger auf es verwiesen wird, handelt es sich hier eher um einen Zufall, der sich im ungelegensten Moment ändern
kann. Eine Strategie, mit der man sicherstellen kann, daß Schnittstellenzeiger
nach der Freigabe des Speichers nicht mehr verwendet werden, besteht darin, sie
unmittelbar nach dem Aufruf der Methode Release auf Null zu setzen:

```
inline void SafeRelease(IUnknown * &rpUnk) {
  if (rpUnk) {
    rpUnk->Release();
    rpUnk = 0; // rpUnk wird durch Referenz übergeben
  }
}
```

Beim Einsatz dieser Technik wird sofort eine Zugriffsverletzung ausgelöst, sobald
ein Schnittstellenzeiger nach seiner Freigabe verwendet wird. Dieser Fehler läßt
sich infolgedessen zuverlässig reproduzieren und, so bleibt zu hoffen, während
der Entwicklung abfangen.

Eine weitere Feinheit hinsichtlich der Handhabung von `AddRef` und `Release` betrifft das Verlassen eines Quelltextblocks. Die oben angeführte Funktion `GetAndUse` hatte nur einen Austrittspunkt. Infolgedessen wurden die Anweisungen, die die Schnittstellenzeiger am Ende der Funktion freigaben, immer vor Beendigung der Funktion ausgeführt. Wenn die Funktion aus irgendwelchen Gründen vor diesen Anweisungen beendet würde, entweder aufgrund einer expliziten Rückgabeanweisung oder, was noch problematischer wäre, aufgrund einer unbehandelten C++-Exception, dann würden diese abschließenden Anweisungen umgangen und alle Ressourcen, die für die nicht freigegebenen Schnittstellenzeiger reserviert worden sind, gehen für die Ausführungsdauer des Client-Programms verloren. Daraus folgt, daß man mit COM-Schnittstellenzeigern äußerst vorsichtig umgehen sollte, insbesondere wenn sie in Umgebungen verwendet werden, die bekanntermaßen mit C++-Exceptions arbeiten. Sie unterscheiden sich hierin in keiner Weise von anderen Systemressourcen, mit denen man in Berührung kommt, wie etwa Semaphoren oder dynamisch zugewiesenem Speicher. Weiter hinten in diesem Kapitel wird eine Smart-Pointer-Klasse für COM-Zeiger erläutert, die gewährleistet, daß `Release` in jedem Fall aufgerufen wird.

2.7 Typumwandlung und IUnknown

Im vorigen Kapitel wurde erläutert, warum man in einem System, das dynamisch zusammengesetzt wird, in der Lage sein muß, zur Laufzeit Typen zu erkennen. Die Sprache C++ stellt über den Operator `dynamic_cast` einen vernünftigen Mechanismus zur dynamischen Typerkennung zur Verfügung. Obwohl dieses Sprachmerkmal bei jedem Compiler proprietär implementiert ist, konnte dieses Konzept im vorigen Kapitel genutzt werden, indem jeder Schnittstelle explizit eine Methode hinzugefügt wurde, die die semantisch äquivalente Funktion von `dynamic_cast` erfüllt. Die COM-Schnittstelle `IUnknown` verfügt ebenfalls über eine solche Methode namens `QueryInterface`. Nachfolgend ist die IDL-Beschreibung von `QueryInterface` abgedruckt:

```
HRESULT QueryInterface([in] REFIID riid,
                       [out] void **ppv);
```

Der erste Parameter namens (`riid`) bezeichnet den physischen Namen der angeforderten Schnittstelle. Der zweite Parameter (`ppv`) zeigt auf eine Schnittstellenzeigervariable, die bei erfolgreicher Ausführung den angeforderten Schnittstellenzeiger enthält.

Falls ein Objekt den angeforderten Schnittstellentyp nicht unterstützt, muß es in Reaktion auf die `QueryInterface`-Anforderung `*ppv` auf Null setzen und danach den Wert `E_NOINTERFACE` zurückgeben. Falls das Objekt die angeforderte Schnittstelle unterstützt, muß es `*ppv` mit einem Zeiger auf den angeforderten Schnittstellentyp überschreiben und dann den HRESULT-Wert `S_OK` zurückgeben. Da `ppv`

ein[out]-Parameter ist, muß die Implementierung von QueryInterface den resultierenden Zeiger durch einen Aufruf von AddRef in die Referenzzählung aufnehmen, bevor die Kontrolle an den Aufrufer zurückgegeben wird (siehe Richtlinie A2
weiter oben in diesem Kapitel). Der durch diesen AddRef-Aufruf erhöhte Referenzzähler muß durch einen Release-Aufruf seitens des Client dekrementiert werden.
Das folgende Beispiel zeigt anhand der DogCat-Typhierarchie, die weiter vorne in
diesem Kapitel beschreiben wurde, die Typerkennung zur Laufzeit mit Hilfe des
C++-Operators dynamic_cast:

```
void TryToSnoreAndIgnore(/* [in] */ IUnknown *pUnk) {
  IPug *pPug = 0;
  pPug = dynamic_cast<IPug*>(pUnk);
  if (pPug) // Das Objekt unterstützt IPug.
    pPug->Snore();

  ICat *pCat = 0;
  pCat = dynamic_cast<ICat*>(pUnk);
  if (pCat) // Das Objekt unterstützt ICat.
    pCat->IgnoreMaster();
}
```

Wenn das dieser Funktion übergebene Objekt sowohl ICat als auch IPug unterstützt, dann werden beide Funktionalitäten genutzt. Falls das Objekt ICat oder
IPug nicht unterstützt, dann ignoriert diese spezielle Funktion einfach die fehlen-
den Aspekte des Objekts. Es folgt eine semantisch äquivalente Version, die QueryInterface verwendet:

```
void TryToSnoreAndIgnore(/* [in] */ IUnknown *pUnk) {
  HRESULT hr;
  IPug *pPug = 0;
  hr = pUnk->QueryInterface(IID_IPug, (void**)&pPug);
  if (SUCCEEDED(hr)) {// Das Objekt unterstützt IPug.
    pPug->Snore();
    pPug->Release(); // R2
  }

  ICat *pCat = 0;
  hr = pUnk->QueryInterface(IID_ICat, (void**)&pCat);
  if (SUCCEEDED(hr)) {// Das Objekt unterstützt ICat.
    pCat->IgnoreMaster();
    pCat->Release(); // R2
  }
}
```

Obwohl es offensichtlich syntaktische Unterschiede gibt, besteht der einzige si-
gnifikante Unterschied zwischen diesen beiden Quelltextfragmenten darin, daß
die auf QueryInterface basierende Version den COM-Regeln für die Referenzzählung entspricht.

Die Methode QueryInterface und ihre Verwendung hat einige Feinheiten. QueryInterface kann lediglich Zeiger auf dasselbe COM-Objekt zurückgeben. Kapitel 4 erläutert sämtliche Aspekte dieser Aussage. Es ist allerdings sinnvoll, vorab darauf hinzuweisen, daß der Client AddRef und Release nicht als Operationen an einem *Objekt* behandeln darf. Statt dessen müssen diese Methoden als Operationen an einem *Schnittstellenzeiger* behandelt werden. Aus diesem Grund sind die folgenden Anweisungen nicht zulässig:

```
void BadCOMCode(/*[in]*/ IUnknown *pUnk) {
  ICat *pCat = 0;  IPug *pPug = 0;
  HRESULT hr;
  hr = pUnk->QueryInterface(IID_ICat, (void**)&pCat);
  if (FAILED(hr)) goto cleanup;
  hr = pUnk->QueryInterface(IID_IPug, (void**)&pPug);
  if (FAILED(hr)) goto cleanup;
  pPug->Bark(); pCat->IgnoreMaster();
cleanup:
  if (pCat) pUnk->Release();
// pCat wurde im QueryInterface-Aufruf Zeiger übergeben, der über
// AddRef in Referenzzählung aufgenommen wurde.
  if (pDog) pUnk->Release();
// pDog wurde im QueryInterface-Aufruf Zeiger übergeben, der über
// AddRef in Referenzzählung aufgenommen wurde.
}
```

Obwohl pCat, pPug und pUnk auf das gleiche Objekt zeigen, ist es nicht zulässig, daß der Client durch Release-Aufrufe mit pUnk den Referenzzähler herabsetzt, der durch die AddRef-Aufrufe mit pPug und pCat in den QueryInterface-Aufrufen erhöht wurde. Die korrekte Version der Zeilen aus obigem Beispiel sieht folgendermaßen aus:

```
cleanup:
  if (pCat) pCat->Release(); // Benutzung des im AddRef-Aufruf
                             // verwendeten Zeigers
  if (pPug) pPug->Release(); // Benutzung des im AddRef-Aufruf
                             // verwendeten Zeigers
```

Hier wird Release mit dem gleichen Schnittstellenzeiger aufgerufen, der im AddRef-Aufruf verwendet wurde (was implizit geschah, während der Zeiger von QueryInterface zurückgegeben wurde). Diese Anforderung bietet dem Entwickler ein hohes Maß an Flexibilität bei der Implementierung von Objekten. Beispielsweise kann ein Objekt die Referenzzählung pro Schnittstelle durchführen und damit eine aggressive Rückforderung der Ressourcen erlauben, die lediglich von einer bestimmten Schnittstelle eines Objekts verbraucht werden.

Eine weitere Feinheit von `QueryInterface` betrifft den zweiten Parameter dieser
Methode, der vom Typ `void **` ist. Es ist äußerst paradox, daß die Methode `Que-`
`ryInterface`, die das Typsystem von COM untermauert, einen wenig typsicheren
Prototypen in C++ hat:

```
HRESULT __stdcall QueryInterface(REFIID riid,
                                 void** ppv);
```

Wie oben beschrieben, rufen Clients die Methode `QueryInterface` auf und übergeben dem Objekt als zweiten Parameter einen Zeiger auf einen Schnittstellenzeiger
zusammen mit einer IID, die den Typ des erwarteten Schnittstellenzeigers angibt:

```
IPug *pPug = 0;
hr = punk->QueryInterface(IID_IPug, (void**)&pPug);
```

Leider sieht folgende Anweisung für den C++-Compiler genauso korrekt aus:

```
IPug *pPug = 0;
hr = punk->QueryInterface(IID_ICat, (void**)&pPug);
```

Auch diese etwas subtilere Variante wird fehlerfrei kompiliert:

```
IPug *pPug = 0;
hr = punk->QueryInterface(IID_IPug, (void**)pPug);
```

Da die Vererbungsregeln nicht für Zeiger gelten, läßt sich dieses Problem nicht
mit dieser alternativen Definition von `QueryInterface` beseitigen,

```
HRESULT QueryInterface(REFIID riid, IUnknown** ppv);
```

weil die implizite Typumwandlung durch die Bezugnahme auf übergeordnete Ob-
jekttypen nur bei Instanzen und Zeigern auf Instanzen funktioniert und nicht bei
Zeigern auf Zeiger auf Instanzen:

```
IDerived **ppd;
IBase **ppb = ppd; // unzulässig
```

Dieselbe Beschränkung gilt ebenso für Referenzen auf Zeiger. Die folgende alternative Definition ist für Clients zweifelsfrei einfacher zu verwenden,

```
HRESULT QueryInterface(const IID& riid, void* ppv);
```

da sie Clients erlaubt, auf die Typumwandlung zu verzichten. Leider reduziert
diese Lösung nicht die Anzahl der Fehlermöglichkeiten (beide oben genannten
Fehler sind nach wie vor möglich), und da hier keine Typumwandlung mehr erforderlich ist, wird zudem ein visueller Indikator dafür eliminiert, daß die C++-
Typsicherheit hier potentiell gefährdet ist. Angesichts der gewünschten Semantik
von `QueryInterface` sind die von Microsoft gewählten Argumenttypen vernünftig,
wenn auch nicht typsicher oder elegant. Die einfachste Möglichkeit, Fehler in

Verbindung mit `QueryInterface` zu vermeiden, besteht darin, stets sicherzustellen, daß die IID dem Typ des Schnittstellenzeigers entspricht, der als zweiter Parameter an `QueryInterface` übergeben wird. Eigentlich beschreibt der erste Parameter von `QueryInterface` das »Format« des Zeigertyps des zweiten Parameters. Diese Beziehung kann mit Hilfe des folgenden C-Präprozessormakros während der Kompilierung erzwungen werden:

```
#define IID_PPV_ARG(Type, Expr) IID_##Type, \
    reinterpret_cast<void**>(static_cast<Type **>(Expr))
```

Wenn dieses Makro[3] verwendet wird, stellt der Compiler sicher, daß der Ausdruck, der im nachfolgenden `QueryInterface`-Aufruf verwendet wird, den korrekten Typ hat und daß die entsprechende Redirektionsebene verwendet wird:

```
IPug *pPug = 0;
hr = punk->QueryInterface(IID_PPV_ARG(IPug, &pPug));
```

Dieses Makro schließt die Lücke, die durch den Parameter vom Typ `void **` entsteht, ohne zur Laufzeit zusätzlichen Aufwand zu erfordern.

2.8   IUnknown implementieren

Ausgehend von den client-seitigen Verwendungsmustern, die beschrieben worden sind, lassen sich die Methoden von `IUnknown` recht einfach implementieren. Wir wollen von der oben beschriebenen `DogCat`-Typhierarchie ausgehen. Zur Definition einer C++-Klasse, die die Schnittstellen `IPug` und `ICat` implementiert, muß man einfach nur die im Verzeichnisbaum am weitesten unten stehende Versionen dieser Schnittstellen in die Liste der Basisklassen aufnehmen:

```
class PugCat : public IPug, public ICat
```

Der C++-Compiler stellt sicher, daß das binäre Layout der abgeleiteten Klasse kompatibel mit der jeweiligen Basisklasse ist. Bei der Klasse `PugCat` bedeutet dies, daß alle `PugCat`-Objekte einen vptr enthalten, der auf eine `IPug`-kompatible vtbl zeigt. `PugCat`-Objekte enthalten dagegen einen vptr, der auf eine zweite `ICat`-kompatible vtbl zeigt. Abbildung 2-5 zeigt die Beziehung zwischen Schnittstellen als Basisklassen und dem Objektlayout.

Da alle Methoden in COM-Schnittstellendefinitionen rein virtuell sind, muß die abgeleitete Klasse Implementierungen sämtlicher Methoden bereitstellen, die in ihren Schnittstellen definiert sind. Methoden, die in zwei oder mehr Schnittstellen vorkommen (z.B. `QueryInterface`, `AddRef` etc.), brauchen nur einmal implementiert zu werden, da Compiler und Linker die vtbls so initialisieren, daß sie Zeiger auf die gegebene Methodenimplementierung enthalten. Das ist eine natürliche Folge der Mehrfachvererbung in C++.

---

3. Zu dem der Autor durch eine Diskussion mit Tye McQueen während eines COM-Seminars inspiriert wurde.

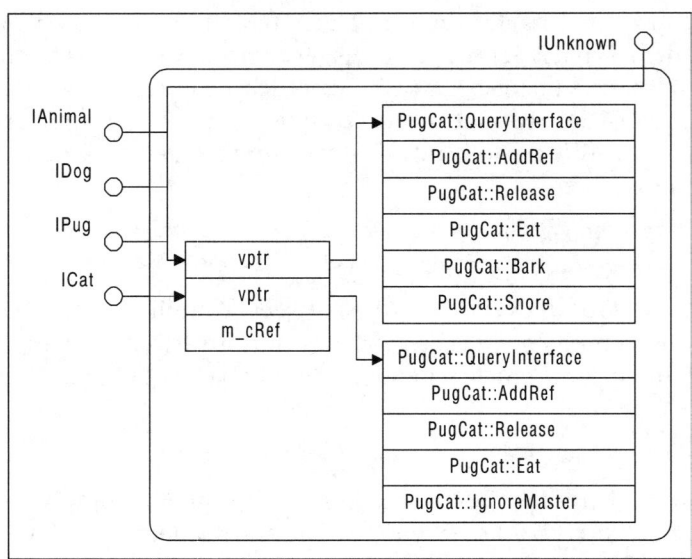

Abbildung 2-5 PugCat

Es folgt eine Klassendefinition, die Objekte generiert, die die Schnittstellen IPug und ICat unterstützen:

```
class PugCat : public IPug, public ICat {
  LONG m_cRef;
protected:
  virtual ~PugCat(void);
public:
  PugCat(void);
// Methoden von IUnknown
  STDMETHODIMP QueryInterface(REFIID riid,
                             void **ppv);
  STDMETHODIMP_(ULONG) AddRef(void);
  STDMETHODIMP_(ULONG) Release(void);
// Methoden von IAnimal
  STDMETHODIMP Eat(void);
// Methoden von IDog
  STDMETHODIMP Bark(void);
// Methoden von IPug
  STDMETHODIMP Snore(void);
// Methoden von ICat
  STDMETHODIMP IgnoreMaster(void);
};
```

Beachten Sie, daß die Klasse alle Methoden implementieren muß, die in den Schnittstellen definiert sind, von denen abgeleitet wird, wie auch jene Methoden, die in den implizierten Basisschnittstellen (z.B. IDog, IAnimal) definiert sind. Die Makros STDMETHODIMP und STDMETHODIMP_ müssen zur Erzeugung COM-kompatibler Stack-Frames verwendet werden. Für die Verwendung mit dem C++-Compiler von Microsoft und Win32-Plattformen als Zielplattform definieren die SDK-Header-Dateien diese beiden Makros wie folgt:

```
#define STDMETHODIMP  HRESULT __stdcall
#define STDMETHODIMP_(type) type __stdcall
```

In den SDK-Header-Dateien sind zudem die Methoden STDMETHOD und STDMETHOD_ definiert, die man einsetzen kann, wenn Schnittstellen ohne den IDL-Compiler definiert werden. Diese beiden Makros werden in der typischen COM-Programmierung gewöhnlich nicht benötigt.

Die Implementierung der Methoden AddRef und Release ist extrem einfach. Mit Hilfe des Datenelements m_cRef wird überwacht, wie viele Schnittstellenzeiger auf das Objekt in Verwendung sind. Der Konstruktor der Klasse initialisiert den Referenzzähler mit einem bekannten Status:

```
PugCat::PugCat(void)
 : m_cRef(0)
// Referenzzähler mit Null initialisieren
{
}
```

Die der Klasse eigene Implementierung von AddRef vermerkt durch die Erhöhung des Referenzzählers, daß der Aufrufer einen Schnittstellenzeiger dupliziert hat. Der aktualisierte Referenzzähler wird zu Diagnosezwecken zurückgegeben:

```
STDMETHODIMP_(ULONG) AddRef(void) {
   return ++m_cRef;
}
```

Die Implementierung von Release vermerkt durch die Reduzierung des Referenzzählers, daß ein Schnittstellenzeiger gelöscht wurde, und leitet die geeigneten Maßnahmen ein, wenn der Referenzzähler dadurch gleich Null wird. Bei Objekten, die im Heap-Speicher angesiedelt sind, bedeutet dies, daß der Operator delete aufgerufen wird, um das Objekt zu löschen:

```
STDMETHODIMP_(ULONG) Release(void) {
   LONG res = --m_cRef;
   if (res == 0)
     delete this;
   return res;
}
```

Es ist notwendig, eine temporäre Variable zum Zwischenspeichern des aktualisierten Referenzzählers zu verwenden, da es nicht zulässig ist, auf die Datenelemente eines Objekts nach seiner Freigabe zuzugreifen.

Beachten Sie, daß die oben angegebenen Implementierungen von AddRef und Release die Inkrement- und Dekrementoperatoren von C++ verwenden. Im Rahmen einer einfachen Implementierung ist dies ganz vernünftig, da COM nicht zuläßt, daß mehrere Threads auf ein Objekt zugreifen, sofern die Objektimplementierung nicht ausdrücklich den Multithreading-Zugriff unterstützt (warum und wie man dies tut, wird in Kapitel 5 eingehend behandelt). Bei Objekten, auf die in einer Multithreading-Umgebung zugegriffen wird, sollten die Win32-Routinen InterlockedIncrement und InterlockedDecrement verwendet werden, damit die Referenzzählung objektbezogen erfolgt:

```
STDMETHODIMP_(ULONG) AddRef(void) {
  return InterlockedIncrement(&m_cRef);
}
STDMETHODIMP_(ULONG) Release(void) {
  LONG res = InterlockedDecrement(&m_cRef);
  if (res == 0)
    delete this;
  return res;
}
```

Dieser Quelltext ist etwas weniger effizient als die Versionen mit den nativen C++-Operatoren. Im allgemeinen ist es jedoch vernünftig, stets die etwas weniger effizienten InterlockedIncrement/InterlockedDecrement-Versionen zu verwenden, da diese in jedem Kontext sicher sind und es dem Entwickler ersparen, zwei Versionen praktisch identischer Anweisungen zu verwalten.

Die hier dargestellten Implementierungen von AddRef und Release gehen davon aus, daß das Objekt stets mit dem C++-Operator new auf dem Heap angelegt wird. In der Klassendefinition wurde der Destruktor als geschützte Operation definiert, damit sichergestellt ist, daß Instanzen der Klasse nicht auf irgendeine andere Weise definiert werden können. Es ist jedoch gelegentlich wünschenswert, Objekte zu haben, die nicht auf dem Heap angesiedelt sind. Bei diesen Objekten hätte ein Aufruf von delete im letzten Release-Aufruf katastrophale Folgen. Da Objekte ohnehin nur aus dem Grund einen Referenzzähler verwalten, um delete this aufrufen zu können, ist es zulässig, den Referenzzähler für Objekte, die nicht im Heap-Speicher residieren, zu eliminieren:

```
STDMETHODIMP_(ULONG) GlobalVar::AddRef(void) {
  return 2;
// Jeder Wert ungleich Null ist zulässig.
}
```

```
STDMETHODIMP_(ULONG) GlobalVar::Release(void) {
  return 1;
// Jeder Wert ungleich Null ist zulässig.
}
```

Diese Implementierung nutzt die Tatsache, daß die Ergebnisse von `AddRef` und `Release` nicht bindend sind und nicht akkurat sein müssen.

Nachdem wir Implementierungen von `AddRef` und `Release` haben, bleibt als einzige Methode von `IUnknown` nur noch `QueryInterface` zu implementieren. Implementierungen von `QueryInterface` müssen die Ableitungshierarchie des Objekts durchlaufen und mit Hilfe von statischen Typumwandlungen für alle unterstützten Schnittstellen den korrekten Zeigertyp zurückgeben. Bei der oben dargestellten Klasse `PugCat` sieht eine korrekte Implementierung von `QueryInterface` folgendermaßen aus:

```
STDMETHODIMP PugCat::QueryInterface(REFIID riid,
                            void **ppv) {
  assert(ppv != 0);
  // oder E_POINTER zurückgeben
  if (riid == IID_IPug)
    *ppv = static_cast<IPug*>(this);
  else if (riid == IID_IDog)
    *ppv = static_cast<IDog*>(this);
  else if (riid == IID_IAnimal) // ICat oder IPug?
    *ppv = static_cast<IDog*>(this);
  else if (riid == IID_IUnknown) // ICat oder IPug?
    *ppv = static_cast<IDog*>(this);
  else if (riid == IID_ICat)
    *ppv = static_cast<ICat*>(this);
  else { // Schnittstelle wird nicht unterstützt
    *ppv = 0;
    return E_NOINTERFACE;
  }
// Wird diese Stelle erreicht, ist *ppv ungleich Null
// und muß über AddRef in die Referenzzählung
// eingehen (Richtlinie A2)
  reinterpret_cast<IUnknown*>(*ppv)->AddRef();
  return S_OK;
}
```

Die Verwendung von `static_cast` wird statt der Verwendung traditioneller Typumwandlungen im Stil von C

```
*ppv = (IPug*)this;
```

empfohlen, da beim Einsatz von `static_cast` ein Compiler-Fehler ausgelöst wird, wenn die Umwandlung in einen Typ versucht wird, der keiner tatsächlichen Basisklasse entspricht.

Beachten Sie, daß in der hier gezeigten `QueryInterface`-Implementierung während der Typumwandlung explizit eine genauere Basisklasse gewählt werden muß, wenn eine Schnittstelle angefordert wird, die von mehreren Basisklassen unterstützt wird (z.B. `IUnknown`, `IAnimal`). Im Fall der Klasse `PugCat` wird der folgende, harmlos aussehende Quelltext nicht kompiliert:

```
if (riid == IID_IUnknown)
  *ppv = static_cast<IUnknown*>(this);
```

Wie im vorigen Kapitel anhand der Klasse `FastString` und der Schnittstelle `IExtensibleObject` erläutert wurde, wird dieser Quelltext nicht kompiliert, da die Typumwandlungsanweisung mehrdeutig ist und durch mehrere Basisklassen erfüllt werden kann. Die Implementierung muß statt dessen einen präziseren Typ für die Typumwandlung wählen:

```
if (riid == IID_IUnknown)
  *ppv = static_cast<IDog*>(this);
```

oder

```
if (riid == IID_IUnknown)
  *ppv = static_cast<ICat*>(this);
```

Beide Quelltextfragmente sind bei der Implementierung von `PugCat` zulässig. Die erstgenannte Version wird bevorzugt, da viele Compiler etwas effizienteren Code generieren, wenn die äußerste linke Basisklasse verwendet wird.[4]

2.9   COM-Schnittstellenzeiger verwenden

C++-Programmierer müssen die Methoden der Schnittstelle `IUnknown` explizit verwenden, da die COM-Darstellung der Sprache C++ keine Laufzeitebene zwischen dem Client-Code und dem Objektcode zur Verfügung stellt. Aus diesem Grund stellt hier die Schnittstelle `IUnknown` eine Reihe von Versprechen dar, die alle COM-Programmierer einander machen. Im allgemeinen bringt dies Vorteile für die C++-Programmierer mit sich, da C++ Code produzieren kann, der potentiell leistungsfähiger ist als Sprachen, die ein Laufzeitmodul für den Umgang mit COM erfordern.

---

4. Für die vtbl-Einträge der am weitesten links stehenden Basisklasse ist eine Adreßjustierung erforderlich, um den `this`-Zeiger vor dem Eintritt in die Methodenimplementierung anzupassen. Dies gilt nur für Compiler, die Adreßjustierungen verwenden und die am weitesten links stehende Basisklasse am oberen Ende des Objektlayouts plazieren. Der Microsoft C++-Compiler entspricht dieser Beschreibung.

Im Gegensatz zu C++-Programmierern kommen Visual Basic- und Java-Programmierer mit `QueryInterface`, `AddRef` und `Release` nie in Berührung. Bei diesen Sprachen sind die Details von `IUnknown` tief unter dem Interpreter bzw. der Virtual Machine verborgen. In Java wird `QueryInterface` einfach in Form einer Typumwandlung dargestellt:

```
public void TryToSnoreAndIgnore(Object obj) {
  IPug pug;
  try {
    pug = (IPug)obj; // VM ruft QueryInterface auf
    pug.Snore();
  } catch (Throwable ex) {
    // Fehler in Methodenaufruf oder QueryInterface ignorieren
  }
  ICat cat;
  try {
    cat = (ICat)obj; // VM ruft QueryInterface auf
    cat.IgnoreMaster();
  } catch (Throwable ex) {
    // Fehler in Methodenaufruf oder QueryInterface ignorieren
  }
}
```

In Visual Basic müssen Clients keine Typumwandlungen vornehmen. Statt dessen ruft das Laufzeitmodul von Visual Basic stillschweigend `QueryInterface` im Namen des Client auf, wenn ein Schnittstellenzeiger einer Variablen zugewiesen wird, die einen mit dem Zeiger inkompatiblen Typ hat:

```
Sub TryToSnoreAndIgnore(obj as Object)
  On Error Resume Next ' Fehler ignorieren
  Dim pug as IPug
  Set pug = obj ' Laufzeitmodul ruft QueryInterface auf
  If Not (pug is Nothing) Then
    pug.Snore
  End if
  Dim cat as ICat
  Set cat = obj ' Laufzeitmodul ruft QueryInterface auf
  If Not (cat is Nothing) Then
    cat.IgnoreMaster
  End if
End Sub
```

Sowohl das Laufzeitmodul von Visual Basic als auch die Java Virtual Machine lösen entsprechende Exceptions aus, wenn der `QueryInterface`-Aufruf scheitert. In beiden Umgebungen bildet Laufzeitmodul bzw. Virtual Machine das betreffende Sprachkonzept hinsichtlich der Lebensdauer von Variablen auf explizite Aufrufe von `AddRef` und `Release` ab und befreit den Client-Programmierer damit von der Pflicht, sich auch um diese Details zu kümmern.

Eine Technik, mit der sich potentiell die Verwendung von COM-Schnittstellenzeigern in C++ vereinfachen läßt, besteht darin, sie in einer Klasse von typisierten Zeigern, sogenannten *Smart Pointern*, zu verbergen und damit die Notwendigkeit direkter IUnknown-Aufrufe zu beseitigen. Idealerweise würde ein Smart Pointer für COM-Schnittstellen

1. AddRef/Release-Aufrufe während der Zuweisung korrekt handhaben.

2. die Schnittstelle in einem Destruktor automatisch freigeben und damit die potentielle Gefahr von Ressourcenlecks verringern und die Sicherheit hinsichtlich der Behandlung von Exceptions erhöhen.

3. das C++-Typsystem nutzen, um QueryInterface-Aufrufe zu vereinfachen.

4. nichttypisierte Schnittstellenzeiger in überkommenen Programmen transparent ersetzen, ohne die Richtigkeit des Programms zu beeinträchtigen.

Die letzte Bedingung erweist sich als ein äußerst schwer zu lösendes Problem. Das Internet ist voll von Smart-Pointer-Klassen für COM-Schnittstellenzeiger, die die transparente Ersetzung von nichttypisierten Zeigern unterstützen, aber genauso viele Fehler einführen wie sie zu beseitigen vorgeben. In der Tat wird Visual C++ 5.0 mit drei Smart-Pointer-Klassen ausgeliefert (eine für MFC, eine für die ATL und eine zur Unterstützung der Umwandlung von nichttypisierten Zeigern in COM-Zeiger), die genauso einfach korrekt wie inkorrekt zu verwenden sind. Zwei Artikel, die die möglichen Gefahren der Verwendung dieser Smart Pointer beschreiben, sind in den Ausgaben vom September 1995 und Februar 1996 von *C++ Report*[5] erschienen. Der zu diesem Buch verfügbare Quelltext enthält einen Smart Pointer für COM-Schnittstellen, der beim Schreiben dieser beiden Artikel entstand. Ich habe hier versucht, auf die in nichttypisierten und typisierten COM-Zeigern häufig auftretenden Fehler einzugehen. Diese Smart-Pointer-Klasse namens SmartInterface verwendet zwei Parameter: den C++-Typ der Schnittstelle und einen Zeiger auf die zugehörige IID. Alle Zugriffe auf IUnknown-Methoden werden durch überladene Operatoren verborgen:

```
#include "smartif.h"

void TryToSnoreAndIgnore(/* [in] */ IUnknown *pUnk) {
// Kopierkonstruktor ruft QueryInterface auf
  SmartInterface<IPug, &IID_IPug> pPug = pUnk;
  if (pPug) // Typumwandlungsoperator liefert void
    pPug->Snore(); // Operator-> liefert sicheren, nichttypisierten Zeiger

// Kopierkonstruktor ruft QueryInterface auf
  SmartInterface<ICat, &IID_ICat> pCat = pUnk;
```

---

5. Neuere Ausgaben von *C++Report* sind unter den Adressen http://www.develop.com/dbox/ cxx/InterfacePtr.htm und http://www.develop.com/dbox/cxx/SmartPtr.htm verfügbar.

```
  if (pCat) // Typumwandlungsoperator liefert void
    pCat->IgnoreMaster();
// Operator-> liefert sicheren nichttypisierten Zeiger
// Destruktoren geben beim Verlassen des Gültigkeitsbereichs
// reservierte Zeiger frei
}
```

Smart Pointer sind auf den ersten Blick sehr attraktiv, können jedoch auch sehr gefährlich sein, da sie Programmierer unter Umständen in einen traumähnlichen Zustand einlullen, in dem nichts von Belang ist, was mit COM zu tun hat. Smart Pointer lösen jedoch tatsächlich Probleme, insbesondere hinsichtlich Exceptions. Bei unvorsichtiger Verwendung können Sie jedoch genauso viele Fehler einführen wie verhindern. Beispielsweise lassen viele Smart Pointer zu, daß über den Operator -> auf jede beliebige Schnittstellenmethode zugegriffen wird. Leider wird damit Clients auch ermöglicht, über diesen Operator Release aufzurufen, ohne den zugrundeliegenden Smart Pointer darüber zu unterrichten, daß der automatische Aufruf von Release in seinem Destruktor nun redundant und nicht zulässig ist.

2.10 QueryInterface optimieren

Die De-facto-Implementierung von QueryInterface, die weiter oben in Kapitel 2 dargestellt wurde, ist recht einfach und läßt sich von jedem, der Grundkenntnisse in COM und C++ hat, mühelos verwalten. In vielen Entwicklungsumgebungen wird jedoch eine stärker datenorientierte Implementierung bevorzugt, die aufgrund der geringeren Quelltextmenge mehr Erweiterungsmöglichkeiten und eine besseres Leistungsverhalten bietet. Solche Implementierungen gehen davon aus, daß jede COM-konforme Klasse über eine Tabelle verfügt, in der jede unterstützte IID mit Hilfe fester Offsets oder einer anderen Technik einem Aspekt des Objekts zugeordnet ist. Im Grunde genommen erstellt die weiter oben in diesem Kapitel dargestellte Implementierung von QueryInterface anhand des kompilierten Maschinencodes, der für die einzelnen aufeinanderfolgenden if-Anweisungen erzeugt wird, eine Tabelle und berechnet die festen Offsets mit Hilfe des Operators static_cast (static_cast fügt einfach den Offset der Basisklasse hinzu, um den typkompatiblen vptr zu ermitteln).

Zur Implementierung einer tabellengestützten Version von QueryInterface muß zuerst definiert werden, was die Tabelle enthalten soll. Jeder Tabelleneintrag muß zumindest einen Zeiger auf eine IID und zusätzliche Statusinformationen enthalten, die es der Implementierung ermöglichen, den vptr des Objekts für die angeforderte Schnittstelle zu finden. Um größtmögliche Flexibilität zu erreichen, könnte ein Funktionszeiger in jedem Tabelleneintrag gespeichert werden, so daß sich

neue Techniken zum Auffinden von Schnittstellen hinzufügen ließen, die
über die normale Offset-Berechnung hinausgehen, die bei einfachen Typumwandlungen mit einer Basisklasse verwendet werden. Der Quelltext zu diesem
Buch enthält eine Header-Datei namens INTTABLE.H, in der die Schnittstellentabel-
leneinträge folgendermaßen definiert sind:

```
// inttable.h (buchspezifische Header-Datei) ///////

// Typdefinition für Erweiterungsfunktion
typedef HRESULT (*INTERFACE_FINDER)
(void *pThis, DWORD dwData, REFIID riid, void **ppv);

// Pseudofunktion, die angibt, daß Eintrag ein Offset ist
#define ENTRY_IS_OFFSET INTERFACE_FINDER(-1)

// Grundlegendes Tabellenlayout
typedef struct _INTERFACE_ENTRY
{
    const IID * pIID;            // gesuchte IID
    INTERFACE_FINDER pfnFinder;  // Suchfunktion
    DWORD        dwData;         // Offset/zusätzliche Daten
} INTERFACE_ENTRY;
```

Diese Header-Datei enthält zudem die folgenden Makros zur Bildung von Schnittstellentabellen innerhalb einer Klassendefinition:

```
// inttable.h (buchspezifische Header-Datei) ///////

#define BASE_OFFSET(ClassName, BaseName) \
(DWORD(static_cast<BaseName*>(reinterpret_cast\
<ClassName*>(0x10000000))) - 0x10000000)
#define BEGIN_INTERFACE_TABLE(ClassName) \
typedef ClassName _ITCls;\
const INTERFACE_ENTRY *GetInterfaceTable(void) {\
    static const INTERFACE_ENTRY table[] = {\

#define IMPLEMENTS_INTERFACE(Itf) \
{&IID_##Itf,ENTRY_IS_OFFSET,BASE_OFFSET(_ITCls,Itf)},

#define IMPLEMENTS_INTERFACE_AS(req, Itf) \
{&IID_##req,ENTRY_IS_OFFSET,BASE_OFFSET(_ITCls,Itf)},
#define END_INTERFACE_TABLE() \
        { 0, 0, 0 } }; return table; }
```

Wir brauchen jetzt nur noch eine Routine, die die Schnittstellentabelle in Reaktion auf eine QueryInterface-Anforderung hin interpretiert. Die Datei INTTABLE.CPP enthält eine solche Funktion:

```
// inttable.cpp (buchspezifische Quelltext-Datei) ///////

HRESULT InterfaceTableQueryInterface(void *pThis,
              const INTERFACE_ENTRY *pTable,
              REFIID riid, void **ppv) {
  if (InlineIsEqualGUID(riid, IID_IUnknown)) {
    // erster Eintrag muß Offset sein
    *ppv = (char*)pThis + pTable->dwData;
    ((IUnknown*)(*ppv))->AddRef();  // A2
    return S_OK;
  }
  else {
    HRESULT hr = E_NOINTERFACE;
    while (pTable->pfnFinder) { // null fn ptr == EOT
      if (!pTable->pIID || InlineIsEqualGUID(riid,
                              *pTable->pIID)) {
        if (pTable->pfnFinder == ENTRY_IS_OFFSET) {
          *ppv = (char*)pThis + pTable->dwData;
          ((IUnknown*)(*ppv))->AddRef(); // A2
          hr = S_OK;
          break;
        }
        else {
          hr = pTable->pfnFinder(pThis,
                      pTable->dwData, riid, ppv);
          if (hr == S_OK)  break;
        }
      }
      pTable++;
    }
    if (hr != S_OK) *ppv = 0;
    return hr;
  }
}
```

Wenn ein bestimmter Zeiger auf ein Objekt angefordert wird, durchsucht die Methode InterfaceTableQueryInterface die Tabelle sequentiell nach dem Tabelleneintrag, der die IID aufweist, und fügt dann entweder den entsprechenden Offset hinzu oder ruft die entsprechende Funktion auf, je nachdem, welches Vorgehen im betreffenden Fall angemessen ist. Im oben dargestellten Quelltext wird eine optimierte Version von IsEqualGUID verwendet, die etwas mehr Code ergibt, aber um etwa 20 bis 30 Prozent schneller ausgeführt wird, als die De-facto-Implementierung ohne Tabelle. Da der Code für InterfaceTableQueryInterface nur einmal in der kompilierten Zieldatei auftaucht, ist dies der Mühe wert.

Anhand dieses Ansatzes der tabellengestützten Implementierung läßt sich die COM-Unterstützung für C++-Klassen sehr einfach mit Hilfe des C-Präprozessors automatisieren. Der folgende Auszug aus der Datei IMPUNK.H definiert die Methoden QueryInterface, AddRef und Release für ein Objekt, das Schnittstellentabellen verwendet und auf dem Heap angesiedelt ist:

```
// impunk.h (buchspezifische Header-Datei) ////////

// AUTO_LONG ist ein Wert vom Typ long, der mit Null initialisiert wird
struct AUTO_LONG {
    LONG value;
    AUTO_LONG(void) : value(0) {}
};
#define IMPLEMENT_UNKNOWN(ClassName) \
AUTO_LONG m_cRef;\
STDMETHODIMP QueryInterface(REFIID riid,void **ppv){\
    return InterfaceTableQueryInterface(this,\
                GetInterfaceTable(), riid, ppv);\
}\
STDMETHODIMP_(ULONG) AddRef(void) { \
    return InterlockedIncrement(&m_cRef.value); \
}\
STDMETHODIMP_(ULONG) Release(void) {\
    ULONG res = InterlockedDecrement(&m_cRef.value);\
    if (res == 0) \
        delete this;\
    return res;\
}\
```

Diese Header-Datei enthält zusätzliche Makros zur Unterstützung von Objekten, die nicht auf dem Heap angelegt werden.

Zur Implementierung des weiter oben in diesem Kapitel dargestellten PugCat-Beispiels müssen lediglich die aktuellen Implementierungen von QueryInterface, AddRef und Release entfernt und die geeigneten Makros eingefügt werden:

```
class PugCat : public IPug, public ICat {
protected:
  virtual ~PugCat(void);
public:
  PugCat(void);
// Methoden von IUnknown
  IMPLEMENT_UNKNOWN(PugCat)
  BEGIN_INTERFACE_TABLE(PugCat)
    IMPLEMENTS_INTERFACE(IPug)
    IMPLEMENTS_INTERFACE(IDog)
    IMPLEMENTS_INTERFACE_AS(IAnimal,IDog)
    IMPLEMENTS_INTERFACE(ICat)
  END_INTERFACE_TABLE()
```

```
// Methoden von IAnimal
  STDMETHODIMP Eat(void);
// Methoden von IDog
  STDMETHODIMP Bark(void);
// Methoden von IPug
  STDMETHODIMP Snore(void);
// Methoden von ICat
  STDMETHODIMP IgnoreMaster(void);
};
```

Wenn diese Präprozessormakros verwendet werden, ist kein zusätzlicher Code zur
Unterstützung von IUnknown erforderlich. Es müssen nur die tatsächlichen Schnittstellenmethoden implementiert werden, damit diese Klasse eindeutig wird.

2.11 Datentypen

Alle COM-Schnittstellen müssen in IDL definiert werden. IDL ermöglicht es, recht
komplexe Datentypen in einer sprach- und plattformunabhängigen Art und
Weise zu beschreiben. Abbildung 2-6 zeigt die von IDL unterstützten Basistypen
und ihre Entsprechungen in den Sprachen C, Java und Visual Basic. Die Integer-
und Gleitkommatypen bedürfen kaum der weiteren Erläuterung. Die ersten »interessanten« Datentypen, die einem in der COM-Programmierung begegnen, sind
Datentypen für Zeichen und Zeichenfolgen.

Sprache	IDL	Microsoft C++	Visual Basic	Microsoft Java
Basis-typen	boolean	unsigned char	nicht unterstützt	char
	byte	unsigned char	nicht unterstützt	char
	small	char	nicht unterstützt	char
	short	short	Integer	short
	long	long	Long	int
	hyper	__int64	nicht unterstützt	long
	float	float	Single	float
	double	double	Double	double
	char	unsigned char	nicht unterstützt	char
	wchar_t	wchar_t	Integer	short
	enum	enum	Enum	int
	Schnittstellenzeiger	Schnittstellenzeiger	Schnittstellenzeiger	Schnittstellenzeiger
Erweiterte Typen	VARIANT	VARIANT	Variant	ms.com.Variant
	BSTR	BSTR	String	java.lang.String
	VARIANT_BOOL	short [-1/0]	Boolean [True/False]	boolean [true/false]

Abbildung 2-6 Die COM-Basistypen

In COM werden alle Zeichen durch den Datentyp `OLECHAR` dargestellt. Unter Windows NT, Windows 95, Win32s und Solaris ist `OLECHAR` einfach ein Typ, der in der `typedef`-Anweisung mit dem C-Datentyp `wchar_t` definiert wird. Wie dieser Datentyp auf anderen Plattformen definiert ist, können Sie der betreffenden Dokumentation entnehmen. Win32-Plattformen verwenden den Datentypen `wchar_t` zur Darstellung von 16 Bit langen Unicode-Zeichen.[6] Da bei den Zeigertypen von IDL unterstellt wird, daß sie auf einzelne Instanzen und nicht auf Arrays zeigen, definiert IDL das Attribut `[string]` zur Kennzeichnung von Zeigern, die auf ein nullterminiertes Array mit Zeichen zeigen:

```
HRESULT Method([in, string] const OLECHAR *pwsz);
```

Um die Definition von `OLECHAR`-konformen Zeichenfolgen und Zeichenliteralen zu ermöglichen, stellt COM das Makro `OLESTR` zur Verfügung, das den Buchstaben L einer Zeichenfolge oder Zeichenkonstanten voranstellt und dem Compiler damit mitteilt, daß diese Konstante den Typ `wchar_t` hat. Das nachfolgende Beispiel zeigt, wie ein `OLECHAR`-Zeiger mit einer Zeichenfolge initialisiert wird:

```
const OLECHAR *pwsz = OLESTR("Hallo");
```

Unter Win32 und Solaris ist dies äquivalent mit:

```
const wchar_t *pwsz = L"Hallo";
```

Die erste Form wird bevorzugt und auf allen Plattformen fehlerfrei kompiliert.

Da es oft erforderlich ist, Zeichenfolgen vom Typ `wchar_t` in normale, mit dem Typ `char` definierte Puffer zu kopieren, stellt die C-Laufzeitbibliothek zwei Umwandlungsroutinen zur Verfügung:

```
size_t mbstowcs(wchar_t *pwsz, const char *psz, int cch);
size_t wcstombs(char *psz, const wchar_t *pwsz, int cch);
```

Diese beiden Routinen unterscheiden sich von der Arbeitsweise her von der C-Laufzeitroutine `strncpy` nur dadurch, daß sie die Zeichenfolge im Rahmen der Kopieroperation verlängern oder verkürzen. Das folgende Quelltextbeispiel zeigt, wie ein Methodenparameter vom Typ `OLECHAR` in ein Datenelement vom Typ `char` kopiert wird:

```
class BigDog : public ILabrador {
  char m_szName[1024];
public:
  STDMETHODIMP SetName(/*[in,string]*/ const OLECHAR *pwsz){
    HRESULT hr = S_OK;
    size_t cb = wcstombs(m_szName, pwsz, 1024);
```

---

6. Der Typ `OLECHAR` wurde dem allgemeinen, in der Win32 API verwendeten Datentypen `TCHAR` vorgezogen, damit nicht zwei Schnittstellenversionen (`CHAR` und `WCHAR`) unterstützt werden müssen. Da nur ein Datentyp für Zeichen unterstützt wird, sind die Entwickler von Objekten nicht an den `UNICODE`-Präprozessorbezeichner gebunden, der von den Client-Programmen verwendet wird.

```
// Prüfen, ob Pufferüberlauf oder fehlerhafte Konvertierung vorliegt
    if (cb == sizeof(m_szName) || cb == (size_t)-1) {
      m_szName[0] = 0;
      hr = E_INVALIDARG;
    }
    return hr;
  }
};
```

Der vorstehende Quelltext ist recht einfach, obwohl der Programmierer nicht einmal wissen muß, daß zwei unterschiedliche Datentypen verwendet werden. Ein etwas komplexerer (und häufig auftretender) Fall stellt die Umwandlung des Datentyps OLECHAR in den Win32-Datentyp TCHAR dar. Da der Datentyp TCHAR unter Verwendung bedingter Compileranweisungen entweder in den Typ char oder den Typ wchar_t umgewandelt wird, muß die Methodenimplementierung mit beiden Fällen korrekt umgehen:

```
class BigDog : public ILabrador {
  TCHAR m_szName[1024]; // Zeichenfolge vom Typ TCHAR
public:
  STDMETHODIMP SetName(/*[in,string]*/ const OLECHAR *pwsz){
    HRESULT hr = S_OK;
#ifdef UNICODE
// Unicode-Unterstützung: (TCHAR == wchar_t)
    wcsncpy(m_szName, pwsz, 1024);
// Prüfen, ob Pufferüberlauf vorliegt
    if (m_szName[1023] != 0) {
      m_szName[0] = 0;
      hr = E_INVALIDARG;
    }
#else
// Unicode wird nicht unterstützt: (TCHAR == char)
    size_t cb = wcstombs(m_szName, pwsz, 1024);
// Prüfen, ob Pufferüberlauf oder fehlerhafte Konvertierung vorliegt
    if (cb == sizeof(m_szName) || cb == (size_t)-1) {
      m_szName[0] = 0;
      hr = E_INVALIDARG;
    }
#endif
    return hr;
  }
};
```

Offensichtlich sind Umwandlungen von OLECHAR in TCHAR um einiges komplizierter. Leider ist dies das Szenario, das in der Win32-basierten COM-Programmierung am häufigsten auftritt.

Ein Ansatz zur Vereinfachung der Textkonvertierung besteht darin, das Typsystem von C++ zu nutzen und mit Hilfe von überladenen Funktionen anhand der Parametertypen die korrekte String-Funktion auszuwählen. Die Header-Datei USTRING.H, die zu den für dieses Buch verfügbaren Quelltextbeispielen gehört, enthält eine Familie von String-Bibliotheksroutinen, die den in STRING.H definierten C-Standardbibliotheksroutinen entsprechen. Zum Beispiel sind vier der Funktion strncpy entsprechende Routinen definiert, die jeweils einen der vier möglichen Fälle abdecken, die sich daraus ergeben, daß jeder Parameter einen der beiden möglichen Datentypen für Zeichenfolgen haben kann (wchar_t oder char):

```
// Abschnitt von ustring.h
// (buchspezifische Header-Datei) //////
inline bool ustrncpy(char *p1, const wchar_t *p2, size_t c){
    size_t cb = wcstombs(p1, p2, c);
    return cb != c && cb != (size_t)-1;
}
inline bool ustrncpy(wchar_t *p1,const wchar_t*p2,size_t c){
    wcsncpy(p1, p2, c);
    return p1[c - 1] == 0;
}
inline bool ustrncpy(char *p1, const char *p2, size_t c) {
    strncpy(p1, p2, c);
    return p1[c - 1] == 0;
}
inline bool ustrncpy(wchar_t *p1, const char *p2, size_t c){
    size_t cch = mbstowcs(p1, p2, c);
    return cch != c && cch != (size_t)-1;
}
```

Beachten Sie, daß für jede mögliche Kombination von Zeichentypen, eine entsprechende Routine existiert, mit der ustrncpy überladen wird, und daß das Ergebnis jeweils angibt, ob die gesamte Zeichenfolge kopiert oder umgewandelt werden konnte. Da diese Routinen als inline-Funktionen deklariert sind, wirkt sich ihre Verwendung nicht nachteilig auf die Ausführungsgeschwindigkeit aus. Nachdem diese Routinen definiert wurden, ist das vorstehende Quelltextfragment erheblich einfacher und erfordert keine bedingte Kompilierung:

```
class BigDog : public ILabrador {
  TCHAR m_szName[1024]; // Zeichenfolge vom Typ TCHAR
public:
  STDMETHODIMP SetName(/*[in,string]*/ const OLECHAR *pwsz){
    HRESULT hr = S_OK;
// ustrncpy wird überladen mit Kopier- bzw. Konvertierungsroutine
    if (!ustrncpy(m_szName, pwsz, 1024)) {
      m_szName[0] = 0;
      hr = E_INVALIDARG;
    }
    return hr;
  }
};
```

Die Header-Datei USTRING.H enthält zudem entsprechende Routinen, mit denen
strlen, strcpy und strcat überladen werden.

Was das Kopieren von Zeichenfolgen von einem Puffer in einen anderen betrifft,
stellt das Überladen von Bibliotheksroutinen eine Lösung dar, die das beste Leistungsverhalten, den kürzesten Quelltext und den geringsten Programmieraufwand mit sich bringt. Wenn COM- und Win32-Funktionen zusammen verwendet werden, was recht häufig vorkommt, ergibt sich allerdings eine Situation, in
der sich die Verwendung dieser Technik nicht empfiehlt. Betrachten Sie das folgende Quelltextfragment, in dem eine Zeichenfolge aus einem Eingabefeld gelesen und in eine IID umgewandelt wird:

```
HRESULT IIDFromHWND(HWND hwnd, IID& riid) {
  TCHAR szEditText[1024];
// auf TCHAR basierende Win32-Routine aufrufen
  GetWindowText(hwnd, szEditText, 1024);
// auf OLECHAR basierende COM-Routine aufrufen
  return IIDFromString(szEditText, &riid);
}
```

Vorausgesetzt, bei der Kompilierung dieses Quelltextes ist das C-Präprozessorsymbol UNICODE definiert, dann funktioniert alles einwandfrei, da es sich sowohl
bei TCHAR als auch bei OLECHAR einfach um einen Aliasnamen für wchar_t handelt
und keine Typumwandlung erforderlich ist. Wenn diese Funktion allerdings mit
einer Version der Win32 API, die Unicode nicht unterstützt, kompiliert wird,
dann ist TCHAR ein Aliasname für char, und der erste an IIDFromString zu überge-
bende Parameter hat den falschen Typ. Eine Möglichkeit zur Lösung dieses Problem bietet die bedingte Kompilierung:

```
HRESULT IIDFromHWND(HWND hwnd, IID& riid) {
  TCHAR szEditText[1024];
  GetWindowText(hwnd, szEditText, 1024);
#ifdef UNICODE
  return IIDFromString(szEditText, &riid);
#else
  OLECHAR wszEditText[1024];
  ustrncpy(wszEditText, szEditText, 1024);
  return IIDFromString(wszEditText, &riid);
#endif
}
```

Obwohl dieses Quelltextfragment optimalen Code ergibt, ist es recht mühsam,
diese Technik jedesmal einzusetzen, wenn ein Parameter den falschen Zeichentyp
hat. Eine Technik, mit diesem Problem umzugehen, besteht in der Verwendung
einer Hilfsklasse, die über einen Konstruktor verfügt, der beide Typen von Zeichenfolgen als Parameter akzeptiert. Diese Hilfsklasse benötigt zudem Typumwandlungsoperatoren, die ihre Verwendung erlauben, wenn nur einer der Typen
const char * bzw. const wchar_t * zulässig ist. Beim Einsatz dieser Umwandlungs-
operatoren reserviert die Klasse entweder einen zweiten Puffer gleicher Größe und

führt die erforderliche Umwandlung durch oder gibt einfach die ursprüngliche
Zeichenfolge zurück, falls keine Umwandlung erforderlich war. Der Destruktor
dieser Klasse kann alle reservierten Puffer löschen. Die Header-Datei USTRING.H
enthält zwei Hilfsklassen dieser Art: _U und _UNCC. Die erste wird im Normalfall
verwendet, die zweite für Funktionen und Methoden, deren Parameter sowohl
den Typ char * als auch den Typ wchar_t[7] haben können (beispielsweise IIDFrom-
String). Nachdem diese beiden Hilfsklassen zur Verfügung stehen, läßt sich das
obige Quelltextfragment stark vereinfachen:

```
HRESULT IIDFromHWND(HWND hwnd, IID& riid) {
  TCHAR szEditText[1024];
  GetWindowText(hwnd, szEditText, 1024);
// falls erforderlich, mit Hilfe der Klasse _UNCC umwandeln
  return IIDFromString(_UNCC(szEditText), &riid);
}
```

Beachten Sie, daß hier keine bedingte Kompilierung erforderlich ist. Wenn der
Quelltext mit der Unicode-Version von Win32 kompiliert wird, dann übergibt die
Klasse _UNCC einfach den ursprünglichen Puffer über ihren Typumwandlungsoperator. Wird der Quelltext mit der Win32-Version kompiliert, die Unicode nicht
unterstützt, dann reserviert die Klasse _UNCC einen Puffer und wandelt die Zeichenfolge in Unicode um. Der Destruktor von _UNCC gibt diesen Puffer wieder frei,
nachdem die Anweisung ausgeführt worden ist.[8]

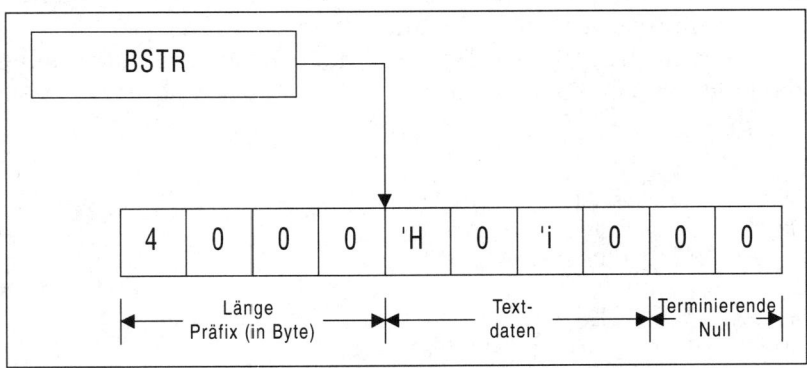

Abbildung 2-7 »Hi« als BSTR

---

7. _UNCC ist einfach eine Version von _U, die Typumwandlungsoperatoren für wchar_t * und char
    * definiert. Obwohl man diese erweiterte Version überall verwenden könnte, hat sich der
    Autor dafür entschieden, sie nur bei Schnittstellen zu verwenden, deren Methoden sowohl
    char- als auch wchar_t-Parameter übergeben werden können, um zu verdeutlichen, daß hier
    die Typisierung umgangen wird. Da ein Großteil der COM API den Parametertyp nicht ein-
    deutig definiert, kommt die Hilfsklasse _UNCC häufig zum Einsatz.
8. Obwohl der Autor der Meinung ist, daß die in USTRING.H enthaltenen Routinen für die
    Behandlung von Zeichenfolgen in COM völlig ausreichend sind, verfolgen die Bibliotheken
    ATL und MFC einen etwas anderen Ansatz, der auf der Verwendung von alloca und Makros
    basiert. Weitere Informationen zu diesen Techniken finden Sie in der Dokumentation dieser
    Bibliotheken.

Ein weiterer textbezogener Datentyp, auf den näher eingegangen werden muß, ist
BSTR. Der Datentyp BSTR muß in allen Schnittstellen verwendet werden, auf die
aus Visual Basic oder Java heraus zugegriffen wird. Werte vom Typ BSTR sind nullt-
erminierte Zeichenfolgen, die aus Zeichen vom Typ OLECHAR bestehen und eine im
voraus festgelegte Länge haben. Das Längenpräfix gibt an, wie viele Bytes die Zeichenfolge belegt (das terminierende Nullzeichen nicht mitgezählt). Es wird als
vier Byte lange Ganzzahl unmittelbar vor dem ersten Zeichen der Zeichenfolge
gespeichert. Abbildung 2-7 zeigt die Zeichenfolge »Hi« als Wert vom Typ BSTR. Damit Methoden Werte vom Typ BSTR zurückgeben können, ohne sich um die Speicherzuweisung kümmern zu müssen, erfolgt die Speicherzuweisung bei allen
BSTR-Werten durch eine spezielle COM-Speicherzuweisungsroutine. COM stellt
mehrere API-Funktionen zur Handhabung von BSTR-Werten zur Verfügung:

```
// Auszug aus oleauto.h
// Speicher reservieren und Wert vom Typ BSTR initialisieren
BSTR SysAllocString(const OLECHAR *psz);
BSTR SysAllocStringLen(const OLECHAR *psz, UINT cch);

// Speicher erneut zuweisen und BSTR-Wert initialisieren
INT  SysReAllocString(BSTR *pbstr, const OLECHAR *psz);
INT  SysReAllocStringLen(BSTR *pbstr, const OLECHAR * psz,
                  UINT cch);

// BSTR-Wert freigeben
void SysFreeString(BSTR bstr);

// Längenpräfix lesen und Zeichen- bzw. Byteanzahl zurückgeben
UINT SysStringLen(BSTR bstr);
UINT SysStringByteLen(BSTR bstr);
```

Wenn einer Methode Zeichenfolgen als [in]-Parameter übergeben werden, liegt
es in der Verantwortung des Aufrufers, vor dem Aufruf dieser Methode SysAlloc-
String und nach Beendigung der Methode SysFreeString aufzurufen. Betrachten
Sie die folgende Methodendefinition:

```
HRESULT SetString([in] BSTR bstr);
```

Sofern der Aufrufer bereits über eine OLECHAR-konforme Zeichenfolge verfügt, wären die folgenden Anweisungen erforderlich, um die Zeichenfolge vor dem Methodenaufruf in einen Wert des Typs BSTR umzuwandeln:

```
// OLECHAR-Zeichenfolge in BSTR umwandeln
BSTR bstr = SysAllocString(OLESTR("Hallo"));
// Methode aufrufen
HRESULT hr = p->SetString(bstr);
// BSTR freigeben
SysFreeString(bstr);
```

Die Header-Datei USTRING.H enthält die Hilfsklasse _UBSTR zur Bearbeitung von
BSTR-Werten:

```
// Auszug aus ustring.h
// (buchspezifische Header-Datei) /////
class _UBSTR {
    BSTR m_bstr;
public:
    _UBSTR(const char *psz)
        : m_bstr(SysAllocStringLen(0, strlen(psz))) {
        mbstowcs(m_bstr, psz, INT_MAX);
    }

    _UBSTR(const wchar_t *pwsz)
    : m_bstr(SysAllocString(pwsz)) { }

    operator BSTR (void)  const { return m_bstr; }

    ~_UBSTR(void) { SysFreeString(m_bstr); }
};
```

Nachdem diese Hilfsklasse definiert worden ist, läßt sich das vorstehende Quelltextfragment sehr viel einfacher formulieren:

```
// Methode aufrufen
HRESULT hr = p->SetString(_UBSTR(OLESTR("Hallo")));
```

Beachten Sie, daß die Klasse _UBSTR sowohl Zeichenfolgen vom Typ char als auch
wchar_t verarbeiten kann.

Wenn Zeichenfolgen von einer Methode als [out]-Parameter übergeben werden,
liegt es in der Verantwortung des Objekts, SysAllocString aufzurufen, um einen
Puffer für die resultierende Zeichenfolge zu reservieren. Der Aufrufer ist dann für
die Freigabe dieses Puffers durch einen Aufruf von SysFreeString verantwortlich.
Betrachten Sie die folgende Methodendefinition:

```
HRESULT GetString([out, retval] BSTR *pbstr);
```

In der Methodenimplementierung müßte ein neuer BSTR-Wert angelegt werden,
der an den Aufrufer zurückgegeben wird:

```
STDMETHODIMP MyClass::GetString(BSTR *pbstr) {
  *pbstr = SysAllocString(OLESTR("Goodbye!"));
  return S_OK;
}
```

Es ist dann die Aufgabe des Aufrufers, die Zeichenfolge freizugeben, nachdem sie
in einen Zeichenpuffer kopiert wurde, der von einer Anwendung verwaltet wird:

```
extern OLECHAR g_wsz[]; BSTR bstr = 0;
HRESULT hr = p->GetString(&bstr);
if (SUCCEEDED(hr)) {
  wcscpy(g_wsz, bstr);
  SysFreeString(bstr);
}
```

Ein wichtiger Aspekt des Datentyps BSTR wurde bislang nicht erwähnt. Es ist zulässig, einen Nullzeiger als BSTR-Wert zu übergeben und auf diese Weise eine leere
Zeichenfolge zu bezeichnen. Das bedeutet, daß das vorstehende Quelltextfragment nicht ganz korrekt ist. Der Aufruf von wcscpy:

```
wcscpy(g_wsz, bstr);
```

muß sich gegen die mögliche Übergabe von Nullzeigern schützen:

```
wcscpy(g_wsz, bstr ? bstr : OLESTR(""));
```

Um die Verwendung des Datentyps BSTR zu vereinfachen, enthält die Header-Datei USTRING.H die folgende einfache inline-Funktion:

```
inline OLECHAR *SAFEBSTR(BSTR b){return b ? b : OLESTR("");}
```

Dadurch, daß Nullzeiger als BSTR-Werte zugelassen sind, wird der Datentyp hinsichtlich der Speicherverwendung zwar effizienter, aber es hat zur Folge, daß der
Quelltext von diesen einfachen Testabfragen überschwemmt wird.

Die in Abbildung 2-6 dargestellten Grundtypen lassen sich mit Hilfe von C-arti-
gen Strukturen bilden. IDL befolgt die C-Regeln für den Namensbereich von Tags,
was bedeutet, daß in IDL-Schnittstellendefinitionen entweder typedef-Anweisun-
gen verwendet werden müssen

```
typedef struct tagCOLOR {
  double red;
  double green;
  double blue;
} COLOR;
HRESULT SetColor([in] const COLOR *pColor);
```

oder mit dem Schlüsselwort struct der Name des Tags angegeben werden muß:

```
struct COLOR {
  double red;
  double green;
  double blue;
};
HRESULT SetColor([in] const struct COLOR *pColor);
```

Das erste Format wird bevorzugt. Einfache Strukturen, wie die oben dargestellte, können sowohl aus Visual Basic als auch Java heraus verwendet werden. Da die zum Zeitpunkt der Niederschrift dieses Buches aktuelle Version von Visual Basic lediglich den Zugriff auf Schnittstellen unterstützt, die Strukturen verwenden, können mit dieser Version allerdings keine Schnittstellen implementiert werden, in denen Strukturen als Methodenparameter übergeben werden.

IDL und COM unterstützen auch Unions, also mit dem Schlüsselwort union definierte Datenstrukturen. Um sicherzustellen, daß diese Datenstrukturen eindeutig zu interpretieren sind, wird in IDL erwartet, daß ein Bezeichner, der festlegt, welches Datenelement tatsächlich verwendet wird, zusammen mit der Datenstruktur angegeben wird. Der Bezeichner muß einen vordefinierten Datentyp haben und auf der gleichen logischen Ebene wie die Union angesiedelt sein. Wenn die Union außerhalb des Gültigkeitsbereichs einer Struktur deklariert ist, bezeichnet man sie als nicht gekapselte Union:

```
union NUMBER {
  [case(1)] long  i;
  [case(2)] float f;
};
```

Mit dem Attribut [case] wird das tatsächlich verwendete Union-Element seinem Bezeichner zugeordnet. Bei nicht gekapselten Unions muß das Attribut [switch_is] zur Zuordnung des Bezeichners verwendet werden:

```
HRESULT Add([in, switch_is(t)] union NUMBER *pn,
            [in] short t);
```

Wenn die Union mit dem Bezeichner zusammen in einer Struktur zusammengefaßt wird, bezeichnet man den sich ergebenden aggregierten Typ als gekapselte Union:

```
struct UNUMBER {
  short t;
  [switch_is(t)] union VALUE {
    [case(1)] long i;
    [case(2)] float f;
  };
};
```

In COM ist eine allgemeine gekapselte Union für die Verwendung mit Visual Basic vordefiniert. Diese Union heißt VARIANT[9] und kann Instanzen oder Referenzen auf eine Teilmenge der von IDL unterstützten Basistypen enthalten. Für jeden unterstützten Typ ist ein entsprechender Bezeichner definiert:

```
VT_EMPTY            leer
VT_NULL             Nullwert im SQL-Stil
VT_I2               short
VT_I4               long
VT_R4               float
VT_R8               double
VT_CY               CY (64-Bit-Währungswert)
VT_DATE             DATE (double)
VT_BSTR             BSTR
VT_DISPATCH         IDispatch *
VT_ERROR            HRESULT
VT_BOOL             VARIANT_BOOL (True=-1, False=0)
VT_VARIANT          VARIANT *
VT_UNKNOWN          IUnknown *
VT_DECIMAL          16-Byte-Wert mit fester Dezimalstellenzahl
VT_UI1              Byte
```

Die folgenden beiden Flags können mit diesen Tags kombiniert werden, um anzugeben, daß der VARIANT-Wert eine Referenz oder ein Array des angegebenen Typs enthält.

```
VT_ARRAY            Variant enthält ein SAFEARRAY
VT_BYREF            Variant ist eine Referenz
```

COM stellt mehrere API-Funktionen für VARIANT-Werte zur Verfügung:

```
// Variant-Wert mit Leerwert initialisieren
void     VariantInit(VARIANTARG * pvarg);
// Ressourcen freigeben, die in Variant-Wert gespeichert wurden
HRESULT VariantClear(VARIANTARG * pvarg);
// Einen Variant-Wert in einen anderen kopieren
HRESULT VariantCopy(VARIANTARG * plhs, VARIANTARG * prhs);
// Dereferenzieren und Variant-Wert in einen anderen kopieren
HRESULT VariantCopyInd(VARIANT * plhs, VARIANTARG * prhs);
// Variant in den angegebenen Typ konvertieren
HRESULT VariantChangeType(VARIANTARG * plhs,
        VARIANTARG * prhs, USHORT wFlags, VARTYPE vtlhs);
```

---

9. Gelegentlich auch als VARIANTARG bezeichnet. Der Begriff VARIANTARG bezeichnet Variant-Werte, die zulässige Parametertypen sind. Der Begriff VARIANT bezieht sich auf Variant-Werte, die als Methodenergebnisse zulässig sind. Beim Datentyp VARIANTARG handelt es sich einfach um einen Aliasnamen für VARIANT, so daß diese beiden Datentypen miteinander austauschbar sind.

```
// Variant in den angegebenen Typ konvertieren (mit expliziter Angabe der
Ländereinstellung)
HRESULT VariantChangeTypeEx(VARIANTARG * plhs,
            VARIANTARG * prhs, LCID lcid, USHORT wFlags,
            VARTYPE vtlhs);
```

Diese Routinen vereinfachen die Verwendung von VARIANT-Werten in ganz erheblichem Maße. Um zu verstehen, wie diese API-Routinen verwendet werden, betrachten Sie folgende Methode, die einen VARIANT-Wert als[in]-Parameter akzeptiert:

```
HRESULT UseIt([in] VARIANT var);
```

Das folgende Quelltextfragment zeigt, wie dieser Methode ein Wert vom Typ long übergeben wird:

```
VARIANT var;
VariantInit(&var);          // Variant-Wert initialisieren
V_VT(&var) = VT_I4;         // Bezeichner festlegen
V_I4(&var) = 100;           // Union festlegen
HRESULT pItf->UseIt(var);   // Variant-Wert verwenden
VariantClear(&var);         // Von Variant-Wert belegte Ressourcen freigeben
```

Beachten Sie, daß hier über die Standardzugriffsmakros auf die Datenelemente des VARIANT-Werts zugegriffen wird. Die beiden Zeilen

```
V_VT(&var) = VT_I4;
V_I4(&var) = 100;
```

sind gleichbedeutend mit dem folgenden Quelltext, mit dem auf nichttypisierte Datenelemente zugegriffen wird:

```
var.vt = VT_I4;
var.lVal = 100;
```

Die erste Version wird bevorzugt, da sie auch von C-Compilern, die anonyme Unions nicht unterstützen, fehlerfrei kompiliert wird. Die folgende Methodenimplementierung für die zuvor angegebene Methode verarbeitet den VARIANT-Parameter als Zeichenfolge:

```
STDMETHODIMP MyClass::UseIt(/*[in]*/ VARIANT var) {
// Zweiten Variant-Wert deklarieren und initialisieren
  VARIANT var2; VariantInit(&var2);
// var in BSTR kopieren und var2 speichern
  HRESULT hr = VariantChangeType(&var2, &var, 0, VT_BSTR);
// Zeichenfolge verwenden
  if (SUCCEEDED(hr)){
    ustrcpy(m_szSomeDataMember, SAFEBSTR(V_BSTR(&var2)));
```

```
// Von var2 belegte Ressourcen freigeben
   VariantClear(&var2);
  }
  return hr;
}
```

Beachten Sie, daß die API-Funktion `VariantChangeType` die potentiell komplizierte Umwandlung der vom Client-Programm übergebenen `VARIANT`-Werte in den gewünschten Typ handhabt (in diesem Fall `BSTR`).

Ein letzter Datentyp, der noch erläutert werden muß, ist die COM-Schnittstelle. COM-Schnittstellen können als Methodenparameter auf zweierlei Weise übergeben werden. Falls der Typ des Schnittstellenzeigers zur Entwurfszeit bekannt ist, kann der Schnittstellentyp statisch deklariert werden:

```
HRESULT GetObject([out] IDog **ppDog);
```

Ist der Typ zur Entwurfszeit nicht bekannt, kann der Schnittstellendesigner dem Anwender die Möglichkeit geben, den Typ zur Laufzeit festzulegen. Zur Unterstützung der dynamischen Festlegung des Schnittstellentyps unterstützt IDL das Attribut `[iid_is]`:

```
HRESULT GetObject([in] REFIID riid,
                  [out, iid_is(riid)] IUnknown **ppUnk);
```

Obwohl diese Schreibweise einwandfrei funktioniert, wird die folgende Schreibweise, aufgrund ihrer Ähnlichkeit mit `QueryInterface`, bevorzugt:

```
HRESULT GetObject([in] REFIID riid,
                  [out, iid_is(riid)] void **ppv);
```

Das Attribut `[iid_is]` kann sowohl für `[in]`- als auch für `[out]`-Parameter vom Typ `IUnknown *` oder `void *` verwendet werden. Soll ein Schnittstellenparameter, dessen Typ dynamisch festgelegt wird, verwendet werden, gibt man einfach die IID des gewünschten Zeigertyps an:

```
IDog *pDog = 0;
HRESULT hr = pItf->GetObject(IID_IDog, (void**)&pDog);
```

Die entsprechende Implementierung würde zur Initialisierung des Parameters einfach die Methode `QueryInterface` des Client-Objekts verwenden:

```
STDMETHODIMP Class::GetObject(REFIID riid, void **ppv) {
  extern IUnknown * g_pUnkTheDog;
  return g_pUnkTheDog->QueryInterface(riid, ppv);
}
```

Statt statisch typisierter Schnittstellenzeiger vom Typ `IUnknown` sollten *stets* dynamisch typisierte Schnittstellenzeiger verwendet werden, damit weniger zusätzliche Methodenaufrufe seitens des Client-Objekts erforderlich sind.

2.12 Attribute und Eigenschaften

Es ist gelegentlich nützlich, anzugeben, daß ein Objekt über bestimmte öffentlich sichtbare Eigenschaften verfügt, auf die über eine COM-Schnittstelle zugegriffen werden kann oder die über eine COM-Schnittstelle verändert werden können. COM IDL erlaubt die Annotation von Schnittstellenmethoden, so daß angegeben werden kann, ob eine bestimmte Methode ein benanntes Attribut eines Objekts modifiziert oder liest. Betrachten Sie die folgende Schnittstellendefinition:

```
[ object, uuid(0BB3DAE1-11F4-11d1-8C84-0080C73925BA) ]
interface ICollie : IDog {
// Age ist eine schreibgeschützte Eigenschaft
  [propget] HRESULT Age([out, retval] long *pVal);
// HairCount ist eine Eigenschaft mit Lese-/Schreibzugriff
  [propget] HRESULT HairCount([out, retval] long *pVal);
  [propput] HRESULT HairCount([in] long val);
// CurrentThought ist eine Eigenschaft, die nur geschrieben werden kann
  [propput] HRESULT CurrentThought([in] BSTR val);
}
```

Die Attribute [propput] und [propget] informieren den IDL-Compiler darüber, daß die betreffenden Methoden in Sprachen, die Eigenschaften explizit unterstützen, in die entsprechenden Routinen übersetzt werden müssen. In Visual Basic bedeutet dies, daß die Elemente Age, HairCount und CurrentThought mit der gleichen Syntax bearbeitet werden können, die für den Zugriff auf Strukturelemente verwendet wird:

```
Sub UseCollie(fido as ICollie)
  fido.HairCount = fido.HairCount - (fido.Age * 1000)
  fido.CurrentThought = "Ich hätte so gerne einen Knochen"
End Sub
```

Die C++-Darstellung dieser Schnittstelle schmückt die Methodennamen einfach mit put_ oder get_ aus, um dem Programmierer einen Hinweis darauf zu geben, daß auf eine Eigenschaft zugegriffen wird:

```
void UseCollie(ICollie *pFido) {
  long n1, n2;
  HRESULT hr = pFido->get_HairCount(&n1);
  assert(SUCCEEDED(hr));
  hr = pFido->get_Age(&n2);
  assert(SUCCEEDED(hr));
  hr = pFido->put_HairCount(n1 - (n2 * 1000));
  assert(SUCCEEDED(hr));
  BSTR bstr = SysAllocString(OLESTR("Ich hätte so gerne einen Knochen"));
  hr = pFido->put_CurrentThought(bstr);
  assert(SUCCEEDED(hr));
  SysFreeString(bstr);
}
```

Obwohl Eigenschaften nicht explizit besondere Programmiertechniken ermöglichen, sind sie als natürliche Zuordnungsmechanismen bei Sprachen nützlich, die
Eigenschaften unterstützen.[10]

2.13 Exceptions

COM bietet einen speziellen Mechanismus für die Auslösung von Exceptions
durch Methodenimplementierungen. Weil in C++ kein Binärstandard für Exceptions definiert ist, stellt COM explizite API-Funktionen zum Auslösen und Abfangen von COM-Exception-Objekten zur Verfügung:

```
// Exception auslösen
HRESULT SetErrorInfo([in] ULONG reserved, // kann null sein
                     [in] IErrorInfo *pei);


// Exception abfangen
HRESULT GetErrorInfo([in] ULONG reserved, // kann null sein
                     [in] IErrorInfo **ppei);
```

Die Routine SetErrorInfo wird aus einer Methodenimplementierung heraus aufgerufen, um das Exception-Objekt dem aktuellen logischen Thread zuzuordnen.[11]
GetErrorInfo liest das Exception-Objekt aus dem aktuellen logischen Thread ein
und löscht die Exception, so daß nachfolgende Aufrufe von GetErrorInfo den
Wert S_FALSE zurückgeben und damit angeben, daß keine unbehandelte Exception vorliegt. Wie diese Routinen implizieren, müssen COM-Exception-Objekte
zumindest die Schnittstelle IErrorInfo unterstützen:

```
[ object, uuid(1CF2B120-547D-101B-8E65-08002B2BD119) ]
interface IErrorInfo: IUnknown {
// IID der Schnittstelle abrufen, die Exception ausgelöst hat
  HRESULT GetGUID([out] GUID * pGUID);
// Klassenname des Objekts abrufen, das die Exception ausgelöst hat
  HRESULT GetSource([out] BSTR * pBstrSource);
// Textbeschreibung der Exception abrufen
  HRESULT GetDescription([out] BSTR * pBstrDescription);
// WinHelp-Dateiname der Fehlerdokumentation abrufen
  HRESULT GetHelpFile([out] BSTR * pBstrHelpFile);
// WinHelp-Kontext-ID der Fehlerdokumentation abrufen
  HRESULT GetHelpContext([out] DWORD * pdwHelpContext);
}
```

---

10. Microsofts Smart-Pointer-Klasse zur Umwandlung von nichttypisierten Zeigern in COM-
Schnittstellenzeiger erlaubt es Client-Programmen durch einige recht komplizierte Mechanismen, Eigenschaften als öffentliche Datenelemente der Schnittstelle zu behandeln.
11. In der COM-Spezifikation wird mit dem Begriff *logischer Thread* eine Folge von Methodenaufrufen bezeichnet, die sich über mehrere physische Betriebssystem-Threads erstrecken
können.

Benutzerdefinierte Exception-Objekte können neben `IErrorInfo` zusätzliche ex-
ception-spezifische Schnittstellen implementieren.

COM bietet eine Standardimplementierung von `IErrorInfo`, die mit Hilfe der
COM-API-Funktion `CreateErrorInfo` instantiiert werden kann:

```
HRESULT CreateErrorInfo([out] ICreateErrorInfo **ppcei);
```

Neben `IErrorInfo` legen Standard-Exception-Objekte die Schnittstelle `ICreateEr-
rorInfo` offen, damit der Anwender eine neue Exception initialisieren kann:

```
[ object, uuid(22F03340-547D-101B-8E65-08002B2BD119) ]
interface ICreateErrorInfo: IUnknown {
// IID der Schnittstelle festlegen, die die Exception ausgelöst hat
  HRESULT SetGUID([in] REFGUID rGUID);
// Klassenname des Objekts festlegen, das die Exception ausgelöst hat
  HRESULT SetSource([in, string] OLECHAR* pwszSource);
// Textbeschreibung der Exception festlegen
  HRESULT SetDescription([in, string] OLECHAR* pwszDesc);
// WinHelp-Dateiname der Fehlerdokumentation festlegen
  HRESULT SetHelpFile([in, string] OLECHAR* pwszHelpFile);
// WinHelp-Kontext-ID der Fehlerdokumentation festlegen
  HRESULT SetHelpContext([in] DWORD dwHelpContext);
}
```

Beachten Sie, daß diese Schnittstelle dem Anwender einfach erlaubt, im Exception-Objekt die fünf Basisattribute zu speichern, auf die über die Schnittstelle `IEr-
rorInfo` zugegriffen werden kann.

Die folgende Methodenimplementierung löst eine COM-Exception aus und übergibt diese über das Standard-Exception-Objekt dem Aufrufer:

```
STDMETHODIMP PugCat::Snore(void) {
  if (this->IsAsleep( )) // Darf Operation ausgeführt werden?
    return this->DoSnore( );  // Operation ausführen und Kontrolle zurückgeben
// Andernfalls ein Exception-Objekt anlegen
  ICreateErrorInfo *pcei = 0;
  HRESULT hr = CreateErrorInfo(&pcei);
  assert(SUCCEEDED(hr));
// Exception-Objekt initialisieren
  hr = pcei->SetGUID(IID_IPug);
  assert(SUCCEEDED(hr));
  hr = pcei->SetSource(OLESTR("PugCat"));
  assert(SUCCEEDED(hr));
  hr = pcei->SetDescription(OLESTR("Ich bin wach!"));
  assert(SUCCEEDED(hr));
  hr = pcei->SetHelpFile(OLESTR("C:\\PugCat.hlp"));
```

```
  assert(SUCCEEDED(hr));
  hr = pcei->SetHelpContext(5221);
  assert(SUCCEEDED(hr));
// Exception auslösen
  IErrorInfo *pei = 0;
  hr = pcei->QueryInterface(IID_IErrorInfo, (void**)&pei);
  assert(SUCCEEDED(hr));
  hr = SetErrorInfo(0, pei);
// Ressourcen freigeben und Ergebniswert vom Typ SEVERITY_ERROR zurückgeben
  pei->Release();
  pcei->Release();
  return PUG_E_PUGNOTASLEEP;
}
```

Beachten Sie, daß COM nach der Übergabe des Exception-Objekts an die Routine
SetErrorInfo solange eine Referenz auf die Exception verwaltet, bis diese vom Aufrufer mit Hilfe von GetErrorInfo »abgefangen« wird.

Die Objekte, die COM-Exceptions auslösen, müssen die Schnittstelle ISupportErrorInfo implementieren, die angibt, welche Schnittstellen Exceptions unterstützen. Client-Programme ermitteln anhand dieser Schnittstelle, ob GetErrorInfo
zuverlässige Ergebnisse liefert.[12] Die Definition dieser Schnittstelle ist äußerst einfach:

```
[ object, uuid(DF0B3D60-548F-101B-8E65-08002B2BD119) ]
interface ISupportErrorInfo: IUnknown {
  HRESULT InterfaceSupportsErrorInfo([in]  REFIID riid);
}
```

Angenommen, die in diesem Kapitel beschriebene Klasse PugCat löst über jede von
ihr unterstützte Schnittstelle Exceptions aus, dann müßte sie wie folgt implementiert werden:

```
STDMETHODIMP PugCat::InterfaceSupportsErrorInfo(REFIID riid)
{
  if (riid == IID_IAnimal || riid == IID_ICat ||
      riid == IID_IDog || riid ==IID_IPug)
    return S_OK;
  else
    return S_FALSE;
}
```

---

12. Ein Objekt, das ISupportErrorInfo implementiert, gibt bekannt, daß es explizit COM-Exceptions verwendet und daß keine irrtümlichen Exceptions, die von untergeordneten Objekten
ausgelöst werden, weitergeleitet werden.

Es folgt ein Beispiel für ein Client-Programm, das Exceptions mit Hilfe von ISupportErrorInfo und GetErrorInfo sicher handhabt:

```
void TellPugToSnore(/*[in]*/ IPug *pPug) {
// Methodenaufruf
  HRESULT hr = pPug->Snore();
  if (FAILED(hr)) {
// Prüfen, ob Objekt COM-Exceptions unterstützt
    ISupportErrorInfo *psei = 0;
    HRESULT hr2 =pPug->QueryInterface( IID_ISupportErrorInfo,
      (void**)&psei);
    if (SUCCEEDED(hr2)) {
// Prüfen, ob Objekt COM-Exceptions durch IPug-Methoden unterstützt
      hr2 = psei->InterfaceSupportsErrorInfo(IID_IPug);
      if (hr2 == S_OK) {
// Exception-Objekt aus diesem logischen Thread lesen
        IErrorInfo *pei = 0;
        hr2 = GetErrorInfo(0, &pei);
        if (hr2 == S_OK) {
// Quelle und Beschreibung auslesen
          BSTR bstrSource = 0, bstrDesc = 0;
          hr2 = pei->GetDescription(&bstrDesc);
          assert(SUCCEEDED(hr2));
          hr2 = pei->GetSource(&bstrSource);
          assert(SUCCEEDED(hr2));
// Fehlerinformation dem Anwender anzeigen
          MessageBoxW(0, bstrDesc ? bstrDesc : L"",
                      bstrSource ? bstrSource : L"", MB_OK);
// Ressourcen freigeben
          SysFreeString(bstrSource);
          SysFreeString(bstrDesc);
          pei->Release();
        }
      }
      psei->Release();
    }
  }
  if (hr2 != S_OK) // Exception wurde nicht korrekt behandelt
    MessageBoxA(0, "Snore fehlgeschlagen", "IPug", MB_OK);
}
```

COM-Exceptions lassen sich bei Bedarf recht einfach C++-Exceptions zuordnen.
Nehmen wir die folgende Klasse, die ein COM-Exception-Objekt und einen
HRESULT-Wert in einer einzigen C++-Klasse zusammenfaßt:

```
struct COMException {
  HRESULT m_hresult; // zurückzugebender Hresult-Wert
  IErrorInfo *m_pei; // auszulösende Exception
  COMException(HRESULT hresult, REFIID riid,
```

```
                    const OLECHAR *pszSource,
                    const OLECHAR *pszDesc,
                    const OLECHAR *pszHelpFile = 0,
                    DWORD dwHelpContext = 0)   {
// Objekt zur Aufnahme von Fehlerinformationen anlegen und initialisieren
    ICreateErrorInfo *pcei = 0;
    HRESULT hr = CreateErrorInfo(&pcei);
    assert(SUCCEEDED(hr));
    hr = pcei->SetGUID(riid);
    assert(SUCCEEDED(hr));
    if (pszSource)
      hr=pcei->SetSource(const_cast<OLECHAR*>(pszSource));
    assert(SUCCEEDED(hr));
    if (pszDesc)
     hr=pcei->SetDescription(const_cast<OLECHAR*>(pszDesc));
    assert(SUCCEEDED(hr));
    if (pszHelpFile)
    hr=pcei->SetHelpFile(const_cast<OLECHAR*>(pszHelpFile));
    assert(SUCCEEDED(hr));
    hr = pcei->SetHelpContext(dwHelpContext);
    assert(SUCCEEDED(hr));
//  HRESULT und IErrorInfo ptr als Datenelemente speichern
    m_hresult = hresult;
    hr=pcei->QueryInterface(IID_IErrorInfo, (void**)&m_pei);
    assert(SUCCEEDED(hr));
    pcei->Release();
  }
};
```

Mit Hilfe der oben dargestellten C++-Klasse COMException kann die Methode Snore so abgeändert werden, daß beliebige C++-Exceptions auf COM-Exceptions abgebildet werden:

```
STDMETHODIMP PugCat::Snore(void) {
  HRESULT hrex = S_OK;
  try {
    if (this->IsAsleep())
      return this->DoSnore();
    else
      throw COMException(PUG_E_PUGNOTASLEEP, IID_IPug,
            OLESTR("PugCat"), OLESTR("Ich bin wach!"));
  }
  catch (COMException& ce) {
```

```
// Es wurde eine C++-COMException ausgelöst
   HRESULT hr = SetErrorInfo(0, ce.m_pei);
   assert(SUCCEEDED(hr));
   ce.m_pei->Release();
   hrex = ce.m_hresult;
 }
 catch (...) {
// Es wurde eine nicht näher bezeichnete C++-Exception ausgelöst
   COMException ex(E_FAIL, IID_IPug, OLESTR("PugCat"),
                   OLESTR("Es wurde eine C++-Exception ausgelöst."));
   HRESULT hr = SetErrorInfo(0, ex.m_pei);
   assert(SUCCEEDED(hr));
   ex.m_pei->Release();
   hrex = ex.m_hresult;
 }
 return hrex;
}
```

Beachten Sie, daß in dieser Methodenimplementierung streng untersagt wird, daß
reine C++-Exceptions über den Gültigkeitsbereich der Methode hinaus weitergegeben werden. Dies ist eine unbedingte Anforderung von COM.

2.14 Zwischenbilanz

In diesem Kapitel wurde das Konzept der COM-Schnittstellen vorgestellt. COM-
Schnittstellen haben einfache binäre Signaturen, die jedem Client-Programm den
Zugriff auf ein Objekt ermöglichen, unabhängig davon, in welcher Programmiersprache das Client-Programm und die Objektimplementierung geschrieben wurden. Um die Sprachunabhängigkeit zu erleichtern, werden COM-Schnittstellen in
IDL definiert. Diese IDL-Schnittstellendefinitionen können auch zur Generierung
von Kommunikationscode verwendet werden, der den Zugriff auf Objekte über
ein Netzwerk ermöglicht.

Ein Großteil dieses Kapitels war IUnknown gewidmet, der grundlegenden Schnittstelle, auf der sämtliche Elemente von COM aufbauen. Alle COM-Schnittstellen
müssen von IUnknown abgeleitet sein, und folglich müssen auch alle COM-Objekte
IUnknown implementieren. IUnknown stellt drei Methodensignaturen zur Verfügung,
über die das Client-Programm sicher die Ableitungshierarchie eines Objekts
durchsuchen kann, um auf die von diesem Objekt exportierten, erweiterten Funktionen zuzugreifen. Unter diesem Aspekt kann man sich QueryInterface als den
Typumwandlungsoperator von COM vorstellen. Im selben logischen Kontext
kann man sich IUnknown als einen Schnittstellenzeiger mit dem Wert »void *« vorstellen, da dieser Schnittstellenzeiger erst dann Bedeutung gewinnt, wenn er über
QueryInterface in einen aussagekräftigeren Schnittstellentyp umgewandelt wird.

Es ist bemerkenswert, daß für den Zugriff auf oder die Implementierung von `IUnknown` keine signifikanten Systemaufrufe erforderlich sind. In dieser Hinsicht ist `IUnknown` einfach ein Protokoll oder ein Versprechen, an das sich alle Programme halten müssen. Dies ermöglicht es, daß COM-Objekte sehr kompakt und effizient sind. Die Implementierung von `IUnknown` in C++ erfordert einige Zeilen extrem schablonenhaften Quelltexts. Zur Automatisierung der Implementierung von `IUnknown` in C++ wurden eine Reihe von Präprozessormakros eingeführt, die eine tabellengestützte Implementierung von `QueryInterface` ermöglichen. Obwohl diese Makros keineswegs erforderlich waren, läßt sich mit ihnen ein Großteil des schablonenhaften Quelltexts aus den Klassendefinitionen entfernen, ohne die Implementierung ungebührend zu verkomplizieren.

3 Klassen

```
int cGorillas = Gorilla::GetCount();
IApe *pApe = new Gorilla();
pApe->GetYourStinkingPawsOffMeYouDamnDirtyApe();
```

Charleton Heston, 1968

Im vorigen Kapitel wurden die Grundlagen von COM-Schnittstellen im allgemeinen und die Schnittstelle IUnknown im besonderen erläutert. Es wurden die Techniken zur Verwaltung von Schnittstellenzeigern in C++ vorgestellt und praktikable Techniken zur Implementierung von IUnknown eingehend besprochen. Nicht erwähnt wurde, wie Client-Programme normalerweise den ersten Schnittstellenzeiger für ein Objekt erhalten und auf welche Weise die Entwickler von Objektimplementierungen es externen Clients erlauben, auf ihr Objekt zuzugreifen. Dieses Kapitel zeigt, wie COM-Objektimplementierungen mit der COM-Laufzeitumgebung zusammenarbeiten, um es Client-Programmen zu ermöglichen, Objekte eines bestimmten Typs zu finden oder anzulegen.

3.1   Schnittstelle und Implementierung

Im vorigen Kapitel wurden COM-Schnittstellen als abstrakte Sammlungen von Operationen definiert, die eine Funktionalität beschreiben, die vom Objekt exportiert werden kann. COM-Schnittstellen werden in IDL definiert und haben einen logischen Namen, der die von ihnen repräsentierte Funktionalität bezeichnet. Es folgt die IDL-Definition einer COM-Schnittstelle namens IApe:

```
[object,uuid(753A8A7C-A7FF-11d0-8C30-0080C73925BA)]
interface IApe : IUnknown {
  import "unknwn.idl";
  HRESULT EatBanana(void);
  HRESULT SwingFromTree(void);
  [propget] HRESULT Weight([out, retval] long *plbs);
}
```

Die Dokumentation zu IApe würde die Semantik der drei Methoden EatBanana, SwingFromTree und Weight grob beschreiben. Bei allen Objekten, bei denen über QueryInterface Zeiger auf IApe angefordert werden können, muß sichergestellt sein, daß ihre Implementierungen dieser Methoden mit der Schnittstellenvereinbarung von IApe konform sind. Schnittstellendefinitionen bieten den Objektentwicklern aber fast immer etwas Freiraum zur Interpretation. Infolgedessen können Clients nie ganz genau voraussagen, wie sich eine bestimmte Methode im einzelnen verhalten wird, sondern nur, daß ihr Verhalten im großen und ganzen den in der

Schnittstellendokumentation beschriebenen Richtlinien entspricht. Dieses kontrollierte Maß an Unsicherheit ist ein grundlegendes Merkmal der Polymorphie und eine der Grundlagen der objektorientierten Software-Entwicklung.

Betrachten wir die oben beschriebene Schnittstelle IApe. Es ist möglich (in der Tat sogar wahrscheinlich), daß es mehrere Implementierungen der Schnittstelle IApe gibt. Da die Defintion von IApe allen Implementierungen eigen ist, müssen die Annahmen, die Client-Programme über das Verhalten der Methode EatBanana machen können, vage genug sein, um Gorillas, Schimpansen und Orang-Utans (die alle die Schnittstelle IApe implementieren können) zuzulassen, die über zulässige (aber leicht abweichende) Implementierungen dieser Operation verfügen. Diese Flexibilität muß gegeben sein, um Polymorphie zu ermöglichen.

COM behandelt Schnittstellen, Implementierungen und Klassen explizit als drei unterschiedliche Konzepte. Schnittstellen sind abstrakte Protokolle zur Kommunikation mit einem Objekt. Implementierungen sind konkrete Datentypen, die eine oder mehrere Schnittstellen unterstützen, indem sie präzise semantische Interpretationen der abstrakten Methoden einer Schnittstelle bereitstellen. Klassen sind benannte Implementierungen, die konkrete instantiierbare Typen repräsentieren und formal mit dem Begriff COM-Klasse oder Co-Klasse bezeichnet werden.

Ganz im Sinn der Kapselung, ist von einer COM-Klasse nur der Name und potentiell die Liste der von ihr offengelegten Schnittstellen bekannt. Wie COM-Schnittstellen werden COM-Klassen mit GUIDs benannt. Allerdings werden die GUIDs, die zur Benennung von COM-Klassen verwendet werden, CLSIDs genannt. Wie Schnittstellennamen müssen diese Klassennamen dem Client-Programm bekanntgegeben werden, bevor es sie verwenden kann. Da COM-Schnittstellen semantisch vage gefaßt sind, um Polymorphie zuzulassen, erlaubt COM Clients nicht, einfach eine verfügbare Implementierung einer gegebenen Schnittstelle anzufordern. Statt dessen müssen die Clients genau angeben, welche Implementierung gewünscht ist. Damit wird das Konzept bestätigt, daß COM-Schnittstellen einfach abstrakte Kommunikationsprotokolle sind, deren einziger Zweck darin besteht, Clients die Kommunikation mit Objekten zu ermöglichen, die zu konkreten, sinnvollen Implementierungsklassen gehören.[1]

---

1. Obwohl es kaum sinnvoll ist, »eine der verfügbaren Implementierungen« einer bestimmten Schnittstelle anzufordern, ist es gelegentlich durchaus sinnvoll, semantische Gruppierungen von Implementierungen zu haben, die einer bestimmten übergeordneten Kategorie angehören, beispielsweise Tiere oder Protokollierungsdienste. COM unterstützt die Bekanntgabe solcher Taxonomien durch die sogenannten Komponentenkategorien. Obwohl es häufig der Fall ist, daß alle Klassen, die zu einer bestimmten Komponentenkategorie gehören, eine bestimmte Teilmenge von Schnittstellen implementieren, ist dies keine hinreichende Bedingung für die Zugehörigkeit zu einer Komponentenkategorie.

COM erlaubt nicht nur, daß Implementierungen durch eine CLSID benannt werden, sondern auch die Verwendung von Textbezeichnern, die als *programmatische IDs* oder *ProgIDs* bezeichnet werden. ProgIDs haben das Format *Bibliothek.Klasse.Version* und sind im Gegensatz zu CLSIDs nur gemäß Konvention eindeutig. Clients können mit Hilfe der COM API-Funktionen CLSIDFromProgID und ProgIDFromCLSID ProgIDs in CLSIDs umwandeln und umgekehrt:

```
HRESULT CLSIDFromProgID(
        [in, string] const OLECHAR *pwszProgID,
        [out]        CLSID *pclsid);
HRESULT ProgIDFromCLSID(
        [in] REFCLSID rclsid,
        [out, string] OLECHAR **ppwszProgID);
```

Um eine ProgID in eine CLSID umzuwandeln, genügt ein Aufruf von CLSIDFrom-ProgID:

```
HRESULT GetGorillaCLSID(CLSID& rclsid) {
   const OLECHAR wszProgID[] = OLESTR("Apes.Gorilla.1");
   return CLSIDFromProgID(wszProgID, &rclsid);
}
```

Das COM-Laufzeitmodul sucht in seiner Konfigurationsdatenbank nach einer Zuordnung der ProgID Apes.Gorilla.1 zu einer CLSID, die eine COM-Implementierungsklasse repräsentiert.

3.2 Klassenobjekte

Eine Grundanforderung aller COM-Klassen ist, daß es ein Klassenobjekt geben muß. Ein Klassenobjekt ist ein Prototypobjekt, das die allgemeine, nicht an Instanzen gebundene Funktionalität der Klasse implementiert. Das Klassenobjekt fungiert als Metaklasse einer bestimmten Implementierung, und die von ihm implementierten Methoden übernehmen die Rolle der statischen Methoden von C++. Logisch gesehen, gibt es nur ein Klassenobjekt pro Klasse. Da ein Wesensmerkmal von COM die Verarbeitung verteilter Komponenten ist, kann eine bestimmte Klasse jedoch ein Klassenobjekt pro Host-Rechner, pro Benutzerkonto oder pro Prozeß aufweisen, je nachdem, wie die Klasse verwendet wird. Das Klassenobjekt bildet den ersten Eintrittspunkt in die Klassenimplementierung.

Klassenobjekte sind sehr hilfreiche Abstraktionen. Klassenobjekte können als bekannte Objekte fungieren (wobei ihre CLSID als Objektname fungiert), die es ermöglichen, daß mehrere Clients anhand der gegebenen CLSID auf dasselbe Objekt zugreifen. Wenngleich man ganze Systeme ausschließlich mit Hilfe von Klassenobjekten erstellen könnte, werden Klassenobjekte häufig als Instrument eingesetzt, um neue Instanzen einer Klasse anzulegen oder bestehende Instanzen anhand eines bekannten Objektnamens zu finden. Wenn ein Klassenobjekt zu

diesen Zwecken eingesetzt wird, legt es in der Regel nur ein oder zwei Vermittler-
schnittstellen offen, die es Clients ermöglichen, die Instanzen anzulegen oder zu
suchen, die dann die eigentlich interessanten Arbeiten erledigen. Betrachten Sie
beispielsweise die oben beschriebene Schnittstelle IApe. Es würde nicht gegen die
Gesetze von COM verstoßen, wenn die Schnittstelle IApe durch ein Klassenobjekt
offengelegt würde:

```
class GorillaClass : public IApe {
public:
// Klassenobjekte sind Prototypen und
// werden daher nicht gelöscht.
  IMPLEMENT_UNKNOWN_NO_DELETE(GorillaClass)
  BEGIN_INTERFACE_TABLE(GorillaClass)
    IMPLEMENTS_INTERFACE(IApe)
  END_INTERFACE_TABLE()
// Methoden von IApe
  STDMETHODIMP EatBanana(void);
  STDMETHODIMP SwingFromTree(void);
  STDMETHODIMP get_Weight(long *plbs);
};
```

Unter der Voraussetzung, daß diese C++-Klasse als Prototypobjekt fungiert (wie
alle COM-Klassenobjekte), kann es zu einem Zeitpunkt immer nur ein Gorilla-
Class-Objekt geben. In einigen Anwendungsbereichen kommt man mit Prototyp-
objekten aus. Im Fall der Klasse GorillaClass ist es jedoch sehr wahrscheinlich,
daß Clients Anwendungen erstellen wollen, in denen mehrere unterschiedliche
GorillaClass-Objekte gleichzeitig verwendet werden. Um dies zu unterstützen,
sollte das Klassenobjekt von GorillaClass nicht die Schnittstelle IApe exportieren,
sondern statt dessen eine neue Schnittstelle, die es Clients ermöglicht, neue GorillaClass-Objekte anzulegen und/oder bekannte Objekte dieser Klasse über ihren Namen zu suchen. Dies erfordert vom Programmierer die Definition zweier
C++-Klassen: eine Klasse zur Implementierung des Klassenobjekts und eine zur
Implementierung der tatsächlichen Instanzen der Klasse. In diesem Beispiel implementiert die C++-Klasse, die die Instanzen von GorillaClass definiert, die
Schnittstelle IApe:

```
class Gorilla : public IApe {
public:
// Instanzen werden auf dem Heap angelegt und können daher
// nach Beendigung der Ausführung gelöscht werden.
  IMPLEMENT_UNKNOWN(Gorilla)
  BEGIN_INTERFACE_TABLE(Gorilla)
    IMPLEMENTS_INTERFACE(IApe)
  END_INTERFACE_TABLE()
// Methoden von IApe
  STDMETHODIMP EatBanana(void);
  STDMETHODIMP SwingFromTree(void);
  STDMETHODIMP get_Weight(long *plbs);
};
```

Es ist eine zweite Schnittstelle zur Definition der Methoden erforderlich, die vom Gorilla-Klassenobjekt implementiert werden:

```
[object,uuid(753A8AAC-A7FF-11d0-8C30-0080C73925BA)]
interface IApeClass : IUnknown {
  HRESULT CreateApe([out, retval] IApe **ppApe);
  HRESULT GetApe([in] long nApeID,
      [out, retval] IApe **ppApe);
  [propget] HRESULT AverageWeight([out, retval] long *plbs);
}
```

Ausgehend von dieser Schnittstellendefinition, würde das Klassenobjekt die Methoden von IApeClass in der Weise implementieren, daß entweder neue Instanzen der C++-Klasse Gorilla angelegt werden (über CreateApe) oder ein beliebiger Objektname (in diesem Fall eine Ganzzahl) einer bestimmten Instanz zugeordnet wird (über GetApe):

```
class GorillaClass : public IApeClass {
public:
  IMPLEMENT_UNKNOWN_NO_DELETE(GorillaClass)
  BEGIN_INTERFACE_TABLE(GorillaClass)
    IMPLEMENTS_INTERFACE(IApeClass)
  END_INTERFACE_TABLE()

  STDMETHODIMP CreateApe(IApe **ppApe) {
    if ((*ppApe = new Gorilla) == 0)
      return E_OUTOFMEMORY;
    (*ppApe)->AddRef();
    return S_OK;
  }

  STDMETHODIMP GetApe(long nApeID, IApe **ppApe) {
// Es wird angenommen, daß eine Tabelle bekannter Gorillas an
// anderer Stelle verwaltet wird.
    extern Gorilla *g_rgWellKnownGorillas[];
    extern int g_nMaxGorillas;
// Es wird unterstellt, daß nApeID ein gültiger Index ist.
    *ppApe = 0;
    if (nApeID > g_nMaxGorillas || nApeID < 0)
      return E_INVALIDARG;
// Es wird angenommen, daß die ID dem Tabellenindex entspricht.
    if ((*ppApe = g_rgWellKnownGorillas[nApeID]) == 0)
      return E_INVALIDARG;
    (*ppApe)->AddRef();
    return S_OK;
  }
```

```
STDMETHODIMP get_AverageWeight(long *plbs) {
  extern Gorilla *g_rgWellKnownGorillas[];
  extern int g_nMaxGorillas;
  *plbs = 0; long lbs;
  for (int i = 0; i < g_nMaxGorillas; i++) {
    g_rgWellKnownGorillas[i]->get_Weight(&lbs);
    *plbs += lbs;
  }
  *plbs /= g_nMaxGorillas;  // g_nMaxGorillas ist nie null
  return S_OK;
}
};
```

Beachten Sie, daß in diesem Beispiel unterstellt wird, daß eine externe Tabelle bekannter Gorilla-Objekte entweder von den Gorilla-Instanzen selbst oder von einem anderen Objekt verwaltet wird.

3.3 Aktivierung

Clients müssen in der Lage sein, Klassenobjekte zu finden. Aufgrund der dynamischen Natur von COM kann dazu das Laden einer DLL oder das Starten eines Server-Prozesses erforderlich sein. Diesen Vorgang, mit dem ein Objekt zum Leben erweckt wird, nennt man *Objektaktivierung*.

COM stellt drei Aktivierungsmodelle zur Verfügung, mit denen Objekte in den Speicher geladen werden, um die Ausführung von Methodenaufrufen zu ermöglichen. Clients können COM auffordern, eine Verknüpfung mit einem Klassenobjekt einer bestimmten Klasse herzustellen. Clients können COM auffordern, neue Instanzen einer durch eine CLSID bezeichneten Klasse anzulegen. Schließlich können Clients COM auffordern, basierend auf dem persistenten Status des Objekts ein persistentes Objekt zum Leben zu erwecken. Von diesen drei Modellen ist nur das erste Modell (Verknüpfung mit Klassenobjekt) absolut notwendig. Bei den beiden anderen Modellen handelt es sich schlicht um Optimierungen häufig verwendeter Aktivierungsidiome. Weitere benutzerdefinierte Aktivierungsmodelle können im Sinne eines (oder mehrerer) dieser drei Grundmodelle implementiert werden.

Jedes dieser drei Aktivierungsmodelle von COM verwendet die Dienste des COM Service Control Manager oder SCM.[2] Der SCM ist der zentrale Sammelpunkt für die Aktivierungsanforderungen, die auf einem bestimmten Rechner gestellt wer-

---

2. Windows NT verfügt ebenfalls über ein System namens Service Control Manager bzw. Dienstkontroll-Manager (dt. Version), mit dem vom Anmeldevorgang unabhängige Prozesse, die sogenannten Services bzw. Dienste, gestartet werden. Im weiteren Verlauf wird der Windows NT Service Control Manager gemäß der deutschen Version von Windows NT als Dienstkontroll-Manager bezeichnet, um Verwechslungen mit dem COM Service Control Manager (kurz COM SCM) zu vermeiden.

den. Jeder Host-Rechner, der COM unterstützt, verfügt über einen eigenen lokalen SCM, der Fernaktivierungsanforderungen an den SCM auf dem entfernten
Rechner weiterleitet, der diese Aktivierungsanforderung als lokale Aktivierungsanforderung behandelt. Der SCM wird nur zur Aktivierung des Objekts und zur
Verknüpfung des ersten Schnittstellenzeigers verwendet. Sobald das Objekt aktiviert worden ist, ist der SCM nicht mehr am Aufruf von Client-Objektmethoden
beteiligt. Wie in Abbildung 3-1 dargestellt, ist der SCM unter Windows NT im RP-
CSS-Dienst implementiert. Die Dienste des SCM werden Programmen gegenüber
als anwendungsnahe Moniker-Typen[3] und als betriebssystemnahe API-Funktionen offengelegt, die alle in einer Komponente implementiert sind, die gemäß der
COM-Spezifikation COM-Bibliothek heißt. Unter Windows NT ist ein Großteil
dieser COM-Bibliothek in OLE32.DLL implementiert. Die COM-Bibliothek kann
lokal gespeicherte Statusinformationen verwenden, um unnötige IPC-Anforde-
rungen (IPC – InterProcess Communication, Datenaustausch zwischen Prozessen)
an den RPCSS-Dienst zu vermeiden.

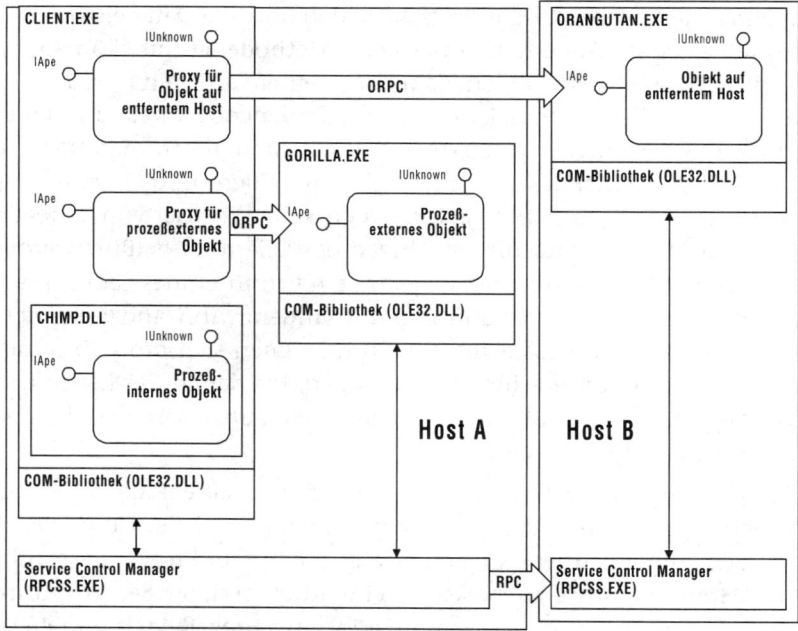

Abbildung 3-1 Die COM-Bibliothek und SCM

---

3. Moniker sind Lokalisierungsobjekte, die die Details einer Aktivierung oder eines Verknüp-
fungsalgorithmus verbergen. Moniker werden weiter hinten in diesem Kapitel eingehend
erläutert.

Rufen Sie sich in Erinnerung, daß die erste Grundregel von COM die Trennung von Schnittstelle und Implementierung ist. Ein Implementierungsdetail, das vor dem Client verborgen wird, ist der Speicherort der Objektimplementierung. Es ist nicht nur unmöglich, auf generische Weise zu ermitteln, auf welchem Host-Rechner ein Objekt aktiviert wird, sondern es kann auch nicht ermittelt werden, ob ein lokales Objekt im Prozeß des Client oder in einem anderen Prozeß auf dem lokalen Rechner aktiviert worden ist. Dies gewährt den Entwicklern von Objektimplementierungen ein hohes Maß an Flexibilität hinsichtlich der Entscheidung, wie und wo Objektimplementierungen eingesetzt werden sollen, so daß sie Aspekte wie Robustheit, Sicherheit, Belastungsausgleich und Leistungsverhalten berücksichtigen können. Der Client erhält die Möglichkeit, bei der Aktivierung seine Präferenzen dazu anzugeben, wo ein Objekt aktiviert werden soll. Viele Clients geben jedoch an, daß es ihnen gleichgültig ist, und in diesem Fall fällt der SCM diese Entscheidung basierend auf der aktuellen Konfiguration der gewünschten Klasse.

Wenn ein Objekt prozeßintern aktiviert wird, wird die DLL, die die Objektmethoden implementiert, in den Client-Prozeß geladen und alle Datenelemente des Objekts befinden sich im Adreßraum des Client. Methodenaufrufe können dadurch extrem effizient ausgeführt werden, da nicht zu einem anderen Prozeß gewechselt werden muß. Darüber hinaus kann der Methodencode direkt im Thread des Client ausgeführt werden, vorausgesetzt, die Threading-Anforderungen des Objekts stimmen mit denen des Client überein. Falls Client und Objekt kompatible Threading-Anforderungen aufweisen, ist auch kein Wechsel von Threads erforderlich. Wenn Methodenaufrufe im Thread des Client ausgeführt werden können, wird nach der Aktivierung des Objekts kein vermittelndes Laufzeitmodul benötigt, und der mit Methodenaufrufen verbundene Aufwand entspricht dem virtueller Funktionsaufrufe. Aus diesem Grund eignen sich prozeßinterne COM-Komponenten besonders gut für Anwendungen, bei denen das Leistungsverhalten ausschlaggebend ist, da Methodenaufrufe nicht aufwendiger sind als normale Aufrufe globaler Funktionen einer DLL.[4]

Wenn ein Objekt prozeßextern aktiviert wird (d.h. in einem anderen Prozeß auf dem lokalen oder einem entfernten Rechner), dann wird der Code, der die Objektmethoden implementiert, in einem eigenen Server-Prozeß ausgeführt und sämtliche Datenelemente des Objekts sind im Adreßraum des Server-Prozesses angesiedelt. Um dem Client die Kommunikation mit prozeßexternen Objekten zu ermöglichen, übergibt COM dem Client während der Aktivierung transparent ein Proxy-Objekt. Wie Sie in Kapitel 5 sehen werden, wird dieses Proxy-Objekt im Thread des Client ausgeführt und übersetzt die Methodenaufrufe in RPC-Anforderungen an den Ausführungskontext des Servers, wo diese RPC-Anforderungen wiederum in Aufrufe von Methoden des eigentlichen Objekts übersetzt werden.

---

4. Die Redirektionsebene, die für Aufrufe von Funktionen einer externen DLL erforderlich ist, entspricht in etwa der von Funktionsaufrufen über vtbl-Einträge.

Die Methodenaufrufe sind dadurch weniger effizient, da für jeden Zugriff auf das Objekt ein Thread-Wechsel und ein Prozeßwechsel erforderlich sind. Zu den Vorteilen prozeßexterner Aktivierung gehören Fehlerisolierung, Distribution und erhöhte Sicherheit. In Kapitel 6 wird die prozeßexterne Aktivierung eingehend besprochen.

3.4 Den Service Control Manager verwenden

Wie oben erwähnt, unterstützt der SCM drei Aktivierungsmodelle (Verknüpfung mit Klassenobjekten, Verknüpfung mit Klasseninstanzen, Verknüpfung mit persistenten Instanzen aus Dateien). Wie in Abbildung 3-2 dargestellt, bauen diese drei Grundmodelle logisch aufeinander auf.[5] Auf der untersten Ebene befindet sich das Modell der Verknüpfung mit Klassenobjekten. Dieses Grundmodell ist auch am einfachsten zu verstehen.

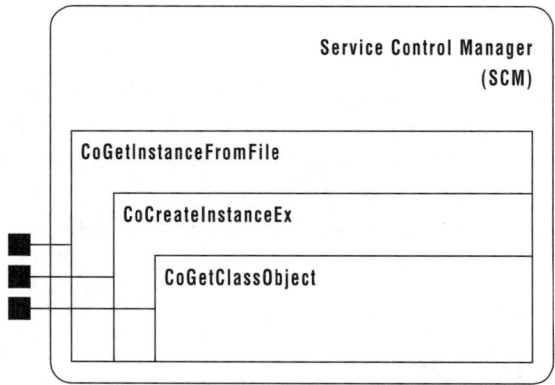

Abbildung 3-2 Grundlegende Aktivierungsmodelle

Statt den Code der Klasse manuell zu laden, nehmen Clients mit Hilfe der systemnahen COM API-Funktion CoGetClassObject die Dienste des SCM in Anspruch. Diese Funktion fordert den SCM auf, einen Zeiger mit dem angeforderten Klassenobjekt zu verknüpfen:

```
HRESULT CoGetClassObject(
        [in] REFCLSID rclsid,      // Welches Klassenobjekt?
        [in] DWORD dwClsCtx,       // Ort?
        [in] COSERVERINFO *pcsi,   // Host-/Sicherheitsinformationen
        [in] REFIID riid,          // Welche Schnittstelle?
        [out, iid_is(riid)] void **ppv); // Hier ausgeben!
```

---

5. Dieser Aufbau ist größtenteils konzeptuell, da die COM-Bibliothek und Übertragungsprotokolle diese Grundmodelle durch unterschiedliche Codepfad- und Paketformate implementieren.

Der erste Parameter von CoGetClassObject gibt an, welche Implementierungsklasse angefordert wird. Der letzte Parameter ist eine Referenz auf den zu bindenden Schnittstellenzeiger. Der vierte Parameter enthält einfach die IID, die den Schnittstellenzeigertypen beschreibt, auf den mit dem letzten Parameter Bezug genommen wird. Interessanter sind der zweite und der dritte Parameter, die festlegen, wo das Objekt aktiviert werden soll.

CoGetClassObject erwartet als zweiten Parameter eine Bitmaske, die es dem Client ermöglicht, die gewünschte Latenz und Robustheit des Objekts anzugeben (d.h. ob das Objekt prozeßintern, prozeßextern oder auf einem anderen Host-Rechner ausgeführt werden soll). Die für diese Bitmaske zulässigen Werte sind in dem Standardaufzählungstypen CLSCTX definiert:

```
enum tagCLSCTX {
    CLSCTX_INPROC_SERVER  = 0x1,    // prozeßintern ausführen
    CLSCTX_INPROC_HANDLER = 0x2,    // siehe Fußnote[6]
    CLSCTX_LOCAL_SERVER   = 0x4,    // prozeßextern ausführen
    CLSCTX_REMOTE_SERVER  = 0x10    // auf Host ausführen
} CLSCTX;
```

Diese Flags können durch bitweise ODER-Verknüpfungen kombiniert werden. Wenn mehr als ein angeforderter CLSCTX-Wert verfügbar ist, wählt COM den effizientesten Servertyp (was bedeutet, daß COM, wenn möglich, das niederwertigste Bit der Bitmaske verwendet). Die SDK-Header-Dateien definieren zudem einige Makros, die verschiedene CLSCTX-Flags kombinieren, die in vielen gebräuchlichen Umgebungen verwendet werden:

```
#define CLSCTX_INPROC (CLSCTX_INPROC_SERVER|\
        CLSCTX_INPROC_HANDLER)
#define CLSCTX_SERVER (CLSCTX_INPROC_SERVER|\
        CLSCTX_LOCAL_SERVER|\
        CLSCTX_REMOTE_SERVER)
#define CLSCTX_ALL    (CLSCTX_INPROC_SERVER|\
        CLSCTX_INPROC_HANDLER|\
        CLSCTX_LOCAL_SERVER|\
        CLSCTX_REMOTE_SERVER)
```

---

6. INPROC_HANDLER, also prozeßinterne Behandlungsroutinen sind größtenteils ein Überbleibsel der OLE-Dokumente. Es sind prozeßinterne Komponenten, die als client-seitige Repräsentation eines Objekts fungieren, das sich tatsächlich in einem anderen Prozeß befindet. Diese Behandlungsroutinen werden in OLE-Dokumenten zum Zwischenspeichern von Darstellungen im Client verwendet, um das IPC-Aufkommen bei Bildschirmaktualisierungen zu reduzieren. Obwohl Behandlungsroutinen im allgemeinen sinnvoll sind, wurden sie in anderen Kontexten als OLE-Dokumenten kaum eingesetzt. Windows NT 5.0 wird zusätzliche Funktionen zur Implementierung von Behandlungsroutinen bieten, allerdings waren die Implementierungsdetails zum Zeitpunkt dieser Niederschrift noch sehr vage.

Beachten Sie, daß Umgebungen wie Visual Basic und Java stets `CLSCTX_ALL` verwenden und damit angeben, daß sie sich mit jeder verfügbaren Implementierung zufriedengeben.

Der dritte Parameter von `CoGetClassObject` ist ein Zeiger auf eine Struktur, die Informationen zur Fernverarbeitung und Sicherheit enthält. Diese Struktur hat den Typ `COSERVERINFO` und ermöglicht Clients, explizit anzugeben, auf welchem Rechner das Objekt aktiviert werden soll und wie die Sicherheitseinstellungen für die Anforderung der Objektaktivierung zu konfigurieren ist:

```
typedef struct _COSERVERINFO {
    DWORD       dwReserved1;    // reserviert, muß Null sein
    LPWSTR      pwszName;       // gewünschter Host-Name oder Null
    COAUTHINFO *pAuthInfo;      // gewünschte Sicherheitseinstellungen
    DWORD       dwReserved2;    // reserviert, muß Null sein
} COSERVERINFO;
```

Falls der Client keinen Host-Namen, sondern lediglich das Flag `CLSCTX_REMOTE_SER-VER` angibt, legt COM anhand der CLSID-spezifischen Konfigurationsdaten fest, welcher Rechner zur Aktivierung des Objekts verwendet werden soll. Übergibt der Client einen expliziten Host-Namen, hat dieser Host-Name Vorrang vor allen voreingestellten Host-Namen, von denen COM Kenntnis hat. Möchte der Client der Funktion `CoGetClassObject` weder Sicherheitseinstellungen noch einen Host-Namen übergeben, dann kann er einen leeren `COSERVERINFO`-Zeiger verwenden.

Nachdem `CoGetClassObject` verfügbar ist, kann der Client den SCM auffordern, einen Schnittstellenzeiger mit einem Klassenobjekt zu verknüpfen:

```
HRESULT GetGorillaClass(IApeClass * &rpgc) {
// die CLSID von Gorilla als GUID deklarieren
  const CLSID CLSID_Gorilla = { 0x571F1680, 0xCC83, 0x11d0,
    { 0x8C, 0x48, 0x00, 0x80, 0xC7, 0x39, 0x25, 0xBA } };
// CoGetClassObject direkt aufrufen
  return CoGetClassObject(CLSID_Gorilla, CLSCTX_ALL, 0,
                   IID_IApeClass, (void**)&rpgc);
}
```

Falls die angeforderte Klasse als prozeßinterner Server verfügbar ist, lädt COM automatisch die zugehörige DLL und ruft eine exportierte Funktion auf, die einen Zeiger auf das gewünschte Klassenobjekt zurückgibt. COM gibt diesen Zeiger dann zurück, damit der Client auf das gewünschte Klassenobjekt direkt zugreifen kann.[7] Sobald der Aufruf von `CoGetClassObject` ausgeführt worden ist, verschwinden die COM-Bibliothek und der SCM von der Bildfläche. Wäre die Klasse nur prozeßextern oder auf einem entfernten Server verfügbar gewesen, hätte COM statt dessen ein Proxy-Objekt zurückgegeben, um dem Client den Zugriff auf das entfernte Klassenobjekt zu ermöglichen.

---

7. Technisch ausgedrückt, müssen die Zugriffsbeschränkungen der Klasse mit denen des aufrufenden Thread kompatibel sein.

Sie erinnern sich, daß die Schnittstelle IApeClass entworfen wurde, um es Clients zu ermöglichen, Instanzen einer bestimmten Klasse zu suchen oder anzulegen. Betrachten Sie folgendes Quelltextbeispiel:

```
HRESULT FindAGorillaAndEatBanana(long nGorillaID) {
  IApeClass *pgc = 0;
// Klassenobjekt mit Hilfe von CoGetClassObject finden
  HRESULT hr = CoGetClassObject(CLSID_Gorilla, CLSCTX_ALL, 0, IID_IApeClass,
(void**)&pgc);
  if (SUCCEEDED(hr)) {
    IApe *pApe = 0;
// Klassenobjekt verwenden, um vorhandene Objektinstanz zu finden
    hr = pgc->GetApe(nGorillaID, &pApe);
    if (SUCCEEDED(hr)) {
// Betreffendes Gorilla-Objekt soll EatBanana ausführen
      hr = pApe->EatBanana();
      pApe->Release();
    }
    pgc->Release();
  }
  return hr;
}
```

In diesem Beispiel wird das Klassenobjekt für Gorilla verwendet, um ein benanntes Objekt zu finden und dieses aufzufordern, die Methode EatBanana auszuführen. Damit dieses Beispiel funktioniert, muß irgendein externer Agent dem Aufrufer den Namen eines bekannten Gorilla-Objekts übermittelt haben. Falls irgendein anonymer Gorilla die Anforderung erfüllen könnte, wäre das folgende Quelltextbeispiel völlig ausreichend:

```
HRESULT CreateAGorillaAndEatBanana(void) {
  IApeClass *pgc = 0;
// Klassenobjekt mit Hilfe von CoGetClassObject finden
  HRESULT hr = CoGetClassObject(CLSID_Gorilla, CLSCTX_ALL, 0, IID_IApeClass,
(void**)&pgc);
  if (SUCCEEDED(hr)) {
    IApe *pApe = 0;
// Klassenobjekt zur Erstellung eines neuen Gorillas verwenden
    hr = pgc->CreateApe(&pApe);
    if (SUCCEEDED(hr)) {
// neuer Gorilla soll jetzt die Methode EatBanana ausführen
      hr = pApe->EatBanana();
      pApe->Release();
    }
    pgc->Release();
  }
  return hr;
}
```

Beachten Sie, daß sich die beiden Beispiele lediglich durch die Verwendung unterschiedlicher `IApeClass`-Methoden unterscheiden. Da Klassenobjekte unter Umständen sehr komplexe Schnittstellen exportieren, können sie zur Gestaltung relativ ausgefeilter Verfahren zur Objektaktivierung, -initialisierung und -ansiedlung verwendet werden.

3.5 Klassen und Server

Ein COM-Server ist eine Binärdatei, die den Code der Methoden von einer oder mehreren COM-Klassen enthält. Ein Server kann als dynamische Link-Bibliothek (DLL) oder als normale ausführbare Datei vorliegen. In beiden Fällen ist der SCM für das automatische Laden des betreffenden Servertyps verantwortlich.

Falls eine Aktivierungsanforderung für ein Objekt eine prozeßinterne Aktivierung vorgibt, muß eine DLL-Version des Servers verfügbar sein, die in den Adreßraum des Client geladen werden kann. Falls eine Aktivierungsanforderung statt dessen eine prozeßexterne Aktivierung oder eine entfernte Aktivierung vorgibt, wird eine ausführbare Datei verwendet, um den Server-Prozeß auf dem angegebenen Host-Rechner zu starten (bei dem es sich um den gleichen Rechner handeln kann, auf dem der Client ausgeführt wird). COM unterstützt zudem die Ausführung DLL-basierter Server in Surrogat-Prozessen, um überkommenen prozeßinternen Servern die prozeßexterne Aktivierung und die Fernaktivierung zu ermöglichen. Die Beziehung zwischen Surrogaten und prozeßexterner Aktivierung und Fernaktivierung wird in Kapitel 6 eingehend erläutert.

Damit Clients Objekte aktivieren können, ohne sich darum kümmern zu müssen, welcher Server-Typ verwendet wird oder wo die Datei installiert ist, verwaltet COM eine Konfigurationsdatenbank, in der CLSIDs dem Server zugeordnet sind, der diese Klasse implementiert. Unter Windows NT 5.0 oder höher befindet sich diese Konfigurationsdatenbank im NT Directory. Das NT Directory ist eine verteilte, sichere Datenbank, in der Benutzerkonten, Host-Rechner und andere Verwaltungsdaten gespeichert werden. Das NT Directory kann auch Informationen zu COM-Klassen enthalten. Diese Daten werden in einem Abschnitt dieser Datenbank gespeichert, der als *COM Class Store* bezeichnet wird. COM ordnet mit Hilfe des Class Store die CLSIDs bestimmten Implementierungsdateien (im Fall lokaler Aktivierungsanforderungen) oder entfernten Host-Namen zu (im Fall von Fernaktivierungsanforderungen). Wenn ein bestimmter Rechner eine Aktivierungsanforderung für eine CLSID stellt, wird zuerst im lokalen Cache gesucht. Falls der lokale Cache keine Konfigurationsdaten enthält, sendet COM eine Anforderung an den Class Store, die Implementierung vom lokalen Rechner zur Verfügung zu stellen. Dies kann zur Folge haben, daß einfach einige Daten in den lokalen Cache eingefügt werden, um die Anforderung an einen anderen Host-Rechner weiterzuleiten, oder daß eine Klassenimplementierung auf den lokalen Rechner geladen und ein Installationsprogramm ausgeführt wird. In beiden Fällen steht die Klasse nach ihrer Registrierung im Class Store für die Aktivierungsanforderung des Client zur Verfügung, sofern nicht Sicherheitsbeschränkungen dies verhindern.

Die formale Bezeichnung des lokalen Cache, auf den im Zusammenhang mit dem Class Store Bezug genommen wird, lautet Registrierung. Die Registrierung ist eine hierarchische Datenbank, die auf jedem Rechner eigens angelegt und in einer Datei gespeichert wird und die von COM für die Zuordnung von CLSIDs zu Dateinamen (im Fall einer lokalen Aktivierung) oder Namen entfernter Host-Rechner (im Fall der Fernaktivierung) genutzt wird. Vor Windows NT 5.0 war die Registrierung der einzige Ort, an dem COM-Konfigurationsdaten gespeichert wurden. Die Registrierung läßt sich aufgrund ihrer hierarchischen *Schlüssel* effizient durchsuchen. Diese Schlüssel sind durch Zeichenfolgen benannt, die mit einem umgekehrten Schrägstrich abgeschlossen sind. Jeder Registrierungsschlüssel kann einen oder mehrere Werte enthalten. Diese Werte können aus Zeichenfolgen, ganzen Zahlen oder Binärdaten bestehen. In der NT 4.0-Implementierung von COM werden die meisten Konfigurationsdaten unter dem Schlüssel

`HKEY_LOCAL_MACHINE\Software\Classes`

gespeichert. Die meisten Programme verwenden jedoch den etwas einfacheren Aliasnamen

`HKEY_CLASSES_ROOT`

In der Windows NT 5.0-Implementierung von COM wird der Schlüssel `HKEY_CLASSES_ROOT` für rechnerweite Einstellungen verwendet, aber auch die benutzerspezifische Konfiguration von CLSIDs ermöglicht, um ein höheres Maß an Sicherheit und Flexibilität zu gewähren. Unter Windows NT 5.0 durchsucht COM zuerst den Schlüssel

`HKEY_CURRENT_USER\Software\Classes`

vor `HKEY_CLASSES_ROOT`. Der einfacheren Schreibweise halber werden die Abkürzungen `HKLM`, `HKCR` und `HKCU` häufig anstelle von `HKEY_LOCAL_MACHINE`, `HKEY_CLASSES_ROOT` bzw. `HKEY_CURRENT_USER` verwendet.[8]

COM speichert rechnerweite CLSID-Daten unter dem Registrierungsschlüssel:

`HKCR\CLSID`

---

8. Diese Abkürzungen sind in Quelltext- und Konfigurationsdateien nicht zulässig. Sie werden lediglich in der Dokumentation oder anderen Veröffentlichungen zu COM verwendet, damit lange Schlüsselnamen einfacher in einer Zeile untergebracht werden können. Der Leser muß diese Abkürzungen in Quelltexten ausschreiben.

Unter Windows NT 5.0 oder höher sucht COM benutzerspezifische Klasseninformationen unter:

```
HKCU\Software\Classes\CLSID
```

Unter diesen Schlüsseln wird eine Liste lokal bekannter CLSIDs gespeichert, wobei ein Unterschlüssel pro CLSID angelegt wird. Beispielsweise könnte für die Klasse `Gorilla`, die weiter oben in diesem Kapitel verwendet wurde, rechnerweite Daten unter folgendem Schlüssel gespeichert sein:

```
[HKCR\CLSID\{571F1680-CC83-11d0-8C48-0080C73925BA}][9]
@="Gorilla"
```

Damit `Gorilla`-Objekte aktiviert werden können, muß der CLSID-Eintrag für die Klasse `Gorilla` in der Registrierung über einen untergeordneten Schlüssel verfügen, der angibt, welche Datei den ausführbaren Code der Methoden dieser Klasse enthält. Wenn der Server als DLL vorliegt, wäre folgender Eintrag erforderlich:

```
[HKCR\CLSID\{571F1680-CC83-11d0-8C48-0080C73925BA}\InprocServer32]
@="C:\ServerOfTheApes.dll"
```

Um anzugeben, daß der Code in Form einer ausführbaren Datei vorliegt, müßte folgender Eintrag vorhanden sein:

```
[HKCR\CLSID\{571F1680-CC83-11d0-8C48-0080C73925BA}\LocalServer32]
@="C:\ServerOfTheApes.exe"
```

Es ist zulässig, beide Einträge anzugeben und es dem Client zu überlassen, abhängig von den Anforderungen an Latenz und Robustheit, die entsprechende Implementierung zu wählen. Zur Unterstützung der Funktion `ProgIDFromCLSID` wird folgender untergeordnete Schlüssel benötigt:

```
[HKCR\CLSID\{571F1680-CC83-11d0-8C48-0080C73925BA}\ProgID]
@="Apes.Gorilla.1"
```

Die folgenden Schlüssel sind zur Unterstützung der Funktion `CLSIDFromProgID` erforderlich:

```
[HKCR\Apes.Gorilla.1]
@="Gorilla"
[HKCR\Apes.Gorilla.1\CLSID]
@="{571F1680-CC83-11d0-8C48-0080C73925BA}"
```

---

9. Die hier dargestellte Notation verwendet die REGEDIT4-Syntax. Die in geschweiften Klammern eingeschlossenen Zeichenfolgen stehen für Schlüsselnamen. Die *Name=Wert*-Paare unter dem Schlüssel geben den Wert an, der im angegebenen Schlüssel gespeichert ist. Der Name »@« bezeichnet den Standardwert des Schlüssels.

Die Verwendung von ProgIDs ist optional, wird jedoch empfohlen, damit in Umgebungen, die pure CLSIDs nur schwer verarbeiten können, Aktivierungsaufrufe möglich sind.

Alle gut implementierten COM-Server unterstützen die Selbstregistrierung. Bei einem prozeßinternen Server bedeutet dies, daß die DLL die folgenden Funktionen exportieren muß:

```
STDAPI DllRegisterServer(void);
STDAPI DllUnregisterServer(void);
```

Beachten Sie, daß STDAPI einfach ein Makro ist, das anzeigt, daß die Funktion einen HRESULT-Wert zurückgibt und die Standardaufrufkonvention von COM für globale Funktionen verwendet. Diese Routinen müssen mit Hilfe einer Moduledefinitionsdatei, von Linker-Anweisungen oder Compiler-Direktiven explizit exportiert werden. Mit Hilfe dieser Routinen konfiguriert der Class Store die lokale Registrierung, nachdem die Datei auf den Client-Rechner geladen worden ist. Diese Routinen werden zudem von verschiedenen Umgebungen (z.B. von Microsoft Transaction Server, ActiveX Code Download, verschiedenen Setup-Programmen) zur Installation oder Deinstallation von Servern auf den Host-Rechnern verwendet. Das Win32 SDK enthält ein Dienstprogramm namens REGSVR32.EXE, das unter Verwendung dieser bekannten exportierten Funktionen einen prozeßinternen COM-Server installiert oder deinstalliert.

Die Implementierungen von DllRegisterServer und DllUnregisterServer eines prozeßinternen Servers fügen die entsprechenden Schlüssel, mit denen die CLSID und die ProgID des Servers dem Dateinamen des Servers zugeordnet werden, in die Registrierung ein oder löschen sie daraus. Obwohl es verschiedene Techniken zur Implementierung dieser Routinen gibt, besteht die flexibelste und effizienteste Technik darin, eine String-Tabelle anzulegen, die die entsprechenden Schlüssel, Wertebezeichner und Werte enthält, und die Tabelleneinträge durch Aufrufe von RegSetValueEx bzw. RegDeleteKey in die Aufzählung einzufügen bzw. daraus zu entfernen. Um die Registrierung mit Hilfe dieser Technik zu implementieren, definiert der Server einfach ein N×3-Array mit Zeichenfolgen, wobei jede Zeile die als Schlüssel, Wertebezeichner und Werte zu verwendenden Zeichenfolgen enthält:

```
const char *g_RegTable[][3] = {
// Format: { Schlüssel, Wertebezeichner, Wert }
{ "CLSID\\{571F1680-CC83-11d0-8C48-0080C73925BA}", 0, "Gorilla" },
{ "CLSID\\{571F1680-CC83-11d0-8C48-0080C73925BA}\\InprocServer32",
  0, (const char*)-1 // Joker-Wert für Dateinamensangabe
},
{ "CLSID\\{571F1680-CC83-11d0-8C48-0080C73925BA}\\ProgID",
  0, "Apes.Gorilla.1"
},
{ "Apes.Gorilla.1", 0, "Gorilla" },
{ "Apes.Gorilla.1\\CLSID",
  0, "{571F1680-CC83-11d0-8C48-0080C73925BA}" },
};
```

Auf der Grundlage dieser Tabelle ist die Implementierung von `DllRegisterServer` recht unkompliziert:

```
STDAPI DllRegisterServer(void) {
  HRESULT hr = S_OK;
// Dateiname des Servers nachschlagen
  char szFileName[MAX_PATH];
  GetModuleFileNameA(g_hinstDll, szFileName, MAX_PATH);
// Registrierungseinträge aus der Tabelle
  int nEntries = sizeof(g_RegTable)/sizeof(*g_RegTable);
  for (int i = 0; SUCCEEDED(hr) && i < nEntries; i++) {
    const char *pszKeyName   = g_RegTable[i][0];
    const char *pszValueName = g_RegTable[i][1];
    const char *pszValue     = g_RegTable[i][2];
// Joker-Wert dem Dateinamen des Moduls zuordnen
    if (pszValue == (const char*)-1)
      pszValue = szFileName;
    HKEY hkey;
// Schlüssel anlegen
    long err = RegCreateKeyA(HKEY_CLASSES_ROOT,
                        pszKeyName, &hkey);
    if (err == ERROR_SUCCESS) {
// Wert zuweisen
      err = RegSetValueExA(hkey, pszValueName, 0,
                        REG_SZ, (const BYTE*)pszValue,
                        (strlen(pszValue) + 1));
      RegCloseKey(hkey);
    }
    if (err != ERROR_SUCCESS) {
// Falls Schlüssel oder Wert nicht eingefügt werden kann,
// zurücksetzen und Scheitern anzeigen
      DllUnregisterServer();
      hr = SELFREG_E_CLASS;
    }
  }
  return hr;
}
```

Die entsprechende Definition von `DllUnregisterServer` sieht wie folgt aus:

```
STDAPI DllUnregisterServer(void) {
  HRESULT hr = S_OK;
  int nEntries = sizeof(g_RegTable)/sizeof(*g_RegTable);
  for (int i = nEntries - 1; i >= 0; i--){
    const char *pszKeyName = g_RegTable[i][0];

    long err = RegDeleteKeyA(HKEY_CLASSES_ROOT, pszKeyName);
    if (err != ERROR_SUCCESS)
      hr = S_FALSE;
  }
  return hr;
}
```

Beachten Sie, daß die Implementierung von DllUnregisterServer die Tabelle beginnend beim letzten Eintrag von hinten nach vorne durchsucht. Damit soll die Beschränkung der Funktion RegDeleteKey umgangen werden, die lediglich das Löschen von Schlüsseln zuläßt, die über keine untergeordneten Schlüssel verfügen. Die Implementierung von DllUnregisterServer unterstellt, daß die Tabelle so aufgebaut ist, daß alle untergeordneten Schlüssel nach dem Eintrag des übergeordneten Schlüssels in der Tabelle erscheinen.

Sobald COM eine CLSID einer bestimmten Implementierungsdatei zuordnet, müssen mit Hilfe eines Standardverfahrens die Klassenobjekte des Servers COM gegenüber offengelegt werden. Bei einem Server, der in einer ausführbaren Datei vorliegt, stellt COM explizit API-Funktionen bereit, mit denen Klassenobjekte ihren CLSIDs zugeordnet werden können. Auf diese API-Funktionen wird in Kapitel 6 ausführlich eingegangen. Bei einem Server, der als DLL vorliegt, muß die DLL eine Funktion exportieren, die von CoGetClassObject aufgerufen wird, sobald ein Klassenobjekt benötigt wird. Diese Funktion muß mit Hilfe einer Moduldefinitionsdatei exportiert werden und dem folgenden Prototypen entsprechen:

```
HRESULT DllGetClassObject(
       [in] REFCLSID rclsid,        // Welches Klassenobjekt?
       [in] REFIID riid,// Welche Schnittstelle?
       [out, iid_is(riid)] void **ppv); // Hier ausgeben!
```

Der Effizienz und der Einfachheit halber kann ein bestimmter Server den Code mehrerer Klassen enthalten. Der erste Parameter von DllGetClassObject gibt an, welche Klasse angefordert wird. Der zweite und der dritte Parameter ermöglichen der Funktion, einen typisierten Schnittstellenzeiger an COM zurückzugeben.

Betrachten Sie einen Server, der die folgenden drei Klassen implementiert: Gorilla, Chimp und Orangutan. Dieser Server würde wahrscheinlich sechs verschiedene C++-Klassen enthalten: drei Klassen, die die Instanzen dieser Klassen modellieren, und drei Klassen, die die Klassenobjekte jeder Klasse repräsentieren. Ausgehend von diesem Szenario wäre DllGetClassObject in diesem Server wie folgt implementiert:

```
STDAPI DllGetClassObject(REFCLSID rclsid,
                      REFIID riid, void **ppv) {
// Prototypobjekt für jede Klasse definieren
  static GorillaClass s_gorillaClass;
  static OrangutanClass s_orangutanClass;
  static ChimpClass s_chimpClass;
// Schnittstellenzeiger auf bekannte Klassen zurückgeben
  if (rclsid == CLSID_Gorilla)
    return s_gorillaClass.QueryInterface(riid, ppv);
  else if (rclsid == CLSID_Orangutan)
    return s_orangutanClass.QueryInterface(riid, ppv);
  else if (rclsid == CLSID_Chimp)
    return s_chimpClass.QueryInterface(riid, ppv);
```

```
// Wenn dieser Punkt erreicht wird, ist rclsid eine Klasse,
// die nicht implementiert ist; daher Fehlercode ausgeben
// und abbrechen.
  *ppv = 0;
  return CLASS_E_CLASSNOTAVAILABLE;
}
```

Beachten Sie, daß in diesem Beispiel nicht unterschieden wird, welche Schnittstelle von den einzelnen Klassenobjekten offengelegt wird. Die QueryInterface-Anforderung wird einfach an das entsprechende Klassenobjekt weitergeleitet.

Der folgende Pseudocode zeigt, in welcher Beziehung die API-Funktion CoGetClassObject zur Funktion DllGetClassObject des Servers steht:

```
// Pseudocode aus OLE32.DLL
HRESULT CoGetClassObject(REFCLSID rclsid, DWORD dwClsCtx,
            COSERVERINFO *pcsi, REFIID riid, void **ppv) {
  HRESULT hr = REGDB_E_CLASSNOTREG;
  *ppv = 0;
  if (dwClsCtx & CLSCTX_INPROC) {
// prozeßinterne Aktivierung versuchen
    HRESULT (*pfnGCO)(REFCLSID,REFIID,void**) = 0;
// Tabelle der schon in diesem Prozeß geladenen Server nachsehen
    pfnGCO = LookupInClassTable(rclsid,dwClsCtx);
    if (pfnGCO == 0) {  // noch nicht geladen!
// Über ClassStore oder Registrierung Name der DLL ermitteln
      char szFileName[MAX_PATH];
      hr = GetFileFromClassStoreOrRegistry(rclsid,dwClsCtx, szFileName);
      if (SUCCEEDED(hr)) {
// DLL laden und Adresse von DllGetClassObject ermitteln
        HINSTANCE hInst = LoadLibrary(szFileName);
        if (hInst == 0)
          return CO_E_DLLNOTFOUND;
        pfnGCO = GetProcAddress(hInst, "DllGetClassObject");
        if (pfnGCO == 0)
          return CO_E_ERRORINDLL;
// DLL für spätere Nutzung zwischenspeichern
        InsertInClassTable(rclsid, dwClsCtx, hInst, pfnGCO);
      }
    }
// Funktion aufrufen, um Zeiger auf Klassenobjekt zu erhalten
      hr = (*pfnGCO)(rclsid, riid, ppv);
  }
  if ((dwClsCtx&(CLSCTX_LOCAL_SERVER|CLSCTX_REMOTE_SERVER))
      && hr == REGDB_E_CLASSNOTREC) {
// Prozeßexterne Fernverarbeitungsanforderung verarbeiten
  }
  return hr;
}
```

Beachten Sie, daß `DllGetClassObject` lediglich von der Implementierung von `Co-GetClassObject` aufgerufen wird. Überdies geben Linker, die COM unterstützen, eine Warnung aus, wenn das Schlüsselwort `private` in der Moduldefinitionsdatei zum Export des `DllGetClassObject`-Eintrittspunkts fehlt:

```
// Auszug aus APELIB.DEF
LIBRARY APELIB
EXPORTS
    DllGetClassObject private
```

In der Tat bevorzugen Linker, die COM unterstützen, daß dieses Schlüsselwort für alle auf COM bezogenen Eintrittspunkte verwendet wird.

3.6 Verallgemeinerungen

Im vorigen Beispiel wurde die Schnittstelle `IApeClass` als auf Klassenebene definierte Schnittstelle behandelt, die Klassen eigen war, deren Instanzen die Schnittstelle `IApe` offenlegten. Diese Schnittstelle ermöglicht es Clients, neue Objekte zu erstellen oder vorhandene Objekte zu finden. In beiden Fällen muß jedoch das resultierende Objekt die Schnittstelle `IApe` implementieren. Falls eine neue Klasse es Clients ermöglichen will, Objekte anzulegen oder zu finden, die nicht mit `IApe` kompatibel sind, müßte deren Klassenobjekt eine andere Schnittstelle implementieren. Da die Erstellung und die Suche nach Objekten allgemeine Anforderungen sind, die von den meisten Klassen unterstützt werden müssen, definiert COM Standardschnittstellen, die allgemeine Verfahren für das Finden und Erzeugen von Objekten zur Verfügung stellen. Eine Standardschnittstelle für die Suche nach vorhandenen Objekten heißt `IOleItemContainer`:

```
// Auszug aus oleidl.idl
[ object,uuid(0000011c-0000-0000-C000-000000000046) ]
interface IOleItemContainer : IOleContainer {

// Objekt namens pszItem anfordern
  HRESULT GetObject(
        [in] LPOLESTR pszItem,        // Welches Objekt?
        [in] DWORD dwSpeedNeeded,     // Zeitlimit
        [in, unique] IBindCtx *pbc,   // Verknüpfungsdaten
        [in] REFIID riid,             // Welche Schnittstelle?
        [out, iid_is(riid)] void **ppv); // Hier zurückgeben!

// Die übrigen Methoden wurden zur besseren Übersicht gelöscht.
}
```

Beachten Sie, daß Clients mit Hilfe der Methode `GetObject` den Typ des resultierenden Schnittstellenzeigers angeben können. Die Klasse des resultierenden Objekts ist kontextbezogen und von der speziellen Implementierung von `IOleItemContainer` abhängig. Im folgenden Beispiel wird das `Gorilla`-Klassenobjekt aufgefordert, ein Objekt namens `"Ursus"` zu suchen:

```
HRESULT FindUrsus(IApe * &rpApe) {
// Referenz mit Gorilla-Klassenobjekt verknüpfen
  rpApe = 0;
  IOleItemContainer *poic = 0;
  HRESULT hr = CoGetClassObject(CLSID_Gorilla, CLSCTX_ALL,0,
                   IID_IOleItemContainer, (void**)&poic);
  if (SUCCEEDED(hr)) {
// Von Gorilla-Klassenobjekt das Objekt Ursus anfordern
    hr = poic->GetObject(OLESTR("Ursus"),
                   BINDSPEED_INDEFINITE, 0,
                   IID_IApe, (void**)&rpApe);
    poic->Release();
  }
  return hr;
}
```

Obwohl diese Art der Verwendung von `IOleItemContainer` völlig zulässig ist, wurde die Schnittstelle für die Zusammenarbeit mit dem Element-Moniker konzipiert, der weiter hinten in diesem Kapitel erläutert wird.

COM definiert auch eine Standardschnittstelle für die Objekterstellung. Diese Schnittstelle heißt `IClassFactory`:

```
// Auszug aus unkwn.idl
[object,uuid(00000001-0000-0000-C000-000000000046)]
interface IClassFactory : IUnknown {
  HRESULT CreateInstance([in] IUnknown *pUnkOuter,
   [in] REFIID riid,
   [out, iid_is(riid)] void **ppv);
  HRESULT LockServer([in] BOOL bLock);
}
```

Obwohl Instanzen einer Klasse die Schnittstelle `IClassFactory` exportieren könnten, wird diese Schnittstelle in der Regel lediglich von Klassenobjekten exportiert. Klassenobjekte müssen `IClassFactory` nicht implementieren, aber aus Gründen der Uniformität tun sie es häufig. Zum Zeitpunkt dieser Niederschrift müssen Klassen, die mit der Umgebung Microsoft Transaction Server zusammenarbeiten sollen, die Schnittstelle `IClassFactory` implementieren (in der Tat werden keine anderen Schnittstellen von Klasenobjekten unter MTS erkannt).

Die Schnittstelle IClassFactory verfügt über zwei Methoden, nämlich LockServer und CreateInstance. Die Methode LockServer wird von COM während prozeßexterner Aktivierungsanforderungen intern aufgerufen und in Kapitel 6 eingehend behandelt. Mit Hilfe der Methode CreateInstance wird das Klassenobjekt aufgefordert, eine neue Instanz der Klasse zu erstellen. Wie im Beispiel von IApe-Class::CreateApe, wird der zu instantiierende Objekttyp durch das Klassenobjekt festgelegt, an das der Client die CreateInstance-Anforderung sendet. Der erste Parameter von CreateInstance wird zur COM-Aggregation verwendet und in Kapitel 4 erläutert. Für unsere Zwecke muß dieser Parameter stets Null sein. Der zweite und der dritte Parameter von CreateInstance erlauben der Methode, dem Client einen dynamisch typisierten Schnittstellenzeiger zu übergeben.

Angenommen, das Gorilla-Klassenobjekt exportiert die Schnittstelle IClassFactory statt IApeClass, dann müssen Clients die Methode IClassFactory::CreateInstance zur Erstellung neuer Gorilla-Instanzen verwenden:

```
HRESULT CreateAGorillaAndEatBanana() {
  IClassFactory *pcf = 0;
// Klassenobjekt finden
  HRESULT hr = CoGetClassObject(CLSID_Gorilla, CLSCTX_ALL,0,
                     IID_IClassFactory, (void**)&pcf);
  if (SUCCEEDED(hr)) {
    IApe *pApe = 0;
// Gorilla-Klassenobjekt zur Erstellung eines Gorilla-Objekts verwenden
    hr = pcf->CreateInstance(0, IID_IApe, (void**)&pApe);
// Wir brauchen das Klassenobjekt nicht mehr und können es freigeben.
    pcf->Release();
    if (SUCCEEDED(hr)) {
// Neues Gorilla-Objekt soll EatBanana ausführen
      hr = pApe->EatBanana();
      pApe->Release();
    }
  }
  return hr;
}
```

Dieser Quelltext ist mit der Version der Funktion semantisch identisch, die die Schnittstelle IApeClass statt IClassFactory verwendet hat.

Damit das vorstehende Beispiel einwandfrei funktioniert, muß das Gorilla-Klassenobjekt die Schnittstelle IClassFactory implementieren:

```
class GorillaClass : public IClassFactory {
public:
  IMPLEMENT_UNKNOWN_NO_DELETE(GorillaClass)
  BEGIN_INTERFACE_TABLE(GorillaClass)
    IMPLEMENTS_INTERFACE(IClassFactory)
  END_INTERFACE_TABLE()
```

```
STDMETHODIMP CreateInstance(IUnknown *pUnkOuter,
                         REFIID riid, void **ppv) {
   *ppv = 0;
   if (pUnkOuter != 0) // Die Aggregation wird noch nicht unterstützt.
      return CLASS_E_NOAGGREGATION;
// Neue Instanz der C++-Klasse Gorilla erstellen.
   Gorilla *p = new Gorilla;
   if (p == 0)
      return E_OUTOFMEMORY;
// Referenzzähler um eins erhöhen
   p->AddRef();
// Resultierenden Schnittstellenzeiger in *ppv speichern.
   HRESULT hr = p->QueryInterface(riid, ppv);
// Referenzzähler um eins reduzieren, damit Objekt gelöscht wird,
// falls QueryInterface-Aufruf fehlschlägt.
   p->Release();
// Ergebnis von Gorilla::QueryInterface zurückgeben
   return hr;
   }
   STDMETHODIMP LockServer(BOOL bLock);
};
```

Die Implementierung von LockServer wird im entsprechenden Abschnitt dieses Kapitels besprochen. Beachten Sie, daß die Implementierung von CreateInstance zuerst ein neues C++-Objekt anlegt, das auf der Klasse Gorilla basiert, und das Objekt dann fragt, ob es die angeforderte Schnittstelle unterstützt. Falls das Objekt die angeforderte Schnittstelle unterstützt, löst der QueryInterface-Aufruf einen Aufruf von AddRef aus, und der Client wird schließlich irgendwann den zugehörigen Aufruf von Release veranlassen. Schlägt QueryInterface fehl, dann brauchen wir einen Mechanismus zum Löschen des neu angelegten Objekts. Im vorstehenden Beispiel wird die Standardtechnik verwendet und der QueryInterface-Aufruf in AddRef/Release-Aufrufe eingeschlossen. Wenn der QueryInterface-Aufruf fehlschlägt, wird der Referenzzähler durch den Release-Aufruf auf Null herabgesetzt und somit die Löschung des Objekts veranlaßt. Wird der QueryInterface-Aufruf erfolgreich ausgeführt, dann wird der Referenzzähler durch den Release-Aufruf auf eins gesetzt. Die Referenz ist im Besitz des Clients, der schließlich Release aufrufen muß, wenn das Objekt nicht mehr benötigt wird.

3.7   Optimierungen

Über eine Standardschnittstelle für die Instantiierung zu verfügen hat unter anderem den Vorteil, daß COM eine etwas effizientere Technik zur Instantiierung bereitstellen kann. Betrachten Sie den folgenden Quelltext, mit dem eine neue Instanz der Klasse Chimp erzeugt wird:

```
HRESULT CreateChimp(/*[out]*/ IApe * &rpApe) {
  extern const CLSID CLSID_Chimp;
  rpApe = 0;
  IClassFactory *pcf = 0;
  HRESULT hr = CoGetClassObject(CLSID_Chimp, CLSCTX_ALL, 0,
                     IID_IClassFactory, (void**)&pcf);
  if (SUCCEEDED(hr)) {
    hr = pcf->CreateInstance(0, IID_IApe, (void**)&rpApe);
    pcf->Release();
  }
  return hr;
}
```

Dieser Quelltext führt lediglich eine Operation aus: er erstellt ein Chimp-Objekt. Beachten Sie, daß zur Ausführung dieser Operation drei Teiloperationen erforderlich sind: CoGetClassObject, CreateInstance, Release. Wenn der Server prozeßintern geladen ist, sind diese drei Teiloperationen nicht besonders kostspielig. Falls es sich jedoch um einen prozeßexternen Server oder einen Server handelt, der auf einem anderen Host-Rechner ausgeführt wird, dann erfordert jede dieser Teiloperationen einen Datenaustausch zwischen den Client- und Server-Prozessen. Obwohl COM ein sehr effizientes IPC/RPC-Transportprotokoll verwendet, verursacht jede dieser Teiloperationen einen nicht vernachlässigbaren Leistungsabfall. Im Idealfall wäre es günstiger, von COM zu fordern, den Server-Prozeß einmal aufzusuchen und während dieses Aufenthalts mit Hilfe des Klassenobjekts im Namen des Client die Methode CreateInstance aufzurufen. Falls das Klassenobjekt nur zur Implementierung der Schnittstelle IClassFactory verwendet wird, ist diese Technik effizienter als die oben gezeigte dreistufige Technik. COM bietet eine API-Funktion namens CoCreateInstanceEx, die die Funktionalität von CoGetClassObject und IClassFactory::CreateInstance in sich vereint und die Erstellung von neuen Objekten in einem Arbeitsgang erlaubt.

Clients können bei der Funktion CoCreateInstanceEx eine CLSID angeben, die den zu instantiierenden Objekttyp bezeichnet. Bei erfolgreicher Ausführung gibt CoCreateInstanceEx einen oder mehrere Schnittstellenzeiger zurück, die auf eine neue Instanz der angegebenen Klasse verweisen. Beim Einsatz von CoCreateInstanceEx tritt das vermittelnde Klassenobjekt, das zur Instantiierung des Objekts verwendet wird, dem Client gegenüber nicht in Erscheinung. Entwickler von Server-Implementierungen müssen allerdings keinerlei zusätzliche Funktionalität implementieren, um Clients den Aufruf von CoCreateInstanceEx zu ermöglichen. Aus der Sicht des Servers ist es lediglich erforderlich, die für `CoGetClassObject` benötigten Klassenobjekte offenzulegen. Die Implementierung von `CoCreateInstanceEx` verwendet die gleichen Techniken wie `CoGetClassObject`, um das angegebene Klassenobjekt zu finden. Der Hauptunterschied zwischen diesen Methoden besteht darin, daß die Funktion `CoCreateInstanceEx`, nachdem das Klassenobjekt gefunden wurde, zusätzlich `IClass-Factory::CreateInstance` und möglicherweise ein- oder mehrmals `QueryInterface` aufruft, während sie im Prozeß des Klassenobjekts ausgeführt wird. Falls eine Aktivierungsanforderung durch einen bestimmten Prozeß erfüllt werden muß, kann das Leistungsverhalten dadurch erheblich verbessert werden.

Wie `CoGetClassObject`, erlaubt die Funktion `CoCreateInstanceEx` dem Client, die gewünschten Parameter für `CLSCTX` und `COSERVERINFO` anzugeben. Zudem können Clients über `CoCreateInstanceEx` mehrere Schnittstellenzeiger für das neu erstellte Objekt anfordern, indem sie der Funktion ein Array mit `MULTI_QI`-Strukturen übergeben, die im `QueryInterface`-Aufruf für die neue Instanz verwendet werden, während die Funktion im Server-Prozeß ausgeführt wird:

```
typedef struct tagMULTI_QI {
// Welche Schnittstelle wird angefordert?
  const IID *piid;
// Null bei Eingabe, wird als Zeiger ausgegeben
  [iid_is(piid)] IUnknown *pItf;
// Enthält den HRESULT-Wert von QueryInterface
  HRESULT hr;
} MULTI_QI;
```

Da der Client mehrere Schnittstellenzeiger für das neue Objekt anfordern kann, muß er `QueryInterface` nicht explizit aufrufen, wenn mehrere Schnittstellenzeiger benötigt werden. Da diese `QueryInterface`-Aufrufe von COM während der Ausführung im Prozeß des Klassenobjekts stellvertretend für den Client ausgeführt werden, ist keine zusätzliche Kommunikation zwischen Client und Server-Prozessen erforderlich. Beachten Sie, daß alle von `CoCreateInstanceEx` zurückgegebenen Schnittstellenzeiger auf das gleiche Objekt zeigen. COM stellt kein vordefiniertes Verfahren zur Verfügung, mit dem mehrere Instanzen in einem Arbeitsgang erstellt werden können.

Wenn man den Aufbau der Struktur `MULTI_QI` kennt, ist die Definition der Funktion `CoCreateInstanceEx` recht einfach zu verstehen:

```
HRESULT CoCreateInstanceEx(
          [in] REFCLSID rclsid,          // Welche Art von Objekt?
          [in] IUnknown *pUnkOuter,      // für Aggregation
          [in] DWORD dwClsCtx,           // Ort?
          [in] COSERVERINFO *pcsi,       // Host-/Sicherheitsinfo
          [in] ULONG cmqi,               // Wie viele Schnittstellen?
[out, size_is(cmqi)] MULTI_QI *prgmq);   // Ausgabeziel für
                                         // Schnittstellenzeiger
```

Wenn alle Schnittstellen im neuen Objekt verfügbar sind, gibt CoCreateInstanceEx den Wert S_OK zurück. Wenn zwar nicht alle, mindestens aber eine Schnittstelle verfügbar ist, gibt CoCreateInstanceEx den Wert CO_S_NOTALLINTERFACES zurück und zeigt damit einen Teilerfolg an. Der Aufrufer muß dann durch eine Überprüfung der HRESULT-Werte jeder MULTI_QI-Struktur feststellen, welche Schnittstellen verfügbar sind. Wenn die Funktion CoCreateInstanceEx kein Objekt anlegen kann oder keine der angeforderten Schnittstellen verfügbar ist, dann gibt CoCreateInstanceEx einen auf SEVERITY_ERROR basierenden HRESULT-Wert zurück, der angibt, warum die Operation fehlgeschlagen ist.

CoCreateInstanceEx ist extrem effizient, wenn mehrere Schnittstellentypen benötigt werden. Betrachten Sie die folgende zusätzliche Schnittstellendefinition:

```
[object,uuid(753A8F7C-A7FF-11d0-8C30-0080C73925BA)]
interface IEgghead : IUnknown {
  import "unknwn.idl";
  HRESULT ContemplateNavel(void);
}
```

Aufgrund dieser Schnittstellendefinition kann der Client nun beide Zeigertypen in einem Arbeitsgang mit einem neuen Chimp-Objekt verknüpfen:

```
void CreateChimpEatBananaAndThinkAboutIt(void) {
// Array mit MULTI_QI-Strukturen deklarieren und initialisieren
  MULTI_QI rgmqi[2] =
     { { &IID_IApe, 0, 0 }, { &IID_IEgghead, 0, 0 } };
  HRESULT hr = CoCreateInstanceEx(
                  CLSID_Chimp, // Neues Chimp-Objekt erstellen
                  0,           // keine Aggregation
                  CLSCTX_ALL,  // beliebiger Ort
                  0, // keine speziellen Host-/Sicherheitsinfos
                  2, // Es werden 2 Schnittstellen angefordert.
                  rgmqi); // Array mit MULTI_QI-Strukturen
  if (SUCCEEDED(hr)) {
// hr kann den Wert CO_S_NOTALLINTERFACES haben, daher jedes
// Ergebnis prüfen
    if (hr == S_OK || SUCCEEDED(rgmqi[0].hr)) {
// Der resultierende Zeiger kann blind in den Typ umgewandelt
// werden, der der IID der Schnittstellenanforderung entspricht
      IApe *pApe = reinterpret_cast<IApe*>(rgmqi[0].pItf);
      assert(pApe);
      HRESULT hr2 = pApe->EatBanana();
      assert(SUCCEEDED(hr2));
      pApe->Release();
    }
```

```
    if (hr == S_OK || SUCCEEDED(rgmqi[1].hr)) {
      IEgghead *peh =
        reinterpret_cast<IEgghead*>(rgmqi[1].pItf);
      assert(peh);
      HRESULT hr2 = peh->ContemplateNavel();
      assert(SUCCEEDED(hr2));
      peh->Release();
    }
  }
}
```

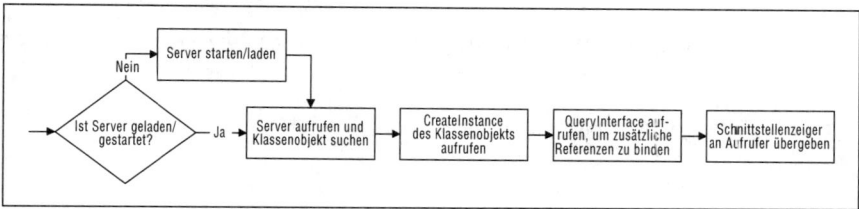

Abbildung 3-3 Die Funktion CoCreateInstanceEx

Abbildung 3-3 zeigt die Verarbeitungsschritte, die von CoCreateInstanceEx zur Erstellung eines neuen Objekts ausgeführt werden. Hier ist die Feststellung wichtig, daß beide Ergebniszeiger auf das gleiche Objekt zeigen. Falls zwei unterschiedliche Objekte benötigt werden, sind zwei getrennte CoCreateInstanceEx-Aufrufe erforderlich.

Wird nur eine Schnittstelle angefordert, dann ist CoCreateInstanceEx recht einfach:

```
HRESULT CreateChimpAndEatBanana(void) {
// declare and initialize a MULTI_QI
  MULTI_QI mqi = { &IID_IApe, 0, 0 };
  HRESULT hr = CoCreateInstanceEx(
                    CLSID_Chimp, // neues Chimp-Objekt anlegen
                    0,           // keine Aggregation
                    CLSCTX_ALL,  // beliebiger Ort
                    0, // keine expliziten Host-/Sicherheitsinfos
                    1, // Es wird eine Schnittstelle angefordert.
                    &mqi); // Array mit MULTI_QI-Strukturen
  if (SUCCEEDED(hr)) {
    IApe *pApe = reinterpret_cast<IApe*>(mqi.pItf);
    assert(pApe);
// neues Objekt verwenden
    hr = pApe->EatBanana();
// Schnittstellenzeiger freigeben
    pApe->Release();
  }
  return hr;
}
```

Wird lediglich eine Schnittstelle benötigt und der Parameter COSERVERINFO nicht angegeben, dann stellt COM eine etwas einfacher zu handhabende Version von CoCreateInstanceEx namens CoCreateInstance zur Verfügung:[10]

```
HRESULT CoCreateInstance(
        [in] REFCLSID rclsid,      // Welches Objekt?
        [in] IUnknown *pUnkOuter,  // für Aggregation
        [in] DWORD dwClsCtx,       // Ort?
        [in] REFIID riid,          // Welche Schnittstelle?
        [out, iid_is(riid)] void **ppv); // Ausgabeziel für
                                   // Schnittstellenzeiger
```

Das vorstehende Beispiel wird sehr viel einfacher, wenn CoCreateInstance verwendet wird:

```
HRESULT CreateChimpAndEatBanana(void) {
  IApe *pApe = 0;
  HRESULT hr = CoCreateInstance(
                CLSID_Chimp,  // Neues Chimp-Objekt erstellen
                0,            // keine Aggregation
                CLSCTX_ALL,   // beliebiger Ort
                IID_IApe,     // Welche Art von Schnittstelle?
                (void**)&pApe); // Ausgabeziel für
                              // Schnittstellenzeiger
  if (SUCCEEDED(hr)) {
    assert(pApe);
// Neues Objekt verwenden
    hr = pApe->EatBanana();
// Schnittstellenzeiger freigeben
    pApe->Release();
  }
  return hr;
}
```

Die beiden vorstehenden Beispiele sind funktional äquivalent. In der Tat ruft die Implementierung von CoCreateInstance intern CoCreateInstanceEx auf:

```
// Pseudocode zur Implementierung der CoCreateInstance-API
HRESULT CoCreateInstance(REFCLSID rclsid,
                IUnknown *pUnkOuter, DWORD dwClsCtx,
                REFIID riid, void **ppv) {
```

---

10. Technisch gesehen war CoCreateInstance zuerst da. CoCreateInstanceEx wurde in Windows NT 4.0 hinzugefügt, als sich abzeichnete, daß einige Entwickler Host- und Sicherheitsdaten festlegen wollten. Im ursprünglichen Prototyp von CoGetClassObject war der dritte Parameter reserviert, und daher konnte NT 4.0 den reservierten Parameter für COSERVERINFO verwenden. Da CoCreateInstance keine anderweitig verwendbaren Parameter besaß, wurde CoCreateInstanceEx eingeführt. Man könnte behaupten, daß auch eine Version von CoGetClassObject hilfreich wäre, die MULTI_QI verwendet und dadurch die Verknüpfung mehrerer Schnittstellen erlaubt, aber bis jetzt gibt es keine Funktion namens CoGetClassObjectEx. Man könnte eine ähnliche Forderung in bezug auf IMoniker::BindToObject und MULTI_QI formulieren.

```
MULTI_QI rgmqi[] = { &riid, 0, 0 };
HRESULT hr = CoCreateInstanceEx(rclsid, pUnkOuter,
                       dwClsCtx, 0, 1, rgmqi);
*ppv = rgmqi[0].pItf;
return hr;
}
```

Obwohl es möglich ist, mit Hilfe von CoCreateInstance eine Fernaktivierungsan-
forderung zu formulieren, kann der Aufrufer keinen bestimmten Host-Namen angeben, da der Parameter COSERVERINFO hier nicht verfügbar ist. Wenn CoCreateInstance aufgerufen und das Flag CLSCTX_REMOTE_SERVER angegeben wird, benutzt der
SCM die CLSID-spezifischen Konfigurationsdaten zur Auswahl des Host-Rechners, der zur Aktivierung des Objekts verwendet wird.

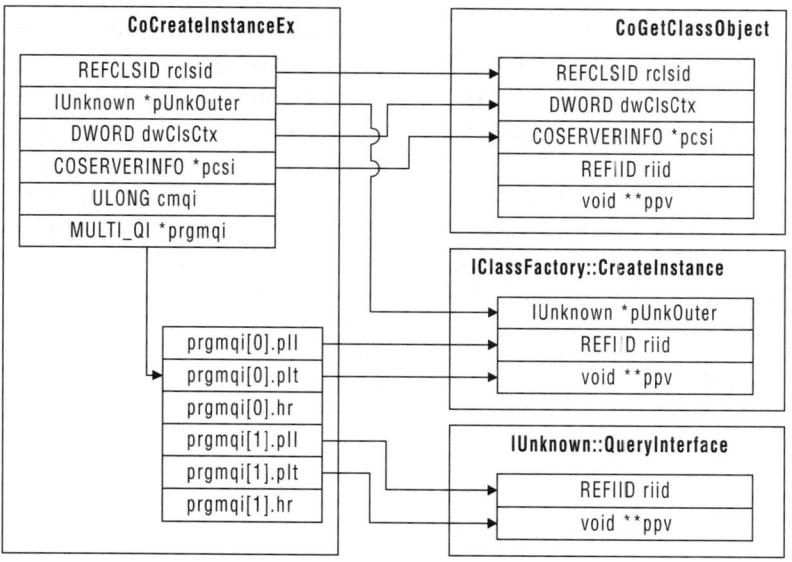

Abbildung 3-4 Die Parameter von CoCreateInstanceEx *und* CoGetClassObject

Abbildung 3-4 zeigt die Beziehung zwischen den Parametern von CoCreateInstanceEx
und den Parametern von CoGetClassObject und IClassFactory::CreateInstance. Im
Gegensatz zur landläufigen Auffassung ruft CoCreateInstanceEx die Funktion nicht
intern auf. Obwohl es keinen logischen Unterschied zwischen den beiden Techniken
gibt, ist die Implementierung von CoCreateInstanceEx bei der Erstellung einer Instanz
effizienter, da hier im Unterschied zu CoGetClassObject keine zusätzliche Kommunikation zwischen Client- und Server-Prozeß erforderlich ist. Falls allerdings sehr viele
Instanzen erstellt werden sollen, kann der Client den Zeiger auf das Klassenobjekt
zwischenspeichern und IClassFactory::CreateInstance einfach mehrmals aufrufen.
Da IClassFactory:: CreateInstance lediglich ein Methodenaufruf ist und nicht vom

SCM gesteuert wird, ist dieses Verfahren etwas schneller als die Verwendung von `Co-CreateInstanceEx`. Der Punkt, am dem es effizienter wird, das Klassenobjekt zwischenzuspeichern und `CoCreateInstanceEx` zu umgehen, hängt von der IPC- und RPC-Performance des verwendeten Host-Rechners und des Netzwerks ab.

3.8 Nochmals Schnittstelle und Implementierung

In den vorigen Beispielen für client-seitige Aktivierung wurden API-Funktionen für die COM-Aktivierung explizit aufgerufen. Häufig sind mehrere Schritte erforderlich, um eine Verknüpfung mit dem gewünschten Objekt herzustellen (z. B. einen Objekttyp erstellen und dann basierend auf Abfragedaten von diesem Objekt eine Referenz auf ein anderes Objekt anfordern). Damit die Clients von den eigentlichen Algorithmen unabhängig werden, die zum Suchen oder Erstellen von Objekten verwendet werden, stellt COM einen Standardmechanismus zur Verfügung, mit dem sich beliebige Objektbezeichner den von ihnen bezeichneten Objekten zuordnen lassen. Dieser Mechanismus basiert auf der Verwendung von Lokalisierungsobjekten, die ihren Verknüpfungsmechanismus in einer einheitlichen Standardschnittstelle kapseln. Diese Lokalisierungsobjekte werden formal als *Moniker* bezeichnet und sind einfach COM-Objekte, die die Schnittstelle `IMoniker` exportieren. Die Schnittstelle `IMoniker` gehört zu den etwas komplizierteren COM-Schnittstellen. Sie legt jedoch eine Methode offen, die in dieser Diskussion äußerst wichtig ist, nämlich die Methode `BindToObject`:

```
interface IMoniker : IPersistStream {
  HRESULT BindToObject([in] IBindCtx *pbc,
     [in, unique] IMoniker *pmkToLeft,
     [in] REFIID riid,
     [out, iid_is(riid)] void **ppv);
// übrige Methoden wurde aus Gründen der Übersicht gelöscht
}
```

Sie erinnern sich, daß Schnittstellendefinitionen abstrakt und ausreichend vage sind, um viele unterschiedliche Interpretationen der präzisen Semantik einer Methode zu ermöglichen. Die abstrakte Semantik von `BindToObject` lautet »führe den Algorithmus für die Suche oder die Erstellung eines Objekts aus und übergebe einen typisierten Schnittstellenzeiger an das Objekt, sobald es erstellt oder gefunden wurde«. Wenn ein Client die Methode `BindToObject` eines Monikers aufruft, dann weiß er nicht, wie der Moniker seinen internen Status einem Objekt zuweist. Drei verschiedene Moniker können drei vollkommen verschiedene Algorithmen verwenden. Dieses polymorphe Verhalten macht den Moniker-Ansatz so leistungsfähig.

Clients können Moniker auf verschiedene Weise erhalten. Ein Client kann einen Moniker von einem externen Agenten bekommen, beispielsweise als Ergebnis des Methodenaufrufs eines Objekts, das bereits verwendet wird. Clients können eine explizite API-Funktion aufrufen, die einen bestimmten Typ von Moniker erstellt. Clients können einfach eine Zeichenfolge besitzen, die den Status des Monikers repräsentiert. Der letztere Fall ist am interessantesten, da er Anwendungen erlaubt, textbasierte »Objektnamen« unter Verwendung externer Konfigurationsdateien oder der Systemregistrierung zu laden und zu speichern. Falls diese Technik im Rahmen des Konfigurationsstatus der Anwendung öffentlich dokumentiert wird, können Systemverwalter oder intelligente Benutzer die Konfiguration einer Anwendung dahingehend abändern, daß eine alternative Strategie zum Suchen von Objekten verwendet wird, die vom ursprünglichen Anwendungsentwickler möglicherweise nicht vorgesehen war. Beispielsweise könnte ein Moniker, der Funktionen für den Lastausgleich unterstützt, so konfiguriert werden, daß er ein anderes Verfahren zur Auswahl von Host-Rechnern verwendet, indem einfach die in der Konfigurationsdatei der Anwendung gespeicherte Textversion des Monikers verändert wird.

Die Textdarstellung eines Monikers wird formal als Anzeigename bezeichnet. Die Schnittstelle IMoniker legt eine Methode namens GetDisplayName offen, die es Clients ermöglicht, den Anzeigenamen eines Moniker abzurufen. Interessanter ist die Problemstellung, wie man beliebige Anzeigenamen Monikern zuordnet. Diese Aufgabenstellung ist etwas problematisch, da der Client nicht ohne weiteres feststellen kann, welche Art von Moniker ein Anzeigename repräsentiert. Diese Aufgabe erfüllt MkParseDisplayName, die zweifelslos wichtigste API-Funktionen im gesamten COM-Konzept.

MkParseDisplayName akzeptiert einen beliebigen Anzeigenamen und ordnet ihn einem Moniker zu:

```
HRESULT MkParseDisplayName(
        [in] IBindCtx *pbc,        // Verknüpfungsinfo
[in, string] const OLECHAR *pwszName, // Objektname
        [out] ULONG *pcchEaten,    // Fehlerbehandlung
        [out] IMoniker **ppmk);    // der resultierende Moniker
```

Der Moniker-Namensbereich ist erweiterbar, damit neue Moniker-Typen unterstützt werden können. Der von MkParseDisplayName verwendete Parser prüft das Präfix des Anzeigenamens und versucht, das Präfix einer registrierten ProgID zuzuordnen, die angibt, welchen Typ von Moniker dieser Anzeigename repräsentiert. Wird eine Übereinstimmung gefunden, wird ein neuer Moniker vom betreffenden Typ erstellt und diesem Moniker der Anzeigename zur Interpretation übergeben. Da Moniker hierarchisch sind und aus mehreren Komponenten zusammengesetzt werden können, kann es sich beim resultierenden Moniker um ein aus zwei oder mehr Monikern zusammengesetztes Objekt handeln. Dies ist ein Implementierungsdetail, das für den Client nicht von Belang ist. Der Client verwendet einfach den resultierenden Schnittstellenzeiger auf IMoniker (der möglicherweise auf einen zusammengesetzten Moniker zeigt), um das fragliche Objekt zu suchen.

Sie erinnern sich, daß das Klassenobjekt den Eintrittspunkt einer COM-Klasse dargestellt. Zur Verknüpfung mit einem Klassenobjekt benötigt man einen Moniker vom Typ Klassen-Moniker. Klassen-Moniker sind vordefinierte Moniker-Typen, die von COM bereitgestellt werden und ihren internen Status in Form einer CLSID angeben. Sie können mit Hilfe der COM API-Funktion CreateClassMoniker erstellt werden

```
HRESULT CreateClassMoniker([in] REFCLSID rclsid,
                           [out] IMoniker **ppmk);
```

oder durch die Übergabe des Anzeigenamens des Klassen-Moniker an MkParseDisplayName:[11]

```
clsid:571F1680-CC83-11d0-8C48-0080C73925BA:
```

Beachten Sie, daß es sich beim Präfix clsid um die ProgID des Klassen-Monikers handelt.

Das folgende Beispiel zeigt, wie mit MkParseDisplayName ein Klassen-Moniker erstellt und dann mit seiner Hilfe das Klassenobjekt von Gorilla verknüpft wird:

```
HRESULT GetGorillaClass(IApeClass * &rpgc) {
  rpgc = 0;
// CLSID der Klasse Gorilla als Anzeigename deklarieren
  const OLECHAR pwsz[] =
    OLESTR("clsid:571F1680-CC83-11d0-8C48-0080C73925BA:");
// Neuen Verknüpfungskontext für die Analyse und Verknüpfung
// des Monikers erstellen.
  IBindCtx *pbc = 0;
  HRESULT hr = CreateBindCtx(0, &pbc);
  if (SUCCEEDED(hr)) {
    ULONG cchEaten;
    IMoniker *pmk = 0;
// COM auffordern, den Anzeigenamen in ein Moniker-Objekt umzuwandeln
    hr = MkParseDisplayName(pbc, pwsz, &cchEaten, &pmk);
    if (SUCCEEDED(hr)) {
// Moniker auffordern, das von ihm bezeichnete Objekt zu
```

---

11. Obwohl die Verwendung von MkParseDisplayName etwas weniger effizient ist, bietet sie größere Flexibilität. Wie oben angemerkt, kann der Anzeigename aus einer Datei oder sogar von einer Benutzerschnittstelle eingelesen werden. Microsoft Internet Explorer ist ein hervorragendes Beispiel für eine Anwendung, die es Benutzern erlaubt, beliebige Objektnamen (URLs) einzugeben, die Monikern zugeordnet werden (mit Hilfe der erweiterten API-Funktion MSParseDisplayNameEx).

```
// finden oder zu erstellen
    hr = pmk->BindToObject(pbc, 0, IID_IApeClass,
                      (void**)&rpgc);
// Wir haben nun einen Zeiger auf das gewünschte Objekt und
// können daher den Moniker und den Verknüpfungskontext freigeben.
    pmk->Release();
  }
  pbc->Release();
}
  return hr;
}
```

Bei dem Verknüpfungskontext, der sowohl an `MkParseDisplayName` als auch an `IMoniker::BindToObject` übergeben wird, handelt es sich einfach um ein Hilfsobjekt, das die Übergabe zusätzlicher Parameter an die Analyse- und Verknüpfungsoperationen erlaubt. In diesem Beispiel wird ein neuer Verknüpfungskontext, der durch den Aufruf der COM API-Funktion `CreateBindCtx` erstellt wird, lediglich als Platzhalter benötigt.[12]

Mit Windows NT 4.0 wurde eine API-Funktion eingeführt, die Aufrufe von `MkParseDisplayName` und `IMoniker::BindToObject` vereinfacht:

```
HRESULT CoGetObject(
        [in, string] const OLECHAR *pszName,
        [in, unique] BIND_OPTS *pBindOptions,
        [in] REFIID riid,
        [out, iid_is(riid)] void **ppv);
```

Diese API-Funktion ist wie folgt implementiert:

```
// Pseudocode aus OLE32.DLL
HRESULT CoGetObject(const OLECHAR *pszName, BIND_OPTS *pOpt,
                REFIID riid, void **ppv) {
// Fehlerbehandlung vorbereiten
  *ppv = 0;
// Verknüpfungskontext erstellen
  IBindCtx *pbc = 0;
  HRESULT hr = CreateBindCtx(0, &pbc);
  if (SUCCEEDED(hr)) {
// Verknüpfungsoptionen einstellen, falls angegeben
    if (pOpt)
      hr = pbc->SetBindOptions(pOpt);
    if (SUCCEEDED(hr)) {
```

---

12. Verknüpfungskontexte werden von zusammengesetzten Monikern zur Optimierung der Analyse- und Verknüpfungsoperationen verwendet. Verknüpfungskontexte erlauben es Clients zudem, `CLSCTX`-Flags und den Parameter `COSERVERINFO` anzugeben, obwohl die gegenwärtigen Implementierungen von Klassen-Monikern diese Attribute ignorieren. Der Klassen-Moniker geht statt dessen davon aus, daß er mit einem Moniker gebildet wird, der auf eine Implementierung der Schnittstelle `IClassActivator` verweist, die sehr viel mehr Flexibilität bietet.

```
// Anzeigename in Moniker umwandeln
    ULONG cch;
    IMoniker *pmk = 0;
    hr = MkParseDisplayName(pbc, pszName, &cch, &pmk);
    if (SUCCEEDED(hr)) {
// Moniker auffordern, Verknüpfung mit genanntem Objekt herstellen
        hr = pmk->BindToObject(pbc, 0, riid, ppv);
        pmk->Release();
    }
  }
  pbc->Release();
}
return hr;
}
```

Mit Hilfe dieser Funktion ist die Erstellung neuer Gorilla-Objekte einfach. Man sucht einfach das Klassenobjekt und ruft die Methode CreateInstance auf:

```
HRESULT CreateAGorillaAndEatBanana() {
  IClassFactory *pcf = 0;
// CLSID der Klasse Gorilla als Anzeigename deklarieren
  const OLECHAR pwsz[] =
    OLESTR("clsid:571F1680-CC83-11d0-8C48-0080C73925BA:");
// Klassenobjekt mit Hilfe des Klassen-Moniker suchen
  HRESULT hr = CoGetObject(pwsz, 0, IID_IClassFactory,
                      (void**)&pcf);
  if (SUCCEEDED(hr)) {
    IApe *pApe = 0;
// mit Klassenobjekt neues Gorilla-Objekt erstellen
    hr = pcf->CreateInstance(0, IID_IApe, (void**)&pApe);
    if (SUCCEEDED(hr)) {
// neues Gorilla-Objekt soll die Operation EatBanana ausführen
      hr = pApe->EatBanana();
      pApe->Release();
    }
    pcf->Release();
  }
  return hr;
}
```

Abbildung 3-5 zeigt, welche Objekte von den einzelnen Operationen erstellt bzw. gefunden werden.

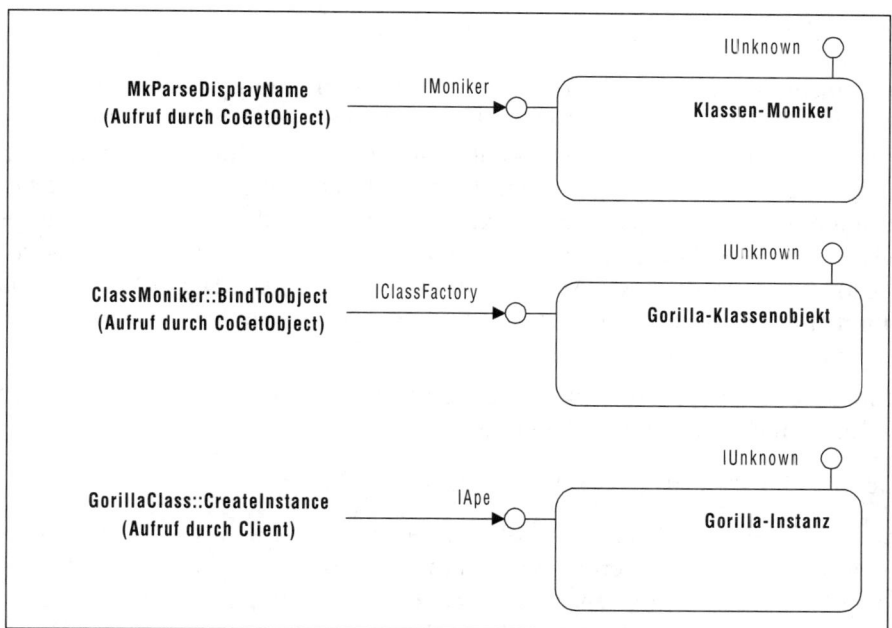

Abbildung 3-5 Aktivierung mit Hilfe des Klassen-Monikers

Visual Basic legt die Funktionalität der API-Funktion CoGetObject über die vordefinierte Funktion GetObject offen. Auch mit dem folgenden in Visual Basic geschriebenen Quelltext wird ein neues Gorilla-Objekt angelegt und die Methode Eat-Banana dieses Objekts aufgerufen:

```
Sub CreateGorillaAndEatBanana()
  Dim gc as IApeClass
  Dim ape as IApe
  Dim sz as String
  sz = "clsid:571F1680-CC83-11d0-8C48-0080C73925BA:"
' Klassenobjekt für Gorilla ermitteln
  Set gc = GetObject(sz)
' Gorilla-Klassenobjekt auffordern, ein neues Gorilla-Objekt anzulegen
  Set ape = gc.CreateApe()
' Gorilla auffordern, EatBanana auszuführen
  ape.EatBanana
End Sub
```

Beachten Sie, daß in der Visual Basic-Version dieser Funktion die Schnittstelle IApeClass zur Instantiierung des Objekts verwendet wird. Der Grund hierfür ist, daß Visual Basic die Schnittstelle IClassFactory nicht unterstützt.

3.9   Zusammengesetzte Moniker

Moniker werden häufig aus anderen Monikern zusammengesetzt, damit sich Objekthierarchien anhand der Textbeschreibung eines Pfads durchsuchen lassen. Zur Unterstützung dieser Art der Navigation stellt COM eine Moniker-Standardimplementierung zur Verfügung, bei der das Objekt aufgefordert wird, eine Referenz auf ein anderes Objekt der Objekthierarchie zu binden, wenn sie zur Implementierung eines Monikers, der einem anderen untergeordnet ist, eingesetzt wird. Man bezeichnet diesen Moniker als Element-Moniker. Dieser Moniker wandelt mit Hilfe der Schnittstelle IOleItemContainer des Objekts einen Objektbezeichner in einen Schnittstellenzeiger um.

Der folgende Anzeigename bezeichnet den Element-Moniker, der zusammen mit dem Klassen-Moniker verwendet wird:

```
clsid:571F1680-CC83-11d0-8C48-0080C73925BA:!Ursus
```

Beachten Sie, daß das Zeichen »!« den Anzeigenamen des Klassen-Monikers vom Elementnamen »Ursus« trennt. Wenn dieser Anzeigename ausgewertet wird, verwendet MkParseDisplayName zuerst das Präfix clsid als ProgID, um mit der Implementierung des Klassen-Monikers in Verbindung zu treten. MkParseDisplayName fordert dann die Implementierung des Klassen-Monikers auf, die Zeichenfolge soweit wie möglich auszuwerten. Nachdem der Klassen-Moniker seine GUID aus der Zeichenfolge gelesen hat, bleibt das folgende Fragment noch auszuwerten:

```
!Ursus
```

Da dieser Name nur in dem Gültigkeitsbereich des Objekts, das durch den ihm übergeordneten Moniker bezeichnet wird, Bedeutung hat, stellt MkParseDisplay-Name tatsächlich eine Verknüpfung mit dem übergeordneten Moniker her (dem Klassen-Moniker) und fordert das von ihm bezeichnete Objekt (das Gorilla-Klassenobjekt) auf, die restliche Zeichenfolge auszuwerten. Um die Auswertung von Anzeigenamen zu ermöglichen, definiert COM die Standardschnittstelle IParse-DisplayName:

```
[ object,uuid(0000011a-0000-0000-C000-000000000046) ]
interface IParseDisplayName : IUnknown {
// Anzeigename in Moniker umwandeln
  HRESULT ParseDisplayName(
       [in, unique] IBindCtx *pbc,
       [in] LPOLESTR pszDisplayName,
       [out] ULONG *pchEaten,
       [out] IMoniker **ppmkOut
  );
}
```

Bei dem in diesem Beispiel verwendeten Anzeigenamen müßte das `Gorilla`-Klas-
senobjekt die Schnittstelle `IParseDisplayName` implementieren und die Zeichenfolge `!Ursus` mit Hilfe von `MkParseDisplayName` in einen Moniker umwandeln, der
dem Klassen-Moniker untergeordnet ist. Da der Standard-Element-Moniker angefordert wird, ist die folgende Implementierung völlig ausreichend:

```
STDMETHODIMP GorillaClass::ParseDisplayName(IBindCtx *pbc,
            LPOLESTR pszDisplayName, ULONG *pchEaten,
            IMoniker **ppmkOut) {
// Mit API-Funktion einen Element-Moniker erstellen
  HRESULT hr = CreateItemMoniker(OLESTR("!"),
                        pszDisplayName + 1,
                        ppmkOut);
// Angeben, wie viele Zeichen ausgewertet wurden
  if (SUCCEEDED(hr))
    *pchEaten = wcslen(pszDisplayName);
  else
    *pchEaten = 0;
  return hr;
}
```

Beachten Sie, daß in diesem Beispiel die Gültigkeit des auszuwertenden Namens
nicht überprüft wird. Das führende Zeichen »!« wird einfach abgeschnitten, und
aus dem restlichen Teil des Anzeigenamens wird ein Element-Moniker erstellt.

Sobald die beiden Moniker ausgewertet wurden, verbindet die Methode `MkParse-`
`DisplayName` die beiden Moniker mit Hilfe eines allgemeinen zusammengesetzten
Monikers. Allgemeine zusammengesetzte Moniker halten einfach zwei Moniker
zusammen und implementieren `BindToObject` derart, daß zuerst der untergeordnete Moniker verknüpft und dann der resultierende Zeiger über den Parameter
`pmkToLeft` dem übergeordneten Moniker übergeben wird. Der folgende Pseudocode veranschaulicht dies:

```
// Pseudocode aus OLE32.DLL
STDMETHODIMP GenericComposite::BindToObject (IBindCtx *pbc,
            IMoniker *pmkToLeft,
            REFIID riid, void **ppv) {
  return m_pmkRight->BindToObject(pbc, m_pmkLeft, riid, ppv);
}
```

Diese Implementierung verdeutlicht, daß der untergeordnete Moniker nur im
Gültigkeitsbereich des übergeordneten Monikers Bedeutung hat. Im Fall der in
diesem Beispiel verwendeten Notation *Klasse!Element*-Moniker wird dem Element-Moniker während der Auswertung im Parameter `pmkToLeft` der Klassen-Moniker übergeben.

Der Element-Moniker verwendet die Schnittstelle IOleItemContainer, um einen
Schnittstellenzeiger zu binden. Hier nun der Pseudocode der BindToObject-Imple-
mentierung des Element-Monikers:

```
// Pseudocode aus OLE32.DLL
STDMETHODIMP ItemMoniker::BindToObject(
            IMoniker *pmkToLeft, IBindCtx *pbc,
            REFIID riid, void **ppv) {
// Fehlerbehandlung
  *ppv = 0;
  if (pmkToLeft == 0) // Gültigkeitsbereich erforderlich
    return E_INVALIDARG;
// zuerst übergeordneten Moniker binden
  IOleItemContainer *poic = 0;
  HRESULT hr = pmkToLeft->BindToObject(0 ,pbc,
                  IID_IOleItemContainer, (void**)&poic);
  if (SUCCEEDED(hr)) {
// gebundenes Objekt im Verknüpfungskontext zwischenspeichern
    pbc->RegisterObjectBound(poic);
// Verknüpfungsgeschwindigkeit vom Verknüpfungskontext abrufen
    DWORD dwBindSpeed = this->MyGetSpeedFromCtx(pbc);
// untergeordnets Objekt ermitteln
      hr = poic->GetObject(m_pszItem, dwBindSpeed, pbc,
                      riid, ppv);
      poic->Release();
    }
}
```

Diese Implementierung impliziert, daß der folgende Quelltext

```
HRESULT GetUrsus(IApe *&rpApe) {
  const OLECHAR pwsz[] =
OLESTR("clsid:571F1680-CC83-11d0-8C48-0080C73925BA:!Ursus");
  return CoGetObject(pwsz, 0, IID_IApe, (void**)&rpApe);
}
```

äquivalent ist mit

```
HRESULT GetUrsus(IApe *&rpApe) {
  IOleItemContainer *poic = 0;
  HRESULT hr = CoGetClassObject(CLSID_Gorilla, CLSCTX_ALL,
                  0, IID_IOleItemContainer, (void**)&poic);
  if (SUCCEEDED(hr)) {
    hr = poic->GetObject(OLESTR("Ursus"), BINDSPEED_INFINITE,
                    0, IID_IApe, (void**)&rpApe);
    poic->Release();
  }
  return hr;
}
```

Beachten Sie, daß die durch `CoGetObject` gegebene Redirektionsebene es dem Client ermöglicht, die Verknüpfungsstrategie einfach dadurch zu ändern, daß aus einer Konfigurationsdatei oder einem Registrierungsschlüssel ein anderer Anzeigename gelesen wird.

3.10 Moniker und Persistenz

In einer Erläuterung der Moniker darf eine Erläuterung der Datei-Moniker nicht fehlen. Sie erinnern sich, daß COM drei Aktivierungsmodelle unterstützt: die Verknüpfung mit einem Klassenobjekt, die Verknüpfung mit neuen Klasseninstanzen und die Verknüpfung mit persistenten Objekten, die in Dateien gespeichert werden. In diesem Kapitel wurden die ersten beiden Grundmodelle ausführlich erläutert. Das dritte Grundmodell basiert auf der COM API-Funktion `CoGetInstanceFromFile`:

```
HRESULT CoGetInstanceFromFile(
    [in, unique] COSERVERINFO *pcsi,       // Host-/Sicherheitsinfos
    [in, unique] CLSID        *pClsid,     // explizite CLSID (opt)
    [in, unique] IUnknown *punkOuter,      // für Aggregation
    [in] DWORD dwClsCtx,                   // Ort?
    [in] DWORD grfMode,                    // Dateizugriffsmodus
    [in] OLECHAR *pwszName,                // Dateiname des Objekts
    [in] DWORD cmqi,                       // Wie viele Schnittstellen?
    [out, size_is(cmqi)] MULTI_QI *prgmq   // Ausgabeziel des
Schnittstellenzeigers
);
```

Dieser Funktion wird als Eingabeparameter ein Dateiname übergeben, der die Datei bezeichnet, die den persistenten Status eines Objekts enthält.[13] `CoGetInstanceFromFile` stellt sicher, daß das Objekt ausgeführt wird, und gibt dann einen oder mehrere Schnittstellenzeiger auf das (re)aktivierte Objekt zurück. Dazu muß `CoGetInstanceFromFile` zuerst die CLSID des Objekts ermitteln. Die CLSID wird aus zwei Gründen benötigt. Falls das Objekt noch nicht ausgeführt wird, braucht COM diese CLSID zur Erstellung einer neuen Instanz, die mit dem gespeicherten persistenten Status initialisiert wird. Falls der Aufrufer nicht den Namen eines Host-Rechners angibt, zu dem dieser Aktivierungsaufruf weitergeleitet werden soll, dann ermittelt COM anhand dieser CLSID, auf welchem Rechner das Objekt aktiviert werden soll.[14]

---

13. Eine alternative Version dieser API-Funktion namens `CoGetInstanceFromIStorage` akzeptiert einen Zeiger auf ein hierarchisches Speichermedium statt eines Dateinamens.
14. Neben dem normalen Verfahren zur Weiterleitung von CLSIDs an Host-Rechner, das von `CoGetClassObject`/`CoCreateInstance` eingesetzt wird, kann `CoGetInstanceFromFile` den UNC-Host-Namen der Datei verwenden, um die Aktivierungsanforderung an den Host-Rechner weiterzuleiten, auf dem sich die Datei befindet. Dieser Aktivierungsmodus wird in der COM-Spezifikation »AtBits«-Aktivierung genannt und mit Hilfe der Registrierungseinstellung »ActivateStorage«, die in Kapitel 6 beschrieben wird, festgelegt.

Falls die CLSID vom Aufrufer nicht explizit übergeben wird, leitet `CoGetInstanceF-romFile` die CLSID mit Hilfe der COM API-Funktion `GetClassFile` aus der Datei ab:

```
HRESULT GetClassFile([in, string] OLECHAR *pwszFileName,
                [out] CLSID *pclsid);
```

`GetClassFile` bestimmt anhand der Header-Daten der Datei sowie der Registrierungsdaten, welche Art von Objekt die Datei enthält.

Sobald die Klasse und der Host-Rechner ermittelt wurden, überprüft COM die ROT (Running Object Table) des zur Aktivierung zu verwendenden Host-Rechners, um zu ermitteln, ob das Objekt bereits aktiviert worden ist. Die ROT wird vom SCM angelegt und ordnet Moniker auf dem lokalen Host-Rechner laufenden Objektinstanzen zu. Persistente Objekte müssen sich beim Laden in die lokale ROT eintragen. Damit der Dateiname eines persistenten Objekts als Moniker dargestellt werden kann, stellt COM einen Standard-Moniker-Typ, die sogenannten Datei-Moniker, zur Verfügung, die Dateinamen hinter der Schnittstelle `IMoniker` verbergen. Datei-Moniker können durch die Übergabe des Dateinamens an `MkParseDisplayName` oder einen expliziten Aufruf der API-Funktion `CreateFileMoniker` erstellt werden:

```
HRESULT CreateFileMoniker(
        [in, string] const OLECHAR *pszFileName,
        [out] IMoniker **ppmk);
```

Wenn das persistente Objekt seinen Datei-Moniker bereits in die ROT eingetragen hat, liefert `CoGetInstanceFromFile` einfach einen Zeiger auf das bereits aktivierte Objekt. Kann das Objekt nicht in der ROT gefunden werden, erstellt COM eine neue Instanz der in der Datei beschriebenen Klasse und initialisiert diese Instanz mit Hilfe der Methode `IPersistFile::Load` mit dem gespeicherten Status:

```
[ object, uuid(0000010b-0000-0000-C000-000000000046) ]
interface IPersistFile : IPersist {
// Aufruf durch CoGetInstanceFromFile zur Initialisierung des Objekts
  HRESULT Load(
        [in, string] const OLECHAR * pszFileName,
        [in] DWORD grfMode
  );
// übrige Methoden wurde aus Gründen der Übersicht gelöscht
}
```

Es liegt in der Verantwortung der Objektimplementierung, alle Daten über den persistenten Status aus der Datei zu laden und sich in die lokale ROT einzutragen und damit sicherzustellen, daß nur jeweils eine Instanz pro Datei zu einem Zeitpunkt aktiviert ist:

```
STDMETHODIMP Gorilla::Load(const OLECHAR *pszFileName,
                    DWORD grfMode) {
// persistenten Objektstatus einlesen
  HRESULT hr = this->MyReadStateFromFile(pszFile, grfMode);
```

```
  if (FAILED(hr)) return hr;
// von SCM Zeiger auf ROT anfordern
  IRunningObjectTable *prot = 0;
  hr = GetRunningObjectTable(0, &prot);
  if (SUCCEEDED(hr)) {
// Datei-Moniker erstellen, der in ROT eingetragen wird
    IMoniker *pmk = 0;
    hr = CreateFileMoniker(pszFileName, &pmk);
    if (SUCCEEDED(hr)) {
// Objekt in ROT eintragen
      hr = prot->Register(0, this, pmk, &m_dwReg);
      pmk->Release();
    }
    prot->Release();
  }
  return hr;
}
```

Die Methode `IPersistFile::Load` der neuen Instanz wird vom SCM während der Ausführung von `CoGetInstanceFromFile` aufgerufen. Im obigen Beispiel wird mit Hilfe der COM API-Funktion `GetRunningObjectTable` ein Schnittstellenzeiger für die Schnittstelle `IRunningObjectTable` des SCM angefordert. Mit Hilfe dieser Schnittstelle wird der Moniker dann in die ROT eingetragen, damit keine neuen Objektinstanzen erstellt werden, wenn `CoGetInstanceFromFile` nachfolgend mit dem gleichen Dateinamen aufgerufen wird, sondern statt dessen Zeiger auf dieses Objekt zurückgegeben werden.[15]

Datei-Moniker wurden aus zwei Gründen eingeführt. Einmal sollte es Objekten möglich sein, sich in die ROT einzutragen, damit sie von `CoGetInstanceFromFile` gefunden werden können. Der zweite Grund ist, durch die Schnittstelle `IMoniker` die Verwendung von `CoGetInstanceFromFile` vor dem Client zu verbergen. Die Methode `BindToObject` wird vom Datei-Moniker einfach durch einen Aufruf von `CoGetInstanceFromFile` implementiert:

```
// Pseudocode aus OLE32.DLL
STDMETHODIMP FileMoniker::BindToObject(IBindCtx *pbc,
           IMoniker *pmkToLeft,
           REFIID riid, void **ppv) {
// zur Fehlerbehandlung
  *ppv = 0;
  HRESULT hr = E_FAIL;
  if (pmkToLeft == 0) { // kein übergeordneter Moniker
```

---

15. Technisch gesehen ist die ROT keine rechnerweite Tabelle, sondern eine Tabelle, die sich auf eine Windows-Arbeitsstation bezieht. Dies bedeutet, daß man gemäß Voreinstellung nicht mit beliebigen Anmeldungskonfigurationen Zugriff auf das Objekt hat. Um sicherzustellen, daß alle Clients auf das Objekt zugreifen können, sollte das Objekt im Aufruf von `IRunningObjectTable::Register` das Flag `ROTFLAGS_ALLOWANYCLIENT` angeben.

```
    MULTI_QI mqi = { &riid, 0, 0 };
    COSERVERINFO *pcsi;
    DWORD grfMode;
    DWORD dwClsCtx;
// Diese drei Parameter sind Attribute des Verknüpfungskontextes
    this->MyGetFromBindCtx(pbc, &pcsi, &grfMode, &dwClsCtx);
    hr = CoGetInstanceFromFile(pcsi, 0, 0, dwClsCtx,
                               grfMode, this->m_pszFileName,
                               1, &mqi);
    if (SUCCEEDED(hr))
      *ppv = mqi.pItf;
  }
  else { // Es gibt einen übergeordneten Moniker,
    // vom übergeordneten Objekt IClassActivator
    // oder IClassFactory anfordern
  }
  return hr;
}
```

Mit Hilfe des Datei-Monikers läßt sich die folgende Funktion vereinfachen, die CoGetInstanceFromFile **aufruft**

```
HRESULT GetCornelius(IApe * &rpApe) {
  OLECHAR *pwszObject =
          OLESTR("\\\\server\\public\\cornelius.chmp");
  MULTI_QI mqi = { &IID_IApe, 0, 0 };
  HRESULT hr = CoGetInstanceFromFile(0, 0, 0, CLSCTX_SERVER,
                  STGM_READWRITE, pwszObject, 1, &mqi);
  if (SUCCEEDED(hr))
    rpApe = mqi.pItf;
  else
    rpApe = 0;
  return hr;
}
```

indem statt dessen CoGetObject **aufgerufen wird:**

```
HRESULT GetCornelius(IApe * &rpApe) {
  OLECHAR *pwszObject =
          OLESTR("\\\\server\\public\\cornelius.chmp");
  return CoGetObject(pwszObject,0,IID_IApe, (void**)&rpApe);
}
```

Wie im Fall des oben beschriebenen Klassen-Monikers wird es dem Client durch die von CoGetObject vermittelte Redirektionsebene ermöglicht, beliebig komplexe Aktivierungsdaten anzugeben, ohne daß eine Quelltextzeile geändert werden müßte.

3.11 Lebensdauer von Servern

In den vorigen Abschnitten wurde erläutert, auf welche Weise COM automatisch
DLLs lädt, um Objektimplementierungen in den Adreßbereich des Client-Pro-
gramms zu bringen. Bislang wurde nicht darauf eingegangen, wie und wann diese
DLLS aus dem Speicher entfernt werden. Im allgemeinen können Server-DLLs
eine vorzeitige Entfernung aus dem Speicher verhindern, aber es liegt beim
Client, den Zeitpunkt zu wählen, zu dem DLLs wirklich freigegeben werden. Cli-
ents, die unbenutzte DLLs freigeben möchten, rufen die COM API-Funktion Co-
FreeUnusedLibraries auf:

```
void CoFreeUnusedLibraries(void);
```

Diese Routine wird von Clients zur Speicherbereinigung ihres Adreßraums aufgerufen. Wenn CoFreeUnusedLibraries aufgerufen wird, ruft COM bei jeder gelade-
nen DLL die Funktion DllCanUnloadNow auf, die von DLLs explizit exportiert werden muß, um herauszufinden, ob die DLL noch benötigt wird.

Die von jeder DLL exportierte Funktion DllCanUnloadNow muß der folgenden Signatur entsprechen:

```
HRESULT DllCanUnloadNow(void);
```

Falls die DLL freigegeben werden kann, gibt die Funktion den Wert S_OK zurück.
Soll die DLL weiterhin geladen bleiben, liefert sie den Wert S_FALSE. Server-DLLs
müssen mindestens solange geladen bleiben, wie Schnittstellenzeiger auf die in
ihnen enthaltenen Objekte in Verwendung sind. Folglich muß die DLL über die
in Verwendung befindlichen Objektreferenzen Buch führen. Um die Implementierung zu vereinfachen, verwalten die meisten DLLs nur eine Sperrenzählervaria-
ble und verwenden die folgenden zwei Funktionen, um den Sperrenzähler automatisch zu erhöhen bzw. zu reduzieren:

```
LONG g_cLocks = 0;
void LockModule(void) { InterlockedIncrement(&g_cLocks); }
void UnlockModule(void) { InterlockedDecrement(&g_cLocks); }
```

Wenn man diese beiden Routinen verwendet, ist die Implementierung von DllCanUnloadNow extrem einfach:

```
STDAPI DllCanUnloadNow(void)
{ return g_cLocks == 0 ? S_OK : S_FALSE; }
```

Die Routinen LockModule und UnlockModule müssen lediglich zum geeigneten Zeitpunkt aufgerufen werden.

Es gibt zwei Gründe, die erzwingen, daß eine Server-DLL geladen bleibt: ausstehende Zeiger auf Klasseninstanzen und Klassenobjekte und ausstehende Aufrufe von `IClassFactory::LockServer`. Klasseninstanzen und Klassenobjekte mit Routinen zur Unterstützung von `DllCanUnloadNow` auszustatten ist recht unkompliziert. Auf dem Heap angesiedelte Objekte (wie beispielsweise Klasseninstanzen) erhöhen einfach den Server-Sperrenzähler beim ersten Aufruf von `AddRef`:

```
STDMETHODIMP_(ULONG) Chimp::AddRef(void) {
  if (m_cRef == 0)
    LockModule();
  return InterlockedIncrement(&m_cRef);
}
```

und reduzieren den Server-Sperrenzähler beim letzten Aufruf von `Release`:

```
STDMETHODIMP_(ULONG) Chimp::Release(void) {
  LONG res = InterlockedDecrement(&m_cRef);
  if (res == 0) {
    delete this;
    UnlockModule();
  }
  return res;
}
```

Da Objekte, die nicht auf dem Heap angesiedelt sind, (beispielsweise Klassenobjekte) keine Referenzzählung durchführen, muß mit jedem Aufruf von `AddRef` und `Release` der Sperrenzähler erhöht bzw. reduziert werden:

```
STDMETHODIMP_(ULONG) ChimpClass::AddRef(void) {
  LockModule();
  return 2;
}
```

```
STDMETHODIMP_(ULONG) ChimpClass::Release(void) {
  UnlockModule();
  return 1;
}
```

Klassenobjekte, die die Schnittstelle `IClassFactory` implementieren, sollten den Sperrenzähler ihres Servers durch Aufrufe von `IClassFactory::LockServer` erhöhen bzw. reduzieren:

```
STDMETHODIMP ChimpClass::LockServer(BOOL bLock) {
  if (bLock)
    LockModule();
  else
    UnlockModule();
  return S_OK;
}
```

Wie Sie in Kapitel 6 sehen werden, wurde die Methode `IClassFactory::LockServer` primär für prozeßexterne Server definiert. Sie läßt sich jedoch relativ einfach für prozeßinterne Server implementieren.

Es muß darauf hingewiesen werden, daß die Verwendung von `CoFreeUnusedLibraries`/`DllCanUnloadNow` die Gefahr einer Konkurrenzsituation birgt. Es ist möglich, daß ein Thread die letzte Instanz, die von der DLL exportiert wird, gerade freigibt, während die Routine `CoFreeUnusedLibraries` in einem zweiten Thread ausgeführt wird. Es wurden alle möglichen Vorsichtsmaßnahmen ergriffen, um diese Situation zu vermeiden. Insbesondere in der COM-Implementierung von Windows NT 4.0 Service Pack 2 wurden spezielle Mechanismen zur Vermeidung dieser potentiellen Konkurrenzsituation eingeführt. Die in Service Pack 2 enthaltene Version der COM-Bibliothek kann feststellen, ob mehrere Threads auf eine Server-DLL zugreifen. Ist das der Fall, fügt COM die DLL in eine Liste von freizugebender DLLs ein, statt sie sofort über den Aufruf von `CoFreeUnusedLibraries` aus dem Speicher zu entfernen. COM wartet dann eine Weile, bevor es diese nicht mehr verwendeten Server-DLLs aus dem Speicher entfernt, damit sichergestellt ist, daß alle ausstehenden `Release`-Aufrufe bereits ausgeführt worden sind.[16] Infolgedessen kann es in Multithreading-Umgebungen erheblich länger dauern, bis eine DLL aus dem Speicher entfernt wird, als man annehmen würde.

3.12 Klassen und IDL

Wie in diesem Kapitel bereits erwähnt, behandelt COM Schnittstellen und Klassen als getrennte Einheiten. Daher sollten COM-Klassen (wie COM-Schnittstellen) in IDL definiert werden, damit eine sprachunabhängige Beschreibung der konkreten Datentypen, die von Servern exportiert werden, zur Verfügung steht. Die IDL-Definition einer COM-Klasse enthält eine Liste der Schnittstellen, die von Instanzen dieser Klasse exportiert werden:

```
[uuid(753A8A7D-A7FF-11d0-8C30-0080C73925BA)]
coclass Gorilla {
    interface IApe;
    interface IWarrior;
}
```

IDL-Co-Klassendefinitionen erscheinen stets im Kontext einer Bibliotheksdefinition. In IDL werden Bibliotheksdefinitionen verwendet, um eine Reihe von Datentypen (z.B. Schnittstellen, Co-Klassen, Typdefinitionen) zu gruppieren, so daß sie eine logische Einheit oder einen Namensbereich bilden. Alle Datentypen, die

---

16. Es ist wahrscheinlich, daß Windows NT 5.0 zusätzliche Mechanismen enthalten wird, mit denen die prompte und sichere Freigabe von DLLs gewährleistet werden kann. Nähere Informationen hierzu finden Sie in der SDK-Dokumentation.

im Kontext einer IDL-Bibliotheksdefinition erscheinen, werden als Token in die resultierende Typbibliothek aufgenommen. Typbibliotheken werden von Umgebungen wie Visual Basic und Java anstelle der IDL-Dateien verwendet.

Eine IDL-Datei kann höchstens eine Bibliotheksdefinition enthalten, und sämtliche Datentypen, die in der Bibliotheksdefinition definiert oder verwendet werden, erscheinen in der generierten Typbibliothek:

```
// apes.idl /////////////////////////////////////

// IDL-Definitionen der Ape-Schnittstellen importieren
import "apeitfs.idl";
[
  uuid(753A8A80-A7FF-11d0-8C30-0080C73925BA), // ID der Bibliothek
  version(1.0),  // Versionsnummer der Bibliothek
  lcid(9),       // Sprach-ID der Bibliothek(Englisch)
  helpstring("Library of the Apes") // Name der Bibliothek
]
library ApeLib
{
  importlib("stdole32.tlb"); // Standarddefinitionen importieren

  [uuid(753A8A7D-A7FF-11d0-8C30-0080C73925BA)]
  coclass Gorilla {
    [default] interface IApe;
    interface IWarrior;
  }

  [uuid(753A8A7E-A7FF-11d0-8C30-0080C73925BA)]
  coclass Chimpanzee {
    [default] interface IApe;
    interface IEgghead;
  }

  [uuid(753A8A7F-A7FF-11d0-8C30-0080C73925BA)]
  coclass Orangutan {
    [default] interface IApe;
    interface IKeeperOfTheFaith;
  }
}
```

Das Attribut [default] bezeichnet die Schnittstelle, die den Typ der Klasse am besten repräsentiert. In Sprachen, die dieses Attribut unterstützen, gibt der Einsatz von [default] Programmierern die Möglichkeit, Objektreferenzen mit Hilfe des COM-Co-Klassennamens zu deklarieren:

```
Dim ursus as Gorilla
```

Aufgrund der IDL-Definition der Klasse Gorilla ist diese Anweisung äquivalent zu

```
Dim ursus as IApe
```

da IApe die default-Schnittstelle der Klasse Gorilla ist. In beiden Fällen kann der Programmierer die Methoden EatBanana und SwingFromTree für die Variable ursus aufrufen. Wird das Attribut [default] nicht angegeben, wird es stillschweigend der ersten Schnittstelle der coclass-Definition hinzugefügt.

Bei der vorstehenden IDL-Bibliotheksdefinition würde die resultierende Header-Datei apes.h mit Hilfe einer C-Präprozessordirektive die Datei apesitfs.h einbinden. Die Datei apesitfs.h enthielte die abstrakten Basisklassendefinitionen der vier COM-Schnittstellen IApe, IWarrior, IKeeperOfTheFaith und IEgghead. Die Datei apes.h würde zudem die Deklarationen der GUIDs der einzelnen Klassen enthalten:

```
extern "C" const CLSID CLSID_Gorilla;
extern "C" const CLSID CLSID_Chimpanzee;
extern "C" const CLSID CLSID_Orangutan;
```

Die zugehörige Datei apes_i.c würde dann ihrerseits die Definitionen dieser CL-SIDs enthalten. Die daraus generierte Typbibliothek apes.tlb würde die einzelnen Schnittstellen und Klassen beschreiben, so daß Visual Basic-Programmierer folgende Anweisungen schreiben könnten:

```
Dim ape As IApe
Dim warrior as IWarrior
Set ape = New Gorilla ' neues Gorilla-Objekt anfordern
Set warrior = ape
```

In Java könnte dies wie folgt formuliert werden:

```
IApe ape;
IWarrior warrior;
ape = new Gorilla(); // keine Typumwandlung für [default] erforderlich
warrior = (IWarrior)ape;
```

Beide Quelltextfragmente weisen das Laufzeitmodul an, mit Hilfe der CLSID der Klasse Gorilla der Funktion CoCreateInstanceEx anzugeben, welche Art von Objekt erstellt werden soll.

In der vorstehenden IDL-Definition wird auf die Schnittstellen IApe, IWarrior, IEgghead und IKeeperOfTheFaith aus der Bibliotheksdefinition heraus Bezug genommen. Dies bewirkt, daß ihre Definitionen in der generierten Typbibliothek vorhanden sind, obwohl sie außerhalb der eigentlichen Bibliotheksdefinition definiert sind. In der Tat werden auch die Datentypen, die als Parameter oder als Basisschnittstellen für diese Schnittstellen verwendet werden, in die generierte Typbibliothek aufgenommen. Es ist guter Programmierstil, die Bibliotheksdefinition einer Implementierung in einer eigenen IDL-Datei unterzubringen, die alle benötigten Schnittstellendefinitionen aus einer externen IDL-Datei importiert, welche lediglich Schnittstellendefinitionen enthält. Dieses Vorgehen ist bei großen Projekten zwingend, bei denen mit mehreren IDL-Dateien gearbeitet wird, da eine Fehlerbedingung ausgelöst wird, wenn eine IDL-Datei, die eine Bibliotheksdefinition enthält, eine andere IDL-Datei importiert, die ebenfalls eine Bibliotheksdefinition enthält. Indem Bibliotheksdefinitionen voneinander getrennt und in eigene IDL-Dateien geschrieben werden, können die Schnittstellen, die von einer Bibliothek verwendet werden, sauber in andere Projekte importiert werden, ohne daß man sich Gedanken um mehrfache Bibliotheksdefinitionen zu machen braucht. Andernfalls bestünde die einzige Möglichkeit, eine Schnittstellendefinition aus einer IDL-Datei zu importieren, die eine Bibliotheksdefinition enthält, im Import der generierten Typbibliothek mit Hilfe der Direktive importlib:

```
// humans.idl ////////////

// apeitfs.idl enthält KEINE Bibliotheksdefinition, daher
// genügt eine import-Anweisung
import "apeitfs.idl";
[
   uuid(753A8AC9-A7FF-11d0-8C30-0080C73925BA),
   version(1.0), lcid(9), helpstring("Humans that need apes")
]
library HumanLib {
   importlib("stdole32.tlb"); // Standarddefinitionen importieren
// Dogs.idl ENTHÄLT eine Bibliotheksdefinition, daher
// muß die zugehörige Typbibliothek mit importlib
// importiert werden.
   importlib("dogs.tlb");

   [uuid(753A8AD1-A7FF-11d0-8C30-0080C73925BA)]
   coclass DogApe {
      interface IDog;
      interface IApe;
   }
}
```

Bei einfachen Projekten werden sowohl die Schnittstellen als auch die Klassen, die von einem Projekt exportiert werden, häufig in einer einzigen IDL-Datei definiert. Im Fall einfacher Schnittstellen ist dies vernünftig, da die generierte Typbibliothek 1:1-Zuordnungen der ursprünglichen IDL-Definitionen enthält, so daß die Benutzer der Bibliothek die Anweisung importlib ohne Informationsverlust verwenden können. Leider gehen bei komplexen Schnittstellen vielfach Bezüge auf die ursprünglichen IDL-Definitionen in der resultierenden Typbibliothek verloren, und der Einsatz von importlib bringt nicht die erwarteten Ergebnisse. Eine künftige Version des MIDL-Compilers kann möglicherweise Typbibliotheken erzeugen, die alle Informationen der ursprünglichen IDL-Datei enthalten.

3.13 Klassenemulation

Häufig möchten die Entwickler von Klassen neue Versionen bestehender Klassen einsetzen, um Mängel der bestehenden Klasse zu beheben oder um deren Funktionalität zu erweitern. Es ist sinnvoll, diesen neuen Implementierungen neue CLSIDs zuzuweisen, damit Clients angeben können, welche Version benötigt wird. Überlegen Sie, was passiert, wenn eine zweite Version der Klasse im Umlauf ist. Wenn eine neue CLSID zur Bezeichnung der neuen Klasse verwendet wird (z.B. `CLSID_Chimp2`), können Clients, die die neue Version verwenden möchten, die neue CLSID zur Aktivierung des gewünschten Objekts verwenden:

```
// neuer Client
IApe *pApe = 0;
hr = CoCreateInstance(CLSID_Chimp2, 0, CLSCTX_ALL,
                      IID_Ape, (void**)&pApe);
```

Mit dem Gebrauch einer zweiten CLSID wird sichergestellt, daß Clients nicht versehentlich alte Versionen der Klasse `Chimp` erhalten. Alte Clients, die die erste Version der Klasse erfordern, können jedoch weiterhin die alte CLSID in Aktivierungsanforderungen verwenden:

```
// alter Client
IApe *pApe = 0;
hr = CoCreateInstance(CLSID_Chimp, 0, CLSCTX_ALL,
                      IID_Ape, (void**)&pApe);
```

Damit vorhandene alte Clients unterstützt werden, muß der Entwickler der `Chimp`-Implementierung die ursprüngliche CLSID in der Registrierungsdatenbank lassen, damit diese Aktivierungsanforderungen erfüllt werden können. Falls sich die Semantik der Klasse geändert hat, muß auch der ursprüngliche Server für diese Clients weiterhin verfügbar sein. Häufig wird die Semantik jedoch einfach nur erweitert. In diesem Fall ist es wünschenswert, die Aktivierungsanforderungen der alten Clients umzuleiten, so daß Instanzen der neuen Klasse erstellt werden.

Damit der Implementator der neuen Version der Klasse Aktivierungsanforderungen für andere CLSIDs transparent erfüllen kann, unterstützt COM das Konzept der *Klassenemulation*. Klassenemulation ermöglicht dem Entwickler einer Komponente anzugeben, daß eine alte CLSID durch eine neue alternative CLSID ersetzt wurde, die die Semantik der ursprünglichen Klasse emuliert. Damit wird alten Clients ermöglicht, Aktivierungsaufrufe mit der ursprünglichen CLSID zu machen und Instanzen der neuen aktualisierten Klasse zu erhalten. Damit angegeben werden kann, daß eine alternative Version der Klasse existiert, stellt COM die folgende API-Funktion zur Verfügung:

```
HRESULT CoTreatAsClass([in] REFCLSID rclsidOld,
                       [in] REFCLSID rclsidNew);
```

Angenommen, die Klasse `Chimp2` sei eine neue Version der Klasse `Chimp`. Mit dem folgenden Quelltext wird COM angewiesen, die Aktivierungsanforderungen für `Chimp` in Aktivierungsanforderungen für `Chimp2` umzuwandeln:

```
// Aktivierungsaufrufe für Chimp sollen Chimp2 aktivieren
HRESULT hr = CoTreatAsClass(CLSID_Chimp, CLSID_Chimp2);
```

Diese API-Routine fügt den folgenden Registrierungsschlüssel ein:

```
[HKCR\CLSID\{CLSID_Chimp}\TreatAs]17
@={CLSID_Chimp2}
```

Ein Aufruf von `CoTreatAsClass` mit `CLSID_NULL` als zweitem Parameter entfernt die `TreatAs`-Einstellung:

```
// Bewirkt, daß mit Chimp-Aktivierungsaufrufen die Klasse
// Chimp aktiviert wird
HRESULT hr = CoTreatAsClass(CLSID_Chimp, CLSID_NULL);
```

Dieser Aufruf stellt den Status der ursprünglichen Implementierung der Klasse wieder her. Clients können mit Hilfe der API-Funktion `CoGetTreatAsClass` die Emulationseinstellungen einer bestimmten Klasse abfragen:

```
HRESULT CoGetTreatAsClass([in] REFCLSID rclsidOld,
                          [out] REFCLSID *pclsidNew);
```

Falls die angeforderte Klasse von einer anderen Klasse emuliert wird, wird die CLSID der Emulationsklasse im zweiten Parameter und als Funktionsergebnis der Wert `S_OK` zurückgegeben. Wird die angeforderte Klasse nicht von einer anderen Klasse emuliert, dann wird die ursprüngliche CLSID im zweiten Parameter und als Funktionsergebnis der Wert `S_FALSE` zurückgegeben. Es muß darauf hingewiesen werden, daß zum Zeitpunkt dieser Niederschrift die Klassenemulation bei Fernaktivierungsanforderungen nicht in der gewünschten Weise funktioniert.

3.14 Komponentenkategorien

Wie in diesem Kapitel betont wurde, erfordern die Aktivierungsgrundmodelle von COM, daß die Aufrufer den genauen Klassennamen kennen, um neue Instanzen erstellen zu können. Es wäre gelegentlich jedoch hilfreich, einfach eine Klasse anfordern zu können, die bestimmte semantische Bedingungen erfüllt. Ebenfalls hilfreich wäre, wenn man wüßte, welche Dienste eine Klasse von ihren Clients fordert, bevor eine Aktivierungsanforderung gestellt wird, damit keine Objekte angelegt werden, die der Client nicht korrekt unterstützen kann. Diese Problemstellungen motivieren das Konzept der *Komponentenkategorien*.

---

17. Beachten Sie, daß *CLSID_Chimp* und *CLSID_Chimp2* verkürzte Schreibweisen für die tatsächlichen, 32stelligen GUIDs sind.

COM erlaubt es Entwicklern, miteinander verwandte COM-Klassen in logischen Gruppen oder Komponentenkategorien zusammenzufassen. Häufig implementieren alle Klassen einer Kategorie die gleiche Menge an Schnittstellen. Klassen basierend auf den von ihnen implementierten Schnittstellen einzuteilen bietet allerdings nicht die für viele Anwendungen erforderliche Granularität. Komponentenkategorien fungieren als Metainformationen, die angeben, welche Klassen mit bestimmten semantischen Bedingungen kompatibel sind.

Eine Komponentenkategorie ist eine Gruppe logisch verwandter COM-Klassen, die dieselbe Kategorie-ID oder CATID haben. CATIDs sind GUIDs, die in der Registrierung als Attribute der Klasse gespeichert werden. Jede Klasse kann zwei untergeordnete Schlüssel haben: Implemented Categories und Required Categories. Nehmen wir an, es gibt die beiden Komponentenkategorien Simians und Mammals. Diese beiden Kategorien haben eine eindeutige CATID (CATID_Simians bzw. CATID_Mammals). Wenn wir weiter annehmen, daß die Klasse Chimp in beiden Kategorien enthalten ist, dann würde der Registrierungsschlüssel Implemented Categories der Klasse Chimp in zwei untergeordneten Schlüsseln die GUIDs der beiden Kategorien enthalten:

```
[HKCR\CLSID\{CLSID_Chimp}\Implemented Categories\{CATID_Mammals}]
```

```
[HKCR\CLSID\{CLSID_Chimp}\Implemented Categories\{CATID_Simians}]
```

Diese Registrierungsschlüssel werden in der Regel im Rahmen der Selbstregistrierung hinzugefügt. Für jede bekannte, auf einem System vorhandende Komponentenkategorie ist ein Eintrag unter folgendem Registrierungsschlüssel vorhanden:

```
HKEY_CLASSES_ROOT\Component Categories
```

Jede Kategorie besitzt einen eigenen untergeordneten Schlüssel namens CATID. Unter diesem untergeordneten Schlüssel enthält jede Kategorie einen oder mehrere benannte Werte, die die Kategorie in einer für Menschen lesbaren Form beschreiben. Für die beiden genannten Kategorien wären beispielsweise folgende Registrierungseinträge erforderlich:

```
[HKCR\Component Categories\{CATID_Mammals}]
409="Bears live young"
```

```
[HKCR\Component Categories\{CATID_Simians}]
409="Eats Bananas"
```

Beachten Sie, daß in diesem Beispiel der Wert 409 verwendet wird, also die LCID für amerikanisches Englisch. Man kann weitere benannte Werte hinzufügen, um andere Sprachen zu unterstützen.

Klassen können auch angeben, daß sie bestimmte Arten von Funktionalitäten vom Client erfordern. Diese Unterstützung wird in der Regel durch Schnittstellen geboten, die der Client bereitstellt, sobald das Objekt aktiviert worden ist. Damit sich diese vom Client bereitgestellten Dienste unabhängig von einer bestimmten Schnittstelle kategorisieren lassen, erlaubt COM, daß Klassen durch einen zweiten Typ von Kategorie-ID ausgezeichnet werden, mit dessen Hilfe Clients sicherstellen können, daß sie keine Komponenten aktivieren, die sie nicht korrekt unterstützen können. Nehmen wir die folgenden beiden Kategorien von Diensten, die von Clients bereitgestellt werden: `CATID_HasOxygen` und `CATID_HasWater`. Da Objekte vom Typ `Chimp` diese beiden Dienste erfordern, sollte der Entwickler von `Chimp`-Implementierungen angeben, daß diese beiden Kategorien für die Aktivierung erforderlich sind. Dies wird mit Hilfe des untergeordneten Schlüssels `Required Categories` erreicht:

```
[HKCR\CLSID\{CLSID_Chimp}\Required Categories\{CATID_HasOxygen}]
```

```
[HKCR\CLSID\{CLSID_Chimp}\Required Categories\{CATID_HasWater}]
```

Diese beiden Kategorie-IDs müßten zudem unter folgendem Schlüssel registriert werden:

```
HKEY_CLASSES_ROOT\Component Categories
```

Wenn diese Einträge vorhanden sind, liegt es in der Verantwortung des Client, vor der Aktivierung sicherzustellen, daß er die geforderten Kategorien von Diensten bereitstellen kann. COM stellt keine Mechanismen bereit, mit denen sich Aktivierungsaufrufe auf Clients beschränken lassen, die diese Anforderungen erfüllen.

Komponentenkategorieeinträge können mit Hilfe spezieller Registrierungsfunktionen oder durch den von COM bereitgestellten Komponentenkategorie-Manager erfolgen. Der Komponentenkategorie-Manager von COM wird als instantiierbare COM-Klasse (`CLSID_ StdComponentCategoriesMgr`) offengelegt, die die Schnittstelle `ICatRegister` zur Registrierung der Kategoriedaten und die Schnittstelle `ICatInformation` zur Abfrage der Kategoriedaten implementiert. Die Schnittstelle `ICatRegister` ermöglicht es Server-DLLs, die erforderlichen Einträge in die Registrierungsdatenbank einzufügen:

```
[ object, uuid(0002E012-0000-0000-C000-000000000046) ]
interface ICatRegister : IUnknown {
// Beschreibung einer Kategorie
  typedef struct tagCATEGORYINFO {
    CATID      catid;
    LCID       lcid;
    OLECHAR szDescription[128];
  } CATEGORYINFO;
```

```
// Kategoriebeschreibung cCts registrieren
  HRESULT RegisterCategories([in] ULONG cCts,
          [in, size_is(cCts)] CATEGORYINFO rgCatInfo[]);
// Kategoriebeschreibung cCategories aus Registrierungsdatenbank löschen
  HRESULT UnRegisterCategories([in] ULONG cCategories,
          [in, size_is(cCategories)] CATID rgcatid[]);
// Angabe, daß eine Klasse eine oder mehrere Kategorien implementiert
  HRESULT RegisterClassImplCategories([in] REFCLSID rclsid,
          [in] ULONG cCategories,
          [in, size_is(cCategories)] CATID rgcatid[]);
// Angaben über die Unterstützung von Kategorien durch die Klasse löschen
  HRESULT UnRegisterClassImplCategories([in] REFCLSID rclsd,
          [in] ULONG cCategories,
          [in, size_is(cCategories)] CATID rgcatid[]);
// Angabe, daß Klasse eine oder mehrere Kategorien erfordert
  HRESULT RegisterClassReqCategories([in] REFCLSID rclsid,
          [in] ULONG cCategories,
          [in, size_is(cCategories)] CATID rgcatid[]);
// Angaben über die von der Klasse benötigten Kategorien löschen
  HRESULT UnRegisterClassReqCategories([in] REFCLSID rclsid,
          [in] ULONG cCategories,
          [in, size_is(cCategories)] CATID rgcatid[]);
}
```

Benutzerdefinierte COM-Klassen müssen diese Schnittstelle nicht implementieren. Einziger Zweck dieser Schnittstelle ist es, Servern zu ermöglichen, ihre Komponentenkategorien mit dem von COM bereitgestellten Kategorie-Manager selbst zu registrieren.

Im Fall der Beispielklasse `Chimp` würden mit den folgenden Anweisungen die korrekten Daten zu jeder Kategorie registriert:

```
// Standardkategorie-Manager aktivieren
ICatRegister *pcr = 0;
HRESULT hr = CoCreateInstance(
            CLSID_StdComponentCategoriesMgr, 0,
            CLSCTX_ALL, IID_ICatRegister, (void**)&pcr);
if (SUCCEEDED(hr)) {
// Beschreibung für jede Kategorie erstellen
  CATEGORYINFO rgcc[4];
  rgcc[0].catid = CATID_Simians;
  rgcc[1].catid = CATID_Mammals;
  rgcc[2].catid = CATID_HasOxygen;
  rgcc[3].catid = CATID_HasWater;
  rgcc[0].lcid = rgcc[1].lcid
    = rgcc[2].lcid = rgcc[3].lcid = 0x409;
  wcscpy(rgcc[0].szDescription, OLESTR("Ißt Bananen"));
  wcscpy(rgcc[1].szDescription, OLESTR("Säugen Junge"));
  wcscpy(rgcc[2].szDescription, OLESTR("Liefert Sauerstoff"));
  wcscpy(rgcc[3].szDescription, OLESTR("Liefert Wasser"));
```

```
// Kategoriedaten registrieren
  pcr->RegisterCategories(4, rgcc);

// Chimp-Objekte gehören zur Kategorie Simians und Mammals
  CATID rgcid[2];
  rgcid[0] = CATID_Simians; rgcid[1] = CATID_Mammals;
  pcr->RegisterClassImplCategories(CLSID_Chimp, 2, rgcid);

// Chimp-Objekte brauchen Sauerstoff und Wasser
  rgcid[0] = CATID_HasOxygen; rgcid[1] = CATID_HasWater;
  pcr->RegisterClassReqCategories(CLSID_Chimp, 2, rgcid);
  pcr->Release();
}
```

Beachten Sie, daß hier keine API-Funktionen zur direkten Bearbeitung der Registrierungsdatenbank aufgerufen werden, sondern daß dazu der Standardkategorie-Manager verwendet wird.

Der Standardkategorie-Manager ermöglicht Anwendungen, die Registrierungsdatenbank nach Kategoriedaten abzufragen. Diese Funktionalität wird von der Schnittstelle ICatInformation zur Verfügung gestellt:

```
[ object, uuid(0002E013-0000-0000-C000-000000000046) ]
interface ICatInformation : IUnknown {
// Liste der bekannten Kategorien abrufen
  HRESULT EnumCategories([in] LCID lcid,
        [out] IEnumCATEGORYINFO** ppeci);
// Beschreibung einer bestimmten Kategorie abrufen
  HRESULT GetCategoryDesc([in] REFCATID rcatid,
        [in] LCID lcid,
        [out] OLECHAR ** ppszDesc);
// Liste der Klassen abrufen, die mit den genannten Kategorien
// kompatibel sind
  HRESULT EnumClassesOfCategories(
        [in] ULONG cImplemented, // falls -1, ignorieren
        [in,size_is(cImplemented)] CATID rgcatidImpl[],
        [in] ULONG cRequired,     // falls -1, ignorieren
        [in,size_is(cRequired)] CATID rgcatidReq[],
        [out] IEnumCLSID** ppenumClsid);
// Prüfen, ob die Klasse mit den angegebenen Kategorien kompatibel ist
  HRESULT IsClassOfCategories([in] REFCLSID rclsid,
        [in] ULONG cImplemented,
        [in,size_is(cImplemented)] CATID rgcatidImpl[],
        [in] ULONG cRequired,
        [in,size_is(cRequired)] CATID rgcatidReq[]);
// Liste der von der Klasse implementierten Kategorien abrufen
  HRESULT EnumImplCategoriesOfClass([in] REFCLSID rclsid,
        [out] IEnumCATID** ppenumCatid);
// Liste der Kategorien, die für die Klasse erforderlich sind, abrufen
  HRESULT EnumReqCategoriesOfClass([in] REFCLSID rclsid,
        [out] IEnumCATID** ppenumCatid);
}
```

Die meisten dieser Methoden liefern Zeiger, die auf Listen mit Kategorien oder Klassen-IDs zeigen. Diese Zeiger werden in Kapitel 7 detailliert erläutert.

Das folgende Beispiel zeigt, wie die Liste der Klassen, die zur Kategorie Simians gehören, abgerufen wird

```
// Standardkategorie-Manager aktivieren
ICatInformation *pci = 0;
HRESULT hr = CoCreateInstance(
        CLSID_StdComponentCategoriesMgr, 0,
        CLSCTX_ALL, IID_ICatInformation, (void**)&pci);
if (SUCCEEDED(hr)) {
// Klassen, die zur Kategorie Simians gehören,
// ermitteln (cat.s ignorieren)
  IEnumCLSID *pec = 0;
  CATID rgcid[1];
  rgcid[0] = CATID_Simians;
  hr = pci->EnumClassesOfCategories(1, rgcid, -1, 0, &pec);
  if (SUCCEEDED(hr)) {
// Liste der CLSIDs durchlaufen, jeweils 64 auf einmal
    enum { MAX = 64 };
    CLSID rgclsid[MAX];
    do {
      ULONG cActual = 0;
      hr = pec->Next(MAX, rgclsid, &cActual);
      if (SUCCEEDED(hr)) {
        for (ULONG i = 0; i < cActual; i++)
          DisplayClass(rgclsid[i]);
      }
    } while (hr == S_OK);
    pec->Release();
  }
  pci->Release();
}
```

In diesem Quelltextfragment wird die Tatsache nicht berücksichtigt, daß das Client-Programm die von der resultierenden Liste von Klassen geforderten Kategorien möglicherweise nicht unterstützt. Wüßte der Client, welche Kategorien von ihm unterstützt werden, hätte er eine Liste aller unterstützten Kategorien angeben können.

Betrachten Sie folgenden Aufruf von EnumClassesOfCategories:

```
CATID rgimpl[1]; rgimpl[0] = CATID_Simians;
CATID rgreq[3]; rgreq[0] = CATID_HasWater;
rgreq[1] = CATID_HasOxygen; rgreq[2] = CATID_HasMilk;
hr =pci->EnumClassesOfCategories(1, rgimpl, 3, rgreq, &pec);
```

Die resultierende Klassenliste würde alle Klassen der Kategorie Simians enthalten, die vom Client-Programm lediglich Sauerstoff, Wasser und Milch erfordern. Die zuvor registrierte Klasse Chimp wäre eine kompatible Klasse, da sie die angegebene Kategorie Simians implementiert und eine Teilmenge der in der Abfrage genannten Kategorien erfordert.

Ein letzter Aspekt von Komponentenkategorien, auf den noch eingegangen werden muß, ist die Definition einer Standardklasse für eine Kategorie. COM läßt zu, daß die CATID als CLSID unter folgendem Schlüssel registriert wird:

```
HKEY_CLASSES_ROOT\CLSID
```

Für die Zuordnung der CATID zu einer Standard-CLSID wird der Bezeichner TreatAs verwendet, der durch die Emulation eingeführt wurde. Um anzugeben, daß die Klasse Gorilla die Standardklasse der Kategorie Simians ist, müßte folgender Registrierungsschlüssel hinzugefügt werden:

```
[HKCR\CLSID\{CATID_Simians}\TreatAs]
@={CLSID_Gorilla}
```

Diese einfache Konvention ermöglicht es Clients, die CATIDs anstelle der CLSIDs zu verwenden:

```
// Eine Instanz der Standardklasse der Kategorie Simians erstellen
hr = CoCreateInstance(CATID_Simians, 0, CLSCTX_ALL,
                      IID_IApe, (void**)&pApe);
```

Falls für die angegebene Kategorie keine Standardklasse registriert ist, schlägt die Aktivierung fehl, wobei der Wert REGDB_E_CLASSNOTREG zurückgegeben wird.

3.15 Zwischenbilanz

In diesem Kapitel wurde das Konzept der COM-Klassen vorgestellt. COM-Klassen sind konkrete Datentypen, die eine oder mehrere Schnittstellen exportieren. Sie stellen in der in COM verwendeten Aktivierung die primäre Abstraktion dar. COM unterstützt drei Aktivierungsmodelle. CoGetClassObject verknüpft eine Referenz mit einem Klassenobjekt, das ein klassenspezifisches Prototypobjekt ist und das die von einzelnen Instanzen unabhängige Funktionalität einer Klasse repräsentiert. CoCreateInstanceEx verknüpft eine Referenz mit einer neuen Instanz der Klasse, und CoGetInstanceFromFile verknüpft eine Referenz mit einer persistenten Instanz, die aus einer Datei geladen wird. Moniker werden als uniforme Abstraktion verwendet, mit der Clients gegenüber Verknüpfungs- und Aktivierungsbedingungen offengelegt werden, wobei MkParseDisplayName als Eintrittspunkt in den Namensbereich von COM fungiert.

4 Objekte

```
class object
{
public:
  template <class T> virtual
  T * dynamic_cast(const type_info& t = type_info(T) )
};
```

Unbekannter Autor, 1995

Die Grundlagen der COM-Schnittstellen im allgemeinen und die Schnittstelle IUnknown im besonderen wurden in Kapitel 2 besprochen. Dort wurde gezeigt, daß Objekte verschiedene Funktionalitäten besitzen können, wenn sie sich aus zusätzlichen Schnittstellen ableiten, und auch der Mechanismus wurde präsentiert, mit dem Clients Objekte auf ihre Funktionalität hin untersuchen können. Dieser Mechanismus, QueryInterface, wurde in einer sprach- und compiler-unabhängigen Version des C++-Operators dynamic_cast ausgeformt.

Im vorigen Kapitel wurde demonstriert, daß QueryInterface direkt mit Hilfe von statischen Typumwandlungen implementiert werden muß, um den Gültigkeitsbereich des this-Zeigers eines Objekts auf den vom Client geforderten Schnittstellentyp zu beschränken. Auf physischer Ebene verbindet diese Technik Schnittstellenbezeichner einfach mit dem angemessenen Offset mit dem Objekt, eine Technik, die von der dynamic_cast-Implementierung jedes C++-Compilers verwendet wird.

Obwohl jedoch die in den vorigen Kapiteln gezeigten Implementierungen von QueryInterface für COM völlig legal sind, bieten die Regeln von IUnknown bei der Implementierung von Objekten erheblich mehr Flexibilität als bisher ausgeführt wurde. Das vorliegende Kapitel untersucht diese Regeln und demonstriert, welche Implementierungstechniken sie implizieren.

4.1 IUnknown

Für IUnknown steht keine Standardimplementierung als Bestandteil der COM-Systemaufrufschnittstelle zur Verfügung. Die SDK-Header-Dateien enthalten weder Basisklassen noch Makros oder Templates die in allen C- oder C++-Programmen bei Implementierungen von QueryInterface, AddRef oder Release verwendet werden müßten. Statt dessen enthält die Component Object Model Specification sehr präzise Regeln zu den Annahmen, die Clients und Objekte im Hinblick auf diese drei Methoden machen dürfen. Diese Regelsammlung stellt das Protokoll von IUnknown dar, nach dem jede Implementierung die drei Methoden von IUnknown auf das abbilden kann, was für das jeweilige Objekt sinnvoll ist.

In Kapitel 2 wurden die De-facto-C++-Implementierungen dieser drei Methoden dargestellt, doch spricht sich COM in keiner Weise dafür aus, sie zu verwenden. COM erfordert lediglich, daß jede Implementierung die Basisregeln von IUnknown befolgt. Wie dies bewerkstelligt wird, ist für COM von keinerlei Interesse. COM ist also sehr zurückhaltend. Es fordert von Objekten weder Systemaufrufe noch ihre Ableitung aus Implementierungen, die das System bereithält oder irgend etwas anderes – mit Ausnahme von COM-konformen vptr-Zeigern. Wie später in diesem Kapitel gezeigt wird, ist es in der Tat möglich, aus IUnknown abgeleitete vptrs mit Klassen zu präsentieren, die aus keiner COM-Schnittstelle stammen.

Insgesamt definieren die Regeln für IUnknown, was es heißt, ein COM-Objekt zu sein. Um diese Regeln zu verstehen, ist es hilfreich, mit einem konkreten Beispiel zu beginnen. Machen Sie sich einmal über die folgende Schnittstellenhierarchie Gedanken:

```
import "unknwn.idl";

[object, uuid(CD538340-A56D-11d0-8C2F-0080C73925BA)]
interface IVehicle : IUnknown {
  HRESULT GetMaxSpeed([out, retval] long *pMax);
}

[object, uuid(CD538341-A56D-11d0-8C2F-0080C73925BA)]
interface ICar : IVehicle {
  HRESULT Brake(void);
}

[object, uuid(CD538342-A56D-11d0-8C2F-0080C73925BA)]
interface IPlane : IVehicle {
  HRESULT TakeOff(void);
}

[object, uuid(CD538343-A56D-11d0-8C2F-0080C73925BA)]
interface IBoat : IVehicle {
  HRESULT Sink(void);
}
```

Zur visuellen Darstellung von Objekten verwendet COM eine Standardtechnik, die sich aus der COM-Philosophie ableitet, Schnittstellen von ihrer Implementierung zu trennen und außer einer Liste ihrer Schnittstellen keine Implementierungsdetails auszuplaudern. Zugleich werden mit dieser Technik viele der Regeln von IUnknown verdeutlicht. Abbildung 4-1 zeigt die Standardnotation für eine Klasse CarBoatPlane, die jede der zuvor definierten Schnittstellen implementiert. Beachten Sie, daß dieses Diagramm nichts anderes vorwegnimmt, als daß CarBoat-Plane-Objekte fünf Schnittstellen offenlegen: IBoat, IPlane, ICar, IVehicle und IUnknown - es sei denn, eine höhere Gewalt verhindert dies.

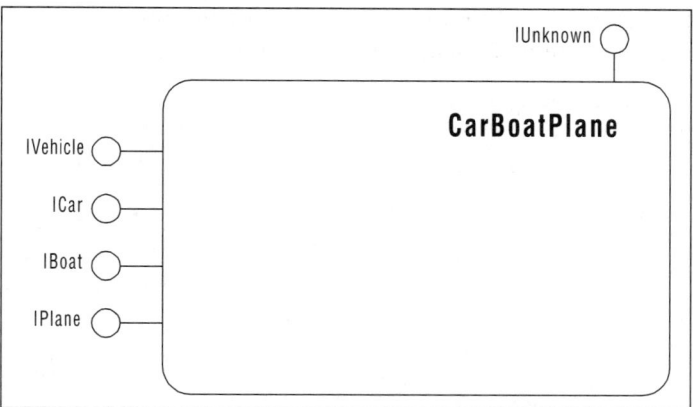

Abbildung 4-1 Die Klasse `CarBoatPlane` *implementiert die zuvor definierten Schnittstellen*

Die erste Regel, die untersucht werden muß, ist der Anspruch von `QueryInterface`, symmetrisch, transitiv und reflexiv zu sein. Dieser Anspruch definiert die Beziehung zwischen allen Schnittstellenzeigern des Objekts und ist ein erster Schritt zur Definition der Idee, worin in COM Objektidentität besteht. Wie auch alle anderen Regeln von `IUnknown`, muß diese Voraussetzung stets erfüllt werden, wenn es sich um ein gültiges COM-Objekt handeln soll – es sei denn, eine höhere Gewalt legt anderes fest.

4.2   QueryInterface ist symmetrisch

Die COM-Spezifikation besagt, daß wenn eine `QueryInterface`-Anforderung an Schnittstelle *B* von einem Schnittstellenzeiger des Typs *A* erfüllt wird, auch eine `QueryInterface`-Anforderung an Schnittstelle *A* über den resultierenden Schnittstellenzeiger des Typs *B* niemals fehlschlagen darf. Das heißt, wenn

```
QI(A)->B
```

wahr ist, muß auch

```
QI(QI(A)->B)->A
```

zutreffen.

Diese Eigenschaft, die in Abbildung 4-2 illustriert wird, impliziert, daß die im folgenden Listing aufgestellte Behauptung immer wahr ist:

Abbildung 4-2 `QueryInterface` *ist symmetrisch*

```
void AssertSymmetric(ICar *pCar) {
  if (pCar) {
    IPlane *pPlane = 0;
// Zweiten Schnittstellentyp anfordern
    HRESULT hr  = pCar->QueryInterface(IID_IPlane,
                      (void**)&pPlane);
    if (SUCCEEDED(hr)) {
      ICar *pCar2 = 0;
// Ursprünglichen Schnittstellentyp anfordern
      hr = pPlane->QueryInterface(IID_ICar,
                      (void**)&pCar2);

// Wenn die folgende Annahme nicht zutrifft, zeigt pCar
// auf kein gültiges COM-Objekt
      assert(SUCCEEDED(hr));
      pCar2->Release();
    }
    pPlane->Release();
  }
}
```

Aus der Symmetrie von `QueryInterface` ergibt sich, daß sich Clients nicht darum sorgen müssen, welcher Schnittstelle sie sich zuerst annehmen, da beide Schnittstellentypen in beliebiger Reihenfolge angesprochen werden können.

4.3 QueryInterface ist transitiv

Die COM-Spezifikation besagt außerdem, daß wenn eine `QueryInterface`-Anforderung an Schnittstelle *B* von einem Schnittstellenzeiger des Typs *A* erfüllt wird, und eine zweite `QueryInterface`-Anforderung an Schnittstelle *C* von einem Schnittstellenzeiger des Typs *B* erfüllt wird, auch eine `QueryInterface`-Anforderung an Schnittstelle *C* über den ursprünglichen Schnittstellenzeiger des Typs *A* erfolgreich sein muß. Wenn also

```
QI(QI(A)->B)->C
```

wahr ist, muß auch

```
QI(A)->C
```

zutreffen.

Diese Voraussetzung, die in Abbildung 4-3 illustriert wird, impliziert, daß die im folgenden Listing aufgestellte Behauptung immer wahr ist:

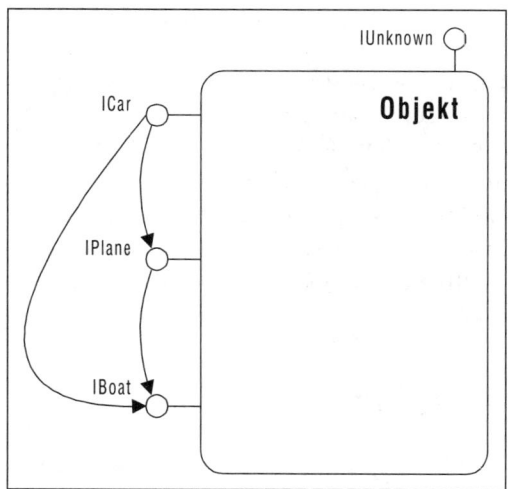

Abbildung 4-3 `QueryInterface` *ist transitiv*

```
void AssertTransitive(ICar *pCar) {
  if (pCar) {
    IPlane *pPlane = 0;
// Schnittstellenzwischentyp anfordern
    HRESULT hr  = pCar->QueryInterface(IID_IPlane,
                      (void**)&pPlane);
    if (SUCCEEDED(hr)) {
      IBoat *pBoat1 = 0;
```

```
// Endgültigen Schnittstellentyp anfordern
    hr = pPlane->QueryInterface(IID_IBoat,
                            (void**)&pBoat1);
        if (SUCCEEDED(hr)) {
            IBoat *pBoat2 = 0;
// Endgültigen Schnittstellentyp mit dem ursprünglichen
// Zeiger anfordern
        hr = pCar->QueryInterface(IID_IBoat,
                        (void**)&pBoat2);
// Wenn die folgende Annahme nicht zutrifft, zeigt pCar
// auf kein gültiges COM-Objekt
            assert(SUCCEEDED(hr));
            pBoat2->Release();
        }
        pBoat1->Release();
    }
    pPlane->Release();
  }
}
```

Die Transitivität von QueryInterface impliziert, daß alle von einem Objekt offengelegten Schnittstellen äquivalent sind und in keiner bestimmten Reihenfolge angesprochen werden müssen. Wäre dies nicht der Fall, müßten sich die Clients darum sorgen, welchen Zeiger auf ein Objekt sie bei verschiedenen QueryInterface-Anforderungen verwenden. Transitivität und Symmetrie von QueryInterface implizieren, daß jeder Schnittstellenzeiger auf ein Objekt für jede QueryInterface-Anforderung dieselbe Ja/Nein-Antwort bereithält. Damit gibt es nur noch einen Fall, der von der Transitivität und Symmetrie von QueryInterface nicht abgedeckt ist: die mehrfache Nachfrage nach derselben Schnittstelle. In dieser Situation ist auch die Reflexivität von QueryInterface gefragt.

4.4   QueryInterface ist reflexiv

Die COM-Spezifikation besagt, daß eine QueryInterface-Anforderung durch einen Schnittstellenzeiger immer erfolgreich sein muß, wenn der angeforderte Zeigertyp mit dem des anfordernden Zeigers übereinstimmt.

```
QI(A)->A
```

muß also immer zutreffen.

Diese Voraussetzung wird in Abbildung 4-4 illustriert und mit dem folgenden Codefragment verdeutlicht:

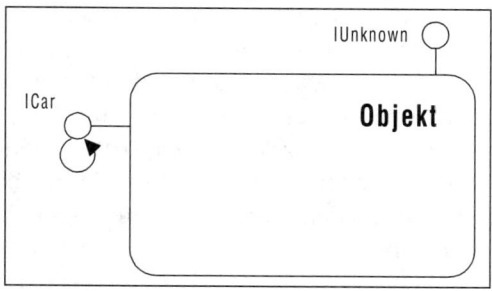

Abbildung 4-4 `QueryInterface` *ist reflexiv*

```
void AssertReflexive(ICar *pCar) {
  if (pCar) {
    ICar *pCar2 = 0;
// Denselben Schnittstellentyp anfordern
    HRESULT hr = pCar->QueryInterface(IID_ICar,
                    (void**)&pCar2);

// Wenn die folgende Annahme nicht zutrifft, zeigt pCar
// auf kein gültiges COM-Objekt
    assert(SUCCEEDED(hr));
    pCar2->Release();
  }
}
```

Dieser Code unterstellt, daß alle Implementierungen von `ICar` in der Lage sind, weitere `QueryInterface`-Anforderungen an `ICar` über einen `ICar`-Schnittstellenzeiger zu bedienen. Wäre dies nicht der Fall, könnten keine streng typisierten Schnittstellen über Basistyp-Parameter übergeben werden, ohne den Originaltyp für immer zu verlieren:

```
extern void GetCar(ICar **ppcar);
extern void UseVehicle(IVehicle *pv);
ICar *pCar;
GetCar(&pCar);
UseVehicle(pCar); // ICar-heit geht syntaktisch verloren
void UseVehicle(IVehicle *pv) {
  ICar *pCar = 0;
// Versuchen, ICar-heit syntaktisch wiederzugewinnen
  HRESULT hr = pv->QueryInterface(IID_ICar,
                    (void**)&pCar);
    :
}
```

Weil der in der Funktion `UseVehicle` verwendete Zeigerwert denselben Wert wie der vom Aufrufer übergebene Zeiger `ICar` hat, wäre es alles andere als intuitiv, wenn dieser Typ innerhalb der Funktion nicht erhalten bliebe.

Symmetrie, Reflexivität und Transitivität von `QueryInterface` implizieren, daß jeder Schnittstellenzeiger auf ein Objekt für jede `QueryInterface`-Anforderung dieselbe Ja/Nein-Antwort bereithält. Dies erlaubt es den Clients, sich die Typhierarchie eines Objekts als einen einfachen Graphen vorzustellen, in dem alle Knoten miteineinder (und mit sich selbst) direkt über explizite Scheitelpunkte miteinander verbunden sind. Einen solchen Graphen sehen Sie in Abbildung 4-5. Beachten Sie, daß jeder Knoten von jedem anderen Knoten über einen einzigen Scheitelpunkt erreicht werden kann.

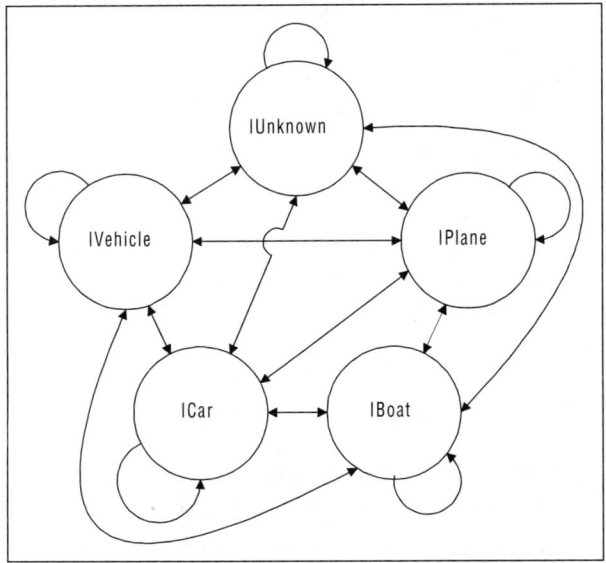

Abbildung 4-5 Sämtliche Knoten sind durch Scheitelpunkte miteinander verbunden

4.5   Objektdatentypen sind statisch

Aus den drei Voraussetzungen von `QueryInterface` kann die eine Schlußfolgerung gezogen werden, daß sich der Satz Schnittstellen, die von einem Objekt unterstützt werden, nicht im Verlauf der Zeit ändern kann. Die COM-Spezifikation fordert explizit, daß dies für alle Objekte zutreffen muß. Implizit bedeutet dies, daß die Typhierarchie eines Objekts statisch ist, auch wenn Clients das Objekt dynamisch daraufhin befragen müssen, welchen Satz Typen es unterstützt. Wenn ein Objekt die Frage nach einer Schnittstelle vom Typ *A* mit »Ja« beantwortet, muß es dies auch in Zukunft tun. Und wenn ein Objekt die Frage nach einer Schnittstelle vom Typ *A* mit »Nein« beantwortet, muß es auch in Zukunft »Nein« sagen. »In Zukunft« bedeutet in diesem Zusammenhang »solange es noch mindestens einen ausstehenden Schnittstellenzeiger auf das Objekt gibt«. Normalerweise ist dies gleichbedeutend mit der Lebensdauer des zugrundeliegenden C++-Objekts, doch bietet die COM-Spezifikation der Implementierung hier eine gewisse Flexibilität (d.h., daß die Typhierarchie einer globalen Variablen geändert werden kann, sofern alle Zeiger freigegeben sind).

Die Tatsache, daß alle COM-Objekt eine statische Typhierarchie besitzen, impliziert, daß die im folgenden Listing gemachte Annahme immer zutrifft, gleichgültig, welcher Schnittstellenbezeichner als zweiter Parameter verwendet wird:

```
void AssertStaticType(IUnknown *pUnk, REFIID riid) {
  IUnknown *pUnk1 = 0, *pUnk2 = 0;
  HRESULT hr1 = pUnk->QueryInterface(riid,
                      (void**)&pUnk1);
  HRESULT hr2 = pUnk->QueryInterface(riid,
                      (void**)&pUnk2);
// Beide Anforderungen derselben Schnittstelle sollten
// dieselbe Ja/Nein-Anwort erhalten
  assert(SUCCEEDED(hr1) == SUCCEEDED(hr2));
  if (SUCCEEDED(hr1)) pUnk1->Release();
  if (SUCCEEDED(hr2)) pUnk2->Release();
}
```

Aus diesen Voraussetzungen ergibt sich, daß COM die folgenden Programmiertechniken untersagt:

1. Für die Entscheidung über eine QueryInterface-Anforderung eine temporäre Information zu verwenden (d.h. die Schnittstelle IMorning nur vor 12.00 Uhr zur Verfügung zu stellen).

2. Für die Entscheidung über eine QueryInterface-Anforderung eine unbeständige Statusinformation zu verwenden (d.h. die Schnittstelle INotBusy nur dann zur Verfügung zu stellen, wenn die Anzahl ausstehender Schnittstellenzeiger zehn unterschreitet).

3. Für die Entscheidung über eine QueryInterface-Anforderung das Sicherheits-Token des Aufrufers zu verwenden. In Kapitel 6 wird erklärt werden, daß dies wegen des von COM verwendeten Übertragungsprotokolls ohnehin keine sicherheitsrelevanten Auswirkungen hätte.

4. Die Entscheidung über eine QueryInterface-Anforderung von einer erfolgreichen dynamischen Ressourcenvergabe abhängig zu machen (d.h. die Schnittstelle IHaveTonsOfMemory nur dann zur Verfügung zu stellen, wenn malloc(4096*4096) erfolgreich ausgeführt werden kann).

Das Verbot für die zuletzt genannte Technik kann etwas gelockert werden, wenn bei der Implementierung des Objekts in Kauf genommen wird, daß die einschränkende Klausel der höheren Gewalt der COM-Spezifikation greift.

Diese Einschränkungen bedeuten jedoch nicht, daß zwei Objekte derselben Implementierungsklasse nicht unterschiedliche Ja/Nein-Antworten erteilen können, wenn Sie nach derselben Schnittstelle gefragt werden. Eine Klasse könnte beispielsweise die zuvor gezeigten Schnittstellen ICar, IBoat und IPlane implementieren, einem bestimmten Objekt aber nur eine von ihnen zur Verfügung stellen. Die Einschränkungen bedeuten auch nicht, daß ein Objekt seine *anfängliche* Antwort für eine bestimmte Schnittstelle nicht von zeitlichen oder Statusinformationen abhängig machen kann. In dem Beispiel der Klasse, die nur eine von drei Schnittstellen zugänglich macht, wäre beispielsweise die folgende Phrase vollkommen legal:

```
class CBP : public ICar, public IPlane, public IBoat{
  enum TYPE { CAR, BOAT, PLANE, NONE };
  TYPE m_type;
  CBP(void) : m_type(NONE) {}
  STDMETHODIMP QueryInterface(REFIID riid,
      void **ppv) {
    if (riid == IID_ICar) {
// Die erste QI initialisiert den Objekttyp
      if (m_type == NONE) m_type = CAR;
// Diese Anforderung nur erfüllen,
// wenn dieses Objekt vom Typ CAR ist
      if (m_type == CAR)
        *ppv = static_cast<ICar*>(this);
      else
        return (*ppv = 0), E_NOINTERFACE;
    }
    else if (riid == IID_IBoat)
// IBoat und IPlane auf die gleiche Weise behandeln
};
```

Die Voraussetzung, daß der Satz unterstützter Schnittstellen statisch sein muß, bedeutet lediglich, daß auf einem bestimmten Objekt basierende Objektimplementierungen für eine bestimmte Schnittstelle nicht verschiedene Ja/Nein-Antworten erteilen dürfen. Einer der Gründe, warum die Typhierarchie eines Objekts während seiner Ausführungszeit als unabänderlich betrachtet werden sollte, liegt darin, daß COM nicht garantieren kann, alle QueryInterface-Anforderungen eines Client an das Objekt weiterzugeben, wenn ein Fernzugriff darauf erfolgt. Clientseitigen Proxies wird damit die Möglichkeit gegeben, die Resultate von QueryInterface zwischenzuspeichern, und so eine exzessive Client-Objekt-Kommunikation zu vermeiden. Diese Optimierung ist entscheidend für die Performanz von COM, schließt aber Designs aus, die mit QueryInterface *dynamische* semantische Informationen an den Aufrufer übermitteln wollen.

4.6 Eindeutigkeit und Identität

Im vorigen Abschnitt war davon die Rede, daß `QueryInterface` Aufrufe mit »Ja« oder »Nein« beantwortet. Natürlich gibt `QueryInterface` in Wirklichkeit `S_OK` (= ja) und `E_NOINTERFACE` (= nein) zurück. Bei der Antwort `S_OK` gibt `QueryInterface` jedoch außerdem einen Zeiger auf das Objekt zurück. COM stellt sehr spezifische Ansprüche an diesen Zeigerwert, der den Clients die Entscheidung ermöglicht, ob zwei Schnittstellenzeiger auf dasselbe Objekt zeigen.

4.7 QueryInterface und IUnknown

Die Reflexivität von `QueryInterface` garantiert, daß jeder Schnittstellenzeiger Anforderungen an `IUnknown` zufriedenstellen kann, weil sämtliche Schnittstellenzeiger implizit vom Typ `IUnknown` sind. Die COM-Spezifikation ist ein wenig restriktiver, wenn sie die Resultate von `QueryInterface`-Anforderungen an `IUnknown` im besonderen beschreibt. Das Objekt muß diese Anforderung nicht nur stets mit »Ja« beantworten, es muß auch *für jede Anforderung exakt denselben Zeigerwert* zurückgeben. Daher müssen beide der im folgenden Codeabschnitt gemachten Behauptungen eingelöst werden:

```
void AssertSameObject(IUnknown *pUnk) {
  IUnknown *pUnk1 = 0, *pUnk2 = 0;
  HRESULT hr1 = pUnk->QueryInterface(IID_IUnknown,
                 (void**)&pUnk1);
  HRESULT hr2 = pUnk->QueryInterface(IID_IUnknown,
                 (void**)&pUnk2);
// QueryInterface(IUnknown) muß immer erfolgreich sein
  assert(SUCCEEDED(hr1) && SUCCEEDED(hr2));

// Zwei Anforderungen von IUnknown müssen
// stets dieselben Zeigerwerte erhalten
  assert(pUnk1 == pUnk2);
  pUnk1->Release();
  pUnk2->Release();
}
```

Durch Erfüllung dieser Voraussetzung ist es den Clients möglich, zwei beliebige Schnittstellenzeiger miteinander zu vergleichen, um festzustellen, ob sie auf dieselbe *Objektidentität* zeigen.

```
bool IsSameObject(IUnknown *pUnk1, IUnknown *pUnk2) {
  assert(pUnk1 && pUnk2);
  bool bResult = true;
  if (pUnk1 != pUnk2)  {
    HRESULT hr1, hr2;
    IUnknown *p1 = 0, *p2 = 0;
```

```
    hr1 = pUnk1->QueryInterface(IID_IUnknown,
             (void**)&p1);
    assert(SUCCEEDED(hr1));
    hr2 = pUnk2->QueryInterface(IID_IUnknown,
             (void**)&p2);
    assert(SUCCEEDED(hr1));
// Die beiden Zeigerwerte vergleichen,
// da sie die Identität des Objekts repräsentieren
    bResult = (p1 == p2);
    p1->Release();   p2->Release();
  }
  return bResult;
}
```

Wie in Kapitel 5 gezeigt werden wird, verwendet die Remote-Architektur von COM das grundlegende Konzept der Identität, um Schnittstellenzeiger im Netzwerk effizient repräsentieren zu können.

Mit den Kenntnissen über die Regeln von IUnknown bewaffnet, ist es nützlich, sich die Implementierung eines Objekts anzusehen und zu überprüfen, ob sie diese Voraussetzungen erfüllt. Die folgende Implementierung legt jede der vier Vehicle-Schnittstellen sowie IUnknown offen:

```
class CarBoatPlane : public ICar,
                     public IBoat,
                     public IPlane {
public:
// Methoden von IUnknown
  STDMETHODIMP QueryInterface(REFIID, void**);
  STDMETHODIMP_(ULONG) AddRef(void);
  STDMETHODIMP_(ULONG) Release(void);
// Methoden von IVehicle
  STDMETHODIMP GetMaxSpeed(long *pMax);
// Methoden von ICar
  STDMETHODIMP Brake(void);
// Methoden von IBoat
  STDMETHODIMP Sink(void);
// Methoden von IPlane
  STDMETHODIMP TakeOff(void);
};
```

Das folgende Listing zeigt die Implementierung der Methode QueryInterface von CarBoatPlane.

```
STDMETHODIMP QueryInterface(REFIID riid, void **ppv){
  if (riid == IID_IUnknown)
    *ppv = static_cast<ICar*>(this);
  else if (riid == IID_IVehicle)
    *ppv = static_cast<ICar*>(this);
```

```
  else if (riid == IID_ICar)
    *ppv = static_cast<ICar*>(this);
  else if (riid == IID_IIBoat)
    *ppv = static_cast<IBoat*>(this);
  else if (riid == IID_IPlane)
    *ppv = static_cast<IPlane*>(this);
  else
    return (*ppv = 0), E_NOINTERFACE;
  ((IUnknown*)*ppv)->AddRef();
  return S_OK;
}
```

Um ein COM-Objekt zu sein, muß die Implementierung der Methode `QueryInterface` von `CarBoatPlane` die in diesem Kapitel beschriebenen Regeln von `IUnknown` vollständig erfüllen.

Die Klasse `CarBoatPlane` legt lediglich die Schnittstellen des Typs `ICar`, `IPlane`, `IBoat` und `IVehicle` offen – und `IUnknown`. Jede `CarBoatPlane`-vtbl verweist auf die einzige Schnittstelle `QueryInterface`, die soeben gezeigt wurde. Über diese `QueryInterface`-Implementierung kann auf jede der unterstützten Schnittstellen zugegriffen werden; daher gibt es kein Schnittstellenpaar, das nicht symmetrisch wäre. Für jedes Schnittstellenpaar trifft also folgendes zu:

```
If QI(A)->B Then QI(QI(A)->B)->A
```

Derselben Logik folgend – weil alle Schnittstellen dieselbe `QueryInterface`-Implementierung besitzen –, trifft für alle Schnittstellen A, B und C folgendes zu:

```
If QI(QI(A)->B)->C Then QI(A)->C
```

Weil schließlich die Implementierung von `QueryInterface` alle Anforderungen der fünf möglichen Schnittstellenzeiger eines Clients erfüllt, muß für jede der unterstützten Schnittstellen folgendes zutreffen:

```
QI(A)->A
```

Weil durch mehrfache Vererbung nur eine einzige Implementierung von `QueryInterface` für alle Schnittstellen eines Objekts erzwungen wird, ist es tatsächlich sehr schwierig, gegen die Voraussetzungen Symmetrie, Reflexivität und Transitivität zu verstoßen.

Diese Implementierung erfüllt auch die Identitätsregel von COM, bei Anforderungen von `IUnknown` nur einen Zeiger zurückzugeben:

```
if (riid == IID_IUnknown)
    *ppv = static_cast<ICar*>(this);
```

Gäbe die Implementierung von QueryInterface für jede Anforderung einen anderen vptr zurück...

```
if (riid == IID_IUnknown) {
  int n = rand() % 3;
  if (n == 0)
    *ppv = static_cast<ICar*>(this);
  else if (n == 1)
    *ppv = static_cast<IBoat*>(this);
  else if (n == 2)
    *ppv = static_cast<IPlane*>(this);
}
```

...wäre die Implementierung im Hinblick auf reine C++-Typbeziehungen korrekt (d.h. alle drei Schnittstellen sind mit dem angeforderten Typ IUnknown typkompatibel). Dies ist jedoch keine legale COM-Implementierung, weil die Identitätsregel von QueryInterface verletzt wird.

4.8   Mehrfach-Schnittstellen und -Methodennamen

Mehrfache Vererbung ist eine sehr effiziente und geradlinige Technik zur Implementierung von COM-Schnittstellen in einer C++-Klasse. Nur sehr wenig explizite Codierung ist erforderlich, weil Compiler und Linker die Hauptarbeit erledigen und die von COM geforderten vtbls und die zugehörigen vptrs erstellen. Enthalten mehrere Basisklassen denselben Methodennamen mit identischen Parametertypen, nehmen Compiler und Linker beglückt die entsprechenden vtbl-Einträge vor, die auf die einzige Implementierung dieser Methode zeigen. Dieses Verhalten betrifft Methoden wie QueryInterface, AddRef und Release, weil jede COM-Schnittstelle damit beginnt und dennoch jede Methode bei der Implementierung der Klasse nur einmal geschrieben werden muß – dies ist sehr praktisch. Dasselbe Verhalten betrifft aber auch Methoden arbiträrer Schnittstellen, die zufälligerweise denselben Namen und dieselbe Signatur besitzen. Und hier kann mehrfache Vererbung in eine Falle führen.

Die in diesem Kapitel besprochene Vehicle-Schnittstellenhierarchie weist genau diese Namenskollision auf. Die Schnittstelle ICar verfügt über eine Methode namens GetMaxSpeed. Auch IBoat und IPlane haben Schnittstellen, die so benannt sind und identische Signaturen besitzen. Bei Verwendung mehrfacher Vererbung bedeutet dies, daß bei Implementierung der Klasse die Methode GetMaxSpeed einmal geschrieben wird und Compiler und Linker ICar-, IBoat- und IPlane-kompatible vtbls initialisieren, die auf diese eine Implementierung zeigen.

Bei sehr vielen Implementierungen mag dieses Verhalten angemessen sein. Was aber, wenn das Objekt abhängig von der anfordernden Schnittstelle verschiedene Höchstgeschwindigkeiten zurückgeben muß? Weil Namen und Signaturen identisch sind, müssen ungewöhnliche Maßnahmen ergriffen werden, um mehrere

Implementierungen der in Kollision geratenden Methode zuzulassen. Eine weit-
verbreitete Technik besteht darin, eine aus einer Schnittstelle abgeleitete C++-
Zwischenklasse zu erstellen, die die kollidierende Methode durch einen rein virtuellen Aufruf mit einem konfliktfreien Namen implementiert:

```
struct IXCar : public ICar {
// rein virtuelle nicht-kollidierende Methode
  virtual HRESULT STDMETHODCALLTYPE
          GetMaxCarSpeed(long *pval) = 0;

// kollidierende Methode durch Aufruf der nicht-kollidierenden
// Implementierung in der abgeleiteten Klasse implementieren
  STDMETHODIMP GetMaxSpeed(long *pval)
  { return GetMaxCarSpeed(pval); }
};
```

Sobald die Schnittstellen IBoat und IPlane die gleiche Behandlung erfahren haben, könnte man nun verschiedene Versionen von GetMaxSpeed implementieren,
indem sie einfach aus den erweiterten Schnittstellenversionen abgeleitet werden
und die konfliktfreie Version jeder GetMaxSpeed-Methode überschreiben:

```
class CarBoatPlane : public IXCar,
                     public IXBoat,
                     public IXPlane {
public:
// Methoden von IUnknown
  STDMETHODIMP QueryInterface(REFIID, void**);
  STDMETHODIMP_(ULONG) AddRef(void);
  STDMETHODIMP_(ULONG) Release(void);
// Methoden von IVehicle
  // do not override GetMaxSpeed!
// Methoden von IXCar
  STDMETHODIMP Brake(void);
// Methoden von IXBoat
  STDMETHODIMP Sink(void);
// Methoden von IXPlane
  STDMETHODIMP TakeOff(void);

// Aufruf von IXCar::GetMaxSpeed
  STDMETHODIMP GetMaxCarSpeed(long *pval);
// Aufruf von IXBoat::GetMaxSpeed
  STDMETHODIMP GetMaxBoatSpeed(long *pval);
// Aufruf von IXPlane::GetMaxSpeed
  STDMETHODIMP GetMaxPlaneSpeed(long *pval);
}
```

Abbildung 4-6 verdeutlicht das Layout dieser Klassen und die vtbl-Formate. Beachten Sie, daß die kollidierende Methode `GetMaxSpeed` nicht in dieser Klasse implementiert wird. Weil jede der Basisklassen von `CarBoatPlane` diese rein virtuelle Methode überschreibt, muß `CarBoatPlane` keine eigene Implementierung liefern. Würde vielmehr `GetMaxSpeed` von `CarBoatPlane` überschrieben, würde ihre eigene Implementierung dieser Klasse die Aufrufversionen jeder der Basisklassen überschreiben und den Zweck des Einsatzes von `IXCar`, `IXBoat` und `IXPlane` zunichte machen. Wegen dieses Problems eignet sich diese Technik nur für Situationen, in denen garantiert ausgeschlossen werden kann, daß die Implementierungsklasse (und jede möglicherweise daraus abgeleitete Klasse) die Kollisionsmethode überschreibt.

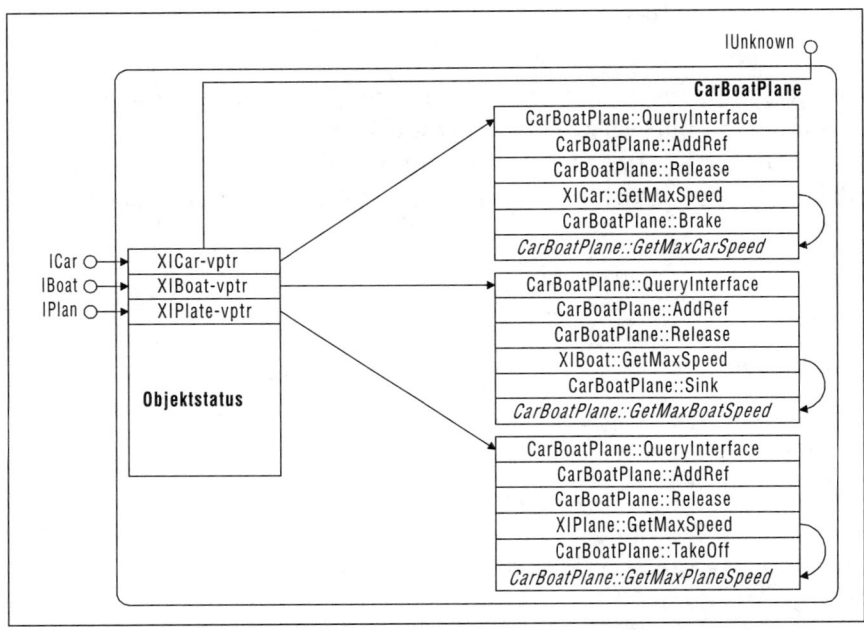

Abbildung 4-6 Konfliktlösung bei Namenskollisionen zwischen Schnittstellen

Eine andere Technik, kollidierenden Methoden mehrere Implementierungen zur Seite zu stellen, besteht darin, die Regeln von `IUnknown` besser zu auszunutzen. Die COM-Spezifikation fordert nicht, daß Objekte als C++-Klassen implementiert werden müssen. Obwohl zwischen COM-Objekten und C++-Klassen eine natürliche, auf mehrfacher Vererbung basierende Ähnlichkeit besteht, ist dies doch nur eine der möglichen Implementierungstechniken. Um ein COM-Objekt zu erstellen, kann jede Programmiertechnik verwendet werden, die vtbls produziert, welche das richtige Format haben und die Voraussetzungen der COM-Regeln für `QueryInterface` erfüllen. Eine gebräuchliche Technik, Namenskollisionen aufzulösen, besteht darin, die Schnittstellen mit den sich überschneidenden Namen als getrennte C++-Klassen zu implementieren und die C++-Zielklasse aus Instanzen dieser einzelnen Klassen zu bilden. Um zu garantieren, daß jedes dieser zusammengesetzten Datenelemente der Außenwelt als einzelnes COM-Objekt erscheint, ist es allgemein üblich, eine Hauptimplementierung von QueryInterface durchzuführen, an die jedes der zusammengesetzten Datenelemente delegiert. Der folgende Quelltext demonstriert diese Technik:

```
class CarPlane {
  LONG m_cRef;
  CarPlane(void) : m_cRef(0) {}
public:
// Hauptmethoden von IUnknown
  STDMETHODIMP QueryInterface(REFIID, void**);
  STDMETHODIMP_(ULONG) AddRef(void);
  STDMETHODIMP_(ULONG) Release(void);
private:
// Verschachtelte Klasse zur Implentierung von ICar
  struct XCar : public ICar {
// Zeiger auf das Hauptobjekt wiedergewinnen
    inline CarPlane* This();
    STDMETHODIMP QueryInterface(REFIID, void**);
    STDMETHODIMP_(ULONG) AddRef(void);
    STDMETHODIMP_(ULONG) Release(void);
    STDMETHODIMP GetMaxSpeed(long *pval);
    STDMETHODIMP Brake(void);
  };

// Verschachtelte Klasse zur Implentierung von IPlane
  struct XPlane : public IPlane {
// Zeiger auf das Hauptobjekt wiedergewinnen
    inline CarPlane* This();
    STDMETHODIMP QueryInterface(REFIID, void**);
    STDMETHODIMP_(ULONG) AddRef(void);
    STDMETHODIMP_(ULONG) Release(void);
    STDMETHODIMP GetMaxSpeed(long *pval);
    STDMETHODIMP TakeOff(void);
  };
// Instanzen verschachtelter Klassen deklarieren
  XCar m_xCar;
  XPlane m_xPlane;
};
```

Die Verwendung verschachtelter Klassen ist optional, betont aber, daß diese untergeordneten Klassen außerhalb des Kontextes der Klasse CarPlane keinen Sinn ergeben. Abbildung 4-7 illustriert das binäre Layout dieser Klasse und der zugehörigen vtbl-Layouts.

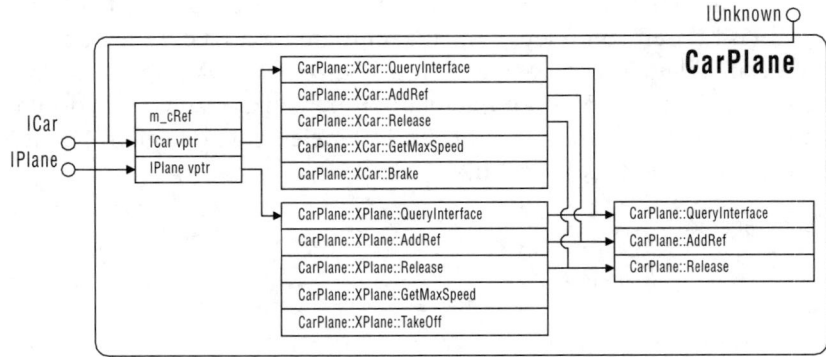

Abbildung 4-7 Auf Zusammensetzung basierende Implementierung

Beachten Sie, daß es sich um zwei verschachtelte Klassendefinitionen handelt, eine für jede der implementierten Schnittstellen. Dadurch können bei der Objektimplementierung zwei verschiedene Implementierungen von GetMaxSpeed bereitgestellt werden:

```
STDMETHODIMP CarPlane::XCar::GetMaxSpeed(long *pn){
  // *pn auf die Höchstgeschwindigkeit von Autos setzen
}
STDMETHODIMP CarPlane::XPlane::GetMaxSpeed(long *pn){
  // *pn auf die Höchstgeschwindigkeit von Flugzeugen setzen
}
```

Dadurch, daß sich zwei Implementierungen von GetMaxSpeed in verschiedenen verschachtelten Klassendefinitionen befinden, kann die Methode zweifach definiert werden. Außerdem ist sichergestellt, daß die vtbls von ICar und IPlane verschiedene Einträge für GetMaxSpeed erhalten.

Es lohnt sich auch zu beachten, daß die übergeordnete Klasse CarPlane zwar die Methoden von IUnknown implementiert, aber nichts von einer der aus IUnknown abgeleiteten Klassen erbt. Statt dessen haben CarPlane-Objekte Datenelemente, die aus COM-Schnittstellen abgeleitet sind. Anstatt also static_cast zu verwenden, um im Objekt einen vptr aufzufinden, muß die Implementierung der QueryInterface-Schnittstelle von CarPlane einen Zeiger auf das Datenelement zurückgeben, das die angeforderte Schnittstelle implementiert:

```
STDMETHODIMP CarPlane::QueryInterface(REFIID riid,
                        Void **ppv) {
  if (riid == IID_IUnknown)
    *ppv = static_cast<IUnknown*>(&m_xCar);
  else if (riid == IID_IVehicle)
    *ppv = static_cast<IVehicle*>(&m_xCar);
  else if (riid == IID_ICar)
    *ppv = static_cast<ICar*>(&m_xCar);
```

```
else if (riid == IID_IPlane)
  *ppv = static_cast<IPlane*>(&m_xPlane);
else
  return (*ppv = 0), E_NOINTERFACE;
((IUnknown*)(*ppv))->AddRef();
return S_OK;
}
```

Um Objektidentität zu gewährleisten muß jedes der Datenelemente von `CarPlane` diesen Code entweder in seiner eigenen Implementierung von `QueryInterface` nachahmen oder einfach an die Hauptschnittstelle `QueryInterface` von `CarPlane` delegieren. Dafür ist ein Mechanismus erforderlich, der von einer Methode des zusammengesetzten Elements zum Hauptobjekt führt. Die Klassendefinition `CarPlane::XCar` enthält eine Inline-Routine, die feste Offsets verwendet, um den `this`-Zeiger des Hauptobjekts aus dem `this`-Zeiger des zusammengesetzten Elements zu berechnen.

```
inline CarPlane::XCar::This(void) {
  return (CarPlane*)((char*)this  // Zeiger berechnen
                        - offsetof(CarPlane, m_xCar));
}
inline CarPlane::XPlane::This(void) {
  return (CarPlane*)((char*)this  // Zeiger berechnen
                        - offsetof(CarPlane, m_xPlane));
}
```

Diese Technik der Zeigerberechnung ist nicht nur portierbar, sondern auch außerordentlich effizient, weil keine expliziten Datenelemente erforderlich sind, um das Hauptobjekt aus der Methodenimplementierung des Datenelements zu ermitteln. Sind diese Berechnungsroutinen erst einmal definiert, ist die zusammengesetzte `QueryInterface`-Implementierung trivial:

```
STDMETHODIMP CarPlane::XCar::QueryInterface(REFIID r,
                          void**p){
  return This()->QueryInterface(r, p);
}
STDMETHODIMP CarPlane::XPlane::QueryInterface(
            REFIID r, void**p){
  return This()->QueryInterface(r, p);
}
```

Für `AddRef` und `Release` ist die gleiche Delegierung erforderlich, um für alle zusammengesetzten Datenelemente eine einheitliche Wahrnehmung der Ausführungsdauer des Objekts zu gewährleisten.

Der für diese Technik der Schnittstellenimplementierung erforderliche Quelltext ist erheblich umfangreicher, als wenn einfach auf mehrfache Vererbung zurückgegriffen wird. Auch der generierte Code ist wahrscheinlich nicht besser (vielleicht sogar schlechter) als bei mehrfacher Vererbung. Aus der Tatsache, daß die Klasse CarPlane aus keiner COM-Schnittstelle abgeleitet werden mußte, ergibt sich, daß Zusammensetzung eine annehmbare Technik zur Abbildung von COM auf bestehende Klassenbibliotheken darstellt (beispielsweise verwenden die Microsoft Foundation Classes [MFC] diese Technik). Wird die Zusammensetzungstechnik bei der Implementierung neuer Klassen verwendet, dann ist das Motiv dafür, verschiedene Implementierungen einer Methode zu erhalten, die in mehreren Schnittstellen identisch definiert ist. Glücklicherweise bergen die Standardschnittstellen von COM nur wenige solcher Kollisionen, und die wenigen vorhandenen laufen beinahe immer auf semantisch äquivalente Funktionalität hinaus. Um der im GetMaxSpeed-Szenario demonstrierten Kollision zu begegnen, ist die Zusammensetzungstechnik wahrscheinlich übertrieben, denn schon der erste Ansatz, Zwischenklassen zu verwenden, um Eindeutigkeit der Aufrufe zu erreichen, ist geradlinig und effizient und erfordert fast keinen zusätzlichen Programmcode. Wird die Zusammensetzungstechnik bei neuem Code verwendet, so ist dies hauptsächlich dadurch motiviert, daß eine Referenzzählung pro Schnittstelle implementiert werden soll.

Manchmal ist es wünschenswert, die Ressourcen eines Objekts abhängig von den aktuell verwendeten Schnittstellen zu belegen. Wird jedoch bei der Implementierung von COM-Schnittstellen mehrfache Vererbung eingesetzt, impliziert dies, daß in jeder vtbl nur eine Implementierung von AddRef und Release verwendet wird. Dennoch kann man die erste Anforderung einer bestimmten Schnittstelle ermitteln und die erforderlichen Ressourcen zuweisen:

```
STDMETHODIMP QueryInterface(REFIID riid, void **ppv){
  if (riid == IID_IBoat) {
// Ressource erstmals zuweisen
    if (m_pTonsOfMemory == 0)
      m_pTonsOfMemory = new char[4096 * 4096];
    *ppv = static_cast<IBoat>(this);
  }
  else if ...
}
```

Es ist unmöglich festzustellen, ob noch IBoat-Schnittstellenzeiger ausstehen, weil der Release-Aufruf eines Client über die Schnittstelle IBoat nicht von einem Release-Aufruf über irgend eine andere Schnittstelle des Objekts unterschieden werden kann. Dies ist normalerweise auch erwünscht, doch in diesem Fall müssen die AddRef- und Release-Aufrufe über die IBoat-Schnittstellen anders behandelt werden. Wäre die `IBoat`-Schnittstelle mit Hilfe der Zusammensetzungstechnik implementiert worden, würde sie über ihre eigenen `AddRef`- und `Release`-Implementierungen verfügen und damit über ihren eigenen, vom Hauptobjekt getrennten Referenzzähler:

```
class CarBoatPlane : public ICar, public IPlane {
  LONG m_cRef;
  char *m_pTonsOfMemory;
  CarBoatPlane(void): m_cRef(0), m_pTonsOfMemory(0){}
public:
// IUnknown-Methoden
  STDMETHODIMP QueryInterface(REFIID, void**);
  STDMETHODIMP_(ULONG) AddRef(void);
  STDMETHODIMP_(ULONG) Release(void);
// IVehicle-Methoden
  STDMETHODIMP GetMaxSpeed(long *pMax);
// ICar-Methoden
  STDMETHODIMP Brake(void);
// IPlane-Methoden
  STDMETHODIMP TakeOff(void);

// Verschachtelte Klasse definieren, die IBoat implementiert
  struct XBoat : public IBoat {
// Zeiger auf das Hauptobjekt wiedergewinnen
    inline CarBoatPlane* This();
    LONG m_cBoatRef; // Referenzzähler pro Schnittstelle
    XBoat(void) : m_cBoatRef(0) {}
    STDMETHODIMP QueryInterface(REFIID, void**);
    STDMETHODIMP_(ULONG) AddRef(void);
    STDMETHODIMP_(ULONG) Release(void);
    STDMETHODIMP GetMaxSpeed(long *pval);
    STDMETHODIMP Sink(void);
  };
  XBoat m_xBoat;
};
```

Die `AddRef`- und `Release`-Implementierungen von `IBoat` können nun die Anzahl der Referenzen vom Typ `IBoat` ermitteln und die Ressource freigeben, wenn sie nicht mehr benötigt wird:

```
STDMETHODIMP_(ULONG) CarBoatPlane::XBoat::AddRef() {
  ULONG res = InterlockedIncrement(&m_cBoatRef);
  if (m_res == 1) { // erstes AddRef
// Ressource zuweisen und AddRef an Objekt weitergeben
    This()->m_pTonsOfMemory = new char[4096*4096];
    This()->AddRef();
  }
  return res;
}
```

```
STDMETHODIMP_(ULONG) CarBoatPlane::XBoat::Release() {
  ULONG res = InterlockedDecrement(&m_cBoatRef);
  if (res == 0) { // letzte Freigabe
// Ressource freigeben und Release an Objekt weitergeben
    delete [] This()->m_pTonsOfMemory;
    This()->Release();
  }
  return res;
}
```

Damit diese Technik funktioniert, müssen alle Verwendungen der Schnittstellenzeiger die Voraussetzung der COM-Spezifikation erfüllen, nach der Release über
den Zeiger aufgerufen werden muß, mit dem auch der korrespondierende AddRef-
Aufruf durchgeführt wurde, denn QueryInterface endet immer folgendermaßen:

```
// Den richtigen Zeiger verwenden
  ((IUnknown*)(*ppv))->AddRef();
  return S_OK;
```

und nicht etwa so:

```
  AddRef(); // just call this->AddRef
  return S_OK;
```

Mit der ersten Codierung wird sichergestellt, daß mit dem folgenden korrekten
Code des Client...

```
IBoat *pBoat = 0;
HRESULT hr = pUnk->QueryInterface(IID_IBoat,
                          (void**)&pBoat);
if (SUCCEEDED(hr)) {
  hr = pBoat->Sink();
  pBoat->Release();
}
```

...sowohl für AddRef als auch für Release genau derselbe Zeigerwert verwendet
wird.

Bei einer tabellengesteuerten Implementierung von QueryInterface kann auch das
Verfahren der Zusammensetzung verwendet werden. Die in Kapitel 3 vorgestellten Präprozessormakros müssen lediglich um zwei weitere Makros ergänzt werden, von denen das erste angibt, daß ein Datenelement statt einer Basisklasse
verwendet wird, während das zweite die IUnknown-Methoden in der Zusammensetzung implementiert:

```
class CarBoatPlane : public ICar, public IPlane {
public:
  struct XBoat : public IBoat {
```

```
// Zusammensetzung von QI/AddRef/Release/This()
   IMPLEMENT_COMPOSITE_UNKNOWN(CarBoatPlane,
                              XBoat, m_xBoat)
   STDMETHODIMP GetMaxSpeed(long *pval);
   STDMETHODIMP Sink(void);
  };
  XBoat m_xBoat;

// IVehicle-Methoden
  STDMETHODIMP GetMaxSpeed(long *pMax);
// ICar-Methoden
  STDMETHODIMP Brake(void);
// IPlane-Methoden
  STDMETHODIMP TakeOff(void);

// Heap-basierende QueryInterface/AddRef/Release
  IMPLEMENT_UNKNOWN(CarBoatPlane)
  BEGIN_INTERFACE_TABLE(CarBoatPlane)
    IMPLEMENTS_INTERFACE_AS(IVehicle, ICar)
    IMPLEMENTS_INTERFACE(ICar)
    IMPLEMENTS_INTERFACE(IPlane)
// Makro, das den Offset des Datenelements berechnet
    IMPLEMENTS_INTERFACE_WITH_COMPOSITE(IBoat,
                              XBoat,m_xBoat)
  END_INTERFACE_TABLE()
};
```

Der vorhergehenden Klassendefinition fehlen lediglich über `QueryInterface`, `AddRef` und `Release` hinausgehende Methodendefinitionen des Objekts. Die beiden in der Klassendefinition verwendeten neuen Makros sehen folgendermaßen aus:

```
// inttable.h // (spezielle Header-Datei für dieses Buch) ///
#define COMPOSITE_OFFSET(ClassName, BaseName,\
                    MemberType, MemberName) \
(DWORD(static_cast<BaseName*>(\
reinterpret_cast<MemberType*>(0x10000000 + \
offsetof(ClassName, MemberName)))) - 0x10000000)

#define IMPLEMENTS_INTERFACE_WITH_COMPOSITE(Req,\
              MemberType, MemberName) \
{ &IID_##Req,ENTRY_IS_OFFSET, COMPOSITE_OFFSET(_IT,\

 Req, MemberType, MemberName) },

// impunk.h // (spezielle Header-Datei für dieses Buch) ///
#define IMPLEMENT_COMPOSITE_UNKNOWN(OuterClassName,\
              InnerClassName, DataMemberName) \
```

```
OuterClassName *This() \
{ return (OuterClassName*)((char*)this - \
offsetof(OuterClassName, DataMemberName)); }\
STDMETHODIMP QueryInterface(REFIID riid, void **ppv)\
{ return This()->QueryInterface(riid, ppv); }\
STDMETHODIMP_(ULONG) AddRef(void) \
{ return This()->AddRef(); }\
STDMETHODIMP_(ULONG) Release(void) \
{ return This()->Release(); }\
```

Diese Präprozessormakros wiederholen einfach nur die de facto in Zusammensetzungen verwendeten Implementierungen von `QueryInterface`, `AddRef` und `Release`.

4.9   Dynamische Zusammensetzung

Wenn in einer C++-Klasse zur Implementierung einer Schnittstelle mehrfache Vererbung, d.h. Zusammensetzung eingesetzt wird, benötigt jedes Objekt dieser Klasse pro unterstützer Schnittstelle vier Byte vptr (vorausgesetzt, daß `sizeof(void*) == 4`). Bei einer kleinen Anzahl der von einem Objekt exportierten Schnittstellen kann dieser Overhead vernachlässigt werden, insbesondere, wenn die Vorteile in Betracht gezogen werden, die das COM-Programmiermodell bietet. Wird jedoch eine große Zahl von Schnittstellen unterstützt, kann dieser Overhead im Vergleich zu der nicht mit COM zusammenhängenden Größe des Objekts unverhältnismäßig groß sein. Wenn jede dieser Schnittstellen ständig verwendet wird, ist dieser Overhead nicht zu vermeiden. Wenn diese Schnittstellen jedoch nie oder nur für eine kurze Zeit verwendet werden, können einige der nicht verwendeten vptrs über ein Hintertürchen in der COM-Spezifikation wegoptimiert werden.

Erinnern Sie sich an die Regel, daß alle `QueryInterface`-Anforderungen eines Objekts, das `IUnknown` nachfragt, exakt denselben Zeigerwert zurückgeben müssen. Auf diese Weise wird in COM Objektidentität etabliert. Die COM-Spezifikation läßt jedoch explizit zu, daß Implementierungen für `QueryInterface`-Anforderungen *unterschiedliche* Zeigerwerte zurückgeben, wenn es sich um eine andere Schnittstelle als `IUnknown` handelt. Bei nur gelegentlich verwendeten Schnittstellen, kann ein Objekt also den Speicher für vptr dynamisch zuweisen, ohne sich darum sorgen zu müssen, daß jedesmal, wenn eine bestimmte Schnittstelle angefordert wird, derselbe dynamisch zugewiesene Speicherblock zurückgegeben werden muß. Diese Technik, Zusammensetzungen Speicher vorübergehend zuzuweisen, ist zuerst in dem Microsoft-White Paper »The COM Programmer's Cookbook« von Crispin Goswell (http://www.microsoft.com/oledev) dokumentiert worden. In diesem White Paper wurden diese Übergangsschnittstellen als *Durchschriften* bezeichnet.

Die Implementierung von Schnittstellen als Durchschriften ähnelt der mit Hilfe von Zusammensetzung. Für die Durchschrift, die von der Schnittstelle stammt, die sie implementiert, muß eine zweite Klasse definiert werden. Die `QueryInterface`-Schnittstelle der Durchschrift muß an die `QueryInterface`-Schnittstelle der Hauptklasse delegieren, um Identität zu wahren. Zwei hauptsächliche Unterschiede liegen jedoch darin, daß (1) das Hauptobjekt die Durchschrift dynamisch zuweist, anstatt eine Datenelementinstanz anzulegen, und daß (2) die abgeleitete Durchschrift einen expliziten Rückwärtszeiger auf das Hauptobjekt liefern muß, weil ein fester Offset in Zusammensetzungen nicht funktioniert, denn Durchschrift und Hauptobjekt sind nicht unmittelbar benachbart. In der folgenden Klasse wird `IBoat` als Durchschrift implementiert:

```
class CarBoat : public ICar {
  LONG m_cRef;
  CarBoat (void): m_cRef(0) {}
public:
// IUnknown-Methoden
  STDMETHODIMP QueryInterface(REFIID, void**);
  STDMETHODIMP_(ULONG) AddRef(void);
  STDMETHODIMP_(ULONG) Release(void);
// IVehicle-Methoden
  STDMETHODIMP GetMaxSpeed(long *pMax);
// ICar-Methoden
  STDMETHODIMP Brake(void);
// Verschachtelte Klasse definieren, die IBoat implementiert
  struct XBoat : public IBoat {
    LONG m_cBoatRef;
// Rückwärtszeiger auf das Hauptobjekt als explizites Element
    CarBoat *m_pThis;
    inline CarBoatPlane* This() { return m_pThis; }
    XBoat(CarBoat *pThis);
    ~XBoat(void);
    STDMETHODIMP QueryInterface(REFIID, void**);
    STDMETHODIMP_(ULONG) AddRef(void);
    STDMETHODIMP_(ULONG) Release(void);
    STDMETHODIMP GetMaxSpeed(long *pval);
    STDMETHODIMP Sink(void);
  };
// Hinweis: kein Datenelement vom Typ XBoat
};
```

Die `QueryInterface`-Schnittstelle für das Hauptobjekt muß jedesmal, wenn `IBoat` angefordert wird, dynamisch eine neue Durchschrift zuweisen:

```
STDMETHODIMP CarBoat::QueryInterface(REFIID riid,
                                     Void **ppv) {
  if (riid == IID_IBoat)
    *ppv = static_cast<IBoat*>(new XBoat(this));
  else if (riid == IID_IUnknown)
    *ppv = static_cast<IUnknown*>(this);
    :    :    :
```

Bei jedem Empfang einer Anforderung für eine `IBoat`-Schnittstelle wird eine neue Durchschrift zugewiesen. Weil das Standardverhalten von `QueryInterface` darin besteht, `AddRef` über den resultierenden Zeiger aufzurufen:

```
((IUnknown*)*ppv)->AddRef();
```

wird von `QueryInterface` aus der Referenzzähler `AddRef` nur für die Durchschrift direkt angesprochen. Wichtig ist aber, daß das Hauptobjekt so lange im Speicher verbleibt, wie die Durchschrift existiert. Dies wird am einfachsten dadurch sichergestellt, daß die Durchschrift selbst eine offene Referenz repräsentiert. Dies kann im Konstruktor und Destruktor der Durchschrift implementiert werden:

```
CarBoat::XBoat::XBoat(CarBoat *pThis)
  : m_cBoatRef(0), m_pThis(this) {
  m_pThis->AddRef();
}

CarBoat::XBoat::~XBoat(void) {
  m_pThis->Release();
}
```

Wie auch bei Zusammensetzungen muß die `QueryInterface`-Methode der Durchschrift Objektidentität wahren, indem sie an die Implementierung des Hauptobjekts delegiert. Die Durchschrift kann jedoch Anforderungen an die von ihr implementierten Schnittstellen ermitteln und einfach einen über `AddRef` registrierten Zeiger auf sich selbst zurückgeben:

```
STDMETHODIMP
CarBoat::XBoat::QueryInterface(REFIID riid,
                               void**ppv) {
  if (riid != IID_IBoat)
    return This()->QueryInterface(riid, ppv);
  *ppv = static_cast<IBoat*>(this);
  reinterpret_cast<IUnknown*>(*ppv)->AddRef();
  return S_OK;
}
```

Weil sich die Durchschrift selbst freigeben muß, wenn sie nicht mehr verwendet wird, sollte sie einen Zähler der Referenzen auf sich enthalten und sich löschen, wenn dieser Zähler null erreicht hat. Schon früher wurde erwähnt, daß der Destruktor der Durchschrift das Hauptobjekt freigibt, bevor die Durchschrift aus dem Speicher verschwindet:

```
STDMETHODIMP_(ULONG) CarBoat::XBoat::AddRef(void) {
  return InterlockedIncrement(&m_cRef);
}
```

```
STDMETHODIMP_(ULONG) CarBoat::XBoat::Release(void) {
  ULONG res = InterlockedDecrement(&m_cRef);
  if (res == 0)
    delete this; // Hauptobjekt freigeben
  return res;
}
```

Wie auch bei der Zusammensetzung, kann die Methode This() in jeder der Methoden der Durchschrift verwendet werden, die auf den Status des Hauptobjekts zugreifen muß. Der Unterschied besteht darin, daß Durchschriften einen expliziten Rückwärtszeiger benötigen, während normale Zusammensetzungen feste Offsets verwenden und vier Byte pro Zusammensetzung einsparen können.

Auf den ersten Blick erscheinen Durchschriften als beste aller in Frage kommenden Welten. Wird eine Schnittstelle nicht verwendet, benötigt das Objekt null Byte an schnittstellenspezifischem Overhead. Wird sie verwendet, zahlt das Objekt in der Durchschrift indirekt mit vier Byte Overhead. Diese Wahrnehmung basiert jedoch auf etlichen Trugschlüssen. Erstens braucht die verwendete Durchschrift nicht nur vier Byte Speicher für ihre vptrs. Die Durchschrift benötigt auch einen Rückwärtszeiger und einen Referenzzähler.[1] Zweitens verbraucht die Durchschrift mindestens vier weitere Byte für die Datenausrichtung und/oder für Verwaltungsinformationen, die von malloc bzw. dem Operator new der Laufzeitbibliothek von C gebraucht werden, es sei denn, es werden eigene Routinen für die Speicherzuweisung eingesetzt. Obwohl also das Objekt in der Tat vier Byte einspart, wenn die Schnittstelle nicht verwendet wird – ist sie im Einsatz, konsumiert die Durchschrift mindestens zwölf Byte, wenn eine benutzerdefinierte Speicherzuweisung eingesetzt wird, und 16 Byte, wenn der Standardoperator new verwendet wird. Wenn die Schnittstelle nur selten angefordert wird, mag es sich also um eine vernünftige Optimierung handeln, insbesondere dann, wenn der Client die Schnittstelle sofort nach Anforderung wieder freigibt. Bleibt der Client jedoch während der gesamten Ausführungszeit des Objekts mit der Durchschrift-Schnittstelle verbunden, büßt diese bestimmte Instanz sämtliche Vorteile der Durchschrift-Schnittstelle wieder ein.

Unglücklicherweise werden Durchschriften von einem noch schlimmeren Schicksal ereilt. Geht man von der zuvor gezeigten Implementierung aus, werden zwei Kopien derselben Durchschrift-Schnittstelle angelegt, wenn das Objekt zwei QueryInterface-Anforderungen für dieselbe Schnittstelle empfängt, weil das Hauptobjekt den Zeiger auf die erste Durchschrift voll und ganz vergißt, sobald er an den Aufrufer zurückgegeben wurde. Die Durchschrift konsumiert nun also mindestens 24, wenn nicht gar 32 Byte, weil sie den Speicher für zwei vptrs belegt,

---

1. Der Referenzzähler-Overhead kann wegoptimiert werden, *sofern* der Implementierer gewillt ist, die Verwendung von AddRef durch den Client einzuschränken. Angesichts der zunehmenden Popularität vom *Smart Pointern* ist dies jedoch eine gefährliche Optimierung, die oft auf redundante (aber harmlose) AddRef/Release-Paare hinausläuft.

einen pro `QueryInterface`-Anforderung. Dieser Speicher kann erst neu vergeben werden, wenn der Client jede der Durchschriften freigibt. Besonders schwerwiegend ist der Fall, in dem zwei `QueryInterface`-Anforderungen für die gesamte Ausführungszeit des Objekts den Zeiger behalten, denn genau dies geschieht, wenn auf ein Objekt entfernt zugegriffen wird. Die Remoting-Schicht von COM spricht dieselbe Schnittstelle eines Objekts über `QueryInterface` zweimal an und behält beide Resultate für die gesamte Ausführungszeit des Objekts. Dadurch sind Durchschriften bei Objekten, auf die entfernt zugegriffen wird, besonders riskant.

Bei all diesen Fallstricken, die Durchschriften bieten, ergibt sich logischerweise die Frage, wann sie denn überhaupt sinnvoll sind. Obwohl es keine generelle Antwort darauf gibt, kann doch gesagt werden, daß sie eine großartige Technik zur Unterstützung einer großen Zahl sich wechselseitig ausschließender Schnittstellen darstellen. Ziehen Sie den Fall in Betracht, in dem die drei zuvor gezeigten `Vehicle`-Schnittstellen durch die Schnittstellen `ITruck`, `IMonsterTruck`, `IMotorcycle`, `IBicycle`, `IUnicycle`, `ISkateboard` und `IHelicopter` ergänzt werden, die sich alle aus `IVehicle` ableiten. Soll eine generische `Vehicle`-Klasse all diese Schnittstellen, aber nur eine pro Instanz unterstützen, dann sind Durchschriften dafür hervorragend geeignet, vorausgesetzt, das Hauptobjekt hält in seinem Cache einen Zeiger auf die erste Durchschrift. Die Klassendefinition des Hauptobjekts sieht dann so aus:

```
class GenericVehicle : public IUnknown {
  LONG m_cRef;
  IVehicle *m_pTearOff; // Zeiger auf Durchschrift ((tearoff))
  GenericVehicle(void) : m_cRef(0), m_pTearOff(0){}
// IUnknown-Methoden
  STDMETHODIMP QueryInterface(REFIID, void**);
  STDMETHODIMP_(ULONG) AddRef(void);
  STDMETHODIMP_(ULONG) Release(void);
// Durchschrift-Klassen definieren
  class XTruck : public ITruck { ... };
  class XMonsterTruck : public IMonsterTruck { ... };
  class XBicycle : public IBicycle { ... };
    :       :       :
};
```

Wenn keine der Schnittstellen im Einsatz ist, verbraucht das Objekt dieser Klasse nur vier zusätzliche Byte für den im Cache gehaltenen leeren Zeiger. Bei Anforderung einer der Schnittstellen über `QueryInterface`, wird der Speicher für die neue Durchschrift einmal zugewiesen und zur späteren Verwendung im Cache gehalten:

```
STDMETHODIMP
GenericVehicle::QueryInterface(REFIID riid,void**ppv)
{
  if (riid == IID_IUnknown)
    *ppv = static_cast<IUnknown*>(this);
  else if (riid == IID_ITruck) {
```

```
//  Ist noch keine Durchschrift angelegt, dies jetzt tun
    if (m_pTearOff == 0)
      m_pTearOff = new XTruck(this);
//  Wenn eine Durchschrift existiert, diese QI verwenden
    if (m_pTearOff)
      return m_pTearOff->QueryInterface(riid, ppv);
    else  // Speicherzuweisung fehlgeschlagen
      return (*ppv = 0), E_NOINTERFACE;
  } else if (riid == IID_IMonsterTruck) {
//  Ist noch keine Durchschrift angelegt, dies jetzt tun
    if (m_pTearOff == 0)
      m_pTearOff = new XMonsterTruck(this);
//  Wenn eine Durchschrift existiert, diese QI verwenden
    if (m_pTearOff)
      return m_pTearOff->QueryInterface(riid, ppv);
    else  // Speicherzuweisung fehlgeschlagen
      return (*ppv = 0), E_NOINTERFACE;
  } else ...
      :    :    :
}
```

Bei der hier gezeigten Implementierung von QueryInterface wird pro Objekt höchstens eine Durchschrift angelegt. Werden also keine Vehicle-Schnittstellen angefordert, verbraucht das Objekt insgesamt zwölf Byte (IUnknown-Zeiger + Referenzzähler + Zeiger im Cache auf die Durchschrift). Bei Anforderung einer Vehicle-Schnittstelle konsumiert das Objekt insgesamt 24 bis 28 Byte (die ursprünglichen 12 Byte + den aus IVehicle abgeleiteten vptr + Referenzzähler + Rückwärtszeiger auf das Hauptobjekt + (optionaler) malloc-Overhead).

Wären in diesem Fall keine Durchschriften verwendet worden, hätte die Klassendefinition folgendermaßen ausgesehen:

```
class GenericVehicle
: public ITruck, public IHelicopter, public IBoat,
  public ICar, public IMonsterTruck, public IBicycle,
  public IMotorcycle, public ICar, public IPlane,
  public ISkateboard {
  LONG m_cRef;
// IUnknown-Methoden
    :    :    :
};
```

Aus dieser Klasse resultieren Objekte, die stets 44 Byte in Anspruch nehmen (zehn vptrs + Referenzzähler). Das generische Beispiel der Vehicle-Klasse mag zwar etwas konstruiert erscheinen, doch fallen die Persistenz-Schnittstellen von COM in eine ähnliche Kategorie, denn es gibt derzeit acht verschiedene Persistenz-Schnittstellen, von denen ein Objekt aber üblicherweise nur eine pro Instanz offenlegt. Die Implementierung der Klasse kann aber nicht immer vorhersehen, welche Schnittstelle (wenn überhaupt eine) von einem bestimmten Client angefordert wird. Ebenso erfordert jede der acht Schnittstellen einen anderen Satz unterstützender Datenelemente, um die Methoden der Schnittstelle korrekt zu implementieren. Wären diese Datenelemente Teil der Durchschrift anstelle des Hauptobjekts, würde pro Objekt nur ein Satz Datenelemente zugewiesen. In einem solchen Szenario sind Durchschriften perfekt, doch muß erneut darauf hingewiesen werden, daß der Zeiger auf die Durchschrift im Cache des Hauptobjekts gehalten werden muß.

4.10 Binäre Zusammensetzung

Bei der Implementierung von COM-Objekten in C++ stellen Zusammensetzung und Durchschriften zwei grundlegende Techniken dar. Beide Techniken erfordern bei der Implementierung des Objekts C++-Quellcodedefinitionen jeder zusammengesetzten oder Durchschrift-Klasse, damit das Subobjekt instantiiert werden kann, bevor es via `QueryInterface` zurückgegeben wird. In den meisten Situationen ist dies vollkommen vernünftig. Es gibt jedoch Fälle, in denen es bequem wäre, eine wiederverwendbare Implementierung einer oder mehrerer Schnittstellen in einer binären Komponente zu verpacken, die aus einer DLL instantiiert werden kann, anstatt den Quellcode der Subkomponente zu erfordern. Die Subkomponente könnte dann von einem größeren Publikum wiederverwendet werden, ohne solch strikten Restriktionen wie bei dem wiederverwendbaren Quellcode ausgesetzt zu sein, von denen in Kapitel 1 die Rede war. Um sich jedoch für binäre Zusammensetzungen oder Durchschriften zu eignen, muß die wiederverwendbare Komponente an der allgemein gültigen Objektidentität teilhaben.

Betrachten Sie die folgende einfache Implementierung von `ICar`, um sich die Probleme vor Augen zu führen, die mit der Vereinheitlichung der Identität über Komponentengrenzen hinweg verbunden sind:

```
class Car : public ICar {
  LONG m_cRef;
  Car(void) : m_cRef(0) {}
  STDMETHODIMP QueryInterface(REFIID, void **);
  STDMETHODIMP_(ULONG) AddRef(void);
  STDMETHODIMP_(ULONG) Release(void);
  STDMETHODIMP GetMaxSpeed(long *pn);
  STDMETHODIMP Brake(void);
};

STDMETHODIMP Car::QueryInterface(REFIID riid,
                         Void **ppv) {
  if (riid == IID_IUnknown)
    *ppv = static_cast<IUnknown*>(this);
```

```
  else if (riid == IID_IVehicle)
    *ppv = static_cast<IVehicle*>(this);
  else if (riid == IID_ICar)
    *ppv = static_cast<ICar*>(this);
  else
    return (*ppv = 0), E_NOINTERFACE;
  ((IUnknown*)*ppv)->AddRef();
  return S_OK;
}
// IClassFactory::CreateInstance der Objekte der car-Klasse
STDMETHODIMP CarClass::CreateInstance(IUnknown *pUnkOuter,
                          REFIID riid,void **ppv){
  Car *pCar = new Car;
  if (!pCar) return (*ppv = 0), E_OUTOFMEMORY;
  pCar->AddRef();
  HRESULT hr = pCar->QueryInterface(riid, ppv);
  pCar->Release();
  return hr;
}
```

Diese Klasse verwendet einfach die De-facto-Implementierungen von `QueryInterface`, `AddRef` **und** `Release`.

Betrachten Sie nun die folgende zweite C++-Klasse, die versucht, die `Car`-Implementierung als binäre Zusammensetzung zu verwenden:

```
class CarBoat : public IBoat {
  LONG m_cRef;
  IUnknown *m_pUnkCar;
  CarBoat(void);
  virtual ~CarBoat(void);
  STDMETHODIMP QueryInterface(REFIID, void **);
  STDMETHODIMP_(ULONG) AddRef(void);
  STDMETHODIMP_(ULONG) Release(void);
  STDMETHODIMP GetMaxSpeed(long *pn);
  STDMETHODIMP Sink(void);
};
```

Um Zusammensetzung zu emulieren, müßte der Konstruktor ein `Car`-Subobjekt anlegen und der Destruktor den Zeiger auf dieses Subobjekt freigeben:

```
CarBoat::CarBoat(void) : m_cRef(0) {
    HRESULT hr = CoCreateInstance(CLSID_Car, 0, CLSCTX_ALL,
                      IID_IUnknown, (void**)&m_pUnkCar);
    assert(SUCCEEDED(hr));
}

CarBoat::~CarBoat(void) {
  if (m_pUnkCar)
    m_pUnkCar->Release();
}
```

Bei der Implementierung von QueryInterface ergibt sich dann ein interessantes Problem:

```
STDMETHODIMP CarBoat::QueryInterface(REFIID riid,
                                     void **ppv) {
  if (riid == IID_IUnknown)
    *ppv = static_cast<IUnknown*>(this);
  else if (riid == IID_IVehicle)
    *ppv = static_cast<IVehicle*>(this);
  else if (riid == IID_IBoat)
    *ppv = static_cast<IBoat*>(this);
  else if (riid == IID_ICar) // Anforderung weiterreichen...
    return m_pUnkCar->QueryInterface(riid, ppv);
  else
    return (*ppv = 0), E_NOINTERFACE;
  ((IUnknown*)*ppv)->AddRef();
  return S_OK;
}
```

Weil das Car-Subobjekt keine Ahnung davon hat, daß es Teil der Identität eines anderen Objekts ist, verhindert es alle QueryInterface-Anforderungen von IBoat. Das bedeutet, daß...

QI(IBoat)->ICar

erfolgreich ausgeführt wird, aber

QI(QI(IBoat)->ICar)->IBoat

scheitert, also die Symmetrie von QueryInterface verletzt wird. Außerdem würden QueryInterface-Anforderungen von IUnknown über die Schnittstellenzeiger ICar und IBoat unterschiedliche Werte zurückgeben, was auf zwei verschiedene Objekt-identitäten hinausläuft. Diese Verletzungen des IUnknown-Protokolls bedeuten schlicht, daß es sich bei den CarBoat-Objekten um keine gültigen COM-Objekte handelt.

Der Gedanke, Objekte aus binären Zusammensetzungen zusammenzustellen, scheint recht vernünftig zu sein. Tatsächlich enthält die COM-Spezifikation explizit Details darüber, wie diese Idee als verläßlicher Standard implementiert werden muß. Die Technik, eine binäre Subkomponente gegenüber einem Client direkt via QueryInterface offenzulegen, wird COM-Aggregation genannt. Für die COM-Aggregation werden mit einem Satz Regeln die Beziehungen zwischen dem äußeren Objekt (dem Aggregator) und dem inneren Objekt (dem Aggregat) festgelegt. Bei ihnen handelt es sich einfach um einen Regelsatz für IUnknown, der es mehreren binären Komponenten erlaubt, als *eine einzige COM-Identität* zu erscheinen.

Keinesfalls ist COM-Aggregation das Hauptverfahren für Wiederverwendung in COM. Viel gebräuchlicher ist es, einfach ein Objekt zu instantiieren und seine Methoden bei der Implementierung der Methoden eines anderen Objekts zu verwenden. Nur selten ist es wünschenswert, die Schnittstellen eines anderen Objekts dem Client direkt als Teil derselben Identität offenzulegen. Überdenken Sie das folgende Szenario:

```
class Handlebar : public IHandlebar { ... };
class Wheel : public IWheel {};

class Bicycle : public IBicycle
  IHandlebar * m_pHandlebar;
  IWheel *m_pFrontWheel;
  IWheel *m_pBackWheel;
};
```

Für die Klasse Bicycle wäre es alles andere als intuitiv, in seiner QueryInterface-Methode eine Schnittstelle IHandlebar oder IWheel zur Verfügung zu stellen. QueryInterface ist dafür vorgesehen, Ist-ein...-Beziehungen auszudrücken, und ein Fahrrad ist sicherlich *kein* Lenkrad oder Lenker. Wenn das Design von Bicycle einen direkten Zugang zu diesen Objektaspekten bieten soll, dann muß die Schnittstelle IBicycle zu diesem Zweck explizite Zugriffsmöglichkeiten auf diese Eigenschaften vorsehen:

```
[object, uuid(753A8A60-A7FF-11d0-8C30-0080C73925BA)]
interface IBicycle : IVehicle {
  HRESULT GetHandlebar([out,retval] IHandlebar**pph);
  HRESULT GetWheels([out] IWheel **ppwFront,
                    [out] IWheel **ppwBack);
}
```

Die Implementierung von Bicycle könnte dann einfach Zeiger auf ihre Subobjekte zurückgeben:

```
STDMETHODIMP Bicycle::GetHandlebar(IHandlebar**pph){
  if (*pph = m_pHandlebar)
    (*pph)->AddRef();
  return S_OK;
}
STDMETHODIMP Bicycle::GetWheels(IWheel **ppwFront,
                                IWheel **ppwBack){
  if (*ppwFront = m_pFrontWheel)
    (*ppwFront)->AddRef();
  if (*ppwBack = m_pBackWheel)
    (*ppwBack)->AddRef();
  return S_OK;
}
```

Auch bei dieser Technik hat der Client direkt Zugriff auf die Subobjekte. Weil die Zeiger jedoch über explizite Methoden und nicht über `QueryInterface` angesprochen werden, impliziert dies auch keine Identitätsbeziehung zwischen den verschiedenen Komponenten.

Trotz dieses Beispiels gibt es aber dennoch Szenarios, in denen es wünschenswert ist, eine Schnittstelle zu implementieren, die mit der Identität eines anderen Objekts verschmolzen werden kann. In den Fällen, in denen dies unterstützt werden soll, fordern die Regeln der COM-Aggregation, daß das innere Objekt (das Aggregat) zum Zeitpunkt seiner Erstellung darüber informiert wird, daß es als Teil der Identität eines anderen Objekts angelegt wird. Die Funktion zur Erstellung des Objekts muß also einen zusätzlichen Parameter enthalten: einen `IUnknown`-Zeiger auf die Identität, die das Aggregat an seine `QueryInterface`-, `AddRef`- und `Release`-Methoden delegieren muß. Beachten Sie die Definition der Methode `CreateInstance` der Schnittstelle `IClassFactory`:

```
HRESULT CreateInstance([in] IUnknown *pUnkOuter,
        [in] REFIID riid, [out, iid_is(riid)] void **ppv);
```

Diese Methode (und die korrespondierenden API-Funktionen `CoCreateInstanceEx` und `CoCreateInstance`) ist ein wenig überladen, um sowohl die Erstellung von einzelnen Objekten als auch von Aggregaten zu unterstützen. Übergibt das aufrufende Objekt als ersten Parameter von `CreateInstance` (pUnkOuter) einen Null-Zeiger, dann ruht die Identität des resultierenden Objekts in sich selbst. Übergibt das aufrufende Objekt hingegen einen von null abweichenden Zeiger als ersten Parameter, dann ist die Identität des resultierenden Objekts ein Aggregat der durch pUnkOuter angegebenen Identität. Im Falle von Aggregation, muß das Aggregat alle Anforderungen an `QueryInterface`, `AddRef` und `Release` direkt und bedingungslos an pUnkOuter übergeben. Davon hängt die Objektidentität entscheidend ab.

Auf der Grundlage des oben gezeigten Funktionsprototypen, muß die Klasse `CarBoat` nur geringfügig modifiziert werden, um den Aggregationsregeln zu genügen:

```
CarBoat::CarBoat(void) : m_cRef(0) {
// Create-Routine muß eigene Identität übergeben, um das Car-
// Objekt davon zu benachrichtigen, daß es ein Aggregat ist
    HRESULT hr = CoCreateInstance(CLSID_Car, this,
        CLSCTX_ALL, IID_IUnknown, (void**)&m_pUnkCar);
    assert(SUCCEEDED(hr));
}
```

Die `QueryInterface`-Implementierung von `CarBoat` übergibt Anforderung von `ICar` einfach an das innere Aggregat:

```
STDMETHODIMP CarBoat::QueryInterface(REFIID riid,
                                     void **ppv) {
   if (riid == IID_IUnknown)
     *ppv = static_cast<IUnknown*>(this);
   else if (riid == IID_ICar) // Anforderung weitergeben...
     return m_pUnkCar->QueryInterface(riid, ppv);
   else if (riid == IID_IBoat)
      :    :    :
```

Theoretisch funktioniert das, weil das Aggregat sämtliche `QueryInterface`-Anforderungen an das Hauptobjekt zurückgibt und so seine Objektidentität wahrt.

Im vorhergehenden Szenario gab die Methode `CreateInstance` der Klasse `Car` einen von `IUnknown` bezogenen Schnittstellenzeiger an das äußere Objekt zurück. Würde dieser Schnittstellenzeiger einfach nur an die `IUnknown`-Schnittstelle des äußeren Objekts delegieren, gäbe es keinen Weg, um (1) das Aggregat davon zu benachrichtigen, daß es nicht länger gebraucht wird, und (2) Schnittstellenzeiger für die Clients des Hauptobjekts anzufordern. Tatsächlich läuft die oben gezeigte Implementierung von `QueryInterface` auf eine Endlosschleife hinaus, weil das äußere Objekt an das innere und dieses zurück an das äußere delegiert.

Soll diesem Problem begegnet werden, darf der ursprüngliche Schnittstellenzeiger, der an das äußere Objekt zurückgegeben wird, nicht zurück an die `IUnknown`-Implementierung des äußeren Objekts delegieren. Für Objekte, die COM-Aggregation unterstützen sollen, bedeutet dies, daß sie über zwei Implementierungen von `IUnknown` verfügen müssen. Die Delegationsimplementierung gibt alle Anforderungen an `QueryInterface`, `AddRef` und `Release` an eine externe Implementierung weiter. Auf diese Standardimplementierung beziehen sich alle vtbls des Objekts und diese ist auch die Version, die von externen Clients wahrgenommen wird. Das Objekt muß aber auch über eine nichtdelegierende Implementierung von `IUnknown` verfügen, die es nur dem aggregierenden äußeren Objekt offenlegt.

Um für ein einzelnes Objekt zwei unterschiedliche Implementierungen von `IUnknown` bereitzustellen, können mehrere Wege beschritten werden. Die direkteste Technik[2] besteht darin, Zusammensetzung zu verwenden und die nichtdelegierenden `IUnknown`-Methoden mit einem Datenelement zu implementieren. Im folgenden sehen sie die aggregationsfähige Implementierung von `Car`:

```
class Car : public ICar {
  LONG m_cRef;
  IUnknown *m_pUnkOuter;
```

---

2. Der Autor war früher der Meinung, daß $$method coloring die beste Methode sei, zwei Implementierungen von `IUnknown` bereitzustellen. Doch mit der Zeit hat sich erwiesen, daß die hier gezeigte Technik am besten zu pflegen und nicht minder effektiv ist.

```
public:
  Car(IUnknown *pUnkOuter);
// Nichtdelegierende IUnknown-Methoden
  STDMETHODIMP InternalQueryInterface(REFIID,
                                      void **);
  STDMETHODIMP_(ULONG) InternalAddRef(void);
  STDMETHODIMP_(ULONG) InternalRelease(void);
// Delegierende IUnknown-Methoden
  STDMETHODIMP QueryInterface(REFIID, void **);
  STDMETHODIMP_(ULONG) AddRef(void);
  STDMETHODIMP_(ULONG) Release(void);
  STDMETHODIMP GetMaxSpeed(long *pn);
  STDMETHODIMP Brake(void);

// Zusammensetzung, mit der bestimmte vptrs von IUnknown
// auf nichtdelegierende InternalXXX-Routinen des Hauptobjekts
// abgebildet werden
  class XNDUnknown : public IUnknown {
    Car* This() { return (Car*)((BYTE*)this -
                      offsetof(Car, m_innerUnknown));}
    STDMETHODIMP QueryInterface(REFIID r, void**p)
    { return This()->InternalQueryInterface(r,p); }
    STDMETHODIMP_(ULONG) AddRef(void)
    { return This()->InternalAddRef(); }
    STDMETHODIMP_(ULONG) Release(void)
    { return This()->InternalRelease(); }
  };
  XNDUnknown m_innerUnknown; // composite instance
};
```

Das binäre Layout dieses Objekts sehen Sie in Abbildung 4-8. Die Delegationsmethoden sind außerordentlich simpel:

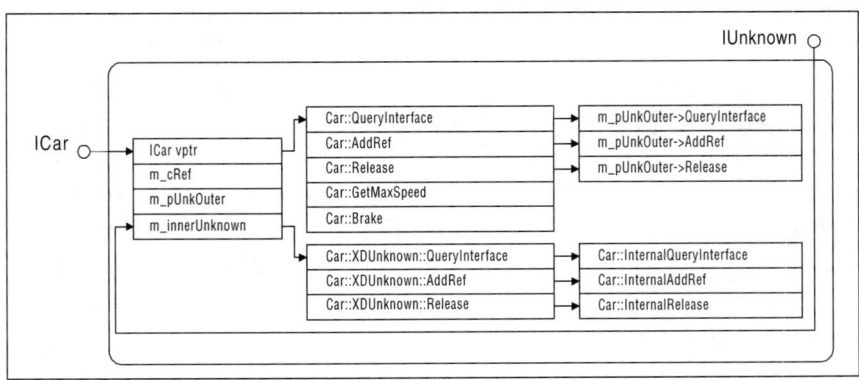

Abbildung 4-8 Das Aggregat Car

```
STDMETHODIMP Car::QueryInterface(REFIID riid,
                     void **ppv)
{ return m_pUnkOuter->QueryInterface(riid, ppv); }

STDMETHODIMP_(ULONG) Car::AddRef(Void)
{ return m_pUnkOuter->AddRef(); }

STDMETHODIMP_(ULONG) Car::Release(Void)
{ return m_pUnkOuter->Release(); }
```

Mit diesen Versionen der Routinen werden sämtliche Schnittstellen-vtbls des Objekts bevölkert und die IUnknown-Methoden delegieren stets an die Hauptidentität des Objekts, wenn der Client auf eine beliebige Schnittstelle zugreift.

Damit das Objekt sowohl in Aggregations- als auch in autonomen Szenarien verwendet werden kann, muß der Konstruktor des Objekts sein Datenelement m_pUnkOuter so setzen, daß es auf seine eigene nichtdelegierende Schnittstelle IUnknown zeigt, wenn es im autonomen Modus verwendet wird:

```
Car::Car(IUnknown *pUnkOuter)
{
  if (pUnkOuter) // An pUnkOuter delegieren
    m_pUnkOuter = pUnkOuter;
  else  // An sich selbst delegieren
    m_pUnkOuter = &m_innerUnknown;
}
```

Der Konstruktor stellt in jedem Fall sicher, daß m_pUnkOuter auf die für dieses Objekt korrekte Implementierung von QueryInterface, AddRef und Release zeigt.

Die normalen, nichtdelegierenden Implementierungen von QueryInterface, AddRef und Release sind regelgerecht und leicht vorherzusehen:

```
STDMETHODIMP Car::InternalQueryInterface(REFIID riid,
                         void **ppv) {
  if (riid == IID_IUnknown)
    *ppv = static_cast<IUnknown*>(&m_innerUnknown);
  else if (riid == IID_IVehicle)
    *ppv = static_cast<IVehicle*>(this);
  else if (riid == IID_ICar)
    *ppv = static_cast<ICar*>(this);
  else
    return (*ppv = 0), E_NOINTERFACE;
  ((IUnknown*)*ppv)->AddRef();
  return S_OK;
}

STDMETHODIMP_(ULONG) Car::InternalAddRef(void) {
  return InterlockedIncrement(&m_cRef);
}
```

```
STDMETHODIMP_(ULONG) Car::InternalRelease(void) {
  ULONG res = InterlockedDecrement(&m_cRef);
  if (res == 0)
    delete this;
  return res;
}
```

An diesen drei Methoden ist (außer ihren Namen) nur außergewöhnlich, daß InternalQueryInterface den Zeiger auf die nichtdelegierende unknown-Schnittstelle zurückgibt, wenn IUnknown von ihr angefordert wird. Damit wird lediglich eine der Voraussetzungen der COM-Spezifikation erfüllt.

Schließlich muß noch die Erstellungsroutine für Car modifiziert werden, damit sie COM-Aggregation unterstützt:

```
STDMETHODIMP CarClass::CreateInstance(IUnknown *pUnkOuter,
                         REFIID riid, void **ppv){
// Sicherstellen, daß das Aggregat als
// Eingangsschnittstelle nur IUnknown anfordert
  if (pUnkOuter != 0 && riid != IID_IUnknown)
    return (*ppv = 0), E_INVALIDARG;

// Neues Objekt/Aggregat erstellen

  Car *p = new Car(pUnkOuter);
  if (!p) return (*ppv = 0), E_OUTOFMEMORY;
// Resultierenden Zeiger zurückgeben
  p->InternalAddRef();
  HRESULT hr = p->InternalQueryInterface(riid, ppv);
  p->InternalRelease();
  return hr;
}
```

Beachten Sie, daß die nichtdelegierenden Versionen von QueryInterface, AddRef und Release verwendet werden. Dies ist sicherlich angemessen, wenn eine eigenständige Identität erstellt wird. Und wird ein Aggregat angelegt, ist dies notwendig, um sicherzustellen, daß der Referenzzähler AddRef für das innere Objekt, nicht jedoch für das äußere erhöht wird. Beachten Sie außerdem, daß das äußere Objekt als Eingangsschnittstelle IUnknown anfordert, wie dies durch die COM-Spezifikation festgelegt ist. Könnte das äußere Objekt jede beliebige Schnittstelle anfordern, müßte das innere Objekt einen doppelten Satz vptrs unterhalten, einen, um die Implementierungen von QueryInterface, AddRef und Release zu delegieren, und einen, der das nicht tut. Wird die Eingangsschnittstelle auf IUnknown begrenzt, muß bei der Implementierung des Objekts nur ein vptr ermittelt werden, der auf die nichtdelegierende Schnittstelle IUnknown zeigt.

Eine der Gefahren bei der Programmierung von COM-Aggregation liegt in der Referenzzählung. Beachten Sie, daß der Konstruktor des inneren Objekts die Zeiger dupliziert, um auf das äußere Objekt zugreifen zu können, aber nicht AddRef aufruft. Ein solcher Aufruf ist in dieser besonderen Situation untersagt, weil sich ein unauflösbarer Zirkel ergibt, wenn beide Elemente ihre Referenzzähler AddRef gegenseitig erhöhen. Die Referenzzählungsregeln der Aggregation fordern, daß das äußere Objekt einen referenzgezählten Zeiger auf die nichtdelegierende Schnittstelle IUnknown des inneren Objekts unterhält (dieser Zeiger wird von der Erstellungsroutine des Objekts zurückgegeben). Das innere Objekt unterhält hingegen einen nicht referenzgezählten Zeiger auf die IUnknown-Schnittstelle des steuernden äußeren Objekts. Technisch gesehen wird diese Beziehung durch spezielle Regeln in den Referenzzählungsrichtlinien von COM abgedeckt. Generell sollten jedoch Techniken, die nicht referenzgezählte Zeiger verwenden, nicht eingesetzt werden, weil sie nicht implementiert werden können, wenn entfernt auf Objekte zugegriffen wird. Effektiver kann mit Referenzzählungszyklen umgegangen werden, wenn Objektidentitäten zwischengeschaltet werden, deren Referenzzähler die Ausführungsdauer keiner der Elemente betreffen.

Eine weitere Gefahr bei der COM-Aggregation ergibt sich, wenn das innere und das äußere Objekt miteinander kommunizieren müssen. Soll das innere Objekt mit dem äußeren kommunizieren, muß die Schnittstelle QueryInterface über die steuernde Schnittstelle IUnknown aufgerufen werden. Diese Anforderung an QueryInterface ruft jedoch AddRef über den resultierenden Zeiger auf, was insgesamt darauf hinausläuft, daß der Referenzzähler AddRef für das äußere Objekt erhöht wird. Unterhält das innere Objekt diesen Zeiger als ein Datenelement, ergibt sich ein Zirkel, weil das innere nun implizit den Referenzzähler AddRef des äußeren Objekts erhöht. Aus diesem Grund muß das innere Objekt eine von zwei möglichen Strategien verfolgen. Das innere Objekt kann den Zeiger bei Bedarf anfordern und wieder freigeben und nur so lange unterhalten, wie es ihn benötigt:

```
STDMETHODIMP Inner::MethodX(void) {
  ITruck *pTruck = 0;
// Nach diesem Aufruf wird der Referenzzähler AddRef des
// äußeren Objekts erhöht...
  HRESULT hr = m_pUnkOuter->QueryInterface(IID_ITruck,
                            (void**)&pTruck);
  if (SUCCEEDED(hr)) {
    pTruck->ShiftGears();
    pTruck->HaulDirt();
// Referenz auf das äußere Objekt freigeben
    pTruck->Release();
  }
}
```

Die zweite Technik besteht darin, den Zeiger einmalig bei der Initialisierung anzufordern und das korrespondierende äußere Objekt sofort nach der Anforderung freizugeben.

```
HRESULT Inner::Initialize(void) {
// Nach diesem Aufruf wird der Referenzzähler AddRef des
// äußeren Objekts erhöht...
  HRESULT hr = m_pUnkOuter->QueryInterface(IID_ITruck,
                                (void**)&m_pTruck);
// Hier Referenz auf das äußere Objekt freigeben und es NICHT
// später im Destruktor des Objekts freigeben
  if (SUCCEEDED(hr))
    m_pTruck->Release();
}
```

Diese Technik funktioniert deswegen, weil die Ausführungsdauer des inneren Objekts eine Untermenge der Ausführungsdauer des äußeren Objekts ist. m_pTruck zeigt daher theoretisch immer auf ein gültiges Objekt. Implementiert das äußere Objekt ITruck jedoch als Durchschrift, kann man sich auf nichts mehr verlassen, weil der Release-Aufruf die Durchschrift freigibt.

Objekte, aus denen sich andere Aggregatobjekte ableiten, müssen sich der Probleme bewußt sein, die sich aus der Anforderung von Schnittstellenzeigern durch die inneren Aggregate ergeben. Zusätzlich zu den bereits im Hinblick auf Durchschriften erwähnten Vorbehalten hängt eine andere potentielle Gefahr mit der Stabilisierung des Objekts zusammen. Greifen Clients auf ein Objekt zu, muß sein Status stabil sein. Insbesondere darf sein Referenzzähler nicht auf Null stehen. In der Regel stellt dies kein Problem dar, weil Clients nur über QueryInterface auf Schnittstellenzeiger zugreifen können, vor deren Rückgabe AddRef immer erhöht wird. Legt ein Objekt jedoch in seinem Konstruktor, während sein Referenzzähler noch auf Null steht, ein Aggregat an, gibt der oben gezeigte Initialisierungscode das äußere Objekt endgültig frei, und zwingt es dazu, sich vorzeitig zu zerstören. Dieses Problem kann dadurch vermieden werden, daß Objekte, aus denen sich Objektaggregate ableiten, ihren Referenzzähler vorübergehend – solange die Aggregate angelegt werden – auf Eins setzen:

```
Outer::Outer(void) {
  ++m_cRef; // Schutz gegen Freigabe "delete this"
  CoCreateInstance(CLSID_Inner, this, CLSCTX_ALL,
              IID_IUnknown, (void**)&m_pUnkInner);
  --m_cRef; // Freigabe "delete this" zulassen
}
```

Diese Stabilisierungstechnik verhindert vorzeitige Freigaben, wenn das innere Objekt Zeiger freigibt, die es möglicherweise in seinem Initialisierungscode anfordert. Die Technik ist so verbreitet, daß die meisten COM-Entwicklungsumgebungen eine explizit überschreibbare Methode bereitstellen, die innerhalb des Gültigkeitsbereichs eines Erhöhungs-/Verminderungspaares ausgeführt wird. MFC nennt diese Methode CreateAggregates, ATL nennt sie FinalConstruct.

Weil die zuvor gezeigten Techniken zur Implementierung eines Aggregationsob-
jekts zusätzlich zur C++-Klasse keine weiteren Basisklassen erfordern, kann es einem abgeänderten Makro IMPLEMENT_UNKNOWN überlassen werden, die verzweigende
Implementierung von IUnknown transparent zu erledigen. Die ursprüngliche Klassendefinition:

```
class Car : public ICar {
  Car(void);
  IMPLEMENT_UNKNOWN(Car)
  BEGIN_INTERFACE_TABLE(Car)
    IMPLEMENTS_INTERFACE(ICar)
    IMPLEMENTS_INTERFACE(IVehicle)
  END_INTERFACE()
// IVehicle-Methoden
  STDMETHODIMP GetMaxSpeed(long *pn);
// ICar-Methoden
  STDMETHODIMP Brake(void);
};
```

wird einfach in die folgende übersetzt:

```
class Car : public ICar {
  Car(void);
// anzeigen, daß Aggregation erforderlich ist
  IMPLEMENT_AGGREGATABLE_UNKNOWN(Car)
  BEGIN_INTERFACE_TABLE(Car)
    IMPLEMENTS_INTERFACE(ICar)
    IMPLEMENTS_INTERFACE(IVehicle)
  END_INTERFACE()
// IVehicle-Methoden
  STDMETHODIMP GetMaxSpeed(long *pn);
// ICar-Methoden
  STDMETHODIMP Brake(void);
};
```

Wie das Makro IMPLEMENT_AGGREGATABLE_UNKNOWN den Code erweitert, sehen Sie in
den zu diesem Buch verfügbaren Code-Beispielen.

4.11 Delegation

Nicht alle Klassen sind aggregationsfähig. Sollen nicht aggregationsfähige Klassen
als Teil der Identität eines anderen Objekts offengelegt werden, muß das äußere
Objekt Methodenaufrufe explizit an das innere Objekt weiterleiten. Diese Technik wird oft als COM-Delegation bezeichnet. Abbildung 4-9 zeigt, daß für die Delegation keinerlei Partizipation des inneren Objekts erforderlich ist. Notwendig ist
jedoch, daß das äußere Objekt für jede Schnittstelle Implementierungen bereitstellt, die das innere Objekt offenlegt. Diese äußeren Implementierungen reichen

die Anforderung des Client einfach an das innere Objekt weiter. Bei COM-Delegation müssen die Identitätsregeln von COM in keiner besonderen Weise beachtet werden, weil das innere Objekt nie direkt vom Client erreicht werden kann und daher sich nie direkt mit der Typhierarchie des äußeren Objekts vermischt. Obwohl daher COM-Delegation Teil des COM-Vokabulars ist, erfordert sie keine besonderen Programmiertechniken. Vielmehr bemerkt das Objekt, an das delegiert wird, gar nicht, daß das äußere Objekt seine Methodenaufrufe von dem aktuellen Client bezieht und weiterleitet.

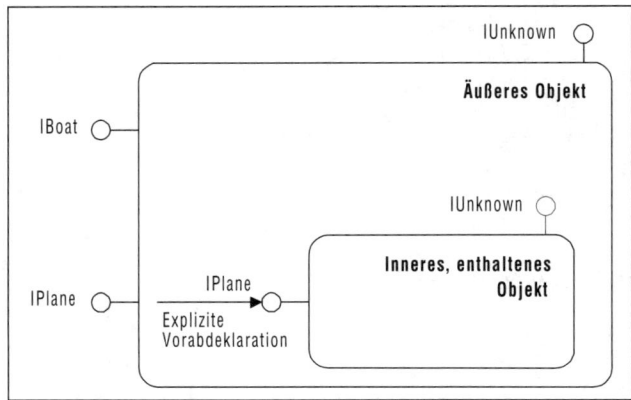

Abbildung 4-9 COM-Delegation

4.12 Zwischenbilanz

In diesem Kapitel wurden die Identitätsgesetze von COM diskutiert. Diese Gesetze definieren, was es eigentlich bedeutet, ein COM-Objekt zu sein. Bei der Implementierung des Objekts bieten die Identitätsgesetze von COM außerordentlich flexible Möglichkeiten. Zur Implementierung schnittstellenweiser Referenzzählung wurde die Technik der Zusammensetzung präsentiert. Durchschriften stellen eine Technik dar, mit der die Menge der vptrs im Zaum gehalten werden und der Status des Objekts effizient verwaltet werden kann. Schließlich wurde Aggregation als Technik vorgestellt, mit der eine einzige Identität aus mehreren binären Komponenten zusammengesetzt werden kann. Jede dieser Techniken erlaubt es mehreren Objekten sich als eine COM-Identität zu präsentieren. Jede Technik bietet ihre eigenen Vorteile, und der Einsatz aller Techniken bleibt den Clients des Objekts vollständig verborgen.

5 Apartments

```
STDMETHODIMP CMyClass::MethodX(void) {
  EnterCriticalSection(&m_cs);
  if (TryToPerformX() == false)
    return E_UNEXPECTED;
  LeaveCriticalSection(&m_cs);
  return S_OK;
}
```

Anonymer Autor, 1996

Im vorhergehenden Kapitel wurden die Grundlagen von COM-Identität diskutiert und formell definiert worin sich COM-Objekte und RAM-Speicher unterscheiden. Zusätzlich zu den Regeln von IUnknown wurden die Techniken zur optimalen Anwendung dieser Regeln präsentiert, die dem Implementobjekt maximale Flexibilität bieten. In diesem Kapitel wird die Definition der COM-Identität
weiter differenziert und Basisfunktionen des Betriebssystems (Threads und Prozesse) sowie verteilte Zugriffe in die Überlegungen einbezogen. Diese bestimmte
Kombination von Basissystemfunktionen und Verteilung bildet die Grundlage
der COM-Fernverarbeitungsarchitektur.

5.1 Schnittstelle und Implementierung

Es gibt Entwickler, die extensiven Gebrauch von Multithread-Programmiertech-
niken machen und in der Lage sind, mit den vom Betriebssystem zur Verfügung
gestellten Low-Level-Funktionen zur Thread-Synchronisierung erstaunlich ausgefeilte Software zu schreiben. Andere Entwickler müssen sich statt dessen mit der
Lösung domänenspezifischer Probleme herumschlagen, anstatt sich mit Thread-
sicherem Quelltext zu plagen. Wieder andere Entwickler müssen besondere Beschränkungen bei der Verwendung von Threads beachten, weil viele Systeme mit
grafischer Benutzeroberfläche (auch Windows) sehr strikte Regeln auferlegen,
wenn es um den Zusammenhang zwischen Threads und den grundlegenden Elementen der Fensterverwaltung geht. Und eine weitere Gruppe von Entwicklern
verwenden weiterhin veraltete Thread-feindliche Klassenbibliotheken die keinerlei Multithread-Zugriff zulassen. Alle vier Entwicklergruppen sind darauf angewiesen, die Objekte der jeweils anderen Gruppe verwenden zu können, ohne ihre
Threading-Strategie zu ändern und auf alle möglichen Szenarien abzustimmen. Um
die transparente Verwendung von Objekten ohne Berücksichtigung ihrer besonderen Thread-Wahrnehmung zu unterstützen, behandelt COM die Zugriffsbeschänkungen eines Objekts als ein weiteres Implementierungsdetail, um das sich der Client
nicht zu kümmern hat. Um den Client von den Zugriffs- und Wiedereintrittsbeschänkungen eines Objekts abzukoppeln, legt COM die Beziehungen zwischen Ob-

jekten und sowohl Prozessen als auch Threads in einem formal sehr abstrakten Modell fest. Diese Abstraktion wird formell als Apartment bezeichnet.[1] Apartments definieren eine Gruppierung von Objekten, für die bestimmte Zugriffs- und Wiedereintrittsbeschänkungen gelten. Jedes COM-Objekt ist genau einem Apartment zugeordnet, während ein Apartment mehrere Objekte enthalten kann. Implizit ist das Apartment eines Objekts Teil seiner Identität.

Ein Apartment ist weder ein Prozeß noch ein Thread; Apartments haben jedoch einige ihrer Eigenschaften mit ihnen gemeinsam. Jeder Prozeß, der COM verwendet, besitzt ein oder mehrere Apartments; doch ist ein Apartment genau einem Prozeß zugeordnet. Das bedeutet, daß jeder Prozeß, der COM verwendet, über mindestens eine Gruppe von Objekten mit gemeinsamen Zugriffs- und Wiedereintrittsbeschränkungen verfügt, daß jedoch zwei Objekte, die in demselben Prozeß residieren, zu zwei verschiedenen Apartments gehören und daher verschiedenen Zugriffs- und Wiedereintrittsbeschänkungen unterliegen können. Dieses Prinzip erlaubt es, daß Bibliotheken mit vollkommen verschiedenen Thread-Wahrnehmungen in einem einzelnen Prozeß friedlich zusammenzuarbeiten.

Ein Thread wird zu einem gegebenen Zeitpunkt in genau einem Apartment ausgeführt. Bevor ein Thread COM verwenden kann, muß er zunächst in ein Apartment eintreten. Bei Eintritt eines Thread in ein Apartment, speichert COM im Thread Local Storage (TLS) Informationen über das Apartment, die mit dem Thread verbunden bleiben, bis er das Apartment wieder verläßt. COM fordert, daß auf Objekte nur Threads zugreifen dürfen, die im Apartment des Objekts ausgeführt werden. Wenn also ein Thread in demselben Prozeß wie ein Objekt ausgeführt wird, kann es sein, daß ihm ein Zugriff auf das Objekt nicht gestattet ist, obwohl der von dem Objekt belegte Speicher vollkommen sichtbar und zugänglich ist. COM definiert einen HRESULT-Wert (RPC_E_WRONG_THREAD), den bestimmte System-Objekte zurückgeben, wenn auf sie von fremden Apartments aus zugegriffen wird. Auch für benutzerdefinierte Objekte ist es zulässig, diesen HRESULT-Wert zurückzugeben, doch gehen nur sehr wenige Entwickler so weit, um die angemessene Verwendung ihrer Objekte abzusichern.

COM in der Version 4.0 von Windows NT definiert zwei Typen von Apartments: Multithreaded Apartments (MTAs) und Singlethreaded Apartments (STAs). Jeder Prozeß kann höchstens ein MTA aber mehrere STAs enthalten. Wie aus den Bezeichnungen bereits hervorgeht, können in einem MTA mehrere Threads gleichzeitig ausgeführt werden, während in einem STA nur ein Thread ausgeführt werden kann. Genauer gesagt kann in einem bestimmten STA *überhaupt* nur ein Thread ausgeführt werden, was nicht nur bedeutet, daß auf Objekte die in einem STA residieren, nie gleichzeitig zugegriffen werden kann, sondern auch, daß nur ein bestimmter Thread die Methoden des Objekts ausführt. Diese Thread-Affinität

---

1. Apartment ist der modernere Terminus; ursprünglich war in der COM-Spezifikation von *Ausführungskontext* die Rede.

erlaubt es Implementierungen des Objekts, Zwischenstadien zwischen Methodenaufrufen sicher im TLS zu speichern und über Methodenaufrufe hinweg thread-bezogene Sperren aufrechtzuerhalten (beispielsweise Win32-Critical Sections und Mutexes).

Bei MTA-basierenden Objekten führen diese Praktiken ins Unglück, weil es keine Garantie dafür gibt, welcher Thread einen bestimmten Methodenaufruf ausführt. Der Nachteil eines STA besteht darin, daß in ihm nur ein Methodenaufruf gleichzeitig ausgeführt werden kann, gleichgültig wie viele Objekte zu dem Apartment gehören. In einem MTA können Threads dynamisch je nach Bedarf zugewiesen werden, ohne von der Anzahl der Objekte in dem Apartment abzuhängen. Um ausschließlich mit STAs gleichzeitige Server-Prozesse aufzubauen, bedarf es mehrerer Apartments. Wird dabei unvorsichtig vorgegangen, kann dies zu einem erheblichen Overhead an Threads führen. Außerdem kann bei einem STA-basierenden Server-Prozeß kein höherer Grad an Gleichzeitigkeit erzielt werden, als dies der Anzahl der Objekte im Prozeß entspricht. Wenn der Server-Prozeß nur eine kleine Zahl ungehobelter Objekte enthält, kann auch nur eine kleine Zahl von Threads verwendet werden, auch wenn jedes Objekt sein eigenes privates STA bewohnt.

Eine der nächsten COM-Versionen wird einen dritten Apartmenttyp einführen, das *Miet*appartment (*Rental*threaded Apartment, RTA). Wie MTAs, erlauben RTAs mehreren Threads den Zutritt. Anders als bei MTAs erlangt der Thread jedoch eine Sperre des gesamten Apartments, wenn er ein RTA betritt (er *mietet* es also), mit der andere Threads daran gehindert werden, es gleichzeitig zu betreten. Diese apartment-weite Sperre wird wieder aufgehoben, wenn der Thread das RTA verläßt, und ein anderer Thread kann einziehen. In dieser Hinsicht gleicht ein RTA einem MTA, doch sind nur Methodenaufrufe in Serie möglich. RTAs sind also für Klassen angemessener, die als nicht thread-sicher bekannt sind. Obgleich auch in einem STA alle Aufrufe seriell erfolgen, unterscheiden sich doch RTA-basierende Objekte in der Hinsicht, daß sie keine Thread-Affinität aufweisen: In einem RTA können beliebige Threads ausgeführt werden, nicht nur der ursprüngliche Thread, der das Apartment erzeugte. Durch diesen Mangel an Thread-Affinität sind RTA-basierende Objekte flexibler und effizienter als STA-basierende Objekte, denn hier kann jeder Thread das Objekt aufrufen, indem er einfach das RTA des Objekts aufsucht. Als dieses Buch geschrieben wurde, waren die Details, wie RTAs erstellt und betreten werden, noch nicht fertiggestellt. Weitere Einzelheiten erfahren Sie in der aktuellen SDK-Dokumentation.

Wenn ein Thread nach Aufruf von CreateProcess oder CreateThread vom Betriebssystem angelegt wurde, ist er zunächst noch mit keinem Apartment verbunden.[2]
Vor Verwendung von COM, muß der neue Thread zunächst in ein Apartment
eintreten, indem eine der drei folgenden API-Funktionen aufgerufen wird:

```
HRESULT CoInitializeEx(void *pvReserved, DWORD dwFlags);
HRESULT CoInitialize(void *pvReserved);
HRESULT OleInitialize(void *pvReserved);
```

Bei all diesen API-Funktionen ist der erste Parameter reserviert und muß den Wert
Null haben.

CoInitializeEx ist die systemnächste API-Funktion und erlaubt es, beim Aufruf anzugeben, welcher Apartmenttyp betreten werden soll. Um in ein prozeßweites
MTA einzutreten, muß das Flag COINIT_MULTITHREADED angegeben werden:

```
HRESULT hr = CoInitializeEx(0, COINIT_MULTITHREADED);
```

Bei Angabe von COINIT_APARTMENTHREADED wird ein neues STA betreten:

```
HRESULT hr = CoInitializeEx(0, COINIT_APARTMENTTHREADED);
```

Jeder Thread eines Prozesses der CoInitializeEx mit COINIT_MULTITHREADED aufruft,
wird in demselben Apartment ausgeführt. Jeder Thread, der CoInitializeEx mit
COINIT_APARTMENTTHREADED aufruft, wird in einem privaten Apartment ausgeführt,
zu dem kein anderer Thread Zutritt hat. Bei CoInitialize handelt es sich
um eine veraltete Routine, die lediglich CoInitializeEx mit dem Flag
COINIT_APARTMENTTHREADED aufruft. OleInitialize ruft zunächst CoInitialize auf und
initialisiert dann mehrere in OLE-Anwendungen verwendete Subsysteme wie
OLE-Drag&Drop und die OLE-Zwischenablage. In der Regel ist es vorzuziehen, Co-
Initialize oder CoInitializeEx auszurufen, es sein denn, diese High-Level-Dienste
werden benötigt.

Jede dieser drei API-Funktionen kann pro Thread mehrmals aufgerufen werden.
Der Rückgabewert des ersten Aufrufs pro Thread ist S_OK. Folgende Aufrufe führen
einfach in dasselbe Apartment und erhalten S_FALSE zurück. Jeder erfolgreiche
Aufruf von CoInitialize oder CoInitializeEx muß von demselben Thread aus mit
einem Aufruf von CoUninitialize abgeschlossen werden. Jeder erfolgreiche Aufruf
von OleInitialize muß von demselben Thread aus mit einem Aufruf von OleUnin-
itialize abgeschlossen werden. Diese Routinen sind sehr einfach aufgebaut:

```
void CoUninitialize(void);
void OleUninitialize(void);
```

---

2. Dies wird bei der Version 5.0 von Windows NT anders sein. In der aktuellen SDK-Dokumentation erfahren Sie weitere Einzelheiten.

Wird der Aufruf dieser Routine vor Beendigung des Threads oder Prozesses versäumt, werden Ressourcen nicht oder nur verzögert wieder freigegeben. Nach Eintritt eines Thread in ein Apartment ist es nicht mehr zulässig, den Typ des Apartments durch Aufruf von `CoInitializeEx` zu ändern. Versuche, dies dennoch zu tun, werden mit dem HRESULT-Wert `RPC_E_CHANGED_MODE` quittiert. Nachdem jedoch ein Thread ein Apartment mit `CoUninitialize` vollständig verlassen hat, kann er durch erneuten Aufruf von `CoInitializeEx` in ein anderes Apartment eintreten.

5.2 Objekte, Schnittstellen und Apartments

Das Anliegen von Clients ist es, die Methoden von Objekten aufzurufen. Das Anliegen von Objekten ist es, ihre Methoden Clients gegenüber offenzulegen. Wenn ein Objekt anderen Zugriffsbeschänkungen unterliegt, als dies durch das Apartment des Client impliziert ist, so sollte sich der Client um dieses Implementierungsdetail nicht kümmern müssen. In gleicher Weise ist es nicht Angelegenheit des Client, wenn die Objektimplementierung das Objekt nur auf einem kleinen Satz von Host-Rechnern verteilt, die sich vom Host des Client-Programms unterscheiden. In jedem Fall muß aber das Objekt in einem anderen Apartment als der Client residieren.

Aus Sicht der Programmierung ist die Zugehörigkeit zu einem Apartment ein Attribut eines Schnittstellenzeigers, kein Objektattribut. Wird nach dem Aufruf einer COM-API-Funktion oder einer Methode ein Schnittstellenzeiger zurückgeliefert, entscheidet der Thread, der die COM-API-Funktion oder Methode aufgerufen hat, zu welchem Apartment der resultierende Schnittstellenzeiger gehört. Liefert der Aufruf einen Zeiger auf das aktuelle Objekt zurück, residiert es selbst im Apartment des aufrufenden Threads. Häufig kann das Objekt nicht im Apartment des Aufrufers residieren, weil es bereits in einem anderen Prozeß oder auf einem anderen Host-Rechner existiert oder weil seine Zugriffsbeschränkungen mit denen des Client-Apartments inkompatibel sind. In diesen Fällen erhält der Client einen Zeiger auf ein Proxy-Objekt.

In COM ist ein Proxy-Objekt ein Objekt, das semantisch mit einem Objekt in einem anderen Apartment identisch ist. In gewisser Weise repräsentiert ein Proxy-Objekt die Identität eines anderen Objekts in einem anderen Apartment. Ein Proxy-Objekt legt denselben Satz Schnittstellen offen wie das Objekt, das es repräsentiert, doch leitet die Implementierung jeder der Schnittstellenmethoden des Proxy-Objekts die Aufrufe einfach an das Objekt weiter und stellt sicher, daß die Methoden des Objekts stets im Apartment des Objekts ausgeführt werden. Gleichgültig ob der Client einen Zeiger auf ein Objekt oder ein Proxy-Objekt empfängt, ist jeder Schnittstellenzeiger, den ein Client von einem API- oder Methodenaufruf empfängt, für alle Threads im Apartment des Aufrufers gültig.

In welchen Apartmenttypen das Objekts ausgeführt werden kann, wird bei seiner Implementierung entschieden. Kapitel 6 behandelt eingehend, daß prozeßexterne Server ihren Apartmenttyp explizit durch Aufruf von `CoInitializeEx` mit dem entsprechenden Parameter festlegen. Bei prozeßinternen Servern ist ein anderes Verfahren erforderlich, weil der Client `CoInitializeEx` bereits aufgerufen hat, als das Objekt angelegt wurde. Um prozeßinternen Servern die Steuerung ihres Apartmenttyps zu ermöglichen, erlaubt COM jeder CLSID ihr eigenes Threading-Modell, das in der lokalen Registrierung mit dem benannten Wert `ThreadingModel` angezeigt werden kann:

```
[HKCR\CLSID\{96556310-D779-11d0-8C4F-0080C73925BA}\InprocServer32]
@="C:\racer.dll"
ThreadingModel="Free"
```

Für jede CLSID in einer DLL kann ein spezifischer `ThreadingModel`-Wert festgelegt werden. Unter Windows NT 4.0 läßt COM vier mögliche `ThreadingModel`-Werte für eine CLSID zu. `ThreadingModel="Both"` legt fest, daß die Klasse entweder in einem MTA oder in einem STA ausgeführt werden kann. Bei dem `ThreadingModel`-Wert `"Free"` kann die Klasse nur in einem MTA ausgeführt werden und bei dem Wert `"Apartment"` nur in einem STA. Ist kein `ThreadingModel`-Wert angegeben, impliziert dies, daß die Klasse nur im Haupt-STA ausgeführt werden kann. Dies ist das erste im Prozeß initialisierte STA.

Wenn das Apartment des Client mit dem CLSID-Threading-Modell kompatibel ist, instantiieren alle prozeßinternen Aktivierungsanforderungen für diese CLSID das Objekt direkt im Apartment des Client. Dies ist das bei weitem effizienteste Szenario, weil kein Proxy-Objekt zwischengeschaltet werden muß.[3] Wenn das Apartment des Client mit dem Threading-Modell der CLSID inkompatibel ist, zwingen prozeßinterne Aktivierungsanforderungen COM dazu, das Objekt mit dieser CLSID stillschweigend in einem besonderen Apartment zu instantiieren, und der Client erhält ein Proxy-Objekt zurück. Wenn STA-basierende Clients Klassen des Threading-Modells `"Free"` aktivieren, wird das Objekt dieser Klasse (und alle weiteren Instanzen) im MTA ausgeführt. Aktivieren STA-basierende Clients Klassen des Threading-Modells `"Apartment"`, wird das Objekt dieser Klasse (und alle weiteren Instanzen) in einem von COM angelegten STA ausgeführt. Wenn ein Client beliebigen Typs auf dem Haupt-STA basierende Klassen aktiviert, muß das Objekt dieser Klasse (und alle weiteren Instanzen) in einem Haupt-STA des Prozesses ausgeführt werden. Handelt es sich bei dem Client um den Haupt-Thread des STA, kann direkt auf das Objekt zugegriffen werden. Andernfalls erhält der Client ein Proxy-Objekt zurück. Enthält der Prozeß keine STAs (dies ist der Fall, wenn keiner der Threads `CoInitializeEx` mit dem Flag `COINIT_APARTMENTTHREADED` aufgerufen hat), dann legt COM ein neues STA an, das diesem Prozeß als Haupt-STA dient.

---

3. Der bei einem Methodenaufruf über Apartmentgrenzen hinaus anfallende Overhead an Thread-Wechseln kann im Vergleich zu Methodenaufrufen innerhalb eines Apartments zu Performance-Verlusten führen, die Größenordnungen von eins zu tausend erreichen können.

Klassenimplementierungen die kein Threading-Modell festlegen, können mit Threads zusammenhängende Fragen weitgehend ignorieren, weil auf ihre DLL nur von einem Thread zugegriffen wird, dem Haupt-Thread des STA. Implementierungen, deren Klassen explizit eines der Threading-Modelle unterstützen, legen damit implizit fest, daß mehrere Apartments eines Prozesses (und damit potentiell mehrere Threads) Instanzen der Klasse enthalten können. Aus diesem Grund muß die Implementierung Ressourcen, die von mehr als einer Instanz der Klasse genutzt werden, gegen gleichzeitige Zugriffe schützen. Das bedeutet, daß alle globalen und statischen Variablen durch Verwendung eines geeigneten Basismechanismus der Thread-Synchronisierung geschützt werden müssen. Bei einem prozeßinternen COM-Server muß der globale Sperrenzähler, der die Ausführungsdauer des Servers überwacht, mit Hilfe von `InterlockedIncrement`/`InterlockedDecrement` geschützt werden; dies wurde in Kapitel 3 gezeigt. Auch alle anderen server-spezifischen Zustände müssen geschützt werden.

Implementierungen von Klassen des Threading-Modells `"Apartment"` legen fest, daß während der Ausführungsdauer des Objekts auf Instanzen dieser Klasse nur durch einen Thread zugegriffen werden darf. Damit ist ein Schutz des Status der Instanzen, der wie zuvor erwähnt nur bei gemeinsamer Nutzung mehrerer Instanzen der Klasse erforderlich ist, überflüssig. Implementierungen, die für ihre Klassen das Threading-Modell `"Free"` oder `"Both"` angeben, legen damit fest, daß Instanzen ihrer Klasse in einem MTA ausgeführt werden können, also auf eine einzelne Instanz der Klasse gleichzeitig zugegriffen werden kann. Daher müssen diese Implementierungen alle Ressourcen, die von einer einzelnen Instanz der Klasse verwendet werden, gegen gleichzeitige Zugriffe schützen. Davon sind nicht nur gemeinsam genutzte statische Variablen sondern auch Datenelemente der Instanz betroffen. Für auf dem Heap abgelegte Objekte bedeutet dies, daß das Datenelement zur Referenzzählung mit Hilfe von `InterlockedIncrement`/`InterlockedDecrement` geschützt werden muß; dies wurde in Kapitel 3 gezeigt. Auch jeder andere klassenspezifische Instanzstatus muß geschützt werden.

Auf den ersten Blick ist nicht besonders offensichtlich, warum es das Threading-Modell `"Free"` überhaupt gibt, weil die Voraussetzungen für die Ausführung in einem MTA oft als Obermenge der STA-Kompatibilitätsvoraussetzungen angesehen werden. Ist es Absicht einer Objektimplementierung, Arbeits-Threads anzulegen, die auf das Objekt zugreifen müssen, dann ist es erheblich vorteilhafter, das Objekt davor zu schützen, in einem STA angelegt zu werden, weil die Arbeits-Threads das STA des Objekts nicht betreten können und daher in einem anderen Apartment ausgeführt werden müssen. Erhält das Objekt einer Klasse des Threading-Modells `"Both"` eine Aktivierungsanforderung von einem STA-basierenden Thread, lebt es in einem STA. Für Arbeits-Threads (die in dem MTA ausgeführt werden) bedeutet dies, daß sie mit Interapartment-Methodenaufrufen auf das Objekt zugreifen müssen, die erheblich ineffizienter als Methodenaufrufe innerhalb eines Apartments sind. Gehört die Klasse hingegen dem Threading-Modell `"Free"` an, zwingen alle STA-basierenden Aktivierungsanforderungen die neue Instanz dazu, in dem MTA angelegt zu werden, in dem Arbeits-Threads direkt auf das Objekt zugreifen können. Für vom STA-basierenden Client aufgerufene Methoden des Objekts bedeutet dies, daß zwar die Performance herabgesetzt wird, aber die Arbeits-Threads erheblich besser ausgeführt werden. Dieser Handel ist vernünftig, wenn die Arbeits-Threads öfter auf das Objekt zugreifen, als der aktuelle STA-basierende Client. Man könnte versucht sein, die COM-Regeln weniger eng auszulegen, weil auf einige Objekte direkt von mehreren Apartments aus zugegriffen werden kann, ohne daß dies zu Fehlern führt. Diese Fälle können jedoch nicht generalisiert werden, insbesondere dann, wenn Objekte für ihre Aufgaben andere Objekte verwenden.

5.3   Apartment-übergreifender Zugriff

Um Objekten zu erlauben, in anderen Apartments als dem des Client zu residieren, sieht COM den Export von Schnittstellen aus einem Apartment in ein anderes vor. Um die Schnittstellen eines Objekts außerhalb seines Apartments sichtbar zu machen, muß die Schnittstelle *exportiert* werden. Durch *Import* einer externen Schnittstelle wird sie innerhalb des Apartments sichtbar gemacht. Nach dem Import einer Schnittstelle zeigt der resultierende Schnittstellenzeiger auf ein Proxy-Objekt, auf das jeder Thread des importierenden Apartments legal zugreifen kann.[4] Aufgabe des Proxy-Objekts ist es, die Steuerung zurück an das Apartment des Objekts zu geben und damit sicherzustellen, daß alle Methodenaufrufe im korrekten Apartment ausgeführt werden. Diese Steuerungsübergabe von einem Apartment an ein anderes, mit der in COM alle thread-, prozeß- und host-übergreifende Kommunikation abgewickelt wird, wird als *Methodenfernverarbeitung* bezeichnet.

Standardmäßig verwendet Methodenfernverarbeitung das Kommunikationsprotokoll COM Object RPC (ORPC). Bei COM ORPC handelt es sich um ein einfaches Protokoll, das über der Schicht MS-RPC, einem DCE-Derivat, angesiedelt ist. MS-RPC wiederum ist ein protokollunabhängiger Kommunikationsmechanismus, der zur Unterstützung neuer Transportprotokolle (über dynamisch ladbare Transport-DLLs) und neuer Authentifizierungsverfahren (über dynamisch ladbare Security Support Provider-DLLs) erweitert werden kann. COM verwendet das effizienteste verfügbare Transportprotokoll, das den Typ und die Ähnlichkeit zwischen importierendem und exportierendem Apartment auswertet. Obwohl die meisten gebräuchlichen Netzwerkprotokolle unterstützt werden, bevorzugt COM für die host-unabhängige Kommunikation das User Datagram Protocol (UDP).[5] Zur lokalen Kommunikation verwendet COM eine Reihe von Transportdiensten, die jeweils für einen bestimmten Apartmenttyp optimiert wurden.

---

4. Handelt es sich bei dem importierenden Apartments um das Apartment des Objekts, wird anstelle eines Zeigers auf ein Proxy-Objekt ein Zeiger verwendet, der direkt auf das Objekt zeigt.

Schnittstellenzeiger werden in COM mit einer Technik über Apartmentgrenzen hinweg übergeben, die als *Marshaling* bezeichnet wird. Schnittstellenzeiger-Marshaling transformiert einfach den Schnittstellenzeiger in einen übertragungsfähigen Byte-Stream, dessen Inhalt das Objekt und sein Apartment eindeutig identifiziert. Dieser Byte-Stream stellt den Verpackungsstatus des Schnittstellenzeigers dar und erlaubt es jedem Apartment, den Schnittstellenzeiger zu importieren und Methodenaufrufe an das Objekt zu richten. Beachten Sie, daß dieser Verpackungsstatus nicht den Status des Objekts repräsentiert, sondern den serialisierten Status einer apartment-unabhängigen Referenz auf das Objekt, weil COM nur die Schnittstellenzeiger verarbeitet, nicht die Objekte selbst. Diese verpackten Objektreferenzen enthalten einfach Informationen zum Verbindungsaufbau, die vollkommen unabhängig vom Status des *Objekts* sind.

Normalerweise werden Schnittstellenzeiger implizit als Teil der normalen Operation von COM verpackt. Wenn eine Klasse eine prozeßinterne Aktivierungsanforderung mit einem inkompatiblen Threading-Modell erhält, verpackt COM die Schnittstelle des Apartments des Objekts implizit und entpackt im Apartment des Client ein Proxy-Objekt. Bei einer prozeßexternen oder getrennt vom Host gestellten Aktivierungsanforderung, verpackt COM auch den resultierenden Zeiger auf das Apartment des Objekts und entpackt für den Client ein Proxy-Objekt. Bei Methodenaufrufen für Proxy-Objekte werden alle als Methodenparameter übergebenen Schnittstellenzeiger verpackt, um die Objektreferenzen sowohl im Apartment des Client als auch dem des Objekts verfügbar zu machen. Gelegentlich ist es notwendig, außerhalb des Kontextes einer Aktivierungsanforderung oder eines Methodenaufrufs explizit verpackte Schnittstellen von einem Apartment zu einem anderen zur Verfügung zu stellen. COM unterstützt dies mit der Low-Level-API-Funktion `CoMarshalInterface`.

`CoMarshalInterface` übernimmt als Eingabe einen Schnittstellenzeiger und schreibt die serialisierte Repräsentation des Zeigers in einen vom Ausrufer bereitgestellten Byte-Stream. Dieser Byte-Stream kann dann einem anderen Apartment übergeben werden, in dem die API-Funktion `CoUnmarshalInterface` dafür verwendet wird, für den Byte-Stream einen Schnittstellenzeiger zurückzugeben, der semantisch zu dem ursprünglichen Objekt äquivalent ist, auf den jedoch in diesem Apartment legal zugegriffen werden kann. Bei Aufruf von `CoMarshalInterface` muß in einer COM-Aufzählungsfunktion die Distanz zum importierenden Apartment angegeben werden:

---

5. UDP wird TCP wegen des außerordentlich großen Overheads vorgezogen, der dort beim Verbindungsaufbau entsteht. Wie auch DCE RPC bringt COM seine Sicherheits- und Informationen zur Protokollsynchronisation in den Paket-Headern unter, die für die Übertragung der ersten RPC-Anforderung verwendet werden. Weil COM-basierende Systeme dazu neigen, zahlreichen vorübergehende Verbindungen auf- und wieder abzubauen, ist UDP die bessere Wahl. bei Datagramm-Transporten wie UDP reimplementiert die RPC-Laufzeitbibliothek die TCP-Algorithmen zur Fehlerkorrektur und Ablauf-/Verarbeitungssteuerung.

```
typedef enum tagMSHCTX {
  MSHCTX_INPROC = 4,  // Prozeßintern/derselbe Host
  MSHCTX_LOCAL = 0,  // Prozeßextern/derselbe Host
  MSHCTX_NOSHAREDMEM = 1,  // 16/32 bit/derselbe Host
  MSHCTX_DIFFERENTMACHINE = 2, //Host-extern
} MSHCTX;
```

Es ist legal, eine größere Distanz als erforderlich anzugeben, doch effizienter, den korrekten MSHCTX-Wert zu nennen, wenn dies möglich ist. Auch die Marshaling-Semantik kann mit einem der folgenden Marshal-Flags an CoMarshalInterface übergeben werden:

```
typedef enum tagMSHLFLAGS {
  MSHLFLAGS_NORMAL,  // Ein Marshaling, eine Unmarshal-Operation
  MSHLFLAGS_TABLESTRONG,  // Ein Marshaling, mehrere Unmarshal-Operationen
  MSHLFLAGS_TABLEWEAK,  // Ein Marshaling, mehrere Unmarshal-Operationen
  MSHLFLAGS_NOPING = 4,  // Garbage Collection unterdrücken
} MSHLFLAGS;
```

NORMAL-Marshaling (das auch als Aufruf-Marshaling bezeichnet wird) legt fest, daß die verpackte Objektreferenz nur einmal ausgepackt werden muß und bei weiteren benötigten Proxy-Objekten zusätzliche Aufrufe von CoMarshalInterface erforderlich sind. Bei festgelegtem TABLE-Marshaling kann die Objektreferenz ohne zusätzliche Aufrufe von CoMarshalInterface kein oder mehrere Male ausgepackt werden. Die Details dieser Art Marshaling werden später in diesem Kapitel beschrieben.

Damit Schnittstellenzeiger einer Vielzahl von Medien zur Verfügung gestellt werden können, serialisiert CoMarshalInterface den Schnittstellenzeiger mit Hilfe einer vom Aufrufer bereitgestellten Schnittstelle des Typs IStream. Die Schnittstelle IStream modelliert ein beliebiges E/A-Gerät und legt Read- und Write-Methoden offen. CoMarshalInterface ruft für diese Schnittstelle einfach die Write-Methode auf, ohne sich darum zu kümmern, wo die aktuellen Bytes gespeichert werden. Durch Aufruf der API-Funktion CreateStreamOnHGlobal erhalten Aufrufer eine IStream-Verpackung für den Speicherbereich:

```
HRESULT CreateStreamOnHGlobal(
  [in] HGLOBAL hglobal,  // Null für automatische Allozierung übergeben
  [in] BOOL bFreeMemoryOnRelease,
  [out] IStream **ppStm);
```

Auf Grundlage der Semantik von IStream ist das folgende Codefragment:

```
void UseRawMemoryToPrintString(void) {
  void *pv = 0;
// Speicher reservieren
  pv = malloc(13);
  if (pv != 0) {
```

```
// Einen String in den Speicherbereich schreiben
   memcpy(pv, "Hello, World", 13);
   printf((const char*)pv);
// Alle Ressourcen freigeben
   free (pv);
   }
}
```

mit diesem Codefragment äquivalent, das anstelle von memcpy die Schnittstelle IStream verwendet:

```
void UseStreamToPrintString(void) {
  IStream *pStm = 0;
// Speicher reservieren und in einer IStream-Schnittstelle verpacken
  HRESULT hr = CreateStreamOnHGlobal(0, TRUE, &pStm);
  if (SUCCEEDED(hr)) {
// Einen String in den Speicherbereich schreiben
   hr = pStm->Write("Hello, World", 13, 0);
   assert(SUCCEEDED(hr));
// Speicherinhalt abrufen
   HGLOBAL hglobal = 0;
   hr = GetHGlobalFromStream(pStm, &hglobal);
   assert(SUCCEEDED(hr));
   printf((const char*)GlobalLock(hr));
// Alle Ressourcen freigeben
   GlobalUnlock(hglobal);
   pStm->Release();
  }
}
```

Die API-Funktion GetHGlobalFromStream erlaubt, ein Handle für den von CreateStreamOnHGlobal reservierten Speicher zu ermitteln. HGLOBAL-Funktionen gehören der Vergangenheit an und können keinesfalls auf gemeinsam genutzten Speicher angewendet werden.

Bei Kenntnis jeder dieser Parametertypen ist der Gebrauch der API-Funktion CoMarshalInterface recht einfach:

```
HRESULT CoMarshalInterface(
    [in] IStream *pStm,     // Marshaling-Ziel
    [in] REFIID riid,       // Zu verpackender Zeigertyp
[in,iid_is(riid)] IUnknown *pItf,// Zu verpackender Zeiger
    [in] DWORD dwDestCtx,   // MSHCTX des Zielapartments
    [in] void *pvDestCtx,   // Reserviert, muß null sein
    [in] DWORD dwMshlFlags  // Normal- oder TABLE-Marshaling
);
```

Mit dem folgenden Quelltext wird ein Schnittstellenzeiger in einem Speicherblock verpackt, der für die Übertragung an jedes Apartment des Netzwerks geeignet ist:

```
HRESULT WritePtr(IRacer *pRacer, HGLOBAL& rhglobal) {
  IStream *pStm = 0; rhglobal = 0;
// Speicherblock reservieren und verpacken
  HRESULT hr = CreateStreamOnHGlobal(0, FALSE, &pStm);
  if (SUCCEEDED(hr)) {
// Referenz des verpackten Objekts in den Speicher schreiben
    hr = CoMarshalInterface(pStm, IID_IRacer, pRacer,
  MSHCTX_DIFFERENTMACHINE, 0,
  MSHLFLAGS_NORMAL);
// Handle für den Speicherbereich ermitteln
    if (SUCCEEDED(hr))
      hr = GetHGlobalFromStream(pStm, &rhglobal);
    pStm->Release();
  }
  return hr;
}
```

Abbildung 5-1 illustriert die Beziehung zwischen dem Schnittstellenzeiger und dem
Speicherbereich, der die verpackte Objektreferenz enthält. Nach Aufruf von CoMarshalInterface kann das Apartment des Objekts eine Verbindungsanforderung eines
fremden Apartments empfangen. Weil das Flag MSHCTX_DIFFERENTMACHINE verwendet
wurde, kann sich das importierende Apartment auch auf einem anderen Host-Rechner befinden.

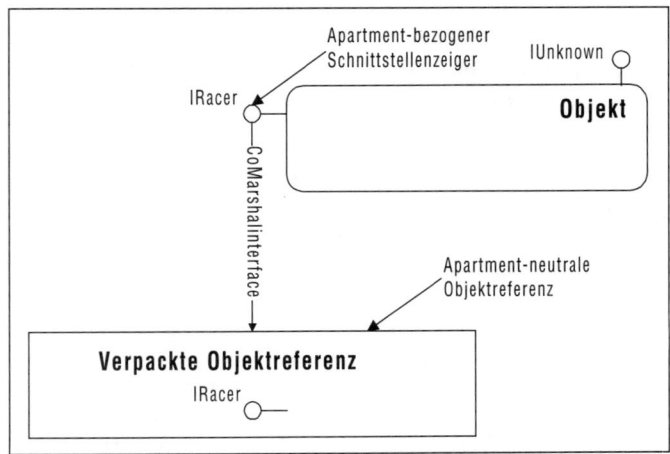

Abbildung 5-1 Verpackte Objektreferenz

Um die im zuvor gezeigten Quelltextfragment verpackte Objektreferenz wieder in einen gültigen Schnittstellenzeiger zu dekodieren, muß das importierende Apartment die API-Funktion CoUnmarshalInterface aufrufen:

```
HRESULT CoUnmarshalInterface(
    [in] IStream *pStm,  // Verpackungszustand einlesen
    [in] REFIID riid,  // Zu entpackender Zeigertyp
[out,iid_is(riid)] void **ppv// Ziel des entpackten Zeigers
);
```

CoUnmarshalInterface liest einfach eine serialisierte Objektreferenz und gibt einen Zeiger auf das ursprüngliche Objekt zurück, auf den im Apartment des aufrufenden Threads zugegriffen werden kann. Wenn das importierende Apartment ein anderes als das der exportierten Schnittstelle ist, zeigt der resultierende Zeiger auf ein Proxy-Objekt. Ging der Aufruf von CoUnmarshalInterface aus irgend einem Grunde von dem Apartment aus, in dem das Objekt residiert, wird ein Zeiger auf das aktuelle Objekt zurückgegeben und kein Proxy-Objekt angelegt. Mit dem folgenden Quelltext wird die verpackte Objektreferenz in einen gültigen Schnittstellenzeiger übersetzt:

```
HRESULT ReadPtr(HGLOBAL hglobal, IRacer * &rpRacer) {
   IStream *pStm = 0; rpRacer = 0;
// Den übergebenen Speicherblock verpacken
   HRESULT hr = CreateStreamOnHGlobal(hglobal, FALSE, &pStm);
   if (SUCCEEDED(hr)) {
// In diesem Apartment gültigen Zeiger auf das Objekt abrufen
     hr = CoUnmarshalInterface(pStm,
        IID_IRacer, (void**)&rpRacer,
     pStm->Release();
   }
   return hr;
}
```

Das resultierende Proxy-Objekt implementiert jede der vom Objekt exportierten Schnittstellen, indem es die Methodenanforderungen an das Apartment des Objekts weiterleitet.

Vor Version 4.0 von Windows NT war das Format der verpackten Objektreferenzen undokumentiert. Um es anderen Herstellern zu ermöglichen, COM-fähige Netzwerkprodukte zu entwickeln, wurde das Format 1996 veröffentlicht und als Internet Draft-Standard veröffentlicht. Abbildung 5-2 zeigt dieses Format. Der Header beginnt mit einer bestimmten Signatur ('MEOW')[6] und einem Feld für ein Flag, das über die verwendete Marshaling-Technik Auskunft gibt (Standard-Mar-

---

6. Ein Programm-Manager von Microsoft, dessen Name hier nichts zur Sache tut, hat behauptet, daß MEOW das Akronym für Microsoft Extended Object Wire wäre. Zwar ist der Autor sonst recht gutgläubig, hat hier aber schon seine Zweifel. Jedoch gilt: Im Zweifel für den Angeklagten ...

shaling oder benutzerdefiniertes Marshaling), an das sich die IID oder in der Referenz enthaltenen Schnittstelle anschließt. Wurde Standard-Marshaling verwendet, zeigt ein Subheader der Objektreferenz an, wie viele externe Referenzen von ihr repräsentiert werden. Dieser Zähler externer Referenzen ist Teil des COM-Protokolls für verteilte Garbage-Collection und korrespondiert direkt unmittelbar mit der Referenzzählung AddRef/Release, die das Objekt implementiert. Interessante Elemente der Objektreferenz sind die drei Bezeichner OXID, OID und IPID, die den Schnittstellenzeiger eindeutig identifizieren. Wenn es angelegt wird, wird jedem Apartment des Netzwerks ein eindeutiger *Object Exporter Identifier* (die OXID) zugewiesen. Diese OXID wird vom Proxy-Objekt dazu verwendet, Netzwerk/IPC-Adressierungsinformationen zu ermitteln, wenn es sich erstmals mit dem Objekt verbindet. Der *Object Identifier* (die OID) identifiziert eindeutig eine COM-Identität im Netzwerk und wird von der Funktion CoUnmarshalInterface verwendet, um die COM-Identitätsregeln für Proxy-Objekte aufrechtzuerhalten. Der *Interface Pointer Identifier* (die IPID) identifiziert einen Schnittstellenzeiger in einem Apartment eindeutig und wird im Header jeder nachfolgenden Methodenanforderung angegeben. Die IPID dient dazu, ORPC-Anforderungen effizient an den korrekten Schnittstellenzeiger im Apartment des Objekts zu verteilen.

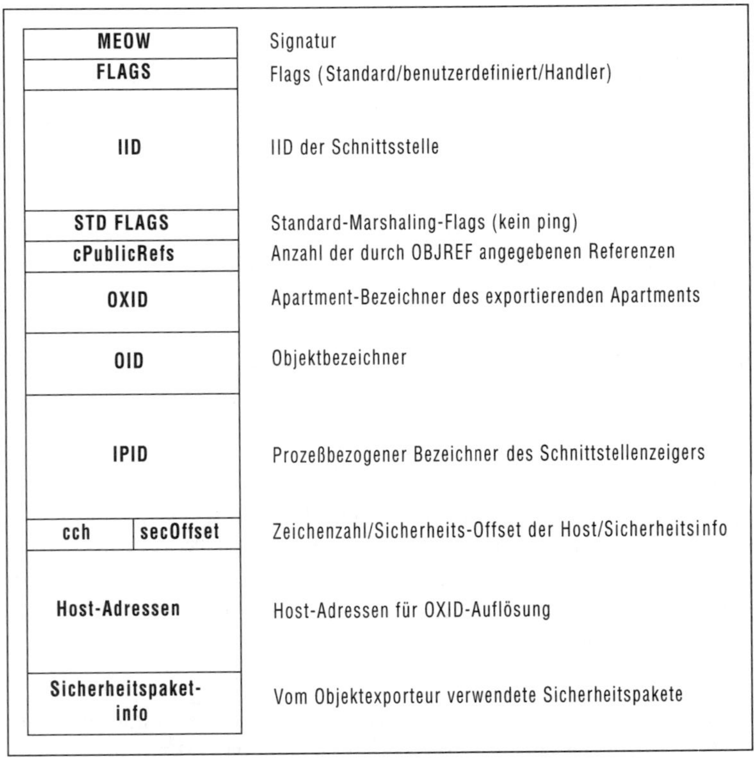

MEOW	Signatur
FLAGS	Flags (Standard/benutzerdefiniert/Handler)
IID	IID der Schnittstelle
STD FLAGS	Standard-Marshaling-Flags (kein ping)
cPublicRefs	Anzahl der durch OBJREF angegebenen Referenzen
OXID	Apartment-Bezeichner des exportierenden Apartments
OID	Objektbezeichner
IPID	Prozeßbezogener Bezeichner des Schnittstellenzeigers
cch **secOffset**	Zeichenzahl/Sicherheits-Offset der Host/Sicherheitsinfo
Host-Adressen	Host-Adressen für OXID-Auflösung
Sicherheitspaket-info	Vom Objektexporteur verwendete Sicherheitspakete

Abbildung 5-2 Die Objektreferenz bei Standard-Marshaling

Obwohl OXIDs aus logischer Sicht interessant sind, sind sie doch allein nutzlos, weil das Proxy-Objekt einen IPC-Mechanismus oder ein Netzwerkprotokoll verwenden muß, um Kontakt mit dem Apartment des Objekts aufzunehmen. Jeder COM-fähige Host-Rechner verwendet zur Übersetzung von OXIDs in vollständige Netzwerk- oder IPC-Adressen den Dienst *OXID Resolver* (OR). Unter Windows NT 4.0 ist OR als Teil des Dienstes RPCSS implementiert. Nach der Initialisierung eines Apartments weist COM eine OXID zu und registriert sie beim lokalen OR. Jeder OR ist also über alle Apartments informiert, die im lokalen System ausgeführt werden, und darüber, welchen lokalen IPC-Anschluß die Apartments haben. Muß die Funktion CoUnmarshalInterface ein neues Proxy-Objekt mit dem Apartment des Objekts verbinden, liefert der lokale OR eine gültige IPC- oder Netzwerkadresse für die OXID. Wird die Objektreferenz auf demselben Rechner ausgepackt, auf dem sich auch das Apartment des Objekts befindet, kann der OR die OXID einfach in seiner lokalen OXID-Tabelle nachschlagen und eine lokale IPC-Adresse zurückgeben. Bei einem anderen Host-Rechner als dem des Objekts überprüft der lokale OR die Liste kürzlich ermittelter entfernter OXIDs zunächst daraufhin, ob die OXID darin enthalten ist. Ist dies nicht der Fall, leitet er die Anforderung mit Hilfe des RPC an den OR des Host-Rechners des Objekts. Beachten Sie, daß die verpackte Objektreferenz die Host-Adresse des Objekts in einem Format enthält, das von einer Vielzahl Netzwerkprotokolle verwendet werden kann, so daß der OR auf der Zielseite die Anforderung korrekt weiterleiten kann.

Eine verteilte Auflösung der OXIDs wird dadurch erreicht, daß der OR-Dienst jedes Host-Rechners für jedes unterstütztes Netzwerkprotokoll an einem allgemein bekannten Endpunkt (Port 135 bei TCP und UDP) nach entfernten OXID-Auflösungsanforderungen Ausschau hält. Nach Empfang einer solchen Anforderung wird die lokale OXID-Tabelle konsultiert. Aus der Auflösungsanforderung geht auch hervor, welche Netzwerkprotokolle der Client-Rechner unterstützt. Wenn in dem angeforderten Apartment der Prozeß für eines der angeforderten Protokolle noch nicht gestartet wurde, kontaktiert der OR mit dem lokalen IPC die COM-Bibliothek im Apartment des Objekts und veranlaßt den Start. Danach notiert der OR die neue Netzwerkadresse des Apartments in der lokalen OXID-Tabelle und übergibt sie an den OR der Zielseite, wo sie im Cache gespeichert wird, um für häufig verwendete Apartments weitere Anforderungen über das Netzwerk zu vermeiden. Es mag eigenartig erscheinen, daß die verpackte Objektreferenz nicht die vollständige Netzwerkadresse des Objekts enthält, doch erlauben es die Redirektionsebenen, die von protokollunabhängigen Apartment-IDs (OXIDs) benötigt werden, daß ein COM-basierender Prozeß die Netzwerkprotokolle erst dann verwendet, wenn sie benötigt werden. Dies ist besonders deswegen wichtig, weil COM mit vielen verschiedenen Protokollen (nicht nur TCP) operieren kann und es außerordentlich ineffizient wäre, wenn jeder Prozeß mit allen unterstützten Protokollen nach Anforderungen Ausschau halten müßte. Und wenn ein COM-basierender Prozeß keine Zeiger an Clients außerhalb des Host exportiert, werden auf diese Weise überhaupt keine Netzwerkressourcen verbraucht.

5.4   Prozeßinterne Marshaling-Hilfsfunktionen

Obwohl sich die im vorigen Abschnitt gezeigten Quelltextfragmente WritePtr und
ReadPtr relativ geradlinig implementieren lassen, wird in COM doch berücksichtigt, daß die meisten expliziten Aufrufe von CoMarshalInterface innerhalb desselben Prozesses einen Schnittstellenzeiger von einem Thread an einen anderen
übergeben. Zur Vereinfachung dieser Aufgabe bietet COM zwei Hüllfunktionen,
die die ziemlich schematischen Anweisungsfolgen implementieren, die für den
Aufruf von CoMarshalInterface und CoUnmarshalInterface notwendig sind. Die
COM-API-Funktion CoMarshalInterThreadInterfaceInStream

```
HRESULT CoMarshalInterThreadInterfaceInStream(
    [in] REFIID riid,
    [in, iid_is(riid)] IUnknown *pItf,
    [out] IStream **ppStm
);
```

bietet eine einfache Hüllfunktion für CreateStreamOnHGlobal und CoMarshalInterface:

```
// Aus OLE32.DLL (in etwa)
HRESULT CoMarshalInterThreadInterfaceInStream(
    REFIID riid, IUnknown *pItf, IStream **ppStm) {
  HRESULT hr = CreateStreamOnHGlobal(0, TRUE, ppStm);
  if (SUCCEEDED(hr))
    hr = CoMarshalInterface(*ppStm, riid, pItf,
                  MSHCTX_INPROC, 0, MSHLFLAGS_NORMAL);
  return hr;
}
```

Auch für CoUnmarshalInterface hält COM eine Hüllfunktion bereit:

```
HRESULT CoGetInterfaceAndReleaseStream(
    [in] IStream *pStm,
    [in] REFIID riid,
    [out, iid_is(riid)] void **ppv
);
```

die aber nur eine geringfügige Vereinfachung von CoUnmarshalInterface darstellt:

```
// Aus OLE32.DLL (ungefähr)
HRESULT CoGetInterfaceAndReleaseStream(
  IStream *pStm REFIID riid, void **ppv) {
  HRESULT hr = CoUnmarshalInterface(pStm, riid, ppv);
  pStm->Release();
  return hr;
}
```

Keine dieser Routinen richtet etwas Besonderes aus, doch sind sie etwas bequemer einsetzbar als ihre Low-Level-Gegenstücke.

Mit dem folgenden Quelltextfragment kann ein Schnittstellenzeiger mittels einer globalen Variablen, die die verpackte Objektreferenz enthält, an ein anderes Apartment desselben Prozesses übergeben werden:

```
HRESULT WritePtrToGlobalVariable(IRacer *pRacer) {
// Zielposition des verpackten Zeigers
  extern IStream *g_pStmPtr;
// Thread-Synchronisierung für den Lese-/Schreibvorgang
  extern HANDLE g_heventWritten;
// Verpackte Objektreferenz in globale Variable schreiben
  HRESULT hr = CoMarshalInterThreadInterfaceInStream(
  IID_IRacer, pRacer, &g_pStmPtr);
// Anderen Thread davon benachrichtigen, daß der Zeiger jetzt verfügbar ist
  SetEvent(g_heventWritten);
  return hr;
}
```

Der korrespondierende Code entpackt die Objektreferenz im aufrufenden Apartment, sofern es sich in demselben Prozeß befindet:

```
HRESULT ReadPtrFromGlobalVariable(IRacer * &rpRacer) {
// Zielposition des verpackten Zeigers
  extern IStream *g_pStmPtr;
// Thread-Synchronisierung für den Lese-/Schreibvorgang
  extern HANDLE g_heventWritten;
// Auf Nachricht des anderen Thread, daß der Zeiger jetzt verfügbar ist, warten
  WaitForSingleObject(g_heventWritten, INFINITE);
// Verpackte Objektreferenz aus globaler Variablen einlesen
HRESULT hr = CoGetInterfaceAndReleaseStream(
              g_pStmPtr, IID_IRacer, (void**)&rpRacer);
// MSHLFLAGS_NORMAL zeigt an, daß keine weiteren Unmarshal-Vorgänge zulässig
sind
  g_pStmPtr = 0;
  return hr;
}
```

Dieser Quelltext ist dann erforderlich, wenn ein Zeiger von einem Apartment an ein anderes übergeben werden soll.[7] Beachten Sie, daß keine Marshaling-Aufrufe erforderlich sind, um einen Zeiger von einem Thread, der in einem MTA oder RTA ausgeführt wird, an einen anderen Thread desselben Apartments zu übergeben. Es

---

7. Es mag eigenartig erscheinen, daß es sich bei der globalen Variablen um einen Schnittstellen-zeiger handelt, der im schreibenden Apartment initialisiert und im lesenden Apartment ver-wendet wird. Die Dokumentation von CoMarshalInterThreadInterfaceInStream geht auf diese Inkonsistenz ein und weist darauf hin, daß auf den resultierenden Schnittstellenzeiger IStream von jedem Apartment des Prozesses zugegriffen werden kann.

ist jedoch üblich, daß beim Schreiben des Schnittstellenzeigers `AddRef` aufgerufen wird, bevor eine Kopie an den lesenden Thread übergeben wird. Der lesende Thread muß den Zeiger natürlich mit `Release` freigeben, wenn er ihn nicht mehr benötigt.

Beachten Sie, daß im Quelltext die globale Variable `g_pStmPtr` auf Null gesetzt wird, nachdem sie gelesen wurde und das Unmarshaling abgeschlossen ist, denn die Objektreferenz wurde mit gesetztem `MSHLFLAGS_NORMAL`-Flag verpackt und kann daher nur einmal ausgepackt werden. In vielen Situationen stellt dies kein Problem dar. Es sind jedoch auch etliche Szenarien denkbar, in denen es wünschenswert ist, den Zeiger eines Thread zu verpacken und ihn durch mehrere Arbeits-Threads auspacken zu lassen, wenn sie ihn benötigen. Werden alle Arbeits-Threads im MTA ausgeführt, ist dies kein Problem, weil der Unmarshal-Vorgang nur von einem der Threads stellvertretend für alle anderen Threads im MTA durchgeführt werden muß. Dieser Ansatz funktioniert jedoch nicht, wenn die Arbeits-Threads in beliebigen Apartments ausgeführt werden, weil jeder Arbeits-Thread die Objektreferenz unabhängig auspacken muß. Die meisten Entwickler verwenden in diesem Fall das Flag `MSHLFLAGS_TABLESTRONG`, weil sie davon ausgehen, daß dann auf das einmalige Einpacken die erforderlichen mehrfachen Unmarshal-Vorgänge (einer pro Apartment) folgen können. Unglücklicherweise wird aber `TABLE`-Marshaling (im Gegensatz zu normalem Marshaling) nicht unterstützt, wenn der ursprüngliche Zeiger auf ein Proxy-Objekt zeigt, was aber besonders in verteilten Anwendungen oft der Fall ist. Diesem Mangel wurde von der COM-Version des Windows NT 4.0 Service Pack 3 durch die *Global Interface Table* (GIT) begegnet.

Die GIT optimiert das Paar `CoMarshalInterface`/`CoUnmarshalInterface`, indem sie erlaubt, daß auf Schnittstellenzeiger von allen Apartments eines Prozesses zugegriffen werden kann. Intern implementiert COM eine GIT pro Prozeß. Die GIT enthält verpackte Schnittstellenzeiger, die innerhalb desselben Prozesses effizient mehrere Male ausgepackt werden können. Semantisch ist dies dem `TABLE`-Marshaling äquivalent, doch kann die GIT sowohl bei Objekten als auch bei Proxy-Objekten verwendet werden. Die GIT legt die Schnittstelle `IGlobalInterfaceTable` offen:

```
[ uuid(00000146-0000-0000-C000-000000000046),object,local ]
interface IGlobalInterfaceTable : IUnknown {
// Schnittstelle in die GIT aufnehmen
  HRESULT RegisterInterfaceInGlobal(
           [in] REFIID riid,
           [in, iid_is(riid)] IUnknown *pItf,
           [out] DWORD *pdwCookie);
// Referenz des verpackten Objekts löschen
  HRESULT RevokeInterfaceFromGlobal(
           [in] DWORD dwCookie);
// Schnittstelle aus der GIT entfernen
```

```
HRESULT GetInterfaceFromGlobal (
        [in] DWORD dwCookie
        [in] REFIID riid,
        [out, iid_is(riid)] void **ppv);
}
```

Clients können von ihrem Prozeß aus durch Aufruf der Methode CoCreateInstance
der Klasse CLSID_StdGlobalInterfaceTable auf die GIT zugreifen. Jeder Aufruf von
CoCreateInstance mit dieser CLSID gibt einen Zeiger auf die bestimmte GIT des
Prozesses zurück. Wie auch die von CoMarshalInterThreadInterfaceInStream zurückgegebene Schnittstelle IStream, kann auf Schnittstellenzeiger, die auf die GIT zeigen, ohne Marshaling von jedem Apartment aus zugriffen werden.

Um einen Schnittstellenzeiger allen Apartments des Prozesses zugänglich zu machen, muß das Apartment, zu dem der Schnittstellenzeiger gehört, ihn durch Aufruf der Methode RegisterInterfaceInGlobal in der GIT registrieren. Die GIT gibt einen Wert vom Typ DWORD zurück, der den Zeiger global für alle Apartments des
Prozesses repräsentiert. Dieser Wert kann von jedem Apartment des Prozesses verwendet werden, um ein neues Proxy-Objekt durch Aufruf der Methode GetInter-
faceFromGlobal auszupacken. Dies kann mehrfach so lange geschehen, bis der Aufruf von RevokeInterfaceFromGlobal den globalen Schnittstellenzeiger verwirft.
Anwendungen, die die globale Schnittstellentabelle verwenden, verbinden beim
Start normalerweise einen einzigen prozeßweiten Schnittstellenzeiger:

```
IGlobalInterfaceTable *g_pGIT = 0;
HRESULT InitOnce(void) {
  assert(g_pGIT == 0);
  return CoCreateInstance(CLSID_StdGlobalInterfaceTable, 0,
      CLSCTX_INPROC_SERVER,
      IID_IGlobalInterfaceTable,
      (void**)&g_pGIT);
}
```

Sobald die globale Schnittstellentabelle verfügbar ist, wird ein Schnittstellenzeiger
einfach dadurch an ein anderes Apartment übergeben, daß der Zeiger in der globalen Schnittstellentabelle registriert wird:

```
HRESULT WritePtrToGlobalVariable(IRacer *pRacer) {
// Zielposition des verpackten Zeigers
  extern DWORD g_dwCookie;
// Thread-Synchronisierung
  extern HANDLE g_heventWritten;
// Verpackte Objektreferenz in globale Variable schreiben
  HRESULT hr = g_pGIT->RegisterInterfaceInGlobal(
                  IID_IRacer, pRacer, &g_dwCookie);
// Anderen Thread davon benachrichtigen, daß der Zeiger jetzt verfügbar ist
  SetEvent(g_heventWritten);
  return hr;
}
```

Mit dem folgenden Quelltext wird die Objektreferenz korrekt ausgepackt und kann dann von jedem Apartment desselben Prozesses aufgerufen werden:

```
HRESULT ReadPtrFromGlobalVariable(IRacer * &rpRacer,
                                  bool bLastUnmarshal) {
// Zielposition des verpackten Zeigers
  extern DWORD g_dwCookie;
// Thread-Synchronisierung
  extern HANDLE g_heventWritten;
// Auf Nachricht des anderen Thread, daß der Zeiger jetzt verfügbar ist, warten
  WaitForSingleObject(g_heventWritten, INFINITE);
// Verpackte Objektreferenz aus globaler Variablen einlesen
  HRESULT hr = g_pGIT->GetInterfaceFromGlobal(
                g_dwCookie, IID_IRacer, (void**)&rpRacer);
// Wenn dies der letzte Unmarshal-Vorgang war, Zeiger freigeben
  if (bLastUnmarshal)
    g_pGIT->RevokeInterfaceFromGlobal(g_dwCookie);
  return hr;
}
```

Beachten Sie, daß der entscheidende Unterschied zwischen diesen Quelltextfragmenten und den Beispielen, die CoMarshalInterThreadInterfaceInStream verwendeten, darin besteht, daß der GIT-basierende Quelltext das Auspacken mehrerer Proxy-Objekte unterstützt.

5.5   Die Standard-Marshaling-Architektur

In diesem Kapitel war bereits davon die Rede, daß COM für alle apartment-übergreifenden Zugriffe das Protokoll ORPC verwendet. Im Hinblick auf die Architektur mag dies interessant sein, doch sind nur wenige Entwickler gewillt, Basiscode für Kommunikationsaufgaben zu programmieren. Um die ORPC-Kommunikation für apartment-übergreifende Zugriffe zu nutzen, müssen COM-Objekte lediglich IUnknown implementieren. Standardmäßig wird beim ersten Aufruf von CoMarshalInterface das Objekt gefragt, ob es eine eigene apartment-übergreifende Kommunikation verwalten möchte. Diese Frage hat die Form einer QueryInterface-Anforderung an die Schnittstelle IMarshal. Die meisten Objekte implementieren diese Schnittstelle nicht, so daß sie durch das Fehlschlagen der QueryInterface-Anforderung anzeigen, daß sie damit einverstanden sind, wenn COM die gesamte Kommunikation der ORPC-Aufrufe regelt. Objekte mit implementierter IMarshal-Schnittstelle signalisieren damit, daß ORPC unangemessen ist und ihre Implementierung die apartment-übergreifende Kommunikation mit einem benutzerdefinierten Proxy-Objekt selbst behandelt. Implementiert ein Objekt die Schnittstelle IMarshal, werden alle Referenzen auf es _benutzerdefiniert_ verpackt. Benutzerdefiniertes Marshaling wird später in diesem Kapitel eingehend behandelt. Wenn ein Objekt die IMarshal-Schnittstelle nicht implementiert, wird für alle Referenzen auf das Objekt das _Standard-Marshaling-Verfahren_ verwendet. Die meisten Objekte ziehen Standard-Marshaling vor.

Wird der Schnittstelle `CoMarshalInterface` mitgeteilt, daß ein Objekt Standard-Marshaling verwenden möchte, wird ein spezielles COM-Objekt angelegt, das als *Stub-Manager* bezeichnet wird. Der Stub-Manager stellt im gesamten Netzwerk die Identität des Objekts dar und wird von einer Objektkennung, der OID, eindeutig identifiziert, die die Identität des Objekts apartment-übergreifend repräsentiert. Jeder Stub-Manager bezieht sich auf genau ein COM-Objekt und jedes COM-Objekt, das Standard-Marshaling verwendet, besitzt genau einen Stub-Manager. Der Stub-Manager unterhält mindestens eine besondere Referenz auf das Objekt, mit der die Ressourcen des Objekts im Speicher gehalten werden. In dieser Hinsicht ist der Stub-Manager ein weiterer prozeßinterner Client des Objekts. Der Stub-Manager zeichnet die Anzahl noch ausstehender externer Referenzen auf und wird erst dann freigegeben, wenn im gesamten Netzwerk keine Referenzen mehr bestehen. Bei den meisten externen Referenzen handelt es sich einfach um Proxy-Objekte, obwohl vorübergehend auch verpackte Objektreferenzen das Stub-Objekt aufrechterhalten und sicherstellen können, daß das Objekt noch ausgeführt wird, wenn das erste Proxy-Objekt angelegt wird. Werden ausstehende Proxy-Objekte/ Referenzen freigegeben, wird der Stub-Manager benachrichtigt und setzt den Zähler externer Referenzen herab. Nach Freigabe der letzten externen Referenz auf den Stub-Manager gibt der Stub-Manager sich selbst durch Freigabe seiner Referenz auf das aktuelle Objekt frei. Damit wird der Effekt simuliert, den client-seitige Referenzen auf die Ausführungsdauer des Objekts haben. Später in diesem Kapitel werden Techniken beschrieben, mit denen die Ausführungsdauer des Stub-Objekts explizit gesteuert werden kann.

Der Stub-Manager stellt einfach die Identität des Objekts im Netzwerk dar, ohne zu wissen, wie eingehende ORPC-Anforderungen an das Objekt behandelt werden müssen.[8] Um diese ORPC-Anforderungen in Methodenaufrufe des Objekts zu übersetzen, benötigt der Stub-Manager ein Hilfsobjekt, das die Details der Methodensignaturen der Schnittstelle kennt. Dieses Hilfsobjekt, das als *Schnittstellen-Stub-Objekt* oder kurz als Stub-Objekt bezeichnet wird, muß die [`in`]-Parameter der ORPC-Anforderungsmeldung angemessen bearbeiten, die Methode des aktuellen Objekts aufrufen und das Resultat HRESULT sowie alle [`out`]-Parameter in der ORPC-Antwortmeldung verpacken. Intern werden Stub-Objekte durch *Interface Pointer Identifiers* (IPIDs) identifiziert, die innerhalb eines Apartments eindeutig sind. Wie auch der Stub-Manager, enthält jedes Stub-Objekt eine Referenz auf das Objekt; diese Schnittstelle ist jedoch von einem bestimmten Typ, nicht einfach `IUnknown`. Abbildung 5-3 zeigt die Beziehung zwischen Stub-Manager, Stub-Objekten und Objekt. Beachten Sie, daß einige Stub-Objekte in der Lage sind, mehr als einen Schnittstellentyp zu decodieren.

---

8. Logisch gesehen bearbeitet der Stub-Manager Aufrufe von `IUnknown`-Methoden; diese Aufgabe wird jedoch tatsächlich von dem Objekt des Apartments wahrgenommen, das die Schnittstelle `IRemUnknown` offenlegt.

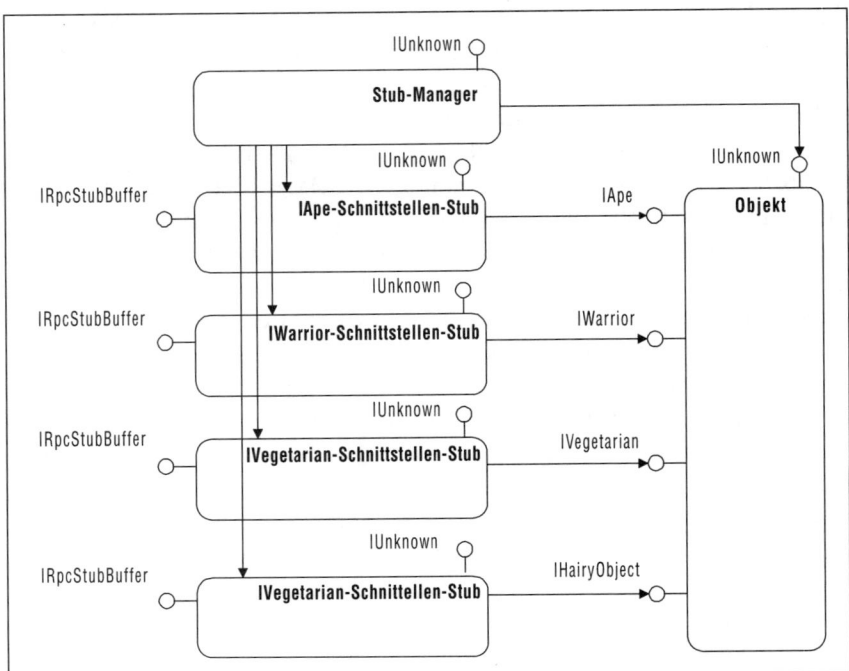

Abbildung 5-3 Die Architektur von Stub-Objekten

Technisch gesehen gibt `CoUnmarshalInterface` beim Entpacken einer standard-ver-
packten Objektreferenz einen Zeiger auf den *Proxy-Manager* zurück, der die client-
seitige Identität des Objekts darstellt und wie der Stub-Manager keine Informationen über die COM-Schnittstellen besitzt. Er ist aber in der Lage, die drei Methoden von `IUnknown` zu implementieren. Redundante Aufrufe von `AddRef` oder `Re-
lease` erhöhen einfach den internen Referenzzähler im Proxy-Manager oder
setzen ihn herab, werden aber nie über ORPC übermittelt. Der letzte Aufruf von
`Release` für den Proxy-Manager gibt das Proxy-Objekt frei, indem an das Apartment des Objekts eine Anforderung zur Verbindungsauflösung gesendet wird.
`QueryInterface`-Anforderungen an den Proxy-Manager werden etwas anders behandelt. Wie der Stub-Manager besitzt auch der Proxy-Manager keine Informationen über die COM-Schnittstellen. Statt dessen muß er *Schnittstellen-Proxy-Objekte*
(oder kurz Proxy-Objekte) laden, die die aktuell entfernt angesprochene Schnittstelle offenlegen. Das Proxy-Objekt übersetzt Methodenaufrufe in ORPC-Aufrufe.
Anders als der Stub-Manager, ist der Proxy-Manager für Programme direkt sichtbar. Um die korrekten Identitätsbeziehungen aufrechtzuerhalten werden die
Proxy-Objekte in die Identität des Proxy-Managers aggregiert. Dadurch erhält der
Client den Eindruck, er habe es mit den Schnittstellen eines einzigen COM-Objekts zu tun. Abbildung 5-4 zeigt die Beziehungen zwischen Proxy-Manager,
Proxy-Objekten und dem Stub-Objekt.

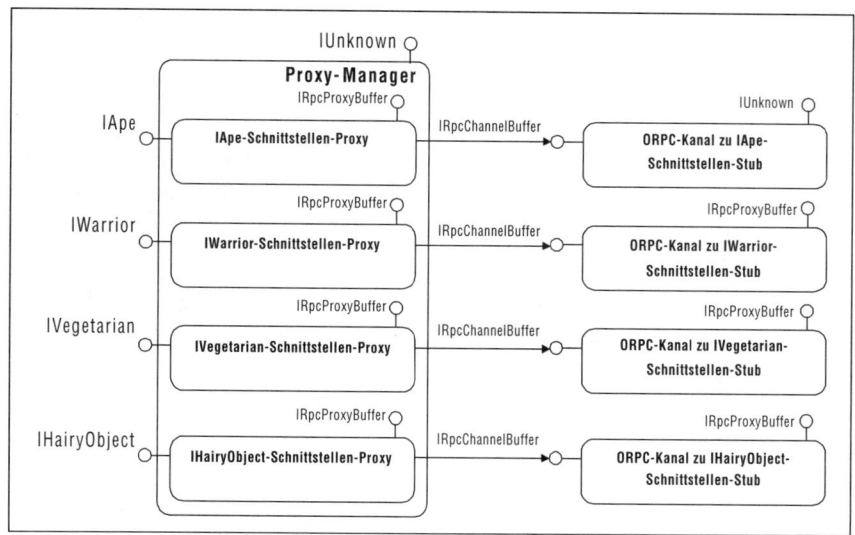

Abbildung 5-4 Die Architektur von Proxy-Objekten

Wie Abbildung 5-4 illustriert, kommunizieren Proxy-Objekt und Stub-Objekt über ein drittes Objekt miteinander, das als Channel-Objekt bezeichnet wird, und eine von COM bereitgestellte Hüllfunktion für die Laufzeitschicht von RPC zur Verfügung stellt. Es legt die Schnittstelle IRpcChannelBuffer offen:

```
[ uuid(D5F56B60-593B-101A-B569-08002B2DBF7A),local,object ]
interface IRpcChannelBuffer : IUnknown {
// Programmrepräsentation der ORPC-Meldung
  typedef struct tagRPCOLEMESSAGE {
    void   *reserved1;
    unsigned long    dataRepresentation;  // Format der Daten
    void  *Buffer;    // Übertragungspuffer
    ULONG  cbBuffer;  // Größe des Puffers
    ULONG  iMethod;   // Welche Methode?
    void   *reserved2[5];
    ULONG  rpcFlags;
  } RPCOLEMESSAGE;


// Übertragungspuffer reservieren
  HRESULT GetBuffer([in] RPCOLEMESSAGE *pMessage,
      [in] REFIID riid);
// ORPC-Anforderung senden und ORPC-Antwort empfangen
  HRESULT SendReceive([in,out] RPCOLEMESSAGE *pMessage,
      [out] ULONG *pStatus);
// Übertragungspuffer freigeben
  HRESULT FreeBuffer([in] RPCOLEMESSAGE *pMessage);
// Für CoMarshalInterface Entfernung zum Ziel ermitteln
  HRESULT GetDestCtx([out] DWORD *pdwDestCtx,
```

```
   [out] void **ppvDestCtx);
// Auf explizite Verbindungsauflösungen prüfen
  HRESULT IsConnected(void);
}
```

Proxy-Objekte verwenden die SendReceive-Methode dieser Schnittstelle, um das Channel-Objekt zu veranlassen, ORPC-Anforderungsmeldungen zu senden und ORPC-Antwortmeldungen zu empfangen.

Proxy- und Stub-Objekte sind einfach prozeßinterne COM-Objekte, die von den Proxy- und Stub-Managern mit normalen COM-Aktivierungstechniken erstellt werden. Das Stub-Objekt muß die Schnittstelle IRpcStubBuffer offenlegen:

```
[ uuid(D5F56AFC-593B-101A-B569-08002B2DBF7A),local,object ]
interface IRpcStubBuffer : IUnknown {
// Stub-Objekt mit Objekt verbinden
  HRESULT Connect([in] IUnknown *pUnkServer);
// Aufforderung an Stub-Objekt, Objekt freizugeben
  void  Disconnect(void);
// Aufruf erfolgt nach Eingang einer ORPC-Anforderung
  HRESULT Invoke([in] RPCOLEMESSAGE *pmsg,
          [in] IRpcChannelBuffer *pChannel);
// Zur Unterstützung mehrerer Schnittstellentypen pro Stub-Objekt
  IRpcStubBuffer *IsIIDSupported([in] REFIID riid);
// Zur Unterstützung mehrerer Schnittstellentypen pro Stub-Objekt
  ULONG  CountRefs(void);
// Vom ORPC-Debugger verwendet, um Zeiger auf das Objekt aufzusuchen
  HRESULT  DebugServerQueryInterface(void **ppv);
// Vom ORPC-Debugger verwendet, um Zeiger auf das Objekt freizugeben
  void  DebugServerRelease(void *pv);
}
```

Die Methode Invoke wird von der COM-Bibliothek aufgerufen, wenn eine ORPC-Anforderung für das Objekt eingeht. Bei der Eingabe enthält RPCOLEMESSAGE die verpackten [in]-Parameter, bei der Ausgabe muß das Stub-Objekt das HRESULT-Ergebnis der Methode und alle [out]-Parameter verpacken, die in der ORPC-Antwortmeldung zurückgegeben werden.

Zusätzlich zur Schnittstelle IRpcProxyBuffer muß das Proxy-Objekt die Schnittstellen offenlegen, für deren Fernverarbeitung es verantwortlich ist:

```
[ uuid(D5F56A34-593B-101A-B569-08002B2DBF7A),local,object ]
interface IRpcProxyBuffer : IUnknown {
  HRESULT  Connect([in] IRpcChannelBuffer *pChannelBuffer);
  void  Disconnect(void);
}
```

Bei der Schnittstelle IRpcProxyBuffer muß es sich um die nicht-delegierende IUnknown-Schnittstelle des Proxy-Objekts handeln. Alle anderen Schnittstellen, die das Proxy-Objekt offenlegt, müssen ihre IUnknown-Methoden an den Proxy-Manager delegieren. In den Methodenimplementierungen dieser anderen Schnittstellen muß das Proxy-Objekt das Channel-Objekt verwenden, um ORPC-Anforderungen an die Invoke-Methode des Stub-Objekts zu senden, das dann die Methode im Apartment des Objekts ausführt.

Proxy-Objekte und Stub-Objekte werden dynamisch gebunden und verwenden gemeinsam eine einzige CLSID. Diese gegabelte Implementierung wird oft als Schnittstellen-Marshaler bezeichnet. Das Klassenobjekt des Schnittstellen-Marshaler legt die Schnittstelle IPSFactoryBuffer offen:

```
[ uuid(D5F569D0-593B-101A-B569-08002B2DBF7A),local,object ]
interface IPSFactoryBuffer : IUnknown {
  HRESULT CreateProxy(
    [in] IUnknown *pUnkOuter, // Zeiger auf Proxy-Manager
    [in] REFIID riid, // Die angeforderte Schnittstelle zur Fernverarbeitung
    [out] IRpcProxyBuffer **ppProxy, // Zeiger auf Proxy-Schnittstelle
    [out] void **ppv // Zeiger auf entfernte Schnittstelle
  );
  HRESULT CreateStub(
    [in] REFIID riid, // Für Fernverarbeitung angeforderte Schnittstelle
    [in] IUnknown *pUnkServer, // Zeiger auf aktuelles Objekt
    [out] IRpcStubBuffer **ppStub // Zeiger auf Stub-Objekt bei der Ausgabe
  );
}
```

Der Proxy-Manager ruft die Methode CreateProxy auf, um ein neues Proxy-Objekt zu aggregieren, und der Stub-Manager ruft die Methode CreateStub auf, mit der ein neues Stub-Objekt angelegt wird.

Wird bei einem Objekt eine neue Schnittstelle angefordert, müssen Proxy- und Stub-Manager die angeforderte IID auf die CLSID des Schnittstellen-Marshaler abbilden. Unter Windows NT 5.0 verwaltet der Class Store diese Abbildungen im NT Directory und speichert sie in der lokalen Registrierung jedes Host-Rechners zwischen. Ein Cache für die IID-CLSID-Abbildungen eines Rechners wird so angelegt:

```
HKEY_CLASSES_ROOT\Interface
```

und ein Cache für die IID-CLSID-Abbildungen pro Benutzer folgendermaßen:

```
HKEY_CURRENT_USER\Software\Classes\Interface
```

Einer oder beide dieser Schlüssel enthalten einen Subschlüssel für jede bekannte Schnittstelle. Windows NT 4.0 und frühere Versionen kennen noch keinen Class Store, daher kann nur der Bereich HKEY_CLASSES_ROOT\Interface der lokalen Registrierung verwendet werden.

Ist in der Schnittstelle ein Schnittstellen-Marshaler installiert, gibt es einen weiteren Subschlüssel (ProxyStubClsid32), der die CLSID des Schnittstellen-Marshaler
angibt. Hier ein Beispiel für Registrierungsschlüssel, die für eine von einem Marshaler verwaltete Schnittstelle erforderlich sind:

```
[HKCR\Interface\{1A3A29F0-D87E-11d0-8C4F-0080C73925BA}]
@="IRacer"
[HKCR\Interface\{1A3A29F0-D87E-11d0-8C4F-0080C73925BA}\ProxyStubClsid32]
@="{1A3A29F3-D87E-11d0-8C4F-0080C73925BA}
```

Diese Registrierungseinträge weisen darauf hin, daß ein prozeßinterner Server mit
der CLSID {1A3A29F3-D87E-11d0-8C4F-0080C73925BA} das Proxy- und Stub-Objekt für Schnittstelle IRacer ({1A3A29F0-D87E-11d0-8C4F-0080C73925BA}) implementiert. Damit ist impliziert, daß HKCR\CLSID einen Subschlüssel enthält,
mit dem der Schnittstellen-Marshaler die CLSID auf den entsprechenden DLL-
Dateinamen abbilden kann. Wie bereits gesagt, kann diese Abbildung unter
Windows NT 5.0 im Class Store gehalten werden, der die lokale Registrierung dynamisch beschickt. Weil Schnittstellen-Marshaler in demselben Apartment ausgeführt werden müssen wie der Proxy-Manager oder der Stub-Manager, müssen sie
das Threading-Modell "Both" verwenden, um sicherzustellen, daß sie immer ins
korrekte Apartment laden können.

5.6   Schnittstellen-Marshaler implementieren

Im vorherigen Abschnitt wurden die vier Schnittstellen beschrieben, die von der
Standard-Marshaling-Architektur verwendet werden. Obwohl es möglich ist,
Schnittstellen-Marshaler mit Hilfe von C++-Codierungstechniken zu implemen-
tieren, wird dies selten in der Praxis angewendet, weil der IDL-Compiler in der
Lage ist, ausgehend von den IDL-Definitionen einer Schnittstelle den C-Quelltext
für einen Schnittstellen-Marshaler automatisch zu generieren. MIDL-generierte
Schnittstellen-Marshalers serialisieren die Methodenparameter entsprechend
dem Protokoll *Network Data Representation* (NDR), mit dem die Parameter auf einer Vielzahl von Host-Architekturen entpackt werden können. NDR beachtet
Unterschiede in der Byte-Anordnung, Gleitkommazahlformate, Zeichensätze
und der Datenausrichtung. NDR unterstützt praktisch alle C-kompatiblen Datentypen. Schnittstellenzeiger können als Parameter übergeben werden, weil
MIDL-Aufrufe von CoMarshalInterface/CoUnmarshalInterface generiert, mit denen
alle Schnittstellenzeigerparameter verpackt werden können. Gibt der Parameter
einen statischen Schnittstellenzeiger an:

```
HRESULT Method([out] IRacer **ppRacer);
```

verpackt der generierte Marshaling-Code den Parameter `ppRacer`, indem er die IID von `IRacer` (`IID_IRacer`) an Aufrufe von `CoMarshalInterface`/ `CoUnmarshalInter- face` übergibt. Handelt es sich dagegen um einen dynamischen Schnittstellen- zeiger:

```
HRESULT Method([in] REFIID riid,
        [out, iid_is(riid)] void **ppv);
```

verwendet der generierte Marshaling-Code die IID der Schnittstelle, die zur Lauf- zeit im ersten Methodenparameter übergeben wird.

MIDL generiert Schnittstellen-Marshaler-Code für jede nichtlokale Schnittstelle, die *außerhalb* des Gültigkeitsbereichs der Anweisung `library` definiert ist. In der folgenden Pseudo-IDL:

```
// sports.idl
[local, object] interface IBoxer : IUnknown { ... }
[object] interface IRacer : IUnknown { ... }
[object] interface ISwimmer : IUnknown { ... }
[helpstring("Sports Lib")]
library SportsLibrary {
  interface IRacer; // Definition von IRacer in TLB aufnehmen
  [object] interface IWrestler : IUnknown { ... }
}
```

wird nur für die Schnittstellen `IRacer` und `ISwimmer` Schnittstellen-Marshaler-Code er- zeugt, nicht aber für `IBoxer`, weil deren `[local]`-Attribut das Marshaling unterdrückt. Auch für `IWrestler` wird kein Marshaling-Code erstellt, weil sie innerhalb des Gültig- keitsbereichs der Anweisung `library` definiert ist.

Aus der soeben gezeigten IDL generiert der MIDL-Compiler fünf Dateien. Die Da- tei `sports.h` enthält die C/C++-Definitionen der Schnittstellen, `sports_i.c` die IID- und LIBID-Definitionen und `sports.tlb` IDL-Tokens für `IRacer` und `IWrestler`, die in COM-fähigen Entwicklungsumgebungen verwendet werden können. Die Datei `sports_p.c` enthält die aktuellen Methodenimplementierungen des Proxy- und Stub-Objekts die die Transformationen der Methodenaufrufe in NDR durchfüh- ren. Diese Datei enthält auch die C-basierenden Vtable-Definitionen für das Proxy- und Stub-Objekt und weiterer MIDL-spezifischen Verwaltungscode. Weil es sich bei Schnittstellen-Marshalern um prozeßinterne COM-Server handelt, müssen auch die vier Standardeintrittspunke (`DllGetClassObject` etc.) definiert werden. Dies geschieht in der fünften Datei, `dlldata.c`.

Um aus diesen generierten Dateien einen Schnittstellen-Marshaler zu erstellen, muß lediglich eine Make-Datei geschrieben werden, die die drei C-Quellcodeda- teien (`sports_i.c`, `sports_p.c`, `dlldata.c`) kompiliert und in die DLL einbindet. Die vier Standard-COM-Eintrittspunke müssen in einer Moduldefinitionsdatei oder mittels entsprechender Linker-Optionen explizit exportiert werden. Beachten Sie, daß `dlldata.c` standardmäßig nur die Definitionen von `DllGetClassObject` und

DllCanUnloadNow enthält, weil die RPC-Laufzeitbibliothek unter Windows NT 3.50 nur diese beiden Routinen unterstützte. Wird der Schnittstellen-Marshaler nur unter Windows NT ab Version 3.51 (oder unter Windows 95) verwendet, sollte bei der Kompilierung der Datei C dlldata.c das Präprozessorsymbol REGISTER_-PROXY_DLL angegeben werden, um auch die Eintrittspunke der Standard-Selbstregistrierung zu kompilieren. Nach Erstellung des Schnittstellen-Marshalers muß er in der lokalen Registrierung und/oder dem Class Store installiert werden.

Die Implementierung der COM-Bibliothek von Windows NT 4.0 unterstützt vollständig interpretierendes Marshaling. Je nach Schnittstelle kann der interpretierende Marshaler die Performance einer Anwendung erheblich verbessern, weil er den Arbeitsaufwand reduziert. Alle vorinstallierten Schnittstellen-Marshalers der COM-Standardschnittstellen verwenden interpretierende Marshaler. Der Microsoft Transaction Server setzt dies voraus.[9] Um interpretierende Marshaler zu erstellen, rufen Sie den MIDL-Compiler einfach mit dem Befehlszeilenschalter /Oicf auf:

```
midl.exe /Oicf sports.idl
```

Derzeit überschreibt der MIDL-Compiler bereits vorhandene _p.c-Dateien nicht. Diese Dateien müssen also gelöscht werden, bevor der Compiler mit veränderter Einstellung aufgerufen wird. Weil auf /Oicf basierende Schnittstellen-Marshaler erst mit COM-Versionen ab Windows NT 4.0 funktionieren, muß das C-Präprozessorsymbol _WIN32_WINNT auf einen Wert größer oder gleich 0x400 gesetzt werden, wenn der Quellcode für den Marshaler kompiliert wird. Der C-Compiler erfordert diese Einstellung.

Eine dritte Technik zur Generierung von Schnittstellen-Marshalern wird nur von einer bestimmten Schnittstellenklasse unterstützt. Wenn die Schnittstelle nur die von VARIANTs unterstützten einfachen Datentypen verwendet[10], kann der universelle Marshaler verwendet werden. Der universelle Marshaler wird aktiviert, wenn das Attribut [oleautomation] in eine Schnittstellendefinition aufgenommen wird:

```
[ uuid(F99D19A3-D8BA-11d0-8C4F-0080C73925BA), version(1.0) ]
library SportsLib {
  importlib("stdole32.tlb");
  [
    uuid(F99D1907-D8BA-11d0-8C4F-0080C73925BA), object,
    oleautomation
  ]
```

---

9. Für den MTS müssen Marshaler außerdem mit einer bestimmten Laufzeitbibliothek erstellt werden, mit deren Hilfe der MTS Schnittstelleninformationen anhand ihres interpretierten Formats entnehmen kann.
10. Diese Datentypen werden von Skripting-Umgebungen verwendet und sind Thema von Kapitel 2.

```
interface IWrestler : IUnknown {
  import "oaidl.idl";
  HRESULT HalfNelson([in] double nmsec);
  }
}
```

Mit dem Attribut [oleautomation] wird die Funktion RegisterTypeLib angewiesen, bei der Registrierung der Typbibliothek folgende zusätzliche Registrierungseinträge vorzunehmen:

```
[HKCR\Interface\{F99D1907-D8BA-11d0-8C4F-0080C73925BA}]
@="IWrestler"

[HKCR\Interface\{F99D1907-D8BA-11d0-8C4F-0080C73925BA}\ProxyStubClsid32]
@="{00020424-0000-0000-C000-000000000046}"

[HKCR\Interface\{F99D1907-D8BA-11d0-8C4F-0080C73925BA}\ProxyStubClsid]
@="{00020424-0000-0000-C000-000000000046}"

[HKCR\Interface\{F99D1907-D8BA-11d0-8C4F-0080C73925BA}\TypeLib]
@="{F99D19A3-D8BA-11d0-8C4F-0080C73925BA}"
```

Die CLSID {00020424-0000-0000-C000-000000000046} gibt den universellen Marshaler an, der auf allen Plattformen installiert ist, die COM unterstützen, einschließlich 16-Bit-Windows.

Der Hauptvorteil universeller Marshaler liegt darin, daß sie die einzige unterstützte Technik zum Standard-Marshaling zwischen 16-Bit- und 32-Bit-Anwendungen darstellen. Außerdem sind universelle Marshaler mit dem Microsoft Transaction Server kompatibel. Ein weiterer Vorteil ergibt sich dann, wenn die Typbibliothek sowohl auf dem Client- als auch auf dem Host-Rechner installiert ist, weil dann keine zusätzliche Schnittstellen-Marshaler-DLL erforderlich ist. Der wesentliche Nachteil bei der Verwendung universeller Marshaler liegt in der begrenzten Unterstützung von Parameter-Datentypen. Diese Beschränkung ist zwar auch bei dynamischen Ausrufen und Skripting-Umgebungen gegeben, doch wirkt sie sich beim Design der Schnittstellen für Low-Level-Systemprogrammierung besonders gravierend aus.[11] Wird der universelle Marshaler unter Windows NT 4.0 eingesetzt, ist der ursprüngliche Aufwand des Aufrufs von CoMarshalInterface/ CoUnmarshalInterface etwas größer. Sind das Proxy-Objekt und das Stub-Objekt jedoch erst einmal instantiiert, ist die Performance der Methodenaufrufe mit der von /Oicf-basierenden Marshalern identisch.

---

11. Möglicherweise werden zukünftige Versionen der COM-Bibliothek diese Beschränkung aufheben. Details finden Sie in der entsprechenden Dokumentation.

5.7 Standard-Marshaling, Threads und Protokolle

Wie genau COM ORPC-Anforderungen auf Threads abbildet, ist derzeit undokumentiert und wird sich mit der Weiterentwicklung der COM-Bibliotheksimplementierungen weiter ändern. Die folgenden Beschreibungen trafen zwar zu, als dieses Buch geschrieben wurde; bestimmte Implementierungsdetails können aber in zukünftigen COM-Versionen anders aussehen.

Ist das erste Apartment eines Prozesses initialisiert, aktiviert COM die RPC-Laufzeitschicht, mit der der Prozeß in einen RPC-Server verwandelt wird. Ist das Apartment vom Typ MTA oder RTA, wird die RPC-Protokollsequenz ncalrpc verwendet, also eine Hüllfunktion für die LPC-Ports von Windows NT . Bei Apartments vom Typ STA wird eine private Protokollsequenz verwendet, die auf Windows MSG-Warteschlangen basiert. Weil auf in dem Prozeß residierende Objekte als erstes von Off-Host-Clients zugegriffen wird, müssen in dem Prozeß außerdem zusätzliche Netzwerkprotokollsequenzen registriert werden. Werden von dem Prozeß erstmals *andere Protokolle als das Windows MSG-Protokoll* verwendet, wird der Cache für RPC-Threads gestartet. Dieser Thread-Cache enthält zunächst einen Thread, der nach eingehenden Verbindungsanforderungen Ausschau hält sowie nach RPC-Anforderungen oder anderen protokollspezifischen Aktivitäten. Im Falle eines dieser Ereignisse, verteilt der RPC Thread-Cache einen Thread, der die Anforderung erfüllt, und wartet dann auf weitere Aktivitäten. Um einen Overhead an exzessiver Thread-Erstellung und -Freigabe zu vermeiden, kehren diese Threads zum Thread-Cache zurück, wo sie auf weitere Aufgaben warten. Bekommen sie nichts zu tun, geben sie sich nach einer vordefinierten Periode der Inaktivität selbst frei. Der RPC-Thread-Cache wächst und schrumpft also in Abhängigkeit von der Aktivität der Objekte, die von den Apartments des Prozesses exportiert werden. Aus Programmierungssicht ist besonders wichtig, daß der RPC-Thread-Cache für alle Protokolle *außer* dem Windows MSG Protokoll, das später in diesem Abschnitt behandelt wird, Threads dynamisch zuweist.

Wenn eine eingehende ORPC-Anforderung an einen Thread des Cache verteilt wird, extrahiert der Thread die IPID aus dem Header des ORPC-Aufrufs und ermittelt den korrespondierenden Stub-Manager sowie das Stub-Objekt. Der Thread prüft den Apartmenttyp des Objekts; sofern es in einem MTA oder RTA residiert, betrit der Thread das Apartment des Objekts und ruft die Methode IRpcStubBuffer::Invoke des Stub-Objekts auf. Handelt es sich bei dem Apartment um ein RTA, werden alle anderen Threads für die Dauer des Methodenaufrufs ferngehalten. Im Falle eines MTA können auch nachfolgende Threads auf das Objekt zugreifen. Bei Intraprozeß-Kommunikation zwischen RTAs und MTAs, kann das Channel-Objekt die Arbeit des RPC Thread-Cache abkürzen und einfach den Client-Thread wiederverwenden, der das Apartment des Objekts vorübergehend betrit. Gäbe es nur die Apartmenttypen MTA und RTA wäre die Angelegenheit damit erledigt.

Dispatching-Aufrufe für ein STA sind einfach deswegen komplexer, weil kein anderer Thread eintreten darf. Wenn ORPC-Anforderungen von Off-Host-Clients eingehen, wird das Dispatching mit Hilfe von Threads aus dem RPC-Thread-Cache durchgeführt, die definitionsgemäß im STA des Objekts nicht ausgeführt werden dürfen. Um das STA betreten und die Aufrufe der Threads des STA bearbeiten zu können, verwendet der RPC-Thread die API-Funktion PostMessage, mit der eine Meldung in die MSG-Warteschlange des STA-Threads eingefügt wird (siehe Abbildung 5-5). Dabei handelt es sich um eine der üblichen FIFO-Warteschlangen, die auch vom Windows-System selbst verwendet wird. Das bedeutet, daß der STA-Thread die Warteschlange mit einer Variante des folgenden Quelltextes bedienen muß, um das Dispatching des Aufrufs abzuschließen:

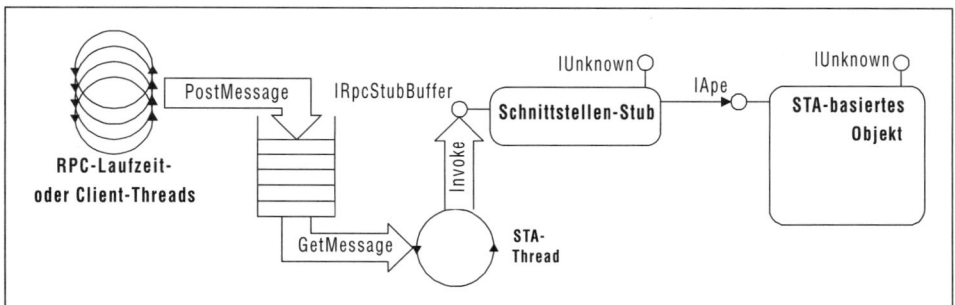

Abbildung 5-5 Aufruf-Dispatching bei SingleThreaded Apartments (STAs)

```
MSG msg;
while (GetMessage(&msg, 0, 0, 0))
  DispatchMessage(&msg);
```

Dieser Quelltext setzt voraus, daß der STA-Thread mindestens über ein Fenster verfügt, in dem er Meldungen empfangen kann. Wenn ein Thread durch Aufruf von CoInitializeEx ein neues STA betritt, erstellt COM durch Aufruf von CreateWindowEx ein neues unsichtbares Fenster. Dieses Fenster ist mit einer COM-registrierten Fensterklasse verbunden, deren Prozedur WndProc nach vordefinierten Fenstermeldungen Ausschau hält und die korrespondierenden ORPC-Anforderungen durch Aufruf der Methode IRpcStubBuffer::Invoke für das Stub-Objekt bedient. Beachten Sie, daß WndProc im Apartment des Objekts ausgeführt wird, weil Fenster wie STA-basierende Objekte Thread-Affinität besitzen. Um häufige Thread-Wechsel zu vermeiden, führte die COM-Version von Windows 95 einen RPC-Transportdienst ein, der den RPC Thread-Cache umgeht und PostMessage vom Thread des Aufrufers aus aufruft. Dieser Transportdienst steht nur dann zur Verfügung, wenn sich der Client auf demselben Host wie das Objekt befindet, denn der API-Aufruf PostMessage ist nicht netzwerkfähig.

Um einer Pattsituation vorzubeugen, sind alle COM-Apartmenttypen wiedereintrittsfähig.[12] Wenn ein Thread eines Apartments über ein Proxy-Objekt ein Objekt außerhalb des Apartments aufruft, können eingehende Methodenanforderungen weiter bedient werden, während der aufrufende Thread auf die ORPC-Antwort auf
den ursprünglichen Aufruf wartet. Ohne diesen Mechanismus wäre es unmöglich,
Systeme aufzubauen, die auf der Zusammenarbeit von Objekten fußen. Der folgende
Quelltext hat zur Voraussetzung, daß CLSID_Callback ein prozeßinterner Server ist,
der das Threading-Modell des aufrufenden Threads unterstützt, und daß die Klasse
CLSID_Object auf einem entfernten Rechner aktiviert werden kann:

```
ICallback *pcb = 0;
HRESULT hr = CoCreateInstance(CLSID_Callback, 0, CLSCTX_ALL,
  IID_ICallback, (void**)&pcb);
assert(SUCCEEDED(hr)); // Callback-Objekt wohnt in diesem Apartment
IObject *po = 0;
hr = CoCreateInstance(CLSID_Object, 0, CLSCTX_REMOTE_SERVER,
  IID_IObject, (void**)&po);
assert(SUCCEEDED(hr)); // Objekt wohnt in einem anderen Apartment
// Entferntes Objekt aufrufen, Referenz auf das Callback-Objekt als [in]-
Parameter
// verpacken
hr = po->UseCallback(pcb);
// Ressourcen freigeben
pcb->Release();
pco->Release();
```

Abbildung 5-6 zeigt, daß bei der folgenden Implementierung der Methode Use-
Callback eine Pattsituation entsteht, wenn das Apartment des Aufrufers nicht wiedereintrittsfähig ist:

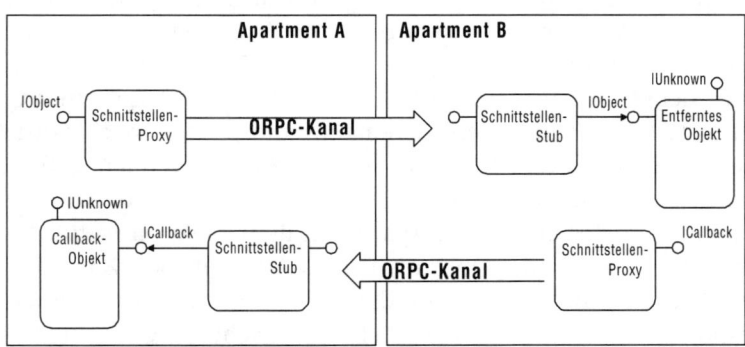

Abbildung 5-6 Apartment-übergreifende Callback-Aufrufe

---

12. Diese Aussage ist jedenfalls derzeit gültig. Möglicherweise werden zukünftige Versionen von
    COM auch Apartmenttypen unterstützen, die nicht wiedereintrittsfähig sind.

```
STDMETHODIMP Object::UseCallback(ICallback *pcb) {
  HRESULT hr = pcb->GetBackToCallersApartment();
  assert(SUCCEEDED(hr));
  return S_OK;
}
```

Erinnern Sie sich daran, daß bei Übergabe eines [in]-Parameters an die UseCall-back-Methode des Proxy-Objekts das Proxy-Objekt CoMarshalInterface aufruft, um den Schnittstellenzeiger ICallback zu verpacken. Weil sich der Zeiger auf ein Objekt bezieht, das im Apartment des Aufrufers residiert, wird dieses Apartment zum Objekt-Exporteur und alle apartment-übergreifenden Aufrufe für das Callback-Objekt müssen im Apartment des Aufrufers bedient werden. Wenn das Stub-Objekt IObject die ICallback-Schnittstelle auspackt, erstellt es ein Proxy-Objekt, das an die Methodenimplementierung von UseCallback übergeben wird. Dieses Proxy-Objekt repräsentiert eine vorübergehende Verbindung mit dem Callback-Objekt, die für die Dauer des Aufrufs besteht. Dieser Zeitraum kann ausgedehnt werden, wenn die Methodenimplementierung einfach den Referenzzähler AddRef des Proxy-Objekts aufruft:[13]

```
STDMETHODIMP Object::UseCallback(ICallback *pcb) {
  if (!pcb) return E_INVALIDARG;
// Proxy-Objekt für spätere Verwendung aufheben
  (m_pcbMyCaller = pcb)->AddRef();
  return S_OK;
}
```

Die Rückverbindung zum Apartment des Client bleibt so lange bestehen, bis das Proxy-Objekt vom Objekt freigegeben wird. Weil alle COM-Apartments ORPC-Anforderungen empfangen können, kann das Objekt jederzeit Callback-Aufrufe an das Apartment des Client richten.

Wiedereintrittsfähigkeit wird für jeden Apartmenttyp anders implementiert. Bei MTAs ist dies am einfachsten, weil sie keine gleichzeitigen Aufrufe reglementieren oder vorschreiben, welcher Thread einen bestimmten Methodenaufruf bedient. Wenn ein Wiedereintrittsaufruf eingeht, während ein MTA-Thread im Channel-Objekt blockiert ist und auf die ORPC-Antwort wartet, betritt einfach der RPC-Thread das MTA, der die Wiedereintrittsanforderung empfängt, und bedient den Aufruf mit dem RPC-Thread. Daß ein anderer MTA-Thread im Channel-Objekt blockiert ist und auf eine ORPC-Antwort wartet, ist für das Dispatching des Aufrufs irrelevant. Wenn im Falle einer RTA-Implementierung ein im RTA ausgeführter Thread über ein Proxy-Objekt einen apartment-übergreifenden Aufruf tätigt, unterbricht das Channel-Objekt die Kontrolle des Apartments, hebt die RTA-

---

13. Es ist ein weitverbreitetes Mißverständnis, daß für bidirektionale Kommunikation oder Call-backs Verbindungspunkte erforderlich wären. In Kapitel 7 wird beschrieben, daß Verbindungspunkte nur zur Unterstützung von Event-Handlern in Visual Basic- und Skripting-Umgebungen benötigt werden.

weite Sperre auf und läßt die Bedienung einkommender Aufrufe zu. Nochmals: weil
RTA-basierende Objekte keine Thread-Affinität besitzen, kann ein RPC-Thread, der
eine ORPC-Anforderung empfängt, einfach das RTA betreten und den Aufruf bedienen, sobald die RTA-weite Sperre gesetzt wurde.

Bei STAs ist die Implementierung der Wiedereintrittsfähigkeit komplexer. Weil
STA-basierende Objekte Thread-Affinität besitzen, kann COM bei einem apartment-übergreifenden Aufruf eines Thread von einem STA aus keine Sperre durch
den Thread zulassen, weil damit eingehende ORPC-Anforderungen an ihrer Bedienung gehindert würden. Wenn der Aufruf-Thread die SendReceive-Methode des
Channel-Objekts benutzt, um die ORPC-Anforderung zu senden und die ORPC-
Antwort zu empfangen, eignet sich das Channel-Objekt den Aufruf-Thread an
und stellt ihn in die Nachrichtenschleife eines internen Fensters. Dies ist einem
modalen Dialogfeld nicht unähnlich. In beiden Fällen muß der Aufruf-Thread bestimmte Fenstermeldungen bedienen, während die Operation voranschreitet. Bei
modalen Dialogfeldern muß der Thread grundlegende Fenstermeldungen bedienen, um nicht die gesamte Benutzerschnittstelle leblos erscheinen zu lassen. Bei
einem apartment-übergreifenden COM-Methodenaufruf muß der Thread darüber
hinaus auch noch Fenstermeldungen bedienen, die mit den eingehenden ORPC-
Anforderungen korrespondieren. Standardmäßig läßt das Channel-Objekt die Bearbeitung aller eingehenden ORPC-Aufrufe zu, während der Client-Thread auf
eine ORPC-Antwort wartet. Dieses Verhalten kann durch Installation eines benutzerdefinierten Nachrichtenfilters für den Thread angepaßt werden.

Nachrichtenfilter gelten immer für bestimmte STAs. Ein Nachrichtenfilter ist ein
in einem bestimmten STA angesiedeltes COM-Objekt, das darüber entscheidet, ob
eingehende ORPC-Anforderungen verteilt werden oder nicht. Nachrichtenfilter
werden auch dazu verwendet, den Zustand von erwarteten Benutzerschnittstel-
len-Meldungen zu prüfen, während der Thread des STA im Channel-Objekt auf
eine ORPC-Antwort wartet. Nachrichtenfilter legen die Schnittstelle IMessageFil-
ter offen:

```
[ uuid(00000016-0000-0000-C000-000000000046),local,object ]
interface IMessageFilter : IUnknown {
  typedef struct tagINTERFACEINFO {
    IUnknown *pUnk; // Welches Objekt?
    IID iid; // Welche Schnittstelle?
    WORD wMethod; // Welche Methode?
  } INTERFACEINFO;

// Wird bei Ankunft von ORPC-Anforderungen aufgerufen, die in einem STA
eingehen
  DWORD HandleInComingCall(
    [in] DWORD dwCallType,
    [in] HTASK dwThreadIdCaller,
```

```
  [in] DWORD dwTickCount,
  [in] INTERFACEINFO *pInterfaceInfo
);

// Wird aufgerufen, wenn ein anderes STA eine ORPC-Anforderung zurückweist oder
// aufschiebt
  DWORD RetryRejectedCall(
  [in] HTASK dwThreadIdCallee,
  [in] DWORD dwTickCount,
  [in] DWORD dwRejectType
);

// Wird aufgerufen, wenn eine nicht von COM stammende Nachricht eintrifft,
während
// der Thread auf eine ORPC-Antwort wartet
  DWORD MessagePending(
  [in] HTASK dwThreadIdCallee,
  [in] DWORD dwTickCount,
  [in] DWORD dwPendingType
);
}
```

Zur Installation benutzerdefinierter Nachrichtenfilter, stellt COM die API-Funktion `CoRegisterMessageFilter` zur Verfügung:

```
HRESULT CoRegisterMessageFilter([in] IMessageFilter *pmfNew,
  [out] IMessageFilter **ppmfOld);
```

`CoRegisterMessageFilter` verbindet den definierten Nachrichtenfilter mit dem aktuellen STA. Der zuvor gültige Nachrichtenfilter wird zurückgegeben, damit er später wiederhergestellt werden kann.

Bei jeder für einen STA-Thread eingehenden ORPC-Anforderung, wird die Methode `HandleIncomingCall` des Nachrichtenfilters aufgerufen, mit der das Apartment den Aufruf akzeptieren, zurückweisen oder aufschieben kann. `HandleIncomingCall` ist auch für wiedereintretende Aufrufe zuständig. Der Parameter `dwCallType` zeigt an, welche Art Aufruf empfangen wurde:

```
typedef enum tagCALLTYPE {
CALLTYPE_TOPLEVEL, // STA nicht im Aufruf
CALLTYPE_NESTED,   // Callback für Aufruf
CALLTYPE_ASYNC,    // Asynchroner Aufruf
CALLTYPE_TOPLEVEL_CALLPENDING, // Neuer Aufruf im Wartezustand
CALLTYPE_ASYNC_CALLPENDING   // Asynchroner Aufruf im Wartezustand
} CALLTYPE;
```

Verschachtelte (wiedereintretende) und wartende Aufrufe der obersten Ebene (nicht wiedereintretend) kommen vor, wenn der Thread im Channel-Objekt auf eine ORPC-Antwort wartet. Aufrufe der obersten Ebene kommen vor, wenn im Apartment keine Aufrufe aktiv sind.

COM definiert einen Aufzählungstyp, der die Implementierung von `HandleIncomingCall` zurückgeben muß, um den Zustand des Aufrufs anzuzeigen:

```
typedef enum tagSERVERCALL {
  SERVERCALL_ISHANDLED,  // Aufruf akzeptieren und an Stub-Objekt weiterleiten
  SERVERCALL_REJECTED,   // Aufrufer von Zurückweisung des Aufrufs
benachrichtigen
  SERVERCALL_RETRYLATER // Aufrufer von Aufschub des Aufrufs benachrichtigen
} SERVERCALL;
```

Wenn die Methode `HandleIncomingCall` des Nachrichtenfilters `SERVERCALL_IS-HANDLED` zurückgibt, wird der Aufruf an das Stub-Objekt zur Unmarshaling-Bearbeitung weitergeleitet. Der Standard-Nachrichtenfilter gibt stets `SERVERCALL_ISHANDLED` zurück. Gibt `HandleIncomingCall` den Wert `SERVERCALL_REJECTED` oder `SERVER-CALL_RETRYLATER` zurück, wird der Nachrichtenfilter des Aufrufers vom Zustand des Aufrufs informiert und die ORPC-Anforderung verworfen.

Der Nachrichtenfilter des Aufrufers wird mit der Methode `RetryRejectedCall` darüber informiert, wenn ein Aufruf von einem Nachrichtenfilter zurückgewiesen oder aufgeschoben wird. Dieser Aufruf geschieht im Kontext des Aufrufer-Apartments und die `RetryRejectedCall`-Implementierung des Nachrichtenfilters kann darüber entscheiden, ob der mit einem Aufschub beantwortete Aufruf wiederholt werden soll. Dem Parameter `dwRejectType` kann entnommen werden, ob der Aufruf zurückgewiesen oder aufgeschoben wurde. Die Implementierung des Channel-Objekts entscheidet mit dem von `RetryRejectedCall` übergebenen Wert, was nun geschehen soll. Gibt `RetryRejectedCall` den Wert -1 zurück, geht das Channel-Objekt davon aus, daß keine weiteren Versuchen gewünscht werden und veranlaßt sofort das Proxy-Objekt, den Wert HRESULT `RPC_E_CALL_REJECTED` zurückzugeben. Der Standard-Nachrichtenfilter gibt immer -1 zurück. Jeder andere zurückgegebene Wert wird als Anzahl der Millisekunden interpretiert, die bis zu einem erneuten Versuch verstreichen sollen. Weil diese Verhandlungen innerhalb des Channel-Objekts ablaufen, muß die ORPC-Anforderung nicht vom Proxy-Objekt regeneriert werden. Tatsächlich bleiben die Aktivitäten des Nachrichtenfilters den Schnittstellen-Marshalern vollkommen verborgen.

Wartet ein STA-basierender Thread im Channel-Objekt auf eine ORPC-Antwort, können auch Fenstermeldungen in seiner Nachrichtenwarteschlange eintreffen, die COM nicht interessieren. In diesem Fall wird der STA-Nachrichtenfilter von der Methode `MessagePending` informiert. Der Standard-Nachrichtenfilter läßt das Dispatching bestimmter Fenstermeldungen zu, um die Benutzerschnittstelle nicht leblos erscheinen zu lassen; Eingabeereignisse wie Mausklicks oder Tastatureingaben werden jedoch verworfen, um den Anwender von weiteren Benutzerinteraktionen abzuhalten. Es wurde bereits darauf hingewiesen, daß Nachrichtenfilter eindeutig bestimmten STA-Apartments angehören und für RTAs oder MTAs nicht unterstützt werden. Mit Nachrichtenfiltern läßt sich COM einfach besser mit Threads der Benutzerschnittstelle integrieren. Alle Benutzerschnittstellen-Threads sollten also in Apartments ausgeführt werden, in denen nur ein Thread zugelassen ist. Für die meisten Benutzerschnittstellen-Threads ist es angebracht, einen benutzerdefinierten Nachrichtenfilter zu installieren, mit dem sichergestellt wird, daß kein Dispatching für eingehende Aufrufe durchgeführt wird, während sich die Anwendung in einer kritischen Phase befindet, in der Wiedereintritte semantische Fehler zur Folge haben könnten. Nachrichtenfilter sollten jedoch *nicht* als allgemeiner Mechanismus zur Ablaufsteuerung verwendet werden. Wenn viele Aufrufe zurückgewiesen oder aufgeschoben werden, arbeiten Nachrichtenfilter sehr ineffizient, so daß sie als Ablaufsteuerungsmechanismus für Anwendungen mit hohem Durchsatz kaum in Frage kommen.

5.8 Freigabe-Management und Marshaling

In diesem Kapitel wurde die Beziehung zwischen Stub-Manager und Objekt bereits diskutiert. Beim ersten Aufruf von `CoMarshalInterface` für eine bestimmte Objektidentität wird ein Stub-Manager angelegt. Der Stub-Manager verwaltet offene Referenzen auf das von ihm repräsentierte Objekt und wird erst freigegeben, wenn die letzte externe Referenz auf das Stub-Objekt aufgehoben wurde. Bei diesen externen Referenzen handelt es sich normalerweise um Proxy-Objekte, obwohl auch verpackte Objektreferenzen zählen, weil sie Proxy-Objekte repräsentieren könnten. Nach Freigabe aller externen Referenzen auf einen Stub-Manager, löscht der Stub-Manager sich selbst und gibt alle Referenzen auf das aktuelle Objekt frei. Dieses Standardverhalten simuliert exakt die normale prozeßinterne Semantik von `AddRef` und `Release`. Viele Objekte stellen keine besonderen Anforderungen an ihre Lebensdauer und sind mit diesem Standardverhalten vollkommen zufrieden. Für andere Objekte müssen jedoch die Beziehungen zwischen externen Referenzen, Stub-Manager und Objekt angepaßt werden. Glücklicherweise sieht COM vielfache Eingriffsmöglichkeiten in die Lebensdauer des Stub-Managers vor. Um zu verstehen, wie das Management der Lebensdauer von Stub-Objekten funktioniert, muß zunächst der Algorithmus untersucht werden, mit dem die verteilte Garbage-Collection von COM durchgeführt wird.

Bei Erstellung eines Stub-Managers wird seine Objektkennung (die OID) beim Garbage-Collector von COM registriert, der gegenwärtig vom OXID Resolver-Dienst (OR) implementiert wird. Der OR-Dienst zeichnet auf, welche OIDs von jedem Apartment auf dem lokalen Host-Rechner exportiert werden. Wenn ein Proxy-Manager erstellt wird, informiert `CoUnmarshalInterface` den lokalen OR darüber, daß eine Objektreferenz in ein Apartment importiert wird. Das bedeutet, daß der lokale OR auch Kenntnis davon hat, welche OIDs von jedem Apartment auf dem lokalen Host-Rechner importiert wurden. Wenn eine bestimmte OID erstmals an einen Host-Rechner importiert wurde, baut der OR des importierenden Host eine Ping-Beziehung mit dem OR des exportierenden Host auf. Der importseitige OR sendet dann über RPC periodisch Ping-Meldungen, mit denen er anzeigt, daß der importierende Host-Rechner noch arbeitet und über das Netzwerk erreichbar ist. Die aktuelle Implementierung sendet diese Ping-Meldung alle zwei Minuten. Wurden im letzten Ping-Interval keine weiteren OIDs importiert, wird eine einfache Ping-Benachrichtigung gesendet. Bei neu importierten Referenzen oder wenn bestehende Referenzen freigegeben wurden, zeigt eine komplexere Ping-Meldung die Differenz zwischen dem vorhergehenden und dem aktuellen Satz von Referenzen an.

Der OR der Windows NT 4.0-Implementierung von COM geht nach drei aufeinanderfolgenden Ping-Intervallen (sechs Minuten), in denen ein bestimmter Host keine Ping-Meldung gesendet hat, davon aus, daß der Host abgestürzt oder wegen eines Netzwerkfehlers nicht mehr erreichbar ist. In diesem Fall informiert der OR jeden Stub-Manager der von dem nun nicht mehr erreichbaren Host importiert wurde, daß die bestehenden Referenzen ungültig geworden sind und freigegeben werden müssen. Wurde ein bestimmtes Objekt nur von Clients des nicht mehr erreichbaren Host verwendet, verwaltet der Stub-Manager keine weiteren Referenzen mehr und löscht sich selbst, wodurch auch die COM-Referenzen auf das Objekt freigegeben werden.

Dieses Szenario macht deutlich, was passiert, wenn ein Host-Rechner nicht mehr über das Netzwerk erreicht werden kann. Interessanter ist, was passiert, wenn ein Prozeß sich vorzeitig beendet, während er noch im Besitz von Proxy-Objekten ist. Existiert ein Prozeß, der `CoUninitialize` unzureichend oft aufruft (also ein Prozeß, der einfach zusammenbricht), ist die COM-Bibliothek nicht in der Lage, die überfälligen Referenzen zu bereinigen. Wenn dies passiert, entdeckt der lokale OR schließlich den verstorbenem Prozeß und gibt all seine importierten Referenzen frei, wenn er die nächste Ping-Meldung an den OR des exportierenden Rechner schickt. Hielt der Prozeß importierte Referenzen auf Objekte des lokalen Rechners, können diese sofort freigegeben werden, nachdem der Zusammenbruch des Client entdeckt wurde[14].

Die verteilte Garbage-Collection von COM wird manchmal als ineffizient kritisiert. Doch ist es in Wirklichkeit so, daß der Ansatz von COM erheblich effizienter ist als anwendungsspezifische Ad-hoc-Lösungen zur Überprüfung der Verfügbarkeit eines Client. Und zwar deswegen, weil der COM-Garbage-Collector die Lebenszeichen für alle Referenzen eines bestimmten Rechners in einer einzigen periodischen Meldung aggregieren kann. Anwendungsspezifische Techniken haben

---

14. Technisch bedeutet dies, daß der lokale OR kurz wartet, um umfangreichen verpackten Objektreferenzen, die vom zusammengebrochenen Client angelegt wurden, die Gelegenheit zu geben, ausgepackt zu werden.

nicht denselben globalen Überblick und enden daher wahrscheinlich bei einer fortgesetzten Überprüfung der Verfügbarkeit für jede Anwendung, nicht pro Host-Rechner. Bei Szenarien, in denen der COM-Garbage-Collector die Performance wirklich herabsetzt, kann der Ping-Austausch für einen bestimmten Stub-Manager mit dem Flag MSHLFLAGS_NOPING deaktiviert werden. Für die meisten Anwendungen ist jedoch das Standardverhalten des Garbage-Collectors angemessen und in seiner Performance besser als die meisten anwendungsspezifischen Lösungen.

Der Stub-Manager behält die Anzahl der offenen externen Referenzen im Auge. Wenn das Stub-Objekt erstellt wird, beginnt die Zählung bei Null. Bei einem Aufruf von CoMarshalInterface mit dem Flag MSHLFLAGS_NORMAL wird der Zähler um den Wert n erhöht, der in die verpackte Objektreferenz geschrieben wird. Der Proxy-Manager packt die Referenz aus und erhöht dabei seinen Zähler offener Referenzen entsprechend um n. Wird der Proxy-Manager durch Aufruf von CoMarshalInterface aufgefordert, die Kopie der Referenz an ein anderes Apartment zu übergeben, steht es dem Proxy-Manager frei, einige Referenzen auszugeben, um ein zweites Proxy-Objekt zu initialisieren. Verfügt das Proxy-Objekt nur noch über eine verbleibende Referenz, muß es beim Stub-Manager zusätzliche Referenzen anfordern.

Oft ist es nützlich, verpackte Schnittstellenreferenzen an einem zentralen Ort zu speichern, auf den mehrere Clients zugreifen können. Ein passendes Beispiel dafür ist die ROT (Running Object Table), die von einigen Moniker-Implementierungen verwendet wird. Wenn ein verpackter Schnittstellenzeiger mit dem Flag MSHLFLAGS_NORMAL angelegt wird, kann die Objektreferenz nur von einem einzigen Client ausgepackt werden. Soll dies mehreren Clients ermöglicht werden, muß die Referenz entweder mit dem Flag MSHLFLAGS_TABLESTRONG oder mit MSHLFLAGS_TABLEWEAK erstellt werden. In jedem dieser Fälle kann die verpackte Objektreferenz mehrere Male ausgepackt werden.

Der Unterschied zwischen TABLEWEAK- und TABLESTRONG-Marshaling betrifft die Beziehung zwischen der verpackten Objektreferenz und dem Stub-Manager. Wird das Flag TABLEWEAK verwendet, wird der Zähler externer Referenzen im Stub-Manager nicht erhöht. Die verpackte Objektreferenz enthält also null Referenzen und jeder Proxy-Manager muß externe Referenzen beim Stub-Manager anfordern. Weil eine TABLEWEAK-Referenz sich *nicht* in der Zählung der externen Referenzen im Stub-Manager niederschlägt, gibt sich der Stub-Manager frei, wenn der letzte Proxy-Manager die Verbindung mit ihm beendet hat, und natürlich auch alle COM-Referenzen auf das Objekt. Verbinden sich keinerlei Proxy-Manager mit dem Stub-Manager, lebt der Stub-Manager daher ewig weiter. Es sind also nicht die ausstehenden verpackten Objektreferenzen, die sich auf die Lebensdauer des Stub-Managers oder des Objekts auswirken. Wenn andererseits eine verpackte Objektreferenz mit dem Flag MSHLFLAGS_TABLESTRONG erstellt wird, wird der Zähler externer Referenzen im Stub-Manager erhöht. Das bedeutet, daß die verpackte Objektreferenz sich im Zähler externer Referenzen im Stub-Manager niederschlägt. Wie auch beim

Entpacken TABLEWEAK-Referenz muß jeder Proxy-Manager Kontakt mit dem Stub-Manager aufnehmen und externe Referenzen anfordern. Weil aber die Referenz vom Stub-Manager als externe Referenz notiert wurde, gibt er sich *nicht* frei, wenn der letzte Proxy-Manager die Verbindung beendet, und erhält daher auch die COM-Referenzen auf das Objekt aufrecht. Die ausstehenden verpackten Objektreferenzen verlängern also das Leben des Stub-Managers und des Objekts. Daher ist ein Mechanismus erforderlich, mit dem die Objektreferenzen freigegeben werden können. Dafür bietet COM die API-Funktion CoReleaseMarshalData, die den Stub-Manager darüber informiert, daß eine verpackte Objektreferenz freigegeben wird:

```
HRESULT CoReleaseMarshalData([in] IStream *pStm);
```

Wie auch die Funktion CoUnmarshalInterface, übernimmt CoReleaseMarshalData einen IStream-Schnittstellenzeiger auf eine verpackte Objektreferenz. CoReleaseMarshalData muß aufgerufen werden, um eine TABLE-Referenz freizugeben, sobald sie nicht mehr benötigt wird. CoReleaseMarshalData muß außerdem aufgerufen werden, wenn eine normal-verpackte Objektreferenz aus irgendeinem Grund nicht von CoUnmarshalInterface ausgepackt wird.

Objektimplementierungen können explizit auf den Zähler externer Referenzen des Stub-Managers zugreifen, um sicherzustellen, daß der Stub-Manager nicht während der entscheidenden Ausführungsphasen eines Objekts freigegeben wird. Mit der COM-Funktion CoLockObjectExternal kann der Zähler erhöht oder herabgesetzt werden:

```
HRESULT CoLockObjectExternal([in] IUnknown *pUnkObject,
                             [in] BOOL bLock,
                             [in] BOOL bLastUnlockKillsStub);
```

Der erste Parameter von CoLockObjectExternal muß auf das aktuelle Objekt, nicht auf ein Proxy-Objekt zeigen. Mit dem zweiten Parameter bLock wird angegeben, ob der Zähler externer Referenzen des Stub-Managers erhöht oder herabgesetzt werden soll. Der dritte Parameter legt fest, ob der Stub-Manager freigegeben werden soll, wenn der Aufruf der Funktion die letzte externe Referenz entfernt. Die Notwendigkeit von CoLockObjectExternal wird deutlich, wenn Sie sich ein Objekt vorstellen, das eine Hardwarekomponente überwacht und in der ROT mit Hilfe von TABLEWEAK-Marshaling registriert ist. Während das Objekt aktiv ist, muß es sicherstellen, daß sein Stub-Manager gültig bleibt, damit sich neue Clients mit dem Objekt verbinden und den Status der Hardware abfragen können. Ist das Objekt jedoch nicht aktiv, soll auch der Stub-Manager freigegeben werden, sofern keine Proxy-Objekte verbunden sind. Bei einer Implementierung dieser Funktionalität könnte die Methode eines Objekts den Überwachungsprozeß starten:

```
STDMETHODIMP Monitor::StartMonitoring(void) {
// Sicherstellen, daß der Stub-Manager/das Objekt nicht vorzeitig freigegeben
wird
```

```
  HRESULT hr = CoLockObjectExternal(this, TRUE, FALSE);
// Überwachungsprozeß starten
  if (SUCCEEDED(hr))
    hr = this->EnableHardwareProbe();
  return hr;
}
```

und eine andere Methode das Objekt anweisen, den Überwachungsprozeß zu beenden:

```
STDMETHODIMP Monitor::StopMonitoring(void) {
// Überwachungsprozeß beenden
  this->DisableHardwareProbe();
// Stub-Manager/das Objekt freigegeben, wenn keine Clients vorhanden sind
  hr = CoLockObjectExternal(this, FALSE, TRUE);
  return hr;
}
```

Wenn das Objekt ursprünglich mit einem TABLEWEAK-Marshaling-Verfahren verpackt wurde, wird mit diesen Anweisungen sichergestellt, daß der Stub-Manager
und das Objekt so lange am Leben erhalten werden, wie mindestens ein Proxy-
Objekt besteht oder das Objekt die Hardware überwacht.

Objektimplementierungen können nicht nur den Zähler externer Referenzen auf
den Stub-Manager einstellen, sondern den Stub-Manager auch unabhängig von
der Zahl bestehender Objektreferenzen explizit freigeben. Die COM-API-Funktion
CoDisconnectObject ermittelt den Stub-Manager eines Objekts, gibt ihn frei und
löst die Verbindung aller vorhandenen Proxy-Objekte:

```
HRESULT CoDisconnectObject(
    [in] IUnknown * pUnkObject,  // Zeiger auf Objekt
    [in] DWORD dwReserved);      // Reserviert, muß null sein
```

Wie CoLockObjectExternal muß CoDisconnectObject aus dem Prozeß des aktuellen
Objekts heraus aufgerufen werden und ist für ein Proxy-Objekt nicht zulässig. Betrachten Sie weiter das Beispiel eines Hardwareüberwachungsobjekts und überlegen Sie sich, was passiert, wenn der Status des Objekts ungültig wird. Um weitere
Methodenaufrufe zu vermeiden, die zu fehlerhaften Resultaten führen könnten,
könnte das Objekt CoDisconnectObject aufrufen, um die Verbindung aller bestehenden Proxy-Objekte kurz und bündig zu beenden:

```
STDMETHODIMP Monitor::GetSample(/*[out]*/ SAMPLEDATA *ps) {
  HRESULT hr = this->GetSampleFromProbe(ps);
  if (FAILED(hr)) // Untersuchung oder Objekt fehlerhaft
    CoDisconnectObject(this, 0);
  return hr;
}
```

Die Funktion CoDisconnectObject wird außerdem verwendet, wenn ein Prozeß beendet werden soll, obwohl für seine Objekte noch Proxy-Objekte bestehen. Wird CoDisconnectObject explizit aufgerufen, bevor alle Objekte mit bestehenden Proxy-Objekten freigegeben wurden, besteht keine Gefahr mehr, daß eingehende ORPC-Anforderungen nach der Freigabe des Objekts noch bedient werden. Träfe eine nach der Freigabe des Objekts eingehende ORPC-Anforderung noch auf einen funktionstüchtigen Stub-Manager zu, könnte das Stub-Objekt die korrespondierende Methode munter aus dem Speicher abrufen, der zuvor für das Objekt reserviert war, und einen langen Leidensweg vergeblicher Debugging-Versuche nach sich ziehen.

Sowohl CoLockObjectExternal als auch CoDisconnectObject bieten Techniken, mit denen Objektimplementierungen den Stub-Manager manipulieren können. Oft ist es auch nützlich zu wissen, ob der Stub-Manager noch Referenzen auf bestehende Proxy-Objekte oder mit einem TABLESTRONG-Marshaling-Verfahren verpackte Objekte hält. Für diesen Fall definiert COM die Schnittstelle IExternalConnection, die von Objekten exportiert werden kann:

```
[ uuid(00000019-0000-0000-C000-000000000046),object,local ]
interface IExternalConnection : IUnknown {
  DWORD AddConnection(
    [in] DWORD extconn,    // Referenztyp
    [in] DWORD reserved    // Reserviert, muß null sein
  );
  DWORD ReleaseConnection(
    [in] DWORD extconn,    // Referenztyp
    [in] DWORD reserved,   // Reserviert, muß null sein
    [in] BOOL fLastReleaseCloses // Soll Stub-Objekt freigegeben werden?
  );
}
```

Verbindet sich der Stub-Manager erstmals mit einem Objekt, fragt er an, ob das Objekt von der Erstellung und der Freigabe externer Referenzen benachrichtigt werden will. Dies geschieht mit der QueryInterface-Anforderung für die IExternalConnection-Schnittstelle. Implementiert das Objekt IExternalConnection nicht, verwendet der Stub-Manager seinen eigenen Referenzzähler, um über das Ableben des Stub-Managers zu entscheiden. Entscheidet das Objekt, IExternalConnection zu implementieren, wird der Stub-Manager durch Aufruf von CoDisconnectObject explizit durch das Objekt freigegeben.

Von Objekten, die IExternalConnection implementieren, wird erwartet, daß sie einen Sperrenzähler unterhalten, der die Anzahl der Aufrufe von AddConnection und ReleaseConnection aufzeichnet. Aus Effizienzgründen ruft COM AddConnection nicht jedesmal auf, wenn ein Proxy-Objekt angelegt wird. Für den Sperrenzähler bedeutet dies, daß er die Anzahl der Objektreferenzen nicht korrekt reflektiert, weil er auf Aufrufen von AddConnection und ReleaseConnection basiert. COM gewährleistet jedoch, daß mindestens noch eine Referenz besteht, solange der Sperrenzähler nicht auf Null steht. Auch Aufrufe von `CoLockObjectExternal` wirken sich auf die Zählung aus. Diese Informationen sind besonders bei Objekten nützlich, für die es von Wichtigkeit ist, ob externe Clients existieren. Stellen Sie sich beispielsweise vor, daß das zuvor präsentierte Hardwareüberwachungsobjekt einen Thread unterhält, der im Hintergrund Protokolldaten aufzeichnet. Stellen Sie sich weiter vor, daß bei der Protokollierung ein Fehler auftritt, während das Objekt die Daten aktiv überwacht oder dabei von externen Clients gesteuert wird. Dieses Problem kann vermieden werden, wenn der Protokollierungs-Thread den von der `IExternalConnection`-Implementierung des Objekts unterhaltenen Sperrenzähler prüfen und die Protokollierung nur dann durchführen kann, wenn keine externen Referenzen bestehen. Dafür muß das Objekt `IExternalConnection` wie folgt implementieren:

```
class Monitor : public IExternalConnection,
                public IMonitor {
  LONG m_cRef;     // Normaler COM-Referenzzähler
  LONG m_cExtRef;  // Zähler der externen Referenzen
  Monitor(void) : m_cRef(0), m_cExtRef(0) { ... }

  STDMETHODIMP_(DWORD) AddConnection(DWORD extconn, DWORD) {
    if (extconn & EXTCONN_STRONG) // Dieses Bit muß geprüft werden
      return InterlockedIncrement(&m_cExtRef);
  }

  STDMETHODIMP_(DWORD) ReleaseConnection(DWORD extconn, DWORD,
                         BOOL bLastUnlockKillsStub) {
    DWORD res = 0;
    if (extconn & EXTCONN_STRONG){ // Dieses Bit muß geprüft werden
      res = InterlockedDecrement(&m_cExtRef);
      if (res == 0 && bLastUnlockKillsStub)
        CoDisconnectObject(this, 0);
    }
    return res;
  }
    :    :    :
    :    :    :
}
```

Im Falle dieser Implementierung kann die Thread-Routine den Status des Objekts prüfen und auf Grundlage der Aktivitätsebene des Objekts entscheiden, ob die Protokollierung durchgeführt werden soll:

```
DWORD WINAPI ThreadProc(void *pv) {
// An CreateThread wird ein Zeiger auf ein reales Objekt übergeben
  Monitor *pm = (Monitor*)pv;
  while (1) {
// 10 Sekunden warten
```

```
  Sleep(10000);
// Wenn das Objekt nicht verwendet wird, Protokollierung durchführen
  if (pm->m_cExtRef == 0)
    pm->TryToLogSampleData();
  }
  return 0;
}
```

Wenn die Methode TryToLogSampleData gleichzeitige Zugriffe korrekt behandelt, protokolliert diese Thread-Prozedur Daten nur dann, wenn das Objekt nicht von externen Clients verwendet wird oder gerade aktiv überwacht (erinnern Sie sich, daß das Objekt dann mit CoLockObjectExternal den Zähler externer Referenzen erhöht). Dieses Beispiel mag zwar ein wenig konstruiert erscheinen, doch gibt es in der Tat Operationen, in denen es entscheidend ist, einen Überblick über die externen Referenzen zu haben. Ein klassischer Fall, bei dem es um die Registrierung von Klassenobjekten in prozeßexternen Servern geht, wird in Kapitel 6 beschrieben.

5.9 Benutzerdefiniertes Marshaling

Bisher hat sich dieses Kapitel auf Standard-Marshaling und ORPC-basierende Methodenfernverarbeitung konzentriert. Für eine große Gruppe von Objekten sind damit alle Voraussetzungen für ein ausgewogenes Verhältnis zwischen Performance, korrekter Semantik und einfacher Implementierung gegeben. Bei anderen Objekten ist jedoch das Standardverhalten der ORPC-Methodenfernverarbeitung ineffizient, wenn nicht gar unbrauchbar. Diesen Fällen trägt COM durch benutzerdefiniertes Marshaling Rechnung. Bereits früher in diesem Kapitel wurde erwähnt, daß bei benutzerdefiniertem Marshaling Objektimplementierungen ein benutzerdefiniertes Proxy-Objekt implementieren können, das im importierenden Apartment erstellt wird. Objekte geben durch Export der Schnittstelle IMarshal an, daß sie benutzerdefiniertes Marshaling unterstützen wollen:

```
[ uuid(00000003-0000-0000-C000-000000000046),local,object ]
interface IMarshal : IUnknown {

// CLSID für benutzerdefiniertes Proxy-Objekt abrufen (CoMarshalInterface)
  HRESULT GetUnmarshalClass(
        [in] REFIID riid, [in, iid_is(riid)] void *pv,
        [in] DWORD dwDestCtx, [in] void *pvDestCtx,
        [in] DWORD mshlflags, [out] CLSID *pclsid);

// Größe der benutzerdefinierten verpackten Objektreferenz abrufen
// (CoGetMarshalSizeMax)
  HRESULT GetMarshalSizeMax(
        [in] REFIID riid, [in, iid_is(riid)] void *pv,
        [in] DWORD dwDestCtx, [in] void *pvDestCtx,
        [in] DWORD mshlflags, [out] DWORD *pSize);
```

```
// Benutzerdefiniert verpackte Objektreferenz schreiben (CoMarshalInterface)
  HRESULT MarshalInterface([in] IStream *pStm,
       [in] REFIID riid, [in, iid_is(riid)] void *pv,
       [in] DWORD dwDestCtx, [in] void *pvDestCtx,
       [in] DWORD mshlflags);

// Objektreferenz lesen und Proxy-Objekt zurückgeben (CoUnmarshalInterface)
  HRESULT UnmarshalInterface([in] IStream *pStm,
                  [in] REFIID riid,
                 [out,iid_is(riid)] void **ppv);

// Verpacktes Objekt freigeben (CoReleaseMarshalData)
  HRESULT ReleaseMarshalData([in] IStream *pStm);

// Verbindungsstatus auflösen (CoDisconnectObject)
  HRESULT DisconnectObject([in] DWORD dwReserved);
}
```

Den Kommentaren vor jeder Methodendefinition können Sie entnehmen, welche COM-API-Funktion die Methode aufruft.

Wird `CoMarshalInterface` für ein Objekt aufgerufen, das benutzerdefiniertes Marshaling unterstützt, hat die verpackte Objektreferenz ein etwas anderes Format, das in Abbildung 5-7 gezeigt wird. Beachten Sie, daß die verpackte Objektreferenz nach dem Standard-Header MEOW einfach eine CLSID enthält, mit der das benutzerdefinierte Proxy-Objekt erstellt wird, und außerdem ein Array, mit dessen Werten das benutzerdefinierte Proxy-Objekt initialisiert wird. `CoMarshalInterface` ermittelt die CLSID des benutzerdefinierten Proxy-Objekts durch Aufruf der Methode `IMarshal::GetUnmarshalClass` für das Objekt. `CoMarshalInterface` füllt das Array durch Aufruf der `IMarshal::MarshalInterface`-Implementierung des Objekts. Nur durch `MarshalInterface` erhält das Objekt die Gelegenheit, eine Initialisierungsnachricht an das neue benutzerdefinierte Proxy-Objekt zu senden, indem es die Nachricht einfach in den bereitgestellten Byte-Stream schreibt. Bei Aufruf von `CoUnmarshalInterface` wird diese Nachricht an ein neu angelegtes benutzerdefiniertes Proxy-Objekt über dessen Methode `IMarshal::UnmarshalInterface` übergeben. Das bedeutet, daß sowohl das Objekt als auch das benutzerdefinierte Proxy-Objekt `IMarshal` implementieren muß. Die Initialisierungsnachricht wird von der `MarshalInterface`-Methode geschrieben und von der Schnittstelle `UnmarshalInterface` des Proxy-Objekts gelesen. Sobald die `UnmarshalInterface`-Methode abgearbeitet wurde, ist COM nicht länger an der Kommunikation zwischen Proxy-Objekt und Objekt beteiligt. Nun ist es Angelegenheit des benutzerdefinierten Proxy-Objekt die Schnittstellenmethoden semantisch korrekt zu implementieren und entfernte Methodenaufrufe an das Objekt zu übergeben. Auch Methodenimplementierungen im Apartment des Client können vom Proxy-Objekt erledigt werden.

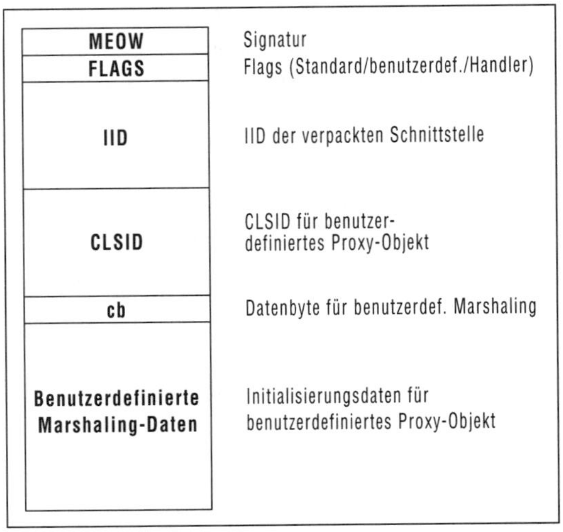

MEOW	Signatur
FLAGS	Flags (Standard/benutzerdef./Handler)
IID	IID der verpackten Schnittstelle
CLSID	CLSID für benutzer- definiertes Proxy-Objekt
cb	Datenbyte für benutzerdef. Marshaling
Benutzerdefinierte Marshaling-Daten	Initialisierungsdaten für benutzerdefiniertes Proxy-Objekt

Abbildung 5-7 Die Objektreferenz bei benutzerdefiniertem Marshaling

Benutzerdefiniertes Marshaling bietet unter anderem den Vorteil, daß es dem Client verborgen bleibt, daß er verwendet wird. Der Client kann nicht zuverlässig ermitteln, ob es sich bei einer Schnittstelle um ein Standard-Proxy-Objekt, ein benutzerdefiniertes Proxy-Objekt oder das tatsächliche Objekt handelt. Über benutzerdefiniertes Marshaling entscheidet ein Objekt unabhängig von anderen. So könnten zwei Instanzen derselben Klasse unabhängig voneinander Standard- und benutzerdefiniertes Marshaling festlegen. Implementiert ein Objekt benutzerdefiniertes Marshaling, dann muß es dies für alle Schnittstellen tun. Soll benutzerdefiniertes Marshaling nur für eine Untermenge von Marshaling-Kontexten (prozeßintern, lokal oder rechnerextern) gelten, kann das Objekt eine Instanz des Standard-Marshaler abrufen und für nicht unterstützte Kontexte seine IMarshal-Methoden weiterleiten. Würde das Objekt hingegen einfach alle IMarshal-Methoden unbedingt an den Standard-Marshaler weiterleiten, würde es effektiv nur Standard-Marshaling einsetzen. Einen Zeiger auf den Standard-Marshaler erhalten die Objekte durch Aufruf der Methode CoGetStandard-Marshal:

```
HRESULT CoGetStandardMarshal(
    [in]REFIID riid,        // Typ der Schnittstelle, die verpackt werden soll
[in, iid_is(riid)] IUnknown *pUnk, // Schnittstelle, die verpackt werden soll
    [in] DWORD dwDestCtx,   // MSHCTX
    [in] void *pvDestCtx,   // Reserviert
    [in] DWORD mshlflags,   // Normal oder TABLE
    [out] IMarshal **ppMarshal); // Zeiger auf Standard-Marshaler
```

Wenn ein Objekt eine Technik für benutzerdefiniertes Marshaling verwendet, die nur auf dem lokalen Host, nicht aber bei der Kommunikation mit host-fernen Apartments eingesetzt werden kann, kann die Implementierung von `GetMarshalSizeMax` beispielsweise so aussehen:

```
STDMETHODIMP CustStd::GetMarshalSizeMax(ULONG *pcb,
                  REFIID riid, void *pv, DWORD dwDestCtx,
                  void *pvDestCtx, DWORD mshlflags) {
// Wenn der Kontext unterstützt wird, benutzerdefiniertes Marshaling verwenden
   if (dwDestCtx==MSHCTX_LOCAL || dwDestCtx==MSHCTX_INPROC)
      return this->MyCustomMarshalingRoutine(pcb);

// Bei nicht unterstütztem Kontext an Standard-Marshaler delegieren
   IMarshal *pMsh = 0;
   HRESULT hr = CoGetStandardMarshal(riid, pv, dwDestCtx,
                          pvDestCtx, mshlflags,
                          &pMsh);
   if (SUCCEEDED(hr)) {
      hr = pMsh->GetMarshalSizeMax(pcb, riid, pv, dwDestCtx,
                          pvDestCtx, mshlflags);
      pMsh->Release();
   }
   return hr;
}
```

Aus diesem Quelltextfragment ist nicht ersichtlich, wie die Initialisierungsnachricht geschrieben wird, wenn das benutzerdefinierte Marshaling tatsächlich angewendet werden soll, denn für keine der `IMarshal`-Methoden gibt es eine Standardimplementierung (schließlich ist von benutzerdefiniertem Marshaling die Rede). Doch gibt es etliche Szenarien, in denen benutzerdefiniertes Marshaling außerordentlich vorteilhaft ist, und in diesen Fällen folgt die Implementierung gewissen Regeln. Bei weitem am häufigsten wird `IMarshal` angewendet, wenn wertbezogenes Marshaling eingesetzt wird.

Wertbezogenes Marshaling ist sehr nützlich bei Objekten, die ihren Status nach ihrer Initialisierung nicht mehr ändern. Ein Beispiel dafür sind COM-Hüllfunktionen für Strukturen, die einfach initialisiert, für eine Abfrage an ein anderes Objekt übergeben und dann wieder freigegeben werden. Diese Art Objekte sind die Hauptkandidaten für benutzerdefiniertes Marshaling. Um wertbezogenes Marshaling zu implementieren, wird das Objekt fast immer als prozeßinterner Server implementiert, weil dann das Objekt und das Proxy-Objekt eine gemeinsame Implementierungsklasse verwenden können. Hinter wertbezogenem Marshaling steht die Idee, das benutzerdefinierte Proxy-Objekt als Klon des ursprünglichen Objekts anzulegen. Das bedeutet, daß die verpackte Objektreferenz den vollständigen Status des ursprünglichen Objekts enthalten muß und (zur Vereinfachung) die CLSID des benutzerdefinierten Proxy-Objekts mit der des ursprünglichen Objekts übereinstimmt.

Gehen Sie von der folgenden Klassendefinition einer COM-Hüllfunktion für zwei
einfache zweidimensionale Punkte aus:

```
class Point : public IPoint, public IMarshal {
  long m_x; long m_y;
public:
  Point(void) : m_x(0), m_y(0) {}
  IMPLEMENTS_UNKNOWN(Point)
  BEGIN_INTERFACE_TABLE(Point)
    IMPLEMENTS_INTERFACE(IPoint)
    IMPLEMENTS_INTERFACE(IMarshal)
  END_INTERFACE_TABLE()
// IPoint-Methoden
// IMarshal-Methoden
};
```

Um wertbezogenes Marshaling zu unterstützen, muß die MarshalInterface-Methode
der Klasse den Status des Objekts als Initialisierungsnachricht an das Proxy-Objekt serialisieren:

```
STDMETHODIMP Point::MarshalInterface(IStream *pStm, REFIID,
                    void *, DWORD, void *, DWORD) {
// Endian-Header schreiben
  DWORD dw = 0xFF669900;
  HRESULT hr = pStm->Write(&dw, sizeof(DWORD), 0);
  if (FAILED(hr)) return hr;
  dw = m_x;
  hr = pStm->Write(&dw, sizeof(DWORD), 0);
  if (FAILED(hr)) return hr;
  dw = m_y;
  return pStm->Write(&dw, sizeof(DWORD), 0);
}
```

Wenn die Klasse des Objekts als prozeßinterner Server implementiert ist, kann das
benutzerdefinierte Proxy-Objekt einfach als zweite Instanz dieser Klasse angelegt
werden, woraus sich die folgende Implementierung von GetUnmarshalClass ergibt:

```
STDMETHODIMP Point::GetUnmarshalClass(REFIID, void *, DWORD,
                    void *, DWORD, CLSID *pclsid) {
  *pclsid = CLSID_Point; // CLSID dieser Klasse
  return hr;
}
```

Um sicherzustellen, daß der Initialisierungsnachricht genügend Speicher zur Verfügung steht, muß die `GetMarshalSizeMax`-Methode des Objekts die korrekte Anzahl Bytes zurückgeben:

```
STDMETHODIMP Point::GetMarshalSizeMax(REFIID, void *, DWORD,
                          void *, DWORD, DWORD *pcb) {
  *pcb = 3 * sizeof(DWORD); // m_x + m_y + Header
  return hr;
}
```

Wenn die verpackte Objektreferenz von `CoUnmarshalInterface` ausgepackt wird, wird ein neues benutzerdefiniertes Proxy-Objekt angelegt, weil die Objektreferenz benutzerdefiniert verpackt wurde. Die Objektreferenz enthält die CLSID des benutzerdefinierten Proxy-Objekts, die von der `GetUnmarshalClass`-Methode des ursprünglichen Objekts zurückgegeben wurde. Nach Erstellung eines neuen benutzerdefinierten Proxy-Objekts erhält dessen `UnmarshalInterface`-Methode die Initialisierungsnachricht, die das Objekt bei seiner Implementierung von `MarshalInterface` geschrieben hat:

```
STDMETHODIMP Point::UnmarshalInterface(IStream *pStm,
                          REFIID riid, void ** ppv) {
  *ppv = 0;
// Endian-Header lesen
  DWORD dw; ULONG cbRead;
  HRESULT hr = pStm->Read(&dw, sizeof(DWORD), &cbRead);
  if (FAILED(hr) || cbRead != sizeof(DWORD))
    return RPC_E_INVALID_DATA;
  bool bSwapEndian = dw == 0x009966FF;
// m_x und m_y lesen
  hr = pStm->Read(&dw, sizeof(DWORD), &cbRead);  m_x = dw;
  if (FAILED(hr) || cbRead != sizeof(DWORD))
    return RPC_E_INVALID_DATA;
  hr = pStm->Read(&dw, sizeof(DWORD), &cbRead); m_y = dw;
  if (FAILED(hr)) || cbRead != sizeof(DWORD))
    return RPC_E_INVALID_DATA;
// Wenn nötig, bei Elementen Byte-Reihenfolge umdrehen
  if (bSwapEndian)
    byteswapdata(&m_x, &m_y);
// Zeiger auf dieses Objekt zurückgeben
  return this->QueryInterface(riid, ppv);
}
```

Beachten Sie, daß die Implementierungen von `MarshalInterface` und `UnmarshalInterface` sicherstellen müssen, daß der verpackte Status auf jeder Plattform lesbar ist. Ausrichtung, Byte-Anordnung und Größe der Datentypen müssen also manuell geregelt werden.

Die soeben gezeigte Implementierung von `UnmarshalInterface` gibt einfach einen Zeiger auf das neu angelegte benutzerdefinierte Proxy-Objekt zurück. Bei einem einfachen, wertbezogen verpackten Objekt mag dies ausreichen. Allgemeingültigere Implementierungen von `UnmarshalInterface` sollten jedoch mehrere Verpackungsverfahren erkennen, die mit ein- und derselben COM-Identität korrespondieren und einen Zeiger auf ein- und dieselbe Proxy-Objektidentität zurückgeben, um die Identitätsbeziehung zwischen Proxy-Objekt und Objekt aufrechtzuerhalten. Die kann nicht nur Ressourcen sparen, sondern sorgt auch für ein übersichtlicheres Programmierungsmodell.

5.10 Freethreaded Marshaler (FTM)

Ist für eine Klasse das Threading-Modell `"both"` festgelegt, können ihre Instanzen und Objekte entweder in einem STA oder einem MTA residieren. Die COM-Regeln legen jedoch fest, daß eine bestimmte Instanz nur in einem Apartment residieren darf. Wurde bei der Implementierung eines Objekts bereits so weit gegangen, seinen sicheren Aufenthalt in einem MTA zu gewährleisten, kann es vorkommen, daß sich das Objekt überhaupt nicht mehr um Apartments kümmern soll. Auf ein solches Objekt könnten nicht nur gleichzeitig mehrere Threads des MTA zugreifen, sondern auch nicht auf einem MTA basierende Threads (Threads, die in einem STA ausgeführt werden). Clients können jedoch nicht feststellen, ob diese Art Zugriff für bestimmte Objekte zulässig ist. Daher muß mit einer besonderen Marshaling-Technik ein apartment-übergreifender, gemeinsam nutzbarer Schnittstellenzeiger etabliert werden. Das bedeutet, daß auf ein prozeßinternes Objekt über ORPC-Aufrufe zugegriffen wird, es sein denn, der Aufrufer wird in dem Apartment ausgeführt, von dem das Objekt ursprünglich angelegt wurde.

Im Unterschied zu Clients wissen Objekte über ihre Beziehung zu Apartments, Gleichzeitigkeit und Wiedereintrittsfähigkeiten Bescheid. Sind Objekte mit ORPC-Aufrufen zufrieden, wenn auf sie von mehreren Apartments desselben Prozesses aus zugegriffen wird, dann sind sie dies standardmäßig. Objekte, auf die dies nicht zutrifft, können jedoch mit benutzerdefiniertem Marshaling dazu gebracht werden. Benutzerdefiniertes Marshaling könnte leicht dazu verwendet werden, den Stub-Manager zu umgehen und einfach einen untypisierten Zeiger auf das Objekt in die verpackte Objektreferenz aufnehmen. Bei dieser Technik könnte die benutzerdefinierte Implementierung des Proxy-Objekts den untypisierten Zeiger einfach aus der verpackten Objektreferenz lesen und an den Aufrufer im importierenden Apartment übergeben. Die Client-Threads würden den Schnittstellenzeiger durch expliziten oder impliziten Aufruf von `CoMarshalInterface` bzw. `CoUnmarshalInterface` über die Apartmentgrenze weiterreichen; doch könnte das Objekt einem benutzerdefinierten Proxy-Objekt einfach heimlich einen untypisierten Zeiger auf das aktuelle Objekt übergeben. Diese Technik wäre zwar für prozeßinternes Marshaling perfekt geeignet, nicht jedoch für prozeßübergreifendes Marshaling. Glücklicherweise kann die Objektimplementierung aber bei allen Kontexten außer MSHCTX_INPROC einfach an den Standard-Marshaler delegieren.

Weil das soeben beschriebene Verhalten bei vielen Objekten nützlich ist, bietet COM eine aggregat-fähige Implementierung von IMarshal, die dies ermöglicht. Diese Implementierung wird als *freethreaded Marshaler* (FTM) bezeichnet und kann durch Aufruf der API-Funktion CoCreateFreeThreadedMarshaler durchgeführt werden:

```
HRESULT CoCreateFreeThreadedMarshaler(
                [in] IUnknown *pUnkOuter,
                [out] IUnknown **ppUnkInner);
```

Klassen, die FTM verwenden wollen, aggregieren eine Instanz einfach entweder zum Zeitpunkt der Initialisierung oder auf Abruf bei der ersten QueryInterface-Anforderung von IMarshal. Die folgende Klasse instantiiert FTM zum Zeitpunkt ihrer Konstruktion:

```
class Point : public IPoint {
  LONG m_cRef;   IUnknown *m_pUnkFTM;
  long m_x; long m_y;
  Point(void) : m_cRef(0), m_x(0), m_y(0) {
    HRESULT hr = CoCreateFreeThreadedMarshaler(this,
                                        &m_pUnkFTM);
    assert(SUCCEEDED(hr));
  }
  virtual ~Point(void) { m_pUnkFTM->Release(); }
};
```

Die korrespondierende Implementierung von QueryInterface fordert die IMarshal-Schnittstelle einfach vom FTM an:

```
STDMETHODIMP Point::QueryInterface(REFIID riid, void **pp) {
  if (riid == IID_IUnknown || riid == IID_IPoint)
    *ppv = static_cast<IPoint*>(this);
  else if (riid == IID_IMarshal)
    return m_pUnkFTM->QueryInterface(riid, ppv);
  else
    return (*ppv = 0), E_NOINTERFACE;
  ((IUnknown*)*ppv)->AddRef();
  return S_OK;
}
```

Nach Einrichtung des FTM werden für Referenzen auf Point-Objekte über prozeßinterne Apartmentgrenzen hinweg keine Proxy-Objekte gebraucht. Dies trifft auf explizite Aufrufe von CoMarshalInterface/CoUnmarshalInterface zu, und auch auf Referenzen auf Point-Objekte, die als Methodenparameter an prozeßinterne Proxy-Objekte für andere als Point-Objekte übergeben werden.

Der FTM benötigt mindestens 16 Byte Speicher. Weil viele prozeßinterne Objekte nie außerhalb ihres Apartments verwendet werden, kann es Verschwendung von Ressourcen bedeuten, wenn von vornherein Speicher für FTM reserviert wird. Es ist sehr wahrscheinlich, daß das Objekt bereits über einen einfachen Mechanismus zur Thread-Synchronisierung verfügt. In diesem Fall kann der FTM beim ersten QueryInterface-Aufruf von IMarshal verzögert aggregiert werden. Gehen Sie zunächst von folgender Klassendefinition aus:

```
class LazyPoint : public IPoint {
  LONG m_cRef;  IUnknown *m_pUnkFTM;
  long m_x; long m_y;
  LazyPoint(void) : m_cRef(0),m_pUnkFTM(0),m_x(0),m_y(0) {}
  Virtual ~LazyPoint(void)
  { if (m_pUnkFTM) m_pUnkFTM->Release(); }
  void Lock(void);   // Objekt-spezifische Sperre anfordern
  void Unlock(void); // Objekt-spezifische Sperre freigeben
   :    :    :
};
```

Für diese Klassendefinition aggregiert die folgende Implementierung von QueryInterface FTM korrekt im Bedarfsfall:

```
STDMETHODIMP Point::QueryInterface(REFIID riid, void **ppv) {
  if (riid == IID_IUnknown || riid == IID_IPoint)
    *ppv = static_cast<IPoint*>(this);
  else if (riid == IID_IMarshal) {
    this->Lock();
    HRESULT hr = E_NOINTERFACE; *ppv = 0;
    if (m_pUnkFTM == 0) // FTM erstmals anfordern
      CoCreateFreeThreadedMarshaler(this, &m_pUnkFTM);
    if (m_pUnkFTM != 0) // Ab jetzt ist FTM eingerichtet
      hr = m_pUnkFTM->QueryInterface(riid, ppv);
    this->Unlock();
    return hr;
  }
  else
    return (*ppv = 0), E_NOINTERFACE;
  ((IUnknown*)*ppv)->AddRef();
  return S_OK;
}
```

Der Nachteil dieses Ansatzes besteht darin, daß alle QueryInterface-Anforderungen serialisiert werden; allerdings werden weniger Ressourcen verbraucht, wenn IMarshal nie angefordert wird.

Außer dem relativ einfachen Gebrauch des FTM ist aber auch interessant, wann der FTM nicht erwünscht ist. Auf jeden Fall sollten Objekte in Single-Threaded Apartments den FTM nicht verwenden, weil es sehr unwahrscheinlich ist, daß gleichzeitig auf sie zugegriffen wird. Das bedeutet aber noch lange nicht, daß alle Objekte, die in einem MTA ausgeführt werden, den FTM verwenden sollten. Objekte mit Schnittstellenzeigern als Datenelemente müssen den FTM mit Vorsicht verwenden. Sehen Sie sich die folgende Klasse an, die andere COM-Objekte verwendet, um ihre Operationen auszuführen:

```
class Rect : public IRect {
  LONG m_cRef;
  IPoint *m_pPtTopLeft;
  IPoint *m_pPtBottomRight;
  Rect(void) : m_cRef(0) {
    HRESULT hr = CoCreateInstance(CLSID_Point, 0,
        CLSCTX_INPROC, IID_IPoint, (void**)&m_pPtTopLeft);
    assert(SUCCEEDED(hr));
    hr = CoCreateInstance(CLSID_Point, 0, CLSCTX_INPROC,
                IID_IPoint, (void**)&m_pPtBottomRight);
    assert(SUCCEEDED(hr));
  }
  :   :   :
}
```

Nehmen wir an, daß die Klasse Rect eine prozeßinterne Klasse mit dem Threading-Modell "Both" ist. Der Konstruktor für ein bestimmtes Rect-Objekt wird immer in dem Apartment des Thread ausgeführt, der die Funktion CoCreateInstance (CLSID_Rect) aufruft. Das bedeutet, daß auch die zwei Aufrufe von CoCreate-Instance (CLSID_Point) in dem Apartment des Client ausgeführt werden. Die COM-Regeln besagen jedoch, daß auf die Datenelemente m_pPtTopLeft und m_pPtBottomRight nur von dem Apartment aus zugegriffen werden darf, in dem die Aufrufe von CoCreateInstance ausgeführt werden.

Sehr wahrscheinlich verwendet mindestens eine der Rect-Methoden die beiden Schnittstellenzeiger-Datenelemente:

```
STDMETHODIMP Rect::get_Area(long *pn) {
  long top, left, bottom, right;
  HRESULT hr = m_pPtTopLeft->GetCoords(&left, &top);
  assert(SUCCEEDED(hr));
  hr = m_pPtBottomRight->GetCoords(&right, &bottom);
  assert(SUCCEEDED(hr));
  *pn = (right - left) * (bottom - top);
  return S_OK;
}
```

Würde die Klasse `Rect` den FTM verwenden, wäre es möglich, diese Methode
von anderen Apartments als dem aufzurufen, von dem die ursprünglichen
Aufrufe von `CoCreateInstance` ausgingen. Leider würde die Methode `get_Area` damit gegen die COM-Regeln verstoßen, weil die beiden Schnittstellenzeiger-Datenelemente nur im ursprünglichen Apartment gültig sind. Sollte es vorkommen, daß auch die Klasse `Point` den FTM verwendet, stellt dies technisch kein
Problem dar. Doch sollten Clients (wie die Klasse `Rect`) keine Annahmen über
derart spezifische Implementierungsdetail machen. In der Tat, wenn `Point`-Ob-
jekte den FTM nicht verwenden und wegen der Unstimmigkeiten des Threading-Modells in einem anderen Apartment angelegt werden, unterhält das
`Rect`-Objekt Zeiger auf Proxy-Objekte. Proxy-Objekte hingegen sind dafür berüchtigt, die COM-Regeln zu erzwingen und geben daher korrekt den Wert
`RPC_E_WRONG_THREAD` zurück, wenn auf sie vom falschen Apartment aus zugegriffen wird.

Daher bleiben bei der Implementierung von `Rect` nur zwei Möglichkeiten. Entwe-
der wird der FTM doch nicht verwendet und einfach akzeptiert, daß ORPC für den
Zugriff auf Instanzen der Klasse `Rect` verwendet wird, wenn Clients Objektreferenzen über Apartmentgrenzen hinweg übergeben. Dies ist sicherlich die einfachste
Lösung, weil kein zusätzlicher Quelltext erforderlich ist und auch keine weiteren
Überlegungen. Die andere Möglichkeit besteht darin, keine untypisierten Schnittstellenzeiger als Datenelemente zu verwenden, sondern eine verpackte Form von
Schnittstellenzeigern. Und dafür genau ist die globale Schnittstellentabelle auch
gedacht. Zur Implementierung dieses Ansatzes, erhält die Klasse `Rect` anstelle untypisierter Schnittstellenzeiger DWORD-Cookies als Datenelemente:

```
class SafeRect : public IRect {
  LONG m_cRef;              // COM-Referenzzähler
  IUnknown *m_pUnkFTM;     // Cache zur verzögerten FTM-Aggregation
  DWORD m_dwTopLeft;        // GIT-Cookie für oben/links
  DWORD m_dwBottomRight;    // GIT-Cookie für unten/rechts
   :    :    :
}
```

Der Konstruktor muß auch in diesem Fall zwei Instanzen von `Point` anlegen, registriert aber die Schnittstellenzeiger in der globalen Schnittstellentabelle (GIT), anstatt untypisierte Zeiger zu verwenden:

```
SafeRect::SafeRect(void) : m_cRef(0), m_pUnkFTM(0) {
// Wenn Zeiger auf GIT extern initialisiert wurde
extern IGlobalInterfaceTable *g_pGIT; assert(g_pGIT != 0);
  IPoint *pPoint = 0;
// Instanz der Klasse Point anlegen
  HRESULT hr = CoCreateInstance(CLSID_Point, 0,
       CLSCTX_INPROC, IID_IPoint, (void**)&pPoint);
  assert(SUCCEEDED(hr));
```

```
// Schnittstellenzeiger in GIT registrieren
  hr = g_pGIT->RegisterObjectInGlobal(pPoint, IID_IPoint,
                              &m_dwTopLeft);
  assert(SUCCEEDED(hr));
  pPoint->Release(); // Referenz wird nun in GIT gehalten

// Instanz der Klasse Point anlegen
  hr = CoCreateInstance(CLSID_Point, 0, CLSCTX_INPROC,
                    IID_IPoint, (void**)&pPoint);
  assert(SUCCEEDED(hr));
// Schnittstellenzeiger in GIT registrieren
  hr = g_pGIT->RegisterObjectInGlobal(pPoint, IID_IPoint,
                              &m_dwBottomRight);
  assert(SUCCEEDED(hr));
  pPoint->Release(); // Referenz wird nun in GIT gehalten
}
```

Beachten Sie, daß Anwender des Schnittstellenzeigers keine zusätzlichen Referenzen unterhalten müssen, solange der Schnittstellenzeiger in der GIT registriert ist.

Nachdem die Klasse nun die GIT anstelle untypisierter Schnittstellenzeiger verwendet, muß sie in jedem Methodenaufruf, der auf die registrierten Schnittstellen zugreift, ein neues Proxy-Objekt auspacken:

```
STDMETHODIMP SafeRect::get_Area(long *pn) {
  extern IGlobalInterfaceTable *g_pGIT; assert(g_pGIT != 0);
// Zwei in der GIT registrierte Schnittstellenzeiger auspacken
  IPoint *ptl = 0, *pbr = 0;
  HRESULT hr = g_pGIT->GetInterfaceFromGlobal(m_dwPtTopLeft,
  IID_IPoint, (void**)&ptl);
  assert(SUCCEEDED(hr));
  hr = g_pGIT->GetInterfaceFromGlobal(m_dwPtBottomRight,
  IID_IPoint, (void**)&pbr);
// Temporäre Zeiger für die Methodenimplementierung verwenden
  long top, left, bottom, right;
  hr = ptl->GetCoords(&left, &top);
  assert(SUCCEEDED(hr));
  hr = pbr->GetCoords(&right, &bottom);
  assert(SUCCEEDED(hr));
  *pn = (right - left) * (bottom - top);
// Temporäre Zeiger freigeben
  ptl->Release();
  pbr->Release();
  return S_OK;
}
```

Weil die Implementierung von SafeRect den FTM verwendet, ist es sinnlos, die ausgepackten Schnittstellenzeiger über Methodenaufrufe hinaus aufzubewahren, weil unbekannt ist, ob der nächste Methodenaufruf von demselben Apartment ausgeht.

Die GIT gibt die in ihr registrierten Schnittstellenzeiger erst frei, wenn sie explizit aus ihr entfernt werden. Das bedeutet, daß die Klasse SafeRect die GIT-Einträge für ihre beiden Datenelemente explizit löschen muß:

```
SafeRect::~SafeRect(void) {
  extern IGlobalInterfaceTable *g_pGIT; assert(g_pGIT != 0);
  HRESULT hr=g_pGIT->RevokeInterfaceFromGlobal(m_dwTopLeft);
  assert(SUCCEEDED(hr));
  hr = g_pGIT->RevokeInterfaceFromGlobal(m_dwBottomRight);
  assert(SUCCEEDED(hr));
}
```

Mit der Entfernung der Schnittstellenzeiger aus der GIT werden auch alle Referenzen auf das Objekt freigegeben.

Beachten Sie, daß die gemeinsame Verwendung von GIT und FTM bedeutet, daß die GIT außerordentlich häufig aufgerufen wird, um jeder einzelnen Methode temporäre Schnittstellenzeiger zur Verfügung zu stellen. Obgleich die GIT extra darauf ausgelegt ist, genau dieses Verwendungsmuster zu unterstützen, ist der erforderliche Quelltext doch sehr langatmig. Die folgende einfache C++-Klasse verbirgt die Verwendung von GIT-Cookies in einer bequemen typsicheren Schnittstelle:

```
template <class Itf, const IID* piid>
class GlobalInterfacePointer {
  DWORD m_dwCookie; // Das GIT-Cookie
// Fehlerhafte Verwendung verhindern
  GlobalInterfacePointer(const GlobalInterfacePointer&);
  void operator =(const GlobalInterfacePointer&);
public:
// Beginn als ungültiges Cookie
  GlobalInterfacePointer(void) : m_dwCookie(0) { }

// Start mit lokalem Zeiger, der sich selbst globalisiert
  GlobalInterfacePointer(Itf *pItf, HRESULT& hr)
    : m_dwCookie(0) { hr = Globalize(pItf); }

// Autoglobalisierung aufheben
  ~GlobalInterfacePointer(void)
  { if (m_dwCookie) Unglobalize(); }

// Schnittstellenzeiger in GIT registrieren
  HRESULT Globalize(Itf *pItf) {
    assert(g_pGIT != 0 && m_dwCookie == 0);
```

```
      return g_pGIT->RegisterInterfaceInGlobal(pItf,
        *piid, &m_dwCookie);
    }


// Schnittstellenzeiger aus GIT abmelden
    HRESULT Unglobalize(void) {
      assert(g_pGIT != 0 && m_dwCookie != 0);
      HRESULT hr=g_pGIT->RevokeInterfaceFromGlobal(m_dwCookie);
      m_dwCookie = 0;
      return hr;
    }
// Lokalen Schnittstellenzeiger aus GIT abrufen
    HRESULT Localize(Itf **ppItf) const {
      assert(g_pGIT != 0 && m_dwCookie != 0);
      return g_pGIT->GetInterfaceFromGlobal(m_dwCookie,
        *piid,(void**)ppItf);
    }
// Methode zur bequemeren Verwendung
    bool IsOK(void) const { return m_dwCookie != 0; }
    DWORD GetCookie(void) const { return m_dwCookie; }
};
#define GIP(Itf) GlobalInterfaceTable<Itf, &IID_##Itf>
```

Auf Grundlage dieser Klassendefinition und dieses Makros verfügt die Klasse Safe-Rect nun über GlobalInterfacePointers anstelle untypisierter DWORD-Zeiger:

```
class SafeRect : public IRect {
  LONG m_cRef;                   // COM-Referenzzähler
  IUnknown *m_pUnkFTM;           // Cache zur verzögerten FTM-Aggregation
  GIP(IPoint) m_gipTopLeft;      // GIT-Cookie für oben/links
  GIP(IPoint) m_gipBottomRight;  // GIT-Cookie für unten/rechts
    :   :   :
}
```

Zur Initialisierung der GlobalInterfacePointer-Elemente registriert der Konstruktor (der im Apartment des Objekts ausgeführt wird) die verwalteten Zeiger einfach durch Aufruf der Methode Globalize für jeden GlobalInterfacePointer:

```
SafeRect::SafeRect(void) : m_cRef(0), m_pUnkFTM(0) {
  IPoint *pPoint = 0;
// Instanz der Klasse Point anlegen
  HRESULT hr = CoCreateInstance(CLSID_Point, 0,
      CLSCTX_INPROC, IID_IPoint, (void**)&pPoint);
  assert(SUCCEEDED(hr));
// Schnittstellenzeiger in GIT registrieren
  hr = m_gipTopLeft.Globalize(pPoint);
  assert(SUCCEEDED(hr));
  pPoint->Release(); // Referenz wird nun in GIT gehalten
```

```
// Instanz der Klasse Point anlegen
  hr = CoCreateInstance(CLSID_Point, 0, CLSCTX_INPROC,
      IID_IPoint, (void**)&pPoint);
  assert(SUCCEEDED(hr));
// Schnittstellenzeiger in GIT registrieren
  hr = m_gipBottomRight.Globalize(pPoint);
  assert(SUCCEEDED(hr));
  pPoint->Release(); // Referenz wird nun in GIT gehalten
}
```

Methoden, die auf die globalisierten Zeiger zugreifen müssen, können mit der `Localize`-Methode von `GlobalInterfacePointer` eine lokale Kopie importieren:

```
STDMETHODIMP SafeRect::get_Top(long *pVal) {
  IPoint *pPoint = 0; // Importierter lokaler Zeiger
  HRESULT hr = m_gipTopLeft.Localize(&pPoint);
  if (SUCCEEDED(hr)) {
    long x;
    hr = pPoint->get_Coords(&x, pVal);
    pPoint->Release();
  }
  return hr;
}
```

Beachten Sie: Weil der FreeThreaded-Marshaler verwendet wird, kann der untypisierte Schnittstellenzeiger nicht im Cache gespeichert werden. Er muß vielmehr bei jedem Methodenaufruf importiert werden, um Zugriffe aus dem falschen Apartment heraus zu vermeiden.

In das gezeigte Quelltextfragment können sogar noch weitere Automatisierungen aufgenommen werden. Weil die meisten Methodenaufrufe der Klasse `GlobalInterfacePointer` dazu dienen, einen temporären Zeiger lokal für einen Methodenaufruf zur Verfügung zu stellen, kann der Import eines solchen Zeigers und seine anschließende Freigabe mit der folgenden Klasse automatisiert werden; das Resultat ist einem Smart Pointer nicht unähnlich:

```
template <class Itf, const IID* piid>
class LocalInterfacePointer {
    Itf *m_pItf; // Importierter temporärer Zeiger
// Fehlerhafte Verwendung verhindern
    LocalInterfacePointer(const LocalInterfacePointer&);
    operator = (const LocalInterfacePointer&);
public:
  LocalInterfacePointer(const GlobalInterfacePointer<Itf,
      piid>& rhs,HRESULT& hr) {
    hr = rhs.Localize(&m_pItf);
  }

  LocalInterfacePointer(DWORD dwCookie, HRESULT& hr) {
```

```
      assert(g_pGIT != 0);
      hr = g_pGIT->GetInterfaceFromGlobal(dwCookie, *piid,
        (void**)&m_pItf);
  }
  ~LocalInterfacePointer(void)
    { if (m_pItf) m_pItf->Release(); }

  class SafeItf : public Itf {
    STDMETHOD_(ULONG, AddRef)(void) = 0;  // Verbergen
    STDMETHOD_(ULONG, Release)(void) = 0; // Verbergen
  };

  SafeItf *GetInterface(void) const
  { return (SafeItf*)m_pItf; }

  SafeItf *operator ->(void) const
  { assert(m_pItf != 0); return GetInterface();  }
};
#define LIP(Itf) LocalInterfacePointer<Itf, &IID_##Itf>
```

Mit dieser zweiten C++-Klasse wird die Verwaltung importierter Zeiger erheblich einfacher:

```
STDMETHODIMP SafeRect::get_Volume(long *pn) {
  long top, left, bottom, right;
  HRESULT hr, hr2;
// Zeiger importieren
  LIP(IPoint) lipTopLeft(m_gipTopLeft, hr);
  LIP(IPoint) lipBottomRight(m_gipBottomRight, hr2);
  assert(SUCCEEDED(hr) && SUCCEEDED(hr2));
// Temporäre lokale Zeiger verwenden
  hr = lipTopLeft->GetCoords(&left, &top);
  hr2 = lipBottomRight->GetCoords(&right, &bottom);
  assert(SUCCEEDED(hr) && SUCCEEDED(hr2));
  *pn = (right - left) * (bottom - top);
  return S_OK;
// Automatische Freigabe der temporären Zeiger durch LocalInterfacePointer
}
```

Durch die Makros GIP und LIP wird die gemeinsame Verwendung von GIT und FTM erheblich vereinfacht. Und bevor die GIT zur Verfügung stand, war der Einsatz des FTM in einer Klasse mit Schnittstellenzeigern weit schwieriger, als aus dem in diesem Abschnitt gezeigten Quelltext hervorgeht.

5.11 Zwischenbilanz

In diesem Kapitel wurde die Abstraktion »Apartment« als logische Gruppierung von Objekten mit gemeinsamen Zugriffs- und Wiedereintrittsbeschänkungen beschrieben. Prozesse verfügen über ein oder mehrere Apartments. Threads werden in genau einem Apartment ausgeführt. Jedes COM-Objekt gehört zu exakt einem Apartment, und um apartment-übergreifende Kommunikation zu ermöglichen, unterstützt COM das Marshaling von Objektreferenzen über Apartmentgrenzen hinaus. Ein Proxy-Objekt repräsentiert ein lokales Objekt, das in einem anderen Apartment residiert. Standard-Proxy-Objekte verwenden ORPC, um Methodenanforderungen an entfernte Objekt zu übermitteln. Benutzerdefinierte Proxy-Objekte bieten zahlreiche Freiheiten, um die korrekte Semantik zur Verfügung zu stellen. Das Apartment stellt eine grundlegende Abstraktion dar, die in der gesamten COM-Fernverarbeitungsarchitektur verwendet wird.

6 Anwendungen

```
int process_id = fork();
if (process_id == 0)
ppexec(»../bin/serverd«);
```

Unbekannter Autor, 1981

Im vorigen Kapitel wurden die Grundlagen von COM-Apartments vorgestellt und die Fernverarbeitungsarchitektur von COM recht eingehend erläutert. Wir haben die Regeln zur Verwaltung von COM-Objektreferenzen in einer Multithreading-Umgebung sowie Techniken zur Implementierung von COM-Klassen und -Objekten, die Multithreading unterstützen, näher untersucht. Dieses Kapitel beschäftigt sich mit der Prozeß- und Anwendungsverwaltung in COM, wobei wir uns darauf konzentrieren werden, in welcher Beziehung Apartments zur Isolierung von Fehlerbedingungen und zu Sicherheitseinstellungen stehen.

6.1 Nachteile prozeßinterner Aktivierung

Bislang wurden COM-Server als prozeßinterne Komponenten vorgestellt, die in den Prozeß des aktivierenden Moduls geladen werden, um Objektinstanzen zu erstellen und deren Methoden auszuführen. Bei einer Vielzahl von Objekten ist dies eine vernünftige Einsatzstrategie. Allerdings ist diese Strategie nicht ohne Schwächen. Ein Nachteil der prozeßinternen Aktivierung von Objekten besteht darin, daß Fehlerquellen nicht voneinander getrennt werden. Falls das Objekt eine Zugriffsverletzung oder einen anderen nicht behebbaren Laufzeitfehler verursacht, wird der Prozeß des Clients zusammen mit dem Objekt terminiert. Und auch umgekehrt, wenn das Client-Programm einen Fehler verursacht, werden alle Objekte, die in seinem Adreßraum angelegt worden sind, sofort ohne vorherige Warnung gelöscht. Dieses Problem betrifft auch Clients, die ihre Ausführung normal beenden, beispielsweise weil der Anwender die Anwendung beendet. Wenn der Client-Prozeß terminiert wird, werden alle Objekte gelöscht, die im Adreßraum des Client angelegt wurden, auch dann, wenn prozeßexterne Clients gültige importierte Objektreferenzen verwenden. Es liegt auf der Hand, daß die Ausführung von prozeßintern aktivierten Objekten vorzeitig terminiert werden kann, wenn der Client-Prozeß beendet wird.

Ein weiterer potentieller Nachteil der Ausführung im Client-Prozeß besteht in dem gemeinsam genutzten Sicherheitskontext. Wenn ein Client ein Objekt prozeßintern aktiviert, werden die Objektmethoden mit den Anmeldedaten des Client ausgeführt. Das bedeutet, daß Objekte, die von Benutzern mit umfangreichen Zugriffsrechten angelegt wurden, erheblichen Schaden anrichten können.

Es bedeutet aber auch, daß Objekte, die von Benutzern mit geringen Zugriffsrechten angelegt wurden, möglicherweise nicht über ausreichende Zugriffsrechte verfügen, um auf benötigte Ressourcen zugreifen zu können. Leider ist es nicht möglich, prozeßinterne Objekte auf unkomplizierte Weise mit einem eigenen Sicherheitskontext auszustatten.

Ein weiterer Nachteil der prozeßinternen Aktivierung ist, daß sie keine verteilte Ausführung ermöglicht. Falls ein Objekt im Adreßraum des Client aktiviert werden muß, dann nutzt es definitionsgemäß die CPU und andere lokale Ressourcen gemeinsam mit dem Client. Die prozeßinterne Aktivierung erschwert auch die gemeinsame Nutzung eines Objekts durch mehrere Client-Prozesse. Obwohl das Apartment-Konzept zuläßt, daß Objektreferenzen von beliebigen Prozessen exportiert werden (einschließlich solchen Prozessen, die man herkömmlicherweise Client-Prozesse nennen würde), ist die Aktivierungssemantik für die gemeinsame Nutzung einer prozeßinternen Instanz kaum vorstellbar.

Damit sich die genannten Probleme umgehen lassen, erlaubt COM, daß Klassen in eigenen Prozessen aktiviert werden können. Werden Klassen in eigenen Prozessen aktiviert, kann jede Klasse (oder Gruppe von Klassen) über einen eigenen Sicherheitskontext verfügen. Infolgedessen kann der Entwickler der Klassenimplementierung steuern, welche Benutzer mit Objekten der Klasse kommunizieren können. Der Entwickler kann auch festlegen, welche Sicherheitseinstellungen der Prozeß verwenden soll. Abhängig davon, in welcher Form die Klasse implementiert ist, kann der Entwickler der Klassenimplementierung darüber hinaus steuern, wann der übergeordnete Prozeß terminiert wird (falls dieser Fall überhaupt vorgesehen ist). Schließlich bietet diese Art der Aktivierung von Klassen das Maß an Fehlerisolation, das den Client und das Objekt jeweils vor den nicht behebbaren Fehlern des anderen schützt.

6.2 Aktivierung und der Service Control Manager

Der COM Service Control Manager (SCM) erlaubt in der Registrierung die Zuordnung von CLSIDs zu Server-Prozessen. Dadurch kann der SCM auf eine Aktivierungsanforderung eines Client hin einen Server-Prozeß starten. Wenn eine Klasse als EXE-Datei statt als DLL bereitgestellt wird, wird lediglich der Registrierungsschlüssel LocalServer32 anstelle des Schlüssels InprocServer32 benötigt. Das folgende Beispiel zeigt diese Einträge:

```
[HKCR\CLSID\{27EE6A26-DF65-11d0-8C5F-0080C73925BA}]
@="Gorilla"

[HKCR\CLSID\{27EE6A26-DF65-11d0-8C5F-0080C73925BA}\LocalServer32]
@="C:\ServerOfTheApes.exe"
```

Vom prozeßexternen Server wird erwartet, daß er diese Schlüssel im Rahmen der Selbstregistrierung einträgt. Im Unterschied zu ihren prozeßinternen Gegenstücken, exportieren prozeßexterne Server die bekannten Funktionen `DllRegisterServer` und `DllUnregisterServer` nicht. Statt dessen müssen prozeßexterne Server überprüfen, ob die Befehlszeile die Befehlszeilenoptionen `/RegServer` und `/UnregServer` enthalten.[1] Im Beispiel der vorstehenden Registrierungseinträge startet der SCM einen neuen Server-Prozeß mit der Datei SERVEROFTHEAPES.EXE, sobald die erste Aktivierungsanforderung für die Klasse `Gorilla` eingeht. Es liegt dann in der Verantwortung des Server-Prozesses, den SCM darüber zu informieren, welche Klassen in diesem neuen Prozeß tatsächlich zur Verfügung stehen.

Wie bereits in Kapitel 3 ausgeführt wurde, können Prozesse mit dem SCM kommunizieren, um Referenzen mit Klassenobjekten, Klasseninstanzen und persistenten Instanzen zu verknüpfen. COM stellt hierzu drei Aktivierungsfunktionen zur Verfügung (`CoGetClassObject`, `CoCreateInstanceEx` und `CoGetInstanceFromFile`) sowie Moniker, um die Implementierungsdetails der einzelnen Verknüpfungsverfahren zu verbergen. Bei jedem dieser drei Aktivierungsverfahren wird das Klassenobjekt zur Aktivierung des Objekts verwendet. Wie in Kapitel 3 erläutert wurde, wird bei der prozeßinternen Aktivierung eines Objekts die DLL der Klasse von COM geladen und über den Eintrittspunkt `DllGetClassObject` das entsprechende Klassenobjekt ermittelt. Es wurde bislang nicht erläutert, wie Objekte über Prozeßgrenzen hinweg aktiviert werden können.

Ein Prozeß wird zum Server-Prozeß einer bestimmten Klasse, indem er sich beim SCM selbst registriert. Nach der Registrierung beim SCM werden alle Aktivierungsanforderungen für diese Klasse, die eine prozeßexterne Aktivierung erfordern, an den registrierten Server-Prozeß weitergeleitet.[2] Server-Prozesse registrieren sich mit Hilfe der API-Funktion `CoRegisterClassObject` beim SCM:

```
HRESULT CoRegisterClassObject(
    [in] REFCLSID rclsid,            // Welche Klasse?
    [in] IUnknown *pUnkClassObject,  // Zeiger auf Klassenobjekt
    [in] DWORD dwClsCtx,             // Ort
    [in] DWORD dwRegCls,             // Aktivierungs-Flags
    [out] DWORD *pdwReg);            // Zuordnungs-ID
```

Beim Aufruf von `CoRegisterClassObject` erhält die COM-Bibliothek mit dem zweiten Parameter eine Referenz auf das Klassenobjekt und ordnet das Klassenobjekt in einer intern verwalteten Tabelle seiner CLSID zu. Abhängig von den im Aufruf

---

1. Gut implementierte Server prüfen auch, ob die Befehlszeilenoptionen -`RegServer` und -`UnregServer` angegeben wurden. Bei allen vier Optionen wird zwischen Groß- und Kleinschreibung unterschieden.
2. Abhängig davon, wie die Klasse in der lokalen Registrierung registriert ist, kann die Registrierung des Server-Prozesses alle Client-Prozesse betreffen oder lediglich diejenigen Client-Prozesse, die mit den gleichen Anmeldedaten und/oder in der gleichen Window-Station ausgeführt werden.

verwendeten Aktivierungs-Flags, benachrichtigt die COM-Bibliothek möglicherweise auch den SCM darüber, daß der Prozeß des Aufrufers nun den Server-Prozeß
für die angegebene Klasse bildet. CoRegisterClassObject gibt einen Wert vom Typ
DWORD zurück, der die Zuordnung der CLSID zum Klassenobjekt repräsentiert. Mit
Hilfe dieses DWORD-Werts kann die Zuordnung durch einen Aufruf der API-Funktion CoRevokeClassObject aufgehoben werden (und potentiell dem SCM mitgeteilt
werden, daß der Aufrufer nicht mehr der Server-Prozeß dieser CLSID ist):

```
HRESULT CoRevokeClassObject(
  [in] DWORD dwReg); // Zuordnungs-ID
```

Viele Feinheiten von CoRegisterClassObject haben mit den beiden DWORD-Parame-
tern zu tun, mit denen der Aufrufer steuern kann, wie und wann das Klassenobjekt verfügbar ist.

Mit den Aktivierungs-Flags, die der Funktion CoRegisterClassObject im vierten Parameter übergeben werden, kann der Aufrufer festlegen, wann und wie lange das
Klassenobjekt zur Verfügung gestellt wird. COM definiert als mögliche Parameterwerte die folgenden Konstanten:

```
typedef enum tagREGCLS {
  REGCLS_SINGLEUSE      = 0, // Klassenobjekt einmal aktivieren
  REGCLS_MULTIPLEUSE    = 1, // Klassenobjekt mehrfach aktivieren
  REGCLS_MULTI_SEPARATE = 2, // Klassenobjekt mehrfach aktivieren
  REGCLS_SUSPENDED      = 4, // SCM nicht benachrichtigen (Flag)
  REGCLS_SURROGATE      = 8  // wird mit DLL-Surrogaten verwendet
} REGCLS;
```

Der Wert REGCLS_SURROGATE wird in Implementierungen von DLL-Surrogaten verwendet, die im entsprechenden Abschnitt dieses Kapitels erläutert werden. Am
wichtigsten sind die beiden Werte REGCLS_SINGLEUSE und REGCLS_MULTIPLEUSE. Der
erste weist die COM-Bibliothek an, ein Klassenobjekt lediglich zur Erfüllung einer
einzigen Aktivierungsanforderung zu verwenden. Sobald die erste Aktivierungsanforderung eingegangen ist, entfernt COM das registrierte Klassenobjekt aus
dem öffentlichen Blickfeld. Erfolgt eine zweite Aktivierungsanforderung, muß
COM ein anderes registriertes Klassenobjekt verwenden. Falls kein anderes Klassenobjekt mit derselben CLSID verfügbar ist, startet COM einen anderen Server-
Prozeß, um die Anforderung zu erfüllen.

Der Wert REGCLS_MULTIPLEUSE gibt dagegen an, daß das Klassenobjekt mehrfach
verwendet werden kann, bis mit einem Aufruf von CoRevokeClassObject sein Eintrag aus der Klassentabelle der COM-Bibliothek gelöscht wird. Das Flag REGCLS_
MULTI_SEPARATE ist für nachfolgende prozeßinterne Aktivierungsanforderungen
vorgesehen, die im Prozeß des Aufrufers erfolgen können. Wenn der Aufrufer das
Klassenobjekt mit der Parameterangabe REGCLS_MULTIPLEUSE registriert, geht COM
davon aus, daß bei allen prozeßinternen Aktivierungsanforderungen vom Prozeß
des Aufrufers nicht ein eigener prozeßinterner Server geladen, sondern statt des-

sen einfach das registrierte Klassenobjekt verwendet werden soll. Infolgedessen wird auch dann, wenn der Aufrufer das Klassenobjekt mit dem Flag CLSCTX_LOCAL_ SERVER registriert hat, das registrierte Klassenobjekt verwendet, um prozeßinterne Aktivierungsanforderungen vom selben Prozeß zu erfüllen. Ist dieses Verhalten inakzeptabel, kann der Aufrufer das Klassenobjekt mit dem Flag REGCLS_MULTI_SE-PARATE registrieren, das bewirkt, daß COM das registrierte Klassenobjekt nur dann für prozeßinterne Aktivierungsanforderungen verwendet, *wenn* die Klasse mit dem Flag CLSCTX_INPROC_SERVER registriert worden ist. Aus diesem Grund ist der folgende Aufruf von CoRegisterClassObject:

```
hr = CoRegisterClassObject(CLSID_Me, &g_coMe,
        CLSCTX_LOCAL_SERVER, REGCLS_MULTIPLEUSE, &dw);
```

äquivalent mit:

```
hr = CoRegisterClassObject(CLSID_Me, &g_coMe,
        CLSCTX_LOCAL_SERVER|CLSCTX_INPROC,
        REGCLS_MULTI_SEPARATE, &dw);
```

In beiden Fällen würde keine DLL geladen, wenn im Prozeß des Aufrufers der folgende Aufruf erfolgt:

```
hr = CoGetClassObject(CLSID_Me, CLSCTX_INPROC, 0,
            IID_IUnknown, (void**)&pUnkCO);
```

Statt dessen würde COM die Anforderung mit Hilfe des mit CoRegisterClassObject registrierten Klassenobjekts erfüllen. Hätte der Server-Prozeß allerdings CoRegisterClassObject wie folgt aufgerufen:

```
hr = CoRegisterClassObject(CLSID_Me, &g_coMe,
            CLSCTX_LOCAL_SERVER,
            REGCLS_MULTI_SEPARATE, &dw);
```

dann würden alle prozeßinternen Aktivierungsanforderungen nach CLSID_Me, die im Server-Prozeß gestellt würden, das Laden einer DLL erzwingen.

CoRegisterClassObject ordnet das registrierte Klassenobjekt dem Apartment des Aufrufers zu. Das bedeutet, daß alle eingehenden Methodenaufrufe im Apartment des Client ausgeführt werden. Wenn das Klassenobjekt die Schnittstelle IClassFactory exportiert, heißt dies insbesondere, daß die Methode CreateInstance im Apartment des Aufrufers ausgeführt wird. Die Ergebnisse der Methode CreateInstance werden über Marshaling-Operationen vom Apartment des Klassenobjekts übernommen, so daß die Instanzen der Klasse dem gleichen Apartment angehören wie das Klassenobjekt.[3]

---

3. Es ist technisch möglich, mit Hilfe von Standardprogrammiertechniken die Verwendung mehrerer Apartments zu erzwingen, so daß beim Aufruf der Methode CreateInstance das Objekt in einem eigenen Apartment angelegt wird. Die De-facto-Implementierung von CreateInstance instantiiert jedoch einfach ein neues Objekt, während sie im aktuellen Apartment ausgeführt wird.

Server-Prozesse können Klassenobjekte für mehrere Klassen registrieren. Falls die Klasse so registriert sind, daß sie im MTA (MultiThreading-Apartment) des Prozesses ausgeführt werden, werden eingehende Aktivierungsanforderungen unter Umständen bedient, sobald der erste Aufruf von `CoRegisterClassObject` beendet ist. In vielen MTA-basierten Server-Prozessen kann dies zu Problemen führen, da der Prozeß möglicherweise weitere Initialisierungsschritte ausführen muß. Zur Vermeidung dieses Problems wurde mit der COM-Implementierung von Windows NT 4.0 das Flag `REGCLS_SUSPENDED` eingeführt. Wird dieses Flag im `CoRegisterClassObject`-Aufruf angegeben, teilt die COM-Bibliothek dem SCM nicht mit, daß die Klasse verfügbar ist. Damit wird verhindert, daß eingehende Aktivierungsanforderungen zum Server-Prozeß gelangen. Die COM-Bibliothek stellt zwar eine Zuordnung zwischen CLSID und Klassenobjekt her, markiert den Eintrag in der Klassentabelle jedoch als freigegeben. COM stellt die API-Funktion `CoResumeClassObjects` zur Verfügung, mit der sich diese Markierung entfernen läßt:

```
HRESULT CoResumeClassObjects(void);
```

Die Funktion `CoResumeClassObjects` markiert zum einen alle freigegebenen Klassenobjekte als zur Verwendung zulässige Objekte. Zum anderen sendet sie eine Benachrichtigung an den SCM, die diesen darüber informiert, daß alle vormals freigegebenen Klassenobjekte nun im Server-Prozeß zur Verfügung stehen. Diese Benachrichtigung ist atomar, d.h. mit ihr wird die rechnerweite Klassentabelle des SCM in einem Arbeitsgang hinsichtlich aller vom Aufrufer registrierten Klassen aktualisiert.

Die drei oben beschriebenen API-Funktionen vorausgesetzt, ist die Erstellung eines Server-Prozesses, der eine oder mehrere Klassen exportiert, relativ einfach. Es folgt ein einfaches Programm, das drei Klassen aus dem MTA des Servers exportiert:

```
int WINAPI WinMain(HINSTANCE, HINSTANCE, LPSTR, int) {
// Prototypklassenobjekt für jede Klasse definieren
  static GorillaClass s_gorillaClass;
  static OrangutanClass s_orangutanClass;
  static ChimpClass s_chimpClass;
  DWORD rgdwReg[3];
  const DWORD dwRegCls= REGCLS_MULTIPLEUSE|REGCLS_SUSPENDED;
  const DWORD dwClsCtx = CLSCTX_LOCAL_SERVER;
// MTA aktivieren
  HRESULT hr = CoInitializeEx(0, COINIT_MULTITHREADED);
  assert(SUCCEEDED(hr));

// Klassenobjekte in der Klassentabelle registrieren
  hr = CoRegisterClassObject(CLSID_Gorilla, &s_gorillaClass,
  dwClsCtx, dwRegCls, rgdwReg);
  assert(SUCCEEDED(hr));
  hr = CoRegisterClassObject(CLSID_Orangutan,
```

```
    &s_orangutanClass, dwClsCtx, dwRegCls, rgdwReg + 1);
    assert(SUCCEEDED(hr));
    hr = CoRegisterClassObject(CLSID_Chimp, &s_chimpClass,
    dwClsCtx, dwRegCls, rgdwReg + 2);
    assert(SUCCEEDED(hr));
// SCM benachrichtigen
    hr = CoResumeClassObjects();
    assert(SUCCEEDED(hr));
// Prozeß ausführen, bis Ereignis ausgelöst wird
    extern HANDLE g_heventShutdown;
    WaitForSingleObject(g_heventShutdown, INFINITE);
// Einträge aus der Klassentabelle löschen
    for (int n = 0; n < 3; n++)
        CoRevokeClassObject(rgdwReg[n]);
// MTA verlassen
    CoUninitialize();
    return 0;
}
```

In diesem Beispiel wurde davon ausgegangen, daß ein Win32-Ereignis an irgendeiner anderen Stelle im Prozeß folgendermaßen initialisiert wird:

```
HANDLE g_heventShutdown = CreateEvent(0, TRUE, FALSE, 0);
```

Mit Hilfe dieses Ereignisses kann der Server einfach durch einen Aufruf der API-
Funktion SetEvent in geregelter Weise beendet werden:

```
SetEvent(g_heventShutdown);
```

Diese Funktion bewirkt, daß die Beendigungsroutinen im Haupt-Thread ausgeführt werden. Wäre der Server als STA-Server (STA – Single-Thread-Apartment)
implementiert worden, müßte der Haupt-Thread Windows-Nachrichten generieren und verarbeiten, statt auf ein Win32-Ereignis zu warten. Dies ist erforderlich,
damit eingehende ORPC-Anforderungen in das Apartment des Haupt-Thread gelangen können.

6.3   Lebensdauer von Server-Prozessen

In dem im vorigen Abschnitt dargestellten Beispiel wurde nicht darauf eingegangen, wie und wann der Server-Prozeß beendet werden sollte. Im allgemeinen bestimmt der Server-Prozeß seine eigene Lebensdauer und kann daher jederzeit
seine Ausführung beenden. Obwohl es zulässig ist, daß ein Server-Prozeß unendlich lange läuft, beenden die meisten Server-Prozesse ihre Ausführung, wenn
keine Referenzen auf ihre Objekte oder Klassenobjekte mehr in Verwendung sind.
Dies ähnelt der Strategie, die die meisten prozeßinternen Server in ihrer Imple-

mentierung von `DllCanUnloadNow` verfolgen. Aus Kapitel 3 wissen Sie, daß ein Server normalerweise zwei Routinen implementiert, die aufgerufen werden, sobald Schnittstellenzeiger von einem externen Client angefordert oder freigegeben wurden:

```
// Gründe, weiterhin geladen zu bleiben
LONG g_cLocks = 0;
// Aufruf durch AddRef + IClassFactory::LockServer(TRUE)
void LockModule(void)
{ InterlockedIncrement(&g_cLocks); }
// Aufruf durch Release + IClassFactory::LockServer(FALSE)
void UnlockModule(void)
{ InterlockedDecrement(&g_cLocks); }
```

Dadurch wurde die Implementierung von `DllCanUnloadNow` extrem einfach:

```
STDAPI DllCanUnloadNow() {return g_cLocks ? S_FALSE : S_OK;}
```

Die Routine `DllCanUnloadNow` wird aufgerufen, wenn der Client beschließt, seinen Adreßraum von nicht mehr benötigten Objekten zu bereinigen und zu diesem Zweck `CoFreeUnusedLibraries` aufruft.

Als EXE-Datei vorliegende Server behandeln die Beendigung des Server-Prozesses auf etwas andere Weise. Zum einen ist es die Aufgabe des Server-Prozesses, seine eigene Beendigung provokativ zu initiieren. Im Gegensatz zu prozeßinternen Servern, gibt es keine Speicherbereinigungsroutine, die den prozeßexternen Server fragt, ob er beendigt werden will. Statt dessen muß der Server-Prozeß explizit seine Beendigung zum geeigneten Zeitpunkt initiieren. Falls ein Win32-Ereignis zur Beendigung des Servers verwendet wird, dann muß der Server die API-Funktion `SetEvent` aufrufen:

```
void UnlockModule(void) {
  if (InterlockedDecrement(&g_cLocks) == 0) {
      extern HANDLE g_heventShutdown;
      SetEvent(g_heventShutdown);
  }
}
```

Falls der Haupt-Thread statt dessen eine Windows-MSG-Warteschlange bedient, müssen einige API-Funktionen zur Beendigung der Schleife eingesetzt werden. Das direkteste Verfahren besteht darin, mit Hilfe von `PostThreadMessage` eine `WM_QUIT`-Nachricht an den Haupt-Thread zu senden:

```
void UnlockModule(void) {
  if (InterlockedDecrement(&g_cLocks) == 0) {
      extern DWORD g_dwMainThreadID; // wird vom Haupt-Thread gesetzt
      PostThreadMessage(g_dwMainThreadID, WM_QUIT, 0, 0);
  }
}
```

Falls ein STA-Server-Prozeß weiß, daß er nie weitere Threads anlegt, kann er die etwas einfachere API-Funktion `PostQuitMessage` verwenden:

```
void UnlockModule(void) {
  if (InterlockedDecrement(&g_cLocks) == 0)
     PostQuitMessage(0);
}
```

Dies funktioniert nur, wenn die Funktion vom Haupt-Thread des Server-Prozesses aufgerufen wird.

Ein weiterer Unterschied zwischen der Ausführungsdauer prozeßinterner und prozeßexterner Server hat mit den Bedingungen zu tun, unter denen der Server geladen und am Laufen gehalten wird. Bei einem prozeßinternen Server sind zwei Bedingungen entscheidend: ausstehende Referenzen auf Objekte und ausstehende Aufrufe von `IClassFactory::LockServer(TRUE)`. Die erste Bedingung muß im Kontext eines prozeßexternen Servers näher betrachtet werden.

Sicherlich sollte ein Server verfügbar sein, solange externe Clients Referenzen auf Klassenobjekte des Servers unterhalten. Bei einem prozeßinternen Server wird dies wie folgt implementiert:

```
STDMETHODIMP_(ULONG) MyClassObject::AddRef(void) {
  LockModule(); // ausstehende Referenzen beachten
  return 2;     // Objekte, die nicht auf dem Heap
                // angesiedelt sind
}
STDMETHODIMP_(ULONG) MyClassObject::Release(void) {
  UnlockModule(); // gelöschte Objekte beachten
  return 1;       // Objekte, die nicht auf dem Heap
                  // angesiedelt sind
}
```

Dieses Verhalten ist zwingend, denn wenn die DLL aus dem Speicher entfernt wird, während noch Referenzen auf Klassenobjekte in Verwendung sind, würde ein nachfolgender Aufruf von Objektmethoden zu einer anormalen Beendigung des Client-Prozesses führen, und das auch dann, wenn lediglich die Methode `Release` aufgerufen würde.

Leider ist die vorstehende Implementierung von `AddRef` und `Release` für prozeßexterne Server nicht geeignet. Rufen Sie sich in Erinnerung, daß ein typischer prozeßexterner Server nach der Einrichtung des COM-Apartment zuerst durch einen Aufruf von `CoRegisterClassObject` seine Klassenobjekte in der COM-Bibliothek registriert. Solange die Klassentabelle einen Eintrag für das Klassenobjekt enthält, gibt es jedoch zumindest eine ausstehende COM-Referenz auf das Klassenobjekt. Infolgedessen ist der für das gesamte Modul gültige Sperrzähler nach der Registrierung der Klassenobjekte ungleich Null. Diese Referenzen, die der Server sich selbst auferlegt, werden erst freigegeben, wenn der Server-Prozeß

CoRevokeClassObject aufruft. Leider ruft ein typischer Server-Prozeß CoRevokeClass-Object erst dann auf, wenn der für das gesamte Modul geltende Sperrenzähler Null ist, so daß der Server-Prozeß infolgedessen nie beendet wird.

Um diese zirkuläre Beziehung zwischen Klassentabelle und Ausführungsdauer des Servers aufzulösen, ignorieren die meisten prozeßexternen Implementierungen von Klassenobjekten einfach ausstehende Aufrufe von AddRef und Release:

```
STDMETHODIMP_(ULONG) MyClassObject::AddRef(void) {
  // ausstehende Referenz ignorieren
  return 2;      // Objekte, die nicht auf dem Heap
                 // angesiedelt sind
}

STDMETHODIMP_(ULONG) MyClassObject::Release(void) {
  // gelöschte Referenzen ignorieren
  return 1;      // Objekte, die nicht auf dem Heap
                 // angesiedelt sind
}
```

Dies bedeutet, daß nach der Registrierung der Klassenobjekte der für das gesamte Modul geltende Sperrenzähler nach wie vor den Wert Null hat.

Auf den ersten Blick könnte man aus dieser Implementierung schließen, daß der Server-Prozeß terminiert, während Referenzen auf seine Klassenobjekte noch in Verwendung sind. Dieses Verhalten hängt tatsächlich von der Implementierung der Klassenobjekte ab. Sie erinnern sich, daß der Server so lange ausgeführt werden sollte, wie externe Referenzen auf seine Klassenobjekte in Verwendung sind. Die vorstehenden Änderungen an den Methoden AddRef und Release wirken sich nur auf die internen Referenzen in der Klassentabelle der COM-Bibliothek aus und werden daher ignoriert. Wenn externe Clients eine Referenz auf eines der Klassenobjekte des Server-Prozesses anfordern, ruft der SCM aus dem Apartment des Klassenobjekts eine Referenz auf das Klassenobjekt ab. In diesem Fall wird Co-MarshalInterface aufgerufen, um die Objektreferenz für den Client zu serialisieren. Falls das Klassenobjekt die Schnittstelle IExternalConnection implementiert, kann es ausstehende externe Referenzen verzeichnen und diese Information verwenden, um die Ausführungsdauer des Server-Prozesses zu steuern. Wenn das Klassenobjekt die Schnittstelle IExternalConnection implementiert, wird mit folgenden Anweisungen der gewünschte Effekt erzielt:

```
STDMETHODIMP_(DWORD) MyClassObject::AddConnection(
            DWORD extconn, DWORD) {
            DWORD res = 0;
  if (extconn&EXTCONN_STRONG) {
     LockModule(); // externe Referenz vermerken
     res = InterlockedIncrement(&m_cExtRef);
  }
  return res;
}
```

```
STDMETHODIMP_(DWORD) MyClassObject::ReleaseConnection(
            DWORD extconn, DWORD, BOOL bLastReleaseKillsStub){
            DWORD res = 0;
  if (extconn&EXTCONN_STRONG) {
      UnlockModule(); // externe Referenz vermerken
      res = InterlockedDecrement(&m_cExtRef);
      if (res == 0 & bLastReleaseKillsStub)
          CoDisconnectObject((IExternalConnection*)this, 0);
      }
  return res;
}
```

Beachten Sie, daß der modulweite Sperrenzähler ungleich Null ist, solange es ausstehende *externe* Referenzen auf das Klassenobjekt gibt; in der COM-Bibliothek enthaltene *interne* Referenzen werden jedoch ignoriert.

Obwohl diese Technik zur Verwendung von IExternalConnection mit Klassenobjekten seit den frühen Tagen von COM funktioniert hat, haben wenige Anwendungsentwickler diese Technik wirklich verwendet. Statt dessen ignorieren Server in der Regel ausstehende externe Referenzen auf Klassenobjekte und beenden ihre Server-Prozesse vorzeitig. Dies wurde durch die Methode LockServer der Schnittstelle IClassFactory ermutigt, die Entwickler zu der Annahme verleitet hat, daß Clients tatsächlich sicherstellen könnten, daß Server-Prozesse nicht beendet werden. Während die meisten Entwickler von Server-Implementierungen ihr Modul mit Hilfe der LockServer-Methode korrekt sperrten, gab es für Clients kein zuverlässiges Verfahren zum Aufruf dieser Methode. Betrachten Sie folgenden Client-Quelltext:

```
IClassFactory *pcf = 0;
HRESULT hr = CoGetClassObject(CLSID_You,CLSCTX_LOCAL_SERVER,
                0, IID_IClassFactory, (void**)&pcf);
if (SUCCEEDED(hr))
  hr = pcf->LockServer(TRUE); // Soll Server weiter ausgeführt werden?
```

Bei der ursprünglichen COM-Version beinhaltete dieser Quelltext eine ernste Konkurrenzsituation. Beachten Sie, daß die Aufrufe von CoGetClassObject und IClassFactory::LockServer nicht simultan, sondern in geringem zeitlichen Abstand aufeinander folgen. Während dieser Zeitspanne kann ein anderer Client die letzte Instanz der Klasse löschen. Da die ausstehende Referenz auf das Klassenobjekt von naiven Server-Implementierungen ignoriert wird, wird der Server-Prozeß vor dem Client-Aufruf von LockServer terminiert. Theoretisch sollte sich das Problem wie folgt lösen lassen:

```
IClassFactory *pcf = 0;
HRESULT hr = S_OK;
do {
  if (pcf) pcf->Release();
  hr = CoGetClassObject(CLSID_You,CLSCTX_LOCAL_SERVER,
                0, IID_IClassFactory, (void**)&pcf);
```

```
    if (FAILED(hr))
    break;
    hr = pcf->LockServer(TRUE); // Soll Server weiter ausgeführt werden?
} while (FAILED(hr));
```

Beachten Sie, daß in diesem Quelltextfragment so lange wiederholt versucht wird, einen Zeiger auf dieses Klassenobjekt zu erhalten und es zu sperren, bis LockServer erfolgreich ausgeführt wird. Falls der Server-Prozeß zwischen den Aufrufen von CoGetClassObject und LockServer vorzeitig terminiert wird, gibt der LockServer-Aufruf einen Fehler zurück, der ein nicht mehr verbundenes Proxy-Objekt anzeigt und damit die Wiederholung dieser Sequenz erzwingt. Unter Windows NT 3.51 oder früher war dieser groteske Code die einzige verläßliche Möglichkeit, einen Zeiger auf ein Klassenobjekt zu erhalten.

Aufgrund der Tatsache, daß viele Server-Implementierungen die Schnittstelle IExternalConnection nicht verwendeten, um die Ausführungsdauer des Servers korrekt zu verwalten, wurde mit der COM-Version von Windows NT 4.0 die folgende Verbesserung zur Kompensierung dieser naiven Implementierungen eingeführt. Der SCM ruft beim Marshaling einer Referenz auf ein Klassenobjekt, das in Reaktion auf einen CoGetClassObject-Aufruft erfolgt, die Methode IClassFactory::LockServer des Klassenobjekts auf. Da ein Großteil der Server die Schnittstelle IClassFactory in ihren Klassenobjekten implementieren, werden die meisten Mängel mit dieser Verbesserung der COM-Laufzeitmodule behoben. Wenn ein Klassenobjekt die Schnittstelle IClassFactory allerdings nicht implementiert oder der Server auch unter älteren COM-Versionen als der von Windows NT 4. lauffähig sein muß, dann muß die Schnittstelle IExternalConnection verwendet werden.

Ein weiterer Aspekt der Ausführungsdauer von Server-Prozessen ist zu erläutern. Beachten Sie, daß ein Server, der seine Ausführung zu beenden beschließt, dem Haupt-Thread der Server-Anwendung signalisiert, mit der Ausführung der Beendigungsroutinen zu beginnen, bevor er den Prozeß verläßt. Zu diesen Beendigungsroutinen gehört unter anderem der Aufruf von CoRevokeClassObject, um die Registrierung des Klassenobjekts aufzuheben. Wenn jedoch die oben dargestellten Implementierungen von UnlockModule verwendet werden, tritt eine erste Konkurrenzsituation auf. Es ist möglich, daß weitere Aktivierungsanforderungen beim Server-Prozeß eingehen, nachdem der Server über einen Aufruf von SetEvent oder PostThreadMessage den Haupt-Thread benachrichtigt hat und bevor der Server über Aufrufe von CoRevokeClassObject seine Klassenobjekte freigibt. Wenn während dieses Zeitraums neue Objekte angelegt werden, gibt es keine Möglichkeit, dem Haupt-Thread zu signalisieren, daß die Ausführung nicht beendigt werden sollte, da der Prozeß nun neue Objekte zu bedienen hat. Um diese Konkurrenzsituation zu vermeiden, stellt COM die beiden folgenden API-Funktionen zur Verfügung:

```
ULONG CoAddRefServerProcess(void);
ULONG CoReleaseServerProcess(void);
```

Diese beiden Routinen verwalten einen modulweiten Sperrenzähler für den Aufrufer. Diese Routinen blockieren temporär alle Zugriffe auf die COM-Bibliothek, um sicherzustellen, daß keine neuen Aktivierungsanforderungen erfolgen, während der Sperrenzähler erhöht oder reduziert wird. Falls die Funktion `CoRelease-ServerProcess` feststellt, daß sie die letzte Sperre des Prozesses entfernt, markiert sie zudem intern alle Klassenobjekte des Prozesses als freigegeben und benachrichtigt den SCM darüber, daß der Prozeß nicht mehr als Server für diese CLSIDs fungiert.

Mit den folgenden Routinen wird die Server-Ausführungsdauer für einen prozeß-externen Server korrekt implementiert:

```
void LockModule(void) {
  CoAddRefServerProcess(); // COM verwaltet Sperrenzähler
}
void UnlockModule(void) {
  if (CoReleaseServerProcess() == 0)
    SetEvent(g_heventShutdown);
}
```

Beachten Sie, daß es immer noch in der Verantwortung des Aufrufers liegt, seinen Prozeß in geregelter Weise zu beenden. Ist jedoch einmal die Entscheidung zur Beendigung gefallen, werden von diesem Prozeß keine neuen Aktivierungsanforderungen bedient.

Auch wenn `CoAddRefServerProcess`/`CoReleaseServerProcess` verwendet werden, sind Konkurrenzsituationen nicht ausgeschlossen. Es ist möglich, daß während der Ausführung von `CoReleaseServerProcess` vom SCM eine eingehende Aktivierungsanforderung an die RPC-Ebene weitergeleitet wird. Falls der Aufruf des SCM weitergegeben wird, nachdem `CoReleaseServerProcess` die Sperren der COM-Bibliothek freigegeben hat, stellt die Aktivierungsanforderung fest, daß das Klassenobjekt als freigegeben markiert worden ist, und gibt einen entsprechenden Fehlercode (`CO_E_SERVER_STOPPING`) an den SCM zurück. Wenn der SCM diesen Fehlercode empfängt, startet er eine neue Instanz des Server-Prozesses und sendet die Anforderung erneut, sobald sich der neue Server-Prozeß selbst registriert hat. Trotz der von der COM-Bibliothek verwendeten Sicherheitsvorkehrungen, besteht nach wie vor die Möglichkeit, daß eine eingehende Aktivierungsanforderung gleichzeitig mit dem letzten Aufruf von `CoReleaseServerProcess` ausgeführt wird. Um dieses Problem zu vermeiden, kann ein Server sowohl durch `IClassFactory::CreateInstance` als auch durch `IPersistFile::Load` explizit den Fehlercode `CO_E_SERVER_STOPPING` zurückgeben, wenn nach der Anforderung zur Beendigung eine Aktivierungsanforderung eingeht. Das folgende Quelltextfragment veranschaulicht diese Technik:

```
STDMETHODIMP MyClassObject::CreateInstance(IUnknownþ*puo,
                    REFIID riid, void **ppv) {
  LockModule(); // Sicherstellen, daß Prozeß nicht während der
                // Ausführung eines Aufrufs beendet wird
  HRESULT hr; *ppv = 0;
```

```
// Beendigungsroutinen initiiert?
  DWORD dw = WaitForSingleObject(g_heventShutdown,0);
  if (dw == WAIT_OBJECT_0) hr = CO_E_SERVER_STOPPING;
  else {
    // normale CreateInstance-Implementation
  }
  UnlockModule();
  return hr;
}
```

Derzeit wird diese Technik von keiner kommerziellen COM-Klassenbibliothek implementiert.

6.4   Anwendungskennungen (AppIDs)

Mit der COM-Version von Windows NT 4.0 wurde das Konzept der COM-Anwendungen eingeführt. COM-Anwendungen werden durch eine GUID gekennzeichnet (die in diesem Kontext als AppID bezeichnet wird) und repräsentieren einen Server-Prozeß für eine oder mehrere Klassen. Jede CLSID kann genau einer AppID zugeordnet werden. Diese Zuordnung wird in der lokalen Registrierung unter dem Schlüssel AppID verzeichnet:

```
[HCKR\CLSID\{27EE6A4E-DF65-11d0-8C5F-0080C73925BA}]
@="Gorilla"
AppID="{27EE6A4D-DF65-11d0-8C5F-0080C73925BA}"
```

Alle Klassen, die zur gleichen COM-Anwendung gehören, haben die gleiche AppID und verwenden die gleichen Fernaktivierungs- und Sicherheitseinstellungen. Diese Einstellungen werden in der lokalen Registrierung unter folgendem Schlüssel gespeichert:

```
HKEY_CLASSES_ROOT\AppID
```

Wie CLSIDs können AppIDs unter Windows NT 5.0 oder höher auf Benutzerebene registriert werden. Da Server, die mit älteren COM-Versionen als der von Windows NT 4.0 implementiert wurden, ihre AppIDs nicht explizit registrieren, erstellt COM automatisch eine neue AppID für diese alten Server. COM generiert AppIDs für diese alten Server, indem es automatisch den Eintrag AppID zu sämtlichen CLSIDs hinzufügt, die von einem bestimmten lokalen Server exportiert werden. COM verwendet dazu einfach die erste CLSID, die es bei einem bestimmten Server findet, als AppID. Anwendungen, die mit COM-Versionen von Windows NT 4.0 oder höher entwickelt wurden, können (und sollten) eine eigene GUID als AppID verwenden.

Die meisten AppID-Einstellungen kann man mit DCOMCNFG.EXE bearbeiten, einer Standardkomponente von Windows NT 4.0 und höher. DCOMCNFG.EXE bietet Systemverwaltern eine einfach zu bedienende Oberfläche, über die sie Fernverarbeitungs- und Sicherheitseinstellungen festlegen können. Ein leistungsfähigeres Programm namens OLEVIEW.EXE beinhaltet einen Großteil der Funktionalität von DCOMCNFG.EXE und bietet zudem eine sehr COM-orientierte Ansicht der Registrierung. Beide Programme sind äußerst intuitiv zu bedienen und bei der COM-Programmierung unabdingbar.

Die einfachste AppID-Einstellung ist RemoteServerName. Dieser Eintrag gibt an, welcher Host-Rechner für Fernaktivierungsanforderungen, die den Namen des entfernten Host-Rechners nicht über COSERVERINFO angeben, verwendet werden soll. Betrachten Sie folgende Registrierungseinstellungen:

```
[HCKR\AppID\{27EE6A4D-DF65-11d0-8C5F-0080C73925BA}]
@="Ape Server"
RemoteServerName="www.apes.com"

[HCKR\CLSID\{27EE6A4E-DF65-11d0-8C5F-0080C73925BA}]
@="Gorilla"
AppID="{27EE6A4D-DF65-11d0-8C5F-0080C73925BA}"

[HCKR\CLSID\{27EE6A4F-DF65-11d0-8C5F-0080C73925BA}]
@="Chimp"
AppID="{27EE6A4D-DF65-11d0-8C5F-0080C73925BA}"
```

Wenn der Client folgende Aktivierungsanforderung stellt,

```
IApeClass *pac = 0;
HRESULT hr = CoGetClassObject(CLSID_Chimp,
    CLSCTX_REMOTE_SERVER, 0, IID_IApeClass, (void**)&pac);
```

leitet der SCM des Client die Anforderung an den SCM von www.apes.com weiter, der diese Anforderung als lokale Aktivierungsanforderung behandelt. Wenn der Client dagegen einen Host-Namen angibt,

```
IApeClass *pac = 0;
COSERVERINFO csi; ZeroMemory(&csi, sizeof(csi));
csi.pwszName = OLESTR("www.dogs.com");
HRESULT hr = CoGetClassObject(CLSID_Chimp,
    CLSCTX_REMOTE_SERVER, &csi, IID_IApeClass, (void**)&pac);
```

wird die Einstellung für RemoteServerName ignoriert und die Anforderung an www.dogs.com weitergeleitet.

Es kommt in der Regel häufiger vor, daß Clients weder einen Host-Namen noch ihre Präferenzen hinsichtlich des Ausführungsorts angeben. Betrachten Sie folgenden Aufruf von CoGetClassObject:

```
IApeClass *pac = 0;
HRESULT hr = CoGetClassObject(CLSID_Chimp,
    CLSCTX_ALL, 0, IID_IApeClass, (void**)&pac);
```

Da kein Host-Name angegeben ist, sucht der SCM zuerst in der lokalen Registrierung nach folgendem Schlüssel:

```
[HCKR\CLSID\{27EE6A4F-DF65-11d0-8C5F-0080C73925BA}]
```

Falls dieser Schlüssel in der lokalen Registrierung nicht verfügbar ist, konsultiert COM den Class Store von Windows NT 5.0, sofern verfügbar. Findet sich hier der Registrierungsschlüssel der Klasse, sucht der SCM nach dem untergeordneten Schlüssel InprocServer32:

```
[HCKR\CLSID\{27EE6A4F-DF65-11d0-8C5F-0080C73925BA}\InprocServer32]
@="C:\Beispiel.dll"
```

Ist dieser Schlüssel vorhanden, wird die Klasse aktiviert, indem die in der Registrierung verzeichnete DLL geladen wird. Wird der Schlüssel nicht gefunden, sucht SCM nach dem untergeordneten Schlüssel InprocHandler32:

```
[HCKR\CLSID\{27EE6A4F-DF65-11d0-8C5F-0080C73925BA}\InprocHandler32]
@="C:\Beispiel.dll"
```

Ist dieser Schlüssel vorhanden, wird die Klasse aktiviert, indem die in der Registrierung verzeichnete DLL geladen wird. Falls keiner dieser beiden Teilschlüssel vorhanden ist, nimmt der SCM an, daß es sich um eine prozeßexterne Aktivierungsanforderung handelt. Der SCM überprüft dann, ob ein Server-Prozeß gegenwärtig ein Klassenobjekt mit der angeforderten CLSID[4] registriert hat. Ist dies der Fall, greift der SCM auf den Server-Prozeß zu und übergibt per Marshaling eine Objektreferenz auf das betreffende Klassenobjekt an das Apartment des Aufrufers, wo diese Referenz per Unmarshaling-Operation übernommen wird, bevor die Steuerung an den Aufrufer zurückgeht. Wenn dieses Klassenobjekt vom Server-Prozeß mit dem Flag REGCLS_SINGLEUSE registriert wurde, vergißt der SCM sofort, daß die Klasse im Server-Prozeß verfügbar ist, und verwendet das Klassenobjekt in nachfolgenden Aktivierungsanforderungen nicht mehr.

---

4. Technisch gesehen muß es ein Klassenobjekt sein, das im Sicherheitskontext des Aufrufers gültig ist.

Das gerade beschriebene Szenario ist zutreffend, sofern ein Server-Prozeß bereits ausgeführt wird. Erhält der SCM jedoch eine prozeßexterne Aktivierungsanforderung, wenn sich noch kein Server-Prozeß für die angeforderte CLSID registriert hat, dann startet der SCM einen Server-Prozeß, sofern nicht bereits ein Server-Prozeß ausgeführt wird. COM unterstützt drei Prozeßtypen bei der Erstellung von Servern: NT-Dienste, normale Prozesse und Surrogat-Prozesse. NT-Dienste und normale Prozesse ähneln einander sehr, und in diesem Kapitel wird darauf eingegangen, aus welchen Gründen man einen Prozeßtyp den anderen vorziehen kann. Surrogat-Prozesse werden primär verwendet, um veraltete prozeßinterne Server in eigenen Server-Prozessen auszuführen. Dies ermöglicht die Fernaktivierung und die Isolierung von Fehlerquellen bei veralteten DLLs oder Klassen, die als DLL zur Verfügung gestellt werden müssen (z.B. die Java Virtual Machine). Ungeachtet dessen, welcher Typ zur Erstellung eines Server-Prozesses verwendet wird, muß der Server-Prozeß innerhalb von 30 Sekunden das angeforderte Klassenobjekt mit Hilfe von `CoRegisterClassObject` registrieren. Falls sich der Server-Prozeß nicht innerhalb dieser Zeitspanne registriert, meldet der SCM dem Aufrufer, daß die Aktivierungsanforderung fehlgeschlagen ist.

Während der Erstellung eines Server-Prozesses überprüft der SCM zuerst, ob die AppID, die der angeforderten Klasse zugeordnet ist, einen Eintrag für `LocalService` enthält:

```
[HCKR\AppID\{27EE6A4D-DF65-11d0-8C5F-0080C73925BA}]
LocalService="apesvc"
```

Ist dieser Wert vorhanden, verwendet der SCM den NT-Dienstkontroll-Manager, um den in der Registrierung verzeichneten NT-Dienst zu starten (z.B. `apesvc`). Ist kein Wert für `LocalService` angegeben, sucht der SCM unter dem angegebenen CLSID-Schlüssel nach dem untergeordneten Schlüssel `LocalServer32`:

```
[HCKR\CLSID\{27EE6A4F-DF65-11d0-8C5F-0080C73925BA}\LocalServer32]
@="C:\Beispiel.exe"
```

Ist dieser Schlüssel vorhanden, startet der SCM den Server-Prozeß mit Hilfe der API-Funktion `CreateProcess` (oder `CreateProcessAsUser`). Wird kein Eintrag für `LocalService` oder `LocalServer32` gefunden, prüft der SCM, ob der AppID der Klasse ein Surrogat-Prozeß zugewiesen wurde:

```
[HCKR\AppID\{27EE6A4D-DF65-11d0-8C5F-0080C73925BA}]
DllSurrogate=""
```

Falls der Eintrag für `DllSurrogate` einen Leerwert aufweist, startet der SCM den voreingestellten Surrogat-Prozeß (DLLHOST.EXE). Wenn der Eintrag für `DllSurrogate` einen gültigen Dateinamen enthält,

```
[HCKR\AppID\{27EE6A4D-DF65-11d0-8C5F-0080C73925BA}]
DllSurrogate="C:\Beispiel.exe"
```

startet der SCM den bezeichneten Server-Prozeß. In beiden Fällen registriert sich der Surrogat-Prozeß mit Hilfe der API-Funktion `CoRegisterSurrogate` bei der COM-Bibliothek (und dem SCM) als Surrogat-Prozeß:

```
HRESULT CoRegisterSurrogate([in] ISurrogate *psg);
```

Diese API-Funktion erwartet, daß der Surrogat-Prozeß eine Implementierung der Schnittstelle `ISurrogate` bereitstellt:

```
[ uuid(00000022-0000-0000-C000-000000000046), object ]
interface ISurrogate : IUnknown {
// SCM fordert Surrogat-Prozeß auf, das prozeßinterne Klassenobjekt
// zu laden und CoRegisterClassObject mit REGCLS_SUSPENDED aufzurufen
  HRESULT LoadDllServer([in] REFCLSID rclsid);
// SCM fordert Surrogat-Prozeß auf, die Ausführung zu beenden
  HRESULT FreeSurrogate();
}
```

Die Schnittstelle `ISurrogate` bietet COM einen Mechanismus, den Surrogat-Prozeß aufzufordern, das Klassenobjekt zu registrieren und dann die Ausführung zu beenden. Surrogat-Prozesse werden primär verwendet, um die Fernaktivierung von überkommenen prozeßinternen Servern zu ermöglichen. Im allgemeinen sollten Surrogat-Prozesse nur verwendet werden, wenn prozeßinterne Server nicht als prozeßexterne Server neu erstellt werden können.

Wenn keiner dieser Registrierungsschlüssel oder -werte vorhanden ist, sucht der SCM unter dem `AppID`-Schlüssel, der der Klasse zugeordnet ist, nach dem Eintrag `RemoteServerName`:

```
[HCKR\AppID\{27EE6A4D-DF65-11d0-8C5F-0080C73925BA}]
RemoteServerName="www.apes.com"
```

Ist dieser Wert vorhanden, wird die Aktivierungsanforderung an den SCM des hier angegebenen Host-Rechners weitergeleitet. Beachten Sie, daß auch dann, wenn der Client nur das Flag `CLSCTX_LOCAL_SERVER` in seiner Aktivierungsanforderung angegeben hat, die Anforderung weitergeleitet wird, sofern keine lokalen Server-Prozesse registriert sind.

Ein weiterer Faktor für die Umleitung von Aktivierungsanforderungen betrifft nur `CoGetInstanceFromFile`-Anforderungen (einschließlich Aufrufe von `BindToObject` über einen Datei-Moniker). Wenn der Dateiname, der für ein persistentes Objekt angegeben wird, eine Datei in einem entfernten Dateisystem bezeichnet, ermittelt COM unter Verwendung des oben beschriebenen Algorithmus, wo das Objekt aktiviert werden soll. Wenn der Registrierungsschlüssel `AppID` der Klasse jedoch für `ActivateAtStorage` den Wert »Y« oder »y« enthält, leitet COM die Aktivierungsanforderung an den Rechner weiter, auf dem sich die Datei befindet, vorausgesetzt, der Aufrufer hat keinen Host-Namen in der Struktur `COSERVERINFO` angegeben. Damit wird sichergestellt, daß im gesamten Netzwerk nie mehr als eine Instanz vorhanden ist.

6.5 COM und Sicherheit

Die ursprüngliche Version von COM sah keine speziellen Sicherheitsfunktionen vor. Man könnte dies als Versehen betrachten, da viele nicht auf andere Rechner verlagerbare NT-Basiselemente (z. B. Prozesse, Threads) gesichert werden konnten, obwohl man nicht von anderen Rechnern auf sie zugreifen konnte. Windows NT 4.0 erzwang, daß COM mit Sicherheitsfunktionen ausgestattet werden mußte, da es hier potentiell möglich war, von jedem Rechner im Netzwerk aus auf Server-Prozesse zuzugreifen. Da COM glücklicherweise RPC als Transportprotokoll verwendet, nutzen die COM-Sicherheitsfunktionen einfach die bestehende Sicherheitsinfrastruktur von RPC.

COM-Sicherheitsfunktionen fallen in drei Kategorien: *Authentifizierung, Zugriffskontrolle* und *Token-Verwaltung.* Authentifizierung bedeutet hier, sicherzustellen, daß eine Nachricht authentisch ist, d. h., daß der Sender tatsächlich derjenige ist, der er vorgibt zu sein, und daß eine bestimmte Nachricht auch tatsächlich vom Sender stammt. Die Zugriffskontrolle regelt, wer dazu berechtigt ist, auf die Objekte eines Servers zuzugreifen, und wer dazu berechtigt ist, einen Server-Prozeß zu starten. Mit Hilfe der Token-Verwaltung wird bestimmt, welche Anmeldedaten zum Start eines Server-Prozesses und während der Ausführung eines Methodenaufrufs verwendet werden. COM verfügt über *einigermaßen* vernünftige Voreinstellungen für jeden dieser drei Sicherheitsaspekte, so daß es theoretisch möglich ist, COM-Anwendungen zu schreiben, ohne sich um Sicherheitsaspekte zu kümmern. Diese Voreinstellungen sind so gewählt, daß das NT-Sicherheitsmodell gewahrt bleibt, sofern der Programmierer keine Sicherheitsmechanismen verändert. Allerdings erfordert die Erstellung selbst einfacher verteilter COM-Anwendungen, daß man sämtliche Sicherheitsaspekte berücksichtigt.

Die meisten Aspekte der COM-Sicherheit lassen sich durch entsprechende Registrierungseinträge konfigurieren. Das Programm DCOMCNFG.EXE ermöglicht es Systemverwaltern, die meisten (aber nicht alle) COM-Sicherheitseinstellungen zu ändern. Bei den meisten (aber nicht allen) Sicherheitseinstellungen kann der Anwendungsprogrammierer die betreffenden Registrierungseinträge mit Hilfe von API-Funktionen überschreiben. Im allgemeinen werden die Sicherheitseinstellungen bei den meisten Anwendungen sowohl mit Hilfe von DCOMCNFG.EXE als auch über API-Funktionen festgelegt. Das erstgenannte Verfahren erleichtert Systemverwaltern die Fehlersuche, während das letztgenannte ein höheres Maß an Flexibilität bietet und einen Mißbrauch von DCOMCNFG.EXE ausschließt.

Die COM-Sicherheitsfunktionen verwenden die RPC-Funktionen für die Authentifizierung und den Identitätswechsel. Sie erinnern sich, daß RPC ladbare Transportmodule verwendet, damit neue Netzwerkprotokolle nachträglich zum System hinzugefügt werden können. Diese Transportmodule verwenden benannte Protokollsequenzen (z. B. `ncadg_ip_udp`), denen in der Registrierung eine bestimmte Transport-DLL zugeordnet wird. Dies ermöglicht es Fremdherstellern, Module zur

Unterstützung neuer Transportprotokolle zu installieren, ohne die COM-Bibliothek verändern zu müssen. RPC unterstützt in ähnlicher Weise ladbare Sicherheitspakete, so daß dem System nachträglich neue Sicherheitsprotokolle hinzugefügt werden können. Diese Sicherheitspakete werden mit Hilfe von ganzzahligen
Werten benannt, die in der Registrierung bestimmten Sicherheitspaket-DLLs,
kurz SSP-DLLs, zugeordnet werden. Diese DLLs müssen der Definition der Security Support Provider Interface (SSPI) entsprechen, die aus dem Internet-Draft-
Standard GSSAPI abgeleitet wurde.

In den System-Header-Dateien sind verschiedene Konstanten für bekannte Sicherheitspakete definiert. Es folgt die Liste der derzeit bekannten Sicherheitspakete:

```
enum {
  RPC_C_AUTHN_NONE = 0,            // kein Authentifizierungspaket
  RPC_C_AUTHN_DCE_PRIVATE = 1,    // privater DCE-Schlüssel (nicht verwendet)
  RPC_C_AUTHN_DCE_PUBLIC = 2,     // öffentlicher DCE-Schlüssel (nicht verwendet)
  RPC_C_AUTHN_DEC_PUBLIC = 4,     // Digital Equipment (nicht verwendet)
  RPC_C_AUTHN_WINNT = 10,         // NT Lan Manager
  RPC_C_AUTHN_GSS_KERBEROS
  RPC_C_AUTHN_MQ = 100            // MS Message Queue
  RPC_C_AUTHN_DEFAULT = 0xFFFFFFFFL
};
```

RPC_C_AUTHN_WINNT gibt an, daß das Authentifizierungsprotokoll von NT LAN Manager (NTLM) verwendet werden soll. RPC_C_AUTHN_GSS_KERBEROS gibt an, daß das Authentifizierungsprotokoll von Kerberos zu verwenden ist. Unter Windows NT 4.0
wird lediglich NTLM unterstützt, sofern kein Sicherheitspaket, kurz SSP, eines
Fremdherstellers installiert worden ist. Windows NT 5.0 wird mindestens NTLM
und Kerberos unterstützen. Sie finden in der betreffenden Dokumentation Informationen dazu, ob weitere Authentifizierungspakete unterstützt werden.

Jedes Schnittstellen-Proxy-Objekt kann unabhängig von anderen Proxy-Objekten
für die Verwendung eines bestimmten Sicherheitspakets konfiguriert werden.
Wenn ein Schnittstellen-Proxy-Objekt für ein Sicherheitsprotokoll konfiguriert
ist, wird die entsprechende SSP-DLL in den Client-Prozeß geladen. Damit sichere
Verbindungsanforderungen erfüllt werden können, muß der Server-Prozeß die
betreffende SSP-DLL registriert und geladen haben, bevor der erste ORPC-Aufruf
vom Client eingeht. Wenn eine Verbindung für die Verwendung eines bestimmten Sicherheitspakets konfiguriert ist, arbeitet die betreffende SSP-DLL mit dem
RPC-Laufzeitmodul zusammen und überprüft jedes Paket, das über die betreffende Verbindung gesendet und empfangen wird. SSP-DLLs können zusätzliche
sicherheitsrelevante Informationen in jedem Datenpaket senden und den Verpackungsstatus ändern, um Verschlüsselung zuzulassen. DCE RPC (und COM)
läßt sechs Authentifizierungsstufen zu, die vom Verzicht auf Authentifizierung
bis zur Verschlüsselung aller Parameter reichen:

```
enum {
    RPC_C_AUTHN_LEVEL_DEFAULT,        // Standardsicherheitsebene verwenden
    RPC_C_AUTHN_LEVEL_NONE,           // keine Authentifizierung
    RPC_C_AUTHN_LEVEL_CONNECT,        // nur Verbindungseinstellungen
authentifizieren
    RPC_C_AUTHN_LEVEL_CALL,           // Nachrichtenkopf schützen
    RPC_C_AUTHN_LEVEL_PKT,            // Paketkopf schützen
    RPC_C_AUTHN_LEVEL_PKT_INTEGRITY,  // Parameterstatus schützen
    RPC_C_AUTHN_LEVEL_PRIVACY,        // Parameterstatus verschlüsseln
};
```

Die nachfolgenden Authentifizierungsstufen stellen jeweils eine Obermenge der Funktionalität der vorausgehenden Stufe dar. `RPC_C_AUTHN_LEVEL_NONE` gibt an, daß keine Authentifizierung durchgeführt wird. `RPC_C_AUTHN_LEVEL_CONNECT` gibt an, daß beim ersten Methodenaufruf die Verbindungsangaben des Client durch den Server authentifiziert werden. Falls die Verbindungsangaben des Client nicht gültig sind, schlägt der ORPC-Aufruf fehl und bewirkt die Rückgabe von `E_ACCESS-DENIED`. Wie die Verbindungsangaben validiert werden, hängt vom verwendeten Sicherheitspaket ab. Unter NTLM sendet der Server-Prozeß eine nicht vorhersehbare, große Zufallszahl an den Client-Prozeß, die als Challenge-Nachricht bzw. in der deutschen Version von Windows NT 4.0 als Herausforderung bezeichnet wird. Der Client verwendet die kodierte Version des Kennworts des Aufrufers, um die Challenge-Nachricht zu verschlüsseln, und sendet dieses Ergebnis als Antwort in einer sogenannten Response-Nachricht zurück an den Server. Der Server verschlüsselt dann die ursprüngliche Challenge-Nachricht mit dem, was er für das kodierte Kennwort hält, und vergleicht sein Ergebnis mit der Response-Nachricht des Client. Falls die Antwort des Client mit der verschlüsselten Challenge-Nachricht des Servers übereinstimmt, dann gilt die Authentizität des Client als gesichert. Da das NTLMSSP die Challenge-Response-Abstimmung an die ersten Pakete koppelt, die vom RPC-Laufzeitmodul zur Synchronisation der Sequenznummern gesendet werden, wird kein zusätzliches Netzwerkdatenaufkommen zwischen Client und Server generiert. Abhängig vom Typ des Benutzerkontos (Domäne, lokal), wird unter Umständen zusätzliches Datenaufkommen durch die Kommunikation mit einem Domänen-Controller für eine domänenübergreifende Authentifizierung generiert.

Beim Einsatz der Stufe `RPC_C_AUTHN_LEVEL_CONNECT` werden keine zusätzlichen sicherheitsrelevanten Informationen mehr ausgetauscht, nachdem die Verbindungsangaben validiert worden sind. Daher ist es vorstellbar, daß bösartige Programme den Nachrichtenverkehr im Netzwerk unterbrechen und RPC-Aufrufe wiederholen, indem sie einfach die in den Paketköpfen enthaltenen DCE-Sequenznummern ändern. Wenn man sich gegen die Wiederholung von Aufrufen schützen möchte, sollte man die Stufe `RPC_C_AUTHN_LEVEL_CALL` verwenden. Diese Sicherheitseinstellung weist die SSP-DLLs an, auch den RPC-Kopf des ersten Pakets jeder RPC-Anforderung oder -Antwort zu schützen, indem ein nicht umkehrbarer Hash-Wert mit dem zu übertragenden Paket verkettet wird. Da eine RPC-Anforderung oder -Antwort möglicherweise in mehrere Netzwerkpakete fragmentiert werden muß, unterstützt die RPC-API zudem die Sicherheitsstufe RPC_C_ AUTHN_LEVEL_PKT. Diese Stufe schützt auf Netzwerkpaketebene gegen Aufrufwiederholungen und bietet umfangreicheren Schutz als die Einstellung RPC_C_AUTHN_ LEVEL_CALL, da RPC-Nachrichten mehrere Pakete umfassen können.

Bis einschließlich der Sicherheitsstufe RPC_C_AUTHN_LEVEL_PKT ignoriert die SSP-DLL den tatsächlichen Dateninhalt der RPC-Pakete mehr oder minder und schützt nur die Integrität der RPC-Header. Damit sichergestellt werden kann, daß die Parameterwerte nicht von einem böswilligen Netzwerkagenten verändert werden, stellt RPC die Sicherheitsstufe RPC_C_AUTHN_LEVEL_PKT_INTEGRITY zur Verfügung. Beim Einsatz dieser Sicherheitsstufe berechnen die SSP-DLLs zusätzlich eine Prüfsumme aus den Parameterwerten und stellen mit Hilfe dieser Prüfsumme sicher, daß der Paketinhalt während der Übertragung nicht verändert wurde. Da bei dieser Authentifizierungsstufe jedes übertragene Byte von der SSP-DLL verarbeitet werden muß, ist sie erheblich langsamer als die Stufe RPC_C_AUTHN_LEVEL_PKT und sollte nur in Situationen eingesetzt werden, in denen eine hohe Sicherheitsstufe vonnöten ist.

Bis einschließlich der Stufe RPC_C_AUTHN_LEVEL_PKT_INTEGRITY wird der Dateninhalt der RPC-Anforderung als reiner Text (d. h. unverschlüsselt) übertragen. Damit sichergestellt werden kann, daß der Verpackungsstatus nicht von einem böswilligen Netzwerkagenten gelesen wird, stellt RPC die Sicherheitsstufe RPC_C_AUTHN_ LEVEL_PKT_PRIVACY zur Verfügung. Hier verschlüsseln die SSP-DLLs den Verpackungsstatus vor der Übertragung. Wie die übrigen Authentifizierungsstufen beinhaltet auch RPC_C_AUTHN_LEVEL_PKT_PRIVACY die Sicherheitsmerkmale der untergeordneten Stufen. Wie bei der Stufe RPC_C_AUTHN_LEVEL_PKT_INTEGRITY muß jedes übertragene Byte von der SSP-DLL verarbeitet werden, und daher sollte diese Stufe nur in Situationen eingesetzt werden, in denen höchste Sicherheit vonnöten ist, um eine zusätzliche Netzwerklast zu vermeiden.

CoInitializeSecurity ist die wichtigste API-Funktion des COM-Sicherheitsmodells. Jeder Prozeß, der COM nutzt, ruft CoInitializeSecurity explizit oder implizit genau einmal auf. CoInitializeSecurity richtet die automatischen Sicherheitsstellungen ein. Diese Einstellungen gelten für alle importierten und exportierten Objektreferenzen, sofern sie nicht durch API-Aufrufe explizit außer Kraft gesetzt werden. CoInitializeSecurity konfiguriert das RPC-Laufzeitmodul für die Verwendung eines oder mehrerer Sicherheitspakete und legt die Standardauthentifizierungsstufe für einen Prozeß fest. Darüber hinaus ermöglicht es CoInitializeSecurity dem Aufrufer, festzulegen, welche Benutzer berechtigt sein sollen, durch ORPC-Aufrufe auf die vom aktuellen Prozeß exportierten Objekte zuzugreifen. Die Funktion CoInitializeSecurity hat ziemlich viele Parameter:

```
HRESULT CoInitializeSecurity(
  [in] PSECURITY_DESCRIPTOR pSecDesc, // Zugriffskontrolle
  [in] LONG   cAuthSvc, // Anzahl sicherer Pakete
                 // (-1 == Standardeinstellung verwenden)
  [in] SOLE_AUTHENTICATION_SERVICE *rgsAuthSvc, // SSP-Array
```

```
[in] void   *pReserved1,    // reserviert, kann Null sein
[in] DWORD dwAuthnLevel,    // autom. AUTHN_LEVEL
[in] DWORD dwImpLevel,      // autom. IMP_LEVEL
[in] void   *pReserved2,    // reserviert, kann Null sein
[in] DWORD dwCapabilities,  // verschiedene Flags
[in] void   *pReserved3     // reserviert, kann Null sein
);
```

Einige dieser Parameter sind nur relevant, wenn der Prozeß als Exporteur oder Server fungiert. Andere Parameter sind nur relevant, wenn der Prozeß als Importeur oder Client fungiert. Wieder andere sind in beiden Fällen relevant.

Der erste Parameter (pSecDesc) von CoInitializeSecurity ist nur relevant, wenn der Prozeß als Exporteur fungiert. Mit diesem Parameter wird gesteuert, welche Sicherheitseinstellungen für den Zugriff auf Objekte, die von diesem Prozeß exportiert werden, zulässig sind. Dieser Parameter wird in diesem Kapitel eingehend erläutert. Die Parameter cAuthSvc und rgsAuthSvc von CoInitializeSecurity werden bei Servern verwendet, die als Exporteur fungieren, um Authentifizierungspakete in der COM-Bibliothek zu registrieren. Diese Parameter verweisen auf ein Array, das Beschreibungen der Sicherheitspakete enthält:

```
typedef struct tagSOLE_AUTHENTICATION_SERVICE {
    DWORD    dwAuthnSvc;     // Welches Authentifizierungspaket?
    DWORD    dwAuthzSvc;     // Welcher Autorisierungsdienst?
    OLECHAR *pPrincipalName; // Server-Name?
    HRESULT  hr;            // Ergebnis der Registrierung
} SOLE_AUTHENTICATION_SERVICE;
```

Unter Windows NT 4.0 wird lediglich der Authentifizierungsdienst RPC_C_AUTHN_WINNT (NTLM) installiert. Beim Einsatz der NTLM-Authentifizierung muß als Autorisierungsdienst RPC_C_AUTHZ_NONE angegeben werden. Der Server-Name wird hier nicht verwendet und muß Null sein.[5] Für Prozesse, bei denen die auf einem bestimmten Rechner installierten Standardsicherheitspakete verwendet werden sollen, sollten die Werte -1 (cAuthSvc) und Null (rgsAuthSvc) angegeben werden.

Der fünfte Parameter von CoInitializeSecurity (dwAuthnLevel) betrifft sowohl exportierte als auch importierte Objektreferenzen. Mit dieser Parameterangabe wird die unterste Authentifizierungsstufe für von diesem Prozeß exportierte Objektreferenzen festgelegt. Das heißt, daß eingehende ORPC-Aufrufe mindestens diese Authentifizierungsstufe verwenden müssen, damit der Aufruf nicht automatisch abgewiesen wird. Dieser Wert legt auch die minimale Authentifizierungsstufe fest, die von neuen, von COM API-Funktionen oder Methoden zurückgegebenen Schnittstellen-Proxy-Objekten verwendet wird. Wenn COM während der Unmarshaling-Operation ein neues Schnittstellen-Proxy-Objekt anlegt,

---

5. Es ist möglich, daß diese beiden Parameter für andere Authentifizierungspakete verwendet werden.

ermittelt COM im Rahmen der OXID-Auswertung die Mindestanforderung des exportierenden Servers. COM stellt dann beim neuen Proxy-Objekt die Authentifizierungsstufe ein, die der Mindestanforderung des exportierenden Prozesses oder der Mindestanforderung des aktuellen Prozesses entspricht, je nachdem, welche Anforderung höher ist. Wenn der Prozeß, der die Objektreferenz importiert, eine niedrigere Authentifizierungsstufe als der exportierende Prozeß erfordert, dann wird die Mindestanforderung des Exporteurs als Authentifizierungsstufe eingesetzt. Damit wird sichergestellt, daß vom Schnittstellen-Proxy-Objekt gesendete ORPC-Anforderungen den Mindestanforderungen des exportierenden Prozesses genügen. Wie an späterer Stelle in diesem Kapitel erläutert werden wird, kann die Authentifizierungsstufe bei einem bestimmten Schnittstellen-Proxy-Objekt ausdrücklich geändert werden.[6]

Der sechste Parameter von `CoInitializeSecurity` namens `dwImpLevel` betrifft nur importierte Objektreferenzen. Diese Parameterangabe legt die Ebene für Identitätswechsel fest, die von allen, von `CoUnmarshalInterface` zurückgegebenen Objektreferenzen verwendet wird. Die Ebene für Identitätswechsel gibt an, bis zu welchem Grad der Client dem Server vertraut. Für diesen Parameter muß einer der folgenden vier Werte angegeben werden:

```
enum {
// Identität des Aufrufers vor dem Objekt verbergen
  RPC_C_IMP_LEVEL_ANONYMOUS = 1,
// Zulassen, daß Objekt die Anmeldedaten des Aufrufers abfragt
  RPC_C_IMP_LEVEL_IDENTIFY = 2,
// Zulassen, daß Objekt die Anmeldedaten des Aufrufers bei einer
// anderen Netzwerkstation verwendet
  RPC_C_IMP_LEVEL_IMPERSONATE = 2,
// Zulassen, daß Objekt die Anmeldedaten des Aufrufers über mehrere
// Netzwerkstationen hinweg verwendet
  RPC_C_IMP_LEVEL_DELEGATE = 4
};
```

Der Wert `RPC_C_IMP_LEVEL_ANONYMOUS` verhindert, daß die Objektimplementierung die Anmeldedaten des Aufrufers in Erfahrung bringt.[7] Die Angabe `RPC_C_IMP_LEVEL_IDENTIFY` legt fest, daß die Objektimplementierung programmgesteuert die Anmeldedaten des Aufrufers ermitteln kann. Die Einstellung `RPC_C_IMP_LEVEL_IMPERSONATE` bedeutet, daß der Server nicht nur die Anmeldedaten des Aufrufers er-

---

6. Ein bestimmtes Sicherheitspaket kann festlegen, daß in Abhängigkeit vom verwendeten Transportprotokoll die vom Client bzw. Server eingestellte Sicherheitsstufe erhöht wird. NTLM verwendet beispielsweise `RPC_C_AUTHN_LEVEL_PRIVACY` für alle Aufrufe von Objekten, die sich auf demselben Rechner befinden. Darüber hinaus erhöht NTLM bei Datagramm-Übermittlungen (z.B. UDP) die Sicherheitsstufe von `RPC_C_AUTHN_LEVEL_CONNECT` und `RPC_C_AUTHN_LEVEL_CALL` auf `RPC_C_AUTHN_LEVEL_PKT` und bei verbindungsorientierten Übertragungen (z.B. TCP) von `RPC_C_AUTHN_LEVEL_CALL` auf `RPC_C_AUTHN_LEVEL_PKT`.

7. Zum Zeitpunkt dieser Niederschrift akzeptieren sowohl NTLM als auch Kerberos diesen Wert, behandeln ihn aber stillschweigend wie `RPC_C_IMP_LEVEL_IMPERSONATE`, wenn es sich um eine Verbindung zu einem entfernten Rechner handelt.

mitteln kann, sondern auch Operationen auf Betriebssystemebene unter Verwendung der Anmeldedaten des Aufrufers ausführen kann. Diese Stufe läßt nur zu, daß Objekte unter Verwendung der Anmeldedaten des Aufrufers auf lokale Ressourcen zugreifen.[8] Dagegen ermöglicht es die Einstellung RPC_C_IMP_ LEVEL_DELE-GATE dem Server, mit Hilfe der Anmeldedaten des Aufrufers sowohl auf lokale als auch auf entfernte Ressourcen zuzugreifen. Diese Stufe wird zwar vom Authentifizierungsprotokoll von NTLM nicht unterstützt, aber vom Authentifizierungsprotokoll von Kerberos.

Der achte Parameter von CoInitializeSecurity namens dwCapabilities, betrifft sowohl importierte als auch exportierte Objektreferenzen. Dieser Parameter ist als Bitmaske definiert, die keines oder mehrere der folgenden Bits setzen kann:

```
typedef enum tagEOLE_AUTHENTICATION_CAPABILITIES {
   EOAC_NONE            = 0x0,
   EOAC_MUTUAL_AUTH     = 0x1,
// Nur gültig für CoInitializeSecurity
   EOAC_SECURE_REFS     = 0x2,
   EOAC_ACCESS_CONTROL  = 0x4,
   EOAC_APPID           = 0x8
} EOLE_AUTHENTICATION_CAPABILITIES;
```

Die gegenseitige Authentifizierung (EOAC_MUTUAL_AUTH) wird unter NTLM nicht unterstützt. Mit dieser Angabe wird überprüft, ob der Server mit dem erwarteten Namen ausgeführt wird. Sichere Referenzen (EOAC_SECURE_REFS) bedeuten, daß die verteilten COM-Aufrufe zur Referenzzählung authentifiziert werden, damit gewährleistet ist, daß keine böswilligen Agenten die Referenzzähler verfälschen, die von den Objektreferenz- oder Stub-Managern zur Verwaltung der Lebensdauer von Objekten verwendet werden. Mit EOAC_ACCESS_CONTROL und EOAC_APPID wird die Bedeutung des ersten Parameters von CoInitializeSecurity näher bestimmt. Diese Parameterangaben werden in diesem Kapitel erläutert.

Wie weiter oben in diesem Abschnitt festgestellt wurde, wird CoInitializeSecurity explizit oder implizit von jedem Prozeß einmal aufgerufen. Anwendungen, die CoInitializeSecurity explizit aufrufen, müssen dies nach dem ersten Aufruf von CoInitializeEx, aber vor dem »ersten interessanten COM-Aufruf« tun. Mit dem Ausdruck »erster interessanter COM-Aufruf« ist hier jede API-Funktion gemeint, die eine OXID erfordert. Dazu gehören die Funktionen CoMarshalInterface und CoUnmarshalInterface und alle API-Aufrufe, in denen diese Funktionen implizit aufgerufen werden. Da Klassenobjekte durch Aufrufe von CoRegisterClassObject Apartments zugeordnet werden, muß CoInitializeSecurity vor der Registrierung von Klassenobjekten aufgerufen werden. Die Aktivierungsfunk-

---

8. Technisch gesehen ermöglicht die Ebene RPC_C_IMP_ LEVEL_IMPERSONATE, daß die Anmeldedaten des Aufrufers über maximal eine Netzwerkstation hinweg weitergegeben werden kann. Dadurch können entfernte Objekte faktisch nur auf Ressourcen zugreifen, die sich auf dem lokalen Rechner des Objekts befinden.

tionen der API (z.B. `CoCreateInstanceEx`) bilden eine interessante Ausnahme. Aktivierungsfunktionen der API für bestimmte interne Klassen, die Bestandteil der COM-API sind (z.B. die globale Schnittstellentabelle, das COM-Standardobjekt für die Zugriffskontrolle), können vor `CoInitializeSecurity` aufgerufen werden. Allerdings muß `CoInitializeSecurity` aufgerufen werden, bevor Aktivierungsaufrufe erfolgen, bei denen die Registrierung konsultiert wird, andere DLLs geladen oder andere Server kontaktiert werden. Falls eine Anwendung `CoInitializeSecurity` nicht explizit aufruft, ruft COM diese Funktion implizit beim ersten interessanten COM-Aufruf auf.

Bei impliziten Aufrufen der Funktion `CoInitializeSecurity` werden die meisten Werte aus der Registrierung gelesen. Einige Parameter werden in einem rechnerweiten Registrierungsschlüssel gespeichert, während andere unter der AppID der Anwendung abgelegt sind. Um die AppID der Anwendung zu ermitteln, sucht COM unter folgendem Schlüssel nach dem Dateinamen des Anwendungsprozesses:

`HKEY_CLASSES_ROOT\AppID`

Wird der Dateiname hier gefunden, läßt sich die AppID aus dem Wert des Eintrags `AppID` ermitteln:

```
[HCKR\AppID\ServerOfTheApes.exe]
AppID="{27EE6A4D-DF65-11d0-8C5F-0080C73925BA}"
```

Werden keine entsprechenden Einträge gefunden, geht COM davon aus, daß in der Registrierung keine speziellen Sicherheitseinstellungen für die Anwendung verzeichnet sind.

Bei impliziten Aufrufen von `CoInitializeSecurity` wird der Wert für den ersten Parameter (`pSecDesc`) ermittelt, indem unter folgendem Eintrag nach dem serialisierten NT-Bezeichner `SECURITY_DESCRIPTOR` gesucht wird:

```
[HCKR\AppID\{27EE6A4D-DF65-11d0-8C5F-0080C73925BA}]
AccessPermission=<serialisierter NT-Sicherheitsbezeichner>
```

Ist dieser Eintrag nicht vorhanden, sucht COM nach dem folgenden, auf den gesamten Rechner bezogenen Eintrag:

```
[HKEY_LOCAL_MACHINE\Software\Microsoft\OLE]
DefaultAccessPermission=<serialisierter NT-Sicherheitsbezeichner>
```

Beide Registrierungseinträge lassen sich mit Hilfe von DCOMCNFG.EXE einfach ändern. Ist keiner dieser beiden Registrierungseinträge vorhanden, fügt COM einen Sicherheitsbezeichner ein, der lediglich dem Benutzerkonto des Aufrufers und dem vordefinierten Benutzerkonto SYSTEM Zugriff gewährt. COM verwendet diesen Sicherheitsbezeichner, um mit Hilfe der Win32-API-Funktion `AccessCheck` den Zugriff auf die von diesem Prozeß exportierten Objekte zu gewähren oder zu verweigern.

In impliziten Aufrufen von `CoInitializeSecurity` werden für den zweiten und den dritten Parameter (`cAuthSvc` und `rgsAuthSvc`) die Werte -1 und Null eingesetzt und damit angezeigt, daß die Standardsicherheitspakete verwendet werden sollen. Bei impliziten Aufrufen von `CoInitializeSecurity` werden die Werte des fünften und des sechsten Parameters (`dwAuthnLevel` und `dwImpLevel`) aus dem folgenden, auf den gesamten Rechner bezogenen Eintrag gelesen:

```
[HKEY_LOCAL_MACHINE\Software\Microsoft\OLE]
LegacyAuthenticationLevel = 0x5
LegacyImpersonationLevel = 0x3
```

Die Werte 5 und 3 entsprechen `RPC_C_AUTHN_LEVEL_PKT_INTEGRITY` bzw. `RPC_C_IMP_LEVEL_IMPERSONATE`. Sind diese Einträge nicht vorhanden, werden die Werte `RPC_C_AUTHN_LEVEL_CONNECT` und `RPC_C_IMP_LEVEL_IDENTIFY` verwendet. Von den Flags, die für den achten Parameter (`dwCapabilities`) von `CoInitializeSecurity` zulässig sind, wird gegenwärtig nur `EOAC_SECURE_REFS` aus dem folgenden, auf den gesamten Rechner bezogenen Eintrag gelesen:

```
[HKEY_LOCAL_MACHINE\Software\Microsoft\OLE]
LegacySecureRefs = "Y"
```

Wenn dieser Eintrag vorhanden ist und den Wert »Y« oder »y« enthält, dann verwendet COM das Flag `EOAC_SECURE_REFS`; andernfalls verwendet COM das Flag `EOAC_NONE`. Jede dieser drei überkommenen Authentifizierungseinstellungen kann mühelos mit Hilfe von DCOMCNFG.EXE geändert werden.

6.6 Programmgesteuerte Sicherheit

Die über die Funktion `CoInitializeSecurity` vorgenommenen Einstellungen werden automatische Sicherheitseinstellungen genannt, da sie automatisch für alle Objektreferenzen gelten, die per Marshaling übergeben werden. Häufig sind für einige wenige Objektreferenzen Sicherheitseinstellungen erforderlich, die sich von den prozeßweiten Standardeinstellungen unterscheiden. Am häufigsten tritt dieser Fall ein, wenn der Leistung halber eine recht niedrige Authentifizierungsstufe gewählt wurde, aber eine bestimmte Schnittstelle Verschlüsselung erfordert. Statt im gesamten Prozeß mit Verschlüsselung zu arbeiten, ist es vorteilhafter, einfach bei den Objektreferenzen, die dies erfordern, die Daten zu verschlüsseln.

Damit Entwickler die automatischen Sicherheitseinstellungen bei einzelnen Schnittstellen-Proxy-Objekten überschreiben können, legt der Proxy-Manager die Schnittstelle `IClientSecurity` offen:

```
[ local,object,uuid(0000013D-0000-0000-C000-000000000046) ]
interface IClientSecurity : IUnknown {
```

```
// Sicherheitseinstellungen für Schnittstellen-Proxy pProxy abrufen
  HRESULT QueryBlanket([in]  IUnknown *pProxy,
  [out] DWORD *pAuthnSvc, [out] DWORD *pAuthzSvc,
  [out] OLECHAR **pServerPrincName,
  [out] DWORD *pAuthnLevel, [out] DWORD *pImpLevel,
  [out] void **pAuthInfo, [out] DWORD  *pCapabilities
  );
// Sicherheitseinstellungen für Schnittstellen-Proxy pProxy ändern
  HRESULT SetBlanket([in] IUnknown  *pProxy,
  [in] DWORD AuthnSvc, [in] DWORD AuthzSvc,
  [in] OLECHAR *pServerPrincName,
  [in] DWORD AuthnLevel, [in] DWORD ImpLevel,
  [in] void *pAuthInfo, [in] DWORD Capabilities
  );
// Schnittstellen-Proxy duplizieren
  HRESULT CopyProxy([in]  IUnknown  *pProxy,
  [out] IUnknown **ppCopy
  );
}
```

Die ersten drei Parameter von SetBlanket und QueryBlanket entsprechen den drei Elementen der Datenstruktur SOLE_AUTHENTICATION_SERVICE. Unter Windows NT 4.0 sind lediglich die Werte RPC_C_AUTHN_WINNT, RPC_C_AUTHZ_NONE und Null zulässig.

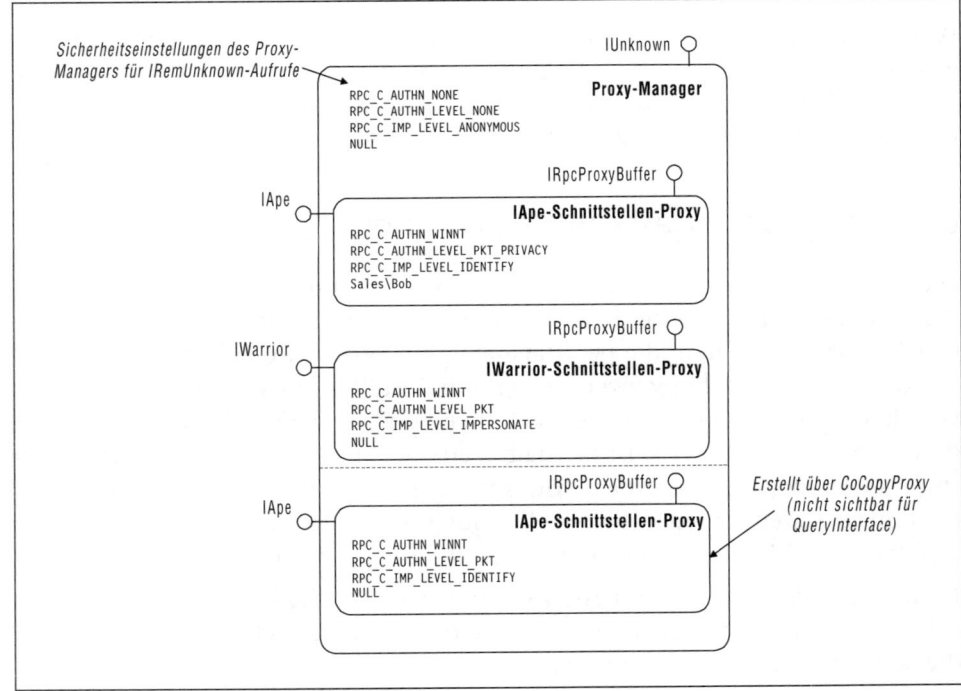

Abbildung 6-1 Sicherheit und Proxy-Objekte

Wie Abbildung 6-1 zeigt, verfügt jedes einzelne Schnittstellen-Proxy-Objekt über eigene Authentifizierungseinstellungen. Die Methode `IClientSecurity::SetBlanket` ermöglicht dem Aufrufer, diese Einstellungen für ein bestimmtes Schnittstellen-Proxy-Objekt zu ändern. Die Methode `IClientSecurity::QueryBlanket` ermöglicht dem Aufrufer, die für ein bestimmtes Schnittstellen-Proxy-Objekt geltenden Einstellungen abzufragen. Für Parameter, die für den Aufrufer nicht von Belang sind, werden Nullzeiger übergeben. Mit der Methode `IClientSecurity::CopyProxy` kann der Aufrufer ein Schnittstellen-Proxy-Objekt duplizieren. Dies ermöglicht es, Änderungen an einer Kopie der Schnittstelle vorzunehmen, die von nachfolgenden Aufrufen von `QueryInterface` vom Proxy-Manager nicht zurückgegeben wird. Sicherheitseinstellungen sollten stets an Kopien von Schnittstellen-Proxy-Objekten vorgenommen werden, um das geänderte Proxy-Objekt von der normalen `QueryInterface`-Implementierung des Proxy-Managers zu unterscheiden und zuzulassen, daß mehrere Threads unabhängig voneinander zwischen Methodenaufrufen Sicherheitseinstellungen verändern können.

Mit einer Ausnahme entsprechen alle Parameter von `IClientSecurity::SetBlanket` und `IClient-Security::QueryBlanket` den Parametern von `CoInitializeSecurity`. Der siebte Parameter (`pAuthInfo`) zeigt auf eine Menge von Client-Anmeldedaten. In welcher Form diese Anmeldedaten vorliegen, ist vom verwendeten Sicherheitspaket abhängig. Beim NTLM-Sicherheitspaket kann dieser Parameter auf eine `COAUTHIDENTITY`-Struktur verweisen:

```
typedef struct _COAUTHIDENTITY {
  OLECHAR *User;          // Name des Benutzerkontos
  ULONG    UserLength;    // wcslen(Benutzer)
  OLECHAR *Domain;        // Domäne/Rechnername
  ULONG    DomainLength;  // wcslen(Domäne)
  OLECHAR *Password;      // Kennwort in Klartext
  ULONG    PasswordLength; // wcslen(Kennwort)
  ULONG    Flags;         // muß SEC_WINNT_AUTH_IDENTITY_UNICODE sein
} COAUTHIDENTITY;
```

Diese Struktur ermöglicht es Clients, COM-Methodenaufrufe unter Verwendung der Zugriffsrechte beliebiger Benutzernamen zu tätigen, vorausgesetzt, sie kennen das Klartext-Kennwort des betreffenden Benutzerkontos.[9] Falls statt eines Zeigers auf ein Element der `COAUTHIDENTITY`-Struktur ein Nullzeiger übergeben wird, dann werden in jedem ausgehenden Aufruf die Anmeldedaten des aufrufenden Prozesses verwendet.[10]

---

9. Es muß darauf hingewiesen werden, daß `COAUTHIDENTITY` derzeit in der Kommunikation mit Objekten desselben Rechners nicht unterstützt wird. In der Kommunikation mit entfernten Host-Rechnern ist diese Technik zuverlässig.

10. Unter Windows NT 5.0 kann sich dieses Verhalten dahingehend ändern, daß das Token des aufrufenden Threads verwendet wird, damit Identitätswechsel auch im Rahmen der Delegation unterstützt werden. Weitere Informationen hierzu finden Sie in der aktuellen Dokumentation.

Die Methode `IClientSecurity::SetBlanket` wird häufiger verwendet, um für ein bestimmtes Proxy-Objekt eine höhere Authentifizierungsstufe einzustellen. Der folgende Quelltext zeigt diese Technik:

```
HRESULT Encrypt(IApe *pApe) {
  IClientSecurity *pcs = 0;
// Vom Proxy-Manager die Schnittstelle IClientSecurity anfordern
  HRESULT hr = pApe->QueryInterface(IID_IClientSecurity,
              (void**)&pcs);
    if (SUCCEEDED(hr)) {
    hr = pcs->SetBlanket(pApe, RPC_C_AUTHN_WINNT,
            RPC_C_AUTHZ_NONE, 0,
            RPC_C_AUTHN_LEVEL_PKT_PRIVACY,
            RPC_C_IMP_LEVEL_IDENTIFY,
            0, EOAC_NONE);
        pcs->Release();
    }
  return hr;
}
```

Im Idealfall würde der Aufrufer dieser Funktion einer Kopie des Schnittstellen-Proxy-Objekts übergeben. Alternativ hierzu könnte man die Funktion wie folgt abändern, damit diese die Kopie erstellt:

```
HRESULT DupeAndEncrypt(IApe *pApe, IApe * &rpSecretApe) {
  *rpSecretApe = 0;
  IClientSecurity *pcs = 0;
// Vom Proxy-Manager die Schnittstelle IClientSecurity anfordern
  HRESULT hr = pApe->QueryInterface(IID_IClientSecurity,
                                (void**)&pcs);
  if (SUCCEEDED(hr)) {
  þþhr = pcs->CopyProxy(pApe, (IUnknown**)&rpSecretApe);
  þþif (SUCCEEDED)
  þhr = pcs->SetBlanket(rpSecretApe, RPC_C_AUTHN_WINNT,
              RPC_C_AUTHZ_NONE, 0,
              RPC_C_AUTHN_LEVEL_PKT_PRIVACY,
              RPC_C_IMP_LEVEL_IDENTIFY,
              0, EOAC_NONE);
  þþpcs->Release();
  }
  return hr;
}
```

Die COM-API stellt für diese drei Methoden von IClientSecurity jeweils Hüllfunktionen zur Verfügung, die intern QueryInterface aufrufen, um die zugehörige IClientSecurity-Schnittstelle zu ermitteln und dann die geeignete Methode aufrufen:

```
// Sicherheitseinstellungen für Schnittstellen-Proxy pPrcxy abrufen
HRESULT CoQueryProxyBlanket([in] IUnknown *pProxy,
  [out] DWORD *pAuthnSvc, [out] DWORD *pAuthzSvc,
  [out] OLECHAR **pServerPrincName,
  [out] DWORD *pAuthnLevel, [out] DWORD *pImpLevel,
  [out] void **pAuthInfo, [out] DWORD *pCapabilities);


// Sicherheitseinstellungen für Schnittstellen-Proxy pProxy ändern
HRESULT CoSetProxyBlanket([in] IUnknown *pProxy,
  [in] DWORD AuthnSvc, [in] DWORD AuthzSvc,
  [in] OLECHAR *pServerPrincName,
  [in] DWORD AuthnLevel, [in] DWORD ImpLevel,
  [in] void *pAuthInfo, [in] DWORD Capabilities);


// Schnittstellen-Proxy duplizieren
HRESULT CoCopyProxy([in] IUnknown *pProxy,
 [out] IUnknown **ppCopy);
```

Es folgt eine modifizierte Version der oben angeführten Funktion, die diese Hilfsroutinen verwendet:

```
HRESULT DupeAndEncrypt(IApe *pApe, IApe * &rpSecretApe) {
  *rpSecretApe = 0;
  HRESULT hr = CoCopyProxy(pApe, (IUnknown**)&rpSecretApe);
  if (SUCCEEDED)
    hr = CoSetProxyBlanket(rpSecretApe, RPC_C_AUTHN_WINNT,
                      RPC_C_AUTHNZ_NONE, 0,
                      RPC_C_AUTHN_LEVEL_PKT_PRIVACY,
                      RPC_C_IMP_LEVEL_IDENTIFY,
                      0, EOAC_NONE);
  return hr;
}
```

Die erste Version ist etwas effizienter, da hier ein Aufruf von QueryInterface zur Ermittlung der Schnittstelle IClientSecurity genügt. Die zweite Version erfordert einen geringeren Programmieraufwand und ist daher weniger fehleranfällig.

Es ist zu beachten, daß die Methoden von IClientSecurity nur auf Schnittstellen anwendbar sind, die Schnittstellen-Proxy-Objekte verwenden. Infolgedessen können Schnittstellen, die vom Proxy-Manager lokal implementiert werden (z. B. IMultiQI, IClientSecurity), nicht mit den Methoden von IClientSecurity bearbeitet werden. Die Schnittstelle IUnknown stellt einen Sonderfall dar. IUnknown ist technisch gesehen eine lokale Schnittstelle, die vom Proxy-Manager implementiert wird. Der Proxy-Manager muß allerdings häufig mit dem Apartment des

Servers kommunizieren, um neue Schnittstellen anzufordern und Ressourcen freizugeben, die der zugehörige Stub-Manager belegt hat. Diese Kommunikation erfolgt über eine private Schnittstelle (IRemUnknown), die von der COM-Bibliothek intern für einzelne Apartments implementiert wird. Entwickler können die
Sicherheitseinstellungen steuern, die für diese IRemUnknown-Aufrufe gelten,
indem sie die IUnknown-Implementierung des Proxy-Managers der Methode
IClientSecurity::SetBlanket übergeben (wie ein Schnittstellen-Proxy-Objekt
verwendet der Proxy-Manager die prozeßweiten automatischen Sicherheitseinstellungen, falls SetBlanket nicht aufgerufen wird).[11] Da alle Schnittstellen-
Proxy-Objekte vom Proxy-Manager aggregiert werden, bedeutet dies faktisch,
daß Aufrufe der Methode IClientSecurity::SetBlanket eines bestimmten Schnittstellen-Proxy-Objekts keinen Einfluß auf die Methoden QueryInterface, AddRef
und Release haben. Diese Methoden werden statt dessen von den Einstellungen
beeinflußt, die für die IUnknown-Implementierung des Proxy-Managers festgelegt
wurden. Man erhält einen Zeiger auf die IUnknown-Implementierung des Proxy-
Managers, indem man einfach über QueryInterface einen Zeiger auf die Schnittstelle IID_IUnknown eines Proxy-Objekts anfordert. Das folgende Quelltextfragment
zeigt diese Technik. Hier werden sowohl beim Schnittstellen-Proxy-Objekt als
auch beim zugehörigen Proxy-Manager die Sicherheitseinstellungen außer Kraft
gesetzt:

```
void TurnOffAllSecurity(IApe *pApe) {
  IUnknown *pUnkProxyManager = 0;
// Zeiger auf Proxy-Manager abrufen
  HRESULT hr = pApe->QueryInterface(IID_IUnknown,
                         (void**)&pUnkProxyManager);
  assert(SUCCEEDED(hr));
// Sicherheitseinstellungen für Proxy-Manager festlegen
  hr = CoSetProxyBlanket(pUnkProxyManager,
                    RPC_C_AUTHN_NONE, RPC_C_AUTHZ_NONE,
                    0, RPC_C_AUTHN_LEVEL_NONE,
                    RPC_C_IMP_LEVEL_ANONYMOUS,
                    0, EOAC_NONE);
  assert(SUCCEEDED(hr));
```

---

11. Diese Aussage muß in zweifacher Hinsicht ergänzt werden. 1. Wenn der Client-Prozeß über
    die Funktion CoInitializeSecurity für sichere Referenzen konfiguriert worden ist, werden
    IRemUnknown::RemAddRef und IRemUnknown::RemRelease unter Verwendung der Sicherheitseinstel-
    lungen des Servers aufgerufen, statt mit den in IClientSecurity::SetBlanket angegebenen
    Sicherheitseinstellungen. 2. Vor dem Erscheinen von Windows NT 4.0 Service Pack 4 wur-
    den *sämtliche* Aurufe von IRemUnknown::RemAddRef und IRemUnknown::RemRelease, unabhängig
    von den im Proxy-Manager vorgenommenen Sicherheitseinstellungen, stets mit den Sicher-
    heitseinstellungen des Servers getätigt.

```
// Sicherheitseinstellungen für Schnittstellen-Proxy festlegen
  hr = CoSetProxyBlanket(pApe,
                         RPC_C_AUTHN_NONE, RPC_C_AUTHZ_NONE,
                         0, RPC_C_AUTHN_LEVEL_NONE,
                         RPC_C_IMP_LEVEL_ANONYMOUS,
                         0, EOAC_NONE);
  assert(SUCCEEDED(hr));
// Temporären Zeiger auf Proxy-Manager freigeben
  pUnkProxyManager->Release();
}
```

Obwohl man eigene Sicherheitseinstellungen für den Proxy-Manager festlegen
und abfragen kann, ist es nicht möglich, einen Proxy-Manager mit Hilfe von IC-
lientSecurity::CopyProxy zu duplizieren, da dies gegen die Identitätsgesetze von
COM verstoßen würde.

Wenn eine ORPC-Anforderung an ein Schnittstellen-Stub-Objekt weitergeleitet
wird, erstellt COM ein Aufrufkontextobjekt, das die verschiedenen Aspekte des
Aufrufs repräsentiert, einschließlich der Sicherheitseinstellungen des Schnittstellen-Proxy-Objekts, das die Anforderung ausgelöst hat. COM ordnet dieses Kontextobjekt dem Thread zu, der den Methodenaufruf ausführen wird. Die COM-Bibliothek legt eine API-Funktion namens CoGetCallContext offen, die es
Methodenimplementierungen ermöglicht, auf das Kontextobjekt des aktuellen
Methodenaufrufs zuzugreifen:

```
HRESULT CoGetCallContext([in] REFIID riid,
  [out, iid_is(riid)] void **ppv);
```

Unter Windows NT 4.0 ist nur die Schnittstelle IServerSecurity für das Aufrufkontextobjekt verfügbar:

```
[ local,object,uuid(0000013E-0000-0000-C000-000000000046) ]
interface IServerSecurity : IUnknown {
// Sicherheitseinstellungen des Aufrufers ermitteln
  HRESULT QueryBlanket(
    [out] DWORD    *pAuthnSvc,      // Authentifizierungspaket
    [out] DWORD    *pAuthzSvc,      // Autorisierungspaket
    [out] OLECHAR **pServerName,    // Server-Name
    [out] DWORD    *pAuthnLevel,    // Authentifizierungsstufe
    [out] DWORD    *pImpLevel,      // Ebene für Identitätswechsel
    [out] void    **pPrivs,         // Benutzername des Client
    [out] DWORD    *pCaps           // EOAC-Flags
  );
// Ausführung mit Anmeldedaten des Aufrufers beginnen
  HRESULT ImpersonateClient(void);
// Ausführung mit Anmeldedaten des Aufrufers beenden
  HRESULT RevertToSelf(void);
// Prüfen, ob Identitätswechsel vorliegt
  BOOL IsImpersonating(void);
}
```

Die Methode IServerSecurity::QueryBlanket gibt die Sicherheitseinstellungen zurück, die für den aktuellen ORPC-Aufruf tatsächlich verwendet wurden (und die sich
aufgrund der SSP-spezifischen Behandlung der Sicherheitsstufen von den Einstellungen des Client unterscheiden können). Wie bei der Methode IClientSecurity::Que-
ryBlanket, kann der Aufrufer auch bei der Methode IServerSecurity::QueryBlanket
Nullwerte für Parameter übergeben, die für ihn nicht von Belang sind. Es folgt ein
Beispiel für eine Methodenimplementierung, die vor der Bearbeitung des Aufrufs sicherstellt, daß der Aufrufer die Verschlüsselung aktiviert hat:

```
STDMETHODIMP Gorilla::SwingFromTree(/*[in]*/ long nTreeID) {
// Aktuellen Aufrufkontext abrufen
  IServerSecurity *pss = 0;
  HRESULT hr = CoGetCallContext(IID_IServerSecurity,
                                (void**)&pss);
  DWORD dwAuthnLevel;
  if (SUCCEEDED(hr)) {
// Authentifizierungsstufe des aktuellen Aufrufs ermitteln
  hr = pss->QueryBlanket(0, 0, 0, &dwAuthnLevel, 0, 0, 0);
  pss->Release();
}
// Prüfen, ob die korrekte Authentifizierungsstufe verwendet wird
  if (FAILED(hr) ||
      dwAuthnLevel != RPC_C_AUTHN_LEVEL_PKT_PRIVACY)
    hr = APE_E_NOPUBLICTREE;
  else
    hr = this->ActuallySwingFromTree(nTreeID);
  return hr;
}
```

Wie bei der Schnittstelle IClientSecurity, sind auch alle Methoden der Schnittstelle IServerSecurity als API-Funktionen verfügbar. Die folgende Methodenimplementierung verwendet die API-Funktionen, statt direkt auf die Methoden der
Schnittstelle IServerSecurity zuzugreifen:

```
STDMETHODIMP Gorilla::SwingFromTree(/*[in]*/ long nTreeID) {
  DWORD dwAuthnLevel;
// Authentifizierungsstufe des aktuellen Aufrufs ermitteln
  HRESULT hr = CoQueryClientBlanket(0, 0, 0, &dwAuthnLevel,
                                    0, 0, 0);
// Prüfen, ob die korrekte Authentifizierungsstufe verwendet wird
  if (FAILED(hr) ||
      dwAuthnLevel != RPC_C_AUTHN_LEVEL_PKT_PRIVACY)
    hr = APE_E_NOPUBLICTREE;
  else
    hr = this->ActuallySwingFromTree(nTreeID);
  return hr;
}
```

Auch hier erfordert die letztere Version weniger Programmieraufwand und ist daher etwas weniger fehleranfällig.

Die Methode `IServerSecurity::QueryBlanket` ermöglicht der Objektimplementierung auch, über den Parameter `pPrivs` die Sicherheitskennung des Aufrufers zu ermitteln. Wie im Fall der an `IClientSecurity::SetBlanket` übergebenen Anmeldedaten und Kennwörter, ist das genaue Format dieser Kennung vom verwendeten Sicherheitspaket abhängig. Unter NTLM ist es eine Zeichenfolge im Format

```
Autorität\Kontoname
```

Mit der folgenden Methodenimplementierung wird die Sicherheitskennung des Aufrufers mit Hilfe der API-Funktion `CoQueryClientBlanket` ermittelt:

```
STDMETHODIMP Gorilla::EatBanana( ) {
  OLECHAR *pwszClientPrincipal = 0;
// Sicherheitskennung des Aufrufers ermitteln
  HRESULT hr = CoQueryClientBlanket(0, 0, 0, 0, 0,
                    (void**)&pwszClientPrincipal, 0);
// Benutzername aufzeichnen
  if (SUCCEEDED(hr)) {
    this->LogCallerIDToFile(pwszClientPrincipal);
    hr = this->ActuallyEatBanana();
  }
  return hr;
}
```

Die Sicherheitskennung des Aufrufers läßt sich nur dann durch einen Aufruf von `CoQueryClientBlanket` ermitteln, wenn der Aufrufer (1) zumindest `RPC_C_IMP_LEVEL_IDENTIFY` als automatische (oder explizite) Ebene für den Identitätswechsel und (2) zumindest `RPC_C_AUTHN_LEVEL_CONNECT` als automatische (oder explizite) Authentifizierungsstufe angegeben hat. Falls der Aufrufer ein Element der Struktur `COAUTHIDENTITY` in den Sicherheitseinstellungen des Proxy-Objekts verwendet und damit den Namen des Aufrufers geändert hat, wird statt dessen der geänderte Name zurückgegeben.

Ebenso wie man mit der Schnittstelle `IClientSecurity` sämtliche Sicherheitseinstellungen, die in Methodenaufrufen verwendet werden, steuern kann, ist es möglich und sinnvoll, die Sicherheitseinstellungen für Aktivierungsaufrufe zu kontrollieren. Leider erfolgen Aktivierungsaufrufe über globale API-Funktionen, für die kein Proxy-Manager verfügbar ist, von dem man die Schnittstelle `IClientSecurity` anfordern könnte. Damit Aufrufer die Sicherheitseinstellungen für Aktivierungsaufrufe festlegen können, akzeptieren alle Aktivierungsfunktionen die Struktur `COSERVERINFO` als Parameter:

```
typedef struct _COSERVERINFO {
  DWORD          dwReserved1;
  LPWSTR         pwszName;
```

```
COAUTHINFO *        pAuthInfo;
DWORD               dwReserved2;
} COSERVERINFO;
```

Wie in einem vorherigen Kapitel bereits angemerkt, kann der Aufrufer über das Datenelement pwszName explizit angeben, welcher Host-Rechner die Aktivierungs-anforderung bedienen soll. Das dritte Datenelement (pAuthInfo) zeigt auf eine Datenstruktur, mit der der Aufrufer die Sicherheitseinstellungen festlegen kann, die für den Aktivierungsaufruf verwendet werden sollen. Dieser Parameter ist ein Zeiger auf eine COAUTHINFO-Struktur, die wie folgt definiert ist:

```
typedef struct _COAUTHINFO {
   DWORD               dwAuthnSvc;
   DWORD               dwAuthzSvc;
   LPWSTR              pwszServerPrincName;
   DWORD               dwAuthnLevel;
   DWORD               dwImpersonationLevel;
   COAUTHIDENTITY *    pAuthIdentityData;
   DWORD               dwCapabilities;
} COAUTHINFO;
```

Diese Datenelemente entsprechen den Parametern von IClientSecurity::SetBlan-ket, werden jedoch nur während des Aktivierungsaufrufs verwendet und haben keinen Einfluß auf das resultierende Schnittstellen-Proxy-Objekt.[12]

Im folgenden Quelltextfragment wird ein Aktivierungsaufruf definiert, bei dem der SCM mit Hilfe der Struktur COAUTHINFO gezwungen wird, die Daten des Aktivierungsaufrufs zu verschlüsseln (RPC_C_AUTHN_LEVEL_PKT_PRIVACY):

```
void CreateSecretChimp(IApe *&rpApe) {
  rpApe = 0;
// COAUTHINFO-Struktur anlegen, um Sicherheitsstufe festzulegen
  COAUTHINFO cai = {
    RPC_C_AUTHN_WINNT, RPC_C_AUTHZ_NONE, 0,
    RPC_C_AUTHN_LEVEL_PKT_PRIVACY,
    RPC_C_IMP_LEVEL_IDENTIFY,
    0, 0
  };
// Aktivierungsaufruf gemäß COAUTHINFO absetzen
  COSERVERINFO csi = { 0, 0, &cai, 0 };
  IApeClass *pac = 0;
  hr = CoGetClassObject(CLSID_Chimp, CLSCTX_ALL, &csi,
                        IID_IApeClass, (void**)&pac);
  assert(SUCCEEDED(hr));
```

---

12. Es muß darauf hingewiesen werden, daß möglicherweise nicht alle Authentifizierungspakete unterstützt werden, da der server-seitige SCM der Empfänger des Aktivierungsaufrufs ist. Der Dienstkontroll-Manager (oder SCM) von Windows NT 4.0 unterstützt lediglich NTLM. Nähere Informationen über die Sicherheitspakete, die unter Windows NT 5.0 unterstützt werden, finden Sie in der betreffenden Produktdokumentation.

```
// Im Aktivierungsaufruf wurde Verschlüsselung verwendet,
// aber pac verwendet die automatischen Sicherheitseinstellungen
  hr = pac->CreateApe(&rpApe);
  pac->Release();
  return hr;
}
```

Es ist zu beachten, daß das resultierende Schnittstellen-Proxy-Objekt für IApe-Class die automatischen Sicherheitseinstellungen verwendet, die zuvor über CoInitializeSecurity festgelegt wurden, da die Struktur COAUTHINFO nur den Aktivierungsaufruf betrifft. Infolgedessen werden im Aufruf von IApeClass::Create-Ape die automatischen Sicherheitseinstellungen verwendet und nicht diejenigen, die mit der COAUTHINFO-Stuktur definiert worden sind. Um sicherzustellen, daß während der Erstellung oder Bearbeitung eines neuen Chimp-Objekts die Daten verschlüsselt werden, muß diese Funktion dahingehend abgeändert werden, daß für die Schnittstellen-Proxy-Objekte für IApeClass und IApe die entsprechenden Sicherheitseinstellungen definiert werden:

```
// Aufrufe der IApeClass-Referenz verschlüsseln
CoSetProxyBlanket(pac, RPC_C_AUTHN_WINNT, RPC_C_AUTHZ_NONE,
             0, RPC_C_AUTHN_LEVEL_PKT_PRIVACY,
             RPC_C_IMP_LEVEL_ANONYMOUS, 0, EOAC_NONE);

// Objekt anlegen
pac->CreateApe(&rpApe);

// Aufrufe der IApe-Referenz verschlüsseln
CoSetProxyBlanket(rpApe, RPC_C_AUTHN_WINNT, RPC_C_AUTHZ_NONE,
             0, RPC_C_AUTHN_LEVEL_PKT_PRIVACY,
             PC_C_IMP_LEVEL_ANONYMOUS, 0, EOAC_NONE);
```

Der Einsatz der Struktur COAUTHIDENTITY in Aktivierungsaufrufen ermöglicht dem Aufrufer, Objekte in Prozessen anzulegen, die andernfalls für das Benutzerkonto des aufrufenden Prozesses nicht zugänglich wären. Es liegt dann allerdings in der Verantwortung des Aufrufers, zu gewährleisten, daß der Proxy-Manager die gleichen Anmeldedaten bei der Freigabe des Schnittstellenzeigers verwendet, da andernfalls vom Server belegte Ressourcen verlorengehen. Wie in diesem Kapitel bereits erwähnt, werden die Sicherheitseinstellungen des Proxy-Managers über Aufrufe von IClientSecurity::SetBlanket in der IUnknown-Implementierung des Proxy-Managers festgelegt.

6.7 Zugriffskontrolle

Wie in diesem Kapitel bereits festgestellt wurde, kann sich jeder Prozeß gegen unberechtigte Zugriffe schützen. COM unterscheidet zwei Ebenen der Zugriffskontrolle: *Startberechtigungen* und *Zugriffsberechtigungen*. Der SCM ermittelt anhand der Startberechtigungen, welche Benutzer über Aktivierungsaufrufe Server-Prozesse starten können. Zugriffsberechtigungen legen fest, welche Benutzer auf die Objekte eines Prozesses zugreifen können, nachdem der Server gestartet worden ist. Beide Typen der Zugriffskontrolle können mit Hilfe des Programms DCOM-CNFG.EXE konfiguriert werden, aber nur die Zugriffsberechtigungen lassen sich programmgesteuert zur Laufzeit festlegen (sobald der Server-Prozeß gestartet worden ist, ist es zu spät, einem Benutzer die Startberechtigung zu verweigern). Die Startberechtigungen werden dagegen vom SCM während der Aktivierung überprüft.

Wenn der SCM feststellt, daß ein neuer Server-Prozeß gestartet werden muß, versucht er, einen NT-Bezeicher vom Typ SECURITY_DESCRIPTOR zu finden, der beschreibt, welche Benutzer zum Start des Server-Prozesses berechtigt sind. Der SCM durchsucht zuerst die AppID der Klasse nach einer expliziten Einstellung hinsichtlich der Startberechtigungen. Diese Einstellung liegt als serialisierter, selbstreferenzierender NT-Sicherheitsbezeichner vor, der unter dem Namen LaunchPermission innerhalb des Schlüssels AppID gespeichert wird:

```
[HCKR\AppID\{27EE6A4D-DF65-11d0-8C5F-0080C73925BA}]
LaunchPermission=<serialisierter NT-Sicherheitsbezeichner>
```

Ist dieser Eintrag nicht vorhanden, sucht der SCM nach den für den gesamten Rechner gültigen Startberechtigungen, die unter folgendem Eintrag gespeichert werden:

```
[HKEY_LOCAL_MACHINE\Software\Microsoft\OLE]
DefaultLaunchPermission=<serialisierter NT-Sicherheitsbezeichner>
```

Diese beiden Einstellungen können mit DCOMCNFG.EXE verändert werden. Falls diese Registrierungseinträge nicht vorhanden sind, erstellt COM einen Sicherheitsbezeichner, der der Gruppe Administrators und den vordefinierten Benutzerkonten SYSTEM und INTERACTIVE Startberechtigungen einräumt. Wird ein SECURITY_DESCRIPTOR gefunden, vergleicht der SCM den Sicherheitsbezeichner des Ausstellers des Aktivierungsaufrufs (oder Activators) mit der Zugriffskontrolliste oder DACL (Discretionary Access Control List) des SECURITY_DESCRIPTOR, um festzustellen, ob der Activator berechtigt ist, den Server-Prozeß zu starten. Falls der Activator hierzu nicht berechtigt ist, scheitert der Aktivierungsaufruf und liefert den HRESULT-Wert E_ACCESSDENIED. In diesem Fall wird kein Server-Prozeß gestartet. Andernfalls startet der SCM den Server-Prozeß und fährt mit der Bearbeitung der Aktivierungsanforderung fort.

Startberechtigungen regeln nur, welche Benutzer Server-Prozesse über Aktivierungsanforderungen starten können. Diese Berechtigungen werden stets vom SCM anhand der in der Registrierung gespeicherten Daten überprüft. Zugriffsberechtigungen regeln, welche Benutzer mit den Objekten des Server-Prozesses kommunizieren können. Diese Berechtigungen werden von der COM-Bibliothek überprüft, sobald eine Verbindungsanforderung von einem Client eingeht. Entwickler können mit Hilfe der API-Funktion `CoInitializeSecurity` die Zugriffsberechtigungen für einen Prozeß festlegen.

Prozesse, die `CoInitializeSecurity` nicht explizit aufrufen, verwenden automatisch die Zugriffskontrolliste, die im Registrierungsschlüssel `AppID` der Anwendung gespeichert ist:

```
[HCKR\AppID\{27EE6A4D-DF65-11d0-8C5F-0080C73925BA}]
AccessPermission=<serialisierter NT-Sicherheitsbezeichner>
```

Wie oben bereits erläutert wurde, sucht COM nach einer rechnerweiten Standardeinstellung und legt, wenn keine gefunden wurde, eine neue Zugriffskontrolliste an, die lediglich den Benutzernamen des Server-Prozesses und das vordefinierte Benutzerkonto `SYSTEM` enthält.

Anwendungen, die `CoInitializeSecurity` aufrufen, können steuern, welchen Aufrufern der Zugriff auf Objekte gewährt wird, die vom aktuellen Prozeß exportiert werden. Gemäß Voreinstellung kann als erster Parameter von `CoInitializeSecurity` ein Zeiger auf einen NT-Bezeichner vom Typ `SECURITY_DES-CRIPTOR` angegeben werden. Falls der Aufrufer für diesen Parameter einen Nullzeiger übergibt, läßt COM Aufrufe mit beliebigen Benutzerkennungen zu. Übergibt der Aufrufer einen gültigen Zeiger auf einen Sicherheitsbezeichner, ermittelt COM anhand der DACL des Sicherheitsbezeichners, welche Aufrufer auf die Objekte des Prozesses zugreifen können. In den SDK-Header-Dateien ist ein spezieller Bezeichner (`COM_RIGHTS_EXECUTE`) definiert, der zur Erstellung von DACLs verwendet werden kann, mit denen Benutzern der Zugriff auf die Objekte des Prozesses explizit gewährt oder verweigert wird.

Obwohl es zulässig ist, mit der Win32-API einen Bezeichner vom Typ `SECURITY_DE-SCRIPTOR` zu erstellen, der an `CoInitializeSecurity` übergeben wird, ist es aufgrund der Undurchschaubarkeit der Sicherheitsfunktionen der ursprünglichen Win32-API nicht empfehlenswert, auf diese Weise den Zugriff auf die Objekte eines Prozesses zu kontrollieren. Um die Programmierung der COM-Zugriffskontrolle zu vereinfachen, erlaubt die COM-Implementierung des Windows NT 4.0 Service Pack 2 Entwicklern, ein COM-Objekt zu bestimmen, das COM beim Aufbau neuer Verbindungen zur Überprüfung der Zugriffsberechtigungen verwenden soll. Dieses Objekt wird während des Aufrufs von `CoInitializeSecurity` in der COM-Bibliothek registriert. Es muß die Schnittstelle `IAccessControl` implementieren:

```
[ object,uuid(EEDD23E0-8410-11CE-A1C3-08002B2B8D8F) ]
interface IAccessControl : IUnknown {
// Den in der Liste verzeichneten Benutzern Zugriff gewähren
  HRESULT GrantAccessRights(
    [in] PACTRL_ACCESSW  pAccessList
  );
// Zugriffsrechte für Benutzerliste festlegen
  HRESULT SetAccessRights(
    [in] PACTRL_ACCESSW  pAccessList     // Benutzer und Rechte
  );
// Besitzer-/Gruppen-IDs des Bezeichners festlegen
  HRESULT SetOwner(
    [in] PTRUSTEEW        pOwner,        // Besitzer-ID
    [in] PTRUSTEEW        pGroup         // Gruppen-ID
  );
// Den in der Liste verzeichneten Benutzern Zugriff verweigern
  HRESULT RevokeAccessRights(
    [in] LPWSTR           lpProperty,    // nicht verwendet
    [in] ULONG            cTrustees,     // Benutzeranzahl
    [in, size_is(cTrustees)] TRUSTEEW prgTrustees[] // Benutzer
  );
// Liste der Benutzer und Zugriffsrechte abrufen
  HRESULT GetAllAccessRights(
    [in] LPWSTR            lpProperty,    // nicht verwendet
    [out] PACTRL_ACCESSW  *ppAccessList, // Benutzer und Rechte
    [out] PTRUSTEEW       *ppOwner,      // Besitzer-ID
    [out] PTRUSTEEW       *ppGroup       // Gruppen-ID
  );
// Wird von COM aufgerufen, um Zugriff auf ein Objekt zu gewähren
// oder zu verweigern
  HRESULT IsAccessAllowed(
    [in] PTRUSTEEW        pTrustee,         // ID des Aufrufers
    [in] LPWSTR          lpProperty,       // nicht verwendet
    [in] ACCESS_RIGHTS   Rights,           // COM_RIGHTS_EXECUTE
    [out] BOOL           *pbAllowed        // Ja/Nein!
  );
}
```

Diese Schnittstelle soll es Entwicklern ermöglichen, Zugriffskontrollobjekte mit Hilfe von statischen Datentabellen zu erstellen, die Benutzerdaten bestimmte Zugriffsrechte zuordnen. Diese Schnittstelle basiert auf der neuen Sicherheits-API von Windows NT 4.0. Bei dieser API ist der wichtigste Datentyp die Struktur TRUSTEE:

```
typedef struct _TRUSTEE_W {
    struct _TRUSTEE_W          *pMultipleTrustee;
    MULTIPLE_TRUSTEE_OPERATION MultipleTrusteeOperation;
    TRUSTEE_FORM               TrusteeForm;
    TRUSTEE_TYPE               TrusteeType;
```

```
[switch_is(TrusteeForm)]
union {
[case(TRUSTEE_IS_NAME)]
  LPWSTR                  ptstrName;
[case(TRUSTEE_IS_SID)]
  SID                     *pSid;
};
} TRUSTEE_W, *PTRUSTEE_W, TRUSTEEW, *PTRUSTEEW;
```

Dieser Datentyp wird zur Beschreibung von Anmeldenamen verwendet. Die ersten beiden Parameter (pMultipleTrustee und MultipleTrusteeOperation) erlauben dem Aufrufer, zwischen physischen Anmeldungen und Identitätswechseln zu unterscheiden. Der fünfte Parameter (ptstrName/pSid) enthält entweder den NT Sicherheitsbezeichner (SID) oder den Namen eines Benutzerkontos im Textformat, wobei der dritte Parameter (TrusteeForm) angibt, welches Union-Element verwendet wird. Der vierte Parameter (TrusteeType) gibt an, ob es sich beim angegebenen Namen um ein Benutzer- oder ein Gruppenkonto handelt.

Für die Zuordnung von Zugriffsrechten zu Trustees, den »Vertrauensträgern«, stellt die Win32-API zudem den Datentyp ACTRL_ACCESS_ENTRY zur Verfügung:

```
typedef struct _ACTRL_ACCESS_ENTRYW {
  TRUSTEE_W      Trustee;         // Wer?
  ULONG          fAccessFlags;    // Zulassen/verweigern?
  ACCESS_RIGHTS  Access;          // Welche Berechtigungen?
  ACCESS_RIGHTS  ProvSpecificAccess; // nicht von COM verwendet
  INHERIT_FLAGS  Inheritance;     // nicht von COM verwendet
  LPWSTR         lpInheritProperty; // nicht von COM verwendet
} ACTRL_ACCESS_ENTRYW, *PACTRL_ACCESS_ENTRYW;
```

sowie einen Datentyp, mit dem sich Zugriffsverzeichnislisten erstellen lassen, die Trustees und ihre Zugriffsrechte aufnehmen:

```
typedef struct _ACTRL_ACCESS_ENTRY_LISTW {
  ULONG    cEntries;
  [size_is(cEntries)] ACTRL_ACCESS_ENTRYW   *pAccessList;
} ACTRL_ACCESS_ENTRY_LISTW, *PACTRL_ACCESS_ENTRY_LISTW;
```

Schließlich bietet Win32 zwei weitere Datentypen, die die Zuordnung von Zugriffsverzeichnislisten zu benannten Eigenschaften ermöglichen:

```
typedef struct _ACTRL_PROPERTY_ENTRYW {
  LPWSTR   lpProperty;                      // nicht von COM verwendet
  ACTRL_ACCESS_ENTRY_LISTW *pAccessEntryList;
  ULONG                    fListFlags; // nicht von COM verwendet
} ACTRL_PROPERTY_ENTRYW, *PACTRL_PROPERTY_ENTRYW;
```

```
typedef struct _ACTRL_ALISTW {
  ULONG     cEntries;
  [size_is(cEntries)]
  ACTRL_PROPERTY_ENTRYW    *pPropertyAccessList;
} ACTRL_ACCESSW, *PACTRL_ACCESSW;
```

Obwohl COM von den durch diese beiden Datentypen gebotenen Möglichkeiten zur Zuordnung von Eigenschaften derzeit keinen Gebrauch macht, wird der Datentyp ACTRL_ACCESSW von der Schnittstelle IAccessControl zur Darstellung von Zugriffskontrollisten verwendet. Der Grund hierfür ist, daß diese Schnittstelle auch ausgiebig vom Verzeichnisdienst von Windows NT 5.0 verwendet wird, der eine eigenschaftenbezogene Zugriffskontrolle erfordert.

COM stellt eine Implementierung der Schnittstelle IAccessControl (CLSID_DCOM-AccessControl) zur Verfügung, die Aufrufer mit Hilfe der Zugriffskontrolltypen von NT 4.0 mit Kontonamen und Zugriffsrechten ausfüllen können.[13] Das folgende Quelltextfragment verwendet diese Implementierung, um ein Zugriffskontrollobjekt anzulegen, das dem vordefinierten Konto SYSTEM und den Benutzern der Gruppe Sales\Managers Zugriff gewährt, einem bestimmten Benutzer namens Sales\Bob den Zugriff jedoch verweigert:

```
HRESULT CreateAccessControl(IAccessControl * &rpac) {
  *rpac = 0;
// Standardzugriffskontrollobjekt erstellen
  HRESULT hr = CoCreateInstance(CLSID_DCOMAccessControl,
                   0, CLSCTX_ALL, IID_IAccessControl,
                   (void**)&rpac);
  if (SUCCEEDED(hr)) {
// Mit NT4-Datentypen Liste mit Benutzern und Zugriffsrechten erstellen
    ACTRL_ACCESS_ENTRYW rgaae[] = {
      { {0, NO_MULTIPLE_TRUSTEE, TRUSTEE_IS_NAME,
        TRUSTEE_IS_USER, L"Sales\\Bob" },
        ACTRL_ACCESS_DENIED, COM_RIGHTS_EXECUTE, 0,
        NO_INHERITANCE, 0 },
      { {0, NO_MULTIPLE_TRUSTEE, TRUSTEE_IS_NAME,
        TRUSTEE_IS_GROUP, L"Sales\\Managers" },
        ACTRL_ACCESS_ALLOWED, COM_RIGHTS_EXECUTE, 0,
        NO_INHERITANCE, 0 },
      { {0, NO_MULTIPLE_TRUSTEE, TRUSTEE_IS_NAME,
        TRUSTEE_IS_USER, L"System" },
        ACTRL_ACCESS_ALLOWED, COM_RIGHTS_EXECUTE, 0,
        NO_INHERITANCE, 0 },
    };
```

---

13. Diese Klasse implementiert auch die Schnittstelle IPersistStream. In serialisierter Form wird sie vom SCM verwendet, um im Rahmen der Selbstregistrierung den Registrierungseintrag AccessPermissions hinzuzufügen.

```
        ACTRL_ACCESS_ENTRY_LISTW aael =
            { sizeof(rgaae)/sizeof(*rgaae), rgaae };
        ACTRL_PROPERTY_ENTRYW ape = { 0, &aael, 0 };
        ACTRL_ACCESSW aa = { 1, &ape };
// Liste der Anwender und Rechte dem Zugriffskontrollobjekt zeigen
    hr = rpac->SetAccessRights(&aa);
    }
    return hr;
}
```

Mit Hilfe dieser Funktion kann eine Anwendung das neu erstellte Zugriffskontrollobjekt auf folgende Weise ihrem Prozeß zuordnen:

```
IAccessControl *pac = 0;
HRESULT hr = CreateAccessControl(pac);
assert(SUCCEEDED(hr));
hr = CoInitializeSecurity(pac, -1, 0, 0,
        RPC_C_AUTHN_LEVEL_PKT, RPC_C_IMP_LEVEL_IDENTIFY, 0,
        EOAC_ACCESS_CONTROL, // IAccessControl verwenden
        0);
assert(SUCCEEDED(hr));
pac->Release(); // COM hält Referenz bis zum letzten CoUninit.
```

Das Flag EOAC_ACCESS_CONTROL gibt an, daß der erste Parameter von CoInitializeSecurity ein Schnittstellenzeiger für IAccessControl und kein Zeiger auf einen NT-Sicherheitsbezeichner vom Typ SECURITY_DESCRIPTOR ist. Bei jeder eingehenden Verbindungsanforderung ermittelt COM mit Hilfe der Methode IsAccessAllowed dieses Objekts, ob dem Aufrufer der Zugriff auf die Objekte des Prozesses gewährt oder verweigert wird. Es ist interessant, daß der Aufruf von CoCreateInstance, mit dem ein Zeiger auf die Standardimplementierung von IAccessControl angefordert wird, zulässig ist, obwohl diese Anweisungen vor dem ersten interessanten COM-Aufruf ausgeführt werden müssen, da der CoCreateInstance-Aufruf von COM nicht als interessanter Aufruf gewertet wird.

Falls die Liste der autorisierten Benutzer beim Starten des Prozesses nicht bekannt ist, kann man eine benutzerdefinierte Implementierung von IAccessControl registrieren, die in ihrer Implementierung von IsAccessAllowed eine Art Laufzeitzugriffskontrolle durchführt. Da COM lediglich die Methode IsAccessAllowed verwendet, können bei solch einer benutzerdefinierten Implementierung alle übrigen Methoden von IAccessControl einfach den Wert E_NOTIMPL zurückgeben. Es folgt eine einfache Implementierung von IAccessControl, die nur Benutzern, deren Benutzernamen den Buchstaben »x« aufweist, Zugriff auf die Objekte des Prozesses gewährt:

```
class XOnly : public IAccessControl {
// Methoden von IUnknown
  STDMETHODIMP QueryInterface(REFIID riid, void**ppv){
```

```
      if (riid == IID_IAccessControl || riid == IID_IUnknown)
        *ppv = static_cast<IAccessControl*>(this);
      else
        return (*ppv = 0), E_NOINTERFACE;
      ((IUnknown*)*ppv)->AddRef();
      return S_OK;
      }
  STDMETHODIMP_(ULONG) AddRef(void) { return 2; }
  STDMETHODIMP_(ULONG) Release(void) { return 1; }
// Methoden von IAccessControl
  STDMETHODIMP GrantAccessRights(ACTRL_ACCESSW *)
  { return E_NOTIMPL; }
   STDMETHODIMP SetAccessRights(ACTRL_ACCESSW *)
  { return E_NOTIMPL; }
  STDMETHODIMP SetOwner(PTRUSTEEW,PTRUSTEEW)
  { return E_NOTIMPL; }
  STDMETHODIMP RevokeAccessRights(LPWSTR,ULONG, TRUSTEEW [])
  { return E_NOTIMPL; }
  STDMETHODIMP GetAllAccessRights(LPWSTR,
    PACTRL_ACCESSW_ALLOCATE_ALL_NODES *,
    PTRUSTEEW *,PTRUSTEEW *)
  { return E_NOTIMPL; }
// COM ruft lediglich diese Methode von IAccessControl auf.
  STDMETHODIMP IsAccessAllowed(
      PTRUSTEEW pTrustee, LPWSTR lpProperty,
      ACCESS_RIGHTS AccessRights, BOOL *pbIsAllowed) {
// Prüfen, ob Trustee eine Zeichenfolge enthält
    if (pTrustee == 0
      || pTrustee->TrusteeForm != TRUSTEE_IS_NAME)
      return E_UNEXPECTED;
// Nach X oder x suchen und falls vorhanden, Zugriff gewähren
// andernfalls Zugriff verweigern.
    *pbIsAllowed = wcsstr(pTrustee->ptstrName, L"x") != 0
                 || wcsstr(pTrustee->ptstrName, L"X") != 0;
    return S_OK;
  }
};
```

Wenn eine Instanz der vorstehenden C++-Klasse mit der Funktion CoInitializeSecurity registriert wird:

```
XOnly xo; // Instanz der C++-Klasse deklarieren
Hr = CoInitializeSecurity(static_cast<IAccessControl*>(&xo),
                   -1, 0, 0, RPC_C_AUTHN_LEVEL_PKT,
                   RPC_C_IMP_LEVEL_IDENTIFY, 0,
                   EOAC_ACCESS_CONTROL, // IAccessControl verwenden
                   0);
assert(SUCCEEDED(hr));
```

werden keine eingehenden Aufrufe von Benutzern akzeptiert, deren Benutzername kein »x« enthält. Da dem Namen des Trustee der Domänennamen vorangestellt wird, kann mit diesem einfachen Test auch den Benutzerkonten Zugriff gewährt werden, die zu Domänen gehören, deren Namen ein »x« enthalten. Obwohl dieser Zugriffskontrolltest wahrscheinlich nicht sehr hilfreich ist, zeigt er, wie man ein benutzerdefiniertes `IAccessControl`-Objekt mit `CoInitializeSecurity` verwendet.

6.8 Token-Verwaltung

Unter Windows NT verfügt jeder Prozeß über einen Zugriffsbezeichner, ein sogenannten Zugriffs-Token, der die Anmeldedaten eines Benutzernamens repräsentiert. Dieses Token wird während der Prozeßinitialisierung erstellt und enthält verschiedene Informationen über den Benutzer, unter anderem den NT-Sicherheitsbezeichner (SID) des Benutzers, die Liste der Gruppen, zu der der Benutzer gehört und die Liste der Zugriffsberechtigungen des Benutzers (die z.B. festlegen, ob der Benutzer das System herunterfahren kann, ob der Benutzer die Systemuhr einstellen kann). Wenn ein Prozeß versucht, auf sichere Betriebssystemressourcen (z.B. Dateien, Registrierungseinträge, Semaphoren) zuzugreifen, verwendet die Sicherheitsüberwachung von NT das Token des Aufrufers für die Überwachung und Zugriffskontrolle.

Wenn ein Prozeß eine ORPC-Anforderungsnachricht empfängt, sorgt COM dafür, daß der zugehörige Methodenaufruf entweder in einem RPC-Thread (bei MTA-basierten Objekten) oder in einem von einem Benutzer erzeugten Thread (bei STA-basierten Objekten) ausgeführt wird. In beiden Fällen wird zur Ausführung der Methode das Zugriffs-Token des Prozessen verwendet. Im allgemeinen ist dies erwünscht, da Objektimplementoren auf diese Weise vorhersagen können, welche Zugriffsberechtigungen ihre Objekte haben, unabhängig davon, welcher Benutzer die Anforderung gestellt hat. Es ist jedoch gelegentlich hilfreich, wenn eine Methode mit den Anmeldedaten des Client, der die Methode aufgerufen hat, ausgeführt werden kann, um die normalen Zugriffsberechtigungen des Objekts erweitern oder einschränken zu können. Windows NT erlaubt zu diesem Zweck die Zuweisung von Zugriffs-Token zu einzelnen Threads. Wenn ein Thread sein eigenes Token besitzt, ignoriert die Sicherheitsüberwachung von NT das Prozeß-Token. Statt dessen wird das Token, das dem Thread zugewiesen ist, zur Überwachung und Zugriffskontrolle verwendet. Obwohl es möglich ist, Token über Programmanweisungen zu erstellen und Threads zuzuweisen, bietet COM einen viel direkteren Mechanismus einer auf dem Token basierenden ORPC-Anforderung, die vom aktuellen Thread bedient wird. Dieser Mechanismus verwendet das Aufrufkontextobjekt.

Rufen Sie sich in Erinnerung, daß das Aufrufkontextobjekt einem Thread zugeordnet wird, wenn eine ORPC-Anforderung an ein Schnittstellen-Stub-Objekt
weitergeleitet wird. Objektimplementierungen greifen über die API-Funktion Co-
GetCallContext auf das Aufrufkontextobjekt zu. Das Aufrufkontextobjekt implementiert die Schnittstelle IServerSecurity:

```
[ local,object,uuid(0000013E-0000-0000-C000-000000000046) ]
interface IServerSecurity : IUnknown {
// Sicherheitseinstellungen des Aufrufers ermitteln
  HRESULT QueryBlanket(
    [out] DWORD     *pAuthnSvc,   // Authentifizierungspaket
    [out] DWORD     *pAuthzSvc,   // Autorisierungspaket
    [out] OLECHAR   **pServerName, // Server-Name
    [out] DWORD     *pAuthnLevel, // Authentifizierungsstufe
    [out] DWORD     *pImpLevel,   // Ebene für Identitätswechsel
    [out] void      **pPrivs,     // Benutzername des Client
    [out] DWORD     *pCaps        // EOAC-Flags
  );
// Ausführung mit Anmeldedaten des Aufrufers starten
  HRESULT ImpersonateClient(void);
// Ausführung mit Anmeldedaten des Aufrufers beenden
  HRESULT RevertToSelf(void);
// Prüfen, ob Identitätswechsel vorliegt
  BOOL IsImpersonating(void);
}
```

In diesem Kapitel wurde bereits die Methode QueryBlanket erläutert. Die übrigen
drei Methoden werden zur Verwaltung der Thread-Token während der Methodenausführung verwendet. Die Methode ImpersonateClient erstellt anhand der
Anmeldedaten des Client ein Zugriffs-Token und weist dieses Token dem aktuellen Thread zu. Sobald IServerSecurity::ImpersonateClient die Kontrolle zurückgibt, werden alle Versuche, auf Betriebssystemressourcen zuzugreifen, anhand
der Zugriffsberechtigungen des Client und nicht der des Objekts entschieden.
Die Methode RevertToSelf bewirkt, daß der aktuelle Thead wieder das Zugriffs-Token des Prozesses verwendet. Hat die aktuell ausgeführte Methode ihre Arbeit beendet, während das Objekt noch mit den Anmeldedaten des Client ausgeführt
wird, setzt COM implizit den Thread zurück, so daß dieser das Prozeß-Token
verwendet. Die Methode IServerSecurity:: IsImpersonating gibt schließlich an,
ob der aktuelle Thread die Anmeldedaten des Client oder das Token des Prozesses
verwendet. Wie für die Methode QueryBlanket sind für zwei Methoden von IServerSecurity Hüllfunktionen verfügbar, die intern CoGetCallContext und dann die
entsprechende Methode aufrufen:

```
HRESULT  CoImpersonateClient(void); BOOL CoIsImpersonating(void);
HRESULT  CoRevertToSelf(void);
```

Falls mehrere Methoden von ISeverSecurity verwendet werden, ist es in der Regel effizienter, CoGetCallContext einmal aufzurufen und dann über den resultierenden ISeverSecurity-Schnittstellenzeiger die einzelnen Methodenaufrufe zu tätigen.

Der folgende Quelltext zeigt, wie das Aufrufkontextobjekt verwendet wird, um einen Teil einer Methode mit den Anmeldedaten des Client auszuführen:

```
STDMETHODIMP MyClass::ReadWrite(DWORD dwNew, DWORD *pdwOld){
// Mit Token des Servers ausführen, damit niemand den Wert lesen kann
  ULONG cb;
  HANDLE hfile = CreateFile("C:\\file1.bin",GENERIC_READ,
                   0, 0, OPEN_EXISTING, FILE_ATTRIBUTE_NORMAL, 0);
    if (hfile == INVALID_HANDLE_VALUE)
    return MAKE_HRESULT(SEVERITY_ERROR,FACILITY_WIN32,
                   GetLastError());
    ReadFile(hfile, pdwold, sizeof(DWORD), &cb, 0);
    CloseHandle(hfile);

// Aufrufkontextobjekt anfordern
  IServerSecurity *pss = 0;
  HRESULT hr = CoGetCallContext(IID_IServerSecurity,
           (void**)&pss);
    if (FAILED(hr)) return hr;
// Zugriffsberechtigungen des Client dem Thread-Token zuweisen
  hr = pss->ImpersonateClient();
  assert(SUCCEEDED(hr));

// Mit Token des Client ausführen, damit nur Benutzer mit
// Schreibberechtigung für die Datei den Wert ändern können
  hfile = CreateFile("C:\\file2.bin",
                   GENERIC_READ|GENERIC_WRITE, 0, 0,
                   OPEN_EXISTING, FILE_ATTRIBUTE_NORMAL, 0);
    if (hfile == INVALID_HANDLE_VALUE)
    hr = MAKE_HRESULT(SEVERITY_ERROR,FACILTY_WIN32,
                   GetLastError());
  else {
     WriteFile(hfile, &dwNew, sizeof(DWORD), &cb, 0);
     CloseHandle(hfile);
  }
// Thread zurücksetzen, damit wieder der Prozeß-Token verwendet wird
  pss->RevertToSelf();
// Aufrufkontext freigeben
  pss->Release();
  return hr;
}
```

Beachten Sie, daß `CreateFile` zuerst mit den Zugriffsberechtigungen des Prozesses, der das Objekt exportiert, ausgeführt wird, während der zweite Aufruf die Zugriffsberechtigungen des Client verwendet. Falls der Client über die Berechtigung zum Lese- und Schreibzugriff für die betreffende Datei verfügt, wird der zweite Aufruf von `CreateFile` auch dann erfolgreich ausgeführt, wenn dem Prozeß normalerweise der Zugriff auf Datei verweigert wird.

Es ist zu beachten, daß der Client des Objekts die Ebene für Identitätswechsel für das resultierende Token festlegt, obwohl der Aufruf von `IServerSecurity::ImpersonateClient` erfolgreich ausgeführt wird, sofern nicht behebbare Anwendungsfehler auftreten. Jedes Schnittstellen-Proxy-Objekt verfügt über eine Ebene für Identitätswechsel, die durch eine der vier Konstanten `RPC_C_IMP_LEVEL_ANONYMOUS`, `RPC_C_IMP_LEVEL_IDENTIFY`, `RPC_C_IMP_LEVEL_IMPERSONATE` oder `RPC_C_IMP_LEVEL_DELEGATE` definiert sein muß. Während der Unmarshaling-Operationen weist COM dieser Ebene den Wert zu, der im `CoInitializeSecurity`-Aufruf des Client angegeben ist. Diese Einstellung kann jedoch mit Hilfe von `IClientSecurity::SetBlanket` manuell überschrieben werden. Wenn ein Objekt `IServerSecurity::ImpersonateClient` aufruft, wird dem neuen Token höchstens die Ebene zugewiesen, die in dem Schnittstellen-Proxy-Objekt festgelegt ist, das den Aufruf ausgelöst hat. Wenn der Client beispielsweise die Ebene `RPC_C_IMP_LEVEL_IDENTIFY` angegeben hat, kann das Objekt nicht auf Betriebssystemressourcen zugreifen, solange es mit den Zugriffsberechtigungen des Client ausgeführt wird. Das Objekt kann allerdings die Win32-API-Funktionen `OpenThreadToken`/`GetTokenInformation` verwenden, um aus dem Identitätswechsel-Token Informationen über den Client zu entnehmen (z. B. die Sicherheits-ID, Zugehörigkeit zu Gruppen). Es ist zu beachten, daß der Client nicht auf entfernte Ressourcen von anderen Rechnern zugreifen kann, sofern der Client nicht die Ebene `RPC_C_IMP_LEVEL_DELEGATE` verwendet. Dies betrifft sowohl das Öffnen von Dateien in entfernten Dateisystemen als auch authentifizierte COM-Aufrufe mit entfernten Objekten. Leider unterstützt das Authentifizierungsprotokoll von NTLM die Ebene `RPC_C_IMP_LEVEL_DELEGATE` nicht, so daß unter Windows NT 4.0 keine Delegation möglich ist.

Im vorigen Abschnitt wurde betont, daß die Methoden eines Objekts in der Regel mit dem Zugriffs-Token des Objektprozesses ausgeführt werden. Es wurde bislang noch nicht darauf eingegangen, wie gesteuert wird, welcher Benutzername zur Erstellung des Token eines Server-Prozesses verwendet wird. Wenn der SCM einen Server-Prozeß startet, weist er dem neuen Prozeß ein Token zu, das von der Konfiguration des Eintrags `RunAs` unter dem Schlüssel `AppID` abhängt. Falls der Schlüssel `AppID` keinen `RunAs`-Wert enthält, wird davon ausgegangen, daß der Server für den verteilten Zugriff nicht korrekt konfiguriert ist. Damit diese Art von Server-Prozessen keine Sicherheitsrisiken in das System einführen, startet der SCM diese Prozesse mit dem grundlegenden Namen, der die Aktivierungsanforderung ausgestellt hat. Man bezeichnet diesen Typ der Aktivierung häufig als »Als Activator«-Aktivierung, da der Server-Prozeß unter dem gleichen Namen ausgeführt wird wie der startende Benutzer. Diese Art der Aktivierung ist zur Unterstützung der Fernaktivierung von veralteten Servern gedacht und weist verschiedene Tücken auf. Erstens startet COM für jedes Benutzerkonto, das eine Aktierungsanforderung stellt, einen eigenen Server-Prozeß, ungeachtet der Verwendung von `REGCLS_MUL-TIPLEUSE` in `CoRegisterClassObject`. Dies wirkt sich stark auf die Skalierbarkeit aus und macht es zudem unmöglich, alle Instanzen einer Klasse im gleichen Prozeß zu halten. Zweitens wird jeder Server-Prozeß mit einem Token gestartet, das höchstens die Ebene `RPC_C_IMP_LEVEL_IMPERSONATE` enthalten kann, was bedeutet, daß der Server-Prozeß nicht auf entfernte Ressourcen oder Objekte zugreifen kann.[14]

Im Idealfall werden Server-Prozesse so konfiguriert, daß sie unter einem bestimmten Namen ausgeführt werden. Dies läßt sich über die Angabe eines Benutzerkontos als Wert des Eintrags `RunAs` unter dem Schlüssel `AppID` steuern:

```
[HCKR\AppID\{27EE6A4D-DF65-11d0-8C5F-0080C73925BA}]
RunAs="DomäneX\BenutzerY"
```

Ist dieser Eintrag vorhanden, verwendet der SCM den angegebenen Benutzernamen zur Erstellung eines neuen Anmelde-Token und weist dieses Token dem Server-Prozeß zu. Damit dies korrekt funktioniert, sind zwei Dinge erforderlich. Erstens muß das zugehörige Kennwort an einer bestimmten Stelle in der Registrierung unter dem Schlüssel `LSA` (LSA – Local Security Authority) gespeichert sein. Zweitens muß der genannte Benutzer über die Zugriffsberechtigung »Anmelden als Stapelverarbeitungsauftrag« verfügen. Beim Eintragen des `RunAs`-Wertes stellt das Dienstprogramm DCOMCNFG.EXE sicher, daß beide Bedingungen erfüllt sind.[15]

Um zu verhindern, daß böswillige Programme mit Klassen Unsinn anstellen, prüft `CoRegisterClassObject` den Registrierungsschlüssel `AppID` der zu registrierenden Klasse. Falls der Registrierungsschlüssel `AppID` einen `RunAs`-Wert aufweist, stellt COM sicher, daß der Name des Aufrufers mit dem in der Registrierung gespeicherten Namen übereinstimmt. Handelt es sich bei dem Aufrufer nicht um den im Eintrag `RunAs` des Schlüssels `AppID` der Klasse angegebenen Benutzernamen, schlägt der Aufruf von `CoRegisterClassObject` fehl und liefert den `HRESULT`-Wert `CO_E_WRONG_SERVER_IDENTITY`. Da die Konfigurationseinstellungen von COM in einem sicheren Abschnitt der Registrierung gespeichert werden, können nur Benutzer mit entsprechenden Zugriffsberechtigungen darauf Einfluß nehmen, welche Klassen als welche Benutzer ausgeführt werden.

---

14. Dies impliziert natürlich, daß der Aufrufer implizit über `CoInitializeSecurity` oder explizit über eine `COAUTHINFO`-Struktur in der Aktivierungsanforderung zumindest `RPC_C_IMP_LEVEL_IMPERSONATE` angegeben haben muß.
15. Beide Operationen können im Rahmen der Selbstregistrierung ausgeführt werden. Sehen Sie sich hierzu das exzellente Beispiel DCOMPERM von Mike Nelson im Win32 SDK an.

Es ist zu beachten, daß der SCM den Server-Prozeß stets in einer eigenen Window-Station startet, wenn der Eintrag `RunAs` unter dem Schlüssel `AppID` einen Benutzernamen enthält.[16] Das bedeutet, daß der Server-Prozeß nicht ohne weiteres Fenster anlegen kann, die für den interaktiven Benutzer des Rechners sichtbar sind, und daß er nicht ohne weiteres Eingaben von der Tastatur, der Maus oder aus der Zwischenablage lesen kann. Im allgemeinen ist dieser Schutz vorteilhaft, da er verhindert, daß naive COM-Server die Person, die gerade am Rechner angemeldet ist, bei der Arbeit stören.[17] Leider muß ein Server-Prozeß gelegentlich mit dem gegenwärtig angemeldeten Benutzer kommunizieren. Dies läßt sich erreichen, indem man die Win32 API-Funktionen zur Verwaltung von Window-Stations und Desktops so einsetzt, daß ein Thread temporär im interaktiven Desktop ausgeführt wird. Während der Thread im interaktiven Desktop ausgeführt wird, sind alle von ihm erstellten Fenster für den interaktiven Benutzer sichtbar, und der Thread kann auch Hardware-Nachrichten von der Maus oder der Tastatur empfangen. Falls nur eine einfache Ja-/Nein-Antwort vom Benutzer benötigt wird, kann man alternativ hierzu die Win32 API-Funktion `MessageBox` verwenden, die das Flag `MB_SERVICE_NOTIFICATION` unterstützt und somit ein Meldungsfeld auf dem interaktiven Desktop anzeigen kann, ohne zusätzliche Programmanweisungen zu erfordern.

Falls eine umfangreiche Kommunikation mit dem interaktiven Benutzer erforderlich ist, kann die Verwendung der Win32 API-Funktionen recht mühsam sein. In diesem Fall wäre es geschickter, die Komponenten der Benutzeroberfläche in einen zweiten prozeßexternen Server auszulagern, der in einer Window-Station ausgeführt werden kann, die von der primären Objekthierarchie unabhängig ist. Um zu erzwingen, daß der Prozeß, der die Benutzeroberflächenkomponenten enthält, in der Window-Station des interaktiven Benutzers ausgeführt wird, unterstützt COM den `RunAs`-Wert `Interactive User`:

```
[HCKR\AppID\{27EE6A4D-DF65-11d0-8C5F-0080C73925BA}]
RunAs="Interactive User"
```

Wird dieser Wert verwendet, startet COM den neuen Server-Prozeß in der Window-Station des aktuell angemeldeten Benutzers. COM kopiert einfach das Token der aktuellen interaktiven Sitzung während der Erstellung des neuen Server-Prozesses, um die Zugriffsberechtigungen für den neuen Server-Prozeß zu ermitteln.

---

16. Falls der Schlüssel keinen `RunAs`-Wert enthält (d.h. die Klasse ist für die Als-Aktivator-Aktivierung konfiguriert), dann startet der Server-Prozeß in der Window-Station des Aktivators (oder einer neuen Window-Station, falls der Aktivator ein entfernter Client ist). Infolgedessen kann der Server nur dann mit dem interaktiven Benutzer kommunizieren, wenn der Aktivator zufällig dieser interaktive Benutzer ist.

17. Diese Isolierung ist mit Leistungsverlusten verbunden. Jeder Server-Prozeß, der vom SCM mit einem `RunAs`-Benutzernamen gestartet wird, benötigt eine Window-Station und einen Desktop. Windows NT 4.0 ist per Voreinstellung so konfiguriert, daß insgesamt etwa maximal 14 Desktops zulässig sind. Der Artikel Q171890 in der Microsoft Knowledge Base erklärt, wie diese Grenze auf einen vernünftigeren Wert gesetzt werden kann.

Das bedeutet, daß hierfür in der Registrierung kein Kennwort gespeichert werden muß. Leider ist dieser Aktivierungsmodus nicht ohne Tücken. Falls eine Aktivierungsanforderung ankommt, während kein Benutzer am Host-Rechner angemeldet ist, schlägt der Aktivierungsaufruf fehl und liefert den Wert E_ACCESSDENIED. Wenn sich der interaktive Benutzer abmeldet, während der Server-Prozeß mit Clients verbunden ist, wird der Server-Prozeß zudem vorzeitig beendet, so daß die Verbindung zu allen noch verbundenen Proxy-Objekten abrupt unterbrochen wird. Schließlich ist es häufig nicht vorhersehbar, welcher Benutzer angemeldet ist, wenn die Aktivierungsanforderung eingeht, so daß man nur schwer sicherstellen kann, daß das Objekt über ausreichende Zugriffsberechtigungen für die benötigten Ressourcen verfügt. Aufgrund dieser Einschränkungen ist die Verwendbarkeit dieses Aktivierungsmodus ausschließlich auf einfache Benutzeroberflächenkomponenten begrenzt.[18]

Eine interessante Variante der Steuerung des Token und der Window-Station eines Server-Prozesses ist mit den NT-Diensten verbunden. Rufen Sie sich in Erinnerung, daß das Vorhandensein eines Wertes für den Registrierungseintrag LocalService bewirkt, daß der SCM den NT-Dienstkontroll-Manager zum Starten des Server-Prozesses statt CreateProcess oder CreateProcessAsUser verwendet. Wenn Server-Prozesse als NT-Dienste gestartet werden, hat COM keine Kontrolle darüber, welcher Name zum Starten des Prozesses verwendet wird, da dies einfach in der Konfiguration des betreffenden NT-Dienstes festgelegt ist. COM verwendet jedoch nach wie vor den Eintrag RunAs, um sicherzustellen, daß Prozesse keine CoRegisterClassObject-Aufrufe verfremden. Falls der NT-Dienst für die Ausführung mit dem vordefinierten Benutzerkonto SYSTEM konfiguriert ist, dann darf gemäß COM der Schlüssel AppID keinen RunAs-Wert aufweisen. Abhängig von der Konfiguration des NT-Dienstes, wird der Server-Prozeß entweder innerhalb der interaktiven Window-Station oder einer vordefinierten Window-Station ausgeführt, die von allen unter dem Benutzerkonto SYSTEM ausgeführten NT-Diensten gemeinsam genutzt wird. Ist der NT-Dienst dagegen für die Ausführung mit einem bestimmten Benutzerkonto konfiguriert, dann muß der Schlüssel AppID gemäß COM einen RunAs-Wert mit dem Namen des Benutzerkontos enthalten (zudem muß das korrekte Kennwort unter dem Schlüssel LSA gespeichert sein). Der NT-Dienstkontroll-Manager startet diese Art von Diensten immer in einer neuen Window-Station, die diesem Server-Prozeß eigen ist.

Ein häufiger Beweggrund für die Implementierung eines COM-Servers als NT-Dienst rührt aus der Tatsache, daß nur NT-Dienste unter dem vordefinierten Benutzerkonto SYSTEM ausgeführt werden können. Dieses Benutzerkonto verfügt in der Regel über höhere Zugriffsrechte für lokale Ressourcen, wie Dateien und Registrierungsschlüssel. Zudem ist dieses Konto häufig das einzige Konto, das als Be-

---

18. Dieser Aktivierungsmodus ist allerdings erforderlich, damit beim Debugging der Intitialisierung von Server-Prozessen keine RPC_E_WRONG_SERVER_IDENTITY-Fehler auftreten.

standteil der vertrauenswürdigen DV-Umgebung auftreten und betriebssystemnahe Sicherheitsdienste nutzen kann. Es wäre gefährlich, solche Rechte normalen Benutzerkonten zuzubilligen. Obwohl das Benutzerkonto SYSTEM auf dem lokalen System praktisch allmächtig ist, versagt es leider völlig beim Zugriff auf entfernte Ressourcen, einschließlich entfernter Dateisysteme und entfernter COM-Objekte. Dadurch ist das Benutzerkonto SYSTEM bei der Erstellung verteilter Systeme weniger nützlich, als man vermuten würde. Ungeachtet dessen, ob ein Server als NT-Dienst oder als traditioneller Win32-Prozeß gestartet wird, ist es allgemein übliche Praxis geworden, für jede COM-Anwendung ein eigenes Benutzerkonto einzurichten, das über Zugangsberechtigungen für alle Netzwerkressourcen verfügt.

6.9   Zwischenbilanz

In diesem Kapitel wurden die Themen besprochen, die mit der Unterteilung von Klassen in eigene Server-Prozesse zusammenhängen. COM ermöglicht es, Server-Prozesse auf Aktivierungsanforderungen hin zu starten. Diese Server-Prozesse müssen sich selbst mit Hilfe der Funktion CoRegisterClassObject in der COM-Bilbliothek registrieren, um ihre Objekte für externe Clients verfügbar zu machen. Die COM-Sicherheitsarchitektur ist eng in das Sicherheitsmodell des Betriebssystems eingebunden und basiert auf drei Konzepten. Die Authentifizierung betrifft die Integrität und Authentizität von ORPC-Nachrichten, die zwischen einem Client und einem Objekt ausgetauscht werden. Die Zugriffskontrolle regelt, welche Benutzerkonten auf die Objekte zugreifen können, die von einem bestimmten Prozeß exportiert werden. Die Token-Verwaltung regelt, welche Zugriffsberechtigungen für den Start von Server-Prozessen und die Ausführung von Methoden eines Objekts verwendet werden.

7 Verschiedenes

```
IChapter *pc = 0;
HRESULT hr = CoGetObject(OLESTR("Chapter:7"), 0,
                         IID_IChapter, (void**)&pc);
if (SUCCEEDED(hr)) {
  hr = pc->IncludeAllTopicsNotCoveredYet();
  pc->Release();
}
```

Der Autor, 1997

In den vorhergehenden Kapiteln wurden die Grundlagen des COM-Programmierungsmodells und seiner Fernverarbeitungsarchitektur behandelt. Obwohl in diesem Buch zahlreiche COM-Schnittstellen und -Techniken untersucht wurden, sind doch noch einige Themen unbehandelt geblieben, die sich keiner der Fragestellungen der bisherigen Kapitel zuordnen lassen, aber doch besprochen werden müssen, wenn die ganze Geschichte erzählt werden soll. Anstatt diese Themen in die anderen Kapitel zu zwängen, die bereits gut strukturiert oder auch schon recht lang geraten waren, habe ich dieses Kapitel dafür vorgesehen, die »kleineren« Themen aufzunehmen, die sich nirgendwo sonst in diesem Buch angemessen unterbringen ließen. Außer den ersten Abschnitten, die sich mit Zeigern, Speicherverwaltung und Arrays beschäftigen, ist keines dieser Themen für den Aufbau effizienter verteilter Systeme mit Hilfe von COM unverzichtbar. Zögern Sie daher nicht, den einen oder anderen Abschnitt dieses Kapitels lediglich querzulesen.

7.1 Einführung in Zeiger

Wie auch DCE hat COM seine Wurzeln in der Programmiersprache C. Obgleich nur wenige Entwickler C verwenden, um COM-Komponenten zu entwickeln oder einzusetzen, ist es C, von dem COM die Syntax für seine Schnittstellendefinitionssprache (Interface Definition Language, IDL) bezieht. Eine der verwirrendsten Fragen im Hinblick auf Schnittstellendesign und -verwendung wirft die Zeigerverwaltung auf. Betrachten Sie die folgende einfache IDL-Methodendefinition:

```
HRESULT f([in] const short *ps);
```

Würde ein Objekt diese Methode folgendermaßen aufrufen:

```
short s = 10;
HRESULT hr = p->f(&s);
```

müßte ihm der Wert 10 übergeben werden. Würde auf diese Methode entfernt über Apartmentgrenzen zugegriffen, läge es in der Verantwortung des Proxy-Objekts, den Zeiger zu dereferenzieren und den Wert 10 in der ORPC-Anforderungsmeldung zu übermitteln.

Der folgende Client-Quelltext ist, obgleich vollkommen legales C, ein etwas interessanterer Fall:

```
HRESULT hr = p->f(0); // Null-Zeiger übergeben
```

Wenn der aufrufende Thread im Apartment des Objekts ausgeführt wird, ist kein Proxy-Objekt vorhanden und der Null-Zeiger wird direkt an das Objekt übergeben. Was aber passiert, wenn das Objekt in einem anderen Apartment residiert und ein Proxy-Objekt verwendet wird? Was genau sollte das Proxy-Objekt übermitteln, um deutlich zu machen, daß ein Null-Zeiger übergeben wurde? Und bedeutet dies darüber hinaus, daß Proxy-Objekte und Stub-Objekte jeden Zeiger auf null prüfen müssen? In der Tat gibt es Fälle, in denen ein Zeiger nie den Wert Null annehmen kann, und andere Fälle, in denen Null-Zeiger eine außerordentlich nützliche Rolle als Trickwerte haben, weswegen die Tatsache, daß ein Null-Zeiger an ein Proxy-Objekt übergeben wurde, vom Stub-Objekt in dem Apartment des Objekts repliziert werden muß.

Um diesen verschiedenen Notwendigkeiten zu genügen, ermöglicht es COM den Designern von Schnittstellen, die exakte Semantik jedes Zeigerparameters anzugeben. Daß ein Zeiger nie den Wert Null haben darf, kann durch Verwendung des Attributs [ref] angezeigt werden:

```
HRESULT g([in, ref] short *ps); // ps kann kein Null-Zeiger sein
```

Zeiger, die das Attribut [ref] verwenden, werden als *Referenzzeiger* bezeichnet. Bei Gültigkeit der soeben angeführten IDL-Definition ist der folgende Client-Quelltext:

```
HRESULT hr = p->g(0); // Gefahr: Übergabe eines Referenzzeigers mit dem Wert
Null
```

nicht erlaubt, so daß ein Proxy-Objekt, auf das der Zeiger p verweist, ihn als Null-Zeiger entlarvt und einen Marshaling-Fehler an das aufrufende Objekt zurückliefert, ohne jemals den Zeiger an das adressierte Objekt zu übergeben. Handelt es sich hingegen bei einem Null-Zeiger um einen legalen Parameterwert, sollte die IDL-Definition das Attribut [unique] verwenden:

```
HRESULT h([in, unique] short *ps); // ps kann auch den Wert Null haben
```

Zeiger, die das Attribut [unique] verwenden, heißen *Unique-Zeiger*. Gilt diese IDL-Definition, dann ist der folgende Client-Quelltext:

```
HRESULT hr = p->h(0); // Kein Problem: Übergabe eines Unique-Zeigers mit dem Wert
Null
```

vollkommen legal. In diesem Fall muß das Proxy-Objekt den Zeiger explizit prüfen, bevor es ihn dereferenziert. Noch wichtiger aber ist, daß das Proxy-Objekt die
ORPC-Anforderung mit mehr als nur einem dereferenzierten Wert beantworten
muß. Es muß auch ein Tag schreiben, das anzeigt, ob ein Null-Zeiger übergeben
wurde oder nicht. Damit benötigt jede ORPC-Meldung weitere vier Byte pro Zeiger. Bei den meisten Anwendungen können diese vier Byte und die zusätzliche
CPU-Leistung für die Ermittlung des Null-Zeigers[1] im Verhältnis zu dem Vorteil,
daß ein Null-Zeiger als Parameterwert verwendet werden kann, vernachlässigt
werden.

Im großen und ganzen unterscheidet sich die Performance bei Verwendung
des Attributs [ref] kaum von der bei Verwendung des Attributs [unique]. Ein
mit Zeigern verbundenes Problem muß jedoch noch diskutiert werden. Betrachten Sie das folgende IDL-Fragment:

```
HRESULT j([in] short *ps1, [in] short *ps2);
```

Betrachten Sie unter Voraussetzung dieser IDL-Definition den folgenden Client-
Quelltext:

```
short x = 100;
HRESULT hr = p->j(&x, &x); // Hinweis: Derselbe Zeiger wird zweimal übergeben
```

Die Frage liegt auf der Hand: Wie soll sich das Proxy-Objekt verhalten, wenn es
mit zwei gleichen Zeigern konfrontiert ist? Wenn das Proxy-Objekt nichts unter-
nimmt, wird der Wert 100 in der ORPC-Anforderung zweimal übermittelt: für
*ps1 und zum zweiten Mal für *ps2. Das Proxy-Objekt sendet also dieselbe Infor-
mation zweimal, verschwendet dabei Netzwerkkapazitäten und vermindert die
Performance. Die Anzahl Byte, die von dem Wert 100 konsumiert wird, ist natürlich verschwindend, doch wenn ps1 und ps2 auf extrem große Datenstrukturen
zeigen, könnte sich die doppelte Übertragung deutlich auf die Performance auswirken. Wird der doppelte Zeiger nicht als solcher erkannt, ergibt sich als weiterer
Nebeneffekt, daß das Stub-Objekt die Werte in zwei verschiedene Speicherbereiche auspackt. Hinge die Semantik der Methode von der Äquivalenz der beiden
Zeiger ab:

```
STDMETHODIMP MyClass::j(short *ps1, short *ps2) {
  if (ps1 == ps2)
    return this->OneKindOfBehavior(ps1);
  else
    return this->AnotherKindOfBehavior(ps1, ps2);
}
```

---

1. Von MIDL generierte Proxy- und Stub-Objekte prüfen Referenzzeiger nicht auf Null. Sie dereferenzieren die Zeiger einfach blind und lassen damit Zugriffsverletzungen zu. Weil MIDL-
generierte Marshaler immer innerhalb einer Exception-Behandlungsroutine ausgeführt werden, wird die Zugriffsverletzung im Marshaler abgefangen und in einen Marshaler-Fehler
übersetzt, der an HRESULT der Methode übergeben wird.

würde dies bedeuten, daß der Marshaler den semantischen Vertrag der Schnittstelle und damit die Fernverarbeitungstransparenz von COM verletzt.

Die Zeigerattribute [ref] und [unique] implizieren beide, daß im Methodenaufruf
auf den Speicherbereich, auf den der Zeiger verweist, kein weiterer Alias-Zeiger
verweist und daß der Marshaler *keine* zweifache Ermittlung durchführen muß.
Um zu signalisieren, daß möglicherweise in demselben Methodenaufruf ein Zeiger und ein Alias-Zeiger auf denselben Speicherbereich zeigen, sollte beim IDL-
Design das Attribut [ptr] verwendet werden:

```
HRESULT k([in,ptr] short *ps1, [in,ptr] short *ps2);
```

Zeiger mit dem Attribut [ptr] können als *generische Zeiger* bezeichnet werden, weil
sie der Semantik der Programmiersprache C am ehesten entsprechen. Auf der
Grundlage dieser IDL-Definition bewirkt der folgende Client-Quelltext:

```
short x = 100;
HRESULT hr = p->k(&x, &x); // Hinweis: Derselbe Zeiger wird zweimal übergeben
```

daß der Wert 100 genau einmal übermittelt wird, weil das Attribut [ptr] des ps1-
Parameters den Marshaler darüber informiert, daß er alle anderen Zeiger mit
[ptr]-Parametern auf doppelte Vorkommen untersuchen muß. Da der Parameter
ps2 das Attribut [ptr] ebenfalls verwendet, ist der Marshaler in der Lage, den doppelten Zeigerwert zu entdecken[2] und nur den Wert eines der Zeiger zu dereferenzieren und zu übermitteln. Das Stub-Objekt bemerkt, daß der übermittelte Wert
sowohl als ps1- als auch als ps2-Parameter übergeben werden muß, so daß die Methode denselben Zeiger in beiden Parametern empfängt.

Obgleich generische Zeiger viele Probleme lösen können und bei bestimmten Szenarien nützlich sind, ist ihre Verwendung nicht die von COM bevorzugte Zeigersemantik, denn der Schnittstellendesigner weiß meistens bereits von Anfang an, daß
keine doppelten Zeiger übergeben werden. Zwar führen generische Zeiger zu kleineren OPRC-Meldungen, *sofern doppelte Zeiger vorhanden sind*, doch kann der für
die Ermittlung doppelter Zeiger erforderliche Verarbeitungsaufwand zur Laufzeit
bei zunehmender Anzahl von Zeigern pro Methode spürbar zunehmen. Wenn
beim Schnittstellendesign Zeigerduplikate ausgeschlossen werden können, sollte
dies angezeigt und entweder Unique- oder Referenzzeiger verwendet werden.

---

2. Der Marshaler entdeckt doppelte Zeigerwerte (ps1 == ps2), nicht jedoch doppelte dereferen-
   zierte Werte (*ps1 == *ps2); letzteres ist jedoch in ersterem impliziert.

7.2 Zeiger und Speicher

Die bislang in diesem Kapitel behandelten Schnittstellen waren recht einfach und verwendeten nur primitive Datentypen. Bei komplexen Datentypen dagegen liegt eine der damit verbundenen Problematiken in der Speicherverwaltung für die Methodenparameter. Betrachten Sie den folgenden IDL-Funktionsprototypen:

```
HRESULT f([out] short *ps);
```

Auf Basis dieses Prototypen stellt das folgende vollkommen legales C dar:

```
short s;
HRESULT hr = p->f(&s); // s enthält nun, was immer von f geschrieben wurde
```

Bei einer einfachen Funktion wie dieser sollte eigentlich offensichtlich sein, wie der Speicher verwaltet wird. Oft unterläuft es jedoch Programmierern (und nicht nur Anfängern), daß sie ähnlichen Quelltext wie den folgenden schreiben:

```
short *ps;  // Die Funktion behauptet, einen Rückgabewert
            // vom Typ short * zu haben, also...
HRESULT hr = p->f(ps);
```

Betrachtet man die folgende legale Implementierung der Funktion:

```
STDMETHODIMP MyClass::f(short *ps) {
  static short n = 0;
  *ps = n++;
  return S_OK;
}
```

liegt es offensichtlich in der Verantwortung des aufrufenden Objekts, Speicher für einen Wert vom Typ short integer zu reservieren und als Funktionsargument einen *Verweis* auf diesen Speicherbereich zu übergeben. Beachten Sie bei der soeben gezeigten Implementierung, daß es der Funktion gleichgültig sein kann, wie der Speicher zur Verfügung gestellt wird (d.h., ob dynamisch auf dem Heap zugewiesen oder als auto-Variable auf dem Stack deklariert), solange sich das tatsächliche Argument auf gültigen Speicher bezieht. Um diese Voraussetzung zu erzwingen, fordert COM, daß [out]-Zeigerparameter Referenzzeiger sein müssen.

Weniger klar ist die Angelegenheit, wenn anstelle einfacher integraler Typen benutzerdefinierte Typen verwendet werden. Betrachten Sie die folgende IDL:

```
typedef struct tagPoint {
  short x; short y;
} Point;
HRESULT g([out] Point *pPoint);
```

Wie auch bei dem vorhergehenden Beispiel, verhält sich das aufrufende Objekt korrekt, wenn es für die Werte Speicher reserviert und eine Referenz an den *vom aufrufenden Objekt reservierten* Speicher übergibt:

```
Point pt;
HRESULT hr = p->g(&pt);
```

Hätte das aufrufende Objekt einen ungültigen Zeiger übergeben:

```
Point *ppt; // Irgendein nicht initialisierter Zeiger
HRESULT hr = p->g(ppt); // Wohin soll das Proxy-Objekt x und y kopieren?
```

stünde der Methode (oder dem Proxy-Objekt) kein gültiger Speicher zur Verfügung, in den es die Werte von x und y schreiben könnte.

Interessant wird es, wenn die benutzerdefinierten Typen komplexer werden. Betrachten Sie die folgende IDL:

```
[ uuid(E02E5345-1473-11d1-8C85-0080C73925BA), object ]
interface IDogManager : IUnknown {
  typedef struct tagHUMAN {
    long nHumanID;
  } HUMAN;
  typedef struct tagDOG {
    long nDogID;
    [unique] HUMAN *pOwner;
  }                                          DOG;
  HRESULT GetFromPound([out] DOG *pDog);
  HRESULT TakeToGroomer([in] const DOG *pDog);
  HRESULT SendToVet([in, out] DOG *pDog);
}
```

Bemerkenswert an dieser Schnittstelle ist, daß nun das aufrufende Objekt einen Zeiger auf einen Speicherbereich übergeben muß, der selbst einen Zeiger enthält. Aufgrund der vorhergehenden Methodendefinition könnte man argumentieren, daß der folgende Quelltext korrekt ist:

```
DOG fido; // Das Argument ist ein DOG *, das aufrufende Objekt
          // benötigt also ein DOG-Objekt
HUMAN dummy; // DOG-Objekt bezieht sich auf ein Herrchen - Speicher zuweisen?
fido.pOwner = &dummy;
HRESULT hr = p->GetFromPound(&fido); // Ist das richtig?
```

Dieser Quelltext geht davon aus, daß das aufrufende Objekt dafür verantwortlich ist, für den per Referenz übergebenen DOG Speicher zu reservieren. In dieser Hinsicht ist der Quelltext korrekt. Der Quelltext geht aber auch davon aus, daß das aufrufende Objekt dafür verantwortlich ist, untergeordneten Speicher zu verwalten, auf den sich möglicherweise ein aktualisierter Wert des DOG-Objekts beziehen könnte. An dieser Stelle verabschiedet sich der Quelltext von den COM-Regeln.

COM teilt die bei Methodenaufrufen verwendeten Zeiger in zwei Kategorien ein. Alle benannten Parameter einer Methode, bei denen es sich um Zeiger handelt, werden als *übergeordnete* Zeiger bezeichnet. Untergeordnete Zeiger, die bei der Dereferenzierung eines übergeordneten Zeigers impliziert sind, heißen *eingebettete* Zeiger. In der Methode GetFromPound wird der Parameter pDog als übergeordneter Zeiger behandelt. Der untergeordnete Zeiger pDog-> pOwner wird als eingebetteter Zeiger betrachtet. Beachten Sie, daß die Strukturdefinition von DOG das Attribut [unique] verwendet, um die Zeigersemantik für das Strukturelement pOwner explizit festzulegen. Wäre die Zeigersemantik nicht explizit angegeben, hätte beim Schnittstellendesign mit dem Attribut [pointer_default] für die gesamte Schnittstelle ein Standard für alle eingebetteten Zeiger festgelegt werden können:

```
[
  uuid(E02E5345-1473-11d1-8C85-0080C73925BA), object,
  pointer_default(ref)  // [ref] ist Standardattribut für alle eingebetteten
Zeiger
]
interface IUseStructs : IUnknown {
  typedef struct tagNODE {
    long val;
    [unique] struct tagNODE *pNode; // Ausdrückliche Festlegung von [unique]
  } NODE;
  typedef struct tagFOO {
    long val;
    long *pVal; // Implizit gilt [ref]
  } FOO;
  HRESULT Method([in] FOO *pFoo, [in, unique] NODE *pHead);
}
```

Das Attribut [pointer_default] gilt nur für eingebettete Zeiger, *deren Zeigersemantik nicht explizit angegeben ist*. In der vorhergehenden Schnittstellendefinition, ist davon als einziger Zeiger das Datenelement pVal der FOO-Struktur betroffen. Das Element pNode der NODE-Struktur ist explizit als Unique-Zeiger angegeben und daher von der [pointer_default]-Einstellung nicht berührt. Die Methodenparameter pFoo und pHead sind deswegen nicht von [pointer_default] betroffen, weil sie übergeordnete Zeiger und standardmäßig so lange auf [ref] gesetzt sind, wie nicht explizit etwas anderes festgelegt wird (wie dies bei pHead der Fall ist).

COM sieht für eingebettete Zeiger hauptsächlich deswegen einen besonderen Status vor, weil sie eine besondere Speicherverwaltung voraussetzen. Wird der Parameter [in] festgelegt, ist der Unterschied zwischen übergeordneten und eingebetteten Zeigern im Hinblick auf Speicherverwaltung ist im großen und ganzen irrelevant, weil das aufrufende Objekt der Methode alle Werte zur Verfügung stellt und daher den Speicher reservieren muß, den diese Werte belegen:

```
HUMAN bob = { 2231 };
DOG fido = { 12288, &bob }; // fido gehört bob
HRESULT hr = p->TakeToGroomer(&fido);  // Dies ist richtig!
```

Der Unterschied zwischen übergeordneten und eingebetteten Zeigern wird jedoch dann wichtig, wenn es um die Speicherverwaltung bei der Verwendung der Parameter [out] und [in,out] geht. Bei beiden Parametern, [out] und [in,out], wird der Speicher, auf den sich der übergeordnete Zeiger bezieht, vom aufrufenden Objekt verwaltet, wie dies auch bei [in]-Parametern der Fall ist. Bei eingebetteten Zeigern, die als [out]- oder [in,out]-Parameter übergeben werden, wird der Speicher von der *aufgerufenen* Methode verwaltet. Der Grund für diese Regel liegt darin, daß Datentypen beliebig tief verschachtelt werden können. Gilt beispielsweise folgende Typdefinition:

```
typedef struct tagNODE {
  short value;
  [unique] struct tagNODE *pNext;
} NODE;
```

kann das aufrufende Objekt unmöglich vorhersehen, für wie viele Subelemente Speicher reserviert werden muß. Weil jedoch die aufgerufene Methode die Daten für jeden Knoten bereitstellt, kann sie auch für jeden Knoten den erforderlichen Speicher reservieren.

Muß bei der Implementierung einer Methode Speicher reserviert werden, um einen eingebetteten Zeiger zu initialisieren, erhebt sich sofort die Frage, woher diese Methode den Speicher beziehen soll, damit sichergestellt ist, daß auch die Aufrufer wissen, wie er freizugeben ist, wenn Lesen und Rückgabe der Werte abgeschlossen sind. COM beantwortet diese Frage mit dem Task-Verteilungsmechanismus. Bei dem COM-Task-Verteilungsmechanismus handelt es sich um einen Mechanismus zur prozeßweisen Speicherreservierung, mit dem ausschließlich Speicher für eingebettete Zeiger zugewiesen wird, die als [out]- oder [in,out]-Parameter übergeben werden. Am einfachsten kann der COM-Task-Verteilungsmechanismus über die folgenden drei API-Funktionen von COM verwendet werden:

```
void *CoTaskMemAlloc(DWORD cb); // Speicher für cb Byte reservieren
void CoTaskMemFree(void *pv);   // Speicher, auf den *pv zeigt, freigeben
void *CoTaskMemRealloc(void *pv,DWORD cb);// *pv vergrößern/verkleinern
```

Die Semantik dieser drei Funktionen ist mit der ihrer Äquivalente in der Laufzeitbibliothek von C, malloc, free und realloc, identisch. Der Unterschied besteht darin, daß mit ihnen ausschließlich Speicher für eingebettete Zeiger zugewiesen wird, die als [out]- oder [in,out]-Parameter übergeben werden. Ein weiterer wichtiger Unterschied ist, daß die Routinen der C-Laufzeitbibliothek nicht dazu verwendet werden können, Speicher in einem Modul zu belegen und in einem anderen freizugeben, weil die Details der Implementierung jeder C-Laufzeitbibliothek proprietär sind und sich von Compiler zu Compiler unterscheiden. Weil alle Beteiligten zugestimmt haben, einen einzigen COM-Reservierungsmechanismus zu verwenden, besteht kein Problem darin, wenn ein Client Speicher freigibt, den ein Objekt reserviert hat, das in einer separaten DLL gespeichert ist.

Die zuvor gezeigte Methode `GetFromPound` demonstriert, wie durch ein aufgerufenes Objekt reservierte Puffer in der Praxis verwendet werden:

```
HRESULT GetFromPound([out] DOG *pDog);
```

Während der Speicher für das Objekt `DOG` vom aufrufenden Objekt (`pDog` ist ein übergeordneter Zeiger) reserviert werden muß, muß der Speicher für das Objekt `HUMAN` mit Hilfe des Task-Verteilungsmechanismus von den Methodenimplementierungen zugewiesen werden (`pDog->pOwner` ist ein eingebetteter Zeiger in einem [out]-Parameter). Die Methodenimplementierungen sehen folgendermaßen aus:

```
STDMETHODIMP GetFromPound(/*[out]*/DOG *pDog) {
  short did = LookupNewDogId();
  short hid = LookupHumanId(did);
  pDog->nDogID = did;
// Speicher für den eingebetteten Zeiger reservieren
  pDog->pOwner = (HUMAN*)CoTaskMemAlloc(sizeof(HUMAN));
  if (pDog->pOwner == 0) // Ungenügender Speicher
    return E_OUTOFMEMORY;
  pDog->pOwner->nHumanID = hid;
  return S_OK;
}
```

Beachten Sie, daß die Methode den besonderen HRESULT-Wert `E_OUTOFMEMORY` zurückgibt, mit dem sie anzeigt, daß die Operation wegen ungenügendem Speicher fehlgeschlagen ist.

Der Aufrufer der Methode `GetFromPound` ist dafür verantwortlich, sämtlichen vom aufgerufenen Objekt reservierten Speicher freizugeben, nachdem die Werte verarbeitet wurden:

```
DOG fido;
HRESULT hr = p->GetFromPound(&fido);
if (SUCCEEDED(hr)) {
  printf("The dog %h is owned by %h", fido.nDogID,
        fido.pOwner->nHumanID);
// Daten wurden verarbeitet, also Speicher freigeben
  CoTaskMemFree(fido.pOwner);
}
```

Wenn nichts anderes festgelegt wurde, kann der Client beim Scheitern einer Methode davon ausgehen, daß kein Speicher reserviert wurde.

In dem soeben gezeigten Beispiel wird ein reiner[out]-Parameter verwendet. Der Umgang mit[in,out]-Parametern ist etwas komplexer. Eingebettete Zeiger mit [in,out]-Parametern müssen vom *aufrufenden Objekt* mit Hilfe des Task-Verteilungsmechanismus reserviert werden. Wenn die Methode den vom Client übergebenen Speicher neu bereitstellen muß, muß sie dafür `CoTaskMemRealloc` verwenden. Wenn das aufrufende Objekt der Methode keine Daten übergeben muß,

kann es einen Null-Zeiger übergeben und die Methode kann weiterhin `CoTaskMem-`
`Realloc` verwenden (die Null-Zeiger erfolgreich verarbeitet). Ebenso kann die Methode einfach den Speicher freigeben, auf den ein eingebetteter Zeiger verweist,
wenn sie keine Information an das aufrufende Objekt zurückgeben möchte. Betrachten Sie die folgende IDL-Methodendefinition:

```
HRESULT SendToVet([in, out] DOG *pDog);
```

Vorausgesetzt, das aufrufende Objekt verfügt über einen gültigen `HUMAN`-Parame-
ter, den es übergeben möchte, würde der Client-Quelltext in etwa so aussehen:

```
HUMAN *pHuman = (HUMAN*)CoTaskMemAlloc(sizeof(HUMAN));
pHuman->nHumanID = 1522;
DOG fido = { 4111, pHuman };
HRESULT hr = p->SendToVet(&fido); // [in, out]
if (SUCCEEDED(hr)) {
  if (fido.pOwner)
     printf("Dog is now owned by %h", fido.pOwner->nHumanID);
  CoTaskMemFree(fido.pOwner); // Null-Zeiger kann freigegeben werden.
}
```

Die Methodenimplementierungen könnten den vom aufrufenden Objekt bereitgestellten Puffer wiederverwenden oder einen neuen Puffer reservieren, wenn das
aufrufende Objekt einen eingebetteten Null-Zeiger übergibt:

```
STDMETHODIMP MyClass::SendToVet(/*[in, out]*/DOG *pDog) {
  if (fido.pOwner == 0)
    fido.pOwner = (HUMAN*)CoTaskMemAlloc(sizeof(HUMAN));
  if (fido.pOwner == 0) // Reservierung schlägt fehl
    return E_OUTOFMEMORY;
  fido.pOwner->nHumanID = 22;
  return S_OK;
}
```

Weil der Umgang mit eingebetteten Zeigern, die in `[in,out]`-Parametern verwendet werden, recht subtil ist, ist es allgemein üblich, die für eingebettete Zeiger gültigen Speicherverwaltungsregeln in der Dokumentation der Schnittstelle aufzu-
führen.

Die zuvor gezeigten Quelltextfragmente verwenden die bequemste Schnittstelle
zum COM-Task-Verteilungsmechanismus. Vor der Windows NT-Realisierung von
COM war dies hauptsächlich die Schnittstelle `IMalloc`:

```
[ uuid(00000002-0000-0000-C000-000000000046),local,object ]
interface IMalloc : IUnknown {
    void *Alloc([in] ULONG cb);
    void *Realloc ([in, unique] void *pv, [in] ULONG cb);
    void  Free([in, unique] void *pv);
```

```
    ULONG GetSize([in, unique] void *pv);
    int   DidAlloc([in, unique] void *pv);
    void  HeapMinimize(void);
}
```

Um auf die IMalloc-Schnittstelle des Task-Verteilungsmechanismus zuzugreifen, bietet COM die API-Funktion CoGetMalloc:

```
HRESULT CoGetMalloc(
        [in] DWORD dwMemCtx,    // Reserviert, muß den Wert eins haben
        [out] IMalloc **ppMalloc); // Hier ablegen!
```

Anstelle des bequemen Aufrufs von CoTaskMemAlloc:

```
HUMAN *pHuman = (HUMAN*)CoTaskMemAlloc(sizeof(HUMAN));
```

kann also auch die folgende umständlichere Variante verwendet werden:

```
IMalloc *pMalloc = 0;
pHuman = 0;
HRESULT hr = CoGetMalloc(1, &pMalloc);
if (SUCCEEDED(hr)) {
  pHuman = (HUMAN*)pMalloc->Alloc(sizeof(HUMAN));
  pMalloc->Release();
}
```

An dieser Technik ist vorteilhaft, daß sie mit Vorversionen der Windows NT-Realisierung von COM kompatibel ist. Generell ist es vorzuziehen, CoTaskMemAlloc und verwandte Routinen einzusetzen, einfach weil weniger Codierung auch geringere Fehleranfälligkeit bedeutet.

Die Diskussion des Task-Verteilungsmechanismus hat sich bisher darauf konzentriert, wie und wann Objekte Speicher reservieren und Clients Speicher freigeben. Wir haben uns aber noch nicht damit beschäftigt, wie dies funktioniert, wenn das Objekt in einem anderen Adreßraum als dem des Client residiert. Der Grund dafür liegt vor allem darin, daß in der Implementierung von Clients und Objekten kein Unterschied besteht, sofern Marshalers verwendet werden. Um der Tatsache Rechnung zu tragen, daß der COM-Task-Verteilungsmechanismus seinen Speicher aus dem privaten Adreßraum des Prozesses bezieht, ist es Aufgabe des Stub- und des Proxy-Objekts zu verbergen, daß er nicht mehrere Adreßräume überbrücken kann. Wenn ein Stub-Objekt die Methode eines Objekts aufruft, verpackt es alle [out]- oder [in,out]-Parameter in die ORPC-Antwortmeldung. Abbildung 7-1 zeigt, daß das Stub-Objekt (bei dem es sich um nichts anderes als den apartment-internen Client des Objekts handelt) nach Abschluß dieses Marshaling sämtlichen vom aufgerufenen Objekt reservierten Speicher mit CoTaskMemFree freigibt. Damit wird effektiv auch aller Speicher, der durch den Methodenaufruf für den Task reserviert wurde, innerhalb des Adreßraums des Objekts freigegeben. Nach Empfang der ORPC-Antwortmeldung reserviert das Proxy-Objekt mit

`CoTaskMemAlloc` Adreßraum für vom aufrufenden Objekt übergebene Parameter. Sobald diese Speicherblöcke vom aktuellen Client mit Hilfe von `CoTaskMemFree` freigegeben sind, ist effektiv auch aller Speicher, der durch den Methodenaufruf für den Task reserviert wurde, innerhalb des Adreßraums des Client freigegeben.

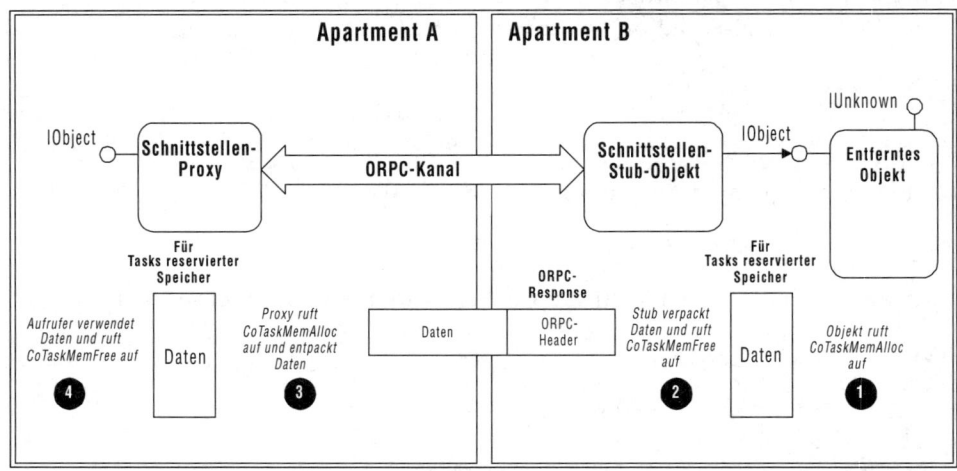

Abbildung 7-1 Die prozeßübergreifende Verwendung des Task-Verteilungsmechanismus

Weil Programmierer dafür berüchtigt sind, die Freigabe von Speicher zu versäumen, ist es manchmal nützlich, bei einem Prozeß die Aktivität des Task-Verteilungsmechanismus (oder dessen Inaktivität) zu überwachen. COM erleichtert dies, indem es zuläßt, den Task-Verteilungsmechanismus von einem benutzerdefinierten Spionageobjekt überwachen zu lassen. Dieses benutzerdefinierte Spionageobjekt wird vor und nach jedem Aufruf des Task-Verteilungsmechanismus benachrichtigt und muß von der Schnittstelle `IMallocSpy` implementiert werden:

```
[ uuid(0000001d-0000-0000-C000-000000000046),local,object ]
interface IMallocSpy : IUnknown {
  ULONG PreAlloc([in] ULONG cbRequest);
  void  *PostAlloc([in] void *pActual);
  void  *PreFree([in] void *pRequest,[in] BOOL fSpyed);
  void  PostFree([in] BOOL fSpyed);
  ULONG PreRealloc([in] void *pRequest,[in] ULONG cbRequest,
                   [out] void **ppNewRequest,[in] BOOL fSpyed);
  void  *PostRealloc([in] void *pActual,[in] BOOL fSpyed);
  void  *PreGetSize([in] void *pRequest,[in] BOOL fSpyed);
  ULONG PostGetSize([in] ULONG cbActual,[in] BOOL fSpyed);
  void  *PreDidAlloc([in] void *pRequest,[in] BOOL fSpyed);
  int   PostDidAlloc([in] void *pRequest,
                     [in] BOOL fSpyed,[in] int fActual);
  void  PreHeapMinimize(void);
  void  PostHeapMinimize(void);
}
```

Beachten Sie, daß die IMallocSpy-Schnittstelle für jede IMalloc-Methode zwei Methoden bereitstellt: eine, die von COM aufgerufen wird, bevor der aktuelle Reservierungsmechanismus seine Arbeit erledigt, und eine, die von COM unmittelbar danach aufgerufen wird. Bei der zu Anfang aufgerufenen Methode, kann das benutzerdefinierte Spionageobjekt die vom Benutzer an den Task-Verteilungsmechanismus übergebenen Parameter modifizieren. Bei der Abschlußmethode kann das Spionageobjekt die vom aktuellen Reservierungsmechanismus zurückgegebenen Resultate ändern. Dadurch hat das benutzerdefinierte Spionageobjekt die Möglichkeit, zusätzlichen Speicher zu reservieren und in jeden Speicherblock Debug-Information aufzunehmen. COM stellt eine API-Funktion zur Verfügung, mit der ein prozeßweites Speicherspionageobjekt registriert werden kann:

```
HRESULT CoRegisterMallocSpy([in] IMallocSpy *pms);
```

Pro Prozeß kann nur ein Speicherspion(age)objekt registriert werden (CoRegister-MallocSpy gibt CO_E_OBJISREG zurück, wenn bereits eines registriert ist). Für die Entfernung eines Speicherspionageobjekts bietet COM die API-Funktion CoRevokeMallocSpy:

```
HRESULT CoRevokeMallocSpy(void);
```

COM läßt es nicht zu, daß ein Speicherspionageobjekt entfernt wird, solange es nicht den gesamten von ihm reservierten Speicher freigegeben hat.

7.3 Arrays

Standardmäßig zeigen Zeiger auf einzelne Elemente und nicht auf Arrays. Um ein Array als Parameter zu übergeben, kann entweder die Array-Syntax von C verwendet werden und/oder spezielle IDL-Attribute, mit denen die verschiedenen Informationen über die Arraydimensionen angezeigt werden. Bei der einfachsten Technik zur Übergabe von Arrays werden die Dimensionen zum Zeitpunkt der Kompilierung festgelegt:

```
HRESULT Method1([in] short rgs[8]);
```

Diese *festen* Arrays können in IDL am einfachsten angegeben werden und werden auch zur Laufzeit am einfachsten und kompaktesten repräsentiert. Für das Array dieses Beispiels reserviert das Proxy-Objekt in der ORPC-Anforderungsmeldung 16 Byte (8 * sizeof(short)) und kopiert dann alle acht Elemente in die Meldung. Sobald die ORPC-Anforderung vom Server empfangen wird, übergibt das Stub-Objekt den Speicher des empfangenen Puffers direkt als Argument an die Funktion (siehe Abbildung 7-2.). Weil die Arraygröße fest ist und sich sein gesamter Inhalt bereits in dem empfangenen Puffer befindet, kann das Stub-Objekt den präsentierten Pufferspeicher als Argument an die Methode weiterreichen.

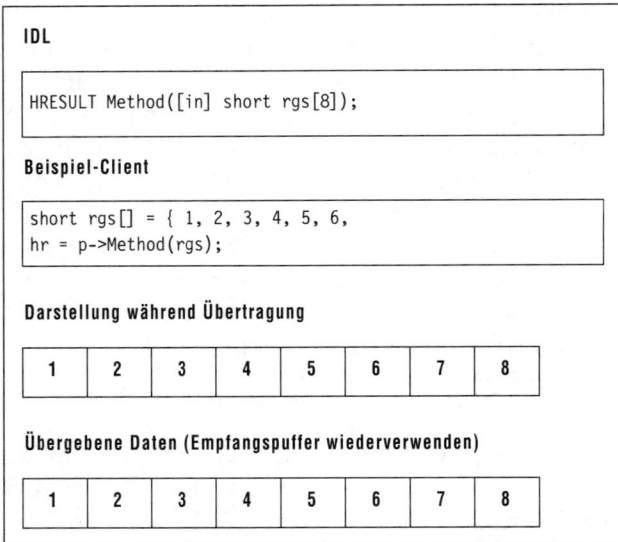

Abbildung 7-2 Feste Arrays

Die soeben gezeigte Methode ist dann nützlich, wenn die Länge 8 des Arrays in allen Fällen angemessen ist. Das aufrufende Objekt kann jedes beliebige Array mit Short-Werten übergeben, sofern es aus acht Elementen besteht:

```
void f(IFoo *pFoo) {
  short rgs[8] = { 1, 2, 3, 4, 5, 6, 7, 8 };
  pFoo->Method1(rgs);
}
```

Doch ist es praktisch unmöglich, die passende Länge eines Arrays richtig vorherzusagen; fällt die Einschätzung zu gering aus, werden nicht genügend Elemente übermittelt, und schätzt man zu hoch, ist die übermittelte Meldung überflüssig groß. Wenn das Array darüber hinaus aus komplexen Datentypen besteht, kann das Marshaling von mehr Elementen, als sich aktuell im Array befinden, außerordentlich teuer sein und/oder einen Marshaling-Fehler ergeben. Dennoch sind Arrays fester Größe nützlich, wenn die benötigte Größe konstant und beim Design der Schnittstelle bekannt ist.

Um Arrays zur Laufzeit zu dimensionieren, ermöglicht es die IDL (wie auch das zugrundeliegende Übertragungsprotokoll NDR) dem aufrufenden Objekt, die Größe des Arrays zur Laufzeit anzugeben. Arrays dieses Typs werden als *definitionskonforme* Arrays bezeichnet. Der maximal zulässige Index eines definitionskonformen Arrays kann entweder zur Laufzeit oder zur Kompilierungszeit angegeben werden, und die Kapazität des Arrays wird vor seinen eigentlichen Elementen übermittelt (siehe Abbildung 7-3.) Wie auch Arrays fester Größe, können definitionskonforme Arrays ohne zusätzlichen Kopiervorgang direkt vom erhaltenen Puffer an die Methodenimplementierungen übergeben werden, weil sich immer der gesamte Inhalt des Arrays in der empfangenen Meldung befindet.

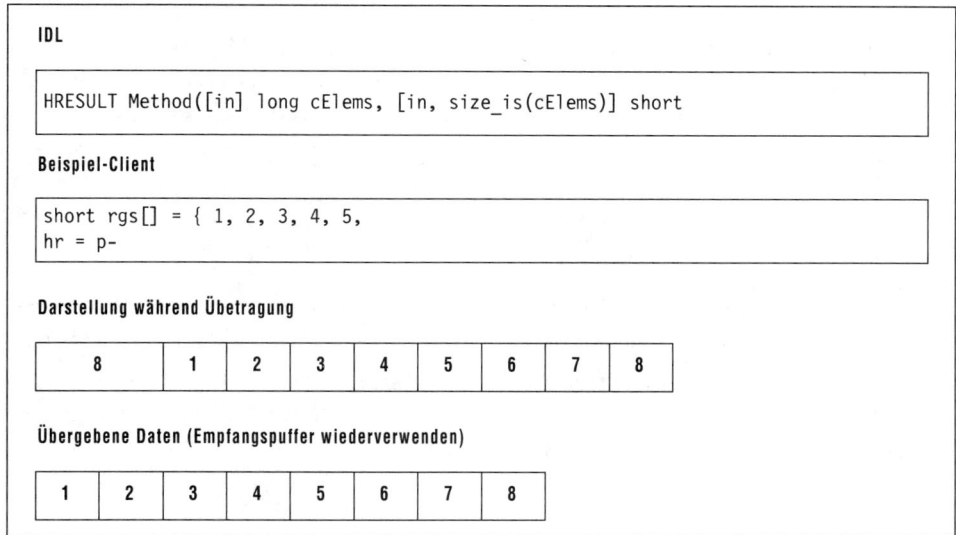

Abbildung 7-3 Definitionskonforme Arrays

Die IDL stellt dem aufrufenden Objekt das Attribut [size_is] zur Verfügung, mit dem es die Größe eines Arrays angeben kann:

```
HRESULT Method2([in] long cElems,
                [in, size_is(cElems)] short rgs[*]);
```

oder

```
HRESULT Method3([in] long cElems,
                [in, size_is(cElems)] short rgs[]);
```

oder

```
HRESULT Method4([in] long cElems,
                [in, size_is(cElems)] short *rgs);
```

Im Hinblick auf das zugrundeliegende Paketformat sind alle diese Notierungen äquivalent. Mit jeder dieser Methoden kann das aufrufende Objekt die passende Arraygröße folgendermaßen ermitteln:

```
void f(IFoo *pFoo) {
  short rgs[] = { 1, 2, 3, 4, 5, 6, 7, 8 };
  pFoo->Method2(8, rgs);
}
```

Wird das soeben gezeigte Parameterattribut verwendet, kann der im Attribut [size_is] verwendete Ausdruck weitere Parameter derselben Methode verwenden und arithmetische, logische und Bedingungsoperatoren einsetzen. Die folgende IDL ist beispielsweise gültig, wenn auch nicht leicht zu verstehen:

```
HRESULT Method5([in] long arg1, [in] long arg2,
    [in] long arg3,
    [in, size_is(arg1 ? (arg3+1) : (arg1&arg2))]
        short *rgs);
```

Funktionsaufrufe und andere Konstrukte, die Nebeneffekte bewirken könnten (beispielsweise die Operatoren ++ und – -), sind in [size_is]-Ausdrücken nicht zulässig.

Zur Beschreibung eines definitionskonformen Arrays, das in eine Struktur eingebettet ist, kann das [size_is]-Attribut jedes andere Element dieser Struktur verwenden:

```
typedef struct tagCOUNTED_SHORTS {
    long cElems;
    [size_is(cElems)] short rgs[];
} COUNTED_SHORTS;

HRESULT Method6([in] COUNTED_SHORTS *pcs);
```

Diese Definition setzt voraus, daß das aufrufende Objekt den Aufruf folgendermaßen formuliert:

```
void SendFiveShorts (IFoo *pFoo) {
  char buffer [sizeof (COUNTED_SHORTS) + 4 * sizeof (short)];
  COUNTED_SHORTS& rcs = *reinterpret_cast<COUNTED_SHORTS*>(buffer);
  rcs.cElems = 5; rcs.rgs[0] = 0; rcs.rgs[1] = 1;
  rcs.rgs[2] = 2; rcs.rgs[3] = 3; rcs.rgs[4] = 4;
  pFoo->Method6(&rcs);
}
```

Die IDL unterstützt außerdem das Attribut [max_is], eine Stilvariante von[size_is]. [size_is] gibt die Anzahl der Elemente an, aus denen das Array bestehen kann; das Attribut [max_is] gibt das Maximum zulässiger Indizes eines Arrays an (also die Anzahl der Arrayelemente minus eins). Die folgenden beiden Deklarationen sind also identisch:

```
HRESULT Method7([in, size_is(10)] short *rgs);
HRESULT Method8([in, max_is(9)] short *rgs);
```

Interessant ist, daß im Attribut [size_is] zwar wie soeben gezeigten Konstanten verwendet werden können, daß es aber in diesem Fall etwas effizienter ist, ein Array fester Größe zu verwenden. Bei einem definitionskonformen Array muß seine Größe auch dann übermittelt werden, wenn sein Wert wie in den gezeigten Beispielen statisch und sowohl dem Proxy-Objekt als auch dem Stub-Objekt zur Kompilierungszeit bekannt ist.

Würde der Arrayinhalt nur vom aufrufenden Objekt an die Methodenimplementierung übergeben, wären definitionskonforme Arrays in fast allen Fällen ausreichend. In vielen Fällen möchte das aufrufende Objekt jedoch ein möglicherweise leeres Array an das aufgerufene Objekt übergeben, um es mit nützlichen Werten füllen zu lassen. Wie im folgenden gezeigt, können definitionskonforme Arrays als Ausgabeparameter verwendet werden:

```
HRESULT Method9([in] long cMax,
                [out, size_is(cMax)] short *rgs);
```

Auf Seite des aufrufenden Objekts ist damit folgende Verwendung impliziert:

```
void f(IFoo *pFoo) {
  short rgs[100];
  pFoo->Method9(100, rgs);
}
```

und auf der Server-Seite folgende Verwendung:

```
HRESULT CFoo::Method9(long cMax, short *rgs) {
  for (long n = 0; n < cMax; n++)
    rgs[n] = n * n;
  return S_OK;
}
```

Was passiert aber, wenn die Methodenimplementierung nicht das gesamte Array mit gültigen Elementen füllen kann? Im vorhergehenden Quelltextfragment übermittelt das server-seitige Stub-Objekt auch dann das gesamte Array mit cMax Elementen, wenn die Methode nur die ersten cMax/2 Elemente des Arrays initialisiert. Weil es auf der Hand liegt, daß dies ineffizient ist, bieten IDL und NDR einen dritten Arraytyp, das *variable* Array.

Variable Arrays haben eine feste Größe, können aber weniger gültige Elemente enthalten, als ihre Kapazität aufnehmen könnte. Von einem variablen Array wird ohne Rücksicht auf seine Kapazität eine kontinuierliche Untermenge seines Inhalts übermittelt. Die Untermenge der zu übermittelnden Elemente wird in der IDL durch das Attribut [length_is] angegeben. Im Unterschied zum Attribut[size_is], das die Kapazität des Arrays angibt, beschreibt das [length_is]-Attribut die tatsächliche *Anzahl* seiner Elemente. Betrachten Sie die folgende IDL:

```
HRESULT Method10([in] long cActual,
      [in, length_is(cActual)] short rgs[1024]);
```

Bei der Übermittlung wird der Wert von cActual (der als *aktueller Wert* des Arrays bezeichnet wird) den übermittelten Werten vorangestellt. Damit ein beliebiger Bereich und nicht nur ein Anfangsbereich übermittelt werden kann, unterstützen IDL und NDR das Attribut [first_is], das anzeigt, wo der übermittelte Bereich beginnt. Dieser Offset-Wert wird zusätzlich zum Inhalt des Arrays übermittelt, so daß der Unmarshaler erfährt, welche Teilmenge des Arrays initialisiert wird. Wie das Attribut [size_is] hat auch [length_is] eine Stilvariante, [last_is], die anstelle einer Anzahl einen Index angibt. Die folgenden beiden Definitionen sind also äquivalent:

```
HRESULT Method11([in, first_is(2), length_is(5)]
                 short rgs[8]);
HRESULT Method12([in, first_is(2), last_is(6)]
                 short rgs[8]);
```

Beide Methoden weisen den Marshaler an, nur fünf Arrayelemente zu übermitteln, auf der auspackenden Seite, wird jedoch Platz für acht Elemente reserviert und die eingehenden Werte werden an den korrekten Ort kopiert. Elemente, die im empfangenen Puffer nicht enthalten sind, werden mit Null initialisiert.

Variable Arrays können dazu beitragen, das Datenaufkommen im Netzwerk zu reduzieren, weil nur die gewünschten Elemente übermittelt werden. Wie jedoch in Abbildung 7-4 gezeigt wird, sind variable Arrays im Hinblick auf den Overhead an kopiertem Speicher weniger effizient als definitionskonforme Arrays, weil dem vom server-seitigen Stub-Objekt an die Methodenimplementierung übergebenen Array ein besonderer Speicherblock auf dem Heap zugewiesen wird. Dieser Block wird zunächst mit Nullwerten initialisiert, dann wird der Inhalt des empfangenen Puffers an die richtigen Positionen kopiert. Der Speicher für das Array muß also ein- oder zweimal bearbeitet werden, bevor er an die Methode übergeben wird, ein Vorgang, der sich bei großen Arrays performancemindernd auswirken kann. Damit soll nicht gesagt werden, daß variable Arrays nicht nützlich sind, doch als Nur-Eingabe-Parameter sind variable Arrays erheblich ineffizienter als die logisch gleichwertigen definitionskonformen Arrays.

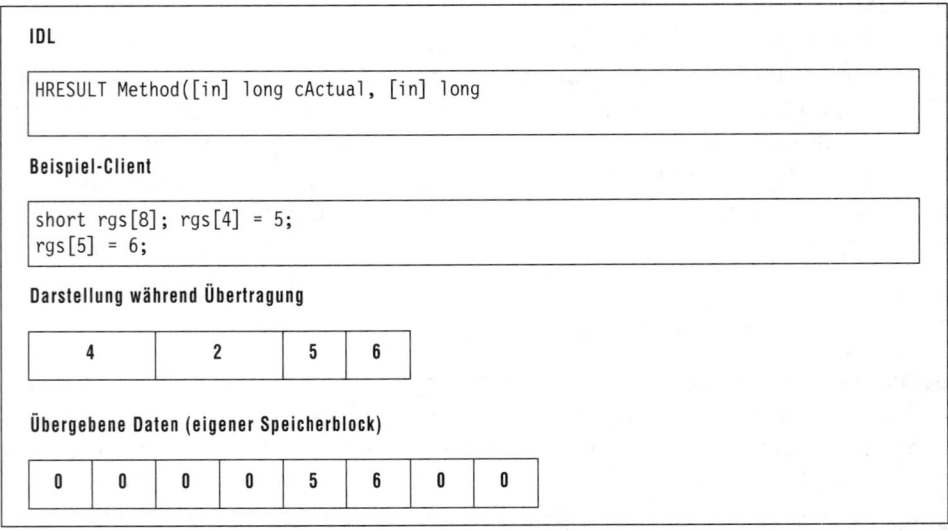

Abbildung 7-4 Variable Arrays

Wie auch bei Arrays fester Größe, muß der Schnittstellendesigner bei variablen Arrays ihre Kapazität zur Kompilierungszeit angeben. Dies schränkt die Einsatzmöglichkeiten von variablen Arrays ziemlich ein, weil es in der Praxis schwierig ist, die optimale Puffergröße für alle Verwendungsmöglichkeiten der Schnittstelle zu antizipieren (einige Clients stellen möglicherweise nur extrem wenig Speicher bereit, andere gehen den sicheren Weg und bevorzugen größere Puffer). Glücklicherweise lassen es sowohl IDL als auch NDR zu, für ein bestimmtes Array sowohl den aktuellen Inhalt als auch die Kapazität anzugeben, indem die Attribute `[size_is]` und `[length_is]` kombiniert werden. Bei Verwendung beider Attribute wird das Array als definitionskonformes variables Array oder einfacher als *offenes* Array bezeichnet. Um ein offenes Array angeben zu können, muß einfach das aufrufende Objekt die Möglichkeit erhalten, sowohl die Kapazität als auch den Inhalt über Parameter angeben zu können:

```
HRESULT Method13([in] cMax, [in] cActual,
                [in,
                 size_is(cMax),
                 length_is(cActual)] short rgs[]);
```

oder

```
HRESULT Method14([in] cMax, [in] cActual,
                [in,
                 size_is(cMax),
                 length_is(cActual)] short rgs[*]);
```

oder

```
HRESULT Method15([in] cMax, [in] cActual,
                [in,
                 size_is(cMax),
                 length_is(cActual)] short *rgs);
```

Die client-seitige Verwendung sieht folgendermaßen aus:

```
void f(IFoo *pFoo) {
        short rgs[8];
     rgs[0] = 1; rgs[1] = 2;
        pFoo->Method13(8, 2, rgs);
}
```

Wie in Abbildung 7-5 gezeigt wird, schreibt der Marshaler zur Übermittlung eines offenen Arrays zunächst dessen Kapazität und ergänzt diese Information durch den Offset und die Länge des aktuellen Inhalts. Wie bei variablen Arrays kann die Kapazität des Arrays größer sein, als für die übermittelten Elemente erforderlich. Das bedeutet, daß der Inhalt des empfangenen Puffers nicht direkt an das aufrufende Objekt übergeben werden kann, so daß ein zweiter Speicherblock verwendet werden muß, der den Speicher-Overhead erhöht.

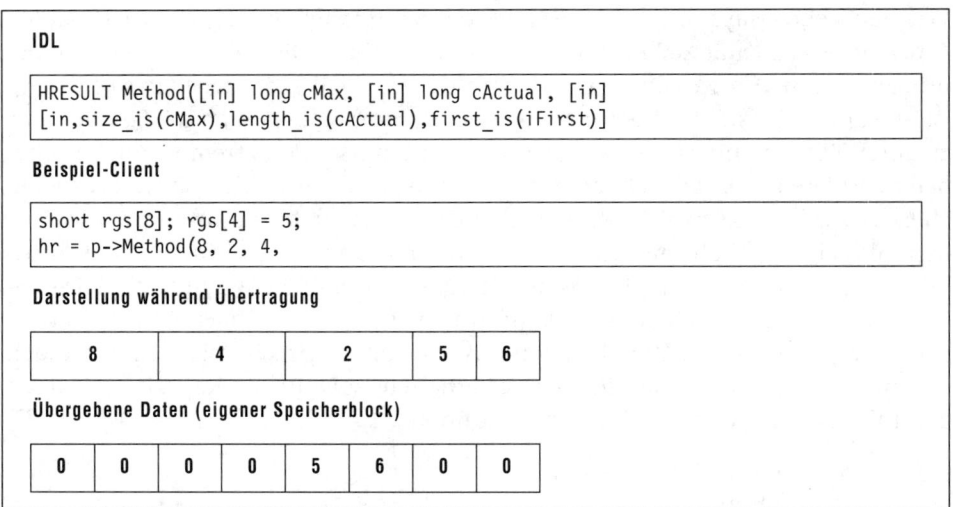

Abbildung 7-5 Offene Arrays

Für Eingabeparameter stellen definitionskonforme Arrays den nützlichsten Array-typ dar. Offene Arrays sind besonders nützlich, wenn Eingabe- oder Ausgabeparameter verwendet werden, weil sie es dem aufrufenden Objekt ermöglichen, einen beliebig großen Puffer zu reservieren und doch nur die aktuelle Anzahl an Elementen zu übermitteln. Bei dieser Art Verwendung sieht die IDL normalerweise ähnlich wie im folgenden aus:

```
HRESULT Method16([in] long cMax,
        [out] long *pcActual,
        [out, size_is(cMax), length_is(*pcActual)]
            short *rgs);
```

impliziert die folgende client-seitige Verwendung:

```
void f(IFoo *pFoo) {
  short rgs[8];
  long cActual;
  pFoo->Method16(8, &cActual, rgs);
  // ... Die ersten cActual Elemente von rgs verarbeiten
}
```

und diese server-seitige Implementierung:

```
HRESULT CFoo::Method16(long cMax, long *pcActual,
                    short *rgs) {
  *pcActual = min(cMax,5); //Nur die ersten fünf Elemente schreiben
  for (long n = 0; n < *pcActual; n++)
    rgs[n] = n * n;
  return S_OK;
}
```

Damit kann das aufrufende Objekt die Puffergröße, aber die Methodenimplementierung die tatsächliche Anzahl übermittelter Elemente steuern.

Wird ein offenes Array zur Ein- und Ausgabe verwendet, muß sein aktueller Inhalt jeder Seite mitgeteilt werden. Kann die Anzahl der Eingabeelemente von der bei der Ausgabe abweichen, muß auch der Inhaltsparameter sowohl für die Eingabe als auch für die Ausgabe festgelegt werden:

```
HRESULT Method17([in] long cMax,
          [in, out] long *pcActual,
          [in, out, size_is(cMax), length_is(*pcActual)]
                short *rgs);
```

Dies impliziert die folgende client-seitige Verwendung:

```
void f(IFoo *pFoo) {
  short rgs[8];
  rgs[0] = 0; rgs[1] = 1;
  long cActual = 2;
  pFoo->Method17(8, &cActual, rgs);
  // ... Die ersten cActual Elemente von rgs verarbeiten
}
```

Stimmt die Anzahl der Eingabeelemente mit der der Ausgabeelemente überein, ist die Verwendung eines definitionskonformen Arrays ausreichend:

```
HRESULT Method18([in] long cElems,
    [in, out, size_is(cElems)] short *rgs);
```

Diese Methode profitiert nicht nur von der Effizienz definitionskonformer Arrays, sondern ist auch erheblich einfacher zu handhaben.

In den vorhergehenden Beispielen ging es stets um eindimensionale Arrays. Betrachten Sie den folgenden C-Prototypen:

```
void g(short **arg1);
```

Dieser Prototyp kann in C alles Mögliche bedeuten. Vielleicht erwartet die Funktion einen Zeiger auf einen Zeiger auf einen einzelnen Wert vom Typ short:

```
void g(short **arg1) { // Zeiger auf statischen Wert zurückgeben
  static short s;
  *arg1 = &s;
}
```

Vielleicht erwartet die Funktion aber auch ein Array mit 100 Zeigern vom Typ short:

```
void g(short **arg1) { // 100 short-Werte als Referenz
  for (int n = 0; n < 100; n++)
    *(arg1[n]) *= *(arg1[n]);
```

Oder die Funktion erwartet einen Zeiger auf einen Zeiger auf ein Array mit Werten vom Typ short integer:

```
void g(short **arg1) { // 100 short-Werte
  for (int n = 0; n < 100; n++)
    (*arg1)[n] *= (*arg1)[n];
```

Die IDL begegnet diesem syntaktischen Alptraum mit einer Syntax, wegen der neue Anwender der IDL oftmals Trost bei der Dokumentation suchen müssen.

Die IDL-Attribute [size_is] und [length_is] akzeptieren eine variable Anzahl kommabegrenzter Argumente, eines pro Redirektionsebene. Fehlt ein Parameter, wird von der aktuellen Redirektionsebene angenommen, daß es sich um einen Zeiger auf ein Arrayelement und nicht auf ein Array handelt. Um einen Parameter als Zeiger auf einen Zeiger zu einem einzelnen Arrayelement zu kennzeichnen sind also keine Attribute erforderlich:

```
HRESULT Method19([in] short **pps);
```

impliziert das folgende Speicher-Layout:

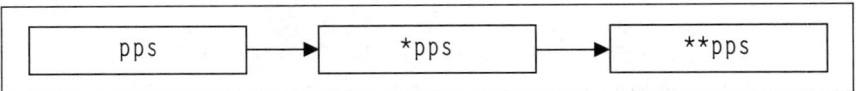

Als Zeiger auf ein Array mit Zeigern auf Arrayelemente wird ein Parameter durch folgende korrekte IDL kenntlich gemacht:

```
HRESULT Method20([in, size_is(3)] short **rgps);
```

Im Speicher ergibt sich folgendes Layout:

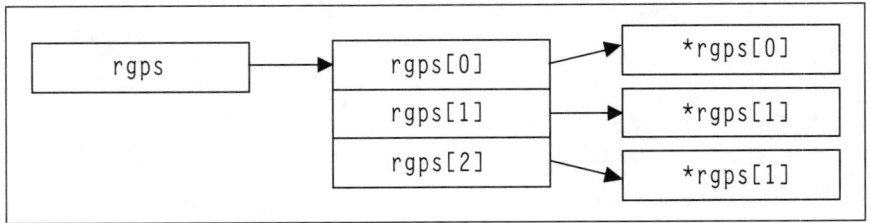

Und als Zeiger auf einen Zeiger auf ein Array mit Zeigern auf Arrayelemente wird ein Parameter durch folgende korrekte IDL kenntlich gemacht:

```
HRESULT Method21([in, size_is(,4)] short **pprgs);
```

Im Speicher ergibt sich folgendes Layout:

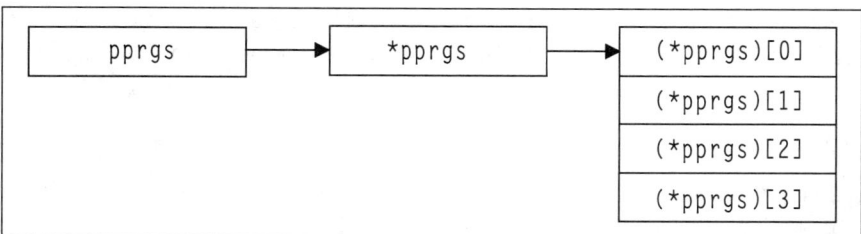

Um einen Parameter als Array mit Zeigern auf Arrays mit Arrayelementen anzugeben, ist die folgende IDL korrekt:

```
HRESULT Method22([in, size_is(3,4)] short **rgrgs);
```

Im Speicher ergibt sich folgendes Layout:

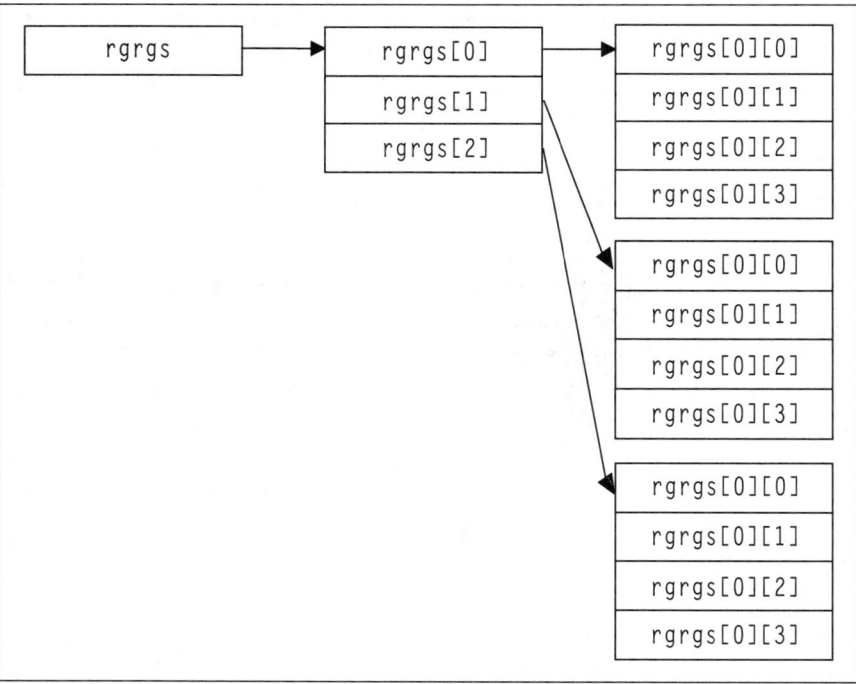

Obwohl diese Syntax immer noch ein wenig zu wünschen übrig läßt, ist sie doch flexibler und nicht so vieldeutig wie C.

Wichtig ist zu beachten, daß die zuletzt gezeigte IDL-Methode ein mehrdimensionales Array festlegt; technisch gesehen ist dies ein Array mit Zeigern auf Arrays mit Zeigern auf Arrayelemente. Damit besteht ein *Unterschied* zu den mehrdimensionalen Arrays in C, die in der IDL mit der Standardsyntax von C angegeben werden können:

```
HRESULT Method23([in] short rgrgs[3][4]);
```

Diese Syntax geht im *Unterschied* zu dem vorigen Beispiel davon aus, daß der Speicher für alle Elemente des Arrays fortlaufend reserviert wird.

Daher ist es legal, die erste Dimension eines mehrdimensionalen Arrays mit Hilfe des Attributs `[size_is]` anzusprechen:

```
HRESULT Method24([in, size_is(3)] short rgrgs[][4]);
```

Es ist aber nicht möglich, eine andere als die links außen angegebene Dimension zu spezifizieren.

Die von `[size_is]`, `[length_is]` und den anderen Attributen zur Arraydimensionierung verwendeten Ausdrücke dürfen nicht auf Funktionsaufrufen basieren. Damit wären nämlich Strings, deren Länge durch Aufrufe von `wcslen` oder `strlen` ermittelt wird, schwer zu verpacken. Der folgende Quelltext stellt somit keine legale IDL dar:

```
HRESULT Method24([in, size_is(wcslen(wsz) + 1)]
                 const OLECHAR *wsz);
```

Weil diese Begrenzung die Verwendung von Strings in Client-Programmen extrem unpraktisch gestalten würde, unterstützt die IDL das Attribut `string`, mit dem der Marshaling-Schicht mitgeteilt wird, zur Berechnung der Länge des Arrays die Funktion `xxxlen` aufzurufen. In den folgenden Zeilen wird die korrekte Angabe von Strings als Eingabeparameter gezeigt:

```
HRESULT Method25([in, string] const OLECHAR *wsz);
```

oder

```
HRESULT Method26([in, string] const OLECHAR wsz[]);
```

Bei der Verwendung von Strings als Ausgabe- oder Eingabe/Ausgabe- Parameter, ist es fast immer angezeigt, die Kapazität des Puffers des aufrufenden Objekts explizit anzugeben, um sicherzustellen, daß der server-seitige Puffer groß genug ist. Betrachten Sie die folgende fehlerhafte IDL:

```
HRESULT Method27([in, out, string] OLECHAR *pwsz);
```

Wenn das aufrufende Objekt diese Methode mit einem sehr kurzen String verwendet:

```
void f(IFoo *pFoo) {
  OLECHAR wsz[1024];
  wcscpy(wcs, OLESTR("Hello"));
  pFoo->Method27(wsz);
// ... Aktualisierten String verarbeiten
}
```

wird die Kapazität des server-seitig reservierten Arrays auf der Basis der Länge des Eingabestrings berechnet (die einschließlich des abschließenden Null-Zeichens sechs beträgt). Betrachten Sie die folgende server-seitige Methodenimplementierung:

```
HRESULT CFoo::Method27(OLECHAR *wsz) {
  DisplayString(wsz);
// wsz kann nur sechs Zeichen aufnehmen!
  wcscpy(wsz, OLESTR("Goodbye"));
  return S_OK;
}
```

Weil der Inhalt des Arrays auf `wcslen(OLESTR("Hello") + 1)` basierte, besteht die Gefahr, daß mit dem Ende des Strings einige Byte Speicher überschrieben werden, wenn die Methodenimplementierung einen längeren String zurückschreibt und sehr wahrscheinlich einen schweren Fehler auslöst, bevor die Anwendung wieder freigegeben wird. Obwohl also das aufrufende Objekt für den Ergebnisstring ausreichend Speicher reserviert hatte, war dies der Marshaling-Schicht auf der Server-Seite nicht bekannt und es wurde nur Speicher für einen String von sechs Unicode-Zeichen reserviert. Die IDL hätte so aussehen sollen:

```
HRESULT Method28([in] long cchMax,
          [in, out, string, size_is(cchMax)] OLECHAR *wsz);
```

und hätte dann vom aufrufenden Objekt folgendermaßen verwendet werden können:

```
void f(IFoo *pFoo) {
  OLECHAR wsz[1024];
  wcscpy(wsz, OLESTR("Hello"));
  pFoo->Method28(1024, wsz);
 // ... Aktualisierten String verarbeiten
}
```

Der gefährlichste Aspekt des [in, out, string]-Beispiels liegt darin, daß es prima funktioniert, solange der Eingabestring mindestens so lang wie der Ausgabestring ist. Die mit dieser Methode programmierten Fehler treten nur fallweise und möglicherweise nie in der Testphase eines Projekts auf.

In den meisten konventionellen APIs, reserviert das aufrufende Objekt einen Puffer für die Resultate der Funktion und die Funktionsimplementierung füllt den vom aufrufenden Objekt bereitgestellten Puffer. Es ist Sache des aufrufenden Objekts die korrekte Puffergröße festzulegen. Bei Puffern für Datenstrukturen variabler Länge, deren Größe vom aufrufenden Objekt festgelegt wird, liegt das Problem darin, daß die Methodenimplementierung möglicherweise mehr Daten zurückgibt, als das aufrufende Objekt vorgesehen hat. Betrachten Sie den folgenden Windows SDK-Quelltext, mit dem der Text eines Texteingabesteuerelements angezeigt wird:

```
void Show(HWND hwndEdit) {
    TCHAR sz[1024];
    GetWindowText(hwndEdit, sz, 1024);
    MessageBox(0, sz, __TEXT("Hi!"), MB_OK);
}
```

Beachten Sie, daß bei der Implementierung von Show unterstellt wurde, daß das Steuerelement niemals mehr als 1024 Zeichen enthält. Wie konnte diese Gewißheit entstehen? Genau. Man könnte annehmen, daß diese Implementierung sicherer ist:

```
void Show(HWND hwndEdit) {
    int cch = GetWindowTextLength(hwndEdit);
    TCHAR *psz = new TCHAR[cch + 1];
    GetWindowText(hwndEdit, psz, cch);
    MessageBox(0, sz, __TEXT("Hi!"), MB_OK);
    delete[] psz;
}
```

Doch wie kann in diesem Beispiel das aufrufende Objekt sicher sein, daß der Anwender nicht ein Zeichen zwar nach dem Aufruf von GetWindowTextLength, aber vor dem Aufruf von GetWindowText eingibt? Weil die Speicherreservierung auf möglicherweise veralteten Informationen beruht, ist diese Implementierung unsicher.

Der soeben gezeigte Programmierstil mag bei HWNDs angemessen sein, ist aber für COM-Objekte nicht zu tolerieren. Im Unterschied zu HWNDs wird auf COM-Objekte von vielen verschiedenen Parteien zugegriffen. Außerdem setzen zwei Methodenaufrufe für nur eine Operation die Performance sehr schnell herab, insbesondere in verteilten Umgebungen, in denen durch Paketübermittlung und -empfang verursachte Verzögerungen Rundreisen der aufrufenden Methode schwer bestrafen. Wegen dieser beiden Faktoren zwingen COM-Schnittstellen mit einem guten Design die Methodenimplementierungen dazu, den Speicher für das Resultat des Aufrufs mit dem COM-Task-Verteilungsmechanismus zu reservieren, wenn von ihnen Datentypen variabler Länge als [out]-Parameter an das aufrufende Objekt übergeben werden. Dies ist deswegen notwendig, weil die wirkliche Größe des Ergebnisses nur der Methodenimplementierung bekannt sein kann. Der dynamisch reservierte Puffer wird an das aufrufende Objekt der Methode zurückgegeben, und es liegt in der Verantwortung des aufrufenden Objekts, den vom COM-Task-Verteilungsmechanismus bezogenen Puffer während des Aufrufs wieder freizugeben. In der folgenden IDL wird dieser Programmierstil korrekt für einen String-Parameter umgesetzt:

```
HRESULT Method29([out, string] OLECHAR **ppwsz);
```

Dies impliziert die folgende server-seitige Implementierung:

```
HRESULT CFoo::Method29(OLECHAR **ppwsz) {
  const OLECHAR wsz[] = OLESTR("Goodbye");
  int cb = (wcslen(wsz) + 1) * sizeof(OLECHAR);
  *ppwsz = (OLECHAR*)CoTaskMemAlloc(cb);
  if (*ppwsz == 0) return E_OUTOFMEMORY;
  wcscpy(*ppwsz, wsz);
  return S_OK;
}
```

Um diese Methode angemessen zu verwenden, ist der folgende Client-Quelltext erforderlich:

```
void f(IFoo *pFoo) {
  OLECHAR *pwsz = 0;
  if SUCCEEDED(pFoo->Method29(&pwsz)) {
    DisplayString(pwsz);
    CoTaskMemFree(pwsz);
  }
}
```

Obgleich diese Verwendung einen Overhead an Speicherkopien zur Folge haben kann, muß dies gegen die Vermeidung von Rundreisen und die Garantie abgewogen werden, daß Strings beliebiger Länge zurückgegeben werden können, ohne daß das aufrufende Objekt Puffer für beliebig lange Strings bereitstellen muß.

Die in diesem Abschnitt gezeigte Arraysyntax stellt für C oder C++-Programmierer kein Problem dar. Doch war zu dem Zeitpunkt, als dieses Buch geschrieben wurde, Visual Basic nicht in der Lage, Arrays variabler Größe zu behandeln. Um in Visual Basic Arrays variabler Größe senden und empfangen zu können, definiert die COM IDL einen zusammengesetzten Typ namens SAFEARRAY. Ein SAFEAR-

RAY ist eine ziemlich ungewöhnliche Datenstruktur, mit der mehrdimensionale Arrays VARIANT-kompatibler Typen als Parameter übergeben werden können. Die Dimensionen eines SAFEARRAY können mit dem Datentyp SAFEARRAYBOUND angegeben werden:

```
typedef struct tagSAFEARRAYBOUND {
  ULONG cElements;  // size_is der Dimensionsangabe
  LONG  lLbound;    // Kleinster Index der Dimensionsangabe (normalerweise 0)
} SAFEARRAYBOUND;
```

Der Datentyp SAFEARRAY verwendet intern ein definitionskonformes Array mit Werten des Typs SAFEARRAYBOUND, um dem Inhalt des Arrays ein wenig Form zu geben:

```
typedef struct tagSAFEARRAY {
  USHORT cDims;      // Anzahl der Dimensionen
  USHORT fFeatures;  // Flags zur Beschreibung des Inhalts
  ULONG  cbElements; // Anzahl Byte pro Element
  ULONG  cLocks;     // Hält die Speicherverwendung fest
  void*  pvData;     // Aktuelle Elemente
  [size_is(cDims)] SAFEARRAYBOUND rgsabound[];
} SAFEARRAY;
```

Diese IDL wird nicht zur tatsächlichen Beschreibung des Übertragungsformats von SAFEARRAYs verwendet, sondern zu ihrer programmatischen Beschreibung.

Um dem Anwender bei der Speicherverwaltung maximale Flexibilität zu geben, definiert COM die folgenden Flags, die im Feld fFeatures verwendet werden können:

```
FADF_AUTO        /* Array belegt Speicher auf dem Stack */
FADF_STATIC      /* Array belegt statischen Speicher */
FADF_EMBEDDED    /* Array ist in eine Struktur eingebettet */
FADF_FIXEDSIZE   /* darf nicht in seiner Größe verändert oder realloziert
werden */
FADF_BSTR        /* Array von BSTRs */
FADF_UNKNOWN     /* Array von IUnknown* */
FADF_DISPATCH    /* Array von IDispatch* */
FADF_VARIANT     /* Array von VARIANTs */
```

Damit der Datentyp der Elemente des SAFEARRAY angegeben werden kann, erkennt der IDL-Compiler eine spezielle SAFEARRAY-spezifische Syntax.

```
HRESULT Method([in] SAFEARRAY(type) *ppsa);
```

Dabei ist type der Typ der Elemente des SAFEARRAY. Der entsprechende C++-Methodenprototyp sieht folgendermaßen aus:

```
HRESULT Method(SAFEARRAY **psa);
```

Beachten Sie, daß in der IDL-Definition nur eine Redirektionsebene verwendet wird, jedoch zwei Redirektionsebenen in der entsprechenden C++-Definition. Gehen wir von folgender IDL-Definition aus, die ein SAFEARRAY mit Werten vom Typ short integer festlegt:

```
HRESULT Method([in] SAFEARRAY(short) *psa);
```

Die entsprechende Visual Basic-Definition sieht dann folgendermaßen aus:

```
Sub Method(ByVal psa As Integer())
```

Beachten Sie, daß der Visual Basic-Prototyp keine expliziten Arraydimensionen enthält. Erinnern Sie sich jedoch daran, daß Visual Basic Arrays fester Größe unterstützt.

Der Datentyp SAFEARRAY wird von einem reichhaltigen Satz APIs unterstützt, mit denen Arrays neu dimensioniert und auf portierbare Weise durchlaufen werden können. Für den Zugriff auf die Elemente eines SAFEARRAY stellt COM folgende API-Aufrufe zur Verfügung:

```
// Gibt einen Zeiger auf die aktuellen Array-Elemente zurück
HRESULT SafeArrayAccessData([in] SAFEARRAY *psa,
                            [out] void ** ppv);
// Gibt von SafeArrayAccessData zurückgegebenen Zeiger frei
HRESULT SafeArrayUnaccessData([in] SAFEARRAY *psa);
// Gibt die Anzahl der Dimensionen zurück
ULONG SafeArrayGetDim([in] SAFEARRAY *psa);
// Gibt die Obergrenze einer Dimension zurück
HRESULT SafeArrayGetUBound([in] SAFEARRAY *psa,
                           [in] UINT nDim, [out] long *pUBound);
// Gibt die Untergrenze einer Dimension zurück
HRESULT SafeArrayGetLBound([in] SAFEARRAY *psa,
                           [in] UINT nDim, [out] long *pLBound);
```

Diese Methoden stellen einen portierbaren und sicheren Weg dar, um auf den aktuellen Inhalt des Arrays zuzugreifen. Auf Grundlage dieser IDL:

```
HRESULT Sum([in] SAFEARRAY(long) *ppsa,
            [out, retval] long *pSum);
```

berechnet die folgende Methodenimplementierung die Summe eines SAFEARRAY mit Werten des Typs long integer:

```
STDMETHODIMP MyClass::Sum(SAFEARRAY **ppsa, long *pnSum) {
    assert(ppsa && *ppsa && pnSum);
    assert(SafeArrayGetDim(*ppsa) == 1);
    long iUBound, iLBound;
// Beachten Sie, daß die Dimensionsindizes bei eins beginnend angegeben werden
    HRESULT hr = SafeArrayGetUBound(*ppsa, 1, &iUBound);
    assert(SUCCEEDED(hr));
```

```
    hr = SafeArrayGetLBound(*ppsa, 1, &iLBound);
    assert(SUCCEEDED(hr));
    long *prgn = 0;
    hr = SafeArrayAccessData(*ppsa, (void**)&prgn);
    *pnSum = 0;
    for (long i = iLBound; i <= iUBound; i++)
        *pnSum += prgn[i];
    SafeArrayUnaccessData(*ppsa);
    return S_OK;
}
```

Beachten Sie, daß alle API-Aufrufe, die die Dimension des Arrays angeben, die Dimensionsindizes mit eins beginnend angeben.

Das soeben gezeigte Quelltextfragment verarbeitet einfach den Inhalt eines existierenden SAFEARRAY. Um ein eindimensionales SAFEARRAY anzulegen, das als Methodenparameter übergeben werden soll, stellt COM die folgende API-Funktion bereit, die für die SAFEARRAY-Struktur und ihre Arrayelemente Speicher in einem zusammenhängenden Speicherblock reserviert:

```
SAFEARRAY *SafeArrayCreateVector(
        [in] VARTYPE vt,// Elementtyp
        [in] long iLBound,// Index der Untergrenze
        [in] unsigned int cElems);// Anzahl der Elemente
```

COM bietet auch eine Vielzahl von Funktionen für mehrdimensionale Arrays, die jedoch den Rahmen dieser Diskussion sprengen würden. Auf Grundlage dieser IDL-Methodendefinition:

```
HRESULT GetPrimes([in] long nStart, [in] long nEnd,
                  [out] SAFEARRAY(long) *ppsa);
```

gibt die folgende C++-Methodendefinition ein vom aufgerufenen Objekt reserviertes SAFEARRAY an das aufrufende Objekt zurück:

```
STDMETHODIMP MyClass::GetPrimes(long nMin, long nMax,
    SAFEARRAY **ppsa) {
    assert(ppsa);
    UINT cElems = GetNumberOfPrimes(nMin, nMax);
    *ppsa = SafeArrayCreateVector(VT_I4, 0, cElems);
    assert(*ppsa);
    long *prgn = 0;
    HRESULT hr = SafeArrayAccessData(*ppsa, (void**)&prgn);
    assert(SUCCEEDED(hr));
    for (UINT i = 0; i < cElems; i++)
        prgn[i] = GetNextPrime(i ? prgn[i - 1] : nMin);
    SafeArrayUnaccessData(*ppsa);
    return S_OK;
}
```

Der entsprechende client-seitige Quelltext sieht in Visual Basic folgendermaßen aus:

```
Function GetSumOfPrimes(ByVal nMin as Long,
                        ByVal nMax as Long) as Long
  Dim arr() as Long
  Dim n as Variant
  Objref.GetPrimes nMin, nMax, arr
  GetSumOfPrimes = 0
  for each n in arr
    GetSumOfPrimes = GetSumOfPrimes + n
  Next n
End Function
```

Dieser Quelltext entspricht folgendem C++-Code:

```
long GetSumOfPrimes(long nMin, long nMax) {
  SAFEARRAY *pArray = 0;
  HRESULT hr = g_pObjRef->GetPrimes(nMin, nMax, &pArray);
  assert(SUCCEEDED(hr) && SafeArrayGetDim(pArray) == 1);
  long *prgn = 0;
  hr = SafeArrayAccessData(pArray, (void**)&prgn);
  long iUBound, iLBound, result = 0;
  SafeArrayGetUBound(pArray, 1, &iUBound);
  SafeArrayGetLBound(pArray, 1, &iLBound);
  for (long n = iLBound; n <= iUBound; n++)
    result += prgn[n];
  SafeArrayUnaccessData(pArray);
  SafeArrayDestroy(pArray);
  return n;
}
```

Beachten Sie, daß das aufrufende Objekt dafür verantwortlich ist, die für das SAFEARRAY reservierten Ressourcen freizugeben, die als [out]-Parameter zurückgegeben werden. Der korrekte Aufruf von SafeArrayDestroy gibt den von SAFEARRAY belegten Speicher wieder frei.

7.4 Ablaufsteuerung

Bedenken Sie, daß in den vorigen Beispielen zur Verwendung von Arrays und SAFEARRAYs, der Sender der Daten entschied, wie viele Daten in der ORPC-Meldung übermittelt werden. Gegeben sei folgende einfache IDL-Methodendefinition:

```
HRESULT Sum([in] long cElems,
            [in, size_is(cElems)] double *prgd,
            [out, retval] double *pResult);
```

Wenn das aufrufende Objekt diese Methode folgendermaßen verwendet:

```
double rgd[1024 * 1024 * 16];
HRESULT hr = p->Sum(sizeof(rgd)/sizeof(*rgd), rgd, &result);
```

ist die resultierende ORPC-Anforderungsmeldung mindestens 128 MB groß. Obwohl das zugrundeliegende RPC-Protokoll perfekt dazu in der Lage ist, große Meldungen in mehrere Netzwerkpakete zu fragmentieren, bereiten große Arrays doch zahlreiche Probleme. Auf der Hand liegt das Problem, daß das aufrufende Objekt über den vom angebotenen Array belegten Speicher hinaus über mindestens 128 MB zusätzlichen Speicher verfügen muß. Dieser zusätzliche Puffer wird vom Proxy-Objekt benötigt, um die ORPC-Anforderungsmeldung aufzubauen, in die das Array schließlich kopiert wird. Damit eng verbunden ist das Problem, daß auch dem Prozeß des Objekts mindestens 128 MB Speicher zur Verfügung stehen muß, damit es die empfangenen RPC-Pakete als eine einzige zusammenhängende ORPC-Meldung rekonstruieren kann. Hätte das Array das Attribut [length_is] verwendet, müßten Sie weitere 128 MB für den Speicher in das Budget aufnehmen, in dem das Array der Methode übergeben wird. Dieses Problem besteht sowohl bei [in]- als auch bei [out]-Parametern. In jedem Fall mag der Sender des Arrays ausreichend Puffer für den Aufbau der ORPC-Meldung zur Verfügung haben – der Empfänger des Arrays aber vielleicht nicht. Dieses Problem erwächst aus der Tatsache, daß Empfängern kein Mechanismus zur Ablaufsteuerung auf Anwendungsebene zur Verfügung steht.

Ein subtileres Problem der zuvor besprochenen Methodendefinition hängt mit Latenzen zu zusammen. Die Semantik eines ORPC-Aufrufs zwingt die RPC/ORPC-Schicht dazu, die gesamte ORPC-Meldung zu rekonstruieren, bevor die Methode des Objekts angewendet werden kann. Das Objekt kann also die präsentierten Daten nicht verarbeiten, bevor nicht das gesamte Paket empfangen wurde. Weil die Übertragungszeit für ein großes Array recht lang sein kann, wartet das Objekt eine beträchtliche Zeitspanne untätig auf das letzte Paket. Während dieser Wartezeit werden sehr wahrscheinlich viele Elemente erfolgreich im Adreßraum des Objekts empfangen; doch die Semantik des COM-Methodenaufrufs erfordert es, daß vor ihrem ersten Aufruf alle Elemente präsent sind. Von demselben Problem sind Arrays betroffen, die als [out]-Parameter übergeben werden, weil der Client keine bereits empfangenen Teilresultate einer Operation verarbeiten kann.

Den mit der Übergabe großer Arrays als Methodenparameter verbundenen Problemen begegnet COM mit einem Schnittstellendesignstandard, der dem Datenempfänger eine explizite Ablaufsteuerung für die Arrayelemente erlaubt. Dafür wird anstelle tatsächlicher Arrays ein spezieller COM-Schnittstellenzeiger übergeben. Diese spezielle Schnittstelle, die als Enumerator bezeichnet wird, erlaubt dem Empfänger, die Elemente vom Sender in für ihn passenden Raten zu beziehen. Um dieses Designelement auf die hier behandelte Methodendefinition anzuwenden, wird die folgende Schnittstellendefinition benötigt:

```
interface IEnumDouble : IUnknown {
// Einen Satz Elemente vom Sender abrufen
  HRESULT Next([in]  ULONG cElems,
        [out, size_is(cElems), length_is(*pcFetched)]
              double *prgElems,
        [out] ULONG *pcFetched);
// Cursor über cElems-Element verschieben
  HRESULT Skip([in] cElems);
// Cursor auf das erste Element zurücksetzen
  HRESULT Reset(void);
// Den aktuellen Cursor des Enumerator kopieren
  HRESULT Clone([out] IEnumDouble **pped);
}
```

Wichtig ist, daß die IEnum-Schnittstelle einfach nur den Cursor versetzt, nicht das aktuelle Array. Auf Grundlage dieser Schnittstellendefinition wird die ursprüngliche IDL-Methodendefinition:

```
HRESULT Sum([in] long cElems,
            [in, size_is(cElems)] double *prgd,
            [out, retval] double *pResult);
```

folgendermaßen abgewandelt:

```
HRESULT Sum([in] IEnumDouble *ped,
            [out, retval] double *pResult);
```

Beachten Sie, daß die Elementzählung nicht länger obligatorisch ist, weil der Empfänger der Daten das Ende des Arrays eindeutig daran erkennt, daß die Methode IEnumDouble::Next den Rückgabewert HRESULT (S_FALSE) liefert.

Für diese Schnittstellendefinition ist die folgende Methodenimplementierung korrekt:

```
STDMETHODIMP MyClass::Sum(IEnumDouble *ped, double *psum) {
  assert(ped && psum);
  *psum = 0;
  HRESULT hr;
  do {
// Puffer für den Empfang einiger Elemente deklarieren
    enum { CHUNKSIZE = 2048 };
    double rgd[CHUNKSIZE];
// Datenproduzenten auffordern, CHUNKSIZE-Elemente zu senden
    ULONG cFetched;
    hr = ped->Next(CHUNKSIZE, rgd, &cFetched);
// cFetched anpassen, um nachlässige Objekte zu berücksichtigen
    if (hr == S_OK) cFetched = CHUNKSIZE;
    if (SUCCEEDED(hr)) // S_OK oder S_FALSE
```

```
// Empfangene Elemente verarbeiten
    for (ULONG n = 0; n < cFetched; n++)
       *psum += rgd[n];
 } while (hr == S_OK); // Beendigung bei S_FALSE oder einem Fehler
}
```

Beachten Sie, daß Routine Next S_OK zurückgibt, wenn der Sender noch weitere
Elemente senden muß und S_FALSE, wenn der Sender mit der Übertragung fertig
ist. Beachten Sie außerdem, daß der Quelltext defensiv geschrieben wurde, um
nachlässige Implementierungen zu kompensieren, die es versäumen, die Variable
cFetched zu setzen, wenn sie S_OK zurückgeben (S_OK impliziert, daß alle angeforderten Elemente angekommen sind).

Einer der Vorteile der IEnum-Technik besteht darin, daß der Sender die Generierung der Arrayelemente aufschieben kann. Betrachten Sie die folgende IDL-Methodendefinition:

```
HRESULT GetPrimes([in] long nMin, [in] long nMax,
                  [out] IEnumLong **ppe);
```

Bei der Objektimplementierung könnte eine spezielle Klasse angelegt werden, die
auf Anfrage Primzahlen generiert und die Schnittstelle IEnumLong implementiert:

```
class PrimeGenerator : public IEnumLong {
  LONG m_cRef;                 // COM-Referenzzähler
  long m_nCurrentPrime;        // Der Cursor
  long m_nMin;                 // Kleinste Primzahl
  long m_nMax;                 // Größte Primzahl
public:
  PrimeGenerator(long nMin, long nMax, long nCurrentPrime)
    : m_cRef(0), m_nMin(nMin), m_nMax(nMax),
      m_nCurrentPrime(nCurrentPrime) {
  }
// IUnknown-Methoden
  STDMETHODIMP QueryInterface(REFIID riid, void**ppv);
  STDMETHODIMP_(ULONG) AddRef(void);
  STDMETHODIMP_(ULONG) Release(void);
// IEnumLong-Methoden
  STDMETHODIMP Next(ULONG, long *, ULONG *);
  STDMETHODIMP Skip(ULONG);
  STDMETHODIMP Reset(void);
  STDMETHODIMP Clone(IEnumLong **ppe);
};
```

Die Next-Implementierung des Generators generiert einfach die angeforderte Anzahl von Primzahlen:

```
STDMETHODIMP PrimeGenerator::Next(ULONG cElems,
                  long *prgElems, ULONG *pcFetched) {
// Sicherstellen, daß pcFetched gültig ist, wenn cElems > 1 ist
  if (cElems > 1 && pcFetched == 0)
    return E_INVALIDARG;
// Puffer füllen
  ULONG cFetched = 0;
  while (cFetched < cElems && m_nCurrentPrime <= m_nMax) {
    prgElems[cFetched] = GetNextPrime(m_nCurrentPrime);
    m_nCurrentPrime = prgElems[cFetched++];
  }
  if (pcFetched) // Einige Aufrufer könnten NULL übergeben
    *pcFetched = cFetched;
  return cFetched == cElems ? S_OK : S_FALSE;
}
```

Beachten Sie, daß auch bei Millionen möglicher Werte immer nur eine kleine Anzahl gleichzeitig im Speicher resident ist.

Die Skip-Methode des Generators muß lediglich die angeforderte Zahl Elemente generieren und wieder löschen :

```
STDMETHODIMP PrimeGenerator::Skip(ULONG cElems) {
  ULONG cEaten = 0;
  while (cEaten < cElems && m_nCurrentPrime <= m_nMax) {
    m_nCurrentPrime = GetNextPrime(m_nCurrentPrime);
    cEaten++;
  }
  return cEaten == cElems ? S_OK : S_FALSE;
}
```

Die Reset-Methode setzt den Cursor auf den ursprünglichen Wert zurück:

```
STDMETHODIMP PrimeGenerator::Reset(void) {
  m_nCurrentPrime = m_nMin;
  return S_OK;
}
```

und die Methode Clone legt basierend auf den Mindest-, Höchst- und aktuellen Werten des aktuellen Generators einen neuen Primzahlgenerator an:

```
STDMETHODIMP PrimeGenerator::Clone(IEnumLong **ppe) {
  assert(ppe);
  *ppe = new PrimeGenerator(m_nMin, m_nMax, m_nCurrent);
  if (*ppe)
    (*ppe)->AddRef();
  return S_OK;
}
```

Auf der Grundlage dieser Implementierung von `PrimeGenerator` ist die Implementierung der `GetPrimes`-Methode des aktuellen Objekts trivial:

```
STDMETHODIMP MyClass::GetPrimes(long nMin, long nMax,
                                IEnumLong **ppe) {
  assert(ppe);
  *ppe = new PrimeGenerator(nMin, nMax, nMin);
  if (*ppe)
    (*ppe)->AddRef();
  return S_OK;
}
```

Beachten Sie, daß der Hauptteil der Implementierung nun in der Klasse `PrimeGenerator`, nicht in der Klasse des Objekts untergebracht ist.

7.5 Dynamischer und statischer Aufruf

Bisher war immer davon die Rede, daß COM auf Client-Programmen basiert, die bereits a priori zur Entwicklungszeit Kenntnis von der Schnittstellendefinition haben. Bei C++-Clients wird dies durch C++-Header-Dateien gewährleistet, bei Java- und Visual Basic-Clients durch Typbibliotheken. Allgemein stellt dies kein Problem dar, weil in diesen Sprachen geschriebene Programme üblicherweise irgendeine Art von Kompilierungsphase durchlaufen, bevor sie verteilt werden. Einige Sprachen werden jedoch nicht zur Entwicklungszeit kompiliert, sondern in Quelltextform verteilt und zur Laufzeit interpretiert. Unter diesen Sprachen sind wahrscheinlich HTML-basierende Skriptsprachen (beispielsweise Visual Basic Script und JavaScript) die verbreitetsten, die entweder im Kontext eines Web-Browsers oder eines Web-Servers ausgeführt werden. In beiden Fällen wird der Skripttext in eine HTML-Datei eingebettet und von der Laufzeitumgebung ausgeführt, während der HTML-Text analysiert wird. Leistungsfähige Entwicklungsumgebungen lassen es zu, daß diese Skripts Methoden auf COM-Objekte anwenden, die im Skripttext selbst definiert werden oder möglicherweise irgendwo sonst im HTML-Stream (beispielsweise Steuerelemente, die Bestandteil der Web-Seite sind). In diesen Umgebungen ist es gegenwärtig nicht möglich, Typbibliotheken oder andere A-priori-Mittel zu verwenden, mit denen das Laufzeitmodul mit einer Beschreibung der verwendeten Schnittstellen ausgestattet wird. Das bedeutet, daß die Objekte selbst den Interpreter dabei unterstützen müssen, den Skripttext in Methodenaufrufe zu übersetzen.

Damit Objekte in interpretierenden Umgebungen wie Visual Basic Script und JavaScript verwendet werden können, definiert COM eine Schnittstelle, die diese Interpretationsfunktionalität bereitstellt. Diese Schnittstelle heißt `IDispatch` und ist folgendermaßen definiert:

```
[ object, uuid(00020400-0000-0000-C000-000000000046) ]
interface IDispatch : IUnknown {

// Struktur mit einer Liste benannter Parameter
typedef struct tagDISPPARAMS {
    [size_is(cArgs)] VARIANTARG * rgvarg;
    [size_is(cNamedArgs)] DISPID * rgdispidNamedArgs;
    UINT cArgs;
    UINT cNamedArgs;
  } DISPPARAMS;

// Kann das Objekt diese Schnittstelle beschreiben?
  HRESULT GetTypeInfoCount([out] UINT * pctinfo);

// Beschreibung der Schnittstelle in der Landessprache zurückgeben
  HRESULT GetTypeInfo(
        [in] UINT iTInfo, // Reserviert, kann null sein
        [in] LCID lcid,    // ID der Landessprache
        [out] ITypeInfo ** ppTInfo // Hier ablegen!
  );

// Element-/Parameternamen den DISPIDs zuordnen
  HRESULT GetIDsOfNames(
        [in] REFIID riid,   // Reserviert, muß IID_NULL sein
        [in, size_is(cNames)] LPOLESTR * rgszNames, method+params
        [in] UINT cNames,   // Namenszähler
        [in] LCID lcid,     // ID der Landessprache
        [out, size_is(cNames)] DISPID * rgid //Namens-Tokens
  );

// Auf Element über DISPID zugreifen
  HRESULT Invoke(
        [in] DISPID id,     // Element-Token
        [in] REFIID riid,   // Reserviert, muß IID_NULL sein
        [in] LCID lcid,      // ID der Landessprache
        [in] WORD wFlags,// Methode, propput oder propget?
    [in,out] DISPPARAMS * pDispParams,// Logische Parameter
        [out] VARIANT * pVarResult,// Logisches Ergebnis
        [out] EXCEPINFO * pExcepInfo,// IErrorInfo-Parameter
        [out] UINT * puArgErr// Für Typfehler verwendet
  );
```

Beim ersten Versuch einer Skript-Engine, auf ein Objekt zuzugreifen, verwendet sie QueryInterface, um die IDispatch-Schnittstelle des Objekts anzufordern. Schlägt die QueryInterface-Anforderung des Objekts fehl, kann die Skript-Engine das Objekt nicht verwenden. Ist das Objekt in der Lage, seine IDispatch-Schnittstelle an die Skript-Engine zurückzugeben, verwendet die Engine die Methode `Ge-tIDsOfNames` des Objekts, um Methoden- und Eigenschaftsnamen in Tokens zu übersetzen. Diese Tokens werden als DISPIDs bezeichnet und stellen einfach effizient analysierte Integer-Werte dar, die eine Eigenschaft oder Methode eindeutig identifizieren. Nachdem die Methoden- und Eigenschaftsnamen in Tokens übersetzt wurden, fordert die Engine Methoden oder Eigenschaften über die Methode `IDispatch::Invoke` des Objekts an. Beachten Sie: Weil die Methode `IDispatch::Invoke` die Parameterwerte der Operation mit der Struktur DISPPARAMS als Array benannter VARIANT-Werte übernimmt, ist der Bereich unterstützter Parametertypen auf diejenigen beschränkt, die der Typ VARIANT aufnehmen kann.

`IDispatch`-basierte Schnittstellen (die oft als *Dispatch-Schnittstellen* bezeichnet werden) sind logische Äquivalente normaler COM-Schnittstellen. Der Hauptunterschied liegt darin, wie die logischen Operationen der Schnittstelle tatsächlich aufgerufen werden. Bei einer normalen COM-Schnittstelle, werden die Methoden mit Hilfe der statischen, a priori bekannten Methodensignaturen der Schnittstelle aufgerufen. Bei einer Dispatch-Schnittstelle werden die Methoden basierend auf der Text-Repräsentation der antizipierten Signatur des Methodenaufrufs aufgerufen. Wenn das aufrufende Objekt die Methodensignatur korrekt errät, kann der Aufruf erfolgreich weitergeleitet werden. Interpretiert das aufrufende Objekt die Methodensignatur falsch, kann der Aufruf möglicherweise überhaupt nicht weitergeleitet werden. Werden unangemessene Datentypen als Methodenparameter verwendet, ist es Angelegenheit des Objekts, sie möglichst in den geforderten Typ zu konvertieren.

In IDL kann eine Dispatch-Schnittstelle am einfachsten mit dem Schlüsselwort `dispinterface` angegeben werden:

```
[ uuid(75DA6450-DD0F-11d0-8C58-0080C73925BA) ]
dispinterface DPrimeManager {
properties:
  [id(1),readonly] long MinPrimeOnMachine;
  [id(2)] long MinPrime;
methods:
  [id(3)] long GetNextPrime([in] long n);
}
```

Diese Syntax ist sehr einfach zu lesen, geht jedoch davon aus, daß das aufrufende Objekt immer über `IDispatch` auf die Eigenschaften und Methoden des Objekts zugreift. Entwicklungs- und Laufzeitumgebungen sind jetzt jedoch zunehmend in der Lage, normale COM-Schnittstellen zu verwenden. Um sicherzustellen, daß zukünftige Skriptingumgebungen effizient auf eine Dispatch-Schnittstelle zugreifen können, ist es in der Regel besser, die Schnittstelle dual anzulegen.

Duale Schnittstellen sind einfach von `IDispatch` abgeleitete normale COM-Schnittstellen. Weil es sich bei `IDispatch` um eine Basisschnittstelle handelt, ist sie mit vollständig interpretierenden Skript-Clients hundertprozentig kompatibel.

Und sie ist aufwärtskompatibel mit Umgebungen, die auf statisch definierte
COM-Schnittstellen direkt zugreifen können. Im folgenden sehen Sie die IDL-Definition der dualen Schnittstellenversion von DPrimeManager:

```
[ object, dual, uuid(75DA6450-DD0F-11d0-8C58-0080C73925BA) ]
interface DIPrimeManager : IDispatch {
  [id(1), propget] HRESULT MinPrimeOnMachine(
                          [out, retval] long *pval);
  [id(2), propput] HRESULT MinPrime([in] long val);
  [id(2), propget] HRESULT MinPrime(
                          [out, retval] long *pval);
  [id(3)] long GetNextPrime([in] long n);
}
```

Beachten Sie, daß die Schnittstelle aus IDispatch, nicht aus IUnknown abgeleitet
ist. Beachten Sie ferner, daß für die Schnittstelle das Attribut[dual] festgelegt ist.
Durch dieses Attribut wird die generierte Typbibliothek angewiesen, eine Dis-
patch-Schnittstellenversion der Schnittstelle aufzunehmen, die mit Umgebungen kompatibel ist, die nicht fähig sind, duale Schnittstellen zu erkennen. Das
Attribut [dual] schließt das Attribut [oleautomation] ein und veranlaßt die Typbibliothek, bei ihrer Registrierung die Registrierungsschlüssel für den universellen Marshaler aufzunehmen.

Ist die Schnittstelle als duale Schnittstelle definiert, ist es trivial, die Methoden
von IDispatch zu implementieren, weil bei der Analyse der Typbibliothek zwei
der vier IDispatch-Methoden implementiert werden. Wenn die zuvor gezeigte
duale Schnittstelle definiert ist, muß das Objekt lediglich bei der Initialisierung die Typbibliothek laden:

```
class PrimeManager : IPrimeManager {
  LONG m_cRef;              // COM-Referenzzähler
  ITypeInfo *m_pTypeInfo;  // Zeiger auf Typbeschreibung
// IUnknown-Methoden...
// IDispatch-Methoden...
// IPrimeManager-Methoden...
  PrimeManager(void) : m_cRef(0) {
    ITypeLib *ptl = 0;
    HRESULT hr = LoadRegTypeLib(LIBID_PrimeLib,1,0,0, &ptl);
    assert(SUCCEEDED(hr));
    hr = ptl->GetTypeInfoOfGuid(IID_DIPrimeManager,
                          &m_pTypeInfo);
    ptl->Release();
  }
  virtual ~PrimeManager(void) {
    m_pTypeInfo->Release();
  }
};
```

Ausgehend von dieser Klassendefinition gibt die Methode `GetTypeInfo` einfach die Beschreibung der Schnittstelle zurück:

```
STDMETHODIMP PrimeManager::GetTypeInfo(UINT it, LCID lcid,
                              ITypeInfo **ppti) {
  assert(it == 0 && ppti != 0);
  (*ppti = m_pTypeInfo)->AddRef();
  return S_OK;
}
```

Wenn das Objekt Typbibliotheken in mehreren Landessprachen unterstützt, verwendet die Implementierung zur Entscheidung, welche Typbeschreibung zurückgegeben werden muß, den Parameter LCID. Die entsprechende Implementierung von `GetTypeInfoCount` ist sogar noch einfacher:

```
STDMETHODIMP PrimeManager::GetTypeInfoCount(UINT *pit) {
  assert(pit != 0);
  *pit = 1; // Nur 0 oder 1 zulässig
  return S_OK;
}
```

Als Werte sind nur 0 (das Objekt enthält keine Beschreibungen seiner Schnittstelle) und 1 (das Objekt enthält Beschreibungen seiner Schnittstelle) zulässig. Die Zählung ergibt auch dann eins, wenn das Objekt Typbeschreibungen in mehreren Landessprachen unterstützt.

Die Methoden `GetTypeInfo` und `GetTypeInfoCount` sind technisch gesehen optional. Wirklich entscheidend an der `IDispatch`-Schnittstelle sind die Methoden `GetIDsOf-Names` und `Invoke`. Die Implementierung von `GetIDsOfNames` übergibt den Aufruf einfach an das in COM integrierte Typbibliothekanalysemodul:

```
STDMETHODIMP PrimeManager::GetIDsOfNames(REFIID riid,
              OLECHAR **pNames, UINT cNames,
              LCID lcid, DISPID *pdispids) {
  assert(riid == IID_NULL);
  return m_pTypeInfo->GetIDsOfNames(pNames,cNames,pdispids);
}
```

Weil die Typbibliothek sämtliche Methodennamen und die ihnen entsprechenden DISPIDs enthält, ist es trivial, den Parser zu implementieren. Gleiches gilt für die Methode `Invoke`:

```
STDMETHODIMP PrimeManager::Invoke(DISPID id,
        REFIID riid, LCID lcid, WORD wFlags,
        DISPPARAMS *pd, VARIANT *pVarResult,
        EXCEPINFO *pe, UINT *pu) {
  assert(riid == IID_NULL);
```

```
    void *pvThis = static_cast<IPrimeManager*>(this);
    return m_pTypeInfo->Invoke(pvThis, id, wFlags,
                                pd, pVarResult, pe, pu);
}
```

Beachten Sie, daß der erste an `ITypeInfo::Invoke` übergebene Parameter ein Zeiger auf eine Schnittstelle ist. Der Typ dieser Schnittstelle muß dem der Schnittstelle entsprechen, die in der Typinformation beschrieben ist. Wenn die übergebenen Argumente korrekt auf dem Stack gespeichert wurden, verwendet der Parser diesen Schnittstellenzeiger, um die aktuellen Methoden aufzurufen. Abbildung 7-6 gibt einen Überblick über die Aufrufsequenzen für Skriptingumgebungen, die für ihre Aufrufe duale Schnittstellen verwenden.

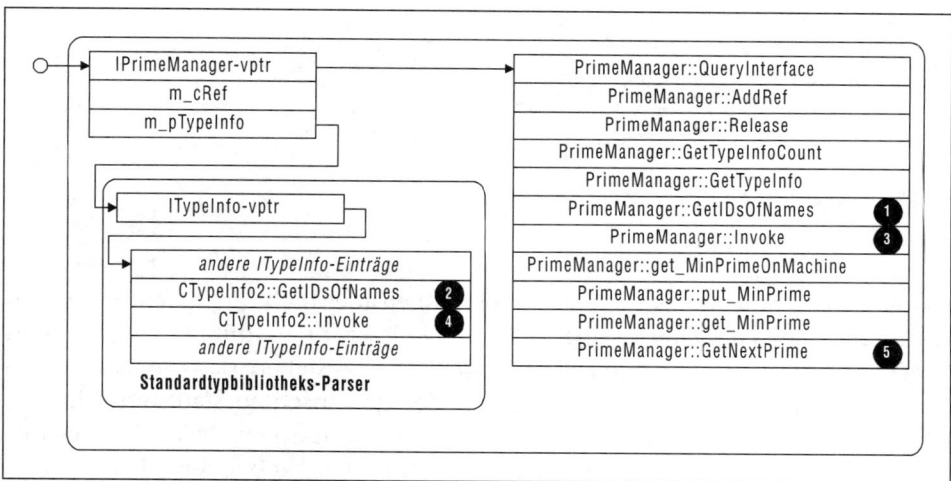

Abbildung 7-6 Dynamische Aufrufe und duale Schnittstellen

7.6 Bidirektionale Schnittstellenvereinbarungen

In Kapitel 5 wurde ausgeführt, daß in verschiedenen Apartments residierende Objekte wechselseitig ihre Dienste in Anspruch nehmen können, ohne sich darum kümmern zu müssen, in welchem Apartment das jeweils andere Objekt residiert. Wegen des Apartment-Konzepts der COM-Fernverarbeitung dürfen Entwickler Prozesse nicht nur als Clients oder Server ansehen, sondern als eine Sammlung eines oder mehrerer Apartments, die simultan Schnittstellen exportieren und importieren können.

Wie sich zwei Objekte darüber abstimmen, welche Schnittstellen zur Zusammenarbeit verwendet werden, hängt im großen und ganzen von der Domäne ab. Betrachten Sie beispielsweise die folgende Schnittstelle `IProgrammer`:

```
[uuid(75DA6457-DD0F-11d0-8C58-0080C73925BA), object]
interface IProgrammer : IUnknown {
  HRESULT StartHacking(void);
  HRESULT IsProductDone([out, retval] BOOL *pbIsDone);
}
```

Diese Schnittstelle muß vom Client nach dem folgenden Muster verwendet werden:

```
HRESULT ShipSoftware(void) {
  IProgrammer *pp = 0;
  HRESULT hr = CoGetObject(OLESTR("programmer:Bob"), 0,
                           IID_IProgrammer, (void**)&pp);
  if (SUCCEEDED(hr)) {
    hr = pp->StartHacking();
    BOOL bIsDone = FALSE;
    while (!bIsDone && SUCCEEDED(hr)) {
      Sleep(15000); // 15 Sekunden warten
      hr = pp->IsProductDone(&bIsDone); // Status prüfen
    }
    pp->Release();
  }
}
```

Dieser Programmcode ist offensichtlich außerordentlich ineffizient, weil der Client den Status des Objekts alle 15 Sekunden überprüfen muß. Ein effizienteres Vorgehen des Client ist es, ein zweites Objekt bereitzustellen, das vom programmer-Objekt informiert werden könnte, wenn es den gewünschten Status erreicht hat. Dieses vom Client gelieferte Objekt muß eine Schnittstelle mit einem unterstützenden Kontext exportieren, in dem das programmer-Objekt operieren kann:

```
[uuid(75DA6458-DD0F-11d0-8C58-0080C73925BA), object]
interface ISoftwareConsumer : IUnknown {
  HRESULT OnProductIsDone(void);
  HRESULT OnProductWillBeLate([in] hyper nMonths);
}
```

Ist diese ergänzende Schnittstellendefinition untergebracht, wird noch ein Mechanismus benötigt, mit dem das programmer-Objekt darüber informiert wird, daß der Client über eine Implementierung von ISoftwareConsumer verfügt, die vom programmer-Objekt Benachrichtigungen über Statusänderungen empfangen kann. Eine gebräuchliche Technik ist, für die IProgrammer-Schnittstelle explizit Methoden zu definieren, über die Clients ihre consumer-Objekte zuordnen können. Üblich ist, dies durch Bereitstellung einer Advise-Methode zu realisieren:

```
interface IProgrammer : IUnknown {
  HRESULT Advise([in] ISoftwareConsumer *psc,
                 [out] DWORD *pdwCookie);
     :           :         :
```

Durch diese Methode stellt der Client das ergänzende consumer-Objekt bereit und
das programmer-Objekt gibt einen Wert vom Typ DWORD zurück, der die Zuordnung repräsentiert. Dieser DWORD-Wert kann dann von der entsprechenden Unadvise-Methode verwendet werden:

```
interface IProgrammer : IUnknown {
     :           :         :
  HRESULT Unadvise([in] DWORD dwCookie);
}
```

um das programmer-Objekt anzuweisen, die Verbindung zu beenden. Weil unique-
DWORDs verwendet werden, um die programmer/consumer-Zuordnung zu repräsentieren, läßt dieses Schnittstellendesign eine beliebige Anzahl von consumer-Objek-
ten zu, die sich unabhängig voneinander mit dem Objekt verbinden und von ihm
abkoppeln können.

Verfügt eine IProgrammer Schnittstelle über diese beiden Methoden, kann die Implementierung von programmer die Verbindung mit dem consumer-Objekt über ihre Advise-Methode aufrechterhalten:

```
STDMETHODIMP Programmer::Advise(ISoftwareConsumer *pcs,
                     DWORD *pdwCookie) {
  assert(pcs);
  if (m_pConsumer != 0) // Bereits ein consumer-Objekt vorhanden?
    return E_UNEXPECTED;
  (m_pConsumer = pcs)->AddRef(); // Neues consumer-Objekt anbinden
  *pdwCookie = DWORD(pcs); // Passendes Cookie erstellen
  return S_OK;
}
```

Die entsprechende Implementierung von Unadvise sieht folgendermaßen aus:

```
STDMETHODIMP Programmer::Unadvise(DWORD dwCookie) {
// Entspricht das Cookie dem aktuellen consumer-Objekt?
  if (DWORD(m_pConsumer) != dwCookie)
    return E_UNEXPECTED;
  (m_pConsumer)->Release(); // Aktuelles consumer-Objekt freigeben
  m_pConsumer = 0;
  return S_OK;
}
```

Diese Beziehung zwischen programmer- und consumer-Objekt wird in Abbildung 7-7
verdeutlicht. Obwohl diese Implementierung nur jeweils ein consumer-Objekt zu
einem Zeitpunkt erlaubt, könnte ein ausgefeilteres programmer-Objekt durch Ver-

waltung eines dynamischen Arrays mit ISoftwareConsumer-Schnittstellenzeigern mehrere consumer-Objekte gleichzeitig handhaben.

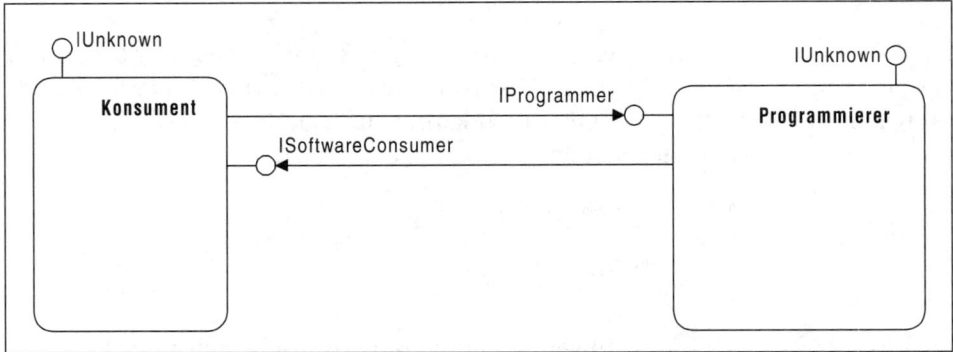

Abbildung 7-7 Kooperierende Objekte

Bei dieser Implementierung kann die Methode StartHacking des programmer-Objekts nun das consumer-Objekt verwenden, um anzuzeigen, wann das Produkt fertig ist:

```
STDMETHODIMP Programmer::StartHacking(void) {
  assert(m_pConsumer);
// Vorsichtshalber von Verspätung benachrichtigen
  HRESULT hr = m_Consumer->OnProductWillBeLate(3);
  if (FAILED(hr))
    return PROGRAMMER_E_UNREALISTICCONSUMER;
// Etwas Programmcode generieren
  extern char *g_rgpszTopFiftyStatements[];
  for (int n = 0; n < 100000; n++)
    printf(g_rgpszTopFiftyStatements[rand() % 50]);
// consumer informieren, daß alles getan ist
  hr = m_pConsumer->OnProductIsDone();
  return S_OK;
}
```

Es ist unerheblich, ob die Implementierung von ISoftwareConsumer zu demselben Apartment gehört wie das programmer-Objekt oder nicht. Die Methode StartHacking kann sogar von dem Apartment aus aufgerufen werden, das das consumer-Objekt enthält. In diesem Fall wird das Apartment des aufrufenden Objekts erneut aufgesucht, was effektiv auf eine synchrone Callback-Funktion hinausläuft. Diese Implementierung verschachtelt aber nicht nur Aufrufe des consumer-Objekts; auch das programmer-Objekt kann jederzeit Methoden auf das consumer-Objekt anwenden. Dieses Privileg bleibt so lange erhalten, bis ein Aufruf von Unadvise die Zuordnung beendet.

Weil die Schnittstellen IProgrammer und ISoftwareConsumer offensichtlich darauf ausgelegt sind, tandemartig zusammenzuarbeiten, ist der Aufbau der Beziehung

durch explizite Anwendung einer Methode auf die IProgrammer-Schnittstelle einfach Teil des Protokolls für die Verwendung von programmer-Objekten und vollkommen vernünftig. Daß Implementierungen von programmer eines oder mehrere
SoftwareConsumer-Objekte nutzen können kann als Teil des Protokolls der IProgrammer-Schnittstelle dokumentiert werden, um die semantische Vereinbarung
mit IProgrammer zu verfeinern. Es gibt jedoch auch Szenarien, in denen Kooperati-
ons- oder Callback-Schnittstellen außerhalb des Gültigkeitsbereichs jeder anderen
Schnittstelle angelegt werden. Die folgende Schnittstelle ist dafür ein Beispiel:

```
[ uuid(75DA645D-DD0F-11d0-8C58-0080C73925BA), object ]
interface IShutdownNotify : IUnknown {
  HRESULT OnObjectDestroyed([in] IUnknown *pUnk);
}
```

Diese Schnittstelle geht davon aus, daß IShutdownNotify zu dem Zweck implementiert wird, von anderen Objekten Beendigungsereignisse zu empfangen. Nicht in
dieser Definition angegeben ist jedoch der Mechanismus, wie die interessierten
Parteien Objekte davon informieren können, daß sie über die Selbstzerstörung
dieser Objekte informiert werden möchten. Abbildung 7-8 zeigt, daß eine der
möglichen Strategien darin besteht, eine zweite befreundete Schnittstelle zu definieren, die diese Objekte implementieren könnten:

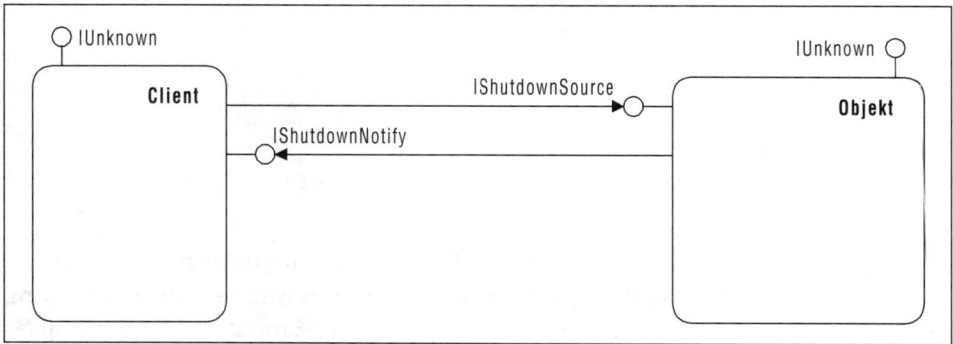

Abbildung 7-8 Schnittstellenverwaltung

```
[ uuid(75DA645E-DD0F-11d0-8C58-0080C73925BA), object ]
interface IShutdownSource : IUnknown {
  HRESULT Advise([in] IShutdownNotify *psn,
                 [out] DWORD *pdwCookie);
  HRESULT Unadvise([in] DWORD dwCookie);
}
```

Diese Schnittstelle existiert jedoch nur zu dem einen Zweck, es Beobachtern zu
gestatten, ihre IShutdownNotify-Schnittstellen mit einem Objekt zu verbinden.
Sind zahlreiche Callback-Schnittstellentypen vorhanden, muß auch eine entsprechend große Zahl einfacher Schnittstellen zur Verwaltung dieser Verbindungen

definiert werden. Also ist ein etwas allgemeinerer Mechanismus gefragt. An dieser
Stelle kommen die Verbindungspunkte ins Spiel.

Verbindungspunkte sind ein COM-Idiom zur Registrierung und zum Aufruf
von Callback-Schnittstellen mit einem Objekt. Verbindungspunkte sind weder
für den Aufbau eng verbundener Objekt-Netzwerke erforderlich, noch werden
sie für bidirektionale Kommunikation gebraucht. Vielmehr stellen Verbindungspunkte ein generelles Konzept zur Registrierung von objektübergreifenden Schnittstellen als kleine Zahl von Standard-Infrastrukturschnittstellen
dar. Die grundlegende dieser Art Schnittstellen ist IConnectionPoint:

```
[ object, uuid(B196B286-BAB4-101A-B69C-00AA00341D07) ]
interface IConnectionPoint : IUnknown {

// Welcher Schnittstellentyp kann verbunden werden?
  HRESULT GetConnectionInterface([out] IID * pIID);

// Zeiger auf die Identität des "realen" Objekts
    HRESULT GetConnectionPointContainer(
              [out] IConnectionPointContainer ** ppCPC);

// pUnkSink aufrechterhalten, bis andere Anweisung erfolgt
  HRESULT Advise([in] IUnknown * pUnkSink,
              [out] DWORD * pdwCookie);

// Mit dwCookie verbundenen Zeiger abkoppeln
  HRESULT Unadvise([in] DWORD dwCookie);

// Informationen über aktuell verwendeten Zeiger abrufen
  HRESULT EnumConnections([out] IEnumConnections ** ppEnum);
}
```

Wie Abbildung 7-9 zeigt, stellen Objekte für jeden Schnittstellentyp, den ein Objekt als Callback-Schnittstelle verwenden kann, eine bestimmte Implementierung
dieser Schnittstelle zur Verfügung. Weil IConnectionPoint nicht als Teil der Objektidentität offengelegt wird, kann sie auch nicht über QueryInterface ermittelt werden. Statt dessen bietet COM eine zweite als Teil der Objektidentität offengelegte
Schnittstelle, mit der Clients die IConnectionPoint-Implementierung anfordern
können, die einem bestimmten Callback-Schnittstellentyp entspricht:

```
[ object,uuid(B196B284-BAB4-101A-B69C-00AA00341D07) ]
interface IConnectionPointContainer : IUnknown {

// Alle zur Verfügung stehenden IConnectionPoint-Implementierungen ermitteln
  HRESULT EnumConnectionPoints(
        [out] IEnumConnectionPoints ** ppEnum);
```

```
// Die IConnectionPoint-Implementierung für riid anfordern
  HRESULT FindConnectionPoint(
        [in] REFIID riid,
        [out] IConnectionPoint ** ppCP
    );
}
```

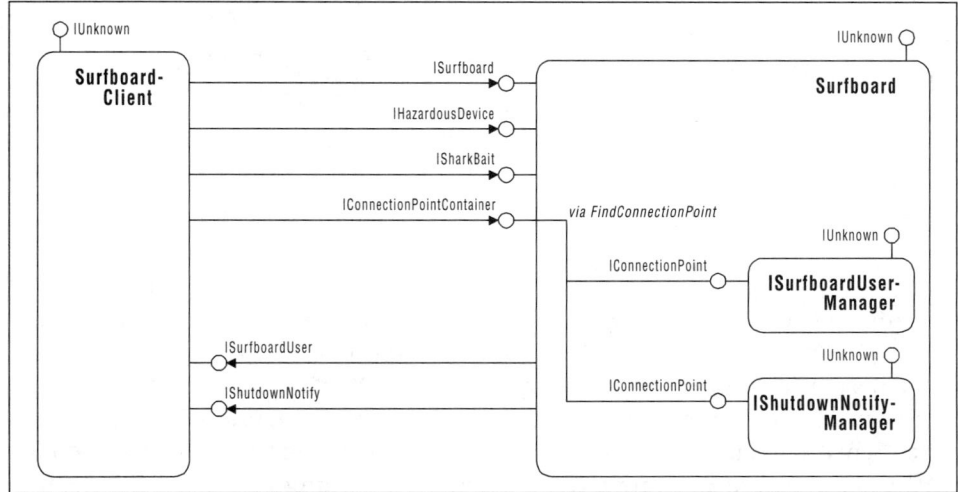

Abbildung 7-9 Die Architektur von Verbindungspunkten

Abbildung 7-9 verdeutlicht, daß von einer einzelnen COM-Identität jede der
IConnectionPoint-Implementierungen offengelegt wird.

Auf Grundlage dieser Schnittstellendefinitionen, könnte ein Client seine IShut-
downNotify-Implementierung folgendermaßen mit einem Objekt verbinden:

```
HRESULT HookupShutdownCallback(IUnknown *pUnkObject,
        IShutdownNotify *pShutdownNotify,  DWORD &rdwCookie)
{
  IConnectionPointContainer *pcpc = 0;
  HRESULT hr = pUnkObject->QueryInterface(
              IID_IConnectionPointContainer, (void**)&pcpc);
  if (SUCCEEDED(hr)) {
    IConnectionPoint *pcp = 0;
    hr =pcpc->FindConnectionPoint(IID_IShutdownNotify,&pcp);
    if (SUCCEEDED(hr)) {
      hr = pcp->Advise(pShutdownNotify, &rdwCookie);
      pcp->Release();
    }
    pcpc->Release();
  }
}
```

Der Quelltext zur Auflösung der Verbindung sieht folgendermaßen aus:

```
HRESULT TeardownShutdownCallback(IUnknown *pUnkObject,
                                 DWORD dwCookie) {
  IConnectionPointContainer *pcpc = 0;
  HRESULT hr = pUnkObject->QueryInterface(
               IID_IConnectionPointContainer, (void**)&pcpc);
  if (SUCCEEDED(hr)) {
    IConnectionPoint *pcp = 0;
    hr =pcpc->FindConnectionPoint(IID_IShutdownNotify,&pcp);
    if (SUCCEEDED(hr)) {
      hr = pcp->Unadvise(dwCookie);
      pcp->Release();
    }
    pcpc->Release();
  }
}
```

Beachten Sie, daß in beiden Beispielen der Client die Methode `IConnectionPoint-Container::FindConnectionPoint` verwendet, um das Objekt auf seine `IShutdownNotify`-spezifische Implementierung von `IConnectionPoint` zu befragen. Scheitert das Objekt mit seinem Aufruf von `FindConnectionPoint`, gibt es damit zu erkennen, daß es die Semantik der Schnittstelle `IShutdownNotify` nicht versteht. Damit werden Benutzer davor bewahrt, ohne ausdrückliche Zustimmung des Objekt-Implementors willkürliche Callback-Schnittstellen mit einem Objekt zu verbinden.

Wie dies auch bei `IUnknown` der Fall ist, sind Implementierungen von `IConnectionPointContainer` und `IConnectionPoint` ziemlich schablonenhaft. Das C++-Objekt fordert von jedem objektübergreifenden Schnittstellentyp, den es zu unterstützen erwartet, eine separate COM-Identität. Eine Möglichkeit, `IConnectionPoint` zu implementieren, besteht darin, verschachtelte Klassen und Zusammensetzung einzusetzen, und dabei die Unterschiede der Identitätsbeziehungen zu berücksichtigen:

```
class Surfboard : public ISurfboard,
                  public IHazardousDevice,
                  public ISharkBait,
                  public IConnectionPointContainer {
                  LONG m_cRef; // COM-Referenzzählung
// Mehrere objektübergreifende Schnittstellen eines bestimmten Typs werden von
Surfbrettern
// nicht unterstützt; daher deklariert es einfach einen einzelnen Zeiger für
jeden
// in Frage kommenden Typ von Callback-Schnittstelle
  IShutdownNotify *m_pShutdownNotify;
  ISurfboardUser *m_pSurfer;
```

```
// Für die Identitätsbeziehungen von IConnectionPoint wird eine
IShutdownNotify-
// spezifische verschachtelte Klasse + Element angelegt
  class XCPShutdownNotify : public IConnectionPoint {
    Surfboard *This(void); // Festen Offset verwenden
  // IUnknown-Methoden...
  // IConnectionPoint-Methoden...
  } m_xcpShutdownNotify;

// Eine ISurfboardUser-spezifische verschachtelte Klasse + Element definieren
  class XCPSurfboardUser : public IConnectionPoint {
    Surfboard *This(void); // Festen Offset verwenden
  // IUnknown-Methoden...
  // IConnectionPoint-Methoden...
  } m_xcpSurfboardUser;
// IUnknown-Methoden...
// ISurfboard-Methoden...
// IHazardousDevice-Methoden...
// ISharkBait-Methoden...
// IConnectionPointContainer-Methoden...
};
```

Beachten Sie, daß Instanzen der Klasse Surfboard über zwei verschiedene IConnec-tionPoint-Implementierungen verfügen, eine zur Verbindung von IShutdownNo-tify-Callback-Schnittstellen und eine zur Verbindung von ISurfboardUser-Schnittstellen. Diese beiden Implementierungen werden in zwei unterschiedliche C++-Klassen aufgeteilt, um jeder der IConnectionPoint-Implementierungen ihre eigene eindeutige IUnknown- und IConnectionPoint-Implementierung zu ermögli-chen. Insbesondere sind drei unterschiedliche Implementierungen von QueryIn-terface mit einem eigenen Satz Schnittstellenzeiger vorgesehen, mit denen drei unterschiedliche COM-Identitäten erstellt werden können.

Die zuvor gezeigte Klassendefinition impliziert die folgende QueryInterface-Imple-mentierung für die Hauptklasse Surfboard:

```
STDMETHODIMP Surfboard::QueryInterface(REFIID riid,
                                       void**ppv) {
  if (riid == IID_IUnknown || riid == IID_ISurfboard)
    *ppv = static_cast<ISurfboard*>(this);
  else if (riid == IID_IHazardousDevice)
    *ppv = static_cast< IHazardousDevice *>(this);
  else if (riid == IID_ISharkBait)
    *ppv = static_cast<ISharkBait *>(this);
  else if (riid == IID_IConnectionPointContainer)
    *ppv = static_cast<IConnectionPointContainer *>(this);
```

```
else
  return (*ppv = 0), E_NOINTERFACE;
((IUnknown*)*ppv)->AddRef();
return S_OK;
}
```

Beachten Sie, daß über diese Hauptimplementierung von `QueryInterface` nicht auf die `IConnectionPoint`-Schnittstelle zugegriffen werden kann. Jede der `QueryInterface`-Methoden der verschachtelten Klassen sieht folgendermaßen aus:

```
STDMETHODIMP
Surfboard::XCPShutdownNotify::QueryInterface(REFIID riid,
                                             void**ppv) {
  if (riid == IID_IUnknown || riid == IID_IConnectionPoint)
    *ppv = static_cast<IConnectionPoint *>(this);
  else
    return (*ppv = 0), E_NOINTERFACE;
  ((IUnknown*)*ppv)->AddRef();
  return S_OK;
}
```

Die gleiche Implementierung könnte auch für die Klasse `XCPSurfboardUser` vorgenommen werden. Beachten Sie, daß zwischen dem `Surfboard`-Objekt und beiden Subobjekten, die die `IConnectionPoint` Schnittstelle implementieren, keine Identitätsbeziehung besteht.

Um sicherzustellen, daß sich das `Surfboard`-Objekt nicht vorzeitig freigibt, leiten die Subobjekte zur Verbindungsverwaltung ihre `AddRef`- und `Release`-Methoden einfach an das übergeordnete `Surfboard`-Objekt weiter:

```
STDMETHODIMP_(ULONG)
Surfboard::XCPShutdownNotify::AddRef(void) {
{ return This()->AddRef(); /* AddRef des übergeordneten Objekts*/ }

STDMETHODIMP_(ULONG)
Surfboard::XCPShutdownNotify::Release(void) {
{ return This()->Release();/* übergeordnetes Objekt freigeben*/}
```

Diese Methoden gehen davon aus, daß die Methode `This` mit Hilfe einer auf einem festen Offset basierenden Berechnung einen Zeiger auf das übergeordnete `Surfboard`-Objekt zurückgibt.

Clients ermitteln die `IConnectionPoint`-Schnittstellen des Objekts, indem sie die Methode `FindConnectionPoint` des Objekts aufrufen. Für die Klasse `Surfboard` sieht dies folgendermaßen aus:

```
STDMETHODIMP Surfboard::FindConnectionPoint(REFIID riid,
                              IConnectionPoint **ppcp) {
  if (riid == IID_IShutdownNotify)
    *ppcp = &m_xcpShutdownNotify;
```

```
else if (riid == IID_ISurfboardUser)
  *ppcp = &m_xcpSurfboardUser;
else
  return (*ppcp = 0), CONNECT_E_NOCONNECTION;
(*ppcp)->AddRef();
return S_OK;
}
```

Beachten Sie, daß das Objekt nur dann einen IConnectionPoint-Schnittstellenzeiger aushändigt, wenn Schnittstellen angefordert werden, von denen es weiß, wie es über sie auf sich zurückverweisen kann. Beachten Sie auch die auffällige Ähnlichkeit mit den meisten Implementierungen von QueryInterface. Der wesentliche Unterschied besteht darin, daß QueryInterface *objektinterne* Schnittstellen abfragt und FindConnectionPoint *objektübergreifende* Schnittstellen.

Weil die Methode IConnectionPoint::Advise nur eine statisch typisierte IUnknown-Schnittstelle als Callback-Schnittstellenzeiger akzeptiert[3], müssen die Advise-Implementierungen des Objekts QueryInterface verwenden, um den Callback-Zeiger auf den richtigen Schnittstellentyp zu zwingen:

```
STDMETHODIMP
Surfboard::XCPShutdownNotify::Advise(IUnknown *pUnk,
                                     DWORD *pdwCookie){
  assert(pdwCookie && pUnk);
  *pdwCookie = 0;
  if (This()->m_pShutdownNotify) // Bereits vorhanden
    return CONNECT_E_ADVISELIMIT;
// QueryInterface für den korrekten Callback-Typ
  HRESULT hr = pUnk->QueryInterface(IID_IShutdownNotify,
                  (void**)&(This()->m_pShutdownNotify));
  if (hr == E_NOINTERFACE)
    hr = CONNECT_E_NOCONNECTION;
  if (SUCCEEDED(hr)) // Sinnvolles Cookie anlegen
    *pdwCookie = DWORD(This()->m_pShutdownNotify);
  return hr;
}
```

Erinnern Sie sich daran, daß QueryInterface implizit AddRef aufruft, das Objekt Surfboard nun also über eine Callback-Referenz verfügt, die über den Gültigkeitsbereich der Advise-Methode hinaus gültig bleibt. Beachten Sie auch, daß HRESULT den Wert CONNECT_E_NOCONNECTION liefert, wenn das Callback-Objekt nicht die passende Schnittstelle implementiert. Wenn die Schnittstelle Que-

---

3. Dies ist einer der bekannten Mängel des Designs von Verbindungspunkten. Ein anderer bekannter Mangel besteht darin, daß für jeden Callback-Schnittstellentyp ein expliziter Aufruf von FindConnectionPoint erforderlich ist. Beide Mängel beeinträchtigen wegen der mit ihnen verbundenen Umwege die Performance. Dieser Auswirkungen auf die Performance sollte man sich bewußt sein und daran denken, daß das Design von Schnittstellen Zugriffe über die Appartementgrenzen hinweg berücksichtigen sollte.

ryInterface aus irgendeinem anderen Grund fehlschlägt, wird der von QueryInterface zurückgelieferte HRESULT-Wert an das aufrufende Objekt übergeben.[4]

Dieser Implementierung von Advise entspricht die folgende Unadvise-Methode:

```
STDMETHODIMP
Surfboard::XCPShutdownNotify::Unadvise(DWORD dwCookie) {
// Sicherstellen, daß das Cookie eine gültige Verbindung hat
  if (DWORD(This()->m_pShutdownNotify) != dwCookie)
    return CONNECT_E_NOCONNECTION;
// Verbindung freigeben
  This()->m_pShutdownNotify->Release();
  This()->m_pShutdownNotify = 0;
  return S_OK;
}
```

Die Schnittstelle IConnectionPoint hat drei zusätzlich unterstützende Methoden, von denen sich zwei sehr einfach implementieren lassen:

```
STDMETHODIMP
Surfboard::XCPShutdownNotify::GetConnectionInterface(
                                         IID *piid) {
  assert(piid);
// IID der von diesem Subobjekt verwalteten Schnittstelle zurückgeben
  *piid = IID_IShutdownNotify;
  return S_OK;
}
STDMETHODIMP
Surfboard::XCPShutdownNotify::GetConnectionPointContainer(
                  IConnectionPointContainer **ppcpc) {
  assert(ppcpc);
  (*ppcpc = This())->AddRef(); // Enthaltenes Objekt zurückgeben
  return S_OK;
}
```

Mit der verbleibenden Methode EnumConnections können die aufrufenden Objekte die verbundenen Schnittstellen aufzählen. Diese Methode ist optional, und Implementierungen können auch E_NOTIMPL zurückgeben.

Um anzuzeigen, welche objektübergreifenden Schnittstellen eine Implementierungsklasse unterstützt, stellt die IDL das Attribut [source] zur Verfügung:

```
[ uuid(315BC280-DEA7-11d0-8C5E-0080C73925BA) ]
coclass Surfboard {
```

---

4. Häufig tritt der Fehler auf, daß der Zugriff verweigert wird, wenn das Objekt versucht, Kontakt mit dem Prozeß des Callback-Objekts aufzunehmen, weil die Zugriffssteuerung des aufrufenden Objekts Zugriffe wegen möglicher Sicherheitsverletzungen abweist.

```
  [default] interface ISurfboard;
  interface IHazardousDevice;
  interface ISharkBait;
  [source] interface IShutdownNotify;
  [source, default] interface ISurfboardUser;
}
```

Außerdem bietet COM zwei Schnittstellen, mit denen Laufzeitumgebungen bei einem Objekt interne Informationen über seine objektinternen und objektübergreifenden Schnittstellentypen abrufen können:

```
[ object,uuid(B196B283-BAB4-101A-B69C-00AA00341D07) ]
interface IProvideClassInfo : IUnknown {
// Beschreibung der Coklasse des Objekts zurückgeben
  HRESULT GetClassInfo([out] ITypeInfo ** ppTI);
}


[ object,uuid(A6BC3AC0-DBAA-11CE-9DE3-00AA004BB851) ]
interface IProvideClassInfo2 : IProvideClassInfo {
  typedef enum tagGUIDKIND {
    GUIDKIND_DEFAULT_SOURCE_DISP_IID = 1
  } GUIDKIND;
// IID der objektübergreifenden Dispatch-Schnittstelle zurückgeben
  HRESULT GetGUID([in]  DWORD dwGuidKind,
                  [out] GUID * pGUID);
}
```

Die Implementierung beider Schnittstellen ist trivial:

```
STDMETHODIMP Surfboard::GetClassInfo(ITypeInfo **ppti){
  assert(ppti != 0);
  ITypeLib *ptl = 0;
  HRESULT hr = LoadRegTypeLib(LIBID_BeachLib, 1,0,0, &ptl);
  if (SUCCEEDED(hr)) {
    hr = ptl->GetTypeInfoOfGuid(CLSID_Surfboard);
    ptl->Release();
  }
  return hr;
}
STDMETHODIMP Surfboard::GetGUID(DWORD dwKind, GUID *pguid){
  if (dwKind != GUIDKIND_DEFAULT_SOURCE_DISP_IID || !pguid)
    return E_INVALIDARG;
// ISurfboardUser muß als Dispatch-Schnittstelle definiert werden
  *pguid = IID_ISurfboardUser;
  return S_OK;
}
```

Obwohl objektübergreifende Schnittstellen keine Dispatch-Schnittstellen sein müssen, wird dies doch von einigen Skriptingumgebungen gefordert, um eine ihrer Natur gemäße Abbildung der Callbacks auf den Skripttext zu ermöglichen.

Wenn die Schnittstelle ISurfboardUser als die folgende Dispatch-Schnittstelle definiert ist:

```
[ uuid(315BC28A-DEA7-11d0-8C5E-0080C73925BA) ]
dispinterface ISurfboardUser {
methods:
  [id(1)] void OnTiltingForward([in] long nAmount);
  [id(2)] void OnTiltingSideways([in] long nAmount);
}
```

können Visual Basic-Programmierer Variablen deklarieren, die den Standardtyp der Callback-Schnittstelle folgendermaßen auslegen:

```
Dim WithEvents sb as Surfboard
```

Auf Grundlage dieser Variablendefinition können in Visual Basic Event-Handler geschrieben werden. In Visual Basic sind Event-Handler einfach Funktionen oder Subroutinen, die die Konvention *VariablenName_EreignisName* verwenden. Um beispielsweise den Callback OnTiltingForward mit der zuvor deklarierten Variablen sb zu behandeln, müßte in Visual Basic der folgende Quelltext geschrieben werden:

```
Sub sb_OnTiltingForward(ByVal nAmount as Long)
  MsgBox "The surfboard just tilted forward"
End Sub
```

Dadurch wird das Laufzeitmodul von Visual Basic tatsächlich veranlaßt, ganz nebenbei ISurfboardUser zu implementieren, indem die eingehenden Methodenaufrufe auf die entsprechenden benutzerdefinierten Subroutinen abgebildet werden.

7.7   Aliastechniken der IDL

Oft ist es notwendig, veraltete Datentypen und Programmier-Idiome in COM-basierende Systeme zu integrieren. Idealerweise ist es einfach und offensichtlich, auf welche Weise veralteter Quelltext auf IDL-kompatible Analogien abgebildet werden kann. Ist dies der Fall, dann ist die Übertragung auf COM eine ziemlich geradlinige Angelegenheit. Es gibt jedoch auch Fälle, in denen die veralteten Datentypen und Idiome einer Anwendung eine einfache und vernünftige Abbildung auf IDL einfach nicht zulassen. Um diesem Problem zu begegnen, stellt die IDL mehrere Aliastechniken zur Verfügung, mit denen Schnittstellendesigner Konvertierungsroutinen erstellen können, die veraltete Datentypen und Idiome auf legale, fernverbindungsfähige IDL-Repräsentierungen abbilden.

Wie nützlich diese Technik ist, kann eindrucksvoll am Idiom IEnum demonstriert werden. Dieses COM-Idiom wurde entworfen, bevor ein COM-fähiger IDL-Compiler zur Verfügung stand. Die ursprünglichen Designer der IEnum-Schnittstelle waren daher nicht in der Lage, das Schnittstellendesign auf die IDL-Abbildungsregeln abzustimmen. Die Next-Methode von IEnum entspricht nicht exakt den IDL-Vorgaben.[5] Betrachten Sie den idealen IDL-Prototypen einer Next-Methode:

```
HRESULT Next([in] ULONG cElems,
    [out, size_is(cElems), length_is(*pcFetched)] double *prg,
            [out] ULONG *pcFetched);
```

Leider erlaubte die ursprüngliche Schnittstellendefinition der Next-Methode aufrufenden Objekten, einen Null-Zeiger als dritten Parameter zu übergeben, sofern der erste Parameter anzeigte, daß nur ein Element angefordert wurde. Aufrufende Objekte konnten auf diese Weise bequem ein Element pro Aufruf anfordern:

```
double dblElem;
hr = p->Next(1, &dblElem, 0);
```

Leider verletzt diese legale Verwendung der Schnittstelle die vorhergehende IDL-Definition, nach der [out]-Parameter der obersten Ebene nicht 0 sein dürfen (weil das Proxy-Objekt dann das Resultat nicht speichern kann). Um dieser Inkonsistenz Rechnung zu tragen, muß jede Next-Methodendefinition das Attribut [call_as] verwenden, mit dem ein fernverarbeitunsfähiger Alias der aufrufbaren Form der Methode angesprochen wird.

Das [call_as]-Attribut bietet Schnittstellendesignern die Gelegenheit, eine Methode in zwei Formen auszudrücken. Die aufrufbare Form der Methode muß das Attribut [local] verwenden, um die Generierung von Marshaling-Programmcode zu unterdrücken. Diese Version der Methode stimmt mit dem überein, was Clients aufrufen und Objekte implementieren. Die fernverarbeitungsfähige Form der Methode muß das Attribut [call_as] verwenden, um den generierten Marshaler mit der passenden Methode im Stub-Objekt zu verbinden. Diese Version der Methode beschreibt die fernverarbeitungsfähige Form der Schnittstelle und muß Standard-IDL-Konstrukte verwenden, um die Anforderungs- und Antwort-Meldungen zu beschreiben, die zur Fernverarbeitung der Methode erforderlich sind. Wird die [call_as]-Technik auf die Next-Methode angewendet, sieht die IDL folgendermaßen aus:

```
interface IEnumDouble : IUnknown {
// Diese Methode wird vom aufrufenden Objekt und vom Objekt wahrgenommen
    [local] HRESULT Next([in] ULONG cElems,
                    [out] double *prgElems,
                    [out] ULONG *pcFetched);
```

---

5. Man könnte auch der Meinung sein, daß die ursprüngliche Schnittstellendefinition vernünftig war und die IDL einfach nicht flexibel genug ist, gebräuchliche Programmier-Idiome zu beschreiben. Zwar ist es durchaus vertretbar, eine Schnittstelle, die 1992 vor Entwicklung der COM-IDL definiert wurde, auf diese Weise zu verteidigen, doch werden dadurch sicherlich *keine aktuellen* Schnittstellendefinitionen legitimiert. Einfach ausgedrückt müssen alle Schnittstellen den Regeln der COM-IDL genügen, wenn es nicht außerordentlich wichtige Gründe dafür gibt, anders vorzugehen.

```
// Diese Methode wird übermittelt
 [call_as(Next)] HRESULT RemoteNext([in] ULONG cElems,
 [out, size_is(cElems), length_is(*pcFetched)] double *prg,
                    [out] ULONG *pcFetched);
 HRESULT Skip([in] ULONG cElems);
 HRESULT Reset(void);
 HRESULT Clone([out] IEnumDouble **ppe);
}
```

Die resultierende C/C++-Header-Datei enthält eine Schnittstellendefinition die die Next-Methode verwendet, nicht aber die Methodendefinition RemoteNext. Für den Client und das Objekt ist die Methode RemoteNext nicht vorhanden. Sie existiert nur für den Marshaler, der auf diese Weise die Methode angemessen fernverarbeiten kann. Obgleich die Methoden Next und RemoteNext identische Parameterlisten haben, ist dies keinesfalls für die Verwendung dieser Technik erforderlich. Tatsächlich ist es manchmal notwendig, in die fernverarbeitungsfähige Form einer Methode einen zusätzlichen Parameter aufzunehmen, um vollständig anzugeben, wie die Operation fernverarbeitet werden soll.

Die Aufnahme des Methodenpaars [local]/[call_as] führt dazu, daß der für den Marshaler generierte Code vom Linker nicht mehr erfolgreich eingebunden werden kann, weil externe Symbole unaufgelöst bleiben, denn beim Schnittstellendesign müssen nun zwei zusätzliche Routinen vorgesehen werden. Eine dieser Routinen wird vom Proxy-Objekt verwendet, um die [local]-Form der Methode in die [call_as]-Form zu transformieren. Bei der zuvor gezeigten Schnittstellendefinition, erwartet der IDL-Compiler, daß das Schnittstellendesign die folgende Funktion vorsieht:

```
HRESULT STDMETHODCALLTYPE IEnumDouble_Next_Proxy(
                IEnumDouble *This, ULONG cElems,
                double *prg, ULONG *pcFetched);
```

Die zweite erforderliche Routine wird vom Stub-Objekt verwendet, um die [call_as]-Form der Methode in die[local]-Form zu transformieren. Bei der zuvor gezeigten Schnittstellendefinition, erwartet der IDL-Compiler, daß das Schnittstellendesign die folgende Funktion vorsieht:

```
HRESULT STDMETHODCALLTYPE IEnumDouble_Next_Stub(
                IEnumDouble *This, ULONG cElems,
                double *prg, ULONG *pcFetched);
```

Um die Arbeit mit ihnen zu erleichtern, werden die Prototypen dieser beiden Routinen in die generierte C/C++-Header-Datei aufgenommen.

Wie Abbildung 7-10 zeigt, wird die benutzerdefinierte Routine zur Überführung der Methode [local] in die Methode [call_as] verwendet, um die Vtable des Proxy-Objekts zu füllen; sie wird vom Client aufgerufen. Von dieser Routine wird erwartet, daß sie den Aufruf in einen Fernaufruf übersetzt, indem sie die vom IDL-

Compiler generierte fernverarbeitungsfähige Version aufruft. Die Next-Routine von IEnum muß lediglich sicherstellen, daß als dritter Parameter ein Zeiger übergeben wird, der nicht den Wert 0 hat:

```
HRESULT STDMETHODCALLTYPE IEnumDouble_Next_Proxy(
                IEnumDouble *This, ULONG cElems,
                double *prg, ULONG *pcFetched) {
// Client-seitige Semantik erzwingen
  if (pcFetched == 0 && cElems != 1)
    return E_INVALIDARG;
// Speicher für den letzten [out]-Parameter reservieren
  ULONG cFetched;
  if (pcFetched == 0) pcFetched = &cFetched;
// Entfernte Methode aufrufen; Zeiger des letzten Parameters darf nicht 0 sein
  return IEnumDouble_RemoteNext_Proxy(This, cElems,
                          prg, pcFetched);
}
```

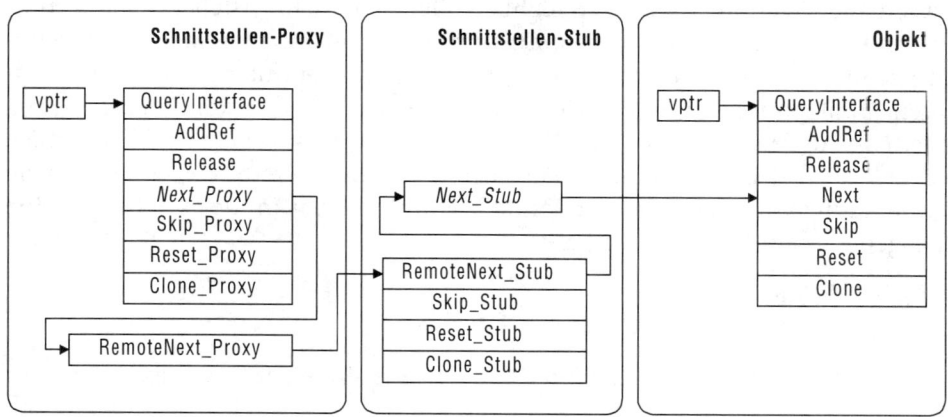

Abbildung 7-10 Aliastechnik für Methoden

Beachten Sie, daß in allen Fällen die fernverarbeitungsfähige Version der Methode als letzten Parameter einen Zeiger empfängt, der ungleich 0 ist.

Die benutzerdefinierte Routine zur Überführung der Methode [local] in die Methode [call_as] wird vom Stub-Objekt aufgerufen, nachdem die fernverarbeitungsfähige Form der Methode vom Marshaler ausgepackt wurde. Von dieser Routine wird erwartet, daß sie die fernverarbeitungsfähige Form des Aufrufs in einen lokalen Aufruf für das aktuelle Objekt übersetzt. Weil Objektimplementierungen manchmal etwas nachlässig sind und nicht angeben, wie viele Elemente mit S_OK zurückgegeben werden, stellt die objektseitige Abbildungsroutine sicher, daß dieser Parameter richtig gesetzt ist:

```
HRESULT STDMETHODCALLTYPE IEnumDouble_Next_Stub(
               IEnumDouble *This, ULONG cElems,
               double *prg, ULONG *pcFetched) {
// Methode des aktuellen Objekts aufrufen
  HRESULT hr = This->Next(cElems, prg, pcFetched);
// Objektseitige Semantik erzwingen
  if (hr == S_OK) // S_OK bedeutet, daß alle Elements gesendet wurden
    *pcFetched = cElems; // [length_is] muß explizit angegeben werden
  return hr;
}
```

Beachten Sie, daß das Stub-Objekt diese Routine stets mit einem letzten Parameter ungleich 0 aufruft.

Die [call_as]-Technik ist nützlich, wenn aufrufbare Methoden in fernverarbeitungsfähige Methoden konvertiert werden sollen. Mit den Typdefinitionsattributen [transmit_ as] und [wire_marshal] bietet COM aber auch Möglichkeiten für benutzerdefinierte Konvertierungen individueller Datentypen. Alle drei darauf basierenden Techniken kommen nicht als allgemeine Schnittstellendesigntechniken in Frage, sondern dienen hauptsächlich dazu, veraltete Idiome und Datentypen zu unterstützen. Außerdem bietet der IDL-Compiler mit cpp_quote einen weiteren Ansatzpunkt. Bei Angabe des Schlüsselworts cpp_quote können *beliebige* C- oder C++-Anweisungen in eine IDL-Datei aufgenommen werden, auch wenn Sie keine legalen IDL-Anweisungen darstellen. Betrachten Sie die folgende einfache Verwendung von cpp_quote, mit der die Definition einer Inline-Funktion in eine IDL-generierte Header-Datei injiziert wird:

```
// surfboard.idl
cpp_quote("static void Exit(void) { ExitProcess(1); }")
```

Bei dieser IDL enthält die generierte C/C++-Header-Datei einfach folgendes:

```
// surfboard.h
static void Exit(void) { ExitProcess(1); }
```

Mit Hilfe des Schlüsselwortes cpp_quote kann der IDL-Compiler auf mehrfache Weise ausgetrickst werden. Ein Beispiel ist der Datentyp REFIID. Die aktuelle IDL-Definition dieses Typs lautet:

```
typedef IID *REFIID;
```

Der C++-Typ ist jedoch so definiert:

```
typedef const IID& REFIID;
```

Die IDL läßt jedoch keine Referenzen im C++-Stil zu. Um dieser Tatsache Rechnung zu tragen, verwendet die System-IDL-Datei folgende Technik:

```
// aus wtypes.idl
cpp_quote("#if 0")
typedef IID *REFIID; // Die reine IDL-Definition
cpp_quote("#endif")
cpp_quote("#ifdef __cplusplus")
cpp_quote("#define REFIID const IID&") // C++-Definition
cpp_quote("#else")
cpp_quote("#define REFIID const IID * const")// C-Definition
cpp_quote("#endif")
```

Die resultierende C/C++-Header-Datei sieht so aus:

```
// aus wtypes.h
#if 0
  typedef IID *REFIID;
#endif
#ifdef __cplusplus
  #define REFIID const IID&
#else
  #define REFIID const IID * const
#endif
```

Um es noch einmal zu betonen: Dieses etwas groteske Hacker-Verfahren ist erforderlich, weil viele der wesentlichen COM-Schnittstellen definiert wurden, als es die IDL noch nicht gab.

7.8 Asynchrone Methoden

Standardmäßig sind COM-Methodenaufrufe synchron. Der Client-Thread wird also so lange blockiert bis die ORPC-Antwortmeldung empfangen und vom Marshaler ausgepackt wurde. Weil damit normale zum selben Thread gehörende Methodenaufruf perfekt behandelt werden, ist dies ein vernünftiger Standard. Vor Windows NT 5.0 gab es keine Möglichkeit, eine Methode anzufordern und die Verarbeitung fortzusetzen, während die Methode noch ausgeführt wurde, ohne explizit zusätzliche Threads anzulegen. Mit der COM-Version von Windows NT 5.0 wurde die Unterstützung asynchroner Methodenaufrufe eingeführt. Asynchronität ist ein Methodenattribut und muß in IDL mit dem Attribut [async_uuid] angegeben werden.

Als dieses Buch geschrieben wurde, waren die Details dieser Technik noch nicht ausgereift. Ziehen Sie daher die aktuelle Dokumentation heran, um weiteres zu erfahren.

7.9   Bilanz

In diesem Kapitel wurden verschiedene Themen behandelt, die mit dem Design
und der Verwendung von COM-Schnittstellen zusammenhängen. Obwohl dieses
Kapitel keinesfalls einen erschöpfenden Katalog der nützlichen Design-Idiome
enthält, versuchte es doch, etliche der entscheidenden Themen zu diskutieren,
die in den vorhergehenden Kapiteln noch nicht behandelt wurden. Während der
zwei Jahre, die ich an diesem Buch geschrieben habe und in denen sich meine
persönliche Meinung zu COM herausbildete, bin ich zu der Überzeugung gelangt,
daß sich Entwickler nicht so sehr mit den eher esoterischen Einrichtungen von
COM (wie Verbindungspunkten, Monikern und Dispatch-Schnittstellen) befas-
sen müssen, sondern sich auf die drei wesentlichen Elemente von COM konzentrieren können: *Schnittstellen, Klassenobjekte* und *Apartments*. Ich bin fest davon
überzeugt, daß für jeden, der mit einem gründlichen Verständnis dieser drei Themen ausgerüstet ist, kein Berg zu hoch ist, als daß er nicht mit COM erklommen
werden könnte.

A Die Evolution der Objekte

Ende der achtziger Jahre fand die Entwicklung objektorientierter Programme auch in der Geschäftswelt umfassende Anerkennung. Hauptthema der Objektorientierung damals war die Verwendung von Klassen, mit deren Hilfe Entwickler Status und Verhalten als einheitliche abstrakte Einheit behandeln konnten. Durch diese Bündelung von Status und Verhalten und die damit zusammenhängende Kapselung wurde Modularität weiter gefördert. Bei klassischer Objektorientierung gehören Objekte Klassen an, und Clients manipulieren Objekte mit Hilfe klassenbasierender Referenzen. Dies war das Programmiermodell, dem die meisten C++- und Smalltalk-Umgebungen und -Bibliotheken jener Ära folgten. Obwohl es möglich war, viele der Vorteile klassenbasierter Programmierung auch bei disziplinierter Verwendung prozedural ausgerichteter Sprachen zu erreichen, kam die umfassende Anerkennung objektorientierter Programmentwicklung erst mit der expliziten Unterstützung der Objektorientierung durch die Hersteller von Programmiersprachen und -Tools. Zu den Programmierumgebungen, die den Schlüssel zum Erfolg der Objektorientierung darstellten, gehörten MacApp von Apple, die frühen SmallTalk-Umgebungen von ParcPlace und Digitalk sowie Turbo C++ von Borland.

Bei Verwendung einer dieser explizit objektorientierten Entwicklungsumgebungen lag einer der Hauptvorteile darin, daß durch Polymorphie Gruppen ähnlicher Objekte als typkompatibel behandelt werden konnten. Polymorphie wurde durch die Einführung des Vererbungsmodells und dynamischer Bindung unterstützt, Konzepte, mit denen ähnliche Klassen explizit zu miteinander verwandten Abstraktionen zusammengefaßt werden konnten. Betrachten Sie diese sehr einfache C++-Klassenhierarchie:

```
class Dog {
  public:
    virtual void Bark(void);
};
class Pug : public Dog {
  public:
    virtual void Bark(void);
};
class Collie : public Dog {
  public:
    virtual void Bark(void);
};
```

Weil sowohl die Klasse `Collie` als auch die Klasse `Pug` typkompatibel mit der Klasse `Dog` ist, können Clients den folgenden generischen Quelltext schreiben:

```
void BarkLikeADog(Dog& rdog) {
  rdog.Bark();
}
```

Weil die Methode `Bark` virtuell ist und dynamisch gebunden wird, stellt der Methodenverteilungsmechanismus von C++ sicher, daß der korrekte Programmcode ausgeführt wird. Die Funktion `BarkLikeADog` verläßt sich also nicht auf den exakten Typ des referenzierten Objekts, sondern nur darauf, daß es typkompatibel mit `Dog` ist. Dieses Beispiel könnte ohne weiteres in jeder Programmiersprache umgesetzt werden, die objektorientierte Programmierung unterstützt.

Die oben skizzierte Klassenhierarchie zeigt die Programmiertechniken, die in der ersten Phase objektorientierter Entwicklung praktiziert wurden. Eine der wesentlichen Charakteristika dieser ersten Phase war der Einsatz des Prinzips der Implementierungsvererbung. Implementierungsvererbung ist eine außerordentlich leistungsfähige Programmiertechnik, wenn sie diszipliniert genutzt wird. Wird sie jedoch falsch eingesetzt, kann die resultierende Typhierarchie zu einer unangemessenen Kopplung zwischen der Basisklasse und der abgeleiteten Klasse führen. Oft besteht ein Aspekt dieser Kopplung darin, daß nicht klar ist, ob die Methodenimplementierung der Basisklasse von einer abgeleiteten Klasse aufgerufen werden muß oder nicht. Sehen Sie sich beispielsweise an, wie die Klasse `Pug` die übergeordnete Klasse `Bark` verwendet:

```
void Pug::Bark(void) {
  this->BreathIn();
  this->ConstrictVocalChords();
  this->BreathOut();
}
```

Was passiert, wenn die Klasse `Dog`, die der Klasse `Bark` zugrunde liegt, nicht aufgerufen wird, wie es in diesem Quelltextfragment der Fall ist? Vielleicht zeichnet die Methode der Basisklasse auf, wie oft ein bestimmter Hund bellt, um diesen Wert später abzurufen. Wenn dies der Fall ist, hat die Klasse `Pug` diesen Aspekt der grundlegenden Implementierung der Klasse Dog verletzt. Um Implementierungsvererbung richtig einzusetzen, sind nicht unerhebliche interne Kenntnisse der grundlegenden Basisklasse erforderlich, um ihre Integrität nicht zu verletzen. Diese internen Kenntnisse gehen weit über das hinaus, was von einem einfachen Client der Basisklasse zu erwarten wäre. Aus diesem Grunde wird Implementierungsvererbung auch oft als *White*-Box-Wiederverwendung charakterisiert.

Ein objektorientierter Ansatz, diese exzessive Typsystemkopplung zu reduzieren und dennoch die Vorteile des Polymorphismus zu wahren, besteht darin, nur die Typsignaturen zu vererben, nicht aber den Implementierungscode. Dies ist das grundlegende Prinzip *schnittstellenbasierter* Entwicklung, die als zweite Phase des

objektorientierten Entwicklungsansatzes angesehen werden kann. Schnittstellenbasierte Programmierung verfeinert die klassische Objektorientierung und geht
davon aus, daß Vererbung vor allem ein Mechanismus ist, mit dem Typbeziehungen ausgedrückt werden, keine Implementierungshierarchien. Das wesentliche
Prinzip der schnittstellenbasierten Entwicklung liegt in der Trennung von
Schnittstelle und Implementierung. Bei der schnittstellenbasierten Entwicklung
stellen Schnittstellen und Implementierungen zwei unterschiedliche Konzepte
dar. Schnittstellen sind darauf ausgelegt, die abstrakten Anforderungen zu erfüllen, die an das Objekt gestellt werden. Implementierungen gestalten konkrete instantiierbare Typen, die eine oder mehrere Schnittstellen unterstützen können.
Obwohl es möglich war, viele der Vorteile schnittstellenbasierter Programmierung auch bei disziplinierter Verwendung der traditionellen objektorientierten
Umgebungen der ersten Phase zu erreichen, kam die umfassende Anerkennung
schnittstellenbasierter Entwicklung erst mit ihrer expliziten Unterstützung durch
die Hersteller von Programmiersprachen und entsprechender Tools. Zu den Programmierumgebungen, die den Schlüssel zum Erfolg der schnittstellenbasierten
Entwicklung darstellen, gehören das Component Object Model (COM) von
Microsoft, die Umgebung Orbix Object Request Broker von Iona und Javas explizite
Unterstützung schnittstellenbasierter Entwicklung.[1]

Umgebungen, die schnittstellenbasierte Entwicklung unterstützen, bieten den
wesentlichen Vorteil, daß zwischen dem »Was« und dem »Wie« eines Objekts
konzeptionell unterschieden werden kann. Betrachten Sie folgende sehr einfache
Java-Typhierarchie:

```
interface IDog {
  public void Bark( );
}
class Pug implements IDog {
  public void Bark( ) { ... };
}
class Collie implements IDog {
  public void Bark( ) { ... };
}
```

Weil sowohl die Klasse Collie als auch die Klasse Pug mit der Schnittstelle IDog typkompatibel sind, können Client-Programme folgenden generischen Quelltext
verwenden:

```
void BarkLikeADog(Idog dog) {
  dog.Bark();
}
```

---

1. Technisch gesehen unterstützt Java auch die traditionelle Implementierungsvererbung – im
   Unterschied zu COM und praktisch allen Produkten im CORBA-Stil (d.h. Orbix, DSOM von
   IBM und Object Broker von BEA).

Aus der Sicht des Client ist diese Typhierarchie praktisch identisch mit dem oben gezeigten C++-Beispiel. Weil jedoch die Methode `Bark` der Schnittstelle `IDog` über keine Implementierung verfügen kann, ist die Schnittstellendefinition nicht an die Klasse `Pug` oder `Collie` gekoppelt. Dies bedeutet zwar, daß die Klassen `Pug` und `Collie` vollständig selbst definieren müssen, was sie unter Bellen verstehen, doch muß sich ihre Implementierung andererseits nicht darum sorgen, welche Nebenwirkungen sich aus den abgeleiteten Klassen für den grundlegenden Basistyp `IDog` ergeben.

Zwischen der ersten und der zweiten Phase der objektorientierten Programmierung besteht die auffallende Ähnlichkeit, daß beide durch ein einfaches Konzept (Klassen bzw. Schnittstellen) charakterisiert sind. Und in beiden Fällen war es nicht das Konzept selbst, dem sich der Erfolg verdankte; erst einige hervorstechenden Entwicklungsumgebungen erregten das allgemeine Interesse der Softwareentwicklungsindustrie.

Ein interessanter Aspekt der Systeme der zweiten Phase ist, daß hier die Implementierung als *Black* Box angesehen wird, also dem Client alle Implementierungsdetails verborgen bleiben. Entwickler, die schnittstellenbasierte Technologien wie COM erstmals verwenden, übersehen oft den Grad an Freiheit, der ihnen damit gegeben wird, und betrachten das Verhältnis zwischen Schnittstelle, Implementierung und Objekt recht simplifizierend. Stellen Sie sich ein Excel-Arbeitsblatt vor, das seine Funktionalität mit Hilfe von COM offenlegt. Die Arbeitsblatt-Implementierung von Excel legt ungefähr 25 verschiedene COM-Schnittstellen offen, mit denen das Arbeitsblatt eine Vielzahl verschiedener COM-basierender Technologien (Verknüpfen, Einbetten, Inplace-Aktivierung, Automation, Aktive Dokumentobjekte, Hyperlinks etc.) verwenden kann. Weil jede Schnittstelle pro Objekt einen vier Byte großen Zeiger auf die Tabelle virtueller Funktionen (*vptr*) benötigt, ist mit jedem Objekt zusätzlich zu den arbeitsblattspezifischen Informationen, die die Benutzerdaten enthalten, ein Overhead von ungefähr 100 Byte verbunden. Da ein Arbeitsblatt eine sehr große Zahl Zellen enthalten kann, amortisiert sich dieser Overhead relativ zu den Hunderten von Kilobyte, in denen sich bei großen Arbeitsblättern die Verwaltung des Inhalts jeder verwendeten Zelle niederschlägt.

Die tatsächliche Implementierung eines Excel-Arbeitsblattes wird noch weiter verkompliziert durch die Tatsache, daß auch auf jede einzelne Zelle über COM-Schnittstellen zugegriffen werden kann. Aus der Sicht von COM gehören diese Schnittstellen alle zu unterschiedlichen COM-Identitäten und können daher nicht über `QueryInterface`-Aufrufe des Arbeitsblatt-Objekts angesprochen werden. Vielmehr werden diese Zell-Schnittstellen über eine andere Schnittstelle (`IOleItemContainer`) angesprochen, die das Arbeitsblatt-Objekt seinen Clients gegenüber offenlegt. Weil also nun jede Zelle über eine COM-Schnittstelle den Clients gegenüber offengelegt wird, muß bei der Implementierung von Excel dafür gesorgt werden, einen exzessiven mit COM zusammenhängenden Overhead zu vermeiden. Stellen Sie sich ein Arbeitsblatt mit 1000 Zellen vor. Gehen Sie davon aus, daß jede Zelle für ihren ursprünglichen Status in Excel ungefähr 16 Byte Speicher belegt. Das bedeutet, daß ein Arbeitsblatt-Objekt mit 1000 Zellen ungefähr 16.000 Byte COM-unabhängigen Speicher benötigt. Bei diesem Arbeitsblatt bedeuten die 100 Byte Overhead, die von den Schnittstellen auf Arbeitsblattebene für vptrs benötigt werden, nur eine relativ kleine zusätzliche Speicherbelastung. Weil jedoch auch jede einzelne Zelle ungefähr acht verschiedene COM-Schnittstellen offenlegen kann, summiert sich dies auf einen von COM verursachtem Overhead von 32 Byte pro Zelle für die vptrs jeder einzelnen Zelle. Wenn Sie weiter davon ausgehen, daß die naiven Implementierungstechniken verwendet werden, die die meisten COM-Entwicklungsumgebungen bereitstellen, dann benötigt das Arbeitsblatt ca. 32.100 Byte Speicher für vptrs, also ungefähr doppelt so viel Speicher, wie für die eigentlichen Excel-Daten gebraucht wird. Dies ist ein deutlich exzessiver Overhead.

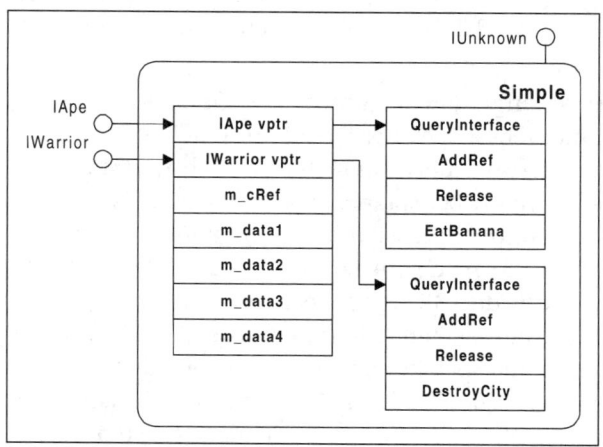

Abbildung A-1 Das einfache COM-Objekt Simple

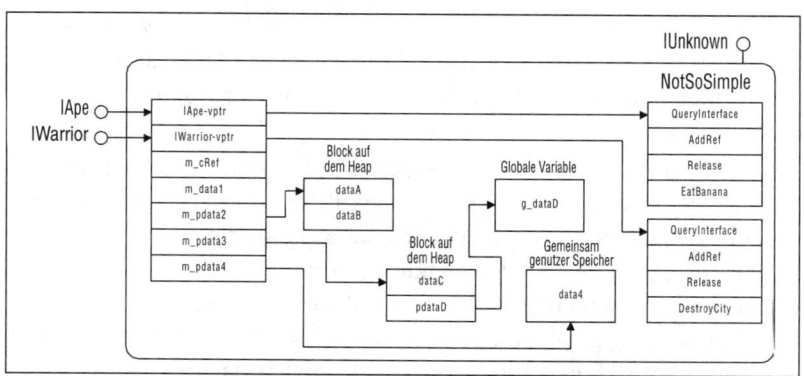

Abbildung A-2 Das nicht so einfache COM-Objekt NotSoSimple

Um nachzuvollziehen, wie das Excel-Team mit diesem Problem fertig geworden ist, ist es nützlich, nochmals das Verhältnis zwischen Status und Verhalten zu untersuchen, wie es normalerweise in COM implementiert wird. Abbildung A-1 zeigt die Speicherbelegung eines einfachen COM-Objekts. Beachten Sie, daß der von dem Objekt belegte Speicherblock sowohl vptrs als auch Datenelemente enthält. Diese Abbildung können Sie so interpretieren, daß die Datenelemente den *Status* des Objekts repräsentieren und diese Zeiger (einschließlich der Tabellen virtueller Funktionen, auf die sie zeigen) das *Verhalten* des Objekts. Bei den meisten Implementierungen residieren diese beiden Aspekte eines Objekts in einem kontinuierlichen Speicherbereich. COM verlangt dies jedoch nicht. COM sorgt sich einfach um die vptrs und überläßt die Statusverwaltung der Implementierung. COM ist auch dann vollkommen zufrieden, wenn die Implementierung für den Status des Objekts und die vptrs verschiedene Speicherblöcke reserviert, wie dies in Abbildung A-2 zu sehen ist. Und schließlich handelt es sich bei der Art, wie der Status eines Objekts verwaltet wird, um ein weiteres Implementierungsdetail, das dem Client hinter der Schutzwand der Schnittstellen des Objekts verborgen bleibt.

Weil COM nicht verlangt, daß der Status eines Objekts und die zugehörigen vptrs in einem kontinuierlichen Speicherbereich untergebracht werden, war das Excel-Team in der Lage, den Speicherverbrauch erheblich zu optimieren. Betrachten Sie eine einzelne Zelle eines Arbeitsblatts. Zwar müssen 16 Byte Speicher für ihren Inhalt reserviert werden, doch müssen die 32 Byte für die vptrs der Zelle nicht zusammen mit den Daten in einem kontinuierlichen Bereich untergebracht werden. Außerdem sind die 32 Byte Speicher für die vptrs überhaupt nicht erforderlich, solange auf die Zelle nicht über ihre COM-Schnittstellen zugegriffen wird. Excel kann also die Speicherblöcke für die vptrs dynamisch nach Bedarf und für jede Zelle einzeln belegen. Da auf die meisten Zellen niemals über COM-Schnittstellen zugegriffen wird, entsteht in den meisten Fällen praktisch kein Overhead durch vptrs. Dieser Ansatz, Fliegengewichtsobjekte mit dem jeweils benötigten Verhalten auszustatten, ist eine Variante der Technik der Durchschriften, wie sie erstmals in dem ausgezeichneten *COM-Programmer's Cookbook* von Crispin Goswell (http://www.microsoft.com/oledev) vorgeschlagen wurde. Beide Techniken schieben den Zeitpunkt der Speicherreservierung mit Hilfe verzögerter Auswertung hinaus.

Fliegengewichte und Durchschriften sind beides COM-Entwicklungstechniken, die von COM weder vorgeschrieben noch explizit unterstützt werden. Sie haben sich vielmehr als Lösung der Anforderung herausgebildet, den Status effizient zu verwalten. Wird COM bei der Entwicklung verteilter Anwendungen eingesetzt, ergeben sich weitere Fragen zur Statusverwaltung wie verteilte Fehlerbehebung, Sicherheit, Verwaltung gleichzeitiger Zugriffe, gleichmäßige Verteilung der Auslastung und Datenkonsistenz. Leider weiß COM nichts darüber, wie ein Objekt seinen Status verwaltet, und kann daher auch wenig unternehmen, um auf diese

Fragen einzugehen. Natürlich können Entwickler ihre eigenen Konzepte zur Statusverwaltung aushecken, doch liegen die Vorteile einer allgemeinen Infrastruktur zur status-bewußten Entwicklung von Objekten auf der Hand. Bei dem Microsoft Transaction Server (MTS) handelt es sich um eine solche Infrastruktur.

Das COM-Programmiermodell erweitert das traditionelle Modell objektorientierter Programmierung, indem es die Entwickler zwingt, sich die Beziehung zwischen Status und Verhalten bewußt zu machen. Das grundlegende Prinzip von MTS besteht darin, daß das *logische* Modell eines Objekts Status und Verhalten als Einheit behandeln kann, die physische Implementierung aber explizit zwischen beiden Aspekten unterscheiden muß. Indem die Verwaltung des Objektstatus explizit MTS überantwortet wird, können Anwendungsentwickler die Unterstützung der Infrastruktur bei der Verwaltung gleichzeitiger Zugriffe und von Sperren, Fehlerbehebung, Datenkonsistenz und Einzelheiten der Zugriffssteuerung optimieren. Daraus folgt, daß der größte Teil des Status eines Objekts nicht zusammen mit seinen vptrs (die das Verhalten des Objekts repräsentieren) im Speicher abgelegt wird. Statt dessen stellt MTS Mechanismen bereit, mit denen der Objektstatus entweder in festem oder flüchtigem Speicher untergebracht werden kann. Diese Speicherbereiche unterliegen der Steuerung durch die MTS-Laufzeitumgebung und die Methoden des Objekts können sicher darauf zugreifen, ohne sich um Sperrenverwaltung oder Datenkonsistenz kümmern zu müssen. Anteile des Objektstatus, die auch bei Rechner- oder Programmabstürzen konsistent bleiben müssen, werden in festem Speicher untergebracht, für den MTS sicherstellt, daß im gesamten Netzwerk nur Aktualisierungen in kleinsten Bereichen stattfinden. Vorübergehende Statusanteile können in von MTS verwalteten Speicherformen gehalten werden, für den MTS gewährleistet, daß die Zugriffe serialisiert werden, um Datenverluste zu verhindern.

Wie die klassen- und schnittstellenbasierende Entwicklung verlangt auch das status-bewußte Programmiermodell von MTS den Entwicklern zusätzliche Disziplin und Aufmerksamkeit ab. Und glücklicherweise kann, wie auch bei klassen- und schnittstellenbasierender Entwicklung, das status-bewußte Programmiermodell von MTS schrittweise übernommen werden. Eine schrittweise Übernahme bedeutet natürlich auch, daß die Vorteile von MTS ebenfalls nur schrittweise realisiert werden können. Damit können Entwickler MTS in einem Tempo einsetzen, das der Entwicklungskultur ihrer persönlichen Umgebung angepaßt ist.

Die Zusammenlegung der MTS- und COM-Entwicklungsteams bei Microsoft weist deutlich daraufhin, daß MTS den nächsten Schritt der COM-Evolution repräsentiert. Ich möchte alle COM-Entwickler ausdrücklich ermuntern, sich dieser dritten Phase der objektorientierten Entwicklung zu stellen.

B Ausgewählte Quelltextbeispiele

Der zu diesem Buch gehörende Quelltext umfaßt eine komplette COM-Anwendung (COM Chat) sowie eine Bibliothek mit nützlichen Funktionen. Sie können den Quelltext in elektronischer Form von der Website des Autors http://www.develop.com/dbox/combook/sources herunterladen. Die Anwendung COM Chat ist hier abgedruckt, wobei der Verständlichkeit halber die Kommentare übersetzt wurden.

COM Chat – Ein auf COM basierendes Chat-Programm

COM Chat ist ein komplettes, auf COM basierendes Programm, das eine verteilte Chat-Anwendung implementiert. Diese Anwendung setzt sich aus drei Binärdateien zusammen: COMCHAT.EXE ist der Chat-Server, COMCHATPS.DLL ist der Schnittstellen-Marshaler für sämtliche COM-Schnittstellen der Anwendung Chat, und CLIENT.EXE ist die Client-Anwendung. Die Anwendung basiert auf einer einzigen COM-Klasse namens CLSID_ChatSession. Wie Abbildung B-1 zeigt, implementiert das Klassenobjekt die Schnittstelle IChatSessionManager, und jedes ChatSession-Objekt implementiert die Schnittstelle IChatSession. Clients, die Chat-Benachrichtungen erhalten möchten, übergeben dem ChatSession-Objekt einen Zeiger auf die Schnittstelle IChatSessionsEvents.

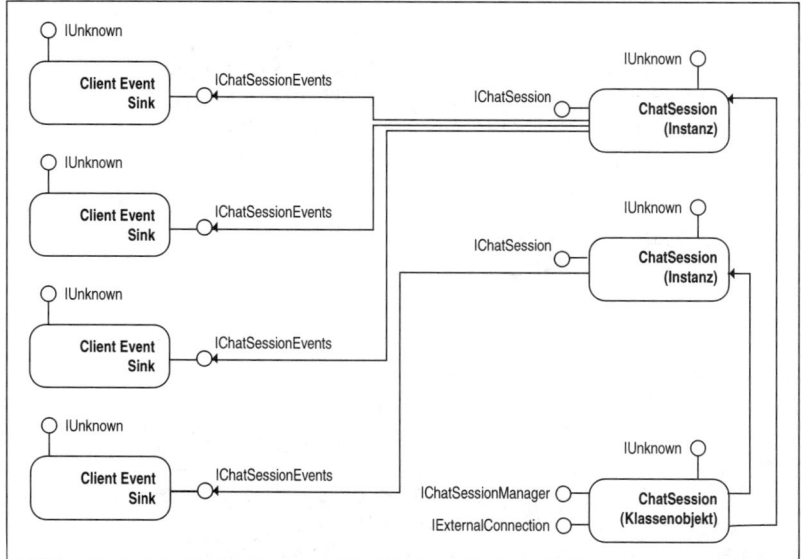

Abbildung B-1 COM Chat

COMCHAT.IDL

```
// COMChat.idl
interface IChatSessionEvents;


[
  uuid(5223A050-2441-11d1-AF4F-0060976AA886),
  object
]
interface IChatSession : IUnknown
{
  import "objidl.idl";

  [propget] HRESULT SessionName([out, string] OLECHAR **ppwsz);
  HRESULT Say([in, string] const OLECHAR *pwszStatement);
  HRESULT GetStatements([out] IEnumString **ppes);
  HRESULT Advise([in] IChatSessionEvents *pEventSink,
                 [out] DWORD *pdwReg);
  HRESULT Unadvise([in] DWORD dwReg);
}


[
  uuid(5223A051-2441-11d1-AF4F-0060976AA886),
  object
]
interface IChatSessionEvents : IUnknown
{
  import "objidl.idl";
  HRESULT OnNewUser([in, string] const OLECHAR *pwszUser);
  HRESULT OnUserLeft([in, string] const OLECHAR *pwszUser);
  HRESULT OnNewStatement([in, string] const OLECHAR *pwszUser,
                         [in, string] const OLECHAR *pwszStmnt);
}


[
  uuid(5223A052-2441-11d1-AF4F-0060976AA886),
  object
]
interface IChatSessionManager : IUnknown
{
  import "objidl.idl";
  HRESULT GetSessionNames([out] IEnumString **ppes);
  HRESULT FindSession([in, string] const OLECHAR *pwszName,
                      [in] BOOL bDontCreate,
                      [in] BOOL bAllowAnonymousAccess,
                      [out] IChatSession **ppcs);
  HRESULT DeleteSession([in, string] const OLECHAR *pwszName);
}

cpp_quote("DEFINE_GUID(CLSID_ChatSession,0x5223a053,0x2441,")
cpp_quote("0x11d1,0xaf,0x4f,0x0,0x60,0x97,0x6a,0xa8,0x86);")
```

CLIENT.CPP

```cpp
// client.cpp

#define _WIN32_WINNT 0x403
#include <windows.h>
#include <stdio.h>
#include <initguid.h>
#include <wchar.h>
#include "../include/COMChat.h"
#include "../include/COMChat_i.c"

void Error(HRESULT hr, const char *psz)
{
  printf("%s failed and returned 0x%x\n", psz, hr);
}


// Dienstfunktion zur Ausgabe der Befehlszeilensyntax
int Usage(void)
{
  const char *psz =
    "usage: client.exe <action> <user> <host>\n"
    "    where:\n"
    "          action = /sessions|/chat:session|/delete:session\n"
    "          user = /user:domain\\user /password:pw |"
            "/anonymous | <nothing>\n"
    "          host = /host:hostname | <nothing>\n";
  printf(psz);
  return -1;
}


// Dienstfunktion zur Ausgabe einer Liste mit Zeichenfolgen
void PrintAllStrings(IEnumString *pes)
{
  enum { CHUNKSIZE = 64 };
  OLECHAR *rgpwsz[CHUNKSIZE];
  ULONG cFetched;
  HRESULT hr;
  do
  {
    hr = pes->Next(CHUNKSIZE, rgpwsz, &cFetched);
    if (SUCCEEDED(hr))
      {
        for (ULONG i = 0; i < cFetched; i++)
            if (rgpwsz[i])
            {
              wprintf(L"%s\n", rgpwsz[i]);
              CoTaskMemFree(rgpwsz[i]);
            }
      }
  } while (hr == S_OK);
}
```

```
// Dienstfunktion zur Ausgabe des Eingangsstatus einer
// Chat-Sitzung
void PrintToDate(IChatSession *pcs)
{
  IEnumString *pes = 0;
  HRESULT hr = pcs->GetStatements(&pes);
  if (SUCCEEDED(hr))
  {
    PrintAllStrings(pes);
    pes->Release();
  }
}


// Diese Klasse implementiert die Callback-Schnittstelle,
// die Chat-Benachrichtigungen erhält. Sie gibt einfach
// die Ereignissse auf der Konsole aus.
class EventSink : public IChatSessionEvents
{
public:
  STDMETHODIMP QueryInterface(REFIID riid, void**ppv)
  {
    if (riid == IID_IUnknown)
        *ppv = static_cast<IChatSessionEvents*>(this);
    else if (riid == IID_IChatSessionEvents)
        *ppv = static_cast<IChatSessionEvents*>(this);
    else
        return (*ppv = 0), E_NOINTERFACE;
    reinterpret_cast<IUnknown*>(*ppv)->AddRef();
    return S_OK;
  }
  STDMETHODIMP_(ULONG) AddRef(void)
  {
    return 2;
  }
  STDMETHODIMP_(ULONG) Release(void)
  {
    return 1;
  }
  STDMETHODIMP OnNewStatement(const OLECHAR *pwszUser,
                              const OLECHAR *pwszStmt)
  {
    wprintf(L"%-14s: %s\n", pwszUser, pwszStmt);
    return S_OK;
  }
  STDMETHODIMP OnNewUser(const OLECHAR *pwszUser)
  {
    wprintf(L"\n\n>>> Say Hello to %s\n\n", pwszUser);
    return S_OK;
  }
  STDMETHODIMP OnUserLeft(const OLECHAR *pwszUser)
  {
```

```
      wprintf(L"\n\n>>> Say Bye to %s\n\n", pwszUser);
      return S_OK;
   }

};

// Diese Operationen kann dieser Client ausführen.
enum ACTION
{
  ACTION_NONE,
  ACTION_CHAT,
  ACTION_DELETE_SESSION,
  ACTION_LIST_SESSION_NAMES,
};

// Chat-Befehl ausführen
void Chat(const OLECHAR *pwszSession,
          IChatSessionManager *pcsm, // Manager
          COAUTHIDENTITY *pcai,      // Benutzer
          bool bAnonymous)           // anonymer Benutzer
{
// Benannte Sitzung abrufen oder anlegen
  IChatSession *pcs = 0;
  HRESULT hr = pcsm->FindSession(pwszSession, FALSE,
                            TRUE, &pcs);
  if (SUCCEEDED(hr))
  {
// Sicherheitseinstellungen für IChatSession festlegen
    if (!bAnonymous)
        hr = CoSetProxyBlanket(pcs, RPC_C_AUTHN_WINNT,
                          RPC_C_AUTHZ_NONE, 0,
                          RPC_C_AUTHN_LEVEL_PKT,
                          RPC_C_IMP_LEVEL_IDENTIFY,
                          pcai, EOAC_NONE);
// Bisherige Nachrichten ausgeben
    PrintToDate(pcs);
// EventSink für den Empfang neuer Nachrichten einrichten
    EventSink es;
    DWORD dwReg;
    hr = pcs->Advise(&es, &dwReg);
    if (SUCCEEDED(hr))
    {
// Anweisungen von Konsole lesen und senden
      OLECHAR wszStmt[4096];
      while (_getws(wszStmt))
      {
        hr = pcs->Say(wszStmt);
        if (FAILED(hr))
            Error(hr, "Say");
      }
```

```
// Verbindung zu EventSink abbauen
        pcs->Unadvise(dwReg);
    }
    else
        Error(hr, "Advise");
// Zeiger auf Sitzung freigeben
        pcs->Release();
    }
    else
        Error(hr, "FindSession");
}


// Delete ausführen
void Delete(const OLECHAR *pwszSession,
      IChatSessionManager *pcsm)
{
  HRESULT hr = pcsm->DeleteSession(pwszSession);
  if (FAILED(hr))
        Error(hr, "DeleteSession");
}


// List ausführen
void List(IChatSessionManager *pcsm)
{
  IEnumString *pes = 0;
  HRESULT hr = pcsm->GetSessionNames(&pes);
  if (SUCCEEDED(hr))
  {
    printf("Active Sessions:\n");
    PrintAllStrings(pes);
    pes->Release();
  }
}


int main(int argc, char **argv)
{
// Client-Kontrollstatus definieren
  bool bAnonymous = false;
  static OLECHAR wszSessionName[1024];
  static OLECHAR wszDomainName[1024];
  static OLECHAR wszUserName[1024];
  static OLECHAR wszPassword[1024];
  static OLECHAR wszHostName[1024];
  COSERVERINFO csi = { 0, wszHostName, 0, 0 };
  COSERVERINFO *pcsi = 0;
  COAUTHIDENTITY cai = {
    wszUserName,
    0,
    wszDomainName,
    0,
    wszPassword,
    0,
```

```
      SEC_WINNT_AUTH_IDENTITY_UNICODE
    };
    static COAUTHIDENTITY *pcai = 0;
    static ACTION action = ACTION_NONE;

// Befehlszeile interpretieren
    for (int i = 1; i < argc; i++)
    {
      if (strcmp(argv[i], "/anonymous") == 0)
          bAnonymous = true;
      else if (strstr(argv[i], "/delete:") == argv[i])
      {
        if (action != ACTION_NONE)
            return Usage();
        action = ACTION_DELETE_SESSION;
        mbstowcs(wszSessionName, argv[i] + 8, 1024);
      }
      else if (strstr(argv[i], "/chat:") == argv[i])
      {
        if (action != ACTION_NONE)
            return Usage();
        action = ACTION_CHAT;
        mbstowcs(wszSessionName, argv[i] + 6, 1024);
      }
      else if (strcmp(argv[i], "/sessions") == 0)
      {
        if (action != ACTION_NONE)
            return Usage();
        action = ACTION_LIST_SESSION_NAMES;
      }
      else if (strstr(argv[i], "/host:") == argv[i])
      {
        if (pcsi != 0)
            return Usage();
        mbstowcs(wszHostName, argv[i] + 6, 1024);
        pcsi = &csi;
      }
      else if (strstr(argv[i], "/password:") == argv[i])
      {
        mbstowcs(wszPassword, argv[i] + 10, 1024);
        cai.PasswordLength = wcslen(wszPassword);
      }
      else if (strstr(argv[i], "/user:") == argv[i])
      {
        if (pcai != 0 || bAnonymous)
            return Usage();
        char *pszDelim = strchr(argv[i] + 7, '\\');
        if (pszDelim == 0)
            return Usage();
        *pszDelim = 0;
        pszDelim++;
```

```
      mbstowcs(wszDomainName, argv[i] + 6, 1024);
      cai.DomainLength = wcslen(wszDomainName);
      mbstowcs(wszUserName, pszDelim, 1024);
      cai.UserLength = wcslen(wszUserName);
      pcai = &cai;
   }
}

  if (action == ACTION_NONE)
      return Usage();
  HRESULT hr = CoInitializeEx(0, COINIT_MULTITHREADED);
  if (FAILED(hr))
      return hr;

// Anonyme Callbacks vom Chat-Server zulassen
  hr = CoInitializeSecurity(0, -1, 0, 0,
                            RPC_C_AUTHN_LEVEL_NONE,
                            RPC_C_IMP_LEVEL_ANONYMOUS,
                            0, EOAC_NONE, 0);

  if (SUCCEEDED(hr))
  {
// Zeiger auf IChatSessionManager anfordern
    IChatSessionManager *pcsm = 0;
    hr = CoGetClassObject(CLSID_ChatSession, CLSCTX_ALL,
                          pcsi, IID_IChatSessionManager,
                          (void**)&pcsm);
    if (SUCCEEDED(hr))
    {
// Falls gewünscht, Sicherheitseinstellungen festlegen
        if (!bAnonymous)
            hr = CoSetProxyBlanket(pcsm, RPC_C_AUTHN_WINNT,
                                   RPC_C_AUTHZ_NONE, 0,
                                   RPC_C_AUTHN_LEVEL_PKT,
                                   RPC_C_IMP_LEVEL_IDENTIFY,
                                   pcai, EOAC_NONE);
// Anforderung weiterleiten
        switch (action)
        {
        case ACTION_CHAT:
          Chat(wszSessionName, pcsm, pcai, bAnonymous);
          break;
        case ACTION_DELETE_SESSION:
          Delete(wszSessionName, pcsm);
          break;
        case ACTION_LIST_SESSION_NAMES:
          List(pcsm);
          break;
        default:
          Usage();
        }
```

```
// Zeiger auf IChatSessionManager freigeben
      pcsm->Release();
   }
   }
   CoUninitialize();
   return hr;
}
```

CHATSESSION.H

```
// ChatSession.h

#ifndef _CHATSESSION_H
#define _CHATSESSION_H

// Diese pragma-Anweisung deaktiviert die Compiler-Warnungen,
// die generiert werden, weil Debugger vor MSC11SP1 lange
// Template-Namen nicht verarbeiten können.
#pragma warning(disable:4786)

#define _WIN32_WINNT 0x403
#include <windows.h>
#include <map>
#include <vector>
#include <string>
using namespace std;

// In IDL festgelegte Schnittstellendefinitionen einbinden
#include "..\include\COMChat.h"

// Diese Klasse stellt eine bestimmte Chat-Sitzung dar
class ChatSession : public IChatSession
{
    friend class StatementEnumerator;
    LONG                m_cRef;
    CRITICAL_SECTION    m_csStatementLock;
    CRITICAL_SECTION    m_csAdviseLock;
    OLECHAR             m_wszSessionName[1024];
    bool                m_bIsDeleted;
    bool                m_bAllowAnonymousAccess;
    vector<wstring>     m_statements;
    struct LISTENER
    {
      LISTENER          *pPrev;
      LISTENER          *pNext;
      OLECHAR           *pwszUser;
      IChatSessionEvents *pItf;
    };
```

```
    LISTENER               *m_pHeadListeners;
    void SLock(void);
    void SUnlock(void);
    void ALock(void);
    void AUnlock(void);
    bool CheckAccess(const OLECHAR *pwszUser);
protected:
    virtual ~ChatSession(void);
    void Fire_OnNewStatement(const OLECHAR *pwszUser,
                             const OLECHAR *pwszStatement);
    void Fire_OnNewUser(const OLECHAR *pwszUser);
    void Fire_OnUserLeft(const OLECHAR *pwszUser);
public:
    ChatSession(const OLECHAR *pwszSessionName,
                bool bAllowAnonymousAccess);

    void Disconnect(void);
// Methoden von IUnknown
    STDMETHODIMP QueryInterface(REFIID riid, void **ppv);
    STDMETHODIMP_(ULONG) AddRef(void);
    STDMETHODIMP_(ULONG) Release(void);

// Methoden von IChatSession
  STDMETHODIMP get_SessionName(OLECHAR **ppwsz);
  STDMETHODIMP Say(const OLECHAR *pwszStatement);
  STDMETHODIMP GetStatements(IEnumString **ppes);
  STDMETHODIMP Advise(IChatSessionEvents *pEventSink,
                      DWORD *pdwReg);
  STDMETHODIMP Unadvise(DWORD dwReg);
};

// Diese Klasse erfaßt die Anweisungen einer Sitzung
// in einer Aufzählung.
class StatementEnumerator : public IEnumString
{
  LONG                      m_cRef;
  ChatSession              *m_pThis;
  vector<wstring>::iterator  m_cursor;
  CRITICAL_SECTION          m_csLock;
protected:
  void Lock(void);
  void Unlock(void);
  virtual ~StatementEnumerator(void);
public:
  StatementEnumerator(ChatSession *pThis);
```

```
// Methoden von IUnknown
  STDMETHODIMP QueryInterface(REFIID riid, void **ppv);
  STDMETHODIMP_(ULONG) AddRef(void);
  STDMETHODIMP_(ULONG) Release(void);

// Methoden von IEnumString
  STDMETHODIMP Next(ULONG cElems, OLECHAR **rgElems,
                    ULONG *pcFetched);
  STDMETHODIMP Skip(ULONG cElems);
  STDMETHODIMP Reset(void);
  STDMETHODIMP Clone(IEnumString **ppes);
};


// Diese Klasse repräsentiert die Verwaltung von Chat-Sitzungen
// und fungiert als Klassenobjekt von CLSID_ChatSession.
class ChatSessionClass : public IChatSessionManager,
                         public IExternalConnection
{
  friend class SessionNamesEnumerator;
  typedef map<wstring, ChatSession *> SESSIONMAP;
  LONG                m_cStrongLocks;
  SESSIONMAP          m_sessions;
  CRITICAL_SECTION    m_csSessionLock;
  void Lock(void);
  void Unlock(void);
  bool CheckAccess(const OLECHAR *pwszUser);
public:
  virtual ~ChatSessionClass(void);
  ChatSessionClass(void);

  // Methoden von IUnknown
  STDMETHODIMP QueryInterface(REFIID riid, void **ppv);
  STDMETHODIMP_(ULONG) AddRef(void);
  STDMETHODIMP_(ULONG) Release(void);

// Methoden von IExternalConnection
  STDMETHODIMP_(DWORD) AddConnection(DWORD extconn, DWORD);
  STDMETHODIMP_(DWORD) ReleaseConnection(DWORD extconn, DWORD,
                              BOOL bLastReleaseKillsStub);
// Methoden von IChatSessionManager
  STDMETHODIMP GetSessionNames(IEnumString **ppes);
  STDMETHODIMP FindSession(const OLECHAR *pwszSessionName,
                      BOOL bDontCreate,
                      BOOL bAllowAnonymousAccess,
                      IChatSession **ppcs);
  STDMETHODIMP DeleteSession(const OLECHAR *pwszSessionName);
};
```

```
// Diese Klasse erfaßt die Sitzungsnamen eines Servers in
// einer Aufzählung.
class SessionNamesEnumerator : public IEnumString
{
  LONG                      m_cRef;
  vector<wstring>           *m_pStrings;
  SessionNamesEnumerator    *m_pCloneSource;
  vector<wstring>::iterator m_cursor;
  CRITICAL_SECTION          m_csLock;
protected:
  vector<wstring>& Strings(void);
  void Lock(void);
  void Unlock(void);
  virtual ~SessionNamesEnumerator(void);
public:
  SessionNamesEnumerator(ChatSessionClass *pSessionClass);
  SessionNamesEnumerator(SessionNamesEnumerator *pCloneSource);

// Methoden von IUnknown
  STDMETHODIMP QueryInterface(REFIID riid, void **ppv);
  STDMETHODIMP_(ULONG) AddRef(void);
  STDMETHODIMP_(ULONG) Release(void);

// Methoden von IEnumString
  STDMETHODIMP Next(ULONG cElems, OLECHAR **rgElems,
                    ULONG *pcFetched);
  STDMETHODIMP Skip(ULONG cElems);
  STDMETHODIMP Reset(void);
  STDMETHODIMP Clone(IEnumString **ppes);
};

#endif
```

CHATSESSION.CPP

```
// ChatSession.cpp

#include "ChatSession.h"
#include <iaccess.h>

// Diese Routinen sind in svc.cpp  definiert
// und steuern die Ausführungsdauer des Servers.
extern void ModuleLock(void);
extern void ModuleUnlock(void);

// Diese Zugriffskontrollobjekte werden in svc.cpp
// angelegt und steuern die Operationen, für die
// besondere Zugriffsrechte erforderlich sind. Für
```

```
// die meisten Operationen dieser Klasse sind keine
// besonderen Rechte erforderlich, so daß jeder darauf
// zugreifen kann.
extern IAccessControl *g_pacUsers;
extern IAccessControl *g_pacAdmins;

// Dienstfunktionen ///////////////////////////

// Mit Hilfe von CoTaskMemAlloc OLECHAR * duplizieren
OLECHAR *OLESTRDUP(const OLECHAR *pwsz)
{
  DWORD cb = sizeof(OLECHAR)*(wcslen(pwsz) + 1);
  OLECHAR *pwszResult = (OLECHAR*)CoTaskMemAlloc(cb);
  if (pwszResult)
      wcscpy(pwszResult, pwsz);
  return pwszResult;
}


// Benutzername des Aufrufers ermitteln (oder "anonymous",
// falls der Aufrufer keinen Benutzernamen angegeben hat).
OLECHAR *GetCaller(void)
{
  OLECHAR *pwsz = 0;
  HRESULT hr = CoQueryClientBlanket(0,0,0,0,0,(void**)&pwsz,0);
  if (SUCCEEDED(hr))
      return OLESTRDUP(pwsz);
  else
    return OLESTRDUP(OLESTR("anonymous"));
}

// Klasse ChatSession ////////////////////////////////

ChatSession::ChatSession(const OLECHAR *pwszSessionName,
                         bool bAllowAnonymousAccess)
: m_cRef(0),
  m_bAllowAnonymousAccess(bAllowAnonymousAccess),
  m_pHeadListeners(0)
{
  wcscpy(m_wszSessionName, pwszSessionName);
  InitializeCriticalSection(&m_csStatementLock);
  InitializeCriticalSection(&m_csAdviseLock);
}


ChatSession::~ChatSession(void)
{
  DeleteCriticalSection(&m_csStatementLock);
  DeleteCriticalSection(&m_csAdviseLock);
```

```
// Verbindungen zu verbundenen Listenern lösen
  while (m_pHeadListeners)
  {
    LISTENER *pThisNode = m_pHeadListeners;
    if (pThisNode->pItf)
        pThisNode->pItf->Release();
    if (pThisNode->pwszUser)
        CoTaskMemFree(pThisNode->pwszUser);
    m_pHeadListeners = pThisNode->pNext;
    delete pThisNode;
  }
}


// Hilfsmethoden ///////////

void ChatSession::Disconnect(void)
{
    CoDisconnectObject(this, 0);
// Verbindungen zu verbundenen Listenern lösen
  ALock();
  while (m_pHeadListeners)
  {
    LISTENER *pThisNode = m_pHeadListeners;
    if (pThisNode->pItf)
        pThisNode->pItf->Release();
    if (pThisNode->pwszUser)
        CoTaskMemFree(pThisNode->pwszUser);
    m_pHeadListeners = pThisNode->pNext;
    delete pThisNode;
  }
  AUnlock();
}


// Ereignis OnNewStatement an alle Listener senden
void
ChatSession::Fire_OnNewStatement(const OLECHAR *pwszUser,
                                 const OLECHAR *pwszStatement)
{
  ALock();
  for (LISTENER *pNode = m_pHeadListeners;
       pNode != 0; pNode = pNode->pNext)
  {
    if (pNode->pItf)
        pNode->pItf->OnNewStatement(pwszUser, pwszStatement);
  }
  AUnlock();
}
```

```cpp
// Ereignis OnNewUser an alle Listener senden
void
ChatSession::Fire_OnNewUser(const OLECHAR *pwszUser)
{
  ALock();
  for (LISTENER *pNode = m_pHeadListeners;
       pNode != 0; pNode = pNode->pNext)
  {
    if (pNode->pItf)
        pNode->pItf->OnNewUser(pwszUser);
  }
  AUnlock();
}

// Ereignis OnUserLeft an alle Listener senden
void
ChatSession::Fire_OnUserLeft(const OLECHAR *pwszUser)
{
  ALock();
  for (LISTENER *pNode = m_pHeadListeners;
       pNode != 0; pNode = pNode->pNext)
  {
    if (pNode->pItf)
        pNode->pItf->OnUserLeft(pwszUser);
  }
  AUnlock();
}

// Hüllfunktionen sperren
void ChatSession::SLock(void)
{
  EnterCriticalSection(&m_csStatementLock);
}

void ChatSession::SUnlock(void)
{
  LeaveCriticalSection(&m_csStatementLock);
}

void ChatSession::ALock(void)
{
  EnterCriticalSection(&m_csAdviseLock);
}

void ChatSession::AUnlock(vcid)
{
  LeaveCriticalSection(&m_csAdviseLock);
}
```

```
// Hilfsmethode, die Zugriff auf Methode Say kontrolliert
bool
ChatSession::CheckAccess(const OLECHAR *pwszUser)
{
  if (wcscmp(pwszUser, L"anonymous") == 0)
      return m_bAllowAnonymousAccess;
// Aus Aufrufer Trustee bilden und Zugriffskontroll-
// objekt verwenden, das COMChat-Benutzergruppe zugeordnet ist
  TRUSTEEW trustee = {
      0, NO_MULTIPLE_TRUSTEE, TRUSTEE_IS_NAME,
      TRUSTEE_IS_USER,
      const_cast<OLECHAR*>(pwszUser)
  };
  BOOL bIsAllowed;
  HRESULT hr = g_pacUsers->IsAccessAllowed(&trustee,0,
                                           COM_RIGHTS_EXECUTE,
                                           &bIsAllowed);
  return SUCCEEDED(hr) && bIsAllowed != FALSE;
}


// Methoden von IUnknown
STDMETHODIMP
ChatSession::QueryInterface(REFIID riid, void **ppv)
{
  if (riid == IID_IUnknown)
      *ppv = static_cast<IChatSession*>(this);
  else if (riid == IID_IChatSession)
      *ppv = static_cast<IChatSession*>(this);
  else
      return (*ppv = 0), E_NOINTERFACE;
  reinterpret_cast<IUnknown*>(*ppv)->AddRef();
  return S_OK;

}


STDMETHODIMP_(ULONG)
ChatSession::AddRef(void)
{
  ModuleLock();
  return InterlockedIncrement(&m_cRef);
}


STDMETHODIMP_(ULONG)
ChatSession::Release(void)
{
  LONG res = InterlockedDecrement(&m_cRef);
  if (res == 0)
      delete this;
  ModuleUnlock();
  return res;
}
```

```cpp
// Methoden von IChatSession
STDMETHODIMP
ChatSession::get_SessionName(OLECHAR **ppwsz)
{
  if (!ppwsz)
    return E_INVALIDARG;
  else if ((*ppwsz = OLESTRDUP(m_wszSessionName)) == 0)
    return E_OUTOFMEMORY;
  return S_OK;
}

STDMETHODIMP
ChatSession::Say(const OLECHAR *pwszStatement)
{
  HRESULT hr = S_OK;
// Zugriff auf Methoden schützen
  OLECHAR *pwszUser = GetCaller();
  if (pwszUser && CheckAccess(pwszUser))
  {
    SLock();
    try
    {
      wstring s = pwszUser;
      s += L":";
      s += pwszStatement;
      m_statements.push_back(s);
    }
    catch(...)
    {
      hr = E_OUTOFMEMORY;
    }
    SUnlock();
    if (SUCCEEDED(hr))
      Fire_OnNewStatement(pwszUser, pwszStatement);
  }
  else
    hr = E_ACCESSDENIED;
  CoTaskMemFree(pwszUser);
  return hr;
}

STDMETHODIMP
ChatSession::GetStatements(IEnumString **ppes)
{
  if (ppes == 0)
    return E_INVALIDARG;
  *ppes = new StatementEnumerator(this);
  if (*ppes == 0)
    return E_OUTOFMEMORY;
```

```
  (*ppes)->AddRef();
  return S_OK;
}


STDMETHODIMP
ChatSession::Advise(IChatSessionEvents *pEventSink,
                    DWORD *pdwReg)
{
  HRESULT hr = S_OK;
  if (pEventSink == 0 || pdwReg == 0)
      return E_INVALIDARG;
  LISTENER *pNew = new LISTENER;
  if (pNew == 0)
      return E_OUTOFMEMORY;
  OLECHAR *pwszUser = GetCaller();
  if (pwszUser)
  {
    Fire_OnNewUser(pwszUser);
    ALock();
    pNew->pwszUser = pwszUser;
    if (pNew->pItf = pEventSink)
        pEventSink->AddRef();
    pNew->pNext = m_pHeadListeners;
    if (m_pHeadListeners)
        m_pHeadListeners->pPrev = pNew;
    pNew->pPrev = 0;
    m_pHeadListeners = pNew;
    AUnlock();
  }
  else
  {
    delete pNew;
    return E_OUTOFMEMORY;
  }
  *pdwReg = reinterpret_cast<DWORD>(pNew);
  return hr;
}


STDMETHODIMP
ChatSession::Unadvise(DWORD dwReg)
{
  if (dwReg == 0)
      return E_INVALIDARG;
  HRESULT hr = S_OK;
  LISTENER *pThisNode = reinterpret_cast<LISTENER *>(dwReg);
  ALock();
  if (pThisNode->pPrev)
    pThisNode->pPrev->pNext = pThisNode->pNext;
```

```
    else
      m_pHeadListeners = pThisNode->pNext;
    if (pThisNode->pNext)
      pThisNode->pNext->pPrev = pThisNode->pPrev;
    if (pThisNode->pItf)
      pThisNode->pItf->Release();
    OLECHAR *pwszUser = pThisNode->pwszUser;
    delete pThisNode;
    AUnlock();
    Fire_OnUserLeft(pwszUser);
    CoTaskMemFree(pwszUser);
    return hr;
}


// Klasse StatementEnumerator //////////////////////

StatementEnumerator::StatementEnumerator(ChatSession *pThis)
: m_cRef(0),
  m_pThis(pThis),
  m_cursor(pThis->m_statements.begin())
{
  m_pThis->AddRef();
  InitializeCriticalSection(&m_csLock);
}


StatementEnumerator::~StatementEnumerator(void)
{
  m_pThis->Release();
  DeleteCriticalSection(&m_csLock);
}


// Hilfsfunktionen sperren (ChatSession ist
// gleichzeitig gesperrt)
void
StatementEnumerator::Lock(void)
{
  EnterCriticalSection(&m_csLock);
  m_pThis->SLock();
}


void
StatementEnumerator::Unlock(void)
{
  LeaveCriticalSection(&m_csLock);
  m_pThis->SUnlock();
}


// Methoden von IUnknown
STDMETHODIMP
```

```
StatementEnumerator::QueryInterface(REFIID riid, void **ppv)
{
  if (riid == IID_IUnknown)
    *ppv = static_cast<IEnumString*>(this);
  else if (riid == IID_IEnumString)
    *ppv = static_cast<IEnumString*>(this);
  else
    return (*ppv = 0), E_NOINTERFACE;
  reinterpret_cast<IUnknown*>(*ppv)->AddRef();
  return S_OK;

}

STDMETHODIMP_(ULONG)
StatementEnumerator::AddRef(void)
{
  return InterlockedIncrement(&m_cRef);
}

STDMETHODIMP_(ULONG)
StatementEnumerator::Release(void)
{
  LONG res = InterlockedDecrement(&m_cRef);
  if (res == 0)
    delete this;
  return res;
}

// Methoden von IEnumString
STDMETHODIMP
StatementEnumerator::Next(ULONG cElems, OLECHAR **rgElems,
                          ULONG *pcFetched)
{
  if (pcFetched == 0 && cElems > 1)
      return E_INVALIDARG;
  ZeroMemory(rgElems, sizeof(OLECHAR*) * cElems);
  Lock();
  ULONG cActual = 0;
  while (cActual < cElems
        && m_cursor != m_pThis->m_statements.end())
  {
    if (rgElems[cActual] = OLESTRDUP((*m_cursor).c_str()))
    {
      m_cursor++;
      cActual++;
    }
  else // Zuweisungsfehler
    {
```

```
      while (cActual > 0)
        {
          cActual--;
          CoTaskMemFree(rgElems[cActual]);
          rgElems[cActual] = 0;
          }
        break;
      }
    }
  Unlock();
  if (pcFetched)
    *pcFetched = cActual;
  return cElems == cActual ? S_OK : S_FALSE;
}

STDMETHODIMP
StatementEnumerator::Skip(ULONG cElems)
{
  Lock();
  ULONG cActual = 0;
  while (cActual < cElems
         && m_cursor != m_pThis->m_statements.end())
    {
    m_cursor++;
    cActual++;
    }
  Unlock();
  return cElems == cActual ? S_OK : S_FALSE;
}

STDMETHODIMP
StatementEnumerator::Reset(void)
{
  Lock();
  m_cursor = m_pThis->m_statements.begin();
  Unlock();
  return S_OK;
}

STDMETHODIMP
StatementEnumerator::Clone(IEnumString **ppes)
{
 if (ppes == 0)
     return E_INVALIDARG;
 if (*ppes = new StatementEnumerator(m_pThis))
     return S_OK;
 return E_OUTOFMEMORY;
}
```

```
// Klasse ChatSessionClass /////////////////////

ChatSessionClass::ChatSessionClass(void)
: m_cStrongLocks(0)
{
  InitializeCriticalSection(&m_csSessionLock);
}

ChatSessionClass::~ChatSessionClass(void)
{
  DeleteCriticalSection(&m_csSessionLock);
}

void
ChatSessionClass::Lock(void)
{
  EnterCriticalSection(&m_csSessionLock);
}

void
ChatSessionClass::Unlock(void)
{
  LeaveCriticalSection(&m_csSessionLock);
}
// Hilfsmethoden, die Zugriff auf DeleteSession
// schützen und nur COMChat-Administratoren das
// Löschen von Gruppen erlauben
bool
ChatSessionClass::CheckAccess(const OLECHAR *pwszUser)
{
  if (wcscmp(pwszUser, L"anonymous") == 0)
      return false;

  TRUSTEEW trustee = {
      0, NO_MULTIPLE_TRUSTEE, TRUSTEE_IS_NAME,
      TRUSTEE_IS_USER, const_cast<OLECHAR*>(pwszUser)
  };
  BOOL bIsAllowed;
  HRESULT hr = g_pacAdmins->IsAccessAllowed(&trustee,0,
                                      COM_RIGHTS_EXECUTE,
                                      &bIsAllowed);
  if (FAILED(hr))
    bIsAllowed = false;
  return SUCCEEDED(hr) && bIsAllowed != FALSE;
}
```

```cpp
// Methoden von IUnknown
STDMETHODIMP
ChatSessionClass::QueryInterface(REFIID riid, void **ppv)
{
  if (riid == IID_IUnknown)
    *ppv = static_cast<IChatSessionManager*>(this);
  else if (riid == IID_IChatSessionManager)
    *ppv = static_cast<IChatSessionManager*>(this);
  else if (riid == IID_IExternalConnection)
    *ppv = static_cast<IExternalConnection*>(this);
  else
    return (*ppv = 0), E_NOINTERFACE;
  reinterpret_cast<IUnknown*>(*ppv)->AddRef();
  return S_OK;
}

STDMETHODIMP_(ULONG)
ChatSessionClass::AddRef(void)
{
  return 2;
}

STDMETHODIMP_(ULONG)
ChatSessionClass::Release(void)
{
  return 1;
}

// Methoden von IExternalConnection
STDMETHODIMP_(DWORD)
ChatSessionClass::AddConnection(DWORD extconn, DWORD)
{
  if (extconn & EXTCONN_STRONG)
  {
    ModuleLock();
    return InterlockedIncrement(&m_cStrongLocks);
  }
  return 0;
}

STDMETHODIMP_(DWORD)
ChatSessionClass::ReleaseConnection(DWORD extconn, DWORD,
                                    BOOL bLastReleaseKillsStub)
{
  if (extconn & EXTCONN_STRONG)
  {
    LONG res = InterlockedDecrement(&m_cStrongLocks);
    if (res == 0 && bLastReleaseKillsStub)
        CoDisconnectObject(
```

```
              static_cast<IExternalConnection*>(this), 0);
    ModuleUnlock();
    return res;
  }

    return 0;
}


// Methoden von IChatSessionManager
STDMETHODIMP
ChatSessionClass::GetSessionNames(IEnumString **ppes)
{
  if (ppes == 0)
    return E_INVALIDARG;
  if (*ppes = new SessionNamesEnumerator(this))
  {
    (*ppes)->AddRef();
    return S_OK;
  }
  else
    return E_OUTOFMEMORY;
}


STDMETHODIMP
ChatSessionClass::FindSession(const OLECHAR *pwszSessionName,
                              BOOL bDontCreate,
                              BOOL bAllowAnonymousAccess,
                              IChatSession **ppcs)
{
  if (ppcs == 0)
      return E_INVALIDARG;
  HRESULT hr = E_FAIL;
  *ppcs = 0;
  OLECHAR *pwszUser = GetCaller();
  Lock();
  SESSIONMAP::iterator it = m_sessions.find(pwszSessionName);
  if (it == m_sessions.end())
  {
    if (bDontCreate)
      hr = E_FAIL;
    else if (!bAllowAnonymousAccess
            && wcscmp(pwszUser, L"anonymous") == 0)
      hr = E_ACCESSDENIED;
    else
    {
      ChatSession *pNew =
          new ChatSession(pwszSessionName,
                          bAllowAnonymousAccess != FALSE);
      if (pNew)
      {
```

```
          pNew->AddRef();
          m_sessions.insert(pair<wstring,
                              ChatSession*>(pwszSessionName,
                              pNew));
          (*ppcs = pNew)->AddRef();
          hr = S_OK;
        }
        else
          hr = E_OUTOFMEMORY;
    }
  }
  else
  {
    (*ppcs = (*it).second)->AddRef();
    hr = S_OK;
  }
  Unlock();
  CoTaskMemFree(pwszUser);
  return hr;
}

STDMETHODIMP
ChatSessionClass::DeleteSession(const OLECHAR *pwszSessionName)
{
  if (pwszSessionName == 0)
    return E_INVALIDARG;
  HRESULT hr = E_FAIL;
  OLECHAR *pwszUser = GetCaller();
  if (CheckAccess(pwszUser))
  {
    Lock();
    SESSIONMAP::iterator it
                  = m_sessions.find(pwszSessionName);
    if (it == m_sessions.end())
    {
      hr = E_FAIL;
    }
    else
    {
    (*it).second->Disconnect();
    (*it).second->Release();
    m_sessions.erase(it);
      hr = S_OK;
    }
    Unlock();
  }
  else
    hr = E_ACCESSDENIED;
```

```
    CoTaskMemFree(pwszUser);
    return hr;
}


// Klasse SessionNamesEnumerator

vector<wstring>&
SessionNamesEnumerator::Strings(void)
{
  if (m_pStrings)
    return *m_pStrings;
  else
    return *(m_pCloneSource->m_pStrings);
}


void
SessionNamesEnumerator::Lock(void)
{
    EnterCriticalSection(&m_csLock);
}


void
SessionNamesEnumerator::Unlock(void)
{
    LeaveCriticalSection(&m_csLock);
}


SessionNamesEnumerator::SessionNamesEnumerator(
                                ChatSessionClass *pSessionClass)
: m_cRef(0),
  m_pStrings(0),
  m_pCloneSource(0)
{
  typedef ChatSessionClass::SESSIONMAP::iterator iterator;
  ChatSessionClass::SESSIONMAP &sessions
      = pSessionClass->m_sessions;
  m_pStrings = new vector<wstring>;
  pSessionClass->Lock();
  for (iterator it = sessions.begin();
       it != sessions.end();
       it++)
  {
    m_pStrings->push_back((*it).first);
  }
  pSessionClass->Unlock();
    m_cursor = Strings().begin();
    InitializeCriticalSection(&m_csLock);
}
```

```
SessionNamesEnumerator::SessionNamesEnumerator(
                        SessionNamesEnumerator *pCloneSource)
: m_cRef(0),
  m_pStrings(0),
  m_pCloneSource(pCloneSource)
{
  m_pCloneSource->AddRef();
  m_cursor = Strings().begin();
  InitializeCriticalSection(&m_csLock);
}

SessionNamesEnumerator::~SessionNamesEnumerator(void)
{
  if (m_pCloneSource)
    m_pCloneSource->Release();
  else if (m_pStrings)
    delete m_pStrings;
  DeleteCriticalSection(&m_csLock);
}

// Methoden von IUnknown

STDMETHODIMP
SessionNamesEnumerator::QueryInterface(REFIID riid, void **ppv)
{
  if (riid == IID_IUnknown)
    *ppv = static_cast<IEnumString*>(this);
  else if (riid == IID_IEnumString)
    *ppv = static_cast<IEnumString*>(this);
  else
    return (*ppv = 0), E_NOINTERFACE;
  reinterpret_cast<IUnknown*>(*ppv)->AddRef();
  return S_OK;
}

STDMETHODIMP_(ULONG)
SessionNamesEnumerator::AddRef(void)
{
  ModuleLock();
  return InterlockedIncrement(&m_cRef);
}

STDMETHODIMP_(ULONG)
SessionNamesEnumerator::Release(void)
{
  LONG res = InterlockedDecrement(&m_cRef);
  if (res == 0)
    delete this;
```

```
  ModuleUnlock();
  return res;
}


// Methoden von IEnumString

STDMETHODIMP
SessionNamesEnumerator::Next(ULONG cElems, OLECHAR **rgElems,
                             ULONG *pcFetched)
{
  if (cElems > 1 && pcFetched == 0)
    return E_INVALIDARG;
  ULONG cActual = 0;
  vector<wstring> &rstrings = Strings();
  Lock();
  while (cActual < cElems
        && m_cursor != rstrings.end())
  {
    if (rgElems[cActual] = OLESTRDUP((*m_cursor).c_str()))
    {
      m_cursor++;
      cActual++;
    }
    else // Zuweisungsfehler
    {
      while (cActual > 0)
      {
        cActual--;
        CoTaskMemFree(rgElems[cActual]);
        rgElems[cActual] = 0;
      }
      break;
    }
  }
  Unlock();
  if (cActual)
    *pcFetched = cActual;
  return cActual == cElems ? S_OK : S_FALSE;
}


STDMETHODIMP
SessionNamesEnumerator::Skip(ULONG cElems)
{
  ULONG cActual = 0;
  vector<wstring> &rstrings = Strings();
  Lock();
  while (cActual < cElems
        && m_cursor != rstrings.end())
  {
```

```cpp
      m_cursor++;
      cActual++;
    }
  Unlock();
  return cActual == cElems ? S_OK : S_FALSE;
}

STDMETHODIMP
SessionNamesEnumerator::Reset(void)
{
  Lock();
  m_cursor = Strings().begin();
  Unlock();
  return S_OK;
}

STDMETHODIMP
SessionNamesEnumerator::Clone(IEnumString **ppes)
{
  if (ppes == 0)
      return E_INVALIDARG;
  SessionNamesEnumerator *pCloneSource = m_pCloneSource;
  if (pCloneSource == 0) // Wir sind die Quelle
    m_pCloneSource = this;
  *ppes = new SessionNamesEnumerator(pCloneSource);
  if (*ppes)
  {
    (*ppes)->AddRef();
    return S_OK;
  }
  return E_OUTOFMEMORY;
}
```

SVC.CPP

```cpp
// svc.cpp
#define _WIN32_WINNT 0x403
#include <windows.h>
#include <olectl.h>
#include <initguid.h>
#include <iaccess.h>

#include "ChatSession.h"
#include "../include/COMChat_i.c"


#if !defined(HAVE_IID_IACCESSCONTROL)
```

```
// Die SDK-Header und Bibliotheken enthalten einen Fehler,
// der bewirkt, daß IID_IAccessControl undefiniert ist.
// Wir definieren es hier, um die GUID-Zuordnung herzustellen.
DEFINE_GUID(IID_IAccessControl,0xEEDD23E0, 0x8410, 0x11CE,
            0xA1, 0xC3, 0x08, 0x00, 0x2B, 0x2B, 0x8D, 0x8F);
#endif

// Standardhilfsfunktionen zur Verwaltung
// der Ausführungsdauer von MTA-Prozessen
HANDLE g_heventDone = CreateEvent(0, TRUE, FALSE, 0);

void ModuleLock(void)
{
  CoAddRefServerProcess();
}

void ModuleUnlock(void)
{
  if (CoReleaseServerProcess() == 0)
      SetEvent(g_heventDone);
}

// Standardtabelle für Selbstregistrierung
const char *g_RegTable[][3] = {
{ "CLSID\\{5223A053-2441-11d1-AF4F-0060976AA886}",
  0, "ChatSession" },
{ "CLSID\\{5223A053-2441-11d1-AF4F-0060976AA886}",
  "AppId", "{5223A054-2441-11d1-AF4F-0060976AA886}"
},
{ "CLSID\\{5223A053-2441-11d1-AF4F-0060976AA886}\\LocalServer32",
  0, (const char*)-1 // Platzhalter für Dateiname
},
{ "AppID\\{5223A054-2441-11d1-AF4F-0060976AA886}",
  0, "ChatSession Server" },
{ "AppID\\{5223A054-2441-11d1-AF4F-0060976AA886}",
  "RunAs", "Domain\\ReplaceMe"
},
{ "AppID\\{5223A054-2441-11d1-AF4F-0060976AA886}",
  "Chat Admins Group", "Domain\\ReplaceMe"
},
{ "AppID\\{5223A054-2441-11d1-AF4F-0060976AA886}",
  "Chat Users Group", "Domain\\ReplaceMe"
},
{ "AppID\\COMChat.exe",
  "AppId", "{5223A054-2441-11d1-AF4F-0060976AA886}"
},
};
```

```
// Routine zur Registrierung
STDAPI UnregisterServer(void) {
  HRESULT hr = S_OK;
  int nEntries = sizeof(g_RegTable)/sizeof(*g_RegTable);
  for (int i = nEntries - 1; i >= 0; i--){
  const char *pszKeyName = g_RegTable[i][0];

  long err = RegDeleteKeyA(HKEY_CLASSES_ROOT, pszKeyName);
  if (err != ERROR_SUCCESS)
    hr = S_FALSE;
  }
  return hr;
}


// Selbstregistrierungsroutine
STDAPI RegisterServer(HINSTANCE hInstance = 0) {
  HRESULT hr = S_OK;
// Dateiname des Servers nachschlagen
  char szFileName[MAX_PATH];
  GetModuleFileNameA(hInstance, szFileName, MAX_PATH);
// Einträge der Tabelle registrieren
  int nEntries = sizeof(g_RegTable)/sizeof(*g_RegTable);
  for (int i = 0; SUCCEEDED(hr) && i < nEntries; i++) {
    const char *pszKeyName   = g_RegTable[i][0];
    const char *pszValueName = g_RegTable[i][1];
    const char *pszValue     = g_RegTable[i][2];
// Dateinamen des Moduls dem Platzhalter zuweisen
  if (pszValue == (const char*)-1)
    pszValue = szFileName;
  HKEY hkey;
// Schlüssel erstellen
  long err = RegCreateKeyA(HKEY_CLASSES_ROOT,
                           pszKeyName, &hkey);
  if (err == ERROR_SUCCESS) {
// Wert zuweisen
  err = RegSetValueExA(hkey, pszValueName, 0,
                       REG_SZ, (const BYTE*)pszValue,
                       (strlen(pszValue) + 1));
  RegCloseKey(hkey);
  }
  if (err != ERROR_SUCCESS) {
// Falls Schlüssel oder Wert nicht eingetragen werden
// kann, zurückgehen und Fehlschlag anzeigen
  UnregisterServer();
  hr = SELFREG_E_CLASS;
  }
  }
  return hr;
}
```

```
// Zeiger auf Standardzugriffskontrollobjekte, die
// den Zugriff auf bestimmte Methoden schützen
IAccessControl *g_pacUsers = 0;
IAccessControl *g_pacAdmins = 0;

// Diese Routine wird während der Prozeßinitialisierung
// aufgerufen, um Zugriffskontrollobjekte zu erstellen
// und anonymen Benutzern den Zugriff auf den Server
// zu erlauben.
HRESULT InitializeApplicationSecurity(void)
{
// Gruppennamen aus der Registrierung laden
  static OLECHAR wszAdminsGroup[1024];
  static OLECHAR wszUsersGroup[1024];
  HKEY hkey;
  long err = RegOpenKeyEx(HKEY_CLASSES_ROOT,
          __TEXT("AppID\\{5223A054-2441-11d1-AF4F-0060976AA886}"),
                          0, KEY_QUERY_VALUE,
                          &hkey);
  if (err == ERROR_SUCCESS)
  {
   DWORD cb = sizeof(wszAdminsGroup);
    err = RegQueryValueExW(hkey, L"Chat Admins Group",
                          0, 0, (BYTE*)wszAdminsGroup,
                          &cb);
    cb = sizeof(wszAdminsGroup);
    if (err == ERROR_SUCCESS)
        err = RegQueryValueExW(hkey,
                              L"Chat Users Group",
                              0, 0, (BYTE*)wszUsersGroup,
                              &cb);
  RegCloseKey(hkey);
  }
  if (err != ERROR_SUCCESS)
    return MAKE_HRESULT(SEVERITY_ERROR, FACILITY_WIN32,
                        GetLastError());

// Vektoren mit Benutzer/Gruppen für zwei
// Zugriffskontrollobjekte deklarieren
  ACTRL_ACCESS_ENTRYW rgaaeUsers[] = {
    { {0, NO_MULTIPLE_TRUSTEE, TRUSTEE_IS_NAME,
      TRUSTEE_IS_GROUP, wszUsersGroup },
      ACTRL_ACCESS_ALLOWED, COM_RIGHTS_EXECUTE, 0,
      NO_INHERITANCE, 0 },
  };
  ACTRL_ACCESS_ENTRY_LISTW aaelUsers = {
    sizeof(rgaaeUsers)/sizeof(*rgaaeUsers),
    rgaaeUsers
  };
```

```
ACTRL_PROPERTY_ENTRYW apeUsers = { 0, &aaelUsers, 0 };
ACTRL_ACCESSW aaUsers = { 1, &apeUsers };

ACTRL_ACCESS_ENTRYW rgaaeAdmins[] = {
  { {0, NO_MULTIPLE_TRUSTEE, TRUSTEE_IS_NAME,
  TRUSTEE_IS_GROUP, wszAdminsGroup },
  ACTRL_ACCESS_ALLOWED, COM_RIGHTS_EXECUTE, 0,
  NO_INHERITANCE, 0 },
};
ACTRL_ACCESS_ENTRY_LISTW aaelAdmins = {
  sizeof(rgaaeAdmins)/sizeof(*rgaaeAdmins),
  rgaaeAdmins
};
ACTRL_PROPERTY_ENTRYW apeAdmins = { 0, &aaelAdmins, 0 };
ACTRL_ACCESSW aaAdmins = { 1, &apeAdmins };

HRESULT hr = CoInitializeSecurity(0, -1, 0, 0,
                        RPC_C_AUTHN_LEVEL_NONE,
                        RPC_C_IMP_LEVEL_ANONYMOUS,
                        0,
                        EOAC_NONE,
                        0);
if (SUCCEEDED(hr))
{
  hr = CoCreateInstance(CLSID_DCOMAccessControl,
                        0, CLSCTX_ALL, IID_IAccessControl,
                        (void**)&g_pacUsers);
  if (SUCCEEDED(hr))
      hr = g_pacUsers->SetAccessRights(&aaUsers);
  if (SUCCEEDED(hr))
  {
      hr = CoCreateInstance(CLSID_DCOMAccessControl,
                        0, CLSCTX_ALL,
                        IID_IAccessControl,
                        (void**)&g_pacAdmins);
      if (SUCCEEDED(hr))
        hr = g_pacAdmins->SetAccessRights(&aaAdmins);
  }
  if (FAILED(hr))
  {
  if (g_pacAdmins)
  {
    g_pacAdmins->Release();
    g_pacAdmins = 0;
  }
  if (g_pacUsers)
  {
```

```
            g_pacUsers->Release();
            g_pacUsers = 0;
          }
      }
  }
  return hr;
}


// Die Haupt-Thread-Routine, die einfach das Klassenobjekt
// registriert und dann auf das Ende wartet
int WINAPI WinMain(HINSTANCE, HINSTANCE,
                   LPSTR szCmdParam, int)
{
  const TCHAR *pszPrompt =
    __TEXT("Ensure that you have properly ")
    __TEXT("configured the application to ")
    __TEXT("run as a particular user and that ")
    __TEXT("you have manually changed the ")
    __TEXT("Users and Admins Group registry ")
    __TEXT("settings under this server's AppID.");

  HRESULT hr = CoInitializeEx(0, COINIT_MULTITHREADED);
  if (FAILED(hr))
    return hr;

// Selbstregistrierungs-Flags suchen
  if (strstr(szCmdParam, "/UnregServer") != 0
      || strstr(szCmdParam, "-UnregServer") != 0)
  {
    hr = UnregisterServer();
    CoUninitialize();
    return hr;
    }
  else if (strstr(szCmdParam, "/RegServer") != 0
           || strstr(szCmdParam, "-RegServer") != 0)
  {
    hr = RegisterServer();
    MessageBox(0, pszPrompt, __TEXT("COMChat"),
               MB_SETFOREGROUND);
    CoUninitialize();
    return hr;
  }

// Sicherheitsfunktionen für Prozeß einrichten
  hr = InitializeApplicationSecurity();
  if (SUCCEEDED(hr))
  {
```

```
// Klassenobjekt registrieren und auf das Ende warten
    DWORD   dwReg;
    static ChatSessionClass cmc;
    hr = CoRegisterClassObject(CLSID_ChatSession,
            static_cast<IExternalConnection*>(&cmc),
                            CLSCTX_LOCAL_SERVER
                REGCLS_SUSPENDED|REGCLS_MULTIPLEUSE,
                            &dwReg);
    if (SUCCEEDED(hr))
    {
      hr = CoResumeClassObjects();
      if (SUCCEEDED(hr))
        WaitForSingleObject(g_heventDone, INFINITE);
      CoRevokeClassObject(dwReg);
    }
    g_pacUsers->Release();
    g_pacAdmins->Release();
  }
  if (FAILED(hr))
    MessageBox(0, pszPrompt, __TEXT("Error"),
            MB_SETFOREGROUND);

  CoUninitialize();
  return 0;
}
```

Stichwortverzeichnis

OBJEKTspektrum ist die einzige Fachzeitschrift, die sich ganz den Informationsbedürfnissen deutschsprachiger Software-Entwickler und -Manager zum Thema Objektorientierung (OO) widmet. Mit sechs Ausgaben pro Jahr bietet Ihnen dieses Magazin fundierte Informationen zu folgenden Themen:

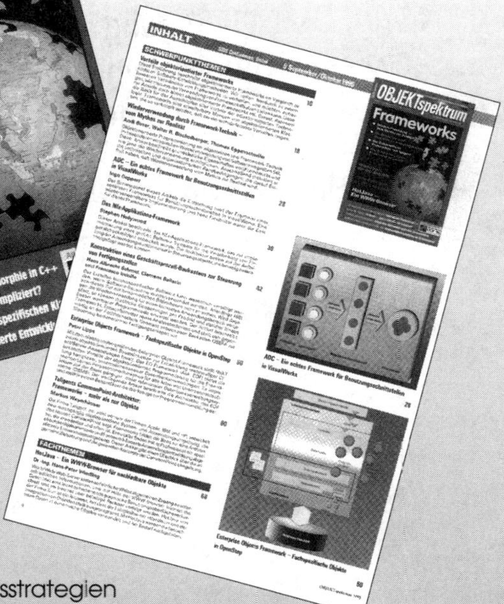

- OO-Programmiersprachen
- Analyse- und Designtechniken
- Entwicklungsumgebungen
- OO-Datenbanken
- Verteilte Objekttechnologie • Migrationsstrategien
- Standards • Aus- und Weiterbildung • Erfahrungsberichte

OBJEKTspektrum: Alles, was Sie zum Thema OO benötigen!

Abo-Preis für 1 Jahr (6 Ausgaben): DM 79.–
für 2 Jahre (12 Ausgaben): DM 150.–
Studentenabo: DM 66.– (bei Vorlage einer Bescheinigung)
Europa: 1 Jahr (6 Ausgaben): DM 97.– incl. Versandkosten.
Bestellung an: **OBJEKTspektrum Leserservice**
Computer Service Ernst Jost GmbH, Postfach 14 02 20 · 80452 München
Tel.: +49(0)89/20 24 02-51 · Fax: +49(0)89/20 24 02-16

Die Zeitschrift für objektorientierte Technologien

OBJEKTspektrum

OBJEKTspektrum ist eine Publikation von
Odenthaler Str. 47, 51465 Bergisch Gladbach,
Tel.: 02202/936 81-0 · Fax: 02202/ 936 81-2 · email: 100634,2070

Visual C++5.0

Einführung in die
Windows-Programmierung
mit der MFC

Frank Heimann, Nino Turianskyj

Das Buch vermittelt zunächst die
Grundlagen der Windows-Programmierung und führt dann in das Programmieren mit der Microsoft-eigenen-
Klassenbibliothek MFC (Microsoft
Foundation Classes) ein. Es erklärt die
Bedienung der Visual Workbench und
lehrt den Einsatz bestimmter Tools, mit
denen sie die Programmentwicklung
beschleunigen können.

648 Seiten, geb., 79,90 DM, mit CD
ISBN 3-8273-1240-X

ADDISON-WESLEY